채권회수 및 대부업 해결

# 채권채무 실무백과

편저 : 김만기

법문 북스

# 머 리 말

날로 경제가 어려워지면서 은행과 같은 제도권 금융기관이 아닌 대부업체나 사채업자에게 소액의 돈을 빌리는 채무자가 점점 증가하고 있습니다. 그런데 이를 약속한 날짜에 제때 갚지 못하여 채권자는 이 돈을 회수하고자 법원에 소송을 제기하는 사례가 해마다 많이 발생하고 있는 추세입니다.

그래서 이러한 소액채권을 회수하기 위해 간편하고 신속하게 민사분쟁을 해결할 수 있는 제도를 만들었습니다. 이를 '소액사건재판'이라고 하는데, 이 재판은 소송의 당사자가 소송에 의해 청구하는 금액이나 물건의 가치가 3,000만원을 초과하지 않는 소액사건에 대하여 다른 민사사건보다 간편하게 소를 제기하고 소송을 수행할 수 있게 하는 제도를 말합니다.

그러나 소액사건재판에 승소하더라도 채무자가 미리 재산을 처분할 우려가 있어 이를 미연에 방지하기 위하여 채권자가 법원에 신청하는 가압류라는 제도도 있습니다. 가압류란 금전채권이나 금전으로 환산할 수 있는 채권의 집행을 보전할 목적으로 미리 채권자가 채무자의 재산을 동결시켜 채무자로부터 그 재산에 대한 처분권을 잠정적으로 빼앗는 집행보전제도를 말합니다.

이 책에서는 소액채권자가 소액채무자에게 채권을 간편한 방법으로 회수할 수 있는 방법을 알기 쉽게 제1편은 소액사건재판으로 회수하기, 제2편은 가압류로 소액채권회수하기, 제3편은 대부업으로 구분하여 모든 절차를 서식과 문답을 통해서 자세히 설명하고 그 방법을 제시해 주고 있습니다. 부록에서는 관련법령을 전문수록하여 참고토록 하였습니다. 이러한 자료와 사례 등은 대법원판례와 법제처 생활법령 및 대한법률구조공단의 상담사례들을 취합하여 체계적으로 정리하였습니다.

이 책이 많이 보급되어 소액채권을 회수하려고 고민하시는 모든 분들에게 큰 도움이 되리라 믿으며, 열악한 출판시장임에도 불구하고 흔쾌히 출간에 응해 주신 법문북스 김현호 대표에게 감사를 드립니다.

2024.

편저자

# 목 차

## 제1편 소액사건재판으로 회수하기

# 제2편 가압류로 소액채권 회수하기

# 제3편 대부업

# 부 록

# 제1편
# 소액사건재판으로 회수하기

# 제1장 소액사건심판법의 주요내용

## 제1절 소액사건재판의 대상 등

### 1. 소액사건재판의 개념

① 「소액사건재판」이란 소송의 당사자가 소송에 의해 청구하는 금액이나 물건의 가치가 3,000만원을 초과하지 않는 소액사건에 대하여 다른 민사사건보다 간편하게 소를 제기하고 소송을 수행할 수 있게 하는 제도를 말합니다.

② 「소액사건심판법(이하 줄여서 '법'이라 씁니다)」의 적용을 받을 목적으로 청구를 분할하여 그 일부만을 청구할 수 없습니다.

③ 「소가(訴價)」란 소송목적의 값을 말하는 것으로, 원고가 소송을 통해 달성하려는 목적이 갖는 경제적 이익을 화폐단위로 평가한 금액입니다. 민사소송법 제26조 제1항에서 「소로서 주장하는 이익」이 이에 해당합니다.

■ 소액심판제도란 어떤 제도인지요?

Q. 청구금액이 적은 민사사건에 대해서는 법원에 소액심판청구를 하면 간편하게 해결할 수 있다는 이야기를 들었습니다. 소액심판제도란 어떤 제도인지요?

A. 소액사건심판법은 일정한 금액 이하를 소송목적의 값으로 하는 사건에 관한 소송을 간편하게 할 수 있도록 하기 위하여 제정된 민사소송법에 대한 특별법의 하나로서, 이 법에 의하여 제기되는 절차를 소액사건 심판절차라고 합니

다(법 제1조).

소액사건은 소를 제기한 때의 소송목적의 값이 3,000만원을 초과하지 아니하는 금전 기타 대체물, 유가증권의 일정한 수량의 지급을 청구하는 제1심의 민사사건을 대상으로 하며, 소액사건의 소는 구술(口述)에 의한 소의 제기나 임의출석에 의한 소의 제기 등 민사소송절차의 예외를 인정하여 그 심판절차를 간소화하고 있습니다(소액사건심판규칙 제1조의2 및 법 4조, 5조).

구술로 소를 제기하려면 소송에 필요한 증거서류와 도장, 인지대, 송달료 등을 준비하고 상대방의 주소, 성명을 정확히 알아서 법원 소장접수 담당사무관 등에게 제출하고 면전에서 진술하면 법원사무관 등이 제소조서를 작성하는 방식으로 소를 제기할 수 있습니다(법 제4조, 소액사건심판규칙 제3조).

그리고 당사자가 직접 소장을 작성하여 제출하고자 하는 경우에는 관할 지방법원, 지원 또는 시·군 법원 민원실에서 양식을 교부받아 소장작성요령에 따라 작성하여 제출하면 되는데, 소장부본은 원고와 피고의 수에 1을 더한 숫자만큼 첨부하면 되고(소액사건심판규칙 제3조의2), 소액사건의 신속한 처리를 위하여 소장이 접수되면 즉시 변론기일을 지정하여 원고에게 소환장을 교부하고, 되도록 1회의 변론기일로 심리를 마치도록 하고 있으며, 원고는 보통 최초의 변론기일에 모든 증거방법을 제출하게 되며 최초기일 전이라도 증거신청이 가능합니다(법 제7조). 증인은 판사가 신문하고, 상당하다고 인정한 때에는 증인 또는 감정인의 신문에 갈음하여 진술을 기재한 서면을 제출케 할 수 있습니다(법 제10조).

원고가 제출한 소장의 부본은 지체 없이 피고에게 송달되는데(법 제6조), 피고는 원고의 주장에 대한 답변서를 제출할 수 있습니다. 또한, 소액사건심판절차에서는 일반 민사사건의 재판과는 달리 당사자의 배우자, 직계혈족, 형제자매는 법원의 허가 없이도 소송대리인이 될 수 있습니다. 이 경우 신분관계를 증명할 수 있는 가족관계증명서 또는 주민등록등본 등으로 신분관계를 증명하고 소송위임장으로 수권관계를 증명해야 합니다(법 제8조).

법원은 소장·준비서면 기타 소송기록에 의하여 청구가 이유 없음이 명백한 때에는 변론 없이도 청구를 기각할 수 있으며, 또한 판결의 선고는 변론종결 후 즉시할 수 있고 판결서에는 이유를 기재하지 아니할 수 있습니다(법 제9조, 제11조의2).

그런데 소액심판제도가 위에서 설명한 바와 같이 간편하므로 청구금액이 3,000만원을 초과하는 경우에 청구를 분할하여 여러 건의 소액심판청구를 할 수 있을 것인지에 관하여 법 제5조의2는 "① 금전 기타 대체물이나 유가증권의 일정한 수량의 지급을 목적으로 하는 청구에 있어서 채권자는 소액사건심판법의 적용을 받을 목적으로 청구를 분할하여 그 일부만을 청구할 수 없다. ② 제1항의 규정에 위반한 소는 판결로 이를 각하 하여야 한다."라고 규정하여 일부청구를 제한하고 있습니다.

또한, 법원은 소액사건에 관하여 ① 독촉절차 또는 조정절차에서 소송절차로 이행된 때, ② 청구취지나 청구원인이 불명한 때, ③ 그밖에 이행권고를 하기에 적절하지 아니하다고 인정하는 때를 제외하고는 결정으로 소장부본이나 제소조서등본을 첨부하여 피고에게 청구취지대로 이행할 것을 권고할 수 있으며(법 제5조의3), 피고는 이행권고결정서의 등본을 송달 받은 날부터 2주일 내에 서면으로 이의신청을 할 수 있고, 피고의 이의신청이 있는 때에는 지체 없이 변론기일을 지정하여야 하지만(법 제5조의4), 피고가 위 기간 내에 이의신청을 하지 아니한 때, 이의신청에 대한 각하결정이 확정된 때, 이의신청이 취하된 때에는 이 같은 이행권고결정이 확정판결과 같은 효력을 가집니다(법 제5조의7).

## 2. 소액사건재판의 특징

① 소액사건의 신속한 처리를 위하여 소장이 접수되면 즉시 변론기일을 지정하여 1회의 변론기일로 심리를 마치고 즉시 선고할 수 있도록 하고 있습니다. 다만, 법원이 이행권고결정을 하는 경우에는 즉시 변론기일을 지정하지 않고, 일단 피고에게 이행권고결정등본을 송달한 후 이의가 있을 경우에만 변론기일을 즉시 지정하여 재판을 진행하게 됩니다.

② 당사자의 배우자, 직계혈족, 형제자매는 법원의 허가 없이도 소송대리인이 될 수 있습니다. 이 경우 신분관계를 증명할 수 있는 가족관계기록사항에 관한 증명서 또는 주민등록등본 등으로 신분관계를 증명하고, 소송위임장으로 수권(授權)관계를 증명하여야 합니다.

③ 법원은 소장, 준비서면 기타 소송기록에 의하여 청구가 이유 없음이 명백한 때에는 변론 없이도 청구를 기각할 수 있습니다.

④ 증인은 판사가 신문하고, 상당하다고 인정한 때에는 증인 또는 감정인의 신문에 갈음하여 진술을 기재한 서면을 제출케 할 수 있습니다.

⑤ 판결의 선고는 변론종결 후 즉시 할 수 있고, 판결서에는 이유
를 기재하지 않을 수 있습니다.

## 3. 소액사건의 범위 등

### 3-1. 소액사건의 범위

① 지방법원 및 지방법원지원의 관할인 제1심 사건으로서 제소한 때의
소가가 3,000만원을 초과하지 않는 금전 기타 대체물이나 유가증
권의 일정한 수량의 지급을 목적으로 하는 제1심의 민사사건이 소
액사건에 해당합니다(법 제2조제1항, 동 규칙 제1조의2 본문).

② 다만, 다음의 어느 하나에 해당하는 사건은 소액사건에서 제외
합니다(동 규칙 제1조의2 단서).

  1. 소의 변경으로 소액사건에 해당하지 않게 된 사건

  2. 당사자참가, 중간확인의 소 또는 반소(反訴)의 제기 및 변론
  의 병합으로 인하여 소액사건에 해당하지 않는 사건과 병합
  심리하게 된 사건

### 3-2. 소가의 산정

① 소가는 원고가 청구취지로써 구하는 범위에서 원고의 입장에서
보아 전부 승소하였을 경우에 직접 받게 될 경제적 이익을 객관
적으로 평가하여 산정하는데, 소가 제기된 때를 기준으로 하여
정하게 됩니다(민사소송법 제26조, 민사소송등인지법 제2조제3
항, 동 규칙 제6조 및 제7조).

② 하나의 소로 여러 개의 청구를 하는 경우에는 그 여러 청구의
값을 모두 합하여 소가를 정합니다(민사소송법 제27조제1항).

③ 주된 청구와 함께 과실(果實)·손해배상·위약금 또는 비용의 부대(附帶)청구를 하는 경우에는 그 값은 소가에 넣지 않습니다(동법 제27조제2항).

④ 소가 산정의 예

A가 B에게 1년 전 빌려준 돈 2,000만원, 6개월 전 빌려준 돈 500만원을 모두 돌려받기 위해 하나의 소로써 대여금반환청구를 하는 경우 소가는 2,500만원이 되며, 이 때 원금에 대한 이자는 소가에 산입하지 않습니다.

⑤ 소가 산정의 구체적인 기준은 민사소송등인지규칙에서 자세히 정하고 있으며(제9조부터 제24조까지), 소가의 산정을 위한 자료가 부족하거나 그 밖의 사유로 인하여 소가를 산정하기 어려운 때에는 재판장이 소가를 인정하게 됩니다(민사소송등인지법 제2조제3항 및 동 규칙 제3조 본문).

## ■ 소액사건의 소가 산정은 어떻게 하는지요?

Q. 저는 9년 전 지인 甲에게 1,500만원을 대여하였는데 현재까지 변제를 받지 못해서 법원에 소를 제기하려고 합니다. 지금까지의 이자를 모두 더하면 청구금액이 3,000만원을 초과하는데, 소액심판청구가 가능할까요?

A. 법원조직법 제34조 제1항은 '소액사건심판법을 적용받는 민사사건'은 시·군법원이 관할하는 것으로 규정하고 있습니다. 그리고 소액사건심판규칙 제1조의2 본문은 '소액사건은 제소한 때의 소송목적의 값이 3,000만원을 초과하지 아니하는 금전 기타 대체물이나 유가증권의 일정한 수량의 지급을 목적으로 하는 제1심의 민사사건으로 한다'고

규정하고 있습니다.

한편, 민사소송등인지규칙 제12조 제2호는 '금전지급청구의 소에 있어서는 청구금액'이 소가가 되며, 민사소송법 제27조 제2항은 '과실·손해배상·위약금 또는 비용의 청구가 소송의 부대목적이 되는 경우에는 그 값은 소송목적의 값에 넣지 아니한다.'고 규정하고 있으므로, 원칙적으로 대여금에 대한 이자, 지연손해금은 소가에 산입되지 않는다 할 것입니다.

따라서 귀하의 경우 설령 원금에 대한 이자, 지연손해금을 포함하면 청구금액이 3,000만원을 초과한다 하더라도 지급을 구하는 청구금액 원금이 1,500만원인 이상, 소액사건심판절차법에 의한 심판이 가능하다 할 것입니다.

**(관련판례)**

소액사건심판법의 적용대상인 소액사건에 해당하는 여부는 제소당시를 기준으로 정해지는 것이므로 병합심리로 그 소가 합산액이 소액사건의 소가를 초과하였다고 하여도 소액사건임에는 변함이 없어 소액사건심판법 제3조 각호 소정의 사유가 있는 때에 한하여 상고를 할 수 있다(대법원 1991.9.10. 선고 91다20579 판결).

## 3-3. 일부 청구의 금지

① 일반적인 민사소송절차보다 간편한 법을 적용받기 위해 금전 기타 대체물이나 유가증권의 일정한 수량의 지급을 목적으로 하는 청구에 있어서 채권자는 법의 적용을 받을 목적으로 청구를 분할하여 그 일부만을 청구할 수 없습니다(법 제5조의2 제1항).

② 이에 위반한 소는 판결로 각하(却下)됩니다(법 제5조의2 제2항).

③ 예를 들어, 빌려준 돈 4,000만원을 받기 위해 각각 2,000만원씩

나누어 대여금반환청구를 하여 소액사건재판제도를 이용할 수는 없습니다.

## ■ 소액사건심판법 적용을 받기 위하여 분할청구가 가능한지요?

Q. 저는 친한 친구로부터 6개월 뒤에 변제할테니 3,500만원을 빌려달라는 부탁을 받고 빌려주었습니다. 그러나 친구는 6개월이 지났음에도 그 돈을 변제하지 아니하고 차일피일 미루더니 현재는 저의 연락을 받지 않고 있습니다. 저는 친구로부터 3,500만원을 받기 위한 방법을 알아보던 중 청구금액이 3,000만원 이하인 민사사건에 대해서는 법원에 소액심판청구를 하면 간편하게 해결할 수 있다는 이야기를 들었습니다. 저는 직장에 다니는 관계로 법원에 자주 출석하기 곤란한 사정이 있어 소액심판청구를 하여 간편하게 해결하고 싶습니다. 그래서 저는 친구에 대한 채권 3,500만원을 2,000만원과 1,500만원으로 분할하여 2건의 소액심판청구를 하고 싶은데 가능한지요?

A. 소액사건심판법은 일정한 금액 이하를 소송목적의 값으로 하는 사건에 관한 소송을 간편하게 할 수 있도록 하기 위하여 제정된 민사소송법에 대한 특별법의 하나로서, 이 법에 의하여 제기되는 절차를 소액사건심판절차라고 합니다(법 제1조). 소액사건은 소를 제기한 때의 소송목적의 값이 3,000만원을 초과하지 아니하는 금전 기타 대체물, 유가증권의 일정한 수량의 지급을 청구하는 제1심의 민사사건을 대상으로 하며, 소액사건의 소는 구술(口述)에 의한 소의 제기나 임의출석에 의한 소의 제기 등 민사소송절차의 예외를 인정하여 그 심판절차를 간소화하고 있습니다(소액사건

심판규칙 제1조의2, 법 제4조, 제5조). 그런데 소액심판제도가 그 심판절차가 간편하므로 청구금액이 3,000만원을 초과하는 경우에 청구를 분할하여 여러 건의 소액심판청구를 할 수 있을 것인지에 관하여 법 제5조의2는 "① 금전 기타 대체물이나 유가증권의 일정한 수량의 지급을 목적으로 하는 청구에 있어서 채권자는 법의 적용을 받을 목적으로 청구를 분할하여 그 일부만을 청구할 수 없다. ② 제1항의 규정에 위반한 소는 판결로 이를 각하 하여야 한다."라고 규정하여 일부청구를 제한하고 있습니다.

귀하가 법을 적용받기 위하여 친구에 대한 채권 3,500만원을 분할하여 2,000만원과 1,500만원으로 분할하여 2건의 소액심판청구를 할 경우 법 제5조의2 제2항에 따라서 위 청구는 각하될 것입니다. 따라서 비록 법을 적용을 받지 못하더라도 3,500만원 전액을 청구하는 소송을 제기하셔야 할 것입니다.

**(관련판례)**

소액사건심판법의 적용을 받는 소액사건인지의 여부는 제소한 때를 표준으로 하여 정하여지는 것이므로 소액사건으로 제소되어 소액사건심판법에 따라 심리하여야 할 수개의 소액사건을 법원이 병합심리하게 되어 그 소가의 합산액이 소액사건의 범위를 넘게 된다 하더라도 이미 결정된 소액사건임에 변동이 생기는 것은 아니다(대법원 1986.5.27. 선고 86다137 판결).

# ■ 500만원을 빌려줬는데 갚지 않아 소송을 해야 할 것 같은데 비용이며, 시간이 꽤 들 것 같네요. 방법이 없을까요?

Q. 저는 아는 사람에게 500만원을 빌려줬는데 갚지 않습니다. 소송을 해야 할 것 같은데 비용이며, 시간이 꽤 들 것 같네요. 방법이 없을까요?

A. 소송의 당사자가 소송으로 청구하는 금액이나 물건의 가치가 3천만원을 넘지 않는 사건은 시간이나 비용에 있어서 민사소송보다 간편한 절차로 진행할 수 있는 소액사건재판 제도를 이용할 수 있습니다.

소액사건의 범위는 소가(소송목적의 값)가 3천만원을 넘지 않는 사건으로서, 금전, 그 밖의 대체물이나 유가증권의 일정한 수량의 지급을 목적으로 하는 사건이며, 소가가 3천만원을 넘는 사건인데도 소액사건재판을 받기 위해 청구를 분할하여 그 일부만을 청구할 수는 없습니다. 이렇게 청구하더라도 각하됩니다.

소액사건재판의 특징은 소액사건의 신속한 처리를 위해 소장이 법원에 접수되면 즉시 변론기일을 지정하여 원칙적으로 1회의 변론만으로 심리를 마치고 즉시 선고합니다. 당사자의 배우자, 직계혈족, 형제자매는 법원의 허가 없이도 소송대리인이 될 수 있습니다.

그리고 소액사건재판 외의 간단한 분쟁해결방법으로는 세 가지 종류가 있는데,

① 민사조정은 민사분쟁을 간단한 절차로 당사자 사이의 양해를 통해 실정에 맞게 해결하기 위한 제도로서 소송에 비해 인지대가 1/5로 저렴하고, 자유로운 분위기에서 자신의 의견을 말할 수 있는 등의 장점을 가지

고 있습니다.

② 지급명령은 채권자가 법원을 통해 채무자에게 채무를 이행하라고 명령해줄 것을 신청하는 것으로 비용이 저렴한 장점을 가지고 있습니다.

③ 제소전 화해는 양 당사자가 제소 전에 화해하여 화해 조서가 작성되면 판결과 동일한 효력을 발생합니다.

**(관련판례)**

소액사건심판법의 적용대상인 소액사건에 해당하는 여부는 제소당시를 기준으로 정해지는 것이므로 병합심리로 그 소가 합산액이 소액사건의 소가를 초과하였다고 하여도 소액사건임에는 변함이 없어 소액사건심판법 제3조 각호 소정의 사유가 있는 때에 한하여 상고를 할 수 있다(대법원 1991.9.10. 선고 91다20579, 20586(병합)).

## 4. 소액사건재판의 진행과정

① 원고가 소액사건의 소를 제기하여 법원이 이행권고결정을 할 경우, 피고의 이의가 없으면 결정이 확정되어 이에 따라 강제집행을 할 수 있고, 피고가 이의 신청을 하면 법원은 지체 없이 변론기일을 지정합니다.

② 법원이 이행권고결정을 하지 않는 경우, 법원은 소액사건심판법에 따라 지체 없이 변론기일을 지정하거나, 통상의 민사소송절차와 동일하게 피고에게 답변서 제출의무를 고지합니다.

③ 소액사건인 경우 원칙적으로는 1회 변론을 통하여 판결이 선고됩니다.

### 4-1. 통상의 민사소송절차(참고-소액사건과 비교용)

### 4-1-1. 소의 제기 및 소장 부본(副本)의 송달(送達)

① 소장이 접수되면 형식적 하자(瑕疵)가 없는 한 그 부본을 즉시 상대방에게 송달하고 30일 이내에 답변서를 제출하도록 최고합니다(민사소송법 제254조 및 제255조).

② 소장이 송달불능이 된 경우에는 주소보정(補正)명령에 따라 주소를 보정하여 다시 송달하게 되고(동법 제254조제1항 참조), 당사자의 주소나 근무장소를 알 수 없는 경우에는 당사자의 신청 또는 직권에 따라 공시송달(公示送達)을 할 수 있습니다(동법 제194조).

③ 「공시송달」이란 당사자의 행방을 알기 어려워 통상의 방법으로는 송달할 수 없는 경우에 법원사무관 등은 직권으로 또는 당사자의 신청에 따라 공시송달을 할 수 있으며, 재판장은 소송의 지연을 피하기 위해 필요하다고 인정하는 때에 공시송달을 명할

수 있습니다. 공시송달은 법원사무관 등이 송달할 서류를 보관하고 그 사유를 법원게시판에 게시하거나, 관보·공보 또는 신문 게재하거나, 전자통신매체를 이용해 공시하는 방법으로 송달하는 것을 말합니다(동 규칙 제54조 제항).

## 4-1-2. 답변서 제출과 변론준비절차

① 피고가 소장 부본이 송달된 때로부터 30일 이내에 원고의 주장을 부인하는 취지의 답변서를 제출하여 다투는 경우에는 사건을 변론준비절차에 부치게 됩니다(동법 제256조제1항).

② 변론준비절차는 서면을 통해 쟁점을 정리하는 절차입니다.
변론준비절차에서는 변론이 효율적이고 집중적으로 실시될 수 있도록 당사자의 주장과 증거를 정리하게 됩니다(동법 제256조제1항 및 제279조제1항). 쌍방 당사자는 준비서면에 의한 주장의 제출과 더불어 그 주장을 뒷받침하는 증거신청 및 증거의 현출(現出)을 모두 이 단계에서 마쳐야 합니다(동법 제280조제1항 및 제285조제1항 참조).

③ 소장 부본이 송달된 때로부터 30일 이내에 답변서가 제출되지 않았거나 자백 취지의 답변서가 제출된 경우에는 변론없이 원고 승소판결을 하게 됩니다(동법 제257조).

## 4-1-3. 변론기일과 증거조사

① 변론준비절차를 거쳐 사건의 쟁점 및 증거가 정리되면 재판장이 미리 지정한 기일에 공개법정에서 변론이 진행됩니다(동법 제165조).

② 가능하면 최초의 기일에 증거조사를 모두 마쳐 변론을 종결하지만(동법 제287조), 어려운 경우 재판장이 다음 기일을 지정하게

됩니다(동 규칙 제72조제1항).

③ 쟁점정리기일이 끝나면 이른바 집중증거조사기일이 이어지는데, 각 사건에 관련된 양 당사자의 증인 및 당사자신문(訊問) 대상자 전원을 한꺼번에 집중적으로 신문하여 단기간 내에 판결을 선고하고자 하는 절차입니다.

## 4-2. 소액사건재판의 절차

소액사건심판절차는 다음과 같은 점에서 통상의 민사소송절차와 차이가 있습니다. 그러나 소액사건절차는 제1심에 대한 특별절차이므로(법 제1조 참조) 소액사건이라도 상고 및 재항고 제한(법 제3조) 외에는 민사에 관한 통상의 항고심절차에 따르게 됩니다.

### 4-2-1. 구술에 따른 소 제기

소장이라는 서면으로 소를 제기해야 하는 통사의 민사소송절차와는 달리 구술로써 소를 제기할 수 있습니다(법 제4조).

### 4-2-2. 이행권고결정과 확정판결의 효력

① 법원은 소가 제기된 경우에 결정으로 소장부본이나 제소조서등본을 첨부하여 피고에게 청구취지대로 이행할 것을 권고할 수 있습니다. 다만, 다음의 어느 하나에 해당하는 때에는 그러하지 않습니다(법 제5조의3제1항).

1. 독촉절차 또는 조정절차에서 소송절차로 이행된 때

2. 청구취지나 청구원인이 불명한 때

3. 그 밖에 이행권고를 하기에 적절하지 아니하다고 인정하는때

② 소액사건재판에서는 통상의 민사소송절차에서의 피고의 답변서

제출이나 변론준비절차 등의 과정을 볼 수 없으며, 피고가 이행권고결정에 대해 이의신청을 하지 않는 한 변론기일이 별도로 지정되지 않습니다.

③ 이행권고결정은 다음 중 어느 하나에 해당하면 확정판결과 같은 효력을 가집니다(법 제5조의7제1항).

  1. 피고가 이행권고결정서의 등본을 송달받은 날부터 2주일 내에 이의신청을 하지 않은 때
  2. 이의신청에 대한 각하(却下)결정이 확정된 때
  3. 이의신청이 취하(取下)된 때

## 4-2-3. 이의신청과 변론기일의 지정

① 피고는 이행권고결정서의 등본을 송달받은 날부터 2주일 내에 서면으로 이행권고결정에 대하여 이의신청을 할 수 있습니다. 다만, 그 등본이 송달되기 전에도 이의신청을 할 수 있습니다(법 제5조의4제1항).

② 피고가 이의신청을 한 때에는 원고가 주장한 사실을 다툰 것으로 보므로 법원은 지체 없이 변론기일을 지정해야 합니다(법 제5조의4제3항 및 제5항).

# ■ 이행권고결정제도란 어떤 것인가요?

Q. 소액심판의 경우 이행권고결정제도라는 것이 있어 간편한 절차만 거쳐도 판결을 받은 것과 비슷한 효과를 얻을 수 있다고 하는데, 이행권고결정제도란 어떤 것인가요?

A. 이행권고결정이란 소액사건의 소가 제기된 때에 법원이 결정으로 소장부본이나 제소조서등본을 첨부하여 피고에게 청구취지대로 이행할 것을 권고하는 결정을 말합니다 (법 제5조의3 제1항). 이행권고결정은 원고전부승소판결을 할 수 있는 사건에 한하여 할 수 있으며, ①독촉절차 또는 조정절차에서 소송절차로 이행된 때, ②청구취지나 청구원인이 불명한 때, ③그밖에 이행권고를 하기에 적절하지 않다고 인정하는 때는 할 수 없습니다(법 제5조의3제1항). 이행권고결정에는 당사자, 법정대리인, 청구의 취지와 원인, 이행조항을 기재하고, 피고가 이의신청을 할 수 있음과 이행권고결정의 효력의 취지를 부기(附記)하게 됩니다 (법 제5조의3제2항). 피고는 이행권고결정등본을 송달 받은 날부터 2주 안에 서면으로 이의신청을 할 수 있으며, 그 등본이 송달되기 전에도 이의신청을 할 수 있습니다 (법 제5조의4제1항 및 제2항). 이행권고결정은 ①피고가 이행권고결정을 송달 받은 날부터 2주일 안에 이의신청을 하지 않는 때, ②이의신청에 대한 각하결정이 확정된 때, ③이의신청이 취하된 때는 확정판결과 같은 효력을 갖습니다(법 제5조의7제1항).

## ■ 소액사건재판 절차는 어떻게 진행되나요?

Q. 소액사건재판 절차는 어떻게 진행되나요?

A. 원고가 법원에 소액사건재판의 소장을 접수하면 법원은 그 소장을 기초로 ① 피고에게 이행권고결정을 하고, ② 피고가 정해진 기간 내에 이행권고결정에 대한 이의신청을 하면, ③ 소액사건재판절차를 진행합니다. 만약, 피고가 이행권고결정에 대한 이의신청을 하지 않거나, 피고의 이의신청이 각하되는 등의 경우 이행권고결정은 확정판결과 동일한 효력을 가지게 되며, 원고는 이를 기초로 피고에 대해 강제집행을 할 수 있습니다. 원고가 접수한 소장이 이행권고결정을 하기에 적절하지 않다고 법원이 판단한 경우에는 소액사건재판이 진행됩니다.

① 이행권고결정 절차

법원에서 이행권고를 결정한 경우에는 다음의 절차에 따라 진행됩니다.

　1. 원고의 소장접수(구술접수도 가능)
　2. 피고에게 이행권고결정서 등본 송달
　3. 피고의 이의신청이 있으면 소액사건재판절차 진행
　4. 피고의 이의신청이 없거나, 이의신청이 각하되거나, 취하된 경우에는 이행권고결정 확정

② 소액사건재판 절차

소액사건재판은 다음의 절차에 따라 진행됩니다.

　1. 원고의 소장 접수
　2. 피고에게 소장 부본 송달(변론기일 통지)
　3. 변론기일
　4. 판결 선고

③ 법원의 이행권고결정에 피고가 이의신청을 한 경우에
    는 다음 절차에 따라 진행됩니다.
 1. 이행권고결정에 대한 피고의 이의신청
 2. 원고에게 보정명령
 3. 변론기일 지정
 4. 변론기일
 5. 판결선고

# 5. 소액사건재판의 관련 법령

## 5-1. 소액사건심판법과 민사소송법

① 소액사건심판법은 지방법원 및 지방법원지원에서 소액의 민사사건을 간이한 절차에 따라 신속히 처리하기 위하여 민사소송법에 대한 특례를 규정하고 있습니다(법 제1조).

② 소액사건에 대하여는 법에 특별한 규정이 있는 경우를 제외하고는 민사소송법의 규정을 적용합니다(법 제2조제2항).

## 5-2. 그 밖의 관련 법령

① 법원조직법은 헌법에 따라 사법권을 행사하는 법원의 조직을 정함을 목적으로(제1조) 법원의 권한, 종류 등을 정하고 있으며, 각급법원의 설치와 관할구역에 관한 법률은 각급법원의 설치와 관할구역을 정하고 있습니다.

② 그 밖에 민사소송등인지법은 민사소송절차에서 인지에 관한 사항을, 민사집행법은 강제집행, 경매 및 보전처분의 절차에 관한 사항을 정하고 있습니다.

③ 주택임대차보호법 제13조에서는 임차인이 임대인에 대하여 제기하는 보증금반환청구소송에 관하여는 소가(訴價)에 관계없이 소장송달과 기일지정 등 법의 일부 조항을 준용함으로써 소송절차가 신속히 진행될 수 있도록 규정하고 있습니다.

# 제2절 소송 전 분쟁해결

## 1. 민사소송과 소송 전 분쟁해결

① 민사소송을 제기하기 전에 간편하게 민사관련 분쟁을 해결할 수
있는 절차에는 민사조정, 제소전 화해, 지급명령신청(독촉절차)
등이 있으며, 그 중 지급명령신청(독촉절차)은 인지액과 송달료
등 비용이 특히 저렴합니다.

② 「민사조정」은 민사에 관한 분쟁을 간이한 절차에 따라 당사자
사이의 상호양해를 통하여 조리(條理)를 바탕으로 실정에 맞게
해결하기 위한 제도로서(민사조정법 제1조), 민사분쟁의 당사자
는 법원에 조정을 신청할 수 있고(동법 제2조), 당사자 사이에
합의된 사항을 조서에 기재하여 조정이 성립된 경우 재판상의
화해와 같은 효력이 있습니다(동법 제28조 및 제29조).

③ 「제소전 화해」란 민사소송을 제기하기 전에 지방법원단독판사 앞
에서 화해신청을 하여 민사에 관한 다툼을 미리 해결하는 절차
를 말합니다(민사소송법 제385조제1항 참조). 화해가 성립하여
조서가 작성된 때에는 확정판결과 같은 효력이 생깁니다(동법
제220조 및 제386조).

④ 「지급명령신청(독촉절차)」이란 채권자가 법원에 대하여 금전, 그
밖에 대체물이나 유가증권의 일정한 수량의 지급을 목적으로 하
는 청구에 대하여 법원에 지급명령을 신청하는 절차를 말합니다
(동법 제462조).

⑤ 지급명령의 신청에 대해 법원은 채무자를 심문(審問)하지 않고
그 결정을 하게 되며(동법 제467조), 이에 대하여 채무자가 이

의신청을 하지 않거나, 이의신청이 취하 또는 각하된 때에는 확정판결과 마찬가지로 채무자에 대해 강제집행할 수 있습니다(동법 제474조 및 민사집행법 제56조제3호).

⑥ 지급명령신청(독촉절차)은 채무자가 채무사실은 인정하면서 돈을 갚지 않으려고 하는 경우 신속하고 경제적인 분쟁해결을 기대할 수 있습니다. 따라서 채무자가 채무의 존재를 부정하거나 이미 갚았다고 다투는 경우에는 지급명령신청(독촉절차)보다는 조정신청 또는 소송을 제기하는 것이 더 바람직합니다.

## 2. 민사조정절차

### 2-1. 민사조정절차의 장점

① 소송과 같은 엄격한 절차를 거치지 않고 자유로운 분위기에서 자신의 의견을 충분히 말할 수 있습니다.

② 소송에 비하여 신속한 해결이 가능합니다. 민사조정을 신청하면 빠른 시일 내에 조정기일이 정해지고, 대부분 한 번의 기일 출석으로 종료됩니다.

③ 비용이 저렴합니다. 소송에 비하여 인지대가 1/5로 저렴합니다.

④ 당사자 사이의 상호 타협과 양보에 따라 분쟁을 해결하므로 감정대립이 남지 않습니다.

⑤ 일반적으로 민사조정절차는 조정담당판사 또는 조정위원회가 딱딱한 법정이 아닌 자유로운 분위기의 조정실에서 당사자의 말을 충분히 듣고 실정에 맞게 분쟁을 해결하고, 비공개로 진행되기 때문에 비밀이 철저히 보장됩니다.

## 2-2. 조정의 신청

① 민사에 관한 분쟁의 당사자는 법원에 조정을 신청할 수 있습니다(민사조정법 제2조).

② 조정사건은 다음의 어느 하나에 해당하는 곳을 관할하는 지방법원, 지방법원지원, 시법원 또는 군법원의 관할로 합니다(동법 제3조제1항). 그러나 소송사건의 전속관할법원 또는 당사자간의 합의에 따라 정하여진 법원의 관할로 할 수 있습니다(동법 제3조제2항).

1. 피신청인에 대한 민사소송법 제3조부터 제6조까지에 따른 보통재판적 소재지
2. 피신청인의 사무소 또는 영업소 소재지
3. 피신청인의 근무지
4. 분쟁의 목적물 소재지
5. 손해발생지

③ 조정의 신청은 서면 또는 구술로 할 수 있습니다(동법 제5조제1항). 구술로 신청하는 때에는 법원서기관·법원사무관·법원주사 또는 법원주사보(이하 '법원사무관 등'이라 함)의 앞에서 진술하여야 합니다(동법 제5조제2항).

④ 위의 경우에 법원사무관 등은 조정신청조서를 작성하고 이에 기명날인하여야 합니다(동법 제5조제3항).

⑤ 조정신청을 할 때에는 민사조정규칙이 정하는 바에 따라 조정수수료를 납부하여야 합니다(동법 제5조제4항).

## 2-3. 조정이 성립한 경우

① 조정은 당사자 사이에 합의한 사항을 조서에 기재함으로써 성립합니다(동법 제28조).

② 조정은 재판상의 화해와 동일한 효력이 있습니다(동법 제29조).

## 2-4. 조정이 성립하지 않은 경우

① 조정담당판사는 당사자 사이에 합의가 성립하지 않거나 성립된 합의의 내용이 적당하지 않다고 인정하는 경우에 민사조정법 제30조에 따른 결정을 하지 않을 때에는 조정이 성립하지 않은 것으로 사건을 종결시켜야 합니다(동법 제27조).

② 조정담당판사는 합의가 성립되지 않은 사건 또는 당사자 사이에 성립된 합의의 내용이 적당하지 않다고 인정한 사건에 관하여 상당한 이유가 없는 한 직권으로 당사자의 이익 그 밖의 모든 사정을 고려하여 신청인의 신청취지에 반하지 않는 한도에서 사건의 공평한 해결을 위한 결정을 하여야 합니다(동법 제30조).

③ 피신청인이 조정기일에 출석하지 않은 경우 조정담당판사는 상당한 이유가 없는 한 직권으로 위 결정을 하여야 합니다(동법 제32조).

# 3. 제소전 화해절차

## 3-1. 화해신청의 방식

① 민사상 다툼에 관하여 당사자는 청구의 취지·원인과 다투는 사정을 밝혀 상대방의 보통재판적이 있는 곳의 지방법원에 화해를 신청할 수 있습니다(민사소송법 제385조제1항).

② 「사람의 보통재판적」은 그의 주소에 따라 정합니다. 다만, 대한

민국에 주소가 없거나 주소를 알 수 없는 경우에는 거소에 따라 정하고, 거소가 일정하지 않거나 거소도 알 수 없으면 마지막 주소에 따라 정합니다(동법 제3조).

③ 당사자는 이 화해를 위하여 대리인을 선임하는 권리를 상대방에게 위임할 수 없습니다(동법 제385조제2항).

④ 법원은 필요한 경우 대리권의 유무를 조사하기 위하여 당사자본인 또는 법정대리인의 출석을 명할 수 있습니다(동법 제385조제3항).

⑤ 화해신청에는 그 성질에 어긋나지 않으면 소에 관한 규정을 준용합니다(동법 제385조제4항).


## 3-2. 화해가 성립한 경우

① 화해가 성립한 때에는 법원사무관 등은 조서에 당사자, 법정대리인, 청구의 취지와 원인, 화해조항, 날짜와 법원을 표시하고 판사와 법원사무관 등이 기명날인합니다(동법 제386조).

② 화해, 청구의 포기·인낙(認諾)을 변론조서·변론준비기일조서에 적은 때에는 그 조서는 확정판결과 같은 효력을 가집니다(동법 제220조).


## 3-3. 화해가 성립하지 않은 경우

① 화해가 성립하지 않은 때에는 법원사무관 등은 그 사유를 조서에 적어야 합니다(동법 제387조제1항).

② 신청인 또는 상대방이 기일에 출석하지 않은 때에는 법원은 이들의 화해가 성립하지 않은 것으로 볼 수 있습니다(동법 제387조제2항).

③ 법원사무관 등은 민사소송법 제387조제1항의 조서등본을 당사

자에게 송달하여야 합니다(동법 제387조제3항).

④ 「송달」이란 법원이 소송에 관련된 서류를 일정한 방식에 따라 당사자나 소송 관계인에게 보내는 일을 말하는데, 자세한 내용은 민사소송법 제174조부터 제197조까지에서 정하고 있습니다.

⑤ 화해가 성립하지 않은 경우에 당사자는 소제기신청을 할 수 있습니다(동법 제388조제1항).

⑥ 적법한 소제기신청이 있으면 화해신청을 한 때에 소가 제기된 것으로 봅니다. 이 경우 법원사무관 등은 바로 소송기록을 관할법원에 보내야 합니다(동법 제388조제2항).

⑦ 소제기신청은 민사소송법 제387조제3항의 조서등본이 송달된 날부터 2주 이내에 하여야 합니다. 다만, 조서등본이 송달되기 전에도 신청할 수 있습니다(동법 제388조제3항). 이 기간은 불변기간(不變期間)으로 합니다(동법 제388조제4항). 「불변기간」에 대하여는 민사소송법 제172조 및 제173조에서 정하고 있습니다.

### 3-4. 화해의 비용

화해비용은 화해가 성립된 경우에는 특별한 합의가 없으면 당사자들이 각자 부담하고, 화해가 성립되지 않은 경우에는 신청인이 부담합니다. 다만, 소제기신청이 있는 경우에는 화해비용을 소송비용의 일부로 합니다(동법 제389조).

## 4. 지급명령신청(독촉절차)

### 4-1. 지급명령신청(독촉절차)의 장점

① 서류심리만으로 지급명령을 발령합니다.

　　지급명령신청(독촉절차)에서는 법원이 분쟁당사자를 심문함이 없이 지급명령을 신청한 채권자가 제출한 서류만을 심사하고 지급명령을 발령하므로 채권자는 통상의 소송절차처럼 법원의 법정에 출석할 필요가 없고, 그 결과 법정에 출석하는 데에 따른 시간과 노력을 절약할 수 있습니다.

② 신속하게 분쟁해결을 할 수 있습니다.

　　지급명령신청(독촉절차)은 채무자가 주로 대여금, 물품대금, 임대료 등 금전 지급 채무를 변제하지 않는 경우에 채권자의 지급명령 신청에 따라 이루어지는 약식의 분쟁해결 절차입니다. 따라서 채무자가 이의신청을 하면 통상의 소송절차로 이행되지만, 만일 이의신청을 하지 아니하여 지급명령이 확정되면 채권자는 확정된 지급명령에 기하여 강제집행을 신청하여 신속하게 자신의 채권을 만족 받을 수 있으므로 신속한 분쟁 해결이 가능합니다.

③ 채권자가 법원에 납부하는 각종 비용이 저렴합니다.

　　채권자는 지급명령을 신청할 때에 소송의 10분의 1에 해당하는 수수료와 당사자 1인당 4회분의 송달료만 납부하면 되므로, 소송절차에 비하여 소요되는 각종 비용이 저렴합니다.

④ 지급명령이 확정되면 확정판결과 동일한 같은 효력이 있습니다. 또한 지급명령이 확정될 때에는 원칙적으로 별도의 집행문 부여 없이 강제집행할 수 있도록 강제집행상의 특례를 규정하고 있습니다.

## 4-2. 지급명령의 신청

① 금전, 그 밖에 대체물이나 유가증권의 일정한 수량의 지급을 목적으로 하는 청구에 대하여 법원은 채권자의 신청에 따라 지급명령을 할 수 있습니다. 다만, 대한민국에서 공시송달외의 방법으로 송달할 수 있는 경우에 한합니다(민사소송법 제462조).

② 지급명령의 신청(독촉절차)은 채무자의 보통재판적이 있는 곳의 지방법원이나 민사소송법 제7조, 제8조 및 제9조, 제12조 또는 제18조에 따른 관할법원의 전속관할로 합니다(동법 제463조).

③ 「사람의 보통재판적」은 그의 주소에 따라 정합니다. 다만, 대한민국에 주소가 없거나 주소를 알 수 없는 경우에는 거소에 따라 정하고, 거소가 일정하지 않거나 거소도 알 수 없으면 마지막 주소에 따라 정합니다(동법 제3조).

④ 지급명령의 신청에는 그 성질에 어긋나지 않으면 소에 관한 규정을 준용합니다(동법 제464조).

⑤ 지급명령의 신청이 민사소송법 제462조 본문 또는 제463조에 어긋나거나, 신청의 취지로 보아 청구에 정당한 이유가 없는 것이 명백한 때에는 그 신청을 각하하여야 합니다. 청구의 일부에 대하여 지급명령을 할 수 없는 때에 그 일부에 대하여도 또한 같습니다(동법 제465조제1항). 신청을 각하하는 결정에 대하여는 불복할 수 없습니다(동법 제465조제2항).

## 4-3. 인지액 및 송달료

① 지급명령신청서에는 민사소송등인지법 제2조 규정액의 10분의 1
에 해당하는 인지를 붙여야 합니다(동법 제7조 제2항).

② 독촉사건 경우에는 당사자 1명당 4회분의 송달료를 미리 납부합
니다(송달료규칙의 시행에 따른 업무처리요령 별표 1).


## 4-4. 지급명령의 심문(審問) 등

① 지급명령은 채무자를 심문하지 않고 합니다(민사소송법 제467조).

② 지급명령에는 당사자, 법정대리인, 청구의 취지와 원인을 적고,
채무자가 지급명령이 송달된 날부터 2주 이내에 이의신청을 할
수 있다는 것을 덧붙여 적어야 합니다(동법 제468조). 지급명령
은 당사자에게 송달하여야 합니다(동법 제469조제1항).

③ 채무자는 지급명령에 대하여 이의신청을 할 수 있습니다(동법 제
469조제2항). 지급명령에 대하여 이의신청이 없거나, 이의신청을
취하하거나, 각하결정이 확정된 때에는 지급명령은 확정판결과 같
은 효력이 있습니다(동법 제474조).


## 4-5. 지급명령을 하지 않는 경우

① 채권자는 법원으로부터 채무자의 주소를 보정(補正)하라는 명령을
받은 경우에 소제기 신청을 할 수 있습니다(동법 제466조제1항).

② 지급명령을 공시송달에 의하지 않고는 송달할 수 없거나 외국으
로 송달하여야 할 때에는 법원은 직권에 의한 결정으로 사건을
소송절차에 부칠 수 있습니다(동법 제466조제2항). 이 결정에
대하여는 불복할 수 없습니다(동법 제466조제3항).

## 4-6. 지급명령에 대한 이의신청

① 채무자가 지급명령을 송달받은 날부터 2주 이내에 이의신청을 한 때에는 지급명령은 그 범위 안에서 효력을 잃습니다(동법 제470조제1항).

② 이 기간은 불변기간으로 합니다(동법 제470조제2항).「불변기간」에 대하여는 민사소송법 제172조 및 제173조에서 정하고 있습니다.

③ 법원은 이의신청이 부적법하다고 인정한 때에는 결정으로 이를 각하하여야 합니다(동법 제471조제1항). 이 결정에 대하여는 즉시항고를 할 수 있습니다(동법 제471조제2항).

## [서식 예] 지급명령에 대한 이의신청서

<br>

### 지급명령에 대한 이의신청서

사　건　　　　20　　　차

채　권　자　　(이　름)

채　무　자　　(이　름)

　　　　　　　(주　소)

위 독촉사건에 관하여 채무자는 20 ． ． ． 지급명령정본을
송달받았으나 이에 불복하여 이의신청을 합니다.


　　　　　　　　　20　　．　　．　　　．

　　　　　　이의신청인(채무자)　　　　(날인 또는 서명)

　　　　　　　　　(연락처　　　　　　　　　)

　　　　　　○○지방법원 귀중


◇ 유 의 사 항 ◇

1. 채무자는 연락처란에 언제든지 연락 가능한 전화번호나 휴대전
   화번호(팩스번호, 이메일 주소 등도 포함)를 기재하기 바랍니다.
2. 채무자는 지급명령 정본을 송달받은 날로부터 2주 이내에 이
   의신청서를 제출하는 것과 별도로 지급명령의 신청원인에 대
   한 구체적인 진술을 적은 답변서를 함께 제출하거나 늦어도
   지급명령 정본을 송달받은 날부터 30일 이내에 제출하여야
   합니다.

## 4-7. 소송으로의 이행

① 채권자가 민사소송법 제466조제1항에 따라 소제기신청을 한 경우, 또는 법원이 민사소송법 제466조제2항에 따라 지급명령신청 사건을 소송절차에 부치는 결정을 한 경우에는 지급명령을 신청한 때에 소가 제기된 것으로 봅니다(동법 제472조제1항).

② 채무자가 지급명령에 대하여 적법한 이의신청을 한 경우에는 지급명령을 신청한 때에 이의신청된 청구목적의 값에 관하여 소가 제기된 것으로 봅니다(동법 제472조제2항).

③ 민사소송법 제472조에 따라 소가 제기된 것으로 보는 경우, 지급명령을 발령한 법원은 채권자에게 상당한 기간을 정하여, 소를 제기하는 경우 소장에 붙여야 할 인지액에서 소제기신청 또는 지급명령신청시에 붙인 인지액을 뺀 액수의 인지를 보정하도록 명하여야 합니다(동법 제473조제1항).

④ 채권자가 이 기간 이내에 인지를 보정하지 않는 때에는 위 법원은 결정으로 지급명령신청서를 각하하여야 합니다. 이 결정에 대하여는 즉시항고를 할 수 있습니다(동법 제473조제2항).

⑤ 인지가 보정되면 법원사무관 등은 바로 소송기록을 관할법원에 보내야 합니다. 이 경우 사건이 합의부의 관할에 해당되면 법원사무관 등은 바로 소송기록을 관할법원 합의부에 보내야 합니다(동법 제473조제3항).

⑥ 민사소송법 제472조의 경우 독촉절차의 비용은 소송비용의 일부로 합니다(동법 제473조제4항).

# 제2장 소송의 제기

## 1. 소액사건의 소 제기

### 1-1. 소 제기방법
① 소액사건의 소 제기는 구술로써 법원사무관 등의 면전(面前)에서 진술하거나 임의로 법원에 출석하여 할 수 있습니다.
② 소장을 작성하여 제출할 경우 사건의 종류별로 해당하는 양식에 맞게 청구취지와 청구원인을 기재합니다.

### 1-2. 구술에 의한 소의 제기 등
### 1-2-1. 구술에 의한 소의 제기
① 소액사건의 소는 구술로 제기할 수 있습니다(법 제4조제1항).
② 구술로 소를 제기하는 때에는 법원서기관·법원사무관·법원주사 또는 법원주사보(이하 "법원사무관 등"이라 함)의 면전에서 진술하여야 합니다(법 제4조제2항). 이 경우에 법원사무관 등은 제소조서를 작성하고 이에 기명날인하여야 합니다(법 제4조제3항).
③ 구술제소를 하는 경우에 법원사무관 등은 제소조서의 말미에 다음의 사항을 첨가할 수 있습니다(동 규칙 제3조제1항 및 민사소송법 제274조제1항).
1. 당사자의 성명·명칭 또는 상호와 주소
2. 대리인의 성명과 주소
3. 사건의 표시
4. 공격 또는 방어의 방법
5. 상대방의 청구와 공격 또는 방어의 방법에 대한 진술

6. 덧붙인 서류의 표시

7. 작성한 날짜

8. 법원의 표시

## 1-2-2. 임의출석에 의한 소의 제기

① 소액사건의 경우 양쪽 당사자는 임의로 법원에 출석하여 소송에 관하여 변론할 수 있습니다(법 제5조제1항).

② 이 경우에 소의 제기는 구술에 의한 진술로써 합니다(법 제5조 제2항).

## 1-3. 소장제출에 의한 소의 제기

① 소는 법원에 소장을 제출함으로써 제기합니다(민사소송법 제248조).

② 법원에 비치된 소액사건에 관한 소장양식의 빈칸을 기재하여 직접 작성할 수 있습니다.

③ 법률전문가에게 위임하여 작성할 수 있습니다.

## 1-4. 소장의 작성

① 소장에는 당사자와 법정대리인, 청구의 취지와 원인을 적어야 합니다(민사소송법 제249조제1항)

② 청구원인 기재사항(민사소송규칙 제62조)

   1. 청구를 뒷받침하는 구체적 사실

   2. 피고가 주장할 것이 명백한 방어방법에 대한 구체적인 진술

   3. 입증이 필요한 사실에 대한 증거방법

③ 소장의 첨부서류(민사소송규칙 제63조)

   1. 피고가 소송능력 없는 사람인 때에는 법정대리인, 법인인 때

에는 대표자, 법인이 아닌 사단이나 재단인 때에는 대표자 또는 관리인의 자격을 증명하는 서면

2. 부동산에 관한 사건은 그 부동산의 등기사항증명서

3. 친족·상속관계 사건은 가족관계기록사항에 관한 증명서

4. 어음 또는 수표사건은 그 어음 또는 수표의 사본

5. 그 밖에 증거로 될 문서 가운데 중요한 것의 사본

6. 정기금판결에 대한 변경의 소(민사소송법 제252조제1항)의 소장의 경우 정기금지급확정판결의 사본

④ 소액사건에 관한 소장양식이 법원에 비치되어 있는데, 소장표지는 동일하고 표지 다음에 청구취지와 청구원인을 기재하는 부분에 대하여는 사건의 종류별로 그 양식이 다르므로 해당하는 양식을 찾아 기재합니다.

⑤ 법원에 비치되어 있는 소액사건에 관한 소장양식의 예는 다음과 같습니다.

## [서식 예] 대여금청구(소액)

---

1. 청구금액: (원　금)금＿＿＿＿＿＿＿＿＿＿＿원
 (지연손해금) ＿＿＿＿＿＿＿＿＿부터 소장부본 송달일까지 연　　%
　　　　　　소장부본 송달 다음날부터 갚는 날까지　　연 15 %
2. 피고들 상호간의 관계 : 연대(　)

 1. 대여내역
 (1) 대여자＿＿＿＿＿＿＿＿＿＿＿＿＿＿　 (2) 차용자＿＿＿＿＿＿＿＿＿＿＿＿＿＿
 (3) 연대보증인＿＿＿＿＿＿＿＿＿＿＿＿＿,　＿＿＿＿＿＿＿＿＿＿＿＿＿＿＿＿＿
 (4) 대 여 일 :＿＿＿＿＿＿＿＿＿＿＿,＿＿＿＿＿＿＿＿＿＿＿＿＿,＿＿＿＿＿＿＿＿＿＿＿＿
 (5) 금　　액 :＿＿＿＿＿＿＿＿＿원,　＿＿＿＿＿＿＿＿＿＿원, ＿＿＿＿＿＿＿＿＿원
 (6) 변 제 기 :＿＿＿＿＿＿＿＿＿＿＿,　＿＿＿＿＿＿＿＿＿＿＿＿, ＿＿＿＿＿＿＿＿＿＿＿
 (7) 약정이율 :＿＿＿＿＿＿＿＿＿＿＿,　＿＿＿＿＿＿＿＿＿＿＿＿, ＿＿＿＿＿＿＿＿＿＿＿,

 2. 기타 보충할 내용

　　　　　　　　　20　　.　　.　　.

　　　　　원고　　　　　　　　　　　(날인 또는 서명)

---

## 1-5. 재판장의 소장 심사

① 당사자와 법정대리인, 청구의 취지와 원인 등 소장의 기재사항에 흠이 있는 경우와 소장에 법률의 규정에 따른 인지를 붙이지 않은 경우에는 재판장은 상당한 기간을 정하고, 그 기간 이내에 흠을 보정하도록 명해야 합니다. 재판장은 법원사무관 등으로 하여금 위 보정명령을 하게 할 수 있습니다(민사소송법 제249조 제1항 및 제254조제1항).

② 원고가 이 기간 이내에 흠을 보정하지 않은 때에는 재판장은 명령으로 소장을 각하해야 합니다(동법 제254조제2항).

③ 재판장의 소장각하명령에 대해서는 즉시항고를 할 수 있습니다(동법 제254조제2항 및 제3항). 「즉시항고」란 법원의 결정·명령에 대해 상급법원에 불복신청을 하는 것으로서, 신속한 사건해결을 위해 결정·명령이 고지된 날부터 통상 1주일 내에 제기하도록 되어 있습니다(동법 제444조).

④ 재판장은 소장을 심사하면서 필요하다고 인정하는 경우에는 원고에게 청구하는 이유에 대응하는 증거방법을 구체적으로 적어 내도록 명할 수 있으며, 원고가 소장에 인용한 서증(書證)의 등본 또는 사본을 붙이지 않은 경우에는 이를 제출하도록 명할 수 있습니다(동법 제254조제4항).

## 2. 소를 제기할 법원

### 2-1. 소액사건 재판의 제기

① 소액사건재판은 지방법원 및 지방법원지원, 시(市)·군(郡)법원에 제기합니다.

② 소는 피고의 보통재판적이 있는 곳의 법원에 제기하는 것이 일 반적이지만, 어음·수표 지급지의 법원, 불법행위지 등의 법원에 제기할 수도 있습니다.

③ 소액사건재판은 지방법원 및 지방법원지원, 시·군법원이 관할합니 다(법 제2조제1항, 법원조직법 제34조제1항제1호).

④ 시·군법원의 관할구역 내의 소액사건은 시·군법원에 소를 제기해 야 합니다.

⑤ 피고의 보통재판적이 있는 곳의 법원에 제출하는 것이 일반적입니다.

⑥ 소는 피고의 보통재판적이 있는 곳의 법원이 관할합니다(민사소 송법 제2조).

⑦ 「재판적」이란 사건(특히 제1심사건)에 대해 어느 소재지의 법원이 재판권을 가지는지를 정함에 있어서 그와 같은 관할의 발생원인 이 되는 관련지점을 말합니다. 보통의 소송사건에 있어서 재판적 은 피고의 편의를 위해 피고와 관련된 곳을 기준으로 정해지게 되는데, 이를 「보통재판적」이라고 합니다. 예를 들어 서울에 사 는 A가 부산에 사는 B에게 빌려준 돈을 받기 위해 민사소송을 제기하려 한다면 B의 주소지인 부산에 보통재판적이 생기게 되 고, 이에 따라 부산지방법원에 소송을 제기해야 합니다.

⑧ 사람의 보통재판적은 그의 주소에 따라 정합니다. 다만, 대한민 국에 주소가 없거나 주소를 알 수 없는 경우에는 거소에 따라

정하고, 거소가 일정하지 않거나 거소도 알 수 없으면 마지막 주소에 따라 정합니다(동법 제3조).

⑨ 법인, 그 밖의 사단 또는 재단의 보통재판적은 이들의 주된 사무소 또는 영업소가 있는 곳에 따라 정하고, 사무소와 영업소가 없는 경우에는 주된 업무담당자의 주소에 따라 정합니다(동법 제5조제1항). 외국법인, 그 밖의 사단 또는 재단의 보통재판적은 대한민국에 있는 이들의 사무소·영업소 또는 업무담당자의 주소에 따라 정합니다(동법 제5조제2항).

⑩ 다음의 경우에는 피고의 보통재판적이 있는 곳이 아닌 곳(특별재판적)의 법원에도 소를 제기할 수 있습니다.

1. 사무소 또는 영업소에 계속하여 근무하는 사람에 대하여 소를 제기하는 경우에는 그 사무소 또는 영업소가 있는 곳을 관할하는 법원에 제기할 수 있습니다(동법 제7조).

2. 재산권에 관한 소를 제기하는 경우에는 거소지 또는 의무이행지의 법원에 제기할 수 있습니다(동법 제8조).

3. 어음·수표에 관한 소를 제기하는 경우에는 지급지의 법원에 제기할 수 있습니다(동법 제9조).

4. 대한민국에 주소가 없는 사람 또는 주소를 알 수 없는 사람에 대하여 재산권에 관한 소를 제기하는 경우에는 청구의 목적 또는 담보의 목적이나 압류할 수 있는 피고의 재산이 있는 곳의 법원에 제기할 수 있습니다(동법 제11조).

5. 사무소 또는 영업소가 있는 사람에 대하여 그 사무소 또는 영업소의 업무와 관련이 있는 소를 제기하는 경우에는 그 사무소 또는 영업소가 있는 곳의 법원에 제기할 수 있습니다(동법 제12조).

6. 불법행위에 관한 소를 제기하는 경우에는 행위지의 법원에 제기할 수 있습니다(동법 제18조제1항).

7. 부동산에 관한 소를 제기하는 경우에는 부동산이 있는 곳의 법원에 제기할 수 있습니다(동법 제20조).

8. 등기·등록에 관한 소를 제기하는 경우에는 등기 또는 등록할 공공기관이 있는 곳의 법원에 제기할 수 있습니다(동법 제21조).

## 2-2. 합의관할

① 당사자는 합의로 제1심 관할법원을 정할 수 있습니다(동법 제29조제1항).

② 이 합의는 일정한 법률관계로 말미암은 소에 관하여 서면으로 하여야 합니다(동법 제29조제2항).

## 2-3. 변론관할

피고가 제1심 법원에서 관할위반이라고 항변하지 않고 본안에 대해 변론하거나 변론준비기일에서 진술하면 그 법원은 관할권을 가집니다(민사소송법 제30조).

## 2-4. 전속관할

① 전속관할이 정하여진 소에는 민사소송법 제2조(보통재판적), 제7조부터 제25조까지(특별재판적), 제29조(합의관할), 제30조(변론관할), 제34조(관할위반 또는 재량에 따른 이송)를 적용하지 않습니다(동법 제31조).

② 전속관할이 정하여진 소의 예로는, 할부계약에 관한 소(할부거래에 관한 법률 제44조), 통신판매업자와의 거래에 관련된 소(전자

상거래등에서의 소비자보호에 관한 법률 제36조), 방문판매등에 관한 법률의 적용대상인 특수판매업자와의 거래에 관련된 소(제 46조) 등이 있습니다.

## 2-5. 관할의 표준이 되는 시기

법원의 관할은 소를 제기한 때를 표준으로 정합니다(민사소송법 제 33조).

## 2-6. 이송(移送)

### 2-6-1. 관할위반에 따른 이송

법원은 소송의 전부 또는 일부에 대하여 관할권이 없다고 인정하는 경우에는 결정으로 이를 관할법원에 이송합니다(민사소송법 제34조 제1항).

### 2-6-2. 재량에 따른 이송

① 지방법원 단독판사는 소송에 대하여 관할권이 있는 경우라도 상 당하다고 인정하면 직권 또는 당사자의 신청에 따른 결정으로 소송의 전부 또는 일부를 같은 지방법원 합의부에 이송할 수 있 습니다(동법 제34조제2항). 다만, 전속관할이 정하여진 소에 대 하여는 적용하지 않습니다(동법 제34조제4항).

② 지방법원 합의부는 소송에 대하여 관할권이 없는 경우라도 상당 하다고 인정하면 직권으로 또는 당사자의 신청에 따라 소송의 전부 또는 일부를 스스로 심리·재판할 수 있습니다(동법 제34조 제3항). 다만, 전속관할이 정하여진 소에 대하여는 적용하지 않 습니다(동법 제34조제4항).

### 2-6-3. 손해나 지연을 피하기 위한 이송

법원은 소송에 대하여 관할권이 있는 경우라도 현저한 손해 또는 지연을 피하기 위하여 필요하면 직권 또는 당사자의 신청에 따른 결정으로 소송의 전부 또는 일부를 다른 관할법원에 이송할 수 있습니다. 다만, 전속관할이 정하여진 소의 경우에는 이송할 수 없습니다(동법 제35조).

■ 소액사건으로 소제기를 하려는데, 어느 법원에 소장을 제출해야 하나요?

Q. 소액사건으로 소제기를 하려고 하는데, 어느 법원에 소장을 제출해야 하나요?

A. 소액사건의 소는 피고의 주소지에 해당하는 관할 지방법원 또는 지방법원 지원에 제기하는 것이 일반적이지만, 어음·수표 지급지의 법원, 불법행위가 발생한 지역의 관할 법원에 제기할 수도 있습니다.
대한민국에 주소가 없는 사람 또는 주소를 알 수 없는 사람에 대해 재산권에 관한 소를 제기하는 경우에는 청구의 목적 또는 담보의 목적이나 압류할 수 있는 피고의 재산이 있는 곳의 법원에 제기할 수 있습니다.

관할 이송 신청절차는 법원은 소송에 대해 관할권이 있는 경우라도 손해가 현저하거나 소송의 지연이 생길 염려가 있는 때에는 이를 피하기 위해 필요한 경우 직권 또는 당사자의 신청에 따라 결정으로 소송의 전부 또는 일부를 다른 관할법원에 이송할 수 있습니다. 다만, 전속관할이 정해진 소송의 경우에는 이송할 수 없습니다.

## 3. 소송대리인의 범위

소액사건심판법은 소액사건의 경우 편리하게 구제받을 수 있도록 당사자의 배우자·직계혈족 또는 형제자매가 법원의 허가 없이 소송대리인이 될 수 있도록 정하고 있습니다.

### 3-1. 소액사건에 대한 특례
① 당사자의 배우자·직계혈족 또는 형제자매는 법원의 허가 없이 소송대리인이 될 수 있습니다(법 제8조제1항). 따라서 그 외 4촌 내의 친족 등은 법원의 허가를 받아야 소송대리인이 될 수 있습니다.
② 소송대리인은 당사자와의 신분관계 및 수권(授權)관계를 서면으로 증명하여야 합니다. 그러나 수권관계에 대해 당사자가 판사의 면전에서 구술로 소송대리인을 선임하고 법원사무관 등이 조서에 적어 넣은 때에는 그렇지 않습니다.

### 3-2. 소송위임장의 작성
① 소송대리를 위임할 경우에 필요한 소액사건의 소송위임장에는 다음의 사항을 포함하여 작성합니다.
　1. 소송대리할 사람의 이름, 주소, 연락처
　2. 당사자와의 관계
　3. 소송위임할 사항
　4. 위임인의 날인 또는 서명

* 소송위임장 참조

---

### 소송위임장 (소액사건)

사건번호 20    가소
(담당재판부 : 제    단독)
원 고
피 고
위 사건에 관하여 아래와 같이 소송대리를 위임합니다.

---

1. 소송대리 위임
 가. 소송대리할 사람의   이   름
       주   소
       연락처 (   )    -
       [팩스번호 : (   )    -    이메일 주소 :              ]
 나. 당사자와의 관계(해당란에 ✔ 해 주시기 바랍니다)
    □ 배우자
    □ 직계혈족(부모, 자 등)
    □ 형제자매
    [신분관계 증빙서류(가족관계증명서, 제적등본 등)]

---

2. 소송위임할 사항
 가. 일체의 소송행위, 반소의 제기 및 응소
 나. 재판상 및 재판 외의 화해
 다. 소의 취하
 라. 청구의 포기.인낙 또는 독립당사자참가소송에서의 소송탈퇴
 마. 상소의 제기 또는 취하
 바. 복대리인의 선임
 사. 목적물의 수령, 공탁물의 납부, 공탁물 및 이자의 반환청구
    와 수령
 아. 담보권행사, 권리행사최고신청, 담보취소신청, 담보취소신
    청에 대한 동의, 담보취소 결정정본의 수령, 담보취소결정
    에 대한 항고권의 포기
 자. 기타(특정사항 기재요)

20  .  .  .
    위임인 :원(피)고         (날인 또는 서명)

             법원        귀중

| 제출법원 | 소송계속법원 | 관련법규 | 소액사건심판법 제8조 |
|---|---|---|---|
| 제출부수 | 소송위임장 1부 | | |
| 기 타 | · 소액사건에서만은, 당사자의 배우자·직계혈족 또는 형제자매는 법원의 허가 없이도 소송대리인이 될 수 있음.<br>· 당사자와의 신분관계는 서면으로 증명하여야 하므로, 가족관계증명서나 제적등본 등을 첨부하여야 함<br>· 변호사를 선임하는 경우와 달리 소송대리권을 제한할 수 있으므로(민사소송법 제91조 단서), 본인이 소송위임할 사항을 특정할 수 있음<br>· 소액사건이라도 위 사람들 외의 4촌 이내의 친족, 고용관계인등을 소송대리인으로 선임할 때에는 법원의 허가를 얻어야 함은, 민사단독사건의 일반원칙과 같음 | | |

■ 소송위임장 제출이 민사소송법상 '기일지정의 신청'에 해당하는지요?

Q. 저는 지인을 상대로 대여금 1,500만원을 반환청구하는 소송을 제기하였습니다. 그러나 제가 관할법원과 멀리 떨어진 곳에서 일하기 때문에 1차, 2차 변론기일에 출석하지 못하였고, 지인도 역시 출석하지 않았다고 합니다. 그런데 소액심판의 경우에는 가족의 소송대리가 가능하다고 하므로, 저희 처를 대리인으로 소송을 수행하도록 하기 위하여 소송위임장을 제출하였습니다. 이 경우 당사자 쌍방이 출석하지 아니한 것으로 인하여 어떤 불이익을 받지는 않는지요?

**A.** 민사소송법 제268조 제1항은 "양쪽 당사자가 변론기일에 출석하지 아니하거나 출석하였다 하더라도 변론하지 아니한 때에는 재판장은 다시 변론기일을 정하여 양쪽 당사자에게 통지하여야 한다."라고 규정하고 있고, 같은 조 제2항은 "제1항의 새 변론기일 또는 그 뒤에 열린 변론기일에 양쪽 당사자가 출석하지 아니하거나 출석하였다 하더라도 변론하지 아니한 때에는 1월 이내에 기일지정신청을 하지 아니하면 소를 취하한 것으로 본다."라고 규정하고 있습니다. 그리고 소송위임장 제출이 민사소송법제268조 제2항 소정의 '기일지정의 신청'에 해당하는지에 관하여 판례는 "소송위임장을 제출한 것만으로는 민사소송법 제241조(현행 민사소송법 제268조) 제2항이 정한 '기일지정의 신청'이라고 볼 수 없다."라고 하였습니다(대법원 1993. 6. 25. 선고 93다9200 판결). 그렇다면 위 사안에서도 귀하의 처를 소송대리인으로 하는 소송위임장을 제출한 것만으로는 특별한 사정이 없는 한 기일지정신청을 한 것으로 되지 않을 것이므로 별도로 기일지정신청을 하여야 할 것입니다. 또한, 민사소송법 제268조 제2항의 기일지정신청기간의 기산점에 관하여 판례는 "민사소송법 제241조(현행 민사소송법 제268조) 제2항의 기일지정신청은 쌍방 불출석 변론기일로부터 1월내에 하여야 하는 것이지, 신청인이 그 사실을 안 때로부터 그 기간을 기산할 수는 없다."라고 하였습니다(대법원 1992. 4. 14. 선고 92다3441 판결).

따라서 위 사안에서도 2차 변론기일로부터 1월내에 기일지정신청을 하여야 할 것입니다.

### 3-3. 소송대리권의 범위

① 소송대리인은 위임을 받은 사건에 대하여 반소(反訴)·참가·강제집행·가압류·가처분에 관한 소송행위 등 일체의 소송행위와 변제의 영수를 할 수 있습니다(민사소송법 제90조제1항).

② 소송대리인은 다음의 사항에 대하여는 특별한 권한을 따로 받아야 합니다(동법 제90조제2항).

  1. 반소의 제기

  2. 소의 취하, 화해, 청구의 포기·인낙(認諾) 또는 독립당사자 참가소송에서의 탈퇴(동법 제80조)

  3. 상소의 제기 또는 취하

  4. 대리인의 선임

③ 소송대리권은 제한하지 못합니다. 다만, 변호사가 아닌 소송대리인에 대하여는 제한할 수 있습니다(동법 제91조).

④ 법률에 따라 재판상 행위를 할 수 있는 대리인의 권한에는 민사소송법 제90조(소송대리권의 범위)와 제91조(소송대리권의 제한)를 적용하지 않습니다(동법 제92조).


### ■ 소액사건 소송은 꼭 본인이나 변호사만 할 수 있나요?

Q. 저는 지인에게 받을 돈이 조금 있어서 소송을 하려고 하는데, 변호사를 선임하려니 돈이 많이 드네요. 소송은 꼭 본인이나 변호사만 할 수 있나요?

A. 원칙적으로 민사소송은 본인이 직접 소송을 제기하거나, 변호사 자격을 갖춘 대리인에게 소송을 대리하게 할 수 있습니다. 그러나 소송가액이 3천만원 이하인 소액사건재판은 당사자의 배우자·직계혈족 또는 형제자매의 경우 법

원의 허가 없이 소송을 대리할 수 있도록 하고 있습니다. 소액사건재판은 당사자가 소송을 제기하거나 변호사가 소송을 대리하는 외에 다음 어느 하나에 해당하는 사람의 경우에도 소송을 대리할 수 있습니다.

① 당사자의 배우자
② 당사자의 직계혈족(부모, 조부모, 자녀, 손자녀 등)
③ 당사자의 형제자매

소송대리의 방법으로는 소액사건재판의 소송대리인이 되기 위해서는 당사자와의 신분관계 및 수권관계를 서면으로 증명해야 합니다. 그러나 수권관계에 대해서는 당사자가 판사 앞에서 소송대리인을 선임하고 법원사무직원이 조서에 이를 기재한 때에는 서면증명을 할 필요가 없습니다.

## ■ 소액사건에서 가족이 소송대리를 할 수 있는지요?

Q. 저는 채무자 甲을 상대로 1,000만원의 지급을 구하는 소송을 제기하였고, 법원이 甲에게 이행권고결정을 하였습니다. 甲은 이행권고결정에 대하여 이의신청을 하여 변론기일이 지정되었습니다. 그런데 저는 직장에 다니는 관계로 변론기일에 출석할 수 없는 사정이 있습니다. 이럴 경우 저는 변호사를 선임하여야하는 것인지요, 아니면 다른 가족이 대신 법원에 출석할 수는 있는지요?

A. 소액사건심판절차에서는 일반 민사사건의 재판과는 달리 당사자의 배우자, 직계혈족, 형제자매는 법원의 허가 없이도 소송대리인이 될 수 있습니다. 이 경우 신분관계를 증명할 수 있는 가족관계증명서 또는 주민등록등본 등으로 신분관계를 증명하고 소송위임장으로 수권관계를 증명하

여야 합니다(법 제8조). 따라서 귀하는 변론기일에 출석할 수 없는 사정이 있다 하더라도 변호사를 선임할 필요 없이 귀하의 배우자, 직계혈족, 형제자매가 귀하를 대리하여 변론기일에 출석할 수 있습니다. 다만, 가족관계증명서, 주민등록등본 등 신분관계를 증명하는 서류를 첨부하여 소송위임장을 법원에 제출하여야 합니다.

## 4. 소 제기 시 준비사항

소액사건의 소를 제기하기 위해서는 소장과 소장에 붙여야 할 인지와 송달료 등의 비용, 증거서류 등이 필요합니다.

### 4-1. 소액사건의 소 제기 시 준비물

### 4-1-1. 소장

소장의 작성 등에 관하여는 '소장제출에 의한 소의 제기' 부분에서 설명하고 있습니다.

### 4-1-2. 소장부본(副本)

① 원고는 소장에 원고와 피고의 수에 1을 더한 숫자만큼의 소장부본을 첨부하여야 합니다(소액사건심판규칙 제3조의2).

② 법원은 소장부본이나 제소조서등본(구술제소의 경우)은 지체 없이 피고에게 송달하여야 합니다. 다만, 피고에게 이행권고결정서의 등본이 송달된 때에는 소장부본이나 제소조서등본이 송달된 것으로 봅니다(법 제6조).

③ 「송달」이란 법원이 소송에 관련된 서류를 일정한 방식에 따라 당

사자나 소송 관계인에게 보내는 일을 말하는데, 자세한 내용은 민사소송법 제174조부터 제197조까지에서 정하고 있습니다.

### 4-1-3. 첨부서류

① 소 제기 시 소장의 첨부서류는 다음과 같습니다(민사소송규칙 제63조).

1. 피고가 소송능력 없는 사람인 때에는 법정대리인, 법인인 때에는 대표자, 법인이 아닌 사단이나 재단인 때에는 대표자또는 관리인의 자격을 증명하는 서면
2. 부동산에 관한 사건은 그 부동산의 등기사항증명서
3. 친족·상속관계 사건은 가족관계기록사항에 관한 증명서
4. 어음 또는 수표사건은 그 어음 또는 수표의 사본
5. 그 밖에 증거로 될 문서 가운데 중요한 것의 사본
6. 민사소송법 제252조제1항(정기금판결과 변경의 소)에 규정된 소의 소장의 경우 변경을 구하는 확정판결의 사본

### 4-1-4. 인지액

① 민사소송절차, 행정소송절차 그 밖에 법원에서의 소송절차 또는 비송사건절차에서 소장이나 신청서 또는 신청의 취지를 적은 조서에는 다른 법률에 특별한 규정이 있는 경우가 아니면 민사소송등인지법이 정하는 인지를 붙여야 합니다(제1조 본문).

② 다만, 민사소송등인지규칙에 따라 인지를 붙이는 대신 그 인지액에 해당하는 금액을 현금이나 신용카드·직불카드 등으로 납부하게 할 수 있도록 하되, 신용카드·직불카드 등으로 납부하는 경우 인지납부일, 인지납부대행기관의 지정 및 운영과 납부대행 수수료 등에

필요한 사항은 민사소송등인지규칙에서 정합니다(제1조 단서).

③ 소장 등에 첨부(貼付)하거나 보정하여야 할 인지액(이미 납부한 인지액이 있는 경우에는 그 합산액)이 1만원 이상인 때에는 그 인지의 첨부 또는 보정에 갈음하여 인지액 상당의 금액 전액을 현금으로 납부하여야 합니다(민사소송등인지규칙 제27조제1항).

④ 민사소송 등 인지규칙 제27조제1항에 해당하지 않는 경우에도 신청인 등은 인지의 첨부에 갈음하여 인지액 상당의 금액을 현금으로 납부할 수 있습니다(동 규칙 제27조제2항).

⑤ 시(市)·군(郡)법원에 제출하는 소장 등과 민사소송등인지법 제10조 및 제12조에 규정된 신청서 등의 경우에는 민사소송 등인지규칙 제27조제1항 및 제2항을 적용하지 않습니다(동 규칙 제27조제3항 본문).

⑥ 다만, 소를 제기하는 경우에 소장에 붙여야 할 인지액이 10만원을 초과하는 화해, 지급명령 또는 조정신청 사건에 대하여 민사소송법 제388조, 제472조 또는 민사조정법 제36조에 따라 소의 제기가 있는 것으로 보아 인지를 보정하는 경우에는 현금 또는 신용카드 등으로 납부하여야 합니다(동 규칙 제27조제4항 단서).

⑦ 신청인 등은 위에 따라 인지액 상당의 금액을 현금으로 납부할 수 있는 경우 이를 수납은행 또는 인지납부대행기관의 인터넷 홈페이지에서 인지납부대행기관을 통하여 신용카드 등으로도 납부할 수 있습니다(동 규칙 제28조의2제1항).

⑧ 소장(반소장 및 대법원에 제출하는 소장을 제외)에는 소송목적의 값에 따라 다음에 해당하는 금액 상당의 인지를 붙여야 합니다(민사소송등인지법 제2조제1항).

| 소 가(訴價) | 첨부인지액 |
|---|---|
| 1천만원 미만 | 소가× 1만분의 50 |
| 1천만원 이상1억원 미만 | 소가× 1만분의 45 + 5천원 |
| 1억원 이상 10억원 미만 | 소가× 1만분의 40 + 5만5천원 |
| 10억원 이상 | 소가× 1만분의 35 + 55만5천원 |

⑨ 계산된 인지액이 1천원 미만이면 그 인지액은 1천원으로 하고, 1천원 이상이면 100원 미만은 계산하지 않습니다(민사소송등인지법 제2조제2항). 예를 들어, 소가가 1,500만원일 경우 (1,500만원 × 45/1만) + 5천원 = 72,500원 상당의 인지를 붙여야 합니다.

⑩ 민사소송등인지법에 따른 인지를 붙이지 않거나 인지액에 해당하는 금액을 현금이나 신용카드·직불카드 등으로 납부하지 않고 한 신청은 부적법합니다. 다만, 법원은 신청인에게 보정을 명할 수 있고, 신청인이 그 명령에 따라 인지를 붙이거나 인지액에 해당하는 금액을 현금이나 신용카드·직불카드 등으로 납부한 경우에는 그렇지 않습니다(제13조).

## 4-1-5. 송달료

① 비용을 필요로 하는 소송행위에 대하여 법원은 당사자에게 그 비용을 미리 내게 할 수 있습니다(민사소송법 제116조).

② 법원이 소송비용을 미리 내게 할 수 있는 당사자는 그 소송행위로 이익을 받을 당사자로 하되, 송달료는 원고가 부담합니다(동 규칙 제19조제1항제1호).

③ 당사자가 송달료를 납부하려고 할 때에는 대법원장이 지정하는 송달료수납은행(이하 '수납은행'이라 함)에 대법원예규에서 정한 기준에 따라 현금을 납부하고, 수납은행으로부터 송달료납부서(송달

료규칙 별지 제1호서식), 송달료영수증(송달료규칙 별지 제2호서식) 각 1통을 교부받아야 합니다. 다만, 현금지급기 또는 현금입·출금기를 이용하여 송달료를 납부하는 때에는 그 이용명세표로 송달료납부서에 갈음할 수 있습니다(송달료규칙 제3조제1항).

④ 민사소액사건의 경우에는 당사자 1명당 10회분의 송달료를 납부해야 하며(송달료규칙의 시행에 따른 업무처리요령 별표 1), 우편료는 2016년 4월 현재 3,700원입니다. 예를 들어, 민사소액사건에서 당사자가 2명인 경우에는 2(당사자수)×3,700원(우편료)×10회분=74,000원의 송달료를 납부해야 합니다.

⑤ 납부인은 송달료규칙 제3조제1항의 송달료납부서 1통을 소장 등 서면에 첨부하여 관할법원에 제출하여야 합니다(동 규칙 제3조제2항).

⑥ 송달료를 납부 받은 수납은행은 지체 없이 납부인의 성명, 주소, 납부금액 및 송달료 잔액을 환급할 계좌번호를 대법원장이 지정하는 송달료관리은행에 통보하여야 합니다. 다만, 송달료잔액을 환급할 계좌번호의 통보는 납부인이 송달료잔액의 계좌입금신청을 한 경우에 한합니다(동 규칙 제3조제4항).

## ■ 소액사건재판을 청구하려는데 인지대와 송달료의 계산은 어떻게 하나요?

Q. 소액사건재판을 청구하려고 하는데 인지대와 송달료의 계산은 어떻게 하나요?

A. 법원에서의 소송절차 또는 비송사건절차는 원칙적으로 민사소송 등 인지법이 정하는 인지를 붙여야 합니다. 이 인지는 소송가액에 따라 금액에 차이가 있습니다.

한편, 송달료는 법원에서 소송 관련 서류를 송달하는 데 들어가는 일종의 우편요금을 말하며, 소액사건의 경우에는 소장 접수 시 당사자수 × 10회에 해당하는 송달료를 납부해야 합니다.

### ◇ 소송가액 1천만원 미만인 경우 인지대 계산

소송가액(소송으로 피고에게 받고자 하는 금액)이 1천만원 미만인 경우 인지대 = 소송가액 × 0.005.

예) 소송가액이 500만원인 경우에는 (500만원 × 0.005) = 2만5천원의 인지대를 납부해야 합니다.

### ◇ 소송가액 1천만원 이상, 2천만원 이하인 경우 인지대 계산

소송가액이 1천만원 이상, 2천만원 이하인 경우에는 소송가액 × 0.0045 + 5,000. 예컨대, 소송가액이 1천500만원인 경우에는 (1천5백만 × 0.0045 + 5,000) = 7만2천500원의 인지대를 납부해야 합니다.

### ◇ 송달료 계산

2016년 4월 기준 우편료는 1회에 3,700원입니다. 따라서 원고와 피고가 각 1명인 경우에는 소액사건 접수 시 납부해야 할 송달료는 2 × 3,700원 × 10회분 = 74,000원입니다.

# ■ 채무자가 소송관계서류의 송달 받기를 거부할 때의 송달방법은 어떻게 신청하나요?

Q. 저는 지인에게 300만원을 빌려주면서 이자는 월 2푼으로 변제기일은 1년 후로 하였습니다. 그런데 지인은 이자만 몇 번 지급하였을 뿐 2년이 지난 지금까지도 돈을 갚지 않아 얼마 전에 소액심판을 청구하였습니다. 그러나 지인은 소장의 수령을 거부하여 송달이 안 되고 있는데, 이 경우 송달될 수 있도록 하는 방법은 없는지요?

A. 민사소송법 제178조 제1항은 "송달은 특별한 규정이 없으면 송달받을 사람에게 서류의 등본 또는 부본을 교부하여야 한다."라고 규정하여 소송관계서류의 송달은 송달장소(송달받을 사람의 주소·거소·영업소 또는 사무소)에서 송달서류를 송달받을 사람에게 교부하여 행하는 교부송달을 원칙으로 하고 있습니다.

그리고 이러한 원칙적 교부송달방법의 변형으로서 ①조우송달(遭遇送達:송달실시기관이 송달받을 사람의 송달장소 이외의 곳에서 송달받을 사람을 만난 때에 송달서류를 교부하여 행하는 송달, 민사소송법 제183조 제3항, 제4항), ②보충송달(補充送達:송달할 장소에서 송달받을 사람을 만나지 못한 때에 그 사무원, 피용자 또는 동거인으로서 사리를 분별할 지능이 있는 자에게 서류를 교부하는 송달, 동법 제186조 제1항, 제2항), ③유치송달(留置送達:서류의 송달을 받을 자, 즉 수송달자 및 그 수령대리인이 송달 받기를 거부하는 때에 송달할 장소에 서류를 두어 송달의 효력을 발생시키는 송달, 동법 제186조 제3항)의 방법이 있습니다.

교부송달원칙에 대한 예외로서 ①등기우편에 의한 우편송

달(보충송달이나 유치송달이 불가능한 때 법원사무관 등이 송달서류를 등기우편으로 발송하고, 발송한 때에 송달의 효력을 발생시키는 송달방법, 동법 제187조, 제189조)과 ② 송달함 송달{법원 안에 송달할 서류를 넣을 함(송달함)을 설치하여 법원사무관 등이 송달할 수 있고, 송달받을 사람이 송달함에서 서류를 수령하여 가지 아니한 경우에는 송달함에 서류를 넣은 지 3일이 지나면 송달된 것으로 보는 송달, 동법 제188조), ③전화 등을 이용한 송달(변호사가 소송대리인으로 선임되어 있는 경우에 그에 대한 송달은 법원사무관 등이 전화·팩시밀리 또는 전자우편을 이용하여 행할 수 있는바, 이 방식에 의한 송달, 민사소송규칙 제46조) 및 ④공시송달(당사자의 주소, 거소 기타 송달할 장소를 알 수 없는 경우 또는 외국에서 할 송달에 관하여 민사소송법제191조의 규정에 따를 수 없거나 이에 따라도 효력이 없는 것으로 인정되는 경우에 직권 또는 당사자의 신청이 있을 때 재판장의 명에 의하여 하는 송달방법으로서 법원사무관등이 송달서류를 보관하고 그 사유를 법원 게시장에 게시하거나, 필요한 경우에는 신문지상에 그 사유를 공고하고, 일정기간이 경과하면 송달의 효과가 발생하도록 하는 송달, 동법 제194조~제196조)의 방법이 있습니다.

교부송달은 실무상 통상 우편집배원이 실시하고 있는데, 위 사안과 같이 송달받을 사람임이 명백함에도 송달받기를 거부하는 경우에는 위에서 설명한 송달방법 중 유치송달의 방법으로 송달시킬 수 있을 것입니다.

즉, 우편집배원은 송달할 서류를 송달할 장소에 두어 송달의 효력을 발생시킬 수 있고(동법 제186조 제3항), 그 사유를 우편송달통지서에 기재하여 법원에 제출하게 됩니다. 그러나 우편집배원이 위와 같은 유치송달을 하지 못하였을 경우에는 법원에 특별송달허가신청을 하면 집행관에 의한 유치송달이 가능하게 됩니다. 그리고 이러한 유치송달을 받을 자 중에는 보충송달을 받을 수 있는 동거자도 포함됩니다(대법원 1979. 1. 23.자 78마362 결정, 1965. 8. 18.자 65마665 결정).

■ **주소를 알고도 공시송달로 승소확정판결 받은 경우 구제방법은 없는지요?**

Q. 저는 甲에게 컴퓨터 1대를 판매였으나 그 며칠 후 甲은 컴퓨터가 마음에 들지 않는다면서 환불을 요구하기에 다른 제품으로의 교환만 가능하다고 하였습니다. 그 후 甲의 별다른 요구가 없어 일이 마무리된 줄 알았는데, 최근에 甲이 저를 상대로 소액심판을 청구하여 승소하였으니 대금을 환불하지 않으면 재산을 강제집행 하겠다고 합니다. 이에 법원에 확인해보니 甲은 저희 주소지를 알고 있었음에도 소재불명을 이유로 한 공시송달방법을 이용하여 승소판결을 받아 그 판결이 확정되었던 것입니다. 이 경우 다시 재판하여 다툴 방법은 없는지요?

A. 소송관계서류의 송달은 실무상 통상 우편집배원이 실시하고 있는데, 공시송달은 송달을 받을 자에게 현실적으로 소송서류를 교부하지 않고 송달의 효력을 발생시키는 제도이므로 엄격한 요건 아래에서만 허용됩니다.

즉, ①당사자의 주소 등 또는 근무장소를 알 수 없는 경우, ②외국거주자에 대하여 민사소송법 제191조에 의한 촉탁송달을 할 수 없거나 이에 의하여도 효력이 없을 것으로 인정되는 경우에만 공시송달이 허용됩니다(동법 제194조).

그러나 공시송달의 요건이 갖추어지지 아니하였다고 하더라도 판례는 "제1심 판결정본이 공시송달의 방법에 의하여 피고에게 송달되었다면 비록 피고의 주소가 허위이거나 그 요건에 미비가 있다 할지라도 그 송달은 유효한 것이므로 항소기간의 도과로 그 판결은 형식적으로 확정되어 기판력이 발생한다."라고 하였습니다(대법원 1994. 10. 21. 선고 94다27922 판결).

따라서 당사자로서는 그 판결이 확정되어 기판력이 발생하기 때문에 항소로서는 다툴 수 없고, 그 확정판결에 대하여 불복하는 방법으로서는 ①민사소송법 제451조 제1항 제11호의 재심사유 즉, 당사자가 상대방의 주소 또는 거소를 알고 있음에도 불구하고 소재불명 또는 허위의 주소나 거소로 하여 소를 제기한 때에 해당된다고 보아 위 사실을 안 때로부터 30일 이내에 재심청구 하는 방법이 있으며, ②민사소송법 제173조 즉, 당사자가 책임질 수 없는 사유로 말미암아 불변기간을 지킬 수 없었던 경우에는 그 사유가 없어진 날부터 2주 이내에 게을리 한 소송행위를 보완할 수 있다는 규정에 따라 항소제기기간이 경과되었다고 하더라도 추후보완항소를 제기하여 다툴 수 있는 방법이 있습니다.

한편, 민사소송법 제173조에서 말하는 '당사자가 책임질 수 없는 사유로 말미암아 불변기간을 지킬 수 없었던 경우'라 함은 당사자가 불변기간 안에 어떠한 소송행위를 하지 못한 원인이 그 행위의 대상되는 재판의 선고 또는 고지를 그의 책임에 돌릴 수 없는 사유로 인하여 알지 못하였을 때 또는 천재지변 기타 이에 유사한 사고로 인하여 그 소송행위를 할 수 없었을 경우를 의미합니다(대법원 1985. 10. 18. 선고 85므40 판결). 또한 위 판례는 "상대방의 주소나 거소를 알고 있음에도 불구하고 소재불명 또는 허위의 주소나 거소로 하여 소를 제기한 탓으로 공시송달의 방법에 의하여 판결이나 심판등 정본이 송달되어 불변기간인 상소기간이 도과된 경우에는 특단의 사정이 없는 한 상소 기간을 준수치 못한 것은 그 상대방이 책임질 수 없는 때에 해당된다."라고 판시한바 있습니다.

따라서 귀하는 재심청구를 하거나 추후보완항소를 제기하여 구제받을 수 있을 것입니다(대법원 1992.5.26. 선고 92다4079 판결, 2000.9.5. 선고 2000므87 판결).

# 제3장 이행권고결정제도

## 1. 이행권고결정제도의 개요

① 이행권고결정이라 함은 소액사건의 소가 제기된 때에 법원이 결정으로 소장부본이나 제소 조서등본을 첨부하여 피고에게 청구취지대로 이행할 것을 권고하는 결정을 말합니다(법 제5조의3 제1항).

② 이는 현행 지급명령의 개념과 민사소송법에 도입된 화해권고결정제도의 개념을 함께 반영하여 소액사건심판법에 새로이 도입한 제도입니다. 즉 간이한 소액사건에 대하여 직권으로 이행권고결정을 한 후 이에 대하여 피고가 이의하지 않으면 곧바로 변론 없이 원고에게 채무명의를 부여하자는 것이 이 제도의 골자라고 할 수 있습니다.

③ 또한 이행권고결정이 확정된 때에는 원칙적으로 별도의 집행문 부여 없이 이행권고결정정본으로 강제집행할 수 있도록 강제집행상의 특례를 규정하였습니다. 다만, 변론 없이 원고에게 채무명의를 부여함으로써 피고에게 발생할지 모를 불측의 손해를 예방하기 위하여 청구이의의 사유에 제한을 두지 않은 점은 현행 지급명령과 같습니다.

## ■ 소액사건의 이행권고결정제도는 지급명령제도와는 어떠한 차이가 있는지요?

Q. 소액심판사건에 대하여 이행권고결정제도가 있어 더욱 간편한 절차에 의하여 판결을 받은 것과 유사한 효과를 얻을 수 있다고 하는데, 이행권고결정제도란 어떠한 것이며,

지급명령제도와는 어떠한 차이가 있는지요?

*A.* 이행권고결정제도란 소액사건의 소가 제기된 때에 법원이 결정으로 소장부본이나 제소조서등본을 첨부하여 피고에게 청구취지대로 이행할 것을 권고하고 이를 송달받은 피고가 2주 이내 이의신청 등을 하지 않는 경우 그 이행권고결정에 확정판결과 같은 효력을 부여하는 간이한 소송절차를 말합니다(법 제5조의3 제1항, 같은 법 제5조의7).

즉, 이행권고결정제도는 소액심판사건의 범위 내 즉, 소송목적의 값이 3,000만원을 초과하지 아니하는 금전 기타 대체물, 유가증권의 일정한 수량의 지급을 청구하는 민사 제1심 사건에 한하여 인정되는 제도입니다.

이행권고결정은 원고전부승소판결을 할 수 있는 사건에 한하여 할 수 있으며, ① 독촉절차 또는 조정절차에서 소송절차로 이행된 때, ② 청구취지나 청구원인이 불명한 때, ③ 그밖에 이행권고를 하기에 적절하지 아니하다고 인정하는 때에는 이행권고결정을 할 수 없습니다(법 제5조의3 제1항). 이행권고결정에는 당사자, 법정대리인, 청구의 취지와 원인, 이행조항을 기재하고, 피고가 이의신청을 할 수 있음과 이행권고결정의 효력의 취지를 부기하게 됩니다(법 제5조의3 제2항).

이행권고결정등본은 민사소송법상의 우편송달(제187조), 공시송달(동법 제194조 내지 제196조)의 방법으로는 송달할 수 없으며, 피고가 현재 소재불명이어서 공시송달로 진행하여야 할 필요가 있다는 것이 소장에 기재되고 이에 대한 소명자료가 있는 경우에는 곧바로 변론기일이 지정되게 됩니다(법 제5조의3 제3항, 제4항). 한편, 원고가 피고에 대한 주소보정명령을 받은 경우에 민사소송법상의 우편송달(동법 제187조),

공시송달(동법 제194조 내지 제196조)의 방법에 의하지 아니하고는 송달할 방법이 없음을 소명하여 변론기일지정신청을 할 수 있습니다(소액사건심판규칙 제3조의3 제1항).

피고는 이행권고결정등본을 송달 받은 날부터 2주일의 불변기간 안에 서면으로 이의신청을 할 수 있으며, 그 등본이 송달되기 전에도 이의신청을 할 수 있습니다(법 제5조의4 제1항, 제2항). 다만, 피고가 부득이한 사유로 2주일 안에 이의신청을 할 수 없었던 때에는 그 사유가 없어진 후 2주일 안에 이의신청을 할 수 있고, 다만 그 사유가 없어질 당시 외국에 있는 피고에 대하여는 이 기간을 30일로 합니다(법 제5조의6 제1항).

이의신청은 서면으로 하여야 하고, 이의신청서는 답변서 또는 준비서면으로 갈음되지 않으나 구체적 이의사유를 기재하지 않더라도 원고의 주장사실을 다툰 것으로 되고, 피고의 이의신청이 있으면 법원은 지체 없이 변론기일을 지정하게 됩니다(법 제5조의4 제1항, 제3항, 제5항). 이의신청기간 내에 이의신청서가 아니라 답변서 기타 다투는 취지의 서면이 접수되면 이것을 이의신청서로 보아 변론기일을 지정하게 됩니다.

이의신청을 한 피고는 제1심 판결이 선고되기 전까지 이의신청을 취하할 수 있으며(법 제5조의4 제4항), 법원은 이의신청이 적법하지 아니하다고 인정되는 때에는 그 흠을 보정할 수 없으면 결정으로 각하하여야 하고(법 제5조의5 제1항), 이의신청의 각하결정에 대하여는 즉시항고를 할 수 있습니다(법 제5조의5 제2항).

이행권고결정은 ① 피고가 이행권고결정을 송달 받은 날부터 2주일 안에 이의신청을 하지 아니한 때, ② 이의신청에 대한 각하결정이 확정된 때, ③ 이의신청이 취하된 때에는 확정판결과 같은 효력이 있습니다(법 제5조의7 제1항). 그러나 이행권고결정은 변론을 거치지 않고 확정판결과 같은 효력을 부여하므로 변론종결일의 개념이 없고, 피고는 이행권고결정이 확정된 이후에 발생한 사유 이외에, 이의원인이 이행권고결정이 확정되기 이전에 있었다고 하더라도 청구이의의 사유로 삼아 청구이의의 소를 제기할 수 있습니다(법 제5조의8 제3항). 그리고 이행권고결정은 제1심 법원에서 판결이 선고된 때에는 효력을 잃게 됩니다(법 제5조의7 제3항).

이행권고결정에 기한 강제집행은 집행문을 부여받을 필요 없이 이행권고결정서정본에 의하여 행하게 됩니다. 그러나 ① 이행권고결정의 집행에 조건을 붙인 경우, ② 당사자의 승계인을 위하여 강제집행을 하는 경우, ③ 당사자의 승계인에 대하여 강제집행을 하는 경우에는 집행문을 부여받아야 합니다(법 제5조의8 제1항). 원고가 여러 통의 이행권고결정서의 정본을 신청하거나, 전에 내어준 이행권고결정서 정본을 돌려주지 아니하고 다시 이행권고결정서 정본을 신청한 때에는 법원사무관 등이 이를 부여하게 되고, 그 사유를 원본과 정본에 적어야 하는데(법 제5조의8 제2항), 이 경우 재판장의 허가를 받을 필요가 없으며, 집행문도 받을 필요가 없습니다.

이행권고결정제도와 지급명령의 차이를 보면, 이행권고결정제도는 소액심판사건의 범위 내 즉, 소송물가액이 3,000만원을 초과하지 아니하는 금전 기타 대체물, 유가증권의 일정한 수량의 지급을 청구하는 민사 제1심 사건에 한하여 인정되는 제도인데, 지급명령제도는 금전 기타 대체물, 유가증권의 일정한 수량의 지급을 목적으로 하는 청구에 대하여 인정되지만, 청구금액에 제한이 없다는 점에서 이행권고결정과 차이가 있습니다.

## 2. 이행권고결정 및 송달

### 2-1. 이행권고결정
법원은 소액사건의 소가 제기된 때에 결정으로 소장부본이나 제소조서등본을 첨부하여 피고에게 원고가 구하는 청구취지의 이행을 권고할 수 있습니다(법 제5조의3 제1항 본문). 이행권 고결정의 이행조항은 청구취지와 일치하도록 하였습니다.

### 2-2. 이행권고결정을 할 수 없는 경우
#### 2-2-1. 개요
이행권고결정은 원고 전부승소판결을 할 수 있는 사건에 한하여 할 수 있습니다. 구체적으로 이행권고결정을 할 수 없는 사례를 다음에서 설명합니다.

#### 2-2-2. 지급명령이의 또는 조정이의사건
독촉절차 또는 조정절차에서 소송절차로 이행된 때에는 이행권고결정을 할 수 없습니다. 즉 지급명령에 대한 이의신청이 있는 경우나 지급명령이 송달불능되어 채권자가 소송이행신청을 한 경우에는 이행권고결정을 하여서는 아니 되고, 종래와 같이 곧바로 변론기일을 지정하여야 합니다.

### 2-2-3. 청구취지나 청구원인이 불명한 때

청구취지나 청구원인이 불명한 때에도 이행권고결정을 할 수 없습니다. 예컨대, 원고의 소장에 기재된 청구취지를 그대로 인용하기 어렵거나, 청구원인이 불명확하여 변론을 거친다고 하더라도 원고전부 승소판결을 하기 곤란하다고 판단되는 경우에는 이행권고결정을 할 수 없고, 변론을 거쳐 청구취지나 청구원인을 보정하고 이에 대한 심리를 할 필요가 있다고 보았기 때문에 이러한 경우를 이행권고결정의 대상에서 제외하였습니다.

### 2-2-4. 기타 이행권고를 하기에 적절하지 않은 경우

이행권고결정은 우편송달(민사소송법 제173조), 공시송달(동법 제179조 내지 제181조)에 의한 방법으로 피고에게 송달할 수 없습니다(법 제5조의3 제3항). 따라서 피고가 현재 소재불명이어서 공시송달로 진행하여야 할 필요가 있다는 것이 소장에 기재되고 이에 대한 소명자료가 있는 경우에는 이행권고결정을 하더라도 어차피 이를 피고에게 송달할 수 없으므로, 이러한 경우에는 곧바로 변론기일을 지정하여야 합니다.

### 2-3. 이행권고결정의 양식

이행권고결정의 양식은 다음과 같습니다.

**[서식 예]** 이행권고결정서

# 이 행 권 고 결 정

사 건 20 가소

　원 고 ○○○

　　　　　　주소 별지 기재와 같다.

　피 고 ○○○

　　　　　　주소 별지 기재와 같다.

청구취지와 원인 별지 기재와 같다.


소액사건심판법 제5조의3 제1항에 따라 다음과 같이 이행할 것을 권고한다.

## 이 행 조 항

1. 피고는 원고에게 별지 청구취지 제1항의 금액을 지급하라.
2. 소송비용은 피고가 부담한다.


　　　　　　　　　　　　　　　　20 . . .

　　　　　　　　　　　　　　　　판사 ○ ○ ○


○ ○ **지 방 법 원**

※ 피고는 위 이행조항의 내용에 이의가 있으면 이 결정을 송달받은 날부터 2주일 안에 이의신청서를 법원에 제출하여야 합니다. **위 기간 안에 이의신청서를 제출하지 않으면 이 결정은 확정판결과 같은 효력을 가집니다.**

## 2-4. 이행권고결정의 시기

소액사건을 담당하는 판사가 이행권고결정을 하는 경우에는 소액사건이 배당되면 지체 없이 하여야 합니다[소액사건심판에관한사무처리요령(송민 73- 4) 3.의 가].

## 2-5. 이행권고결정등본의 송달

① 소액사건 참여사무관 등은 이행권고결정이 있으면 지체 없이 그 등본을 피고에게 송달하여야 합니다[소액사건심판에관한사무처리요령(송민 73- 4) 3.의 나].

② 이행권고결정에는 소장 부본을 첨부하여야 하므로, 원고는 소액사건의 소장을 제출할 때 원고와 피고의 수에 1을 더한 숫자만큼의 소장 부본을 제출하여야 합니다(소액사건심판규칙 제3조의 2). 이는 이행권고결정의 원본용, 피고에게 송달하는 등본용, 확정 후 원고에게 송달하는 정본용으로 사용할 소장부본이 필요하기 때문입니다.

③ 이행권고결정등본은 민사소송법상의 우편송달(민사소송법 제173조), 공시송달(동법 제179조 내지 제181조)의 방법으로는 송달할 수 없습니다(법 제5조의3 제3항 단서). 이행권고결정등본을 우편송달 또는 공시송달에 의하여 송달할 수 있다고 하면 피고의 이의신청권 행사 기회를 현저히 제한할 가능성이 있기 때문입니다.

④ 한편, 원고는 피고에 대한 주소보정명령을 받은 경우에 민사소송법 제173조, 제179조 내지 제181조에 규정된 방법에 의하지 아니하고는 송달할 방법이 없음을 소명하여 변론기일 지정 신청을 할 수 있도록 하였습니다(소액사건심판규칙 제3조의3 제1항). 이는 독촉절차에 있어 원고에게 피고의 주소를 보정하거나

또는 주소보정을 하지 않고 소송이행신청을 할 수 있도록 하는 제소신청제도(민사소송규칙 제92조의3 제1항)를 둠으로써 불필요한 소송지연을 방지하게 한 것과 그 취지가 같습니다.

## 2-6. 송달불능된 경우의 처리

① 이행권고결정등본이 피고에게 송달불능되면 원고에게 피고의 주소를 보정할 것을 명하여야 합니다. 다만, 위에서 설명한 것처럼 원고는 공시송달 소명자료를 첨부하여 변론기일 지정 신청을 할 수 있으므로, 아래 양식에 따른 주소보정명령을 하여야 합니다.

## [서식 예] 주소보정서

<br>

# 주 소 보 정 서

사건번호     20   가   (차)          [ 담당재판부 : 제       (단독)부 ]

원고(채권자)

피고(채무자)

위 사건에 관하여 아래와 같이 피고(채무자)           의 주소를
보정합니다.

| 주소 변동 유무 | □ 주소변동 없음 | 종전에 적어낸 주소에 그대로 거주하고 있음 |
|---|---|---|
| | □ 주소변동 있음 | 새로운 주소 :<br>            (우편번호       -       ) |
| 송달 신청 | □ 재송달신청 | 종전에 적어낸 주소로 다시 송달 |
| | □ 특별송달신청 | □ 주간송달    □ 야간송달    □ 휴일송달 |
| | | □ 종전에 적어낸 주소로 송달<br>□ 새로운 주소로 송달 |
| | □ 공시송달신청 | 주소를 알 수 없으므로 공시송달을 신청함<br>(첨부서류 :                      ) |

|  |  |
|---|---|
| 20 .  .  .   원고(채권자) | (서명 또는 날인) |
| | 법원  귀중 |

[주소보정요령]
1. 상대방의 주소가 변동되지 않은 경우에는 주소변동 없음란의
   □에 "✔" 표시를 하고, 송달이 가능한 새로운 주소가 확인
   되는 경우에는 주소변동 있음란의 □에 "✔" 표시와 함께 새
   로운 주소를 적은 후 이 서면을 주민등록등본 등 소명자료와

함께 법원에 제출하시기 바랍니다.
2. 상대방이 종전에 적어 낸 주소에 그대로 거주하고 있으면 재송달신청란의 □에 "✔" 표시를 하여 이 서면을 주민등록등본 등 소명자료와 함께 법원에 제출하시기 바랍니다.
3. 수취인부재, 폐문부재 등으로 송달되지 않는 경우에 특별송달(집행관송달 또는 법원경위송달)을 희망하는 때에는 특별송달신청란의 □에 "✔" 표시를 하고, 주간송달·야간송달·휴일송달 중 희망하는 란의 □에도 "✔" 표시를 한 후, 이 서면을 주민등록등본 등의 소명자료와 함께 법원에 제출하시기 바랍니다(특별송달료는 지역에 따라 차이가 있을 수 있으므로 재판부 또는 접수계에 문의바랍니다).
4. 공시송달을 신청하는 때에는 공시송달신청란의 □에 "✔" 표시를 한 후 주민등록말소자등본 기타 공시송달요건을 소명하는 자료를 첨부하여 제출하시기 바랍니다.
5. 지급명령신청사건의 경우에는 사건번호의 '(차)', '채권자', '채무자' 표시에 ○표를 하시기 바랍니다.
6. 소송목적의 수행을 위해서는 읍·면사무소 또는 동주민센터 등에 주소보정명령서 또는 주소보정권고 등 상대방의 주소를 알기 위해 법원에서 발행한 문서를 제출하여 상대방의 주민등록표 초본 등의 교부를 신청할 수 있습니다(주민등록법 제29조 제2항 제2호, 동법 시행령 제47조 제5항 참조).

② 원고가 공시송달 소명자료를 첨부하여 변론기일 지정신청을 한 때에는 지체 없이 변론기일을 지정하여 원고에게 통보하고, 변론기일 지정신청서를 소액사건기록에 가철하되, 문서건명부에는 등재하지 아니합니다[소액사건심판에관한사무처리요령(송민 73-4) 3의2. 나].

③ 원고가 주소보정을 한 때에는 보정된 주소로 다시 이행권고결정등본을 송달합니다. 이 때에는 이행권고결정의 원본에 첨부된 소장부본의 피고 주소지를 정정할 필요가 없습니다.

## 2-7. 이행권고결정정본의 송달

① 참여사무관 등은 이행권고결정이 피고에게 송달되어 확정되면 그 정본을 원고에게 송달하여야 합니다(법 제5조의7 제3항). 이 때 이행권고결정의 원본과 정본표지의 피고 성명 옆에 이행권고결정의 송달일자와 확정일자를 부기하여 인인한 후 원고에게 그 정본을 송달합니다.

② 한편, 이행권고결정정본을 원고에게 송달하였으나 송달불능된 때에는 판결정본의 송달불능시와 마찬가지로 업무처리를 하면 될 것이다.


# 3. 이행권고결정에 대한 이의신청

## 3-1. 이의신청

① 피고는 이행권고결정등본을 송달받은 날부터 2주일의 불변기간 안에 서면으로 이의신청을 할 수 있습니다(법 제5조의4 제1항 본문). 또한 피고의 응소가 예상되는 사건에서 무익하게 이행권고결정의 등본 송달을 기다릴 필요 없이 신속한 재판을 받을 수 있도록 하기 위해서 그 등본이 송달되기 전에도 이의신청을 할 수 있도록 하였고(같은 조 제1항 단서), 피고의 이의신청이 있으면 법원은 지체 없이 변론기일을 지정하도록 하였습니다(같은 조 제3항).

② 이 때에는 피고에게 다시 소장부본을 송달할 필요는 없습니다. 즉, 이행권고결정에 대한 이의신청을 한 피고는 이미 이행권고결정등본을 송달받았을 것이므로 굳이 다시 소장부본을 송달할 필요가 없기 때문에, 이행권고결정등본이 송달된 때에는 소장부본

이나 제소조서등본이 송달된 것으로 간주하도록 규정을 두었습니다(법 제6조 단서).

③ 한편, 이의신청을 한 피고는 제1심 판결이 선고되기 전까지 이의신청을 취하할 수 있습니다(법 제5조의4 제4항). 이행권고결정의 이행조항은 원고의 청구취지와 동일하므로, 피고가 이의신청을 취하하는 경우에는 원고의 동의를 받을 필요는 없습니다.

④ 피고가 이의신청을 취하한 경우에는 법원사무관 등은 이행권고결정 원본의 피고 성명 옆에 이행권고결정의 송달일자와 확정일자를 부기하여 인인한 후, 이행권고결정 정본을 원고에게 송달합니다.

⑤ 이의신청 기간 내에 이의신청서가 아니라 답변서 기타 다투는 취지의 서면이 접수되면 이를 이의신청서로 보아 변론기일을 지정하여야 합니다.

■ **이행권고결정에 대한 이의신청을 2주일 내에 하지 못하였을 경우에 구제절차는 없나요?**

Q. 저는 약 1달 전에 법원으로부터 이행권고결정이라는 것을 송달받았습니다. 제가 원고에게 1,000만 원을 지급하라는 내용이었는데, 받은 뒤 차일피일하다가 오늘 보니 2주 내에 이의신청을 하라고 적혀 있는 것을 발견하였습니다. 저는 원고에게 1,000만 원을 빌렸다가 갚았는데 차용증을 회수하지 않아 억울합니다. 방법이 없는 것인지요?

A. 소액사건심판법 제5조의4는"이행권고결정등본을 송달 받은 날부터 2주일 안에 서면으로 이의신청을 할 수 있고, 또한 그 등본이 송달되기 전에도 이의신청을 할 수 있다."고 규정하고 있습니다.

한편 소액사건심판법 제5조의6은 이의신청의 추후보완에 관하여 "부득이한 사유로 2주일 내에 이의신청을 할 수 없었던 때에는 그 사유가 없어진 후 2주일 내에 이의신청을 할 수 있다. 다만, 그 사유가 없어질 당시 외국에 있는 피고에 대하여는 이의신청 기간을 30일로 한다"고 규정하고 있습니다. 이 때 귀하는 이의신청과 동시에 그 추후보완 사유를 서면으로 소명하여야 합니다. 법원은 추완사유가 없다고 인정되는 경우에는 결정으로 이를 각하하고, 그 각하결정에 대하여는 즉시항고로 다툴 수 있습니다(법 제5조의6 제3항, 제4항). 또한, 이행권고결정에 대하여 적법한 추후보완 이의신청이 있는 때에 민사소송법 제500조의 재심 또는 상소의 추후보완신청으로 말미암은 집행정지신청 제도를 준용하도록 함으로써 이행권고결정제도의 취지를 모르는 피고가 입을 불측의 손해를 방지할 수 있는 길을 열어 놓았습니다(법 제5조의6 제5항).

그런데 현재 귀하의 경우 이의신청기간을 도과하였고, 송달을 적법하게 받았으며 2주일 내에 이의신청할 수 없었던 부득이한 사유가 없어 보이므로 이의신청의 추후보완은 할 수 없는 사안으로 보입니다. 다만 원고가 강제집행을 할 때 청구이의의 소를 제기하여 집행을 저지할 수 있습니다. 채무자인 피고는 청구이의의 소를 제기할 수 있으며(법 제5조의8 제3항), 이행권고결정이 확정된 이후에 발생한 사유 이외에 확정 전에 있었던 이의원인이라 하더라도 청구이의의 사유로 삼을 수 있습니다.

**(관련판례)**

소액사건심판법 제5조의7 제1항은 이행권고결정에 관하여 피고가 일정한 기간 내 이의신청을 하지 아니하거나 이의신청에 대한 각하결정이 확정된 때 또는 이의신청이 취하된 때에는 그 이행권고결정은 확정판결과 같은 효력을 가진다고 규정하고 있다. 그러나 확정판결에 대한 청구이의 이유를 변론이 종결된 뒤(변론 없이 한 판결의 경우에는 판결이 선고된 뒤)에 생긴 것으로 한정하고 있는 민사집행법 제44조 제2항과는 달리, 소액사건심판법 제5조의8 제3항은 이행권고결정에 대한 청구에 관한 이의의 주장에 관하여는 위 민사집행법 규정에 의한 제한을 받지 아니한다고 규정하고 있으므로, 확정된 이행권고결정에 관하여는 그 결정전에 생긴 사유도 청구에 관한 이의의 소에서 주장할 수 있다. 이에 비추어 보면 위 소액사건심판법 규정들의 취지는 확정된 이행권고결정에 확정판결이 가지는 효력 중 기판력을 제외한 나머지 효력인 집행력 및 법률요건적 효력 등의 부수적 효력을 인정하는 것이고, 기판력까지 인정하는 것은 아니다(대법원 2009.5.14. 선고 2006다34190 판결[대여금]).

**(관련판례 2)**

소액사건심판법에 의한 이행권고결정서의 등본을 송달받은 때로부터 2주일 내에 본안사건을 다른 법원으로 이송해 달라는 신청서를 제출한 것이 이행권고결정에 대한 이의신청으로 볼 수 있다(대구지방법원 2004.1.5. 자 2003라180 결정).

# ■ 이행권고결정에 대한 이의신청은 어떤 방법으로 해야 되나요?

Q. 저는 사채업자로부터 500만원을 이자 월 4%, 변제기 3개월 후로 하여 차용하였고, 원금은 모두 변제하고 이자 일부만 남아 있는 상태입니다. 그런데 최근 집으로 이자부분을 초과한 금액이 기재된 이행권고결정이 송달되어 왔습니다. 이 경우 제가 대처할 방법이 있는지요?

A. 이행권고결정이라 함은 소액사건의 소가 제기된 때에 법원이 결정으로 소장부본이나 제소조서등본을 첨부하여 피고에게 청구취지대로 이행할 것을 권고하는 결정을 말합니다(법 제5조의3 제1항).

   귀하가 대여 원금과 이자 일부를 변제하였음에도 사채업자로부터 남은 이자를 초과한 금액을 청구 받았다면, 이행권고결정등본을 송달 받은 날부터 2주일 안에 서면으로 이의신청을 할 수 있고(법 제5조의4 제1항 본문), 또한 귀하는 그 등본이 송달되기 전에도 이의신청을 할 수 있습니다(법 제5조의4 제1항 단서). 귀하의 이의신청이 있으면 법원은 지체 없이 변론기일을 지정하도록 하고 있고(법 제5조의4 제3항), 이 경우 귀하에게 다시 소장부본을 송달하지는 않고 이행권고결정등본이 송달된 때를 소장부본이나 제소조서등본이 송달된 것으로 간주하도록 규정하고 있습니다(법 제6조 단서). 그리고 귀하는 제1심 판결이 선고되기 전까지 이의신청을 취하할 수 있고(같은 법 제5조의4 제4항), 이행권고결정의 이행조항은 원고의 청구취지와 동일하므로, 귀하가 이의신청을 취하하는 경우에는 원고의 동의를 받을 필요는 없습니다.

   귀하가 이의신청을 취하한 경우에는 법원사무관 등은 이

행권고결정 원본의 피고 성명 옆에 이행권고결정의 송달일자와 확정일자를 부기하여 날인한 후, 이행권고결정 정본을 원고에게 송달하도록 되어 있습니다.

또한, 법원은 이의신청기간 내에 이의신청서가 아니라 답변서 기타 다투는 취지의 서면이 접수되면 이를 이의신청서로 보아 변론기일을 지정하도록 하고 있습니다.

이의신청의 방식은 서면으로 하여야 하고(법 제5조의4 제1항), 이의신청서의 양식은 법원에 비치되어 있습니다. 귀하가 이의신청을 한 때에는 구체적 이의사유를 기재하지 않더라도 원고의 주장사실을 다툰 것으로 봅니다(법 제5조의4 제5항).

법원은 이의신청이 적법하지 아니하다고 인정하는 때에 그 흠을 보정할 수 없으면 결정으로 이를 각하 하여야 하며(법 제5조의5 제1항), 이의신청을 각하 하는 경우는 주로 이의신청기간이 2주일을 경과한 때와 이의신청권이 없는 제3자가 이의신청한 때입니다. 이의신청의 각하결정에 대하여는 즉시항고를 할 수 있습니다(법 제5조의5 제2항).

한편 피고가 부득이한 사유로 2주일 내에 이의신청을 할 수 없었던 때에는 그 사유가 없어진 후 2주일 내에 이의신청을 할 수 있습니다. 이를 이의신청의 추후보완이라 합니다. 다만, 그 사유가 없어질 당시 외국에 있는 피고에 대하여는 이의신청 기간을 30일로 하도록 규정하고 있습니다(법 제5조의6 제1항).

이때 피고는 이의신청과 동시에 그 추후보완 사유를 서면으로 소명하여야 합니다. 법원은 추완사유가 없다고 인정되는 경우에는 결정으로 이를 각하 하고, 그 각하결정에 대하여는 즉시항고로 다툴 수 있습니다(같은 법 제5조의6 제3항, 제4항).

또한, 이행권고결정에 대하여 적법한 추후보완 이의신청이 있는 때에 민사소송법 제500조의 재심 또는 상소의 추후보완신청으로 말미암은 집행정지신청 제도를 준용하도록 함으로써 이행권고결정제도의 취지를 모르는 피고가 입을 불측의 손해를 방지할 수 있는 길을 열어 놓았습니다(법 제5조의6 제5항).

---

**(관련판례)**

이행권고결정의 이행조항에 '피고는 원고에게 20,000,000원 및 이에 대하여 이 사건 소장 부본 송달일 다음날부터 이 사건 판결 선고일까지 연 5%, 그 다음날부터 완제일까지 연 20%의 각 비율에 의한 금원을 지급하라'는 취지로 기재되어 있는 사안에서, 이행권고결정은 당사자의 청구취지대로 이행할 것을 권고하여야 하는데 당사자가 청구취지에서 제1심판결 선고일 다음날부터 소송촉진 등에 관한 특례법(이하 '특례법'이라고 한다) 제3조 제1항에서 정한 법정이율에 의한 지연손해금을 구하는 취지는 특례법 제3조 제1항에서 정한 바와 같이 소장이 채무자에게 송달된 날의 다음날부터 특례법 소정의 법정이율의 적용을 구하는 것이 아니라 제1심판결이 선고되어 효력이 발생하는 날의 다음날부터 지연손해금 산정에서 특례법 소정의 법정이율을 적용하여 줄 것을 구하는 취지로 보이고, 이행권고결정의 효력은 당사자에게 고지한 날에 발생하므로 그 다음날부터 특례법 소정의 법정이율에 의한 지연손해금을 지급할 것을 명하는 것이 당사자가 구하는 취지에 부합하는 것으로 보이는 점 등에 비추어 보면, 위 이행권고결정 이행조항의 '판결 선고일'의 의미는 '이행권고결정의 고지일', 즉 '이행권고결정서 등본의 송달일'이라고 봄이 타당하다(대법원 2013.6.10.자 2013그52 결정[결정경정]).

## 3-2. 이의신청의 방식과 효과

① 이의신청은 서면으로 하여야 합니다(법 제5조의4 제1항). 이의신청서의 양식은 다음과 같습니다. 피고가 이의신청을 한 때에는 구체적 이의사유를 기재하지 않더라도 원고의 주장사실을 다툰 것으로 봅니다(법 제5조의4 제5항).

[서식 예] 이행권고결정에 대한 이의신청서

---

### 이행권고결정에 대한 이의신청서

사　　건　20○○가소○○○○ 대여금
원　　고　○○○
피　　고　◇◇◇

　위 사건에 관하여 피고는 20○○. ○. ○. 이행권고결정을 송달 받았으나 다음과 같은 이유로 이의신청을 합니다.

### 이 의 사 유

1.
2.

　　　　　20○○.　○○.　○○.
　　　위 피고　◇◇◇ (서명 또는 날인)

○○지방법원　귀중

---

| 제출법원 | 수소법원 | 제 출<br>기 간 | 이행권고결정서의 등본을 송달<br>받은 날부터 2주일내 (소액사<br>건심판법 제5조의4 제1항) |
|---|---|---|---|
| 제출부수 | 이의신청서 1부<br>및 상대방 수만큼<br>의 부본 제출 | 관련법규 | 소액사건심판법 제5조의 3 내<br>지 제5조의 8 |
| 기    타 | 이행권고결정이라 함은 소액사건의 소가 제기된 때에는 법<br>원이 결정으로 소장부본이나 제소조서등본을 첨부하여 피고<br>에게 청구취지대로 이행할 것을 권고하는 결정을 말하는데,<br>간이한 소액사건에 대하여 직권으로 이행권고결정을 한 후<br>이에 대하여 피고가 이의를 제기하지 아니하면 곧바로 변론<br>없이 원고에게 집행권원을 부여하는 것을 말함. | | |

② 이의신청서는 원칙적으로 답변서 또는 준비서면으로 갈음되지 않
으나, 피고가 이의신청을 한 경우에는 원고의 주장사실을 다툰
것으로 볼 것인가에 관하여 입법과정에서 논란이 있었습니다. 그
러나 민사소송법에서는 화해권고결정의 이의신청서에 이의신청의
취지까지 기재하게 하고, 이의신청서 부본을 상대방에게 송달하
게 하면서 준비서면에 관한 규정을 준용 하도록 되어 있는데 반
하여(민사소송법 제227조 제2항, 제3항), 이행권고결정에서는 소
가 제기된 사실을 이행권고결정등본의 송달로써 비로소 알게 된
피고에게 2주일이라는 짧은 기간 안에 답변취지까지 기재할 의
무를 부담시키는 것은 피고에게 가혹하다고 보았기 때문에 이와
같이 규정하였습니다.

### 3-3. 이의신청의 각하

① 법원은 이의신청이 적법하지 아니하다고 인정하는 때에 그 흠을 보정
할 수 없으면 결정으로 이를 각하하여야 합니다(법 제5조의5 제1항).
② 이의신청을 각하하는 경우는 주로 이의신청기간인 2주일을 경과

한 때라고 할 수 있을 것입니다. 또한 이의신청권이 없는 제3자가 이의신청한 경우에도 각하하여야 합니다. 이의신청의 각하결정에 대하여는 즉시항고를 할 수 있습니다(법 제5조의5 제2항).

### 3-4. 이의신청의 추후보완 및 집행정지

① 피고가 부득이한 사유로 2주일 안에 이의신청을 할 수 없었던 때에는 그 사유가 없어진 후 2주일 안에 이의신청을 할 수 있습니다. 다만, 그 사유가 없어질 당시 외국에 있는 피고에 대하여는 이 기간을 30일로 하도록 하였다(법 제5조의6 제1항).

② 그런데, 대법원 판례상 민사소송법 제160조 제1항의 '당사자가 그 책임을 질 수 없는 사유' 라고 함은 당사자가 그 소송행위를 하기 위하여 일반적으로 하여야 할 주의를 다하였음에도 불구하고 그 기간을 준수할 수 없었던 사유를 가리키는 것으로 엄격하게 해석하고 있습니다(대법원 1999.6.11. 선고 99다9622 판결 등 다수).

③ 그러나, 이행권고결정은 피고가 그 결정정본을 받은 날부터 2주일 이내에 이의신청을 하지 아니하였다는 이유로 확정판결과 같은 효력을 인정하여 항소까지 할 수 없도록 하고 있으므로, 이에 대한 추완사유는 민사소송법상의 추완사유보다는 다소 완화할 필요가 있다고 생각되어 민사소송법 제160조의 피고가 책임을 질 수 없는 사유로 불변기간을 준수할 수 없었던 경우 의 범위를 확대하여 부득이한 사유로 이의신청기간을 준수하지 못한 경우로 규정하게 되었습니다.

④ 한편, 이의신청과 동시에 그 추후보완사유를 서면으로 소명하게 하여 추완사유가 없다고 인정되는 경우에는 결정으로 이를 각하하도록 하고, 그 각하결정에 대하여는 즉시항고를 할 수 있도록

하였습니다(법 제5조의6 제3,4항).

⑤ 또한, 이행권고결정에 대하여 적법한 추완이의신청이 있는 때에 민사소송법 제473조의 재심 또는 상소추완신청에 인한 집행정지 제도를 준용하도록 함으로써 이행권고결정 제도의 취지를 모르는 피고가 입을 불측의 손해를 방지할 수 있는 길을 열어 놓았습니다(법 제5조의6 제5항).

## 4. 이행권고결정의 효력

### 4-1. 이행권고결정의 효력

① 이행권고결정은 다음 중 어느 하나에 해당되면 확정됩니다(법 제5조의7 제1항).

1. 피고가 이행권고결정등본을 송달받은 날부터 2주일 안에 이의신청을 하지 아니한 때
2. 이의신청에 대한 각하결정이 확정된 때
3. 이의신청이 취하된 때,

② 이행권고결정이 확정된 때에는 확정판결과 같은 효력을 부여하였습니다. 이는 민사소송법에서 지급명령에 대하여 이의신청이 없거나, 이의신청을 취하하거나, 각하결정이 확정된 때에는 지급명령은 확정판결과 같은 효력이 있다고 규정한 것과 그 취지가 같다고 할 수 있습니다. 다만, 이행권고결정에는 변론종결일의 개념이 없으므로 청구이의의 사유에는 어떠한 제한도 없는 것으로 규정하였습니다(법 제5조의8 제2항).

# [서식 예] 재산명시신청서(이행권고결정에 기하여)

## 재산명시신청서

채권자   ○○○(주민등록번호)
　　　　○○시 ○○구 ○○길 ○○(우편번호)
　　　　전화.휴대폰번호:
　　　　팩스번호, 전자우편(e-mail)주소:
채무자   ◇◇◇(주민등록번호)
　　　　○○시 ○○구 ○○길 ○○(우편번호)
　　　　전화.휴대폰번호:
　　　　팩스번호, 전자우편(e-mail)주소:


**집행권원의 표시 및 채무액**

　○○지방법원 ○○지원 20○○가소○○○○○ 약정금청구사건의 집행력 있는 이행권고결정문에 기한 금 8,000,000원 및 이에 대한 20○○. ○. ○.부터 다 갚는 날까지의 연 25%의 이자금.


## 신 청 취 지

채무자는 재산상태를 명시한 재산목록을 제출하라
라는 명령을 구합니다.


## 신 청 이 유

채권자는 채무자에 대하여 ○○지방법원 ○○지원 20○○가소 ○○○○○ 약정금청구사건의 집행력 있는 이행권고결정문에 의하여 위와 같은 집행권원을 가지고 있는바, 채무자가 위 채무를 이행하지 아니하고 있어 그 강제집행을 실시하기 위하여 채무자의 재산을 여러 방면으로 알아보았으나 교묘한 방법으로 재산을 감추고 있어 재산발견이 극히 어려워서 강제집행을 할 수 없으므로 이 사건 신청에 이른 것입니다.

**첨 부 서 류**

| | |
|---|---|
| 1. 집행력있는 이행권고결정문정본 | 1통 |
| 1. 주민등록표초본(채무자) | 1통 |
| 1. 송달료납부서 | 1통 |

20○○.　○.　○.

위 채권자　○○○ (서명 또는 날인)

**○○지방법원 ○○지원　귀중**

## 4-2. 이행권고결정의 효력 상실

① 이행권고결정은 제1심 법원에서 판결이 선고된 때에는 효력을 잃습니다(법 제5조의7 제4항). 이는 민사소송법에서 화해권고결정이 그 심급에서 판결이 선고된 때에 효력을 잃게 되도록 규정한 것과 그 취지가 같습니다(동법 제232조).

② 한편 이행권고결정은 제1심 법원에서만 가능하므로, 제1심 법원에서 판결이 선고된 때에 효력을 상실하도록 규정하였습니다.

# 5. 이행권고결정에 기한 강제집행의 특례

## 5-1. 집행문 필요여부

### 5-1-1. 원칙

① 이행권고결정에 기한 강제집행은 집행문을 부여받을 필요없이 이행권고결정서정본에 의하여 하도록 규정하였습니다(법 제5조의8 제1항 본문).

② 이행권고결정의 경우 피고에게는 등본을 송달하고 이의신청기간이 도과하여 확정된 다음에 원고에게 정본을 송달하도록 하고 있으므로(법 제5조의7 제3항), 집행문부여를 받을 필요 없이 이행권고결정서 정본에 의하여 강제집행을 실시하도록 하더라도 그 이행권고결정서 정본이 집행력이 있는 것인지 여부에 관하여 집행기관이 오해할 여지가 없습니다. 따라서 이행권고결정에 기한 강제집행은 그 정본에 의하여 하도록 함으로써 원고로 하여금 신속하고 간이하게 강제집행을 할 수 있도록 한 것입니다.

③ 한편, 강제집행에 있어 배당된 이후의 부기문은 이행권고결정정본의 말지에 기재하도록 합니다.

## [서식 예] 채무불이행자명부등재신청서(이행권고결정에 기하여)

### 채무불이행자명부등재신청

채권자    ○○○(주민등록번호)
        ○○시 ○○구 ○○길 ○○(우편번호)
        전화.휴대폰번호:
        팩스번호, 전자우편(e-mail)주소:
채무자    ◇◇◇(주민등록번호)
        ○○시 ○○구 ○○길 ○○(우편번호)
        전화.휴대폰번호:
        팩스번호, 전자우편(e-mail)주소:

### 1. 집행권원의 표시

위 당사자간 귀원 20○○가소○○○ 구상금사건의 확정된 이행권고결정정본

### 1. 채무자가 이행하지 아니하는 금전채무액

금 ○○○원(집행권원상의 채무전액)

### 신 청 취 지

채무자를 채무불이행자명부에 등재한다.
라는 재판을 구합니다.

### 신 청 이 유

1. 채권자는 채무자에 대하여 위와 같은 집행권원을 가지고 있

습니다.

2. 위 이행권고결정은 20○○. ○. ○○. 확정되었는바, 그 후 1년 6개월이 지나도록 채무자가 위 채무를 이행하지 않고 있습니다.

3. 그러므로 신청취지와 같은 재판을 구하기 위하여 이 사건 신청을 합니다.

### 첨 부 서 류

| | |
|---|---|
| 1. 확정된 이행권고결정정본 | 1통 |
| 1. 채무이행최고서(내용증명우편) | 1통 |
| 1. 주민등록표등본(채무자) | 1통 |
| 1. 송달료납부서 | 1통 |

20○○.  ○.  ○.

위 채권자  ○○○ (서명 또는 날인)

○○지방법원  귀중

| | |
|---|---|
| 제출법원 | · 금전의 지급을 명한 집행권원이 확정된 후 또는 집행권원을 작성한 후 6월 이내에 채무를 이행하지 아니하는 때 : 채무자의 보통재판적이 있는 곳의 법원(민사집행법 제70조 제3항)<br>· 명시기일 불출석, 재산목록의 제출 거부, 선서 거부, 채무자가 거짓의 재산목록을 낸 때 : 재산명시절차를 실시한 법원(민사집행법 제70조 제3항)<br>· 이 신청에 대한 관할은 전속관할임(민사집행법 제21조). |

| 제출부수 | 신청서 1부 | 관련법규 | 민사집행법 제70조 |
|---|---|---|---|

| | |
|---|---|
| 불복절차<br>및 기간 | · 등재 및 등재 기각결정에 대한 즉시항고(민사집행법 제71조 제3항), 다만 절차의 지연을 방지하기 위하여 즉시항고에는 집행정지의 효력이 인정되지 아니한다.<br>· 재판을 고지 받은 날부터 1주의 불변기간 이내(민사집행법 제15조 제2항) |
| 비 용 | · 인지액 : 1,000원(☞민사접수서류에 붙일 인지액)<br>· 송달료 : 당사자수×3,700원(우편료)×5회분 |
| 기 타 | · 채무불이행자명부등재신청을 할 때에는 신청사유를 소명하는 자료(민사집행법 제70조 ·제2항)와 채무자의 주소(채무자가 법인인 경우에는 주된 사무소가 있는 곳)를 소명하는 자료(민사집행규칙 제31조 제2항)를 내야 함.<br>· 채무자가 6월 이내에 채무를 이행하지 아니함을 이유로 등재신청을 하는 경우에는 확정판결 등 집행권원을, 명시기일 불출석, 재산목록의 제출거부 또는 선서거부를 이유로 하는 경우에는 명시기일조서등본을, 거짓의 재산목록제출을 이유로 등재신청을 하는 경우에는 유죄판결, 불기소처분(기소유예), 수사결과통지서 등을 소명자료로 제출하면 될 것임. |

■ 이행권고결정이 확정되었을 경우에 이를 근거로 채무자 재산에 강제집행을 할 수 있는지 여부와 그 절차를 알려 주십시오.

Q. 저는 채무자를 상대로 대여금에 대한 소액심판청구소송을 제기하여 법원에서 이행권고결정이 확정되었는바, 이를 근거로 채무자의 재산에 강제집행을 할 수 있는지 여부와 그 절차를 알려 주십시오?

A. 이행권고결정에 기한 강제집행은 집행문을 부여받을 필요 없이 이행권고결정서정본에 의하여 하도록 규정하고 있습니다(법 제5조의8 제1항 본문).

이행권고결정의 경우 피고에게는 동본을 송달하고 이의신청기간이 도과하여 확정된 다음에 원고에게 정본을 송달하도록 하고 있으므로(같은 법 제5조의7 제2항), 집행문부여를 받을 필요 없이 이행권고결정서 정본에 의하여 강제집행을 실시하도록 하더라도 그 이행권고결정서 정본이 집행력이 있는 것인지 여부에 관하여 집행기관이 오해할 여지가 없습니다.

따라서 이행권고결정에 기한 강제집행은 그 정본에 의하여 하도록 함으로써 원고로 하여금 신속하고 간편하게 강제집행을 할 수 있도록 한 것입니다. 한편, 강제집행에 있어 배당된 이후의 부기문은 이행권고결정정본의 말지에 기재하도록 하고 있습니다.

다만, 집행에 조건을 붙인 경우와 승계집행문이 필요한 경우에는 재판장의 명을 받아 집행문을 부여받아야 합니다(같은 법 제5조의8 제1항 단서). 실무상 집행문 부여의 요건인 선이행과 불확정기한부 금전지급청구(동시이행과 확정기한

부 금전지급청구는 집행개시의 요건일 뿐 집행문부여의 요건은 아님)는 거의 없을 정도이므로, 실제로는 승계집행문을 부여받아야 하는 경우만이 문제될 것으로 생각됩니다.

귀하가 여러 통의 이행권고결정서의 정본을 신청하거나, 전에 내어준 이행권고결정서 정본을 돌려주지 아니하고 다시 이행권고결정서 정본을 신청한 때에는 법원사무관 등이 이를 부여하고, 이 경우 그 사유를 원본과 정본에 적도록 하고 있습니다(같은 법 제5조의8 제2항), 다만, 이행권고결정서정본을 다시 부여하거나 또는 수통을 부여한다고 하더라도 재판장의 허가를 받을 필요는 없고, 집행문도 필요 없다는 점을 유의하여야 합니다. 이 점에서 민사집행법 제35조에 규정된 집행문의 수통 또는 재도부여와는 다르다고 할 것입니다.

그리고 이행권고결정은 변론을 거치지 않고 확정판결과 같은 효력을 부여하므로, 변론종결일의 개념이 없기 때문에 청구에 관한 이의의 주장에 관하여는 민사집행법 제44조 제2항의 규정에 의한 제한을 받지 아니하도록 규정하고 있습니다(법 제5조의8 제3항).

따라서 피고는 이행권고결정이 확정된 이후에 발생한 사유 이외에 그 이의원인이 이행권고결정이 확정되기 전에 있었다고 하더라도 청구이의의 소송을 제기할 수 있습니다.

# ■ 채무자와 사실혼관계에 있는 자의 물건에도 강제집행이 가능한지요?

Q. 저는 甲에게 500만원을 대여하였다가 변제 받지 못하여 소액심판을 청구하여 승소하였으나 甲소유의 별다른 재산이 없어 甲이 거주하는 주택 내의 가재도구 등을 강제집행 하려고 합니다. 그런데 甲은 혼인신고를 하지 않은 乙과 동거하고 있는데, 이 경우에도 가능한지요?

A. 채무자의 가재도구인 유체동산을 집행하는데 있어서 민사집행법 제190조에 의하면 부부공유재산의 압류에 대해 별도의 규정을 두어 채무자 부부 및 채권자들의 다툼을 해결하고 있습니다. 즉, 이에 따르면 집에 있는 유체동산은 그것이 채무자의 특유재산인지 배우자와의 공유재산인지 알기는 대단히 어려우므로 부부가 사용하고 있는 유체동산은 그것이 특히 배우자의 소유에 속하는 것이 명백한 경우를 제외하고는 압류하여 현금화 할 수 있도록 한 것입니다.

압류와 환가는 채무자의 지분만에 대해 행해지는 것이 아니라 그 전체에 대하여 행해지고 다른 배우자에게는 매각기일에 우선매수를 신고할 수 있는 우선매수권(민사집행법 제206조 제1항)과 경매된 매각대금 중에서 자기의 지분에 상당한 금액의 지급을 요구할 수 있는 지급요구권(동법 제221조 제1항)을 행사할 수 있도록 하고 있습니다. 이때 타방 배우자의 공유주장에 대해 이의가 있는(즉, 공유재산이 아니라 채무자의 단독 재산이라고 주장하는) 채권자는 그 배우자에 대하여 소를 제기하여 공유가 아님을 확정하여야 합니다(동법 제221조 제3항).

따라서 채무자의 부동산 등 집행가능한 재산을 발견하지

못할 경우에는 채무자의 가재도구 등을 압류한 후 경매신청하여 그 매각대금에서 일부라도 변제 받아야 할 것이고, 이 경우 유체동산에 대한 강제집행절차는 귀하가 판결법원에서 집행문 및 판결문의 송달증명원을 발급받아 유체동산소재지 관할법원 집행관사무실에 집행을 위임하여야 할 것입니다.

그런데 사실혼관계에 있는 배우자들 사이에도 위와 같은 규정이 적용될 것인지 문제되는바, 판례는 위와 같은 규정은 부부공동생활의 실체를 갖추고 있으면서 혼인신고만을 하지 아니한 사실혼관계에 있는 부부의 공유인 유체동산에 대하여도 유추적용 된다고 하고 있으므로(대법원 1997. 11. 11. 선고 97다34273 판결), 귀하는 특별한 사정이 없으면 甲과 乙의 유체동산에 강제집행을 할 수 있으며 그 유체동산의 매각대금에서의 배당은 甲의 지분에 한하여 배당받게 될 것입니다.

## 5-1-2. 예 외

① 다만, 조건이 있는 채권인 경우와 승계집행문이 필요한 경우에는 재판장의 명을 받아 집행문을 부여받아야 합니다(법 제5조의8 제1항 단서).

② 실무상 집행문 부여의 요건인 선이행과 불확정기한부 금전지급청구(동시이행과 확정기한부 금전지급청구는 집행개시의 요건일 뿐 집행문부여의 요건은 아님)는 거의 없을 정도이므로, 실제로는 승계집행문을 부여받아야 하는 경우만이 문제될 것으로 생각됩니다.

## ■ 승계집행문이 부여된 경우 당초 발행된 집행문이 유효한지요?

Q. 甲은 저를 상대로 하는 대여금청구의 소송을 제기하여 이행권고결정을 받았습니다. 이후 甲은 乙에게 위 대여금 채권을 양도하였고, 乙은 이행권고결정의 승계집행문을 부여받아 저를 상대로 양수금 청구의 소를 제기하였으나 제가 乙에게 가지고 있던 금전채권으로 상계하였습니다. 이에 乙은 양수금 청구의 소를 취하하였지만 甲이 재차 집행을 할까봐 걱정됩니다. 甲이 저에 대한 이행권고결정문을 집행권원으로 집행할 수 있을까요?

A. 이 사건에서는 소액사건심판법상의 이행권고결정처럼 별도로 집행문을 부여받을 필요 없이 강제집행에 나아갈 수 있는 경우에도, 집행권원 상의 청구채권이 양도되어 대항요건을 갖춘 경우 집행당사자 적격은 양수인으로 변경되는 것이고, 양수인이 승계집행문을 부여받음에 따라 집행채권자는 양수인으로 확정되는 것이므로, 승계집행문의 부여로 인하여 양도인의 기존 집행권원은 집행력이 소멸합니다(대법원 2008.2.1. 선고 2005다23889 판결). 따라서 만

일 甲이 집행권원상의 청구채권을 양도하였음에도 불구하고 집행력이 소멸한 이행권고결정 정본에 기하여 강제집행절차에 나아간다면 민사집행법 제16조의 집행이의의 방법으로 이를 다툴 수 있을 것입니다.

**(관련판례)**

집행권원상의 청구권이 양도되어 대항요건을 갖춘 경우 집행당사자적격이 양수인으로 변경되고, 양수인이 승계집행문을 부여받음에 따라 집행채권자는 양수인으로 확정되는 것이므로, 승계집행문의 부여로 인하여 양도인에 대한 기존 집행권원의 집행력은 소멸한다. 따라서, 그 후 양도인을 상대로 제기한 청구이의의 소는 피고적격이 없는 자를 상대로 한 소이거나 이미 집행력이 소멸한 집행권원의 집행력 배제를 구하는 것으로 권리보호의 이익이 없어 부적법하고, 이러한 법리는 소액사건심판법상의 확정된 이행권고결정과 같이 위 법 제5조의8 제1항에 의하여 집행문을 별도로 부여받을 필요 없이 이행권고결정서의 정본에 의하여 강제집행이 가능한 경우에도 마찬가지이다(집행권원상의 청구권을 양도한 채권자가 집행력이 소멸한 이행권고결정서의 정본에 기하여 강제집행절차에 나아간 경우에 채무자는 민사집행법 제16조의 집행이의의 방법으로 이를 다툴 수 있다(대법원 2008.2.1. 선고 2005다23889 판결[청구이의]).

### 5-1-3. 이행권고결정서 정본의 재도 또는 수통부여

① 원고가 여러 통의 이행권고결정서의 정본을 신청하거나, 전에 내어준 이행권고결정서 정본을 돌려주지 아니하고 다시 이행권고결정서 정본을 신청한 때에는 법원사무관 등이 이를 부여합니다.

② 이 경우 그 사유를 원본과 정본에 적어야 합니다(법 제5조의8 제2항). 다만, 이행권 고결정서정본을 다시 부여하거나 또는 수통을 부여한다고 하더라도 재판장의 허가를 받을 필요는 없고, 집행문도 필요 없다는 점을 유의하여야 합니다. 이 점에서 민사소송법 제485조에 규정된 집행문의 수통 또는 재도부여와는 다르다고 할 것입니다.

### 5-2. 청구이의 사유

① 이행권고결정은 변론을 거치지 않고 확정판결과 같은 효력을 부여하므로, 변론종결일의 개념이 없습니다. 따라서 청구에 관한 이의의 주장에 관하여는 민사소송법 제505조 제2항 전단의 규정에 의한 제한을 받지 아니하도록 규정하였습니다(법 제5조의8 제3항).

② 이 점에서 현행 지급명령과 유사하다고 할 수 있을 것입니다. 따라서 피고는 이행권고결정이 확정된 이후에 발생한 사유 이외에 그 이의 원인이 이행권고결정이 확정되기 전에 있었다고 하더라도 청구이의의 사유로 삼을 수 있습니다.

# ■ 소액사건재판에는 이행권고결정이라는 것이 있다던데, 이행권고결정이 무엇인가요?

Q. 소액사건재판에는 이행권고결정이라는 것이 있다던데, 이행권고결정이 무엇인가요?

A. 소액사건의 소장을 접수하면 법원은 이를 심사하여 피고에게 청구취지대로 이행할 것을 권고할 수 있습니다.

법원의 이행권고결정에 대해 ① 피고가 이의신청을 하지 않거나, ② 이의신청에 대한 각하결정이 확정되거나, ③ 피고가 이의신청을 취하한 경우 이행권고결정은 재판절차 없이도 재판에서 판결을 받은 것과 같은 효력을 가집니다. 따라서 원고는 이행권고결정을 근거로 피고의 재산 등에 대한 강제집행을 신청할 수 있습니다.

소액사건의 소장을 접수하면 판사가 이를 심사하여 피고에게 청구취지대로 이행할 것을 권고할 수 있습니다. 이 경우 법원은 이행권고결정서를 피고에게 송달합니다.

피고 주소지 변경 등으로 법원에서 이행권고결정서를 송달할 수 없는 경우 원고는 변론기일 지정 신청을 하여 소액사건재판 절차를 진행할 수 있습니다.

**(관련판례)**

민사집행법 제23조에 의하여 가압류를 위한 담보에도 준용되는 민사소송법 제125조 제1항에서 담보의 취소사유로 규정하고 있는 담보사유가 소멸된 것이란 그 담보를 제공할 원인이 부존재인 경우는 물론이고 그 후 담보의 존속을 계속시킬 원인이 부존재하게 된 경우 또는 장래에 있어서 손해발생의 가능성이 없게 된 경우 등을 의미하는 것으로서, 가압류 채권자가 본안소송에서 승소의 확정판결을 얻은 것과 같이 이미 집행된 가압류 등 보전처분의 정당성이 인용됨으로써 손해가 발생되지 아니할 것이

확실하게 된 경우도 이에 해당한다고 할 것인바, 소액사건심판법 제5조의
7 제1항에서는 확정된 이행권고결정도 확정판결과 같은 효력을 가진다고
규정하고 있으므로, 이행권고결정이 확정된 경우에도 본안승소의 확정판
결을 받은 것과 같이 담보사유가 소멸되었다고 해석함이 상당하다(대법원
2006.6.30. 자 2006마257 결정[담보취소]).

### ■ 이행권고결정을 받은 경우 어떻게 대처해야 하나요?

Q. 저는 급하게 돈이 필요하여 6개월 전 사채업자로부터
   500만원을 빌린 적이 있습니다. 현재 원금은 모두 갚았고
   이자만 일부 남아 있는 상황인데, 최근 집으로 이자부분을
   넘는 금액이 기재된 이행권고결정이 송달되어 왔습니다.
   이 경우 어떻게 대처해야 하나요?

A. 이행권고결정이라 함은 소액사건의 소가 제기된 때에 법
   원이 결정으로 소장부본이나 제소조서등본을 첨부하여 피
   고에게 청구취지대로 이행할 것을 권고하는 결정을 말합
   니다(법 제5조의3제1항). 사채업자로부터 빌린 돈의 원금
   을 모두 변제했다면, 이행권고결정등본을 송달 받은 날부
   터 2주일의 불변기간 안에 서면으로 이의신청을 할 수 있
   으며(법 제5조의4제1항 본문), 그 등본이 송달되기 전에도
   이의신청을 할 수 있습니다(법 제5조의4제1항 단서). 이의
   신청이 있으면 법원은 지체 없이 변론기일을 지정해야 합
   니다(법 제5조의4 제3항). 이 경우 이행권고결정등본이 송
   달된 때는 피고에게 다시 소장부본을 송달하지는 않고 소
   장부본이나 제소조서등본이 송달된 것으로 간주하고 있습
   니다(법 제6조 단서). 이의신청의 방식은 서면으로 하여야
   하는데(법 제5조의4제1항), 이의신청서의 양식은 법원에

비치되어 있습니다. 이의신청을 한 때에는 구체적인 이의 사유를 기재하지 않더라도 원고의 주장사실을 다툰 것으로 봅니다(법 제5조의4제5항).

## ■ 이행권고결정이 확정된 경우라도 재심으로 다시 다툴 수 있는지요?

Q. 확정된 결정에 대해서도 특정한 경우 준재심청구가 가능하다고 들었습니다. 이행권고결정이 확정된 경우라도 재심으로 다시 다툴 수 있는지요?

A. 소액사건심판법 제5조의8 제3항은 '청구에 관한 이의의 주장에 관하여는 민사집행법 제44조 제2항의 규정에 의한 제한을 받지 아니한다.'고 규정하고 있으며, 민사집행법 제44조 제2항은 '청구에 관한 이의는 그 이유가 변론이 종결된 뒤(변론 없이 한 판결의 경우에는 판결이 선고된 뒤)에 생긴 것이어야 한다.'고 규정하고 있습니다. 따라서 확정된 이행권고결정에 관하여는 그 결정 전에 생긴 사유도 청구이의의 소를 제기하여 다툴 수 있으며, 위 규정들의 취지에 비추어 볼 때 확정된 이행권고결정에 확정판결이 가지는 효력 중 기판력까지 인정되는 것은 아니라 할 것입니다. 그러므로 민사소송법상 재심은 확정된 종국판결에 재심사유에 해당하는 중대한 하자가 있는 경우에 허용되는 것이므로, 기판력을 가지지 아니하는 확정된 이행권고결정에는 설사 재심사유에 해당하는 하자가 있다고 하더라도 이를 이유로 민사소송법 제461조가 정한 준재심의 소를 제기할 수는 없고, 청구이의의 소를 제기하거나 또는 이미 강제집행이 완료된 경우에는 부당이득반환청구의 소를 제기하여야 할 것입니다(대법원 2009.5.14. 선고 2006다34190 판결 참조).

■ **지급명령이나 이행권고결정을 다투고자 하는 경우에 해결방법이 무엇이고 소송비용은 얼마나 들어가나요?**

Q. 저는 3년 전에 지인으로부터 건강식품보조제를 구입했다는 이유로 최근 지급명령결정이나 이행권고결정을 받았으나 지인에게 효능이 없어 반환을 하여 다툴 필요가 없다고 생각하여 이를 다투지 못하였는데 저의 통장이 지인에 의해 압류되었다는 사실을 은행으로부터 연락을 받고 지급명령이나 이행권고결정을 다투고자 합니다. 해결방법이 무엇이고 소송비용은 얼마나 들어가나요?

A. 청구에 관한 이의의 소라 함은 채무자가 집행권원에 표시된 청구권에 관하여 생긴 이의를 내세워 그 집행권원이 가지는 집행력의 배제를 구하는 소를 말합니다(민사집행법 제44조). 청구에 관한 이의의 소는 확정된 종국판결 기타 유효한 집행권원에 표시된 청구권에 대한 실체상의 사

유를 주장하여 그 집행력의 배제를 목적으로 하는 것이므로 그 집행권원의 내용이 금전채권을 위한 집행이든지 비금전채권을 위한 집행이든지 상관없습니다. 그러나 본소로서 집행권원의 집행력 자체의 배제를 구하는 것이 아니라 개개의 구체적인 집행력의 배제를 구하는 것은 허용되지 않습니다(대판 1971.12.28. 71다1008).

청구이의는 그 이유가 변론이 종결된 뒤에, 변론 없이 한 판결의 경우에는 판결이 선고된 뒤에 생긴 것이어야 합니다(민사집행법 제44조 제2항). 판결이 집행권원인 때에는 이의의 원인이 변론종결 후에 생긴 경우에 한하여 할 수 있으나, 위 사안과 같이 확정된 지급명령이나(동법 제58조 제3항), 확정된 이행권고결정(법 제5조의 8 제3항)의 경우에는 민사집행법 제44조 제2항의 제한이 적용되지 아니하므로, 이의 이유의 발생시기에 관하여 아무런 제한이 없습니다.

청구이의의 소의 소송물가액은 소로써 주장하는 이익에 의하여 산정하므로(민사소송법 제26조 제1항) 채무의 소멸 등을 이의사유로 하여 영국적인 집행력의 배제를 구하는 경우에는 집행권원에서 인정된 권리의 가액에 의하여 정합니다.(인지규칙 16조 3호)

따라서 청구이의의 소를 제기하기 위하여 법원에 납부해야 할 인지대 및 송달료 기준은 지급명령이나 이행권고결정에 의하여 확정된 금원을 기준으로 하면 됩니다. 또한 부대의 청구에 관하여 이의가 있다 하더라도 민사소송법 제27조 제2항에 따라 그 가액은 산입하지 않습니다.

# 제4장 소액사건의 변론

## 1. 변론기일의 지정

① 소액사건의 소의 제기가 있는 경우에 판사는 바로 변론기일을 정할 수 있습니다.

② 판사는 되도록 1회의 변론기일로 심리를 마치도록 하여야 하므로 당사자는 최초의 기일에 필요한 모든 증거방법을 제출할 수 있도록 사전 준비를 하는 것이 좋습니다.

**(관련판례)**

소액사건심판법의 적용을 받지 아니하는 일반 민사사건에 있어서 판결로 소를 각하하기 위하여는, 법원이 변론을 연 경우에는 물론이며, 변론 없이 하는 경우에도 반드시 선고기일을 지정하여(변론을 연 경우에는 변론을 종결하고) 당사자를 소환하고 그 지정된 선고기일에 소각하의 종국판결을 선고하여야 할 것이므로, 위와 같은 절차를 거침이 없이 변론기일에 선고된 판결은 위법하다(대법원 1996.5.28. 선고 96누2699 판결).

## 2. 소장의 송달

① 소장부본이나 제소조서등본(구술제소의 경우)은 지체 없이 피고에게 송달하여야 합니다. 다만, 피고에게 이행권고결정서의 등본이 송달된 때에는 소장부본이나 제소조서등본이 송달된 것으로 봅니다(법 제6조).

② 「송달」이란 법원이 소송에 관련된 서류를 일정한 방식에 따라 당사자나 소송 관계인에게 보내는 일을 말하는데, 자세한 내용은

민사소송법 제174조부터 제197조까지에서 정하고 있습니다.

## 3. 변론기일의 지정

### 3-1. 1회 변론종결 원칙

① 소액사건의 소 제기가 있는 경우에 판사는 민사소송법 제256조, 제257조 및 제258조의 규정에도 불구하고 바로 변론기일을 정할 수 있습니다(법 제7조제1항).

② 이 경우에 판사는 되도록 1회의 변론기일로 심리를 마치도록 하여야 합니다(법 제7조제2항).

③ 1회 변론종결을 위하여 판사는 변론기일 전이라도 당사자로 하여금 증거신청을 하게 하는 등 필요한 조치를 취할 수 있습니다(법 제7조제3항).

④ 1회 변론종결을 위하여 원고에 대한 최초의 기일통지서에는 다음의 사항을 적어야 합니다(동 규칙 제5조제1항).

  1. 최초의 기일에 필요한 모든 증거방법을 제출할 수 있도록 사전 준비를 할 것

  2. 최초의 기일 전이라도 증거신청이 가능하다는 것

  3. 서증을 제출할 때에는 동시에 그 사본 2통을 첨가하여 제출하여야 한다는 것(상대방의 수가 2인 이상일 때에는 그 수에 1을 더한 통수)

  4. 증인신문을 신청하는 때에는 신청서와 동시에 신문사항의 요령을 기재한 서면 4통을 제출하여야 한다는 것(상대방의 수가 2인 이상일 때에는 그 수에 3을 더한 통수)

⑤ 다음의 어느 하나에 해당하는 경우 법원은 지체 없이 변론기일
을 지정하여야 합니다.
1. 이행권고결정에 대하여 피고가 이의신청을 한 경우(법 제5조
의4제3항)
2. 우편송달 및 공시송달의 방법에 의하지 않고는 피고에게 이행
권고결정서의 등본을 송달할 수 없는 경우(법 제5조의3제4항)

## 3-2. 공휴일·야간의 개정(開廷)
판사는 필요한 경우 근무시간 외 또는 공휴일에도 개정할 수 있습
니다(법 제7조의2).

# 4. 소액사건의 심리

① 법원은 소액사건의 경우 소장·준비서면 기타 소송기록에 의하여
청구가 이유 없음이 명백한 때에는 변론 없이 청구를 기각할 수
있습니다.
② 판사는 직권으로 증거조사를 할 수 있습니다.
③ 소액사건의 경우 원격영상재판을 활용할 수 있습니다.

## 4-1. 심리절차에 관한 특칙
① 법원은 소장·준비서면 기타 소송기록에 따라 청구가 이유 없음이 명
백한 때에는 변론 없이 청구를 기각할 수 있습니다(법 제9조제1항).
② 판사의 경질이 있는 경우라도 변론의 갱신(更新) 없이 판결할 수
있습니다(법 제9조제2항).

## 4-2. 증거조사에 관한 특칙

### 4-2-1. 판사의 증거조사

① 판사는 필요하다고 인정한 때에는 직권으로 증거조사를 할 수 있습니다. 그러나 그 증거조사의 결과에 관하여는 당사자의 의견을 들어야 합니다(법 제10조제1항).

② 증인은 판사가 신문합니다. 그러나 당사자는 판사에게 고(告)하고 신문할 수 있습니다(법 제10조제2항).

### 4-2-2. 서면 제출

① 판사는 상당하다고 인정한 때에는 증인 또는 감정인의 신문에 갈음하여 서면을 제출하게 할 수 있습니다(법 제10조제3항).

② 위 규정에 따라 신문에 갈음하여 서면을 제출하기로 결정된 증인 또는 감정인은 법원에 그 신문서를 제출할 때에 주민등록표초본이나, 동장·이장이 그 동일성을 증명하는 서면을 첨부하여야 합니다(소액사건심판규칙 제6조제1항).

③ 증인 또는 감정인에 대한 서면신문은 재판사무에 관한 문서양식에 따른 신문서를 송달하여 행합니다(동 규칙 제6조제2항).

④ 신문서에는 증인 또는 감정인이 서명·날인하여야 합니다(동 규칙 제6조제3항).

## 4-3. 조서의 기재생략

① 조서는 당사자의 이의가 있는 경우를 제외하고 판사의 허가가 있는 때에는 이에 기재할 사항을 생략할 수 있습니다(법 제11조제1항).

② 위 규정은 변론의 방식에 관한 규정의 준수와 화해·인낙(認諾)·포기·취하 및 자백에 대하여는 이를 적용하지 않습니다(법 제11조제2항).

## 4-4. 원격영상재판 제도의 이용

### 4-4-1. 원격영상재판이란

① 원격영상재판이란 재판관계인이 교통의 불편 등으로 법정에 직접 출석하기 어려운 경우에 재판관계인이 동영상 및 음성을 동시에 송·수신하는 장치가 갖추어진 다른 원격지의 법정에 출석하여 진행하는 재판을 말합니다(원격영상재판에 관한 특례법 제2조제2호).

② 「재판관계인」이란 법관·당사자·증인 등 법원의 재판절차에 참여하는 자를 말합니다(동법 제2조제1호).

③ 소액사건에 대하여도 원격영상재판을 할 수 있습니다.

④ 법원은 다음의 어느 하나에 해당하는 사건에 한하여 원격영상재판을 할 수 있습니다(동법 제3조).

　1. 소액사건심판법의 적용을 받는 민사사건

　2. 화해·독촉 및 조정에 관한 사건

　3. 20만원 이하의 벌금 또는 구류나 과료에 처할 범죄사건(즉결심판하는 경우에 한함)

　4. 가족관계의 등록등에 관한 법률 제75조에 의한 협의상 이혼의 확인

　5. 원격영상재판을 하는 과정에서 발생하는 법원조직법 제61조제1항(감치 등)의 사건

　6. 다른 법률에 의하여 시법원 또는 군법원의 권한에 속하는 사건

### 4-4-2. 원격영상재판의 효과

원격영상재판은 재판관계인이 같은 법정에 출석하여 진행하는 재판으로 봅니다(동법 제4조).

# 제5장 판결의 선고 및 재판에 대한 불복

## 1. 판결의 선고

① 소액사건의 경우 판결의 선고는 변론종결 후 즉시 할 수 있습니다.
② 소액사건에 대한 제1심판결이나 결정·명령의 취소변경을 구하는 경우에는 항소 또는 항고를 제기할 수 있습니다.
③ 소액사건의 경우 법률위반에 대한 판단이 부당하거나 대법원의 판례에 상반되는 판단을 한 경우 등 일정한 때에만 대법원에 상고 또는 재항고를 할 수 있습니다.

**(관련판례)**

소액사건에 있어서 구체적 사건에 적용할 법령의 해석에 관한 대법원 판례가 아직 없는 상황에서 같은 법령의 해석이 쟁점으로 되어 있는 다수의 소액사건들이 하급심에 계속되어 있을 뿐 아니라 재판부에 따라 엇갈리는 판단을 하는 사례가 나타나고 있는 경우, 소액사건이라는 이유로 대법원이 그 법령의 해석에 관하여 판단을 하지 아니한 채 사건을 종결하고 만다면 국민생활의 법적 안전성을 해칠 것이 우려되므로, 이와 같은 특별한 사정이 있는 경우에는 소액사건에 관하여 상고이유로 할 수 있는 '대법원의 판례에 상반되는 판단을 한 때'의 요건을 갖추지 아니하였다고 하더라도 법령해석의 통일이라는 대법원의 본질적 기능을 수행하는 차원에서 실체법 해석 적용에 있어서의 잘못에 관하여 직권으로 판단할 수 있다(대법원 2008.12.11. 선고 2006다50420 판결).

## 2. 판결에 관한 특례

① 판결의 선고는 변론종결 후 즉시 할 수 있습니다(법 제11조의2
   제1항).
② 판결을 선고함에는 주문을 낭독하고 주문이 정당함을 인정할 수
   있는 범위에서 그 이유의 요지를 구술로 설명하여야 합니다(법
   제11조의2제2항).
③ 판결서에는 민사소송법 제208조에도 불구하고 이유를 기재하지
   않을 수 있습니다(법 제11조의2제3항).


## 3. 소액사건재판에 대한 불복

### 3-1. 항소 또는 항고
① 소액사건의 제1심판결이나 결정·명령에 대한 항소 또는 항고에
   대하여는 소액사건심판법에 특례 규정이 없으므로 민사소송법의
   관련 규정을 따릅니다.
② 소액사건에 대한 지방법원 및 그 지원, 시(市)·군(郡) 법원의 단
   독판사의 제1심판결이나 결정·명령에 대한 항소 또는 항고사건
   은 지방법원 본원 합의부 및 춘천지방법원 강릉지원의 합의부가
   제2심으로 심판합니다. 다만, 법원조직법 제28조의4제2호에 따
   라 특허법원의 권한에 속하는 사건은 제외합니다(법원조직법 제
   32조제2항, 제28조제2호 및 고등법원부의 지방법원소재지에서의
   사무처리에 관한 규칙 제4조제1항).
③ 항소 또는 항고사건을 심판하는 지방법원본원합의부 및 지방법

원지원합의부의 관할구역은 다음과 같습니다(각급법원의 설치와 관할구역에 관한 법률 별표 8).

| 합의부명 | 관할구역 |
|---|---|
| 춘천지방법원 본원 합의부 | 춘천지방법원의 관할구역 중 강릉시·동해시·삼척시·속초시·양양군·고성군을 제외한 지역 |
| 그 밖의 지방법원 본원 합의부 | 해당 지방법원의 관할구역 |
| 춘천지방법원 강릉지원 합의부 | 강릉시·동해시·삼척시·속초시·양양군·고성군 |

## 3-2. 상고 또는 재항고

① 소액사건의 경우 통상의 민사사건과 비교할 때 상고 및 재항고 이유가 제한됩니다.

② 소액사건에 대한 지방법원 본원 합의부의 제2심판결이나 결정·명령에 대하여는 다음의 어느 하나에 해당하는 경우에 한하여 대법원에 상고 또는 재항고를 할 수 있습니다(법 제3조).

1. 법률·명령·규칙 또는 처분의 헌법위반 여부와 명령·규칙 또는 처분의 법률위반 여부에 대한 판단이 부당한 때

2. 대법원의 판례에 상반되는 판단을 한 때

③ 상고 또는 재항고 이유서에는 소액사건심판법 제3조에 해당되는 사유만을 구체적으로 명시하여야 하며 이 밖의 사유를 기재한 때에는 기재하지 않은 것으로 봅니다(동 규칙 제2조).

④ 상고 또는 재항고 이유의 제한(법 제3조)을 제외한 그 밖의 상고 또는 재항고에 관한 사항은 민사소송법의 관련 규정을 따릅니다.

# ■ 항소장 부본 등의 공시송달로 인하여 항소심의 소송계속을 몰라 변론의 기회가 없었음을 이유로 소액사건의 항소심판결에 대하여 상고할 수 있는지요?

Q. 甲은 乙이 제기한 물품대금 1,000만원 청구 소송의 피고인데, 제1심에서 전부 승소하였습니다. 그런데 乙이 항소하였고, 甲은 항소장 부본을 송달받지 못하여 항소장의 부본 및 변론기일 소환장이 공시송달의 방법에 의하여 송달되어 항소심이 진행되었고, 결국 제1심이 판결이 취소되고 갑이 을에게 1,000만원 지급하라는 내용의 판결이 선고되었습니다. 그런데 甲은 상고기간이 경과된 후에야 항소심 패소사실을 알게 되었습니다. 이 경우 甲이 추후보완상고를 하여 승소할 수 있는지요?

A. 소송행위의 추후보완에 관하여 민사소송법 제173조 제1항은 "당사자가 책임질 수 없는 사유로 말미암아 불변기간을 지킬 수 없었던 경우에는 그 사유가 없어진 날부터 2주 이내에 게을리 한 소송행위를 보완할 수 있다. 다만, 그 사유가 없어질 당시 외국에 있던 당사자에 대하여는 이 기간을 30일로 한다."라고 규정하고 있습니다. 그런데 소장부본과 판결정본 등이 모두 공시송달의 방법에 의하여 송달된 경우와 소송행위 추후보완에 관하여 판례는 "소장부본과 판결정본 등이 공시송달의 방법에 의하여 송달되었다면 특별한 사정이 없는 한 피고는 과실 없이 그 판결의 송달을 알지 못한 것이고, 이러한 경우 피고는 그 책임을 질 수 없는 사유로 인하여 불변기간을 준수할 수 없었던 때에 해당하여 그 사유가 없어진 후 2주일(그 사유가 없어질 당시 외국에 있었던 경우에는 30일) 내에 추

완항소를 할 수 있는바, 여기에서 '사유가 없어진 후'라 함은 당사자나 소송대리인이 단순히 판결이 있었던 사실을 안 때가 아니고 나아가 그 판결이 공시송달의 방법으로 송달된 사실을 안 때를 가리키는 것으로서, 다른 특별한 사정이 없는 한 통상의 경우에는 당사자나 소송대리인이 그 사건기록의 열람을 하거나 또는 새로이 판결정본을 영수한 때에 비로소 그 판결이 공시송달의 방법으로 송달된 사실을 알게 되었다고 보아야 한다."라고 하였습니다(대법원 2000. 9. 5. 선고 2000므87 판결).

위와 같은 법리에 따라 대법원은 항소장 부본 등의 공시송달로 인하여 항소심의 소송계속을 몰랐던 경우, 추완상고가 허용되는지 관하여 "피항소인인 피고에게 항소장의 부본 및 변론기일 소환장이 공시송달의 방법에 의하여 송달되었고, 판결 정본도 공시송달의 방법으로 송달되었다면, 피고로서는 원고가 항소를 제기하여 항소심의 절차가 진행되었던 사실을 모르고 있었다고 할 것이어서 특별한 사정이 없는 한 피고는 과실 없이 그 판결의 송달을 알지 못한 것이라고 할 것이고, 이러한 경우 피고는 그 책임질 수 없는 사유로 불변기간을 지킬 수 없었던 경우에 해당하여 그 사유가 없어진 날로부터 2주일 내에 추완상고를 할 수 있는 것이다"고 하였습니다(대법원 1994. 12. 13. 선고 94다24299 판결, 1997. 5. 30. 선고 95다21365 판결, 대법원 2006. 3. 24. 선고 2006다6621 판결).

따라서 甲은 항소심소송기록 등을 열람하여 공시송달 및 패소사실을 알게 된 날로부터 2주일 내에 추완상고를 제기할 수 있으며, 위 추완상고는 적법합니다.

한편 「소액사건심판법」은 일정한 금액 이하를 소송목적의 값으로 하는 사건에 관한 소송을 간편하게 할 수 있도록 하기 위하여 제정된 민사소송법에 대한 특별법의 하나로서, 이 법에 의하여 제기되는 절차를 소액사건심판절차라고 합니다(법 제1조). 소액사건은 소를 제기한 때의 소송목적의 값이 3,000만원을 초과하지 아니하는 금전 기타 대체물, 유가증권의 일정한 수량의 지급을 청구하는 제1심의 민사사건을 대상으로 하며, 소액사건심판법 제3조는 "소액사건에 대한 지방법원합의부의 제2심 판결이나 결정·명령에 대하여는 ① 법률·명령·규칙 또는 처분의 헌법위반 여부와 명령·규칙 또는 처분의 법률위반 여부에 대한 판단이 부당한 때, ② 대법원의 판례에 상반되는 판단을 한 때에 한하여 대법원에 상고 또는 재항고를 할 수 있다."라고 규정하고 있습니다.

그렇다면, 甲의 추후보완상고가 적법하더라도 위 소액사건심판법 제3조에서 규정한 상고사유에 해당되어야 甲은 상고심에서 승소할 수 있을 것입니다. 항소장 부본 등의 공시송달로 인하여 항소심의 소송계속을 몰라 변론의 기회가 없었을 경우 소액사건심판법에서 규정하고 있는 소액사건의 항소심 판결에 대한 상고사유에 해당되는지에 관하여 대법원은 "피고는 항소장 부본부터 공시송달의 방법으로 송달되어 귀책사유 없이 이 사건에 관하여 항소가 제기된 사실조차 모르고 있었고, 이러한 상태에서 피고의 출석 없이 원심의 변론기일이 진행되어 제1심에서 승소판결을 받은 피고가 자신의 주장에 부합하는 증거를 제출할 기회를 상실함으로써 피고는 당사자로서 절차상 부여된 권리를 침해당하였다고 할 것이고, 이와 같은 경우는 당사자가 대리인에 의하여 적법하게 대리되지 않았던 경우와 마찬가지로 보아 민사소송법 제424조 제1항 제4호 의 규정을 유추적용할 수 있다고 할 것이므로, 위와 같은 변론절차를 거쳐서 선고된 원심판결은 위법하다는 취지이나, 이 사건과 같은 소액사건의 항소심판결에 대하여는 소액사건심판법 제3조 제1, 2호에 해당하는 경우에 한하여 상고를 할 수 있는데 위 주장과 같은 사유는 소액사건심판법 제3조 제1, 2호의 어느 경우에도 해당하지 아니하므로(다만, 위 사유가 민사소송법 제451조 제1항 제3호 소정의 재심사유에 해당할 여지가 있음은 별문제이다.), 상고이유의 주장은 받아들일 수 없다"고 하였습니다(대법원 2001. 6. 26. 선고 99다51395 판결, 2005. 10. 14. 선고 2004다52705 판결, 대법원 2006. 3. 24. 선고 2006다6621 판결).

따라서 이 사안에서 甲의 추후보완상고는 적법하나, 상고사유를 규정한 소액사건심판법 제3조 제1, 2호 어느 경우에도 해당하지 아니하므로 결국 甲의 상고는 상고이유가 없어 기각될 것으로 생각됩니다.

**(관련판례 1)**

소액사건심판법 제3조에 의하면 소액사건에 대하여는 법률·명령·규칙 또는 처분의 헌법 위반 여부와 명령·규칙 또는 처분의 법률 위반 여부에 대한 판단이 부당하거나, 대법원의 판례에 상반되는 판단을 한 때에만 상고할 수 있고, 단순한 채증법칙 위반이나 법리오해 등은 이를 상고이유로 삼을 수 없다(대법원 1998. 1. 23. 선고 97다25613 판결).

**(관련판례 2)**

경험칙과 조리에 부합하는 증거를 배척한 원심조치는 채증법칙에 관한 대법원판례에 위반 된다는 상고이유는 판례위반을 내세워 원심의 증거판단과 사실인정을 비의하는 것으로서 소액사건심판법 제3조 소정의 적법한 상고

이유로 삼을 수 없다(대법원 1983. 3. 22. 선고 82다745 판결).

**(관련판례 3)**

소액사건에 있어서 원심변론종결 전 사망한 당사자에 대하여 실시한 판결문의 송달은 위법하여 원칙적으로 무효이고, 따라서 불변기간인 상고기간이 진행될 수 없으므로 추완상고의 문제는 생기지 아니하나, 단지 상속인들이 제기한 추완상고는 상속인들이 판결문을 송달받은 날로부터 적법한 상고기간 내에 제출된 상고로서 적법하다(대법원 2005. 10. 14. 선고 2004다52705 판결[대여금]).

## ■ 소액사건심판법상 대법원의 판례와 상반된다는 이유로 상고할 수 있는지요?

Q. 甲은 乙새마을금고의 전 이사장 丙의 퇴직금 1,700만원의 채권을 양도받고 丙은 乙새마을금고에 채권양도통지를 하였으며, 그 후 甲이 乙새마을금고에 양수금을 지급받기 위하여 소액심판청구를 하였으나 패소하였고, 항소심에서도 甲이 패소하였는바, 그 이유는 丙의 퇴직금채권이 근로기준법상의 임금이라는 것입니다. 그런데 '주식회사의 규정에 의하여 이사 등 임원에게 퇴직금을 지급하는 경우에도 그 퇴직금은 근로기준법 소정의 퇴직금이 아니라 재직중의 직무집행에 대한 대가로 지급되는 보수의 일종'이라는 판례가 있다고 하는바, 甲이 그러한 판례에 상반된다는 이유로 상고할 수 있는지요?

A. 소액사건심판법 제3조는 "소액사건에 대한 지방법원합의부의 제2심 판결이나 결정·명령에 대하여는 ①법률·명령·규칙 또는 처분의 헌법위반 여부와 명령·규칙 또는 처분의 법률위반 여부에 대한 판단이 부당한 때, ②대법원의 판례에 상반되는 판단을 한 때에 한하여 대법원에 상고 또는 재

항고를 할 수 있다."라고 규정하고 있습니다.

그리고 같은 법 제3조 제2호 소정의 '대법원의 판례에 상반되는 판단을 한 때'의 의미에 관하여 판례는 "소액사건심판법 제3조 제2호에서 말하는 '대법원 판례에 상반되는 판단을 한 때'라 함은 구체적인 당해 사건에 적용할 법령의 해석에 관해서 대법원이 내린 판단과 상반되는 해석을 한 경우를 말하고, 단순한 법리오해나 채증법칙위반과 같은 사유는 여기에 해당하지 아니한다."라고 하였습니다(대법원 2000. 6. 9. 선고 2000다10963 판결, 2004. 8. 20. 선고 2003다1878 판결).

또한, "소액사건심판법 소정의 소액사건에 대하여 소액심판법에 의한 대법원의 판례에 상반된 판단을 하였다고 하여 상고를 하려면 소액사건심판규칙 제8조, 민사소송규칙 제85조(현행 민사소송규칙 제131조)에 의하여 원심판결의 어떠한 부분이 어떠한 대법원의 판례에 상반된 것인가를 구체적으로 지적하여야 하고, 그 대법원 판례를 구체적으로 명시하여야 한다."라고 하였습니다(대법원 1997. 2. 28. 선고 96다42499 판결).

그런데 위 사안과 관련하여 임금채권의 양수인이 사용자에게 직접 양수금청구를 할 수 있는지에 대하여 판례는 "근로자가 그 임금채권을 양도한 경우라 할지라도 그 임금의 지급에 관하여는 근로기준법 제36조 제1항(현행 근로기준법 제43조 제1항)에 정한 임금직접지급의 원칙이 적용되어 사용자는 직접 근로자에게 임금을 지급하지 아니하면 안되고, 그 결과 비록 적법 유효한 양수인이라도 스스로 사용자에 대하여 임금의 지급을 청구할 수 없다."라고 하였습니다(대법원 1996. 3. 22. 선고 95다2630 판결). 그러므로 위 사안에서 丙의 퇴직금채권이 임금채권이라면 甲의 위 청구는 기각되어야 할 것이고, 丙의 퇴직금채권이 임금채권이 아니라면 甲의 청구는 받아들여져야 할 것입니다.

그런데 새마을금고 이사장의 퇴직금이 근로기준법 소정의 임금에 해당하는지에 관하여 판례는 "주식회사의 업무집행권을 가진 이사 등 임원은 회사로부터 일정한 사무처리의 위임을 받고 있는 것이므로(상법 제382조 제2항), 사용자의 지휘·감독 아래 일정한 근로를 제공하고 소정의 임금을 지급 받는 고용관계에 있는 것이 아니며, 따라서 일정한 보수를 받는 경우에도 이를 근로기준법 소정의 임금이라 할 수 없고, 회사의 규정에 의하여 이사 등 임원에게 퇴직금을 지급하는 경우에도 그 퇴직금은 근로기준법 소정의 퇴직금이 아니라 재직중의 직무집행에 대한 대가로 지급되는 보수의 일종이며, 한편 새마을금고법 제24조는 주식회사와 이사의 관계에 대하여 위임에 관한 규정을 준용하도록 한 위 상법 제382조 제2항의 규정을 새마을금고의 임원에 다시 준용하도록 규정하고 있으므로, 새마을금고의 이사장의 퇴직금 역시 근로기준법상의 임금에 해당하지 않는다."라고 하였으며, "주식회사의 임원의 퇴직금이 근로기준법상의 임금인지의 여부에 관하여 대법원판결이 취하고 있는 견해(대법원 1988 .6. 14. 선고 87다카2268 판결)는 새마을금고의 이사장의 퇴직금에 관하여도 선례로서 구속력을 가진다고 할 것이므로, 새마을금고의 이사장의 퇴직급여가 근로기준법상의 임금임을 전제로 한 판단은 소액사건심판법 제3조 제2호 소정의 '대법원의 판례와 상반되는 판단을 한 때'에 해당한다."라고 보아 원심판결을 파기한 사례가 있습니다(대법원 2001. 2. 23. 선고 2000다61312 판결).

따라서 위 사안에서 甲은 위 판결이 소액사건심판법 제3조 제2호 소정의 '대법원의 판례에 상반되는 판단을 한 때'에 해당된다는 이유로 상고해 볼 수 있을 것으로 보입니다.

**(관련판례 1)**

민사법원이 형사법원이 인정한 사실에 구속을 받는 것은 아니지만 이미 확정된 관련있는 형사 판결의 인정사실은 특별한 사정이 없는한 유력한 증거자료가 된다함은 대법원 판례이므로 특별한 사정이 있다는 설시도 없이 위 형사 판결의 증거가치를 무시한 것은 소액사건심판법 제3조 제2호에 이른바 대법원의 판례에 상반되는 판단을 한 때에 해당한다(대법원 1978. 5. 23. 선고 78다515 판결).

**(관련판례 2)**

소액사건에 있어서 원심변론종결 전 사망한 당사자에 대하여 실시한 판결문의 송달은 위법하여 원칙적으로 무효이고, 따라서 불변기간인 상고기간이 진행될 수 없으므로 추완상고의 문제는 생기지 아니하나, 단지 상속인들이 제기한 추완상고는 상속인들이 판결문을 송달받은 날로부터 적법한 상고기간 내에 제출된 상고로서 적법하다(대법원 2005. 10. 14. 선고 2004다52705 판결[대여금]).

## 4. 확정된 종국판결(終局判決)에 대한 불복

① 소액사건의 경우 재심에 대한 특례 규정이 없으므로, 이에 대하여는 민사소송법의 규정을 따릅니다.

② 다음의 어느 하나에 해당하면 확정된 종국판결에 대하여 재심의 소를 제기할 수 있습니다. 다만, 당사자가 상소에 의하여 그 사유를 주장하였거나, 이를 알고도 주장하지 않은 때에는 재심의 소를 제기할 수 없습니다(민사소송법 제451조제1항).

1. 법률에 따라 판결법원을 구성하지 않은 때
2. 법률상 그 재판에 관여할 수 없는 법관이 관여한 때
3. 법정대리권·소송대리권 또는 대리인이 소송행위를 하는 데에 필요한 권한의 수여에 흠이 있는 때. 다만, 민사소송법 제60조 또는 민사소송법 제97조에 따라 추인(追認)한 때에는 그렇지 않습니다.
4. 재판에 관여한 법관이 그 사건에 관하여 직무에 관한 죄를 범한 때
5. 형사상 처벌을 받을 다른 사람의 행위로 말미암아 자백을 하였거나 판결에 영향을 미칠 공격 또는 방어방법의 제출에 방해를 받은 때
6. 판결의 증거가 된 문서, 그 밖의 물건이 위조되거나 변조된 것인 때
7. 증인·감정인·통역인의 거짓 진술 또는 당사자신문에 따른 당사자나 법정대리인의 거짓 진술이 판결의 증거가 된 때
8. 판결의 기초가 된 민사나 형사의 판결, 그 밖의 재판 또는 행정처분이 다른 재판이나 행정처분에 따라 바뀐 때

9. 판결에 영향을 미칠 중요한 사항에 관하여 판단을 누락한때

10. 재심을 제기할 판결이 전에 선고한 확정판결에 어긋나는때

11. 당사자가 상대방의 주소 또는 거소를 알고 있었음에도 있는 곳을 잘 모른다고 하거나 주소나 거소를 거짓으로 하여 소를 제기한 때

③ 위 4.부터 7.까지의 경우에는 처벌받을 행위로 유죄의 판결이나 과태료부과의 재판이 확정된 때 또는 증거부족 외의 이유로 유죄의 확정판결이나 과태료부과의 확정재판을 할 수 없을 때에만 재심의 소를 제기할 수 있습니다(동법 제451조제2항).

④ 항소심에서 사건에 대하여 본안판결을 하였을 때에는 제1심 판결에 대하여 재심의 소를 제기하지 못합니다(동법 제451조제3항).

⑤ 판결의 기본이 되는 재판에 민사소송법 제451조에 정한 사유가 있을 때에는 그 재판에 대하여 독립된 불복방법이 있는 경우라도 그 사유를 재심의 이유로 삼을 수 있습니다(동법 제452조).

⑥ 재심관할법원, 재심제기의 기간 등 재심에 관한 그 밖의 사항은 민사소송법 제453조부터 제461조까지에서 정하고 있습니다.

■ 소액사건재판을 받았는데, 판결에 승복할 수 없을 경우에는 어떻게 해야 하나요?

Q. 소액사건재판을 받았는데, 판결에 승복할 수 없습니다, 어떻게 해야 하나요?

A. 소액사건재판에 대한 판결이나 결정·명령에 불복하는 경우에는 항소할 수 있으며, 항소심 재판부는 해당 지방법원 합의부가 됩니다. 항소심이나 항고심의 판결이나 결정·명령에 불복하는 경우에는 상고 또는 재항고 할 수 있습니다.

항소란, 제1심법원의 판결에 불복이 있는 경우에 상급법원에 제기하는 불복신청을 말합니다. 항소는 판결서 송달 전 또는 판결서가 송달된 날부터 2주 내에 해야 합니다. 소액사건에 대한 지방법원 및 그 지원, 시(市)·군(郡) 법원의 단독판사의 제1심판결에 대한 항소는 지방법원 본원 합의부에서 제2심으로 심판합니다.

상고란, 항소법원의 판결에 불복이 있는 경우에 대법원에 제기하는 불복신청을 말합니다. 상고는 판결서 송달 전 또는 판결서가 송달된 날부터 2주 내에 해야 합니다.

소액사건에 대한 지방법원 본원 합의부의 제2심판결에 대해서는 ① 법률·명령·규칙 또는 처분의 헌법위반 여부와 명령·규칙 또는 처분의 법률위반 여부에 대한 판단이 부당하거나, ② 대법원의 판례에 상반되는 판단을 한 경우에만 대법원에 상고할 수 있습니다.

상고이유서에는 상고사유만을 구체적으로 명시합니다. 상고사유가 아닌 사유는 기재했더라도 기재하지 않은 것으로 봅니다.

항고란, 소송절차에 관한 신청을 기각한 결정이나 명령에 대해 제기하는 불복신청을 말합니다. 항고는 재판이 고지된 날부터 1주일 내에 해야 합니다. 항고법원·고등법원 또는 항소법원의 결정 및 명령에 대해 재판에 영향을 미친 헌법·법률·명령 또는 규칙의 위반이 있는 경우 1주일 내에 재항고할 수 있습니다.

**(관련판례 1)**

소액사건에 있어서 구체적 사건에 적용할 법령의 해석에 관한 대법원판례가 아직 없는 상황에서 같은 법령의 해석이 쟁점으로 되어 있는 다수의 소액사건들이 하급심에 계속되어 있을 뿐 아니라 재판부에 따라 엇갈리는 판단을 하는 사례가 나타나고 있는 경우, 소액사건이라는 이유로 대법원이 그 법령의 해석에 관하여 판단을 하지 아니한 채 사건을 종결하고 만다면 국민생활의 법적 안전성을 해칠 것이 우려된다고 할 것인바, 이와 같은 특별한 사정이 있는 경우에는 소액사건에 관하여 상고이유로 할 수 있는 '대법원의 판례에 상반되는 판단을 한 때'의 요건을 갖추지 아니하였다고 하더라도 법령해석의 통일이라는 대법원의 본질적 기능을 수행하는 차원에서 실체법 해석적용에 있어서의 잘못에 관하여 직권으로 판단할 수 있다고 보아야 한다(대법원 2004. 8. 20. 선고 2003다1878 판결).

**(관련판례 2)**

소액사건심판법 제3조가 소액사건에 관한 상고이유를 일반 민사사건에 관한 상고이유보다 제한하여 규정하였다고 해서 헌법에 의하여 보장된 국민의 평등권과 재판받을 권리를 침해한 위헌규정이라고 할 수 없다(대법원 1991. 1. 11. 선고 90다10445 판결).

■ **집행절차에서 변상받지 못한 집행비용을 소액심판으로 청구할 수 있는지요?**

Q. 甲은 乙에 대한 대여금채권에 기하여 乙소유의 유체동산에 가압류하였다가 승소확정판결을 받아 강제집행을 실시하였습니다. 그런데 위 유체동산을 경매한 결과 경락가격이 집행비용에도 미치지 못하는 결과가 되었습니다. 이 경우 위 유체동산의 강제집행과정에서 소요된 집행비용을 乙에 대한 소액심판으로 청구할 수 있는지요?

A. 집행비용의 부담에 관하여 민사집행법 제53조는 "①강제집행에 필요한 비용은 채무자가 부담하고 그 집행에 의하여 우선적으로 변상을 받는다. ②강제집행의 기초가 된 판

결이 파기된 때에는 채권자는 제1항의 비용을 채무자에게 변상하여야 한다."라고 규정하고 있고, 「민사집행규칙」제24조 제1항은 "①법 제53조제1항의 규정에 따라 채무자가 부담하여야 할 집행비용으로서 그 집행절차에서 변상 받지 못한 비용과 법 제53조 제2항의 규정에 따라 채권자가 변상하여야 할 금액은 당사자의 신청을 받아 집행법원이 결정으로 정한다."라고 규정하고 있습니다.

그리고 집행절차에서 변상 받지 못한 집행비용을 별도의 소로 청구할 수 있는지에 관하여 판례는 "유체동산에 대한 집행을 위하여 집행관에게 지급한 수수료는 민사소송법 제513조(현행 민사집행법 제53조) 제1항, 민사소송규칙 제107조(현행 민사집행규칙 제24조) 제1항 소정의 집행비용에 해당하므로, 그 집행절차에서 변상을 받지 못하였을 경우에는 별도로 집행법원에 '집행비용액확정결정의 신청'을 하여 그 결정을 채무명의로 삼아 집행하여야 하고, 집행관에게 지급한 수수료 상당의 금원을 채무자에게 지급명령신청의 방법으로 지급을 구하는 것은 허용되지 않는다."라고 하였습니다(대법원 1996. 8. 21.자 96그8 결정).

즉 위 집행비용확정결정을 기초로 하여 바로 금전 채권집행을 할 수 있습니다. 따라서 강제집행비용만을 소송으로 청구하거나 지급명령의 방법으로 별도로 지급을 구하는 것은 소의 이익이 없어 허용되지 아니한다는 것이 대법원의 입장입니다(1989. 9. 26. 선고 89다2356 판결).

또한, 선박의 가압류 및 감수보존집행비용에 관하여 본안소송에서 별도로 손해배상을 소구(訴求)할 이익이 있는지에 관하여 판례는 "선박의 가압류 및 감수보존 집행비용은 민사소송법 제707조(현행 민사집행법 제291조), 제513조(현행 민사집행법 제53조) 제1항에 의하여 집행채무자의 부담이 되고 채권자의 본안승소 확정판결집행시 별도의 집행권원(채무명의) 없이 회수할 수 있는 것이므로 본안소송에서 이를 불법행위로 인한 손해라 하여 별도로 소구할 이익이 없다."라고 한 바 있습니다(대법원 1979. 2. 27. 선고 78다1820 판결).

따라서 위 사안에서도 甲은 乙소유의 유체동산의 강제집행에 소요되었지만 매각대금에서 배당 받지 못한 부분에 대하여는 소송에 의하여 청구할 것이 아니라, 집행비용액확정결정신청을 하여 그 결정에 기하여 집행문을 부여받아 乙의 재산에 강제집행 할 수 있을 것입니다.

# 제2편
# 가압류로 소액채권 회수하기

# 제1장 가압류 개관

## 제1절 가압류의 개념

① 가압류란 금전채권이나 금전으로 환산할 수 있는 채권(예컨대 매매대금, 대여금, 어음금, 수표금, 양수금, 공사대금, 임료, 손해배상청구권 등)의 집행을 보전(保全)할 목적으로 미리 채무자의 재산을 동결시켜 채무자로부터 그 재산에 대한 처분권을 잠정적으로 빼앗는 집행보전제도(執行保全制度)를 말합니다(민사집행법 제276조제1항).

② 부동산소유권이전 또는 말소등기청구권, 소유물반환청구권, 매매목적물인도청구권, 임차물인도청구권 등과 같이 금전채권 이외의 물건이나 권리를 대상으로 하는 청구권 등에 대한 장래의 집행을 보전하기 위해서는 가압류가 아닌 가처분(假處分)을 신청해야 합니다.

## 1. 가압류의 필요성

① 가압류는 특별담보 없는 채권자의 채권보전절차 가운데 하나로 채권자가 아무리 명백한 금전채권을 가지고 있더라도 채무자의 재산상태가 변화되거나 또는 재산을 처분·은닉하는 경우를 예상할 수 있기 때문에 특별담보가 없는 이상 일반재산에 대한 앞으로의 집행은 불완전한 상태에 있습니다. 가압류는 이와 같은 사태에 대비하여 채권의 집행을 보전하기 위해 그 필요성이 인정됩니다.

② 채무자가 빚을 갚을 능력이 있으면서도 있는 재산을 전부 처분

한 후 빚을 갚지 않으려고 하는 경우가 있습니다. 이러한 경우 채권자가 소송을 제기하여 승소한 뒤에 그 판결의 확정을 기다려 집행을 하기 까지는 많은 시간이 걸리게 되고 그 사이에 채무자가 그가 가진 재산을 모두 처분하는 경우에는 채권자가 재판에 이기고도 집행을 하지 못하여 많은 손해를 입게 됩니다. 이처럼 채권자의 권리를 확보하기 위하여 재판확정 전에 채무자가 그의 재산을 처분하지 못하도록 임시로 채무자의 재산을 동결시키는 절차가 가압류입니다.


## 2. 가압류의 구분

① 가압류는 가압류의 대상이 되는 재산의 종류에 따라 부동산가압류, 선박·항공기·자동차·건설기계에 대한 가압류, 채권가압류, 유체동산가압류, 전세권 등 그 밖의 재산권에 대한 가압류로 구분할 수 있습니다.
② 전세권 등 그 밖의 재산권에는 채무자의 제3자에 대한 유체동산인도청구권, 부동산인도청구권, 골프회원권, 스포츠회원권, 콘도회원권, 유체동산에 대한 공유지분권, 특허권, 실용신안권, 상표권, 디자인권, 저작권 등의 지식재산권(저작인격권은 제외), 합명·합자·유한회사의 사원권, 조합권의 지분권, 주식발행 전의 주식이나 신주인수권, 예탁유가증권, 전세권 등이 있습니다.

## ■ 가압류 결정으로 경매진행을 할 수 있나요?

Q. 가압류 결정으로 경매진행을 할 수 있나요?

A. 가압류는 채무자의 재산에 대한 현상유지에 그치고 가압류
는 경매 또는 환가를 하지 못합니다. 채권자는 본안 소송
에서 승소하여 비로소 본안 청구권을 종국적으로 실현할
수 있으므로 가압류 결정으로 경매진행을 할 수 없습니다.

**(관련판례)**
가압류의 이유는 소명으로써 족하므로 가압류결정에 대한 이의에 관
하여도 소명으로써 족하다(대법원 1965.5.18.선고 65다174 판결).

## 3. 가압류 절차

① 가압류를 신청하려는 자는 청구채권의 내용·신청취지·신청이유 등
을 적은 가압류신청서 및 가압류신청 진술서를 작성해야 합니다.
② 법원은 가압류로 생길 수 있는 채무자의 손해에 대하여 담보제공
을 명령할 수 있으며, 법원의 담보제공명령을 받은 채권자는 현금
공탁 또는 공탁보증보험 가입을 통해 담보제공을 해야 합니다.

## 4. 가압류신청 절차

### 4-1. 가압류 신청 준비
### 4-1-1. 가압류 신청서 및 가압류신청 진술서 작성

가압류를 신청하려는 자는 청구채권의 내용·신청취지·신청이유 등을 적은 가압류신청서 및 가압류신청 진술서를 작성해야 합니다(민사집행법 제279조제1항 및 보전처분신청사건의 사무처리요령 제2조제5호).

### 4-1-2. 신청비용 납부

① 가압류 신청을 하려는 자는 신청서에 10,000원(지급보증위탁계약 체결문서 제출에 의한 담보제공의 경우에도 10,000원)의 인지를 붙여야 합니다. 그 밖에 가압류 결정에 대한 이의신청 또는 취소의 신청 등을 하려는 자는 개별 신청서에 해당하는 인지를 붙여야 합니다(민사소송등인지법 제9조제2항 본문, 민사접수서류에 붙일인 지액 및 그 편철방법 등에 관한 예규 제3조 및 별표).

② 가압류를 신청하려는 자는 당사자 1명당 3회분의 송달료(당사자 1명당 3,700원 × 3회)를 예납해야 합니다(민사소송법 제116조제1항, 민사소송규칙 제19조제1항제1호 및 송달료규칙 제2조).

③ 부동산, 자동차 등에 대해 가압류를 신청하려는 자는 등록면허세 및 지방교육세를 납부해야 합니다(지방세법 제24조 및 제150조제2호).

### 4-1-3. 공탁보증보험 가입(부동산·자동차·건설기계·소형선박 또는 금전채권에 대한 가압류에 한함)

① 법원은 가압류로 생길 수 있는 채무자의 손해에 대하여 채권자에게 가압류 명령을 내리기에 앞서 담보제공을 명령할 수 있습니다(민사집행법 제280조제2항 및 제3항).

② 채권자가 부동산·자동차·건설기계·소형선박 또는 금전채권에 대한 가압류신청(급여채권·영업자예금채권의 경우는 제외)을 하는 경우 법원의 담보제공명령이 없더라도 일정 금액을 보증금액으로 하는 보증서 원본을 제출(공탁보증보험증서 제출)하는 방법으로 담보제공의 허가신청을 할 수 있습니다(민사집행규칙 제204조 및 지급보증위탁계약체결문서의 제출에 의한 담보제공과 관련한 사무처리요령 제6조제1항).

## 4-2. 가압류 신청 및 재판

### 4-2-1. 가압류 신청

① 가압류를 신청하려는 자는 가압류신청서를 비롯한 관련 서류를 관할법원 민사신청 담당부서(종합민원실)에 제출해야 합니다.

② 가압류 신청서에는 소장에 관한 규정이 준용되므로 심리에 앞서 재판장이 신청서의 형식적 적법 여부가 심사됩니다(민사집행법 제23조제1항 및 민사소송법 제254조).

### 4-2-2. 가압류 재판

① 법원은 가압류로 생길 수 있는 채무자의 손해에 대하여 담보제공을 명령할 수 있으며, 법원의 담보제공명령을 발한 후 담보제공명령을 받은 채권자가 그 결정에 정하여진 기일(보통 7일) 내

에 담보를 제공하지 않으면 법원은 신청을 각하하게 되며 담보 제공이 되면 가압류 명령을 발하게 됩니다(민사집행법 제280조 및 민사소송법 제219조).

② 소송요건에 흠이 있어 부적법하거나 법원이 명한 담보를 제공하지 아니한 때에는 가압류 신청이 각하됩니다(민사집행법 제23조 제1항 및 민사소송법 제219조).

③ 채권자는 신청을 기각하거나 각하하는 결정에 대하여 결정 고지된 날부터 1주 이내에 즉시항고장을 제출함으로써 즉시 항고할 수 있습니다(민사집행법 제281조제2항 및 제15조제2항).

## 4-3. 가압류집행

① 가압류의 집행에 대하여는 강제집행에 관한 규정이 일부 준용됩니다(민사집행법 제291조).

② 가압류에 대한 재판이 있은 뒤에 채권자나 채무자의 승계가 이루어진 경우 가압류의 재판을 집행하려면 집행문을 덧붙여야 합니다(민사집행법 제292조제1항).

③ 가압류에 대한 재판의 집행은 채권자에게 재판을 고지한 날부터 2주 이내에 해야 하며, 이는 채무자에게 송달하기 전에도 할 수 있습니다(민사집행법 제292조제2항 및 제3항).

## 4-4. 가압류집행취소

① 채권자는 가압류의 집행상태가 계속되고 있는 한 채무자의 동의 없이 언제든지 집행기관에 대하여 집행해제신청을 할 수 있습니다(대법원 1980. 2. 15.자 79마351 결정).

② 채무자는 법원이 정한 해방공탁금(법원이 가압류 명령결정을 내릴 때 가압류의 집행을 정지시키거나 집행한 가압류를 취소시키

기 위하여 가압류명령서에 기재한 채무자가 공탁할 금액)을 공탁하여 집행법원으로 하여금 결정으로 집행한 가압류를 취소할 수 있습니다(민사집행법 제299조제1항).

③ 가압류 결정을 받기 위해 현금공탁을 한 채권자는 가압류 결정이 전에 신청을 취하하거나 각하된 때 또는 가압류 결정 이후 법원의 담보취소결정을 받아 공탁금을 회수할 수 있습니다(민사집행법 제19조제3항, 민사소송법 제125조 및 공탁법 제9조제2항제3호).

④ 공탁물이 금전인 경우 그 원금 또는 이자의 수령, 회수에 대한 권리는 그 권리를 행사할 수 있는 때부터 10년간 행사하지 않으면 시효로 인하여 소멸합니다(공탁법 제9조제3항).

## 4-5. 가압류 채무자 구제

### 4-5-1. 이의신청

채무자는 가압류 결정에 대하여 이의를 신청할 수 있습니다(민사집행법 제283조제1항).

### 4-5-2. 채무자에 의한 가압류취소

① 채무자는 채권자에게 상당한 기간 내에 본안의 소를 제기하고 이를 증명하는 서류를 제출하도록 하는 명령을 법원에 신청할 수 있고, 채권자가 이 명령을 이행하지 않으면 채무자는 가압류의 취소를 법원에 신청할 수 있습니다(민사집행법 제287조제1항).

② 채무자는 가압류 이유가 소멸되었거나 그 밖에 사정이 바뀐 경우에는 가압류 명령이 있은 후라도 그 취소를 신청할 수 있습니다(민사집행법 제288조제1항제1호).

③ 채무자는 법원이 명한 담보를 제공하고 그 가압류 자체의 취소를 구할 수 있습니다(민사집행법 제288조제1항제2호).

# 제2절 가압류의 관할

① 가압류 사건은 가압류할 물건이 있는 곳을 관할하는 지방법원이나 본안(本案)의 관할법원에 신청해야 합니다.

② 가압류를 신청하려는 자는 해당 사건의 본안이 제1심 법원에 계속 중이면 제1심 법원에, 항소심에 계속 중이면 항소법원에 가압류 신청을 해야 합니다.

## 1. 가압류 소송의 관할

### 1-1. 전속관할

① 가압류 사건은 가압류할 물건이 있는 곳을 관할하는 지방법원이나 본안의 관할법원의 전속관할입니다(민사집행법 제278조 및 제21조).

② 가압류 소송의 관할은 전속관할이므로 합의관할(민사소송법 제29조)나 변론관할(민사소송법 제30조)에 관한 규정이 적용되지 않습니다.

---

**(법령용어해설)**

① 전속관할(專屬管轄)

법정관할 가운데 특히 공익적 요구 때문에 특정 법원만이 재판을 할 수 있도록 인정된 관할을 말합니다. 전속관할로 규정된 사항은 법원의 결정이나 당사자의 의사에 의하여 변경할 수 없습니다.

② 합의관할(合意管轄)

당사자의 합의에 의하여 정해지는 관할을 말합니다. 관할의 합의는 원칙적으로 제소 전에 할 것이고 제소 후에는 관할의 이송의 문제가 있을 뿐입니다.

---

③ 변론관할(辯論管轄)

어떤 사건이 그 법원의 관할에 속하지 않음에도 불구하고 원고의 제소에 대하여 피고가 이의 없이 본안 변론함으로써 생기는 관할을 말합니다. 피고가 제1심 법원에서 관할위반이라고 항변하지 않고 본안에 대하여 변론을 하거나 변론준비기일에서 진술을 하거나 할 경우 변론관할이 생기게 됩니다.

**(관련판례 1)**

이송결정의 기속력은 당사자에게 이송결정에 대한 불복방법으로 즉시항고가 마련되어 있는 점이나 이송의 반복에 의한 소송지연을 피하여야 할 공익적 요청은 전속관할을 위배하여 이송한 경우라고 하여도 예외일 수 없는 점에 비추어 볼 때, 당사자가 이송결정에 대하여 즉시항고를 하지 아니하여 확정된 이상 원칙적으로 전속관할의 규정을 위배하여 이송한 경우에도 미친다(대법원 1995. 5. 15.자 94마1059, 1060 결정).

**(관련판례 2)**

본안사건에 대하여 제1심법원에서 판결이 선고된 후 가처분신청이 있은 경우에 당시 위 본안사건은 아직 기록이 동 법원에 있었고 그 뒤에 당사자의 항소에 의하여 항소심으로 송부되었다면 위 가처분신청사건의 전속관할법원은 신청 당시에 본안이 계속되어 있던 제1심법원이다(대법원 1971. 9. 18. 선고 71다1532 판결).

## 1-2. 관할권 없는 법원에 대한 신청

① 관할권 없음을 간과하고 가압류 명령을 하였을 때에는 상소 또는 이의가 제기되면 취소사유가 됩니다. 그러나 관할권 없는 법원이 발한 가압류 명령도 상소나 이의에 의하여 취소되지 않는

한 유효하며(대법원 1964. 4. 11.자 64마66 결정), 재심사유가 아니므로 확정되면 관할 위반의 흠이 치유됩니다(법원행정처, 법원실무제요 민사집행Ⅳ).

② 관할권 없는 법원에 가압류 신청이 있으면 관할법원으로 이송하는 것이 원칙입니다(민사소송법 제34조제1항 및 제4항). 그러나 전속관할에 위반된 이송결정도 기속력이 있으므로 관할권 없는 법원으로 잘못 이송하였더라도 이송받은 법원은 이송결정에 기속됩니다(대법원 1995. 5. 15.자 94마1059, 1060 결정).

**(관련판례)**

심급관할을 위배하여 이송한 경우에 이송결정의 기속력이 이송받은 상급심 법원에도 미친다고 한다면 당사자의 심급의 이익을 박탈하여 부당할 뿐만 아니라, 이송을 받은 법원이 법률심인 대법원인 경우에는 직권조사 사항을 제외하고는 새로운 소송자료의 수집과 사실확정이 불가능한 관계로 당사자의 사실에 관한 주장, 입증의 기회가 박탈되는 불합리가 생기므로, 심급관할을 위배한 이송결정의 기속력은 이송받은 상급심 법원에는 미치지 않는다고 보아야 하나, 한편 그 기속력이 이송받은 하급심 법원에도 미치지 않는다고 한다면 사건이 하급심과 상급심 법원 간에 반복하여 전전이송되는 불합리한 결과를 초래하게 될 가능성이 있어 이송결정의 기속력을 인정한 취지에 반하는 것일 뿐더러 민사소송의 심급의 구조상 상급심의 이송결정은 특별한 사정이 없는 한 하급심을 구속하게 되는바 이와 같은 법리에도 반하게 되므로, 심급관할을 위배한 이송결정의 기속력은 이송받은 하급심 법원에는 미친다고 보아야한다(대법원 1995. 5. 15.자 94마1059, 1060 결정).

## 2. 본안의 관할법원

### 2-1. 본안이 계속된 경우

① 가압류를 신청하려는 자는 해당 사건의 본안이 제1심 법원에 계속 중이면 제1심 법원에, 항소심에 계속 중이면 항소법원에 가압류 신청을 해야 합니다(민사집행법 제311조).

② 본안 사건에 대한 항소가 있었지만 그 기록이 송부되기 전이면, 신청 당시에 본안이 계속되었던 제1심 법원에 보전처분 신청을 해야 합니다(대법원 1971.9.18. 선고 71다1532 판결).

③ 본안이 상고심에 계속 중이거나 종료된 후에는 제1심 법원이 가압류 사건의 관할법원이 됩니다.

④ 본안의 계속 법원은 가압류 신청 당시를 기준으로 결정됩니다. 따라서 가압류 신청 당시에 본안소송이 계속되어 있는 한 그 법원이 비록 본안에 대한 관할권을 가지지 않는 경우라도 무방합니다.

### 2-2. 본안이 계속되기 전인 경우

① 본안이 계속되기 전이라면 장차 본안소송을 제기할 때 이를 관할할 수 있는 법원이 본안의 관할법원이 됩니다.

② 선택재판적이 인정되는 청구이어서 여러 개의 법원이 경합될 경우에는 그 모두가 본안의 관할법원이 되고, 그 중 어느 법원에 가압류를 신청하여도 되며, 나중에 본안을 다른 법원에 제기해도 상관없습니다(민사소송법 제25조제1항).

## ■ 채무자 주소지와 채권자 주소지가 다른 경우에 가압류 신청을 하려면 어느 법원에 해야 하나요?

Q. 서울시 강남구 신사동에 사는 채권자 A가 대구시 동구 신암동에 사는 B에 대해 대여금청구소송을 제기하려고 할 때 어느 법원에 소를 제기해야 하나요? 그리고 만일 가압류 신청을 하려면 어느 법원에 신청해야 하나요?

A. 질문의 사건에 대한 소송을 제기하려고 할 때 관할법원은 채무자 보통재판적 소재지 법원인 대구지방법원에 제기하는 것이 원칙이나, 민법상 금전에 대한 지참채무 원칙상 채권자주소인 서울중앙지방법원에 제기할 수도 있습니다. 따라서 지역적 간격이 큰 경우 채권자 A로서는 자신의 주소지 관할로 가압류신청을 할 수 있습니다.

## 3. 목적물이 있는 곳을 관할하는 지방법원

① 가압류를 신청하려는 자는 가압류할 물건이 있는 곳(목적물 소재
  지)을 관할하는 지방법원에 신청해야 합니다(민사집행법 제278조).
② 가압류 목적물에 따른 관할법원 구분

| 구 분 | 관할법원 기준 장소 |
|---|---|
| 유체동산·부동산 | 가압류할 동산이나 부동산이 있는 곳 |
| 물건의 인도를 목적으로 하는 채권 | 물건의 소재지가 있는 곳 |
| 물상담보권이 있는 채권 | 물건의 소재지가 있는 곳 |
| 어음과 같이 증권으로 화체된 채권 | 증권소재지 |
| 권리이전에 등기·등록이 필요한 그 밖의 재산권 | 등기·등록을 하는 곳 |

## 4. 시·군법원의 관할에 대한 특칙

### 4-1. 본안의 관할법원

가압류 사건은 가압류할 물건이 있는 곳의 관할법원이나 본안의 관
할법원이 관할하므로 가압류 대상인 물건이 시·군법원 관할구역 내
에 소재하고 있다 하더라도 채권자와 채무자의 주소 등이 다른 법
원의 관할구역에 속하는 경우에는 해당 시·군법원은 관할권이 없습
니다(민사집행법 제278조).

### 4-2. 시·군법원의 관할

① 시·군법원이 관할하는 지역에서 본안소송의 목적물 값이 3,000
  만원 이하인 경우 가압류를 신청하려는 자는 해당 시·군법원에

신청할 수 있습니다(소액사건심판법 제2조제1항 및 소액사건심판규칙 제1조의2).

② 3,000만원을 초과하는 사건을 본안으로 하는 가압류는 시·군법원이 있는 곳을 관할하는 지방법원 또는 지방법원 지원에 신청해야 합니다(민사집행법 제22조제4호).

③ 시·군법원에서 한 가압류의 집행에 관한 제3자이의의 소는 시·군법원이 있는 곳을 관할하는 지방법원 또는 지방법원 지원이 관할합니다(민사집행법 제22조제2호).

## 5. 그 밖에 관할에 대한 규정

### 5-1. 재판장의 긴급처분권

가압류 신청이 있는데 법원의 사정으로 인하여 합의부 법관전원의 합의를 신속히 얻을 수 없는 때에는 그 재판이 급박히 요구되고 그 심리에 변론을 요하지 아니하는 것에 한하여 재판장이 단독으로 그 신청에 대한 재판을 할 수 있습니다(민사집행법 제312조).

### 5-2. 가사 가압류사건의 관할

이혼 또는 사실혼 부당파기로 인한 위자료청구권을 피보전권리로 하는 가사 가압류는 가정법원의 관할입니다(가사소송법 제63조).

**(관련판례)**

상고 또는 재항고로 인하여 본안기록이 상고심 또는 재항고심에 송부되고 본안이 상고심 또는 재항고심에 계속 중일 때에는, 상고심 또는 재항고심은 사실심리를 하기에 적당하지 아니하고 가사소송법 제67조의 의무불이행에 대한 제재를 가하거나 집행법원이 되기도 적당하

지 아니하므로 제1심 가정법원이 가사소송법에 의한 사전처분사건이
나 가압류·가처분사건의 관할법원이 된다(대법원 2002. 4. 24. 선
고 2002즈합4 판결).

# 제3절 가압류 관련 법제

가압류는 민사집행법의 보전처분에서 규정하고 있으며, 그 집행은 민사집행법의 강제집행에 관한 규정이 일부 준용됩니다.

## 1. 민사집행법

### 1-1. 보전처분
① 가압류는 가처분과 함께 보전처분의 하나로 금전채권이나 금전으로 환산할 수 있는 채권에 대하여 동산 또는 부동산에 대한 강제집행을 보전하기 위해 할 수 있습니다(제276조제1항).
② 가압류를 신청하려면 채권자는 채무자에 대한 청구채권인 피보전권리와 이를 하지 않으면 판결 그 밖의 집행권원을 집행할 수 없거나 집행하는 것이 매우 곤란할 염려가 있어야 합니다(제277조).
③ 가압류를 신청하려는 자는 청구채권의 내용·신청취지·신청이유 등을 적은 가압류신청서를 작성해야 합니다(제279조제1항).
④ 가압류 신청에 대한 재판은 변론 없이 할 수 있고 법원은 가압류로 생길 수 있는 채무자의 손해에 대하여 채권자에게 담보제공을 명령할 수 있습니다(제280조).
⑤ 채무자는 가압류 결정에 대하여 이의를 신청할 수 있습니다(제283조제1항).

### 1-2. 강제집행 규정의 준용
① 가압류의 집행은 특별한 규정이 없으면 민사집행법의 강제집행에 관한 규정이 준용됩니다(제291조 및 민사집행규칙 제218조). 따

라서 집행의 목적물, 집행기관, 집행의 방법, 위임집행에 대한
채무자의 구제, 제3자의 구제절차 등 강제집행에 관한 규정이
대부분 준용됩니다.
② 다만, 청구에 관한 이의의 소(제44조), 집행문부여에 대한 이의
의 소(제45조)의 규정은 원칙적으로 준용되지 않습니다.

## 2. 민사소송법의 준용

민사집행법에 규정이 있는 경우를 제외하고는 민사집행 및 보전처분
의 절차에 관하여는 민사소송법의 규정이 준용됩니다(민사집행법 제
23조제1항).

## 3. 그 밖의 재판 관련 법제

### 3-1. 민사소송 등 인지법
가압류 신청서 등 각종 신청 서류에는 수입인지를 붙여야 합니다(제
9조제2항 본문 및 제10조).

### 3-2. 지방세법
부동산, 자동차 등에 대해 가압류를 신청하려는 자는 등록면허세
및 지방교육세를 납부해야 합니다(제24조 및 제150조제2호).

# 제2장 가압류 신청 준비

## 제1절 가압류의 신청 요건 및 당사자

### 1. 가압류의 신청 요건

① 가압류를 신청하려면 채권자는 채무자에 대한 대여금, 손해배상 청구권 등과 같은 청구채권인 피보전권리가 있어야 합니다.

② 가압류는 이를 하지 않으면 판결 그 밖의 집행권원(조정, 화해 등의 조서 또는 집행증서)을 집행할 수 없거나 집행하는 것이 매우 곤란할 염려가 있어야 합니다.

### 2. 가압류의 피보전권리

① 재산상의 청구권으로 금전채권이나 금전으로 환산할 수 있는 채권이어야 합니다(법원행정처, 법원실무제요 민사집행IV).

② 금전채권이라면 그 채권액의 전부뿐만 아니라 일부의 보전을 위해서도 가압류 할 수 있습니다.

| | |
|---|---|
| 피보전권리가 인정되는 경우 | 특정물인도청구권 같은 채무불이행으로 인한 손해배상청구권, 강제집행 불능의 경우 대상청구권과 같이 금전채권으로 바뀌는 것을 전제로 하여서만 가압류의 피보전권리가 될 수 있습니다. |
| 피보전권리가 부정되는 경우 | 채무자의 작위나 부작위를 구하는 청구권을 대체집행이나 간접강제를 할 경우에는 비용청구권이나 손해배상청구권으로서의 금전채권이 생기므로 그 채권의 집행보전을 위해 가압류를 할 수 있습니다. |

③ 친족법상의 청구권이나 금전으로 평가할 수 없는 청구권은 가압류에 의하여 보전될 수 없습니다.

④ 채무자의 작위나 부작위를 구하는 청구권은 금전채권이 아니므로 그 집행보전을 위해 가압류신청을 할 수 없습니다.

⑤ 청구권이 성립하여 있거나 청구권 발생의 기초가 형성되어 있어야 합니다(법원행정처, 법원실무제요 민사집행Ⅳ).

⑥ 가압류 신청 시에는 청구권이 성립해 있을 필요가 없지만 그에 대한 재판 시까지는 청구권이 성립해 있어야 합니다.

⑦ 채권에 조건이 붙어 있는 것이거나 기한이 차지 않은 것인 경우에도 가압류를 할 수 있습니다(민사집행법 제276조제2항).

⑧ 가압류의 피보전권리는 가압류 신청 당시 확정적으로 발생되어 있어야 하는 것은 아니고, 이미 그 발생의 기초가 존재하는 한 조건부 채권이나 장래에 발생할 채권도 가압류의 피보전권리가 될 수 있습니다(대법원 1993. 2. 12. 선고 92다29801 판결).

⑨ 동시이행이나 유치권 등의 항변이 부착된 청구권이나 채권양도의 대항요건을 갖추지 아니한 청구권도 피보전권리가 될 수 있습니다.

---

**(법령용어해설)**

**동시이행 항변권(同時履行 抗辯權)** : 대금을 지급하면 상품을 인도한다는 매매계약에서는 서로가 대가관계에 있는 채무를 부담하게 됩니다. 즉 매수인은 대금을 지급한다는 채무를 부담하고, 매도인은 상품을 인도한다는 채무를 부담하는 것입니다. 따라서 매도인의 입장에서 본다면 상품의 인도는 대금의 지급이 있을 때까지 거절할 수 있고, 매수인측에서 본다면 대금의 지급은 상품의 인도가 있을 때까지 이를 거절할 수 있습니다. 이처럼 거절할 수 있는 권리를 동시이행의 항변권이라고 합니다(민법 제536조).

**유치권(留置權)** : 타인의 물건 또는 유가증권을 점유하고 있는 자가 그 물건에 관해서 발생한 채권의 변제를 받을 때까지 그 물건을 유치할 수 있는 권리를 유치권이라 합니다(민법 제320조). 예컨대 시계상은 수리대금의 지급을 받을 때까지는 유치권 행사에 따라 수리한 시계를 유치해서 그 반환을 거절할 수 있습니다.

**채권양도의 대항요건** : 지명채권의 양도는 양도인이 채무자에게 통지하거나 채무자가 승낙하지 아니하면 채무자 그 밖의 제3자에게 대항할 수 없습니다(민법 제450조제1항). 따라서 채무자에 대한 통지 및 채무자의 승낙은 채권양도의 대항요건이 됩니다.

⑩ 보통의 강제집행에 적합한 권리이어야 합니다(법원행정처, 법원실무제요 민사집행Ⅳ).

| | |
|---|---|
| 피보전권리가 인정되는 경우 | ① 단지 본안소송을 제기할 수 없다는 사유만으로 가압류에 부적합하다고는 할 수 없습니다.<br>② 가사소송절차에 의하여 보호를 받는 금전적 청구권(이혼 시의 위자료, 재산분할청구권)은 가정법원의 가사소송사건 또는 마류 가사비송사건을 본안사건으로 하여 가압류 대상이 됩니다. |
| 피보전권리가 부정되는 경우 | ① 특수한 절차에 의하여 집행되는 청구권(예컨대, 국세징수절차에 의하여 집행할 수 있는 조세 채권 그 밖의 공법상 청구권), 또 보통은 강제집행이 가능하나 특별한 사유로 인하여 집행할 수 없는 청구권(예컨대, 부집행의 특약이 있거나 파산에 의하여 면책된 채권이나 이른바 자연채무)을 구하는 것 등은 가압류의 피보전권리가 될 수 없습니다.<br>② 재산형의 일종인 추징은 이를 집행하는 검사의 명령이 집행권원과 동일한 효력을 갖는다하더라도 민사소송절차에 의하여 권리보호를 받을 수 없으므로 가압류명령으로 보전될 피보전권리라 할 수 없습니다(대법원 1971. 3. 9. 선고 70다2783 판결). |

## 3. 보전의 필요성

① 가압류는 이를 하지 않으면 판결 그 밖의 집행권원(조정, 화해 등의 조서 또는 집행증서)을 집행할 수 없거나 판결을 집행하는 것이 매우 곤란할 염려가 있어야 합니다(민사집행법 제277조).

② 집행불능 또는 집행하는 것이 매우 곤란할 염려가 있을 경우란 채무자의 책임재산의 낭비, 훼손, 포기, 은닉, 염가판매 또는 채무자의 도망, 주거부정, 빈번한 이사와 같이 장래 본안판결에서 승소하더라도 그 목적을 달성할 수 없는 경우를 말합니다(법원행정처, 법원실무제요 민사집행Ⅳ).

③ 보전의 필요성은 채무자의 신분, 직업, 자산상태 등 여러 가지 사정을 종합적으로 고려하여 판단됩니다(법원행정처, 법원실무제요 민사집행Ⅳ).

### ■ 담보주택 외의 재산에 대하여 가압류를 신청할 수 있을까요?

Q. 채무자에게 시가 2억원짜리 주택을 담보로 1억원을 빌려주었습니다. 그런데 부동산시장의 가격 하락으로 위 담보주택 외의 재산에 대하여 가압류를 신청할 수 있을까요?

A. 어렵습니다.
충분한 물적 담보가 설정되어 있거나 채무자에게 재산이 충분히 있음이 소명된 경우에는 법원은 가압류의 필요성을 인정하지 않기 때문에 가압류 신청을 받아주지 않고 있습니다. 가압류를 신청하려면 채권자는 채무자에 대한 대여금, 손해배상청구권 등과 같은 청구채권인 피보전권리가 있어야 합니다. 또한, 가압류를 하지 않으면 판결이나 집행권원(조정,

화해 등의 조서 또는 집행증서)을 집행할 수 없거나 집행하는 것이 매우 곤란할 염려(보전의 필요성)가 있어야 합니다.

보전의 필요성에 따른 집행불능 또는 집행하는 것이 매우 곤란할 염려가 있을 경우란 채무자가 책임재산을 낭비, 훼손, 포기, 은닉, 염가판매하거나 채무자의 도망, 주거 부정, 빈번한 이사와 같이 장래 본안판결에서 승소하더라도 그 목적을 달성할 수 없는 경우를 말합니다.

보전의 필요성 유무를 판단할 때에는 채무자의 신분, 직업, 자산상태 등 여러 가지 사정을 종합적으로 고려합니다.

채권을 담보하기 위하여 주택에 근저당권설정을 하였을 경우 채권의 집행보전을 위한 가압류의 필요 유무를 판단할 때에는 위 부동산의 환가 가치를 확정하여 그 가격으로 채권 만족을 얻을 수 있는 가의 여부를 먼저 가려야 할 것입니다.

**(관련판례)**

채권을 담보하기 위하여 대와 그 지상건물을 근저당권 설정을 하였을 경우 채권의 집행보전을 위한 가압류의 필요 유무를 판단함에 있어서는 위 부동산의 환가 가치를 확정하여 그 가격으로 채권만족을 얻을 수 있는지 먼저 가려야 할 것이다(대법원 1967. 12. 29. 선고 67다2289 판결).

# 제2절 가압류의 당사자

① 가압류 소송에서는 가압류명령이나 집행명령을 신청하는 사람을 '채권자'라 하고, 그 상대방을 '채무자'라고 합니다.

② 가압류 소송에서도 당사자는 당사자능력 및 소송능력이 있어야 하며, 당사자능력 및 소송능력이 없는 자는 법정대리인 또는 소송대리인에 의하여 소송해야 합니다.

## 1. 당사자

### 1-1. 당사자의 개념

가압류 소송에서 당사자란 권리가 있음을 주장하는 사람, 즉 당사자능력이 있는 사람이 자기의 이름으로 가압류명령 또는 그 집행명령을 신청하거나 그 상대방을 말합니다.

### 1-2. 당사자의 호칭

① 일반적인 민사소송절차에서는 당사자를 원고·피고로 부르지만, 가압류 소송에서는 가압류명령이나 집행명령을 신청하는 사람을 '채권자'라 하고, 그 상대방을 '채무자'라고 합니다(민사집행법 제280조, 제287조 및 제292조 참조).

② 가압류명령이나 집행명령에 대하여 이의를 하는 경우 '이의신청인'을 '채무자'로, '이의피신청인'을 '채권자'라고 합니다(민사집행법 제283조 및 제285조 참조).

③ 취소신청사건에서는 취소신청인을 '신청인'으로, 그 상대방을 '피신청인'으로 표시해야 합니다.

④ 채무자가 제3자에 대하여 채권을 가지고 있고 이 채권이 가압류 대상이 되는 경우 그 제3자 즉 대상이 되는 채권의 채무자를 제3채무자라 하고 필요한 때에는 가압류 신청서 등에 기재합니다. 다만, 제3채무자는 보전처분의 집행단계에서의 이해관계인일 뿐 보전소송의 당사자라고 할 수 없습니다(대법원 1998. 2. 13. 선고 95다15667 판결).

### 1-3. 당사자적격

원칙적으로 피보전권리의 주체라고 주장하는 사람이 정당한 채권자가 되고, 그에 대한 의무자라고 주장하는 사람이 채무자가 됩니다. 이 경우 실제로 그 권리자 또는 의무자인가는 묻지 않습니다(법원행정처, 법원실무제요 민사집행Ⅳ).

## 2. 당사자능력 및 소송능력 및 대리

① 가압류 소송에서도 당사자는 당사자능력 및 소송능력이 있어야 합니다(민사집행법 제23조제1항 및 민사소송법 제51조 이하).
② 당사자능력, 소송능력이 없는 자는 법정대리인 또는 소송대리인에 의하여 소송해야 합니다(민사소송법 제55조,제87조).

## ■ 본안소송에서 소송대리권을 가지는 자가 가압류 소송에서도 대리할 수 있나요?

Q. 본안소송에서 소송대리권을 가지는 자가 가압류 소송에서도 대리할 수 있나요?

A. 본안소송에서 소송대리권을 가지는 자는 당연히 가압류 소송의 대리권도 갖습니다(민사소송법 제90조제1항). 따라서 본안소송의 위임장 사본에 본안의 소장 사본 등을 첨부하여 피보전권리를 소명한다면 별도의 소송위임장을 제출하지 않아도 됩니다.

## ■ 이미 사망한 채무자를 상대로 가압류를 신청할 수 있나요?

Q. 이미 사망한 채무자를 상대로 가압류를 신청할 수 있나요?

A. 사망한 당사자를 상대로 신청하여 내려진 가압류는 무효이며(대법원 1991. 3. 29.자 89그9 결정), 그 효력은 상속인에게 미치지 않습니다(대법원 1969. 12. 30. 선고 69다1870 판결). 다만, 가압류 신청 당시 생존해 있었다면 당연 무효라고 할 수 없습니다(대법원 1993. 7. 27. 선고 92다48017 판결). 사람과 마찬가지로 실제로 존재하지 않는 단체를 상대로 한 가압류도 무효입니다(대법원 1994.11.11. 선고 94다14094 판결).

## 3. 가압류 소송의 참가 및 승계

### 3-1. 참가

① 가압류 소송절차에서도 보조참가, 독립당사자참가, 공동소송참가가 가능합니다(민사집행법 제23조제1항).

② 제3자는 보조참가의 방법으로 이의신청할 수 있으나, 자기 이름으로 직접 이의신청을 할 수 없습니다(대법원 1970. 4. 28. 선고 69다2108 판결).

---

**(법령용어해설)**

**보조참가** : 소송계속 중 소송의 결과에 이해관계가 있는 제3자가 그 소송의 원고 또는 피고의 승소를 돕기 위해 소송에 참가하는 것을 말합니다(민사소송법 제71조). 보조참가를 하는 자는 소송의 당사자가 아니면서도 타인 간의 소송의 결과로 이해관계가 있기 때문에 어느 한 쪽을 보조하여 소송에 참가하고 자기의 이익을 보호할 기회를 주는 것입니다.

**독립당사자참가** : 타인 간의 소송이 계속 중 그 소송의 원고·피고 양쪽 또는 한쪽을 상대로 하여 제3자가 당사자로서 소송에 참가하는 것을 말합니다(민사소송법 제79조). 독립당사자참가는 소송의 목적이 자기의 권리에 속하거나 또는 그 결과에 의하여 권리의 침해를 받게 될 제3자가 참가함으로써 새로운 당사자가 되는 것이므로 때로는 3면 소송관계를 이루게 됩니다.

**공동소송참가** : 소송의 목적이 당사자의 일방과 제3자에 대하여 합일적으로 확정되어야 할 법률상 이유가 있는 경우 그 제3자는 공동소송인으로 소송에 참가할 수 있습니다(민사소송법 제83조). 즉, 공동소송참가란 소송계속 중에 당사자 간의 판결의 효력을 받는 제3자가 원고 또는 피고의 공동소송인으로 참가하는 것을 말합니다. 제3자는 종전 당사자의 어느 한 쪽과 공동소송인이 되는 것이므로 이를 공동소송적 당사자참가라 합니다.

---

## 3-2. 승계

① 가압류 신청 전 승계

가압류 신청 전에 피보전권리나 다툼의 대상 등의 승계가 있는 경우 반드시 새로운 승계인을 당사자로 삼아야 합니다(대법원 1991. 3. 29.자 89그9 결정).

② 가압류 집행 전 승계

가압류 신청 후 집행 전에 채권자 또는 채무자의 승계가 있는 경우 그 승계인에 대하여 또는 승계인이 집행을 하기 위해서는 승계집행문을 부여받아야 합니다(민사집행법 제292조제1항).

③ 가압류명령 집행 후 승계

가압류의 피보전권리의 양수인 또는 승계인은 가압류 등기의 등기명의와 관계없이 자신이 피보전권리의 양수인임을 이유로 가압류의 효력을 주장할 수 있습니다(대법원 1993. 7. 13. 선고 92다33251 판결 참고).

■ **가압류를 신청하였으나 집행 전에 채무자가 사망하였을 경우 어떻게 해야 하나요?**

Q. 가압류를 신청하였으나 집행 전에 채무자가 사망하였습니다. 이 경우 어떻게 해야 하나요?

A. 사망한 채무자의 승계인에 대한 승계집행문을 법원으로부터 부여받아야 합니다.

가압류 신청 전에 피보전권리나 다툼의 대상 등의 승계가 있는 경우 반드시 새로운 승계인을 당사자로 삼아야 합니다. 가압류 신청 후 집행 전에 채무자의 승계가 있는 경우 법원으로부터 그 승계인에 대한 승계집행문을 부여받아야 합니다.

# ■ 자택 가압류를 하려는데 배우자 명의로 된 경우에도 가압류가 가능할까요?

Q. 공증까지 쓰고 돈을 빌려줬는데, 자택 가압류를 하려고 하니 배우자 명의로 되어 있네요. 배우자 명의라도 가압류가 가능할까요?

A. 채무자 명의가 아닌 재산은 원칙적으로 가압류 할 수 없습니다. 다만, 다음의 경우에는 가압류할 수 있습니다.

① 채무자의 배우자가 채무자에게 채무가 있어 제3채무자에 해당한다면 채권자대위권을 행사할 수 있고, 이 권리를 피보전권리로 하여 배우자 명의의 자택을 가압류할 수 있습니다.

② 그 밖에 채무자 명의로 있다가 강제집행을 면하려고 배우자 명의로 옮긴 재산의 경우에는 가압류할 수 있습니다. 채무자와 그 배우자가 공유하는 유체물인 동산은 채무자가 점유하거나 그 배우자와 공동으로 점유하고 있는 경우에는 가압류할 수 있습니다.

**(관련판례 1)**

채권자가 이미 사망한 자를 그 사망 사실을 모르고 제3채무자로 표시하여 압류 및 전부명령을 신청하였을 경우 채무자에 대하여 채무를 부담하는 자는 다른 특별한 사정이 없는 한 이제는 사망자가 아니라 그 상속인이므로 사망자를 제3채무자로 표시한 것은 명백한 오류이고, 또한 압류 및 전부명령에 있어서 그 제3채무자의 표시가 이미 사망한 자로 되어 있는 경우 그 압류 및 전부명령의 기재와 사망이라는 객관적 사정에 의하여 누구라도 어느 채권이 압류 및 전부되었는지를 추인할 수 있다고 할 것이어서 그 제3채무자의 표시를 사망자에서 그 상속인으로 경정한다고 하여 압류 및 전부명령의 동일성의 인식을 저해한다고 볼 수는 없으므로, 그

압류 및 전부명령의 제3채무자의 표시를 사망자에서 그 상속인으로 경정하는 결정은 허용된다(대법원 1998. 2. 13. 선고 95다15667 판결).

**(관련판례 2)**

사망한 자에 대하여 실시된 송달은 위법하여 원칙적으로 무효이나, 그 사망자의 상속인이 현실적으로 그 송달서류를 수령한 경우에는 하자가 치유되어 그 송달은 그 때에 상속인에 대한 송달로서 효력을 발생하므로, 압류 및 전부명령 정본이나 그 경정결정 정본의 송달이 이미 사망한 제3채무자에 대하여 실시되었다고 하더라도 그 상속인이 현실적으로 그 압류 및 전부명령 정본이나 경정결정 정본을 수령하였다면, 그 송달은 그 때에 상속인에 대한 송달로서 효력을 발생하고, 그 때부터 각 그 즉시항고기간이 진행한다(대법원 1998. 2. 13. 선고 95다15667 판결).

# 제3절 가압류 신청서 작성

신청서에는 ① 당사자(대리인이 있는 경우 대리인 포함), ② 목적물의 가액, 피보전권리 및 목적물의 표시 ③ 신청의 취지, ④ 신청의 이유, ⑤ 관할법원, ⑥ 소명방법 및 ⑦ 작성한 날짜를 기재하고, 당사자 또는 대리인의 기명날인 또는 서명을 해야 합니다.

## 1. 당사자 표시(채권자·채무자)

① 가압류를 신청하는 사람을 '채권자', 그 상대방을 '채무자'라 적고, 각각의 주소를 적습니다(민사소송법 제274조제1항 및 동규칙 제2조).

② 대리인이 있는 경우 대리인의 이름(명칭 또는 상호)·주소와 연락처(전화번호·휴대폰번호·FAX번호 또는 전자우편주소 등)을 적습니다(민사소송법 제274조제1항 및 동규칙 제2조).

---
채 권 자 ○ ○ ○ (주민등록번호)
　서울○○구○○동 111-11 ○○아파트 101동 101호(우: 000-000)
　채권자의 소송대리인 변호사 ○ ○ ○
　　서울 ○○구 ○○동 333-33 ○○빌딩 111호
채 무 자 ○ ○ ○ (주민등록번호)
　서울 ○○구 ○○동 222-22 ○○빌라 203호 (우: 000-000)

---

③ 미성년자가 당사자인 경우에는 법정대리인의 인적사항을 표시하고, 미성년자와의 관계를 소명할 수 있는 가족관계증명서를 제출해야 합니다.

채 권 자 ○ ○ ○ (주민등록번호)
　서울○○구○○동 111-11 ○○아파트 101동 101호(우: 000-000)
　채권자는 미성년자이므로 법정대리인
　　친권자 부 ○ ○ ○, 모 ○ ○ ○
　　서울 ○○구 ○○동 333-33 ○○빌딩 111호
채 무 자 ○ ○ ○ (주민등록번호)
　서울 ○○구 ○○동 222-22 ○○빌라 203호 (우: 000-000)

④ 법인의 경우에는 법인명칭(또는 상호), 주사무소(또는 본점), 송달장소(영업소 또는 지점), 대표자, 법률상 대리인, 소송상 대리인의 순서로 위에서부터 아래로 차례로 기재합니다.

채 권 자 주식회사 ○○ (법인등록번호)
　　서울 ○○구 ○○동 111-11 (우: 000-000)
　　　대표이사 ○ ○ ○
채 무 자 의료법인 ○○ (법인등록번호)
　　서울 ○○구 ○○동 222-22 ○○빌딩 203호 (우: 000-000)
　　　소관 ○○병원 원무과
　　　대표자 이사장 ○ ○ ○
제3채무자 주식회사 ○○은행 (법인등록번호)
　　서울 ○○구 ○○동 333-33 ○○빌딩 111호
　　대표이사 ○ ○ ○
　　　소관 ○○지점
　　　서울 ○○구 ○○동 ○○-○○호

⑤ 채무자의 현주소지와 부동산등기사항증명서(또는 자동차·건설기
계등록원부)상의 주소가 다를 경우 이를 같이 적어 같은 사람임
을 밝혀야 합니다.

---

채 무 자 ㅇ ㅇ ㅇ (주민등록번호)
　서울 ㅇㅇ구 ㅇㅇ동 222-22 ㅇㅇ빌라 203호 (우: 000-000)
　　등기부상 주소 서울 ㅇㅇ구 ㅇㅇ동 1404 ㅇㅇ빌딩 1003호
◀ 기 재 시 유의사항 ▶
① 주민등록번호는 기재하지 않아도 되지만, 당사자를 명확하게 지정
하기 위해 기재함이 좋습니다.
② 법인이 당사자인 경우 법인등기사항증명를 제출해야 하는바, 법인등
기사항증명서와 일치되도록 법인명칭, 주 사무소, 대표자, 법률상 대리
인 등의 당사자를 표시해야 합니다.
③ 잘 알려진 법인의 경우를 제외하고는 법인명칭 옆 괄호 안에 법인
등록번호를 기입함이 법인의 특정을 위해 좋습니다.

---

## 2. 청구채권(피보전권리)의 표시 및 목적물의 표시

### 2-1. 피보전권리의 요지 적시
가압류신청서에는 신청취지 및 신청이유의 기재에 앞서 피보전권리의
요지를 구체적으로 간결하게 표시해야 합니다(민사집행법 제279조
제1항).

### 2-2. 청구채권의 표시
청구채권의 내용(피보전권리의 요지)은 다음의 예시와 같이 표시되나,
간결·명료하게 표시하기 어렵거나 그 내용이 길어 별지를 이용할 경

우에는 "별지 기재 내용과 같음"으로 표시하고 별지를 붙입니다.

<예시 1: 체불임금 및 퇴직금>
청구채권의 표시 금 28,696,745원 (체불임금 및 퇴직금)(채권자들이 채무자에 대하여 가지는 별지 제1목록 체불임금 및 퇴직금내역서 (마)항 기재의 미지급 임금 및 퇴직금청구채권)

<예시 2: 대여금>
청구채권의 표시 금 120,000,000원 (대여금) 채권자가 채무자에 대하여 가지는 대여금청구채권

<예시 3: 손해배상금>
청구채권의 표시 및 금액
금 19,978,765원(2001. 4. 25.자 채무자과실에 의한 교통사고로 인한 손해배상금)

## 2-3. 목적물의 표시

가압류할 목적물의 표시는 간략히 적되 그 내용이 긴 경우 "별지목록 기재와 같음"이라고 표시하고, 별지로 첨부합니다(민사집행법 제279조제1항).

## 3. 신청의 취지

① 소장의 청구취지에 상응하는 것으로 가압류를 통해 구하려는 그 내용을 말하며, 권리를 보전하기 위하여 필요한 보전처분의 종류와 태양을 적습니다(민사집행규칙 제203조제2항).
② 법원을 구속하는 것은 아니지만 당사자의 신청목적과 한도를 나타내는 표준이 되므로 다음과 같이 명확히 적어야 합니다.

<예시 1: 부동산가압류>
1. 채권자는 채무자에 대한 위 청구채권의 집행을 보전하기 위하여 채무자 소유의 별지 목록 기재 부동산을 가압류한다.
라는 재판을 구합니다.

<예시 2: 자동차가압류>
1. 채권자는 채무자에 대한 위 청구채권의 집행을 보전하기 위하여 채무자 소유의 별지 목록 기재 자동차를 가압류한다.
라는 재판을 구합니다.

<예시 3: 채권가압류>
1. 채권자가 채무자에 대하여 가지고 있는 위 청구채권의 집행을 보전하기 위하여 채무자의 제3채무자에 대한 별지 기재 채권을 가압류 한다.
2. 제3채무자는 채무자에게 위 채권에 관한 지급을 해서는 아니된다.
라는 재판을 구합니다.

## 4. 신청의 이유

### 4-1. 신청이유 적시

신청취지를 구하는 근거로서 ① 피보전권리의 존재와 ② 보전의 필요성을 구체적으로 적어야 합니다(민사집행법 제279조제2항 및 민사집행규칙 제203조제2항).

### 4-2. 피보전권리

가압류에서는 피보전권리인 청구채권을 표시하고 그 금액을 적습니다. 청구채권이 일정한 금액이 아닌 때에는 금전으로 환산한 금액을 적습니다(민사집행법 제279조제1항제1호).

### 4-3. 보전의 필요성

민사집행법 제277조에 따라 가압류의 이유가 될 사실을 구체적으로
명확하게 표시합니다(민사집행법 제279조제1항제2호).

## 5. 그 밖의 기재사항

① 법원의 표시(민사소송법 제274조)
② 소명방법의 표시(민사집행법 제279조제2항)
③ 작성한 날짜(민사소송법 제274조)
④ 당사자 또는 대리인의 기명날인 또는 서명(민사소송법 제274조)
⑤ 덧붙인 서류의 표시(민사소송법 제274조)
  ※ 신청서에 기재해야 할 사항은 개별 가압류에 따라 약간씩 차
    이가 있습니다.

## 6. 가압류신청 진술서 작성

### 6-1. 가압류신청 진술서 첨부

① 가압류 신청을 하려는 자는 가압류신청 진술서를 작성해야 합니다
  (보전처분신청사건의 사무처리요령 제2조제5호 및 전산양식 A4705).
② 가압류신청 진술서를 첨부하지 않거나, 고의로 진술 사항을 누
  락하거나 허위로 진술한 내용이 발견된 경우에는 특별한 사정이
  없는 한 보정명령 없이 신청이 기각될 수 있습니다(보전처분신청
  사건의 사무처리요령 제3조).

# 가압류신청 진술서

채권자는 가압류 신청과 관련하여 다음 사실을 진술합니다. 다음의 진술과 관련하여 고의로 누락하거나 허위로 진술한 내용이 발견된 경우에는, 그로 인하여 보정명령 없이 신청이 기각되거나 가압류이의절차에서 불이익을 받을 것임을 잘 알고 있습니다.

20  .    .    .

채권자(소송대리인)                              (날인 또는 서명)

※ 채무자가 여럿인 경우에는 각 채무자별로 따로 작성하여야 합니다.

◇ 다 음 ◇

## 1. 피보전권리(청구채권)와 관련하여

가. 채무자가 신청서에 기재한 청구채권을 인정하고 있습니까?
  □ 예
  □ 아니오 → 채무자 주장의 요지 :
  □ 기타 :

나. 채무자의 의사를 언제, 어떠한 방법으로 확인하였습니까?
  (소명자료 첨부)

다. 채권자가 신청서에 기재한 청구금액은 본안소송에서 승소할 수 있는 금액으로 적정하게 산출된 것입니까? (과도한 가압류로 인해 채무자가 손해를 입으면 배상하여야 함)
  □ 예    □ 아니오

## 2. 보전의 필요성과 관련하여

가. 채권자가 채무자의 재산에 대하여 가압류하지 않으면 향후 강제집행이 불가능하거나 매우 곤란해질 사유의 내용은 무

엇입니까?

나. 채권자는 신청서에 기재한 청구채권과 관련하여 공정증서 또는 제소전화해조서가 있습니까?

다. 채권자는 신청서에 기재한 청구채권과 관련하여 취득한 담보가 있습니까? 있다면 이 사건 가압류를 신청한 이유는 무엇입니까?

라. [채무자가 (연대)보증인인 경우] 채권자는 주채무자에 대하여 어떠한 보전조치를 취하였습니까?

마. [다수의 부동산에 대한 가압류신청인 경우] 각 부동산의 가액은 얼마입니까? (소명자료 첨부)

바. [유체동산 또는 채권 가압류신청인 경우] 채무자에게는 가압류할 부동산이 있습니까?
□ 예    □ 아니오 → 채무자의 주소지 소재 부동산등기부등본 첨부

사. ["예"로 대답한 경우] 가압류할 부동산이 있다면, 부동산이 아닌 유체동산 또는 채권 가압류신청을 하는 이유는 무엇입니까?
□ 이미 부동산상의 선순위 담보 등이 부동산가액을 초과함 → 부동산등기부등본 및 가액소명자료 첨부
□ 기타 사유  → 내용 :

아. [유체동산가압류 신청인 경우]
① 가압류할 유체동산의 품목, 가액은?
② 채무자의 다른 재산에 대하여 어떠한 보전조치를 취하였습니까? 그 결과는?

### 3. 본안소송과 관련하여
가. 채권자는 신청서에 기재한 청구채권과 관련하여 채무자를 상대로 본안소송을 제기한 사실이 있습니까?
□ 예    □ 아니오

나. [“예”로 대답한 경우]

① 본안소송을 제기한 법원.사건번호.사건명은?

② 현재 진행상황 또는 소송결과는?

다. [“아니오”로 대답한 경우] 채권자는 본안소송을 제기할 예정
   입니까?

□ 예 → 본안소송 제기 예정일 :

□ 아니오 → 사유 :

**4. 중복가압류와 관련하여**

가. 채권자는 신청서에 기재한 청구채권(금액 불문)을 원인으로,
   이 신청 외에 채무자를 상대로 하여 가압류를 신청한 사실
   이 있습니까? (과거 및 현재 포함)

□ 예    □ 아니오

나. [“예”로 대답한 경우]

① 가압류를 신청한 법원.사건번호.사건명은?

② 현재 진행상황 또는 결과(취하/각하/인용/기각 등)는? (소
   명자료 첨부)

다. [다른 가압류가 인용된 경우] 추가로 이 사건 가압류를 신청
   하는 이유는 무엇입니까? (소명자료 첨부)

# 제4절 신청비용 납부

## 1. 인지 첩부

① 가압류 신청을 하려는 자는 신청서에 10,000원(지급보증위탁계약체결문서 제출에 의한 담보제공의 경우에도 10,000원)의 인지를 붙여야 합니다.

② 그 밖에 가압류 결정에 대한 이의신청 또는 취소의 신청 등을 하려는 자는 개별 신청서에 해당하는 인지를 붙여야 합니다.

③ 가압류 신청이나 가압류 결정에 대한 이의 또는 취소의 신청을 위한 신청서에는 다음의 구분에 따른 인지를 붙여야 합니다(민사소송등인지법 제9조제2항).

| 구 분 | 인지액 |
|---|---|
| 가압류신청서 | 10,000원 |
| 지급보증위탁계약체결문서의 제출에 의한 담보제공허가신청서 | 0원 |
| 가압류 결정에 대한 이의신청서 | 10,000원 |
| 가압류 이의신청 사건의 이송신청서 | 1,000원 |
| 가압류 이의에 관한 판결에 대한 항소장, 상고장 | 신청서에 붙인 인지액의 2배 |
| 제소명령신청서 | 1,000원 |
| 제소기간 도과에 의한 가압류 취소신청서 | 10,000원 |
| 사정변경 등에 의한 가압류 취소신청서 | 10,000원 |
| 가압류 취소재판의 효력정지신청서 | 1,000원 |
| 강제관리의 방법에 의한 가압류 집행신청서 | 5,000원 |
| 해방공탁에 의한 가압류 집행의 취소신청서 | 1,000원 |
| 담보취소신청서 및 담보권리행사 최고신청서 | 1,000원 |
| 담보취소결정확정증명원 | 500원 |

## 2. 인지의 구입

가압류 신청서에 붙여야 할 인지는 수입인지로 납부할 수 있으며, 수입인지는 다음과 같은 곳에서 구입할 수 있습니다(수입인지에 관한 법률 제3조제1항, 제4조제3항, 제5조제2항 및 동법 시행령 제6조). 구입한 대한민국정부수입인지는 신청서 표지 또는 신청서 첫 장 앞면 우측 상단에 붙입니다.

① 우체국
② 은행법에 따른 인가를 받아 설립된 은행
③ 한국산업은행법에 따른 한국산업은행
④ 한국수출입은행법에 따른 한국수출입은행
⑤ 농업협동조합법에 따른 조합, 중앙회 및 농협은행
⑥ 수산업협동조합법에 따른 수산업협동조합과 그 중앙회 및 수협은행
⑦ 신용협동조합법에 따른 신용협동조합
⑧ 상호저축은행법에 따른 상호저축은행
⑨ 새마을금고법에 따른 새마을금고
⑩ 수입인지 판매소

## 3. 전자수입인지의 구입

전자수입인지의 경우에는 위의 구입처 외에 수입인지에 관한 법률 제9조제2항에 따라 업무를 위탁받은 기관이나 행정기관을 통해 구입할 수 있습니다(수입인지에 관한 법률 제3조제2항)

# ■ 가압류 신청을 하려면 인지는 얼마짜리를 붙여야 하나요?

Q. 가압류 신청을 하려면 인지는 얼마짜리를 붙여야 하나요?

A. 가압류신청서에 붙여야 할 인지는 1만원짜리입니다.

가압류 신청을 하면서 공탁보증보험을 통한 담보제공을 하는 경우에도 인지대는 동일합니다.

## ◇ 신청서별 인지대

| 신청자 | 구 분 | 인지대 |
|--------|-------|--------|
| 채권자 | 가압류신청서 | 1만원 |
| | 지급보증위탁계약체결문서(공탁보증보험증서)의 제출에 의한 담보제공허가신청서 | 0원 |
| 공통 | 가압류 결정에 대한 이의신청서 | 1만원 |
| 채무자 | 제소명령신청서 | 1천원 |
| | 제소기간 도과에 의한 가압류 취소신청서 | 1만원 |
| | 사정변경 등에 의한 가압류 취소신청서 | 1만원 |
| | 가압류 해방공탁에 의한 가압류 집행의 취소신청서 | 1천원 |

## ■ 사용치 않은 수입인지는 환불 가능한가요?

Q. 제가 잘못 구입한 대한민국 정부 수입인지가 꽤 많이 있는데 이걸 어디다 쓸데도 없고 해서 해당 법률을 찾아보니 금융기관이나 우체국에서 환매를 해준다고 하던데 훼손되지 않은 것이면 바로 환매가 가능한가요? 우체국에서 구입한 게 아니여도 상관없나요? 환매하려면 어떻게 해야 하는지 절차가 궁금합니다. 필요한 서류 같은 건 없겠죠?

A. 수입인지는 오염·훼손되어 판매에 부적합하다고 인정되는 것을 제외하고 교환 또는 환매(환불)가 가능합니다.
다만, 수수료 5%를 공제한 액면금액의 95%에 상당하는 금액을 현금으로 지급하며, 금융업무가 가능한 관내국 이상 우체국(우편취급국 제외)에서 금융업무시간까지 환매 가능합니다.
또한, 해당 우체국에서 당월 판매한 수입인지 판매대금 범위 내에서만 가능하기 때문에 방문 전에 환매가능 금액을 확인 후 방문하여 주시기 바랍니다.


## 4. 송달료 예납

① 가압류를 신청하려는 자는 당사자 1명당 3회분의 송달료(당사자 1명당 3,700원 × 3회)를 예납해야 합니다.
   ※ 1회 송달료 3,700원 = 왕복 통상우편료 620원 + 등기수수료 1,630원 + 특별송달수수료 1,300원
② 송달이란 소송의 당사자 및 그 밖의 소송관계인에게 소장·상소장·판결정본 등 소송서류의 내용을 알 수 있는 기회를 주기 위

해 법정의 방식에 좋아 하는 통지행위를 말합니다. 송달은 송달을 받은 자에게 서류의 내용을 확실하게 알리고 그와 더불어 이를 보관함으로써 그 내용을 둘러싼 분쟁을 미연에 방지하는 것을 목적으로 합니다.

③ 가압류의 신청, 가압류의 신청을 기각 또는 각하한 결정에 대한 즉시항고, 가압류에 대한 이의신청, 가압류의 취소신청, 이의신청 및 취소신청에 대한 즉시항고에 대한 결정은 당사자에게 송달해야 합니다(민사집행규칙 제203조의4).

# 5. 송달료 납부

① 송달료를 납부한 채권자는 송달료납부서 1통을 가압류 신청서에 첨부하여 관할법원에 제출해야 합니다(송달료규칙 제3조제2항).

② 송달료 납부 방법 및 송달료납부서 등의 교부

| 송달료 납부 방법 | 송달료납부서 등 |
|---|---|
| 수납은행에 현금으로 납부 | 송달료납부서 및 송달료 영수증을 교부 받음 |
| 수납은행에 인터넷뱅킹을 이용하여 현금으로 납부 | 송달료납부서 및 송달료 영수증의 해당사항을 기재한 정보를 인터넷으로 제공하여, 이를 납부인이 출력함 |
| 현금자동입출금기를 이용하여 납부 | 이용명세표로 송달료납부서를 갈음함 |
| 수납은행 또는 송달료납부대행기관의 인터넷 홈페이지 등에서 송달료납부대행기관을 통해 신용카드·직불카드(이하 "신용카드 등"이라 함) 등으로 납부 | 송달료 신용카드 등 납부서, 송달료 신용카드 등 영수증 각 1통을 출력물로 제공 받음 |

③ 「송달료납부대행기관」이란 정보통신망을 이용하여 신용카드 등에 의한 결제를 수행하는 기관으로서 송달료납부대행기관으로 지정받은 기관을 말합니다.

## 6. 송달료 추가 납부

① 이미 납부한 송달료가 해당 사건의 송달에 소요되는 요금보다 부족하다고 인정되는 대에는 법원으로부터 송달료의 추가납부 통지를 받을 수 있습니다(송달료규칙의 시행에 따른 업무처리요령 제30조 및 제32조).

② 송달료를 추가 납부하려는 자는 수납은행에 비치되어 있는 송달료납부서에 법원의 사건번호를 기재 후 수납은행에 현금을 납부해야 합니다(송달료규칙 제6조제1항).

## 7. 등록면허세 납부 수입증지 첨부

① 부동산, 자동차 등에 대해 가압류를 신청하려는 자는 등록면허세 및 지방교육세를 납부해야 합니다. 또한, 부동산가압류의 신청수수료는 매 부동산마다 3,000원입니다.

② 등록면허세 및 지방교육세는 지방세이므로 목적물의 납세지 시·군·구청 등록세과를 방문하여 가압류 신청서 사본을 건네주고 등록세납부고지서를 발급받아 해당 세액을 금융기관에 납부하면 됩니다(지방세법 제24조제1호, 제25조 및 제152조제1항).

③ 지방세 납부는 해당 시·군·구청을 직접 방문하여 등록면허세세납부고지서를 발급받아 납부하거나, 일부 지방세의 경우 행정자치부의 지방세 인터넷 납부시스템을 이용하여 신고·납부할 수 있습니다.

④ 등록면허세 및 지방교육세를 금융기관에 납부하고 받은 등록면허세 납세필영수증(원본)을 신청서에 클립 등으로 고정하여 제출합니다.

⑤ 등록면허세·지방교육세 반환 받기

가압류 신청의 취하(이미 등기·등록이 이루어진 경우는 제외)나 각하, 결정 후 미사용·집행불능(가압류 결정은 인용되었으나 등기소에 촉탁이 안 되는 경우 등)이 된 경우 채권자는 이미 납부한 등록면허세·지방교육세를 반환받을 수 있습니다.

⑥ 반환 방법

1. 등록면허세·지방교육세를 반환받으려는 채권자는 "미사용증명원"을 작성하여(2부 제출, 500원 인지 첨부) 법원공무원으로부터 확인 날인을 받고 법원으로부터 가압류신청서와 함께 제출한 등록면허세납세필영수증 원본을 돌려 받습니다.

2. 해당 시·군·구청을 방문하여 확인 날인받은 미사용증명서, 등록면허세·지방교육세 영수증(원본) 그 밖에 등기촉탁 각하결정 정본 등을 제출하면 납부한 등록면허세·지방교육세를 반환받을 수 있습니다.


## 8. 수입증지 첨부

① 대법원수입증지(부동산에 한함)

부동산가압류를 신청하려는 자는 법원에서 가압류 결정이 내려지면 법원에서 가압류 등기를 집행하기 위해 등기소에 촉탁할 때 매 부동산당 3,000원의 수수료를 제출해야 합니다(등기사항증명서 등 수수료규칙 제5조의2제2항, 등기신청수수료 징수에 관한 예규 제2호자목 및 별표 1 제11호).

② 제출 방법 및 납부액

구입한 수입증지는 신청서에 붙이지 말고 클립 등으로 신청서에 끼워서 제출해야 합니다.

③ 가압류할 목적물이 토지와 건물 중 하나만을 가압류하는 경우에는 3,000원, 토지와 건물 모두를 가압류하는 경우에는 6,000원, 아파트나 빌라·연립의 경우에는 3,000원의 증지를 구입·제출해야 합니다(등기신청수수료 징수에 관한 예규 제2호자목 및 별표 1 제11호).

## ■ 가압류의 신청사건과 변호사의 보수가 소송비용에 산입되는지요?

Q. 가압류 명령의 신청사건 항고심에서 변론 또는 심문기일이 열리기 전에 항고 취하로 사건이 종결되었다면 변호사 보수가 소송비용에 산입되나요?

A. 변호사보수의 소송비용산입에 관한 규칙(이하 '변호사보수규칙'이라고 합니다)은 제3조 제2항에서 "가압류, 가처분 명령의 신청, 그 명령에 대한 이의 또는 취소의 신청사건에 있어서 소송비용에 산입되는 변호사의 보수는, 피보전권리의 값에 따라 제1항의 기준에 의하여 산정한 금액의 2분의 1로 한다. 다만, 가압류, 가처분 명령의 신청사건에 있어서는 변론 또는 심문을 거친 경우에 한한다."고 규정하고 있습니다.

대법원은 가압류·가처분명령의 신청사건에 있어서 변론이나 심문 없이 진행된 경우(이러한 경우에는 소송이 대심적 구조의 형태를 지니지 아니합니다)에는 변호사보수규칙 제3조 제2항 단서의 반대해석상 변호사보수를 소송비용에 산입할 수 없다(대법원 2010. 5. 25.자 2010마181 결정 참조)고 판시한 바 있습니다. 그러나 일단 가압류·가처분명령의 신청사건에 대한 심리가 제1심 단계에서 변론 또는 심문을 거쳐 대심적인 구조로 들어선 이상, 그에 대한 항고심에서 변론 또는 심문기일이 열리기 전에 항고인의 항고 취하로 사건이 종결되었다고 하더라도 그 이전에 항고인의 상대방이 소송대리인을 선임하고 그 소송대리인이 항고이유에 대해 답변서 등을 제출하였다면 그 상대방이 지급한 변호사보수는 변호사보수규칙 제3조 제2항에 따라 소송비용에 산입된다고 보아야 한다(대법원 2015. 9. 3. 자 2015마1043 결정)고 대법원이 결정한 바 있습니다.

따라서 이 사건 본안 사건에 관하여 제1심에서 심문을 거친 이상 항고심에서 심문을 거치지 아니하였다고 하더라도, 본안 항고심 사건에서 신청인이 소송대리인을 선임하고 그 소송대리인이 항고이유에 대한 답변서를 제출하였다면 신청인이 지급한 변호사보수는 변호사보수규칙 제3조 제2항에 따라 소송비용에 산입된다고 보아야 할 것입니다.

# 제5절 선담보제공

## 1. 선담보제공 허가 신청(공탁보증보험 가입)

① 채권자가 부동산·자동차·건설기계·소형선박 또는 금전채권에 대한 가압류 신청(급여채권·영업자예금채권의 경우는 제외)을 하는 경우 법원의 담보제공명령이 없더라도 미리 일정 금액을 보증금액으로 하는 보증서 원본을 제출(공탁보증보험증서 제출)하는 방법으로 담보제공의 허가신청을 할 수 있습니다.

② 부동산·자동차·건설기계·소형선박 또는 금전채권에 대한 가압류 신청 시 법원으로부터 선담보제공 허가를 받으려는 자는 가압류 신청서 접수 전에 인근 보증보험회사의 공탁보증보험에 가입해야 합니다.

## 2. 담보제공명령

① 법원은 가압류로 생길 수 있는 채무자의 손해에 대하여 담보제공을 명령할 수 있습니다(민사집행법 제280조제2항,3항).

② 법원의 담보제공명령을 발한 후 담보제공명령을 받은 채권자가 그 결정에 정하여진 기일(보통 7일) 내에 담보를 제공하지 않으면 법원은 신청을 각하하게 되며 담보제공이 되면 가압류 명령을 발하게 됩니다(민사집행법 제280조제3항 및 민사소송법 제219조).

③ 담보제공의 필요성

가압류는 피보전권리의 존부에 관한 확정적인 판단 없이 소명으로 사실을 인정하고 채무자의 재산을 동결하는 것이기 때문에 채무자는 때에 따라서 아무런 의무 없이 손해를 입게 되는 수가 있습니다. 따라서 비교적 간이한 절차에 따라 채권자에게 채권보전수단을 마련해 주는 대신 나중에 그 가압류가 잘못된 것으로 밝혀질 경우 채무자가 그 손해를 쉽게 회복할 수 있도록 담보를 마련해 두는 것이 형평에 적합합니다.

## 3. 부동산, 자동차, 채권 가압류 신청에서의 선담보제공

### 3-1. 선담보제공의 예외

원칙적으로 가압류를 신청하면 법원에서 청구채권금액을 기준으로 담보제공명령을 하면 그때 보증보험가입 및 증권을 발부받아 제출하거나 현금공탁을 하지만 가압류의 긴급성을 위하여 부동산·자동차·건설기계·소형선박 또는 금전채권에 대한 가압류의 경우 예외적으로 선담보제공을 허가하고 있습니다.

### 3-2. 선담보제공 허가 신청

① 채권자가 부동산·자동차·건설기계·소형선박 또는 금전채권에 대한 가압류신청(급여채권·영업자예금채권의 경우는 제외)을 하는 경우 법원의 담보제공명령이 없더라도 미리 다음의 금액을 보증금액으로 하는 보증서 원본을 제출(공탁보증보험증서 제출)하는 방법으로 담보제공의 허가신청을 할 수 있습니다(민사집행규칙 제204조 및 지급보증위탁계약체결문서의 제출에 의한 담보제공과 관련한 사무처리요령 제6조제1항).

| 구 분 | 보증금액 |
|---|---|
| 부동산·자동차·건설기계·소형선박에 대한 가압류 신청사건 | 청구금액의 1/10 |
| 금전채권에 대한 가압류 신청사건 (급여채권·영업자예금채권의 경우는 제외) | 청구금액의 2/5(다만, 법원이 지역 사정 등을 고려하여 별도의 기준을 정한 경우에는 그 금액) |

※ 청구금액은 원금만을 기준으로 하고 이자·지연손해금 등은 미포함임.

※ 보증금액의 1만원 미만 부분은 버림.

② 선담보제공은 가압류신청서에 다음과 같은 의사표시를 기재하여 법원의 허가를 받아야 합니다(지급보증위탁계약체결문서의 제출에 의한 담보제공과 관련한 사무처리요령 제6조제3항).

---

&lt;기재례&gt;

## 신 청 이 유

### - 중 략 -

3. 담보제공에 대하여

이건 가압류신청에 대한 담보의 제공을 공탁보증보험증권(■■보증보험주식회사 증권번호 제OO호)을 제출하는 방법으로 할 수 있도록 허가하여 주시기 바랍니다.

또는 이 사건 명령신청에 대한 담보제공에 관하여는 「민사집행법」 제19조제3항, 「민사소송법」 제122조에 의하여 보증보험주식회사와 지급보증위탁계약을 맺은 문서(■■보증보험주식회사 증권번호 제OO호)를 제출하는 방법으로 담보제공을 할 수 있도록 허가하여 주시기 바랍니다.

---

# 4. 공탁보증보험 가입

## 4-1. 공탁보증보험의 가입

부동산·자동차·건설기계·소형선박 또는 금전채권에 대한 가압류 신청 시 법원으로부터 선담보제공 허가를 받으려는 자는 가압류 신청서 접수 전에 신청서를 지참하여 가까운 보증보험회사에 방문 후 공탁 보증보험에 가입해야 합니다.

## 4-2. 보험계약자격(서울보증보험, 공탁보증보험 상품요약서)

① 미성년자, 피성년후견인, 피한정후견인 등 단독으로 법률행위가 불가능한 자는 보험계약을 체결할 수 없습니다. 다만, 친권자 또는 법정대리인의 동의가 있는 경우에는 단독으로 보험계약을 체결할 수 있습니다.

② 신용불량거래처로 등록되어 있는 개인 또는 법인은 공탁보증보험 가입이 제한될 수 있습니다.

## 4-3. 보증보험료 납부

공탁보증보험에 가입하려는 자는 공탁금액에 보험요율을 곱한 납입 보험료를 납부해야 합니다.

```
납입보험료 = 공탁금액(보증금액) × 보험요율
※ 공탁보증보험료율(2012. 4. 1. 기준)
   개인, 일반회사 0.302%
   상장법인 0.211%
   금융기관, 국가기관 0.151%
```

## 5. 보증보험료 환급

① 채권자는 다음과 같은 사유가 발생한 경우 법원으로부터 보증보험증서를 반환받아 보증료(보험료)를 전부 또는 일부를 환급받을 수 있습니다(지급보증위탁계약체결문서의 제출에 의한 담보제공과 관련한 사무처리요령 제6조제6항).

   1. 법원이 담보제공에 대하여 불허가결정을 하고 현금공탁을 명한 경우
   2. 가압류신청이 각하·기각된 경우
   3. 법원이 담보금액을 감액한 경우
   4. 채권자가 가압류신청을 취하한 경우
   5. 가압류집행이 미집행되거나 집행불능된 경우

② 보증보험료를 반환 받으려는 자는 담당 법원공무원(가압류 신청계 공무원)으로부터 보증보험증서 원본 아래에 다음과 같은 기재를 받아야 합니다(지급보증위탁계약체결문서의 제출에 의한 담보제공과 관련한 사무처리요령 제6조제6항).

---

OO 보험주식회사 △△지점 귀하

다음과 같은 사유로 지급보증위탁계약 원인이 전부 또는 일부 소멸되어 귀사가 발행한 보증서(공탁보증보험증권)가 담보로 전부 또는 일부 제공되지 아니하였으므로 채권자가 보증료(보험료)를 환급받을 수 있도록 하여 주시기 바랍니다.

- 다음 -

▤ 불허가  ▤ 각하·기각  ▤ 감액(금 원)  ▤ 취하
▤ 미집행  ▤ 집행불능

20 . . .

법원사무관 O O O

---

# 제3장 가압류 신청

## 제1절 부동산에 대한 가압류 신청

① 가압류하려는 부동산은 특정할 수 있어야 하며, 미등기 부동산 도 보존등기가 가능한 경우 가압류할 수 있습니다.
② 부동산가압류를 신청하려는 자는 청구채권의 내용, 가압류할 부 동산의 표시, 신청취지, 신청이유 등을 적은 부동산가압류신청서 및 가압류신청 진술서를 관할법원에 제출해야 합니다.

[서식 예] 부동산가압류신청서(대여금)

---

### 부동산가압류신청

채 권 자 ○○○

　　　　○○시 ○○구 ○○길 ○○(우편번호 ○○○-○○○)

　　　　전화.휴대폰번호:

　　　　팩스번호, 전자우편(e-mail)주소:

채 무 자 ◇◇◇

　　　　○○시 ○○구 ○○길 ○○(우편번호 ○○○-○○○)

　　　　전화.휴대폰번호:

　　　　팩스번호, 전자우편(e-mail)주소:

#### 청구채권의 표시

금 ○○○원

---

채권자가 채무자에 대하여 가지는 대여금청구채권

## 가압류하여야 할 부동산의 표시

별지 제1목록 기재와 같습니다.

## 신 청 취 지

채권자가 채무자에 대하여 가지는 위 채권의 집행을 보전하기 위하여 채무자 소유의 별지 제1목록 기재 부동산을 가압류한다. 라는 재판을 구합니다.

## 신 청 이 유

1. 채권자는 채무자에게 20○○. ○. ○. 이자를 월 2%, 갚을 날짜는 12개월 뒤로 정하여 금 ○○○원을 빌려준 사실이 있습니다. 그러나 채무자는 갚을 날짜가 지난 지금까지 별다른 사유 없이 지급하지 아니하고 있습니다.
2. 채권자가 알아본 결과 채무자는 다른 채권자에게도 많은 채무가 있고, 채무자의 재산이라고는 담보제공 된 아파트 한 채가 있을 뿐입니다.
3. 채권자는 채무자로부터 대여금을 지급 받기 위한 본안소송을 준비하고 있으나, 위와 같은 채무자의 재산상태에서는 승소한 뒤에도 강제집행의 목적을 달성할 수 없기 때문에 이 사건 신청에 이르게 된 것입니다.
4. 그리고 담보제공은 공탁보증보험증권(■■보증보험주식회사 증권번호 제○○호)을 제출하는 방법으로 할 수 있도록 허가하여 주시기 바랍니다.

# 첨 부 서 류

1. 현금보관증          1통
1. 부동산등기사항전부증명서    2통
1. 가압류신청진술서       1통
1. 송달료납부서        1통


20○○.  ○.  ○.

위 채권자 ○○○ (서명 또는 날인)


○○지방법원  귀중

---

[별 지 1]

## 가압류할 부동산의 표시

1. ○○시 ○○구 ○○동 ○○-○○
   대 157.4㎡
1. 위 지상
   벽돌조 평슬래브지붕 2층주택
   1층 74.82㎡
   2층 74.82㎡
   지층 97.89㎡. 끝.

# 1. 가압류목적물

## 1-1. 가압류목적물의 특정
① 가압류 대상 부동산은 특정할 수 있어야 합니다.
② 지분 표시는 등기부에 따라 정확해야 합니다.

## 1-2. 부동산의 합유 지분
① 조합재산을 구성하는 개개의 재산에 대한 합유지분에 대해서는 가압류의 대상으로 할 수 없습니다. 각 조합원의 채권자는 그 조합원이 전체로서의 조합재산에 대해 가지는 합유지분을 가압류할 수 있습니다(민법 제714조).
② 조합재산에 대하여 가지는 지분에 대한 가압류 절차는 민사집행법 제251조에 따라 그 밖의 재산권에 대한 집행방법에 따릅니다.

## ■ 조합재산에도 가압류를 할 수 있나요?

Q. 甲학원은 A, B, C 3명의 선생님이 상호출자하여 운영하는 학원인데, 저는 이 학원 인테리어 공사를 하였음에도 학원 운영이 어렵다는 이유로 현재까지 공사대금을 지급받지 못하고 있습니다. 이 경우 A를 가압류 채무자로 하여 학원 계좌에 대해 가압류를 할 수 있나요?

A. 조합계약이란 2인 이상이 상호출자하여 공동사업을 경영할 것을 약정함으로써 성립하는 계약입니다. 조합 채무에 대해서는 전 조합원에게 합유적으로 귀속되며, 조합재산으로 책임집니다.
그런데 조합재산에 대해 가압류에 대하여, 판례는 "민법상

조합에서 조합의 채권자가 조합재산에 대하여 강제집행을 하려면 조합원 전원에 대한 집행권원을 필요로 하고, 조합재산에 대한 강제집행의 보전을 위한 가압류의 경우에도 마찬가지로 조합원 전원에 대한 가압류명령이 있어야 하므로, 조합원 중 1인만을 가압류채무자로 한 가압류명령으로써 조합재산에 가압류집행을 할 수는 없다."고 하여 조합원 전원을 상대로 가압류 신청해야 하지, 조합원 중 1인만을 상대로 가압류 신청을 할 수 없다 판단하고 있습니다.

학원의 운영에 관해서 여러 가지 모습이 있을수 있으나, A, B, C 3명이 상호 출자하여 학원을 운영하는 것이라면 위 학원은 조합에 해당할 수 있습니다. 만약 학원을 조합으로 보게 될 경우, 조합재산에 대한 가압류는 조합원 전원을 상대로 해야 하므로, 조합원 1인인 A만을 상대로 한 가압류는 기각될 것입니다. 그러므로 학원 계좌에 대해 가압류를 하기 위해서는 A, B, C 3명 전원을 상대로 가압류를 신청해야 합니다.

**(관련판례)**

민법 제714조는 "조합원의 지분에 대한 압류는 그 조합원의 장래의 이익배당 및 지분의 반환을 받을 권리에 대하여 효력이 있다."고 규정하여 조합원의 지분에 대한 압류를 허용하고 있으나, 여기에서의 조합원의 지분이란 전체로서의 조합재산에 대한 조합원 지분을 의미하는 것이고, 이와 달리 조합재산을 구성하는 개개의 재산에 대한 합유지분에 대하여는 압류 기타 강제집행의 대상으로 삼을 수 없다 할 것이다(대법원 2007. 11. 30. 자 2005마1130 결정).

## 1-3. 미등기부동산

① 미등기부동산이라도 그 부동산이 채무자의 소유이면 즉시 채무자명의로 등기할 수 있다는 것을 증명할 서류(미등기 건물인 경우에는 그 건물이 채무자의 소유임을 증명할 서류, 그 건물의 지번·구조·면적을 증명할 서류 및 그 건물에 관한 건축허가 또는 건축신고를 증명할 서류)를 붙여 가압류를 신청할 수 있습니다(민사집행법 제81조제1항제2호, 제291조 및 미등기 건물의 처분제한등기에 관한 업무처리지침).

② 「부동산」이란 토지와 그 정착물을 말합니다(민법 제99조제1항). 이 중에서 건물과 토지는 부동산등기부에 소유권보존등기가 경료되어야 원칙적으로 소유권을 취득할 수 있습니다(민법 제186조 참조). 「미등기부동산」이란 이러한 소유권보존등기가 경료되지 않은 토지와 건물을 말합니다.

③ 미등기건물에 대한 가압류 신청시 첨부해야 할 서류는 다음과 같습니다.

　1. 미등기건물이 이미 사용승인을 받아 건축물대장등본을 발급받을 수 있는 경우

　가. 소유자의 주소 및 등기용등록번호증명서

　나. 건축물대장등본(집합건물은 소재도·각층의 평면도·구분건물의 평면도)

　2. 건물로서의 외관을 갖추었지만 아직 사용승인을 받지 못한 경우

　가. 소유자의 주소 및 등기용등록번호증명서

　나. 건물이 채무자의 소유임을 증명할 수 있는 서류

　다. 건물의 소재와 지번·구조·면적을 증명할 수 있는 서류

　라. 건축허가서 또는 신고서

④ 채권자는 공적 장부를 주관하는 공공기관에 그 건물이 채무자의 소유임을 증명할 서류, 그 건물의 지번·구조·면적을 증명할 서류 및 그 건물에 관한 건축허가 또는 건축신고를 증명할 서류의 사항들을 증명하여 줄 것을 청구할 수 있습니다(민사집행법 제81조 제2항 및 제291조).

⑤ 미등기건물의 지번·구조·면적을 증명하지 못한 때에는, 가압류 신청권자는 가압류 신청과 동시에 그 조사를 집행법원에 신청할 수 있습니다(민사집행법 제81조제3항 및 제291조).

■ **미등기 부동산에 대한 가압류신청은 어떤 절차가 있나요?**

Q. 저는 甲에게 1,000만원을 빌려주고 돈을 받지 못하고 있습니다. 甲은 재산을 은닉하려는 태도를 취하고 있어 얼른 그의 재산을 가압류해놓고 싶습니다. 그런데 부동산 가압류를 하려면 부동산 등기부 등본을 제출해야 한다고 해서 인터넷 등기소에 해당 주소지를 검색해봤는데도 도무지 나오지가 않더군요. 미등기 부동산인 걸 알았습니다. 등기가 되어있지 않은 부동산도 가압류 할 수 있나요?

A. 민사집행규칙 제218조는 보전처분의 집행에 관하여 특별한 규정이 없으면 강제집행에 관한 규정을 준용하도록 하고 있으므로 미등기 부동산에 대하여도 가압류를 할 수 있습니다.

이 때 가압류 신청을 하면서 ①건물이 채무자의 소유임을 증명할 서류(통상적으로 건축허가서나 건축신고서를 제출받고 있고, 미흡할 경우 건축도급계약서 등을 추가로 받습니다), ②건물의 지번과 구조와 면적을 증명할 서류, ③건물에 관한 건축허가(신고)를 증명할 서류가 필요합니다.

토지의 경우 ①토지대장, ②확정판결, ③수용증명서(재결서 등본과 공탁서원본) 등이 있습니다(부동산등기법 제65조). 대장등본에 의하여 소유권보존등기를 신청할 수 있는 자는 원칙적으로 대장등본에 의하여 대장에 자기 또는 피상속인이 최초의 소유자로 등록되어 있음을 증명하는 자이어야 합니다.

대법원은 1994.3.11. 선고 93다57704 판결에서 '부동산등기법 제65조 제2호 소정의 판결은 그 내용이 신청인에게 소유권이 있음을 증명하는 확정판결이면 족하고, 그 종류에 관하여 아무런 제한이 없어 반드시 확인판결이어야 할 필요는 없고, 이행판결이든 형성판결이든 관계가 없으며, 또한 화해조서 등 확정판결에 준하는 것도 포함한다.'고 하여 판결의 범위를 넓게 보고 있습니다.

법원의 가압류 결정 및 가압류기입등기 촉탁이 있으면 등기관은 직권으로 그 부동산을 소유권보존등기하고 경매개시결정등기를 하게 됩니다.

■ **미등기 부동산뿐인 채무자의 재산을 가압류하려는데, 미등기 부동산도 가압류가 가능할까요?**

Q. 미등기 부동산뿐인 채무자의 재산을 가압류하려는데, 미등기 부동산도 가압류가 가능할까요?

A. 미등기 부동산이라도 그 부동산이 채무자의 소유이면 즉시 채무자명의로 등기할 수 있다는 것을 증명할 서류(미등기 건물인 경우에는 그 건물이 채무자의 소유임을 증명할 서류, 그 건물의 지번·구조·면적을 증명할 서류 및 그 건물에 관한 건축허가 또는 건축신고를 증명할 서류)를

붙여 가압류를 신청할 수 있습니다.

채권자는 공적 장부를 주관하는 공공기관에 그 건물이 채무자의 소유임을 증명할 서류, 그 건물의 지번·구조·면적을 증명할 서류 및 그 건물에 관한 건축허가 또는 건축신고를 증명할 서류의 사항들을 증명하여 줄 것을 청구할 수 있습니다.

미등기 건물의 지번·구조·면적을 증명하지 못한 때에는, 가압류 신청권자는 가압류 신청과 동시에 그 조사를 집행법원에 신청할 수 있습니다.

## 1-4. 신탁법의 신탁재산

수탁자의 명의로 되어 있는 신탁재산은 원칙적으로 강제집행이 금지되므로 가압류 신청을 할 수 없습니다. 다만, 신탁사무의 처리 중 발생한 권리에 의한 경우에는 예외적으로 가압류가 허용되는 경우가 있습니다(신탁법 제21조제1항).

## 2. 부동산가압류신청서 작성

### 2-1. 신청서 작성

부동산가압류신청서를 작성하려는 자는 신청서에 ① 당사자(대리인이 있는 경우 대리인 포함), ② 청구채권의 표시 및 목적물의 표시 ③ 신청의 취지, ④ 신청의 이유, ⑤ 관할법원, ⑥ 소명방법 및 ⑦ 작성한 날짜를 기재하고, 당사자 또는 대리인의 기명날인 또는 서명을 해야 합니다(민사집행법 제23조제1항, 제279조, 민사집행규칙 제203조제2항, 민사소송법 제249조 및 제274조).

### 2-2. 가압류할 부동산의 표시

① 가압류할 부동산의 표시는 "별지 목록 기재와 같음"이라고 표시하고, 별지로 첨부합니다(민사집행법 제279조제1항제2호).

```
<예시 1: 주택과 토지를 함께 가압류 하는 경우>
          가압류할 부동산의 표시
별지 제1목록과 같습니다.
 [별지 1]
  부동산의 표시
   1. 서울 종로구 수송동 10000 대 200㎡
   2. 위 지상 벽돌조 평슬레브지붕 2층주택
      1층 150㎡
      2층 150㎡
      지층 170㎡. 끝.

<예시 2: 아파트를 가압류 하는 경우>
          가압류할 부동산의 표시
별지 제1목록과 같습니다.
 [별지 1]
   부동산의 표시
```

1동의 건물의 표시
　　　서울 종로구 수송동 10000
　　　서울 종로구 수송동 10000-2 이마아파트 107동
　　　철근콘크리트조 슬래브지붕 5층 아파트
　　　1층 291.80㎡
　　　2층 283.50㎡
　　　3층 283.50㎡
　　　4층 283.50㎡
　　　5층 283.50㎡
　　　전유부분의 건물의 표시
　　　철근콘크리트조 제9층 901호 131.40㎡
　　대지권의 목적인 토지의 표시
　　　1. 서울 종로구 수송동 10000 대 OOO㎡
　　　2. 서울 종로구 수송동 10000-2 대 OOO㎡
　대지권의 표시 1, 2 소유대지권 비율 43685.4분의 58.971.끝

## 2-3. 신청취지

소장의 청구취지에 상응하는 것으로 가압류에 의해 구하려는 보전처분의 내용을 말하며, 권리의 보전을 위해 필요한 내용을 적습니다(민사집행규칙 제203조제2항).

<예시>
　　　　　　　　　신 청 취 지

채권자가 채무자에 대하여 가지는 위 청구채권의 집행을 보전하기 위하여 채무자 소유의 별지 1목록 기재 부동산을 가압류한다. 라는 재판을 구합니다.

## 2-4. 신청이유

① 신청취지를 구하는 근거로 피보전권리의 존재와 보전의 필요성을 구체적으로 적어야 합니다(민사집행규칙 제203조제2항).

② 그 밖에 선담보제공을 하는 경우 이를 허가해 달라는 취지를 적습니다.

**[서식 예] 부동산가압류신청서(약속어음)**

---

# 부동산가압류신청

채 권 자 ○○○
　　　　　○○시 ○○구 ○○길 ○○(우편번호 ○○○-○○○)
　　　　　전화.휴대폰번호:
　　　　　팩스번호, 전자우편(e-mail)주소:
채 무 자 ◇◇◇
　　　　　○○시 ○○구 ○○길 ○○(우편번호 ○○○-○○○)
　　　　　전화.휴대폰번호:
　　　　　팩스번호, 전자우편(e-mail)주소:

## 청구채권의 표시

금 10,000,000원정
채권자가 채무자에 대하여 가지는 약속어음금청구채권

## 가압류할 부동산의 표시

별지 제1목록 기재와 같습니다.

## 신 청 취 지

　채권자가 채무자에 대하여 가지는 위 채권의 집행을 보전하기 위하여 채무자 소유의 별지 제1목록 기재 부동산을 가압류한다.

---

라는 재판을 구합니다.

## 신 청 원 인

1. 채무자는 신청외 ■■주식회사 발행의 액면금액 금 10,000,000
   원정, 지급기일 20○○. ○. ○. 지급지 및 장소 : ○○시, ○○
   은행 ○○동지점으로 된 약속어음을 배서.양도하였습니다.

2. 이 사건 약속어음은 신청외 ■■주식회사가 신청외 ◆①◆에
   게 발행.교부하여 다시 신청외 ◆②◆에게, 다시 신청외 ◆③
   ◆에게, 다시 채무자에게 배서.양도함으로써 전전 유통되었고
   채권자는 채무자로부터 이 사건 약속어음을 배서.양도받아
   적법한 최종 소지인이 되었습니다.

3. 채권자는 이 사건 약속어음의 지급기일에 지급장소에 가서
   지급제시 하였으나, 이 사건 약속어음은 지급기일 도래 전에
   이미 부도처리된 것으로 확인되었습니다.

4. 채권자는 이 사건 약속어음을 배서.양도한 책임이 있는 채무
   자로부터 금 10,000,000원의 약속어음금을 구하는 본안소송
   을 준비하고 있으나, 채무자는 별지 1목록 기재 부동산 외에
   별다른 재산이 없으며 이마저도 다른 사람에게 처분할 가능
   성이 있어 지금 곧 가압류하지 않으면 승소 후에도 강제집행
   의 목적을 달성할 수 없게 될 우려가 있어 이 사건 신청에
   이르게 된 것입니다.

5. 담보제공은 공탁보증보험증권(■■보증보험주식회사 증권
   번호 제○○호)을 제출하는 방법으로 할 수 있도록 허가하
   여 주시기 바랍니다.

## 첨 부 서 류

1. 약속어음                    1통
1. 부동산등기사항증명서      2통
1. 가압류신청진술서          1통
1. 송달료납부서              1통


2000.  ○.  ○.

위 채권자 ○○○ (서명 또는 날인)


○○지방법원  귀중

---

[별 지 1]

### 부동산의 표시

1. ○○시 ○○구 ○○동 ○○-○○

   대 157.4㎡

1. 위 지상

   벽돌조 평슬래브지붕 2층주택

   1층 74.82㎡

   2층 74.82㎡

   지층 97.89㎡. 끝.

## 3. 부동산가압류 신청에 따른 비용 납부

### 3-1. 인지 첩부

부동산가압류를 신청하려는 자는 10,000원(보증보험증권에 의한 담보제공인 경우에도 10,000원)의 인지를 붙여야 합니다(민사소송 등 인지법 제9조제2항 본문, 민사접수서류에 붙일 인지액 및 그 편철방법 등에 관한 예규 제3조 및 별표].

### 3-2. 송달료 납부

① 부동산가압류를 신청하려는 자는 3회분의 송달료(3,700원 ×당사자수×3회분)를 미리 내야 합니다(민사소송법 제116조제1항, 민사소송규칙 제19조제1항제1호, 송달료규칙 제2조, 송달료규칙의 시행에 따른업무처리요령 제7조제1항 및 별표 1).

② 1회 송달료 3,700원 = (왕복 통상우편료 620원 + 등기수수료 1,630원 + 특별송달수수료 1,300원(국내 통상우편요금 및 우편이용에 관한 수수료 별표).

### 3-3. 등록면허세 납부

① 부동산가압류를 신청하려는 자는 등록면허세(청구채권금액의 1,000분의 2) 및 지방교육세(등록면허세의 100분의 20)를 납부해야 합니다(지방세법 제24조제1호, 제28조제1항제1호라목, 제150조제2호 및 제151조제1항제2호).

② 산출된 등록면허세가 6,000원 미만인 경우 6,000원으로 하여 납부해야 합니다(지방세법 제28조제1항단서 및 제1호마목).

## 3-4. 대법원 수입증지 구입

부동산가압류를 신청하려는 자는 법원에서 가압류결정이 내려지면 법원에서 가압류 등기를 집행하기 위해 등기소에 촉탁할 때 첨부하여 사용할 대법원수입증지를 부동산 1개당 3,000원의 수입증지를 구입하여 제출해야 합니다(등기사항증명서 등 수수료규칙 제5조의2제2항, 등기신청수수료 징수에 관한 예규 제2호자목 및 별표 1 제11호).

## ■ 가압류를 신청하려면 신청비용은 얼마 인가요?

Q. A에 대한 채권 2,000만원을 보전하기 위해 A 소유의 부동산(주택건물 및 토지)을 가압류를 신청하려 합니다(공탁보증보험에 가입할 예정임). 이 경우 신청비용은 얼마인가요?

A. 부동산가압류신청을 하려는 자는 신청서를 접수하기에 앞서 인지를 첨부해야 하며, 송달료를 미리 예납해야 합니다. 그리고 등록면허세 및 지방교육세 납부하고 수입증지를 첨부해야 합니다.

① 수입인지 비용: 10,000원

② 송달료: 3,700원 × 당사자수 × 3회분 = 3,700원 × 2 × 3회분 = 21,300원

③ 등록면허세: 2,000만원 × 2/1000 = 40,000원

④ 지방교육세: 40,000원 × 20/100 = 8,000원

⑤ 수입증지: 3,000원 × 2(건물 + 토지) = 6,000원

⑥ 신청비용 총액: 10,000원 + 21,300원 + 40,000원 + 8,000원 + 6,000원 = 85,300원

## 4. 선담보제공 허가 신청

부동산에 대한 가압류신청을 하려는 자는 법원의 담보제공명령이 없더라도 미리 청구금액의 1/10을 보증금액으로 하는 보증서원본을 제출하는 방법(공탁보증보험 가입)으로 담보제공의 허가신청을 할 수 있습니다(민사집행규칙 제204조 및 지급보증위탁계약체결문서의 제출에 의한 담보제공과 관련한 사무처리요령 제6조제1항).

### ■ 배당요구하지 않은 가압류권자는 배당에서 제외되는지요?

Q. 저는 甲에게 3,000만원을 빌려주었으나 받지 못하여 甲소유 부동산을 가압류하였고, 그 부동산은 경매되어 배당기일만 남겨 놓고 있습니다. 그런데 저는 바빠서 배당요구신청을 하지 못하였습니다. 이 경우 저는 배당에서 제외되는지요?

A. 민사집행법 제88조 제1항은 "경매개시결정이 등기된 뒤에 가압류를 한 채권자는 배당요구를 할 수 있다"고 규정하고 있으나, 같은 법 제148조는 배당받을 채권자의 범위에 관하여 "제147조(배당할 금액 등) 제1항에 규정한 금액을 배당받을 채권자는 ①배당요구의 종기까지 경매신청을 한 압류채권자, ②배당요구의 종기까지 배당요구를 한 채권자, ③첫 경매개시결정등기 전에 등기된 가압류채권자, ④저당권·전세권, 그 밖의 우선변제청구권으로서 첫 경매개시결정등기 전에 등기되었고 매각으로 소멸하는 것을 가진 채권자로 한다."라고 규정하고 있고, 이에 관한 명문 규정이 없었던 구 「민사소송법」(2002. 1. 26. 법률 제6626호로 개정되기 전의 것)하의 판례도 "경매절차개시 전의 부동산가압류권자는 배당요구를 하지 않았더라도 당연히 배당요구를

한 것과 동일하게 취급되므로, 그러한 가압류권자가 채권
계산서를 제출하지 않았다 하여도 배당에서 제외하여서는
아니 된다."라고 하였습니다(대법원 1995. 7. 28. 선고 94다
57718 판결, 2002. 12. 10. 선고 2002다48399 판결).

그러므로 첫 경매개시결정등기 이후에 등기된 가압류채권자
는 배당요구를 하여야만 배당을 받을 수 있을 것이나, 첫 경
매개시결정등기 전에 등기된 가압류채권자는 배당요구신청
을 하지 않았을 경우에도 배당 받을 채권자에 해당되며, 위
사안에 있어서도 귀하는 위 부동산경매개시 전에 가압류한
채권자인 듯하므로, 배당요구신청을 하지 않았다고 하더라도
귀하의 가압류채권을 배당에서 제외시키지 못할 것입니다.

참고로 민사집행법 제160조 제1항 제2호는 "배당을 받아
야 할 채권자의 채권이 가압류채권자의 채권인 때에는 그
에 대한 배당액을 공탁하여야 한다"고 규정하고, 같은 법
제161조 제1항은 "법원이 제160조 제1항의 규정에 따라
채권자에 대한 배당액을 공탁한 뒤 공탁의 사유가 소멸한
때에는 법원은 공탁금을 지급하거나 공탁금에 대한 배당
을 실시하여야 한다."라고 규정하고 있으므로 귀하의 가압
류채권에 대한 배당금액은 공탁되고, 귀하는 승소판결을
받아 그 출급을 청구해야 할 것으로 보입니다.

## 5. 부동산가압류 신청 접수

① 부동산가압류를 신청하려는 자는 다음의 서류를 관할법원 민사
신청 담당부서(종합민원실)에 제출해야 합니다(민사소송법 제273
조·제275조, 민사집행규칙 제203조 및 보전처분 신청사건의 사
무처리요령 제3조).

1. 부동산가압류신청서 1부
2. 가압류신청진술서 1부
3. 부동산 목록 4부 이상(결정정본 및 등기촉탁서 작성에 필요
   한 수만큼 준비)
4. 부동산등기사항증명서 1부
5. 그 밖에 소명방법으로 각종 권리증서(예: 차용증, 대출금영수
   증, 약속어음 등) 사본 1부
6. 법인등기부등본(당사자가 법인인 경우에 한함)

② 부동산가압류 사건은 원칙적으로 가압류할 부동산의 소재지를
관할하는 법원이나 본안의 관할법원이관할합니다(민사집행법 제
278조 및 제21조).

# 부동산가압류신청

채 권 자 ○○○

        ○○시 ○○구 ○○길 ○○(우편번호 ○○○-○○○)

        전화.휴대폰번호:

        팩스번호, 전자우편(e-mail)주소:

채 무 자 ◇◇◇

        ○○시 ○○구 ○○길 ○○(우편번호 ○○○-○○○)

        전화.휴대폰번호:

        팩스번호, 전자우편(e-mail)주소:

## 청구채권의 표시

금 ○○○원 (약정금채권)

  지급일을 ○○○. ○. ○.로 하는 약정금청구채권

## 가압류할 부동산의 표시

별지 제1목록 기재와 같습니다.

## 신 청 취 지

채권자의 채무자에 대한 위 청구채권표시의 채권을 보전하기 위하여 채무자 소유의 별지 제1목록 기재 부동산을 가압류한다. 라는 재판을 구합니다.

# 신 청 원 인

## 1. 사실관계

채권자는 건축업을 하는 사람입니다. 채무자의 요청으로 채무자의 주택을 건축하기로 계약을 하면서 채권자는 20○○. ○. ○.까지 건축을 완료할 것, 채무자는20○○. ○. ○.까지 금○○○원을 지급할 것을 내용으로 하는 약정서를 작성하였습니다. 건축공사를 하는 동안 채무자는 온갖 주문을 하면서 채권자의 업무를 방해하기도 하였습니다. 채권자는 이런 채무자의 성격에 맞추고 건축기일을 엄수하기 위해 밤을 세워가면서 건축을 하여 약정된 기일에 건축의 완료를 하고 채무자에게 약정된 금액을 요구하자 채무자는 임대의 부진, 터무니없는 하자 등을 이유로 약정금의 지급을 계속 미루며 지급을 회피하고 있어 채권자의 생계에 막대한 타격을 받고 있습니다.

## 2. 가압류가 필요한 이유

채권자는 채무자를 상대로 본안의 소송을 준비하고 있으나 본안판결이 끝날 때까지는 상당한 시일이 소요되고, 채권자가 알아본 바에 의하면 채무자는 채권자가 건축한 주택이외에는 별다른 재산이 없으므로, 만약 채권자가 이 사건 신청의 부동산을 보전하지 않으면 나중에 본안에서 승소판결을 받아도 강제집행의 목적을 달성할 수 없기 때문에 부득이 이 사건 신청에 이른 것입니다.

## 3. 담보의 제공

담보제공은 공탁보증보험증권(■■보증보험주식회사 증권번호 제○○호)을 제출하는 방법으로 할 수 있도록 허가하여 주시기 바랍니다.

## 소명방법 및 첨부서류

1. 약정서                           1통
1. 부동산등기사항증명서(건물, 토지)      각 1통
1. 가압류신청진술서                   1통
1. 송달료납부서                      1통


20○○.  ○.  ○.

위 채권자 ○○○ (서명 또는 날인)


○○지방법원 ○○지원  귀중

---

[별 지 1]
## 부동산의 표시
1. ○○시 ○○구 ○○동 ○○-○○

  대 157.4㎡

1.위 지상

  벽돌조 평슬래브지붕 2층주택

  1층 74.82㎡

  2층 74.82㎡

  지층 97.89㎡. 끝.

## [서식 예] 부동산 소유권이전등기청구권 가압류신청서
### (구상금채권을 원인으로)

## 부동산소유권이전등기청구권가압류신청

채 권 자 ○○○

　　　　○○시 ○○구 ○○길 ○○(우편번호 ○○○-○○○)

　　　　전화.휴대폰번호:

　　　　팩스번호, 전자우편(e-mail)주소:

채 무 자 ◇◇◇

　　　　○○시 ○○구 ○○길 ○○(우편번호 ○○○-○○○)

　　　　전화.휴대폰번호:

　　　　팩스번호, 전자우편(e-mail)주소:

제3채무자 ◉◉◉

　　　　○○시 ○○구 ○○길 ○○(우편번호 ○○○-○○○)

　　　　전화.휴대폰번호:

　　　　팩스번호, 전자우편(e-mail)주소:


**청구채권의 표시**

금 24,000,000원(20○○. ○. ○.자 연대보증채무를 대위변제한 구상금채권)

**가압류할 채권의 표시**

별지목록 기재와 같습니다.


### 신 청 취 지

1. 채무자의 제3채무자에 대한 별지기재 부동산에 대한 소유권 이전등기청구권을 가압류한다.

2. 제3채무자는 채무자에 대하여 위 부동산에 관한 소유권이전
   등기절차를 이행하여서는 아니 된다.
3. 채무자는 위 소유권이전등기청구권을 양도하거나 그밖에 처
   분을 하여서는 아니 된다.
라는 재판을 구합니다.

## 신 청 이 유

1. 채권자는 채무자가 신청외 주식회사 ■■은행으로부터 20○○.
   ○. ○. 대출한 금 14,000,000원, 20○○. ○. ○○. 대출한 금
   16,000,000원에 대하여 연대보증을 선 바 있습니다. 그러나
   채무자가 위 대출금채무를 변제하지 못하여 채권자가 20○○.
   ○○. ○. 원금과 이자의 합계 금 24,000,000원을 대위변제 하
   게 되었습니다. 이에 채권자는 채무자에게 구상금채무의 이행
   으로서 위 금 24,000,000원을 지급할 것을 독촉하였으나 채무
   자는 계속 미루기만 하고 지금까지 변제하지 않고 있습니다.
2. 그러므로 채권자는 귀원에 본안소송 제기의 준비를 하고 있으
   나 채무자는 별지 기재 부동산소유권이전등기청구권 외에는 별
   다른 재산이 없습니다. 따라서 채무자의 유일한 재산인 별지기
   재 부동산소유권이전등기청구권을 가압류하지 않는다면 채권자
   가 ,나중에 승소판결을 얻는다 하더라도 강제집행이 불가능하
   겠기에, 집행보전을 위하여 이 사건 신청에 이른 것입니다.
3. 한편, 채권자는 경제적 여유가 없으므로 담보제공에 관하여는 민
   사집행법 제19조 제3항, 민사소송법 제122조에 의하여 보증보
   험주식회사와 지급보증위탁계약을 맺은 문서를 제출하는 방법
   으로 담보제공을 할 수 있도록 허가하여 주시기 바랍니다.

## 소 명 방 법

1. 소갑 제1호증의 1, 2          대위변제확인서 및 영수증

## 첨 부 서 류

| | |
|---|---|
| 1. 위 소명방법 | 1통 |
| 1. 부동산등기사항증명서 | 1통 |
| 1. 가압류신청진술서 | 1통 |
| 1. 송달료납부서 | 1통 |


20○○.  ○.  ○.

위 채권자 ○○○ (서명 또는 날인)

○○지방법원  귀중

---

[별 지 2]

## 가압류할 채권의 표시

채무자의 제3채무자에 대한 아래 부동산에 관한 소유권이전등기청구권

- 아 래 -

1동의 건물의 표시

　　○○시 ○○구 ○○동 ○○

　　[도로명주소] ○○시 ○○구 ○○길 ○○

　　철근콘크리트조 슬래브지붕 19층 아파트 제102동

전유부분의 건물의 표시

　　철근콘크리트조

　　3층 308호

　　59.98㎡

대지권의 목적인 토지의 표시

　　○○시 ○○구 ○○동 ○○ 대 11243.8㎡

대지권의 표시

　　소유권대지권 11243.8분의 40.151. 끝.

소유권이전등기청구권에 대한 가압류가 있기 전에 소유권이전등기청구권을 보전하기 위하여 소유권이전등기청구권 처분금지가처분이 있었다고 하더라도 그 가처분이 뒤에 이루어진 가압류에 우선하는 효력은 없으므로, 그 가압류는 가처분채권자와 사이의 관계에서도 유효하고, 이는 소유권이전등기청구권에 대한 압류의 경우에도 마찬가지임(대법원 2001.10.9. 선고 2000다51216 판결).

## 6. 가압류 신청 접수 후

① 신청서를 법원에 제출하면 사건번호를 부여받게 되고, 채권자는 법원에 비치된 민원인용 컴퓨터 단말기를 통하여 사건번호를 입력하면, 담보제공명령, 가압류 인용결정 여부 등을 알 수 있습니다.
② 가압류 결정 후 14일 경과 후에는 법원에 가지 않고 대법원 홈페이지에서도 확인할 수 있습니다.

### ■ 부동산 가압류 신청시 유의사항 및 비용 등은 어떻게 되나요?

Q. 이번에 회사에서 퇴직하면서 그동안 못 받은 임금과 퇴직금을 받으려고 소송진행 중에 있습니다. 회사는 현재 부도 위기에 처해있고 대표자는 도망갈 기회를 엿보는 듯합니다. 소송에서 이겨도 소액체당금으로 300만원만 받기에는 미지급 임금이 너무 많습니다. 회사 소유 사무실을 가압류하고 싶은데, 관할법원의 문제, 공탁금 납부나 송달료 등 모르는 것이 너무 많습니다. 어떻게 처리해야 하나요?

A. 관할법원은 본안의 관할법원이나 다툼의 대상(계쟁물) 소

재지를 관할하는 지방법원입니다. 귀하의 경우 임금청구소송 본안의 관할은 원고, 피고의 주소지에 모두 있고, 회사 사무실 주소지 관할 지방법원에 있으니 어디에 하셔도 좋습니다만 본안을 제기하는 법원에 같이 하는 것이 통상적인 실무례입니다.

공탁금액은 보증보험회사와 지급보증위탁계약을 체결하는 문서로 제출할 수 있습니다. 신청서의 신청이유 말미란에 '담보제공은 공탁보증보험증권을 제출하는 방법에 의할 수 있도록 허가하여 주시기 바랍니다.'라는 문구를 넣으면서 신청하면 됩니다. 가압류가 사후에 부당한 것으로 판명되었을 때의 손해액을 보증하는 것으로 볼 수 있는데, 법원 근처의 서울보증보험회사의 보험증권을 발급받아 가압류신청서에 첨부하시면 됩니다. 지급보증위탁계약을 체결하는 문서의 발급수수료는 통상 그 문서 액면가액의 1/100입니다.

또한 부동산 가압류의 경우 가압류할 물건소재지를 관할하는 시·구·군청에서 발행한 등록면허세납부서에 의하여 가압류할 금액의 2/1000에 해당하는 등록면허세와 등록면허세액의 20/100에 해당하는 교육세를 납부하고 그 영수증을 신청서에 첨부하여야 합니다.

이 신청서를 접수할 때는 당사자 1인당 3회분의 송달료를 수납은행에 납부하여야 합니다. 이 납부 영수증도 신청서에 같이 첨부하시면 됩니다.

■ 채권자가 가압류의 집행을 위한 전제로서 채무자 명의의 소유권보존등기를 대위 신청할 필요가 있는지요?

Q. 채권자가 가압류의 집행을 위한 전제로서 채무자 명의의 소유권보존등기를 대위 신청할 필요가 있는지요?

A. ① 집행법원이 미등기 부동산에 대한 가압류등기를 촉탁(촉탁서에는 채무자 명의의 소유권보존등기에 필요한 서면이 첨부되어야 함)하는 경우에는 등기관이 직권으로 당해 부동산에 대한 소유권보존등기를 경료하게 되므로, 채권자가 가압류의 집행을 위한 전제로서 채무자 명의의 소유권보존등기를 대위 신청할 필요는 없습니다.
② 위 ①항의 가압류등기 촉탁서에는 소유권보존등기와 관련한 등록세 영수필통지서 및 영수필확인서를 첨부할 필요가 없으며, 등기를 경료한 등기관이 지방세법 제151조의2에 따른 미납통지를 하게 됩니다.

■ 가압류된 토지가 수용될 경우 가압류효력이 소멸되는지요?

Q. 甲은 乙소유 토지에 금전채권에 기하여 가압류를 하였습니다. 그런데 그 토지가 도로부지로 수용되게 되었습니다. 이처럼 가압류된 토지가 수용되는 경우 가압류의 효력은 어떻게 되는지요?

A. 공익사업을 위한 토지 등의 취득 및 보상에 관한 법률 제45조 제1항은 "사업시행자는 수용의 개시일에 토지나 물건의 소유권을 취득하며, 그 토지나 물건에 관한 다른 권리는 이와 동시에 소멸한다."라고 규정하고 있고, 「민법」제187조는 등기를 요하지 아니하는 부동산물권취득에 관

하여 "상속, 공용징수, 판결, 경매 기타 법률의 규정에 의한 부동산에 관한 물권의 취득은 등기를 요하지 아니한다. 그러나 등기를 하지 아니하면 이를 처분하지 못한다."라고 규정하고 있습니다. 그러므로 수용으로 인한 토지소유권의 취득은 등기하지 아니하여도 수용한 날에 사업시행자에게 귀속됩니다.

그리고 수용되는 토지에 대하여 가압류가 집행되어 있는 경우 토지의 수용으로 그 가압류의 효력이 소멸되는지에 관하여 판례는 "공익사업을 위한 토지 등의 취득 및 보상에 관한 법률 제45조 제1항에 의하면, 토지 수용의 경우 사업시행자는 수용의 개시일에 토지의 소유권을 취득하고 그 토지에 관한 다른 권리는 소멸하는 것인바, 수용되는 토지에 대하여 가압류가 집행되어 있더라도 토지 수용으로 사업시행자가 그 소유권을 원시취득하게 됨에 따라 그 토지 가압류의 효력은 절대적으로 소멸하는 것이고, 이 경우 법률에 특별한 규정이 없는 이상 토지에 대한 가압류가 그 수용보상금채권에 당연히 전이되어 효력이 미치게 된다거나 수용보상금채권에 대하여도 토지 가압류의 처분금지적 효력이 미친다고 볼 수는 없으며, 또 가압류는 담보물권과는 달리 목적물의 교환가치를 지배하는 권리가 아니고, 담보물권의 경우에 인정되는 물상대위의 법리가 여기에 적용된다고 볼 수도 없다. 그러므로 토지에 대하여 가압류가 집행된 후에 제3자가 그 토지의 소유권을 취득함으로써 가압류의 처분금지 효력을 받고 있던 중 그 토지가 공익사업법에 따라 수용됨으로 인하여 기존 가압류의 효력이 소멸되는 한편 제3취득자인 토지소유자는 위 가압류의 부담에서 벗어나 토지수용보상금을 온전히 지급받게 되었다고 하더라도,

이는 위 법에 따른 토지 수용의 효과일 뿐이지 이를 두고 법률상 원인 없는 부당이득이라고 할 것은 아니다."라고 하였습니다(대법원 2009. 9. 10. 선고 2006다61536, 61543 판결 ).

따라서 위 사안에서도 甲의 위 수용대상토지에 대한 가압류는 수용으로 인하여 가압류집행의 효력이 상실되고, 甲은 다시 수용보상금에 대하여 가압류절차를 취하여야 할 것으로 보입니다.

참고로 공익사업을 위한 토지 등의 취득 및 보상에 관한 법률제40조 제2항 제4호는 '압류 또는 가압류에 의하여 보상금의 지불이 금지된 때'에는 사업시행자는 수용 또는 사용의 시기까지 수용 또는 사용하고자 하는 토지소재지의 공탁소에 보상금을 공탁할 수 있다고 규정하고 있는데, 이 경우의 '압류 또는 가압류에 의하여 보상금의 지불이 금지되었을 때'는 수용보상금에 대한 채권압류 또는 채권가압류에 의하여 보상금의 지불이 금지되었을 때를 의미하는 것이고, 수용대상토지에 부동산가압류가 된 경우를 의미하는 것은 아니라고 보아야 할 것입니다. 판례도 "수용대상토지가 일반채권자에 의하여 압류 또는 가압류되어 있거나, 수용대상토지에 근저당권설정등기가 마쳐져 있더라도 그 토지의 수용에 따른 보상금청구권 자체가 압류 또는 가압류되어 있지 아니한 이상 보상금의 지급이 금지되는 것은 아니므로, 이러한 사유만으로 같은 법 제40조 제2항 제2호 소정의 '사업시행자의 과실 없이 보상금을 받을 자를 알 수 없는 때 '의 공탁사유에 해당한다고 볼 수 없다."라고 하였습니다(대법원 2000. 5. 26. 선고 98다22062 판결).

# 부동산가압류취소신청

신청인(채무자)    ◇◇◇

　　　　　　　○○시 ○○구 ○○길 ○○(우편번호 ○○○-○○○)

　　　　　　　전화.휴대폰번호:

　　　　　　　팩스번호, 전자우편(e-mail)주소:

피신청인(채권자) ○○○

　　　　　　　○○시 ○○구 ○○길 ○○(우편번호 ○○○-○○○)

　　　　　　　전화.휴대폰번호:

　　　　　　　팩스번호, 전자우편(e-mail)주소:

## 신 청 취 지

1. 피신청인의 신청인에 대한 귀원 20○○카단○○○○호 부동
   산가압류신청사건에 관하여 귀원이 20○○. ○○. ○○. 신
   청인 소유의 별지목록 기재 부동산에 대하여 한 가압류결정
   은 이를 취소한다.
2. 소송비용은 피신청인의 부담으로 한다.
3. 위 제1항은 가집행할 수 있다.
라는 재판을 구합니다.

## 신 청 이 유

1. 피신청인(채권자)은 신청인(채무자)에 대한 대여금청구채권의
   집행보전을 위하여 귀원으로부터 20○○카○○○○호 부동
   산가압류결정을 받아 신청인 소유의 별지목록 기재 부동산

을 가압류하였습니다.

2. 그러나 신청인은 피신청인으로부터 차용한 금 ○○○원 및 이에 대한 이자를 20○○. ○○. ○○.에 모두 변제하였습니다.

3. 따라서 피보전채권이 모두 소멸되었으므로, 신청인 소유의 부동산에 대한 위 가압류결정은 마땅히 취소되어야 하나, 아직까지도 위 가압류결정이 취소되지 않고 있어 신청인의 재산권행사에 막대한 지장을 주고 있으므로 부득이 신청취 지와 같은 재판을 구하고자 이 사건 신청에 이르게 되었습니다.

## 첨 부 서 류

| | |
|---|---|
| 1. 변제영수증 | 1통 |
| 1. 부동산가압류결정문 | 1통 |
| 1. 부동산등기사항증명서 | 1통 |
| 1. 송달료납부서 | 1통 |

20○○.  ○.  ○.

위 신청인(채무자)  ◇◇◇ (서명 또는 날인)

**○○지방법원 ○○지원  귀중**

---

[별  지]

## 부동산의 표시

1. ○○시 ○○구 ○○동 ○○ 대 ○○○m²
2. ○○시 ○○구 ○○동 ○○ 임야 ○○○m². 끝.

# 제2절 자동차 · 건설기계 · 소형선박에 대한 가압류 신청

① 자동차를 가압류하려는 자는 부동산가압류신청의 예에 따라 가압류신청을 할 수 있습니다.

② 건설기계·소형선박을 가압류하려는 자는 자동차 가압류의 예에 따라 가압류신청을 할 수 있습니다.

## 1. 자동차에 대한 가압류

등록된 자동차에 대한 가압류는 부동산의 예(강제관리의 방법은 제외)에 따릅니다(민사집행법 제187조 및 민사집행규칙제210조제1항).

## 2. 건설기계·소형선박에 대한 가압류

등록된 건설기계·소형선박(자동차 등 특정동산 저당법의 적용을 받는 소형선박을 말함)에 대한 가압류는 자동차 가압류의 규정을 준용합니다(민사집행규칙 제211조).

## 3. 자동차·건설기계·소형선박가압류신청서 작성

### 3-1. 신청서 작성

자동차·건설기계·소형선박가압류신청서를 작성하려는 자는 신청서에 ① 당사자(대리인이 있는 경우 대리인 포함), ② 청구채권의 표시 및 목적물의 표시 ③ 신청의 취지, ④ 신청의 이유, ⑤ 관할법원, ⑥ 소명방법 및 ⑦ 작성한 날짜를 기재하고, 당사자 또는 대리인의 기명날인 또는 서명을 해야 합니다(민사집행법 제23조제1항, 제279조, 민사집행규칙 제203조제2항, 민사소송법 제249조 및 제274조).

## [서식 예] 자동차가압류명령신청서

---

### 자동차가압류명령신청

채 권 자 ○○○
            ○○시 ○○구 ○○길 ○○(우편번호 ○○○-○○○)
            전화.휴대폰번호:
            팩스번호, 전자우편(e-mail)주소:
채 무 자 ◇◇◇
            ○○시 ○○구 ○○길 ○○(우편번호 ○○○-○○○)
            전화.휴대폰번호:
            팩스번호, 전자우편(e-mail)주소:

**청구채권의 표시**
**금 15,000,000원정**
(20○○. ○. 초순경부터 20○○. ○. ○.까지 판매한 유압실린더 매매대금)
**가압류할 자동차의 표시**
별지 제1목록 기재와 같습니다.

### 신 청 취 지

  채권자가 채무자에 대하여 가지고 있는 위 청구채권의 집행을

---

보전하기 위하여 채무자 소유의 별지 제1목록 기재의 자동차를 가압류한다.

라는 재판을 구합니다.

## 신 청 이 유

1. 채권자는 ○○시 ○○구 ○○길 ○○에서 '◉◉기공'이라는 상호로 유공압기기 등을 제조하는 사람이고, 채무자는 ○○시 ○○구 ○○길 ○○-○○에서 '◎◎상사'라는 상호로 유공압제품을 도매하는 사람입니다.

2. 채무자는 채권자에게 20○○. ○. 초순경부터 20○○. ○.○.까지 유압실린더 등의 물품을 납품하여 줄 것을 요청하여 채권자는 채무자의 요청대로 여러 차례에 걸쳐 위 기간 동안 채무자 운영의 위 '◎◎상사'에 유압실린더 등의 물품을 납품하고 채무자로부터 물품인수에 대한 확인을 받음으로써 그 물품대금이 20○○. ○. ○○.자로 금 15,000,000원에 달하였으나, 채무자는 채권자로부터 납품 받은 위 유압실린더 등의 물품대금의 지급을 계속 미루기만 할 뿐 그 지급을 하지 않고 있어 채권자는 그 동안 여러 차례에 걸쳐 채무자에게 위 물품대금의 지급을 독촉한바 있습니다.

3. 그 뒤 채무자는 20○○. ○○. ○. 채무자가 채권자에게 지급하여야 할 물품대금이 금 15,000,000원에 이르고 있음을 확인함과 동시에 무슨 일이 있어도 위 물품대금을 20○○. ○○. ○○.까지 지급하겠다는 취지의 지불각서를 채권자에게 교부하였음에도 불구하고 그 지급을 계속 미루고 있어, 채권자는 채무자를 상대로 본안소송을 준비 중이나, 채무자에는 별지 제1목록 기재 자동차만 있을 뿐 별다른 재산이 없는 상태로 위 자동차마저도 처분할 우려가 있어 그 집행

을 보전하기 위하여 이 사건 신청에 이른 것입니다.

4. 이 사건 담보제공은 공탁보증보험증권(○○보험주식회사 증
권번호 제○○○-○○○-○○○호)을 제출하는 방법에 의할
수 있도록 허가하여 주시기 바랍니다.

## 소 명 방 법

1. 소갑 제1호증                 물품공급계약서
1. 소갑 제2호증                 인수증
1. 소갑 제3호증                 지불각서

## 첨 부 서 류

1. 위 소명방법                 각 1통
1. 자동차등록원부              1통
1. 가압류신청진술서          1통
1. 송달료납부서                 1통

20○○. ○. ○.

위 채권자 ○○○ (서명 또는 날인)

○○지방법원 ○○지원 귀중

---

[별 지 1]

### 자동차의 표시

1. 자동차등록번호: 서울○○다○○○○호
1. 형식승인번호: ○-○○○○-005-006

```
1. 차        명: ○○○
1. 차        종: 승용자동차
1. 차 대 번 호: ○○○○○○○
1. 원 동 기 형 식: ○○○○○
1. 등 록 연 월 일: 20○○. ○. ○.
1. 최 종 소 유 자: ◇◇◇
1. 사 용 본 거 지: ○○시 ○○구 ○○길 ○○. 끝.
```

## 3-2. 가압류할 자동차·건설기계·소형선박의 표시

① 가압류할 자동차·건설기계·소형선박의 표시는 "별지 목록 기재와 같음"이라고 표시하고, 별지로 첨부합니다.

② 자동차등록원부, 건설기계등록원부, 그 밖에 수상레저기구의 등록원부, 선박원부, 어선원부의 내용을 바탕으로 하여 기재합니다 (민사집행규칙 제210조제1항, 제108조 및 제211조).

③ 자동차의 경우 등록번호, 형식승인번호, 차명, 차종, 차대번호, 원동기의 형식 및 연식, 사용본거지(차고지), 등록연월일을 기재해야 합니다.

④ 건설기계의 경우 등록번호, 건설기계명, 형식, 규격, 차대일련번호, 제작국, 연식, 사용본거지, 등록연월일을 기재하고, 소형선박의 경우 건설기계에 준하여 표시합니다.

⑤ 자동차등록원부, 건설기계등록원부, 그 밖에 수상레저기구의 등록원부, 선박원부, 어선원부의 내용은 해당 자동차·건설기계·그 밖의 수상레저기구·선박·어선 등록관청에서 누구든지 해당 원부를 열람할 수 있습니다.

```
<예시 2: 건설기계를 가압류 하는 경우>
가압류할 건설기계의 표시
별지 제1목록과 같습니다.
[별지 1]
건설기계의 표시
1. 중 기 명 : 덤프트럭
1. 중기등록번호 : 전남 OO가OOOO
1. 형  식 : AM OOOO
1. 중기차대번호 : OOOO
1. 원동기형식 : DSC OOO
1. 등록년월일 : 2000. O. O.
1. 사용본거지 : OO시 OO구 OO동 OO
1. 소 유 자 : ◇◇◇. 끝.
```

### 3-3. 신청취지

소장의 청구취지에 상응하는 것으로 가압류에 의해 구하려는 보전
처분의 내용을 말하며, 권리의 보전을 위해 필요한 내용을 적습니다
(민사집행규칙 제203조제2항).

```
<예시>
                신 청 취 지
채권자가 채무자에 대하여 가지고 있는 위 청구채권의 집행을
보전하기 위하여 채무자 소유의 별지 제1목록 기재의 자동차
를 가압류한다.
라는 재판을 구합니다.
```

### 3-4. 신청이유

① 신청취지를 구하는 근거로 피보전권리의 존재와 보전의 필요성을
   구체적으로 적어야 합니다(민사집행규칙 제203조제2항).
② 그 밖에 선담보제공을 하는 경우 이를 허가해 달라는 취지를 적
   습니다.

## 4. 그 밖의 절차

자동차·건설기계·소형선박에 대한 가압류 신청에 따른 비용 납부, 선담보 제공 허가 신청, 가압류 신청 접수 및 가압류 신청서 제출 후 사건번호 부여 등에 관하여는 1. 부동산 가압류 신청을 참조해 주시기 바랍니다.

# 제3절 유체동산에 대한 가압류 신청

유체동산가압류를 신청하려는 자는 청구채권의 내용, 신청취지, 신청이유 등을 적은 유체동산가압류신청서 및 가압류신청진술서를 관할법원에 제출해야 합니다.

**[서식 예] 유체동산가압류신청서(임금)**

---

## 유체동산가압류신청

채 권 자  ○○○

　　　　　○○시 ○○구 ○○길 ○○(우편번호 ○○○-○○○)

　　　　　전화.휴대폰번호:

　　　　　팩스번호, 전자우편(e-mail)주소:

채 무 자  주식회사 ◇◇◇

　　　　　○○시 ○○구 ○○길 ○○(우편번호 ○○○-○○○)

　　　　　대표이사 ◈◈◈

　　　　　전화.휴대폰번호:

　　　　　팩스번호, 전자우편(e-mail)주소:


**청구금액 : 금 ○○○○원정**

**피보전권리 :** 20○○. ○. ○.부터 20○○. ○. ○.까지의
임금채권

### 신 청 취 지

　채권자는 채무자에 대한 위 청구채권의 집행을 보전하기

---

위하여 채무자 소유의 유체동산을 가압류한다.
라는 재판을 구합니다.

## 신 청 이 유

1. 채무자는 ○○업을 목적으로 하는 주식회사로서 채권자를 고용한 회사입니다.
2. 채권자는 20○○. ○. ○.부터 20○○. ○. ○.까지 채무자에게 고용되어 일을 해 왔는데 아직 채무자로부터 받지 못한 임금이 금 ○○○○원입니다.
3. 채무자는 위 돈을 주겠다는 약속을 하면서도 아직 지급하지 아니하므로 채권자로서는 위 돈의 지급을 구하는 본안소송을 준비중에 있으나, 채권자가 조사한 바에 의하면 채무자는 채권자 이외에도 많은 채무를 부담하고 있고, 채무자는 재산상태와 신용악화로 현재 유체동산 또한 어느 때 어떠한 형식으로 처분하여 채권자에 대한 채무를 면탈할는지 알 수 없는 실정이므로 채권자는 후일 채무자를 상대로 하는 승소판결의 집행보전을 위하여 위 금액에 대하여 채무자 소유의 유체동산에 대하여 이 사건 가압류신청에 이르게 되었습니다.
4. 한편, 채권자는 장기간 급여를 받지 못하고 취업을 제대로 하지 못해 생계에 적지 않는 어려움이 있으므로 이 사건 담보제공은 무공탁으로 할 수 있도록 허가하여 주시거나, 민사집행법 제19조 제3항, 민사소송법 제122조에 의하여 보증보험주식회사와 지급보증위탁계약을 맺은 문서를 제출하는 방법으로 담보제공을 할 수 있도록 허가하여 주시기 바랍니다.

## 소 명 방 법

1. 소갑 제1호증                    체불금품확인원
1. 소갑 제2호증                    임금지불각서

## 첨 부 서 류

1. 위 소명방법                     각 1통
1. 법인등기사항증명서              1통
1. 가압류신청진술서               1통
1. 송달료납부서                   1통


20○○.  ○.  ○.

위 채권자 ○○○ (서명 또는 날인)


○○지방법원  귀중

## 1. 가압류목적물(유체동산)

① 가압류 할 유체동산을 특정하지 않고 채무자의 유체동산 전체를 대상으로 가압류 신청할 수 있습니다.

② 채무자와 그 배우자의 공유로서 채무자가 점유하거나 그 배우자와 공동으로 점유하고 있는 유체동산은 가압류할 수 있습니다 (민사집행법 제190조).

③ 유체동산이란 무체동산이라는 개념과 구별하기 위해 사용되었던 구(舊)민법의 표현입니다. 집에 있는 TV, 냉장고, 피아노, 세탁기 등 그 밖의 가전제품, 가구, 그림, 골동품, 배서가 금지된 유가증권, 1개월 이내에 수확할 수 있는 과실 등을 포함하는 개념입니다.

## 2. 유체동산가압류신청서 작성

### 2-1. 신청서 작성

유체동산가압류신청서를 작성하려는 자는 신청서에 ① 당사자(대리인이 있는 경우 대리인 포함), ② 청구채권의 표시 및 목적물의 표시 ③ 신청의 취지, ④ 신청의 이유, ⑤ 관할법원, ⑥ 소명방법 및 ⑦ 작성한 날짜를 기재하고, 당사자 또는 대리인의 기명날인 또는 서명을 해야 합니다((민사집행법 제23조제1항, 제279조, 민사집행규칙 제203조제2항, 민사소송법 제249조 및 제274조).

## 2-2. 신청취지

소장의 청구취지에 상응하는 것으로 가압류에 의해 구하려는 보전처분의 내용을 말하며, 권리의 보전을 위해 필요한 내용을 적습니다(민사집행규칙 제203조제2항).

> <예시>
>
> ### 신 청 취 지
>
> 채권자가 채무자에 대하여 가지는 위 청구채권의 집행을 보전하기 위하여 채무자 소유의 유체동산을 가압류한다.
> 라는 재판을 구합니다.

## 2-3. 신청이유

① 신청취지를 구하는 근거로 피보전권리의 존재와 보전의 필요성을 구체적으로 적어야 합니다(민사집행규칙 제203조제2항).
② 그 밖에 담보제공을 하는 경우 지급보증위탁계약체결문서 제출에 의한 방법으로 허가해 달라는 취지를 적습니다.

## 3. 그 밖의 절차

유체동산가압류 신청에 따른 비용 납부, 가압류 신청 접수 및 가압류 신청서 제출 후 사건번호 부여 등에 관하여는 제1절 부동산 가압류 신청을 참조해 주시기 바랍니다.

**[서식 예]** 유체동산가압류신청서(물품대금)

---

## 유체동산가압류신청

채 권 자 ○○○
      ○○시 ○○구 ○○길 ○○(우편번호 ○○○-○○○)
      전화.휴대폰번호:
      팩스번호, 전자우편(e-mail)주소:
채 무 자 ◇◇◇
      ○○시 ○○구 ○○길 ○○
      송달장소 ○○시 ○○구 ○○길 ○○-○○(우편번호
      ○○○-○○○)
      전화.휴대폰번호:
      팩스번호, 전자우편(e-mail)주소:

**청구채권의 표시**
**금 30,000,000원정**
(20○○. ○. ○.부터 20○○. ○. ○.까지 납품한 가죽지갑 대금)

### 신 청 취 지

　채권자가 채무자에 대하여 가지는 위 청구채권의 집행을
보전하기 위하여 채무자 소유의 유체동산을 가압류한다.
라는 재판을 구함.

### 신 청 이 유

1. 채권자는 위 주소지에서 가죽가공시설을 갖추어 놓고 가죽지
　갑을 만들어 채무자에게 납품을 한 사람이고, 채무자는 위
　송달장소에서 '○○'이라는 상호의 가죽제품 판매점포를 운
　영하는 사람입니다.

2. 채권자는 수년동안 채무자의 점포에 채권자가 생산한 가죽지갑을 납품해왔는데, 받지 못한 물품대금이 계속 누적되어 20○○. ○. ○.까지 총액 금 30,000,000원에 이르렀던바, 채무자는 20○○. ○. ○○.까지 갚겠다고 하였으나, 약속을 지키지 않고 오늘에 이르고 있습니다.

3. 사정이 위와 같으므로 채권자는 미수금 30,000,000원 및 이에 대한 지연손해금을 받기 위하여 채무자를 상대로 물품대금청구소송을 준비중에 있으나, 채무자는 유체동산 외에는 달리 재산이 없는데다가 이를 처분할 경우 채권자가 나중에 본안소송에서 승소한다 하더라도 집행이 불가능해질 우려가 있어 이 사건 가압류신청에 이르게 되었습니다.

4. 이 사건 담보제공에 관하여는 민사집행법 제19조 제3항, 민사소송법 제122조에 의하여 보증보험주식회사와 지급보증위탁계약을 맺은 문서를 제출하는 방법으로 담보제공을 할 수 있도록 허가하여 주시기 바랍니다.

### 소 명 방 법

| | |
|---|---|
| 1. 소갑 제1호증 | 지불각서 |
| 1. 소갑 제2호증 | 거래장 |

### 첨 부 서 류

| | |
|---|---|
| 1. 위 소명방법 | 각 1통 |
| 1. 가압류신청진술서 | 1통 |
| 1. 송달료납부서 | 1통 |

20○○. ○. ○.

위 채권자 ○○○ (서명 또는 날인)

○○지방법원 귀중

# 유체동산가압류신청

채 권 자 ○○○

○○시 ○○구 ○○길 ○○(우편번호 ○○○-○○○)

전화.휴대폰번호:

팩스번호, 전자우편(e-mail)주소:

채 무 자 ◇◇◇

○○시 ○○구 ○○길 ○○(우편번호 ○○○-○○○)

전화.휴대폰번호:

팩스번호, 전자우편(e-mail)주소:

**청구금액의 표시**

**금 ○○○○원정**(20○○. ○. ○.자 약속어음금)

## 신 청 취 지

채권자는 채무자에 대한 위 청구채권의 집행을 보전하기
위하여 위 채무자 소유의 유체동산을 가압류한다.
라는 재판을 구합니다.

## 신 청 이 유

1. 채무자는 20○○. ○. ○. 채권자에게 액면 금 ○○○원, 지
   급기일 20○○. ○. ○. 발행지 및 지급지는 모두 ○○시, 지
   급장소는 ○○은행 ○○지점으로 된 약속어음 ○매를 발행.
   교부하고, 채권자가 정당한 소지인으로서 만기에 지급제시

하였으나 순차로 모두 지급거절 하였습니다.

2. 채권자는 위 어음금을 지급 받기 위하여 여러 차례 채무자를 방문하였으나 계속 연기할 뿐 아니라 채무자의 재산상태와 신용악화로 채무자가 재산처분을 진행하고 있는바, 채권자가 신속히 채무자의 유체동산이라도 가압류하지 않으면 후일 본안소송의 승소판결을 얻어도 집행이 불가능하게 될 것이 명백하므로 부득이 이 사건 신청에 이른 것입니다.

3. 담보제공에 관하여는 민사집행법 제19조 제3항, 민사소송법 제122조에 의하여 보증보험주식회사와 지급보증위탁계약을 맺은 문서를 제출하는 방법으로 담보제공을 할 수 있도록 허가하여 주시기 바랍니다.

### 첨 부 서 류

| | |
|---|---|
| 1. 소갑 제1호증(약속어음) | ○통 |
| 1. 가압류신청진술서 | 1통 |
| 1. 송달료납부서 | 1통 |

20○○.  ○.  ○.

위 채권자 ○○○ (서명 또는 날인)

○○지방법원  귀중

# 제4절 금전채권에 대한 가압류 신청

① 가압류할 채권은 제3채무자가 그 대상을 인식할 수 있을 정도로 특정되어야 하므로 피압류채권의 채권자(가압류채무자), 채무자(제3채무자), 채권의 종류, 발생원인, 금액, 변제기 등을 표시하여 다른 채권과 구별되도록 해야 합니다.

② 채권가압류의 경우 압류채권자는 제3채무자에게 가압류집행을 할 때, 가압류한 채권에 대해 채권자가 만족을 할 수 있는지 여부를 제3채무자에게 진술하도록 법원에 신청할 수 있습니다.

## (대여금채권으로 임금 및 퇴직금에 대하여)

# 채권가압류신청

채 권 자 ○○○
  ○○시 ○○구 ○○길 ○○(우편번호 ○○○-○○○)
  전화.휴대폰번호:
  팩스번호, 전자우편(e-mail)주소:
채 무 자 ◇◇◇
  ○○시 ○○구 ○○길 ○○(우편번호 ○○○-○○○)
  전화.휴대폰번호:
  팩스번호, 전자우편(e-mail)주소:
  (소속부서 : ■■주식회사 ○○공장 생산부장
   주민등록번호 : ○○○○○○-○○○○○○○)
제3채무자 ■■주식회사
  ○○시 ○○구 ○○길 ○○(우편번호 ○○○-○○○)
  대표이사 ■■■
  전화.휴대폰번호:
  팩스번호, 전자우편(e-mail)주소:

## 청구채권의 표시

금 10,000,000원정(20○○. ○. ○.자 대여금)

# 가압류할 채권의 표시

별지 제1목록 기재와 같습니다.

# 신 청 취 지

1. 채무자가 제3채무자에 대하여 가지는 별지 제1목록 기재의 채권을 가압류한다.
2. 제3채무자는 채무자에게 위 채권에 관한 지급을 하여서는 아니 된다.

라는 재판을 구합니다.

# 신 청 원 인

1. 채무자는 20○○. ○. ○. 채권자로부터 금 10,000,000원을 차용함에 있어서 차용금에 대한 상환은 20○○. ○○. ○.로, 이자는 월 2%로 매월 말일에 지급하겠다는 취지의 차용증서를 작성.교부하고 같은 날 차용금 10,000,000원을 교부받은 바 있습니다.
2. 그런데 채무자는 위 차용금증서에 의한 약정에 따라 20○○. ○○. ○. 위 차용금에 대한 원금을 상환하여야 할 의무가 있음에도 불구하고 위 차용일로부터 현재에 이르기까지 약정에 따른 이자만 지급하고는 원금의 상환에 불응하고 있어 채권자는 그동안 여러 차례에 걸쳐 채무자가 지체하고 있는 차용금의 지급을 촉구하였으나 지금까지 이에 응하지 않고 있습니다.
3. 따라서 채권자는 채무자를 상대로 하여 대여금의 지급을 구하는 본안소송을 준비중에 있으나, 채권자가 알아본 결과 채무자는 별지 제1목록 기재 채권외에는 별다른 재산이 없는데,

이를 처분할 경우 훗날 채권자가 본안소송에서 승소판결을 받는다고 하여도 강제집행의 목적을 달성할 수 없을 우려가 있어 그 동안 청구채권의 집행보전의 방법으로 시급히 이 사건 가압류신청에 이른 것입니다.

4. 이 사건 담보제공에 관하여는 민사집행법 제19조 제3항, 민사소송법 제122조에 의하여 보증보험주식회사와 지급보증위탁계약을 맺은 문서를 제출하는 방법으로 담보제공을 할 수 있도록 허가하여 주시기 바랍니다.

### 소명방법 및 첨부서류

| | |
|---|---|
| 1. 소갑 제1호증 차용금증서 | 1통 |
| 1. 법인등기사항증명서 | 1통 |
| 1. 가압류신청진술서 | 1통 |
| 1. 송달료납부서 | 1통 |

20○○. ○. ○.

위 채권자 ○○○ (서명 또는 날인)

○○지방법원 귀중

---

[별 지 1]

### 가압류할 채권의 표시

금 10,000,000원정

채무자가 제3채무자로부터 매월 지급받을 급여(본봉, 각종 수당 및 상여금 등에서 제세공과금을 공제한 금액)에서 1/2씩 위 청구금액에 이를 때까지의 금액[다만, 국민기초생활보장법에 의한 최저생계비를 감안하여 민사집행법 시행령이 정한 금액에 해당하는 경우에는 이를 제외한 나머지 금액, 표준적인 가구의 생계비를 감안하여 민사집행법 시행령이 정한 금액에 해당하는 경우에는 이를 제외한 나머지 금액] 및 위 청구금액에 달하지 아니한 사이에 퇴직한 때에는 퇴직금 중 제세공과금을 **뺀** 잔액의 1/2씩 위 청구금액에 이를 때까지의 금액. 끝.

## [서식 예] 채무자 주소보정 신고서

### 채무자주소보정신고

사　　　건　20○○카단○○○호 채권가압류
채 권 자　○○○
채 무 자　◇◇◇

　위 사건에 관하여 채권자는 다음과 같이 채무자의 주소를 보정하여 신고합니다.

### 다　　　음

1. 주소보정사유
　채권자는 채권가압류신청 당시 채무자의 주소를 ○○ ○○군 ○○면 ○○길 ○○로 기재하였으나, 현재 채무자는 다른 곳으로 이사를 간 사실이 있기에 채무자의 주소를 보정하는 것입니다.
2. 보정할 채무자 ◇◇◇의 주소
　　○○시 ○○구 ○○로 ○○
3. 첨부서류
　　주민등록표등본　　1통

```
          20○○.  ○.  ○.
    위 채권자 ○○○ (서명 또는 날인)

 ○○지방법원 ○○지원  귀중
```

## 1. 가압류목적물(피압류채권의 특정)

① 가압류할 채권은 제3채무자가 그 대상을 인식할 수 있을 정도
  로 특정되어야 하므로 피압류채권의 채권자(가압류채무자), 채무
  자(제3채무자), 채권의 종류, 발생원인, 금액, 변제기 등을 표시
  하여 다른 채권과 구별되도록 해야 합니다(법원행정처, 법원실무
  제요 민사집행IV).
② 장래 발생할 채권이나 조건부 채권도 현재 그 권리의 특정이 가
  능하고 가까운 장래에 발생할 것이 상당 정도 기대되는 경우에
  는 이를 가압류 할 수 있습니다(대법원 2001. 9. 18.자 2000마
  5252 결정).

## 2. 가압류가 인정되지 아니하는 (금전)채권

### 2-1. 양도금지채권
① 채무자의 채권이 양도할 수 없는 것이라면 가압류할 수 없습니
  다(법원행정처, 법원실무제요 민사집행III).
② 당사자가 양도할 수 없는 것으로 특약한 채권은 압류 채권자의
  선의, 악의를 불문하고 압류할 수 있습니다(대법원 1976. 10.

29. 선고 76다1623 판결).

③ 양도금지채권이란 국가나 지방자치단체와 같은 공권력의 주체만이 행사할 수 있는 공법상의 채권(예컨대 조세·부담금·경비 등의 징수권), 부양료청구권(민법 제979조), 유류분반환청구권(민법 제1115조) 등과 같은 일신전속적인 권리, 상호계산(相互計算)에 편입된 채권(상법 제72조), 국가나 지방자치단체로부터 특정의 사업·연구 등을 위하여 교부되고 그 목적 외의 사용이 금지되는 교부금의 교부청구권(사회복지사업법 제42조, 보조금 관리에 관한 법률 제22조 등)을 말합니다.

## ■ 채권가압류경정결정이 확정된 경우 그 경정결정의 효력발생 시기는 언제인가요?

Q. 甲은 乙회사에 대한 물품대금채권 1,500만원에 기하여 乙회사의 丙회사에 대한 공사대금채권 1,500만원을 가압류하였고, 그 후 乙회사의 다른 채권자인 丁도 위 공사대금채권에 대하여 1,500만원의 채권압류 및 전부명령을 신청하여 丙회사에게 송달되었습니다. 그러나 甲의 채권가압류결정은 채무자의 표시 중 상호 아래 채무자의 주소와 대표이사의 성명은 정확하게 기재되었으나 상호가 잘못 표시되었고, 이에 甲은 그 경정신청을 하여 채권가압류경정결정이 다시 송달되었습니다. 이 경우 甲이 신청한 채권가압류경정결정은 언제 그 효력이 발생되는지요?

A. 민사집행법 제227조 제2항, 제3항은 압류명령은 제3채무자와 채무자에게 송달하여야 하고, 제3채무자에게 송달되면 압류의 효력이 생긴다고 규정하고 있고, 같은 법 제291조 본문은 가압류의 집행에 대하여는 강제집행에 관한

규정을 준용한다고 규정하고 있습니다.

그런데 채권가압류결정의 경정결정이 확정된 경우, 그 경정된 내용의 채권가압류결정의 원칙적 효력 발생시기에 관하여 판례는 "채권가압류결정의 경정결정이 확정되는 경우 당초의 채권가압류결정은 그 경정결정과 일체가 되어 처음부터 경정된 내용의 채권가압류결정이 있었던 것과 같은 효력이 있으므로, 원칙적으로 당초의 채권가압류결정정본이 제3채무자에게 송달된 때에 소급하여 경정된 내용의 채권가압류결정의 효력이 발생한다."라고 하였습니다(대법원 1999. 12. 10. 선고 99다42346 판결).

그러나 채권가압류결정의 경정결정이 제3채무자의 입장에서 볼 때 객관적으로 당초 결정의 동일성에 실질적 변경을 가하는 것이라고 인정되는 경우, 그 경정된 내용의 채권가압류결정의 효력 발생시기에 관하여 판례는 "채권가압류결정은 제3채무자를 심문하지 아니한 채 이루어지고, 제3채무자에게 송달함으로써 그 효력이 발생하는바, 직접의 당사자가 아닌 제3채무자는 피보전권리 존재와 내용을 모르고 있다가 채권가압류결정 정본의 송달을 받고 비로소 이를 알게 되는 것이 일반적이기 때문에 당초의 채권가압류결정에 위산, 오기 기타 이에 유사한 오류가 있는 것이 객관적으로는 명백하다 하더라도 제3채무자의 입장에서는 당초의 가압류결정 그 자체만으로 거기에 위산, 오기 기타 이에 유사한 오류가 있다는 것을 알 수 없는 경우가 있을 수 있는데, 그와 같은 경우에까지 일률적으로 채권가압류결정의 경정결정이 확정되면 당초의 채권가압류결정이 송달되었을 때에 소급하여 경정된 내용의 채권가압류결정이 있었던 것과 같은 효력이 있다고 하게 되면 순전히 타의에 의하여 다른 사람들 사이의 분쟁에 편입된 제3채무자 보호의 견지에서 타당하다고 할 수 없으므로, 제3채무자의 입장에서 볼 때에 객관적으로 경정결정이 당초의 채권가압류결정의 동일성에 실질적으로 변경을 가하는 것이라고 인정되는 경우에는 경정결정이 제3채무자에게 송달된 때에 비로소 경정된 내용의 채권가압류결정의 효력이 발생한다고 보아야 한다."라고 하면서 "당초의 채권가압류결정 중 채무자의 상호 '○○기계산업 주식회사'를 경정결정에 의하여 '△△산업기계 주식회사'로 경정한 경우, 당초의 채권가압류결정에 기재된 채무자의 상호 아래 채무자의 주소와 대표이사의 성명이 정확하게 기재되었다 하더라도 제3채무자의 거래상황 등에 비추어 '△△산업기계 주식회사'를 채무자로 하는 채권가압류결정의 효력은 경정결정이 제3채무자에게 송달된 때 발생한다."라고 하였습니다(대법원 1999. 12. 10. 선고 99다42346 판결, 2005.1.13.선고 2003다29937 판결).

따라서 위 사안에서 甲의 경정된 채권가압류결정의 효력은 경정된 결정문이 丙에게 다시 송달된 때에 발생한다고 보아야 할 것이고, 그 이전에 효력발생된 丁의 채권압류 및 전부명령이 있으므로 甲의 채권가압류는 부존재한 채권을 가압류한 것이어서 무효가 될 것으로 보입니다.

## 2-2. 민사집행법에 따른 압류금지채권

다음의 채권은 압류하지 못합니다(민사집행법 제246조제1항).

① 법령에 규정된 부양료 및 유족부조료(遺族扶助料)

② 채무자가 구호사업이나 제3자의 도움으로 계속 받는 수입

③ 병사의 급료

④ 급료·연금·봉급·상여금·퇴직연금, 그 밖에 이와 비슷한 성질을 가진 급여채권의 2분의 1에 해당하는 금액

⑤ 퇴직금 그 밖에 이와 비슷한 성질을 가진 급여채권의 2분의 1에 해당하는 금액

⑥ 주택임대차보호법 제8조 및 주택임대차보호법 시행령 제10조에 따라 우선변제를 받을 수 있는 금액

⑦ 생명, 상해, 질병, 사고 등을 원인으로 채무자가 지급받는 보장성 보험의 보험금(해약환급 및 만기환급금을 포함함). 다만, 압류금지의 범위는 생계유지, 치료 및 장애 회복에 소요될 것으로 예상되는 비용 등을 고려하여 민사집행법 시행령 제6조에서 정합니다.

⑧ 개인별 잔액이 150만원 이하인 예금(적금·부금·예탁금과 우편대체를 포함함). 다만, 채무자 등의 생활에 필요한 1개월간의 생계비에 해당하여 압류하지 못한 금전이 있으면 150만  원에서 그 금액을 뺀 금액으로 합니다.

# [서식 예] 채권가압류신청서
## (구상금채권, 교육공무원의 급료 등에 대하여)

## 채권가압류신청

채 권 자  ○○○

　　　　○○시 ○○구 ○○길 ○○(우편번호 ○○○-○○○)

　　　　전화.휴대폰번호:

　　　　팩스번호, 전자우편(e-mail)주소:

채 무 자  ◇◇◇

　　　　○○시 ○○구 ○○길 ○○(우편번호 ○○○-○○○)

　　　　전화.휴대폰번호:

　　　　팩스번호, 전자우편(e-mail)주소:

　　　　(소속부서 : ■■도 ■■시교육청 ■■초등학교 교사

　　　　주민등록번호 : ○○○○○○ - ○○○○○○○)

제3채무자 ■■도

　　　　위 교육 및 학예에 관한 법률상 대표자 교육감 ■■■

　　　　소관 ■■도 ■■시교육청


**청구채권의 표시**

**금 16,393,497원**

(채권자가 채무자를 위하여 한 20○○. ○. ○.자 대위변제(금 11,352,642원) 및 20○○. ○. ○○.자 대위변제(금 5,040,855원)에 기초하여 채권자가 채무자에게 가지는 구상금채권)

**가압류할 채권의 표시**

별지 제1목록 기재와 같습니다.

# 신 청 취 지

1. 채무자의 제3채무자에 대한 별지 제1목록 기재의 채권을 가압류한다.
2. 제3채무자는 채무자에게 위의 채권에 관한 지급을 하여서는 아니 된다.
라는 결정을 구합니다.

# 신 청 원 인

1. 채권자는 채무자의 연대보증인으로서 20○○. ○. ○. 채무자의 ○○수산업협동조합에 대한 대출원리금 11,352,642원을 같은 조합에, 20○○. ○. ○○. 위 채무자의 ○○은행 ○○지점에 대한 대출원리금 5,040,855원을 위 은행 ○○지점에 각 대위변제 하였습니다.
2. 따라서 채권자는 채무자에 대하여 위 각 대위변제에 기초한 구상금채권을 가지게 되었으나, 채무자는 채권자에게 위 채권에 대한 돈을 지급하지 않고 다른 사람에게 많은 채무를 부담하고 있는 데다가, 제3채무자에 대하여 가지는 채권 이외의 재산은 거의 없는 상황이므로 채권자가 채무자를 상대로 본안소송에 있어서 승소판결을 얻는다 하더라도 집행불능의 상태가 예상되는바, 승소한 뒤의 강제집행을 보전하기 위하여 미리 이 신청을 하기에 이르렀습니다.
3. 이 사건 담보제공에 관하여는 민사집행법 제19조 제3항, 민사소송법 제122조에 의하여 보증보험주식회사와 지급보증위탁계약을 맺은 문서를 제출하는 방법으로 담보제공을 할 수 있도록 허가하여 주시기 바랍니다.

## 소 명 방 법

1. 소갑 제1호증                     대위변제증서
1. 소갑 제2호증                     대위변제확인서

## 첨 부 서 류

1. 위 소명방법                        각 1통
1. 가압류신청진술서                        1통
1. 송달료납부서                            1통

20○○.  ○.  ○.

위 채권자 ○○○ (서명 또는 날인)

○○지방법원 ○○지원  귀중

---

[별 지 1]

### 가압류할 채권의 표시

금 16,393,497원

채무자가 제3채무자로부터 매월 지급받을 급여(본봉, 각종 수당 및 상여금 등에서 제세공과금을 공제한 금액)에서 1/2씩 위 청구금액에 이를 때까지의 금액[다만, 국민기초생활보장법에 의한 최저생계비를 감안하여 민사집행법 시행령이 정한 금액에 해당하는 경우에는 이를 제외한 나머지 금액, 표준적인 가구의 생계비를 감안하여 민사집행법 시행령이 정한 금액에 해당하는 경우에는 이를 제외한 나머지 금액] 단, 위 청구금액에 이르지 아니한 사이에 퇴직할 때에는 그 퇴직위로금, 명예퇴직금(또는 명예퇴직수당 등) 중 제세공과금을 공제한 잔액의 2분의 1 한도 내에서 위 청구금액에 이를 때까지의 금액. 끝.

# ■ 예금채권에 대한 가압류하려면 어떻게 해야 하나요?

Q. 제가 甲에게 돈을 빌려주었는데 갚지 않아 소송을 제기하고 강제집행을 하려고 합니다. 甲은 다른 재산은 없고 은행에 예금이 많이 있는 것 같은데 어느 은행에 얼마나 예금이 있는지 알 수가 없습니다. 은행을 제3채무자로 하여 甲의 예금채권에 가압류 하려면 어떻게 해야 하나요?

A. 예금채권을 가압류하기 위해서는 먼저 채무자(甲)의 이름, 주민등록번호(또는 사업자등록번호나 고유번호), 은행의 이름과 예금의 종류 및 계좌번호, 예금액, 거래지점 등을 명확히 하여야 합니다. 그런데 여기서 어느 은행에 얼마나 예금이 있는지 모른다는 것이 문제됩니다.

실무는 1개의 신청으로 1인의 채무자(예금채권자)가 수인의 제3채무자(금융기관)에 대하여 가지는 예금채권의 가압류를 신청하는 경우 허용하지 않을 수 없다는 점을 감안하여 이를 인정하고 있습니다. 따라서 시중에 존재하는 여러 은행 중 어느 은행을 지정하여 그를 제3채무자로 하는 가압류신청이 가능합니다. 어느 은행을 선정하여 하든지 관계는 없으나, 이러한 형태의 신청은 사실상 여러 건의 가압류신청에 해당하므로 가압류 신청시 부담하는 공탁금을 법원에서 상향조정하기도 하고, 과잉 가압류가 되는지 여부를 심리하여 제3채무자인 은행이 너무 많은 경우에는 이를 허용하지 않을 수도 있습니다.

또한 제3채무자별로 청구금액을 특정하여야 하는데, 채무자가 가지고 있는 예금이 각 은행마다 얼마인지 모른다면 일단 청구금액을 안분하여 청구하는 것이 가능합니다.

더불어 은행의 본점과 지점은 법률적으로 동일한 인격체

이기 때문에 지점에 입금된 예금자의 예금채권에 대한 가압류 명령이 본점에 송달되더라도 그 송달은 유효하다고 봅니다(법원실무제요 민사집행[IV] 2014 286면). 따라서 채무자인 甲이 어느 특정지점을 이용하는지 명확히 몰라도 해당 은행의 본점을 주소지로 하여 송달하는 것이 가능하나, 지점에서 가압류 사실을 연락받기 전에 채무자에게 예금을 지급하면 이중지급의 위험을 부담할 수 있으므로, 가능한 취급지점을 기재하는 것이 바람직합니다.

## 2-3. 특별법에 따른 압류금지채권

특별법에 따라 다음의 채권은 압류하지 못합니다.

① 공무원연금법에 따른 급여를 받을 권리

② 군인연금법에 따른 급여를 받을 권리

③ 고용보험법에 따른 실업급여를 받을 권리

④ 국가유공자 등 예우 및 지원에 관한 법률에 따라 지급받을 보상금

⑤ 사립학교교직원 연금법에 따른 급여를 받을 권리

⑥ 국민연금법에 따른 각종 급여를 받을 권리

⑦ 근로기준법에 따라 지급받게 될 보상청구권

⑧ 산업재해보상보험법에 따른 보험급여를 받을 권리

⑨ 자동차손해배상 보장법에 따라 피해자의 보험회사에 대한 보험청구권, 피해자의 보상청구권 또는 가불금청구권

⑩ 국민기초생활 보장법에 따른 수급품, 수급품을 받을 권리 및 급여수급계좌의 예금에 관한 채권

⑪ 어선원 및 어선 재해보상보험법에 따른 보험급여를 받을 권리 및 보험급여계좌의 예금 중 일정 액수 이하의 금액에 관한 채권

⑫ 국민건강보험법에 따른 보험급여를 받을 권리

⑬ 선원법에 따른 재해보상 등을 받을 권리

⑭ 형사보상 및 명예회복에 관한 법률에 따른 보상청구권

⑮ 국가배상법에 따라 생명·신체의 침해로 인한 국가배상을 받을
권리

⑯ 한부모가족지원법에 따라 복지급여를 받을 권리

## [서식 예] 채권가압류신청서
### (구상금채권, 공탁금출급청구권에 대하여)

# 채권가압류신청

채 권 자 ○○○

　　　　○○시 ○○구 ○○길 ○○(우편번호 ○○○-○○○)

　　　　전화.휴대폰번호:

　　　　팩스번호, 전자우편(e-mail)주소:

채 무 자 ◇◇◇

　　　　○○시 ○○구 ○○길 ○○(우편번호 ○○○-○○○)

　　　　전화.휴대폰번호:

　　　　팩스번호, 전자우편(e-mail)주소:

제3채무자 대한민국

　　　　위 법률상 대표자 법무부장관 ■■■

　　　　(소관 ■■지방법원 ■■지원 공탁공무원)

### 청구채권의 표시

금 ○○○원

채권자가 채무자를 위하여 20○○. ○. ○.자 대위변제하여 채권자가 채무자에게 가지는 구상금채권

### 가압류할 채권의 표시

별지 제1목록 기재와 같습니다.

# 신 청 취 지

1. 채무자의 제3채무자에 대한 별지 제1목록 기재의 채권을 가압류한다.
2. 제3채무자는 채무자에게 위의 채권에 관한 지급을 하여서는 아니 된다.
라는 결정을 구합니다.

# 신 청 원 인

1. 채권자는 채무자의 연대보증인으로서 20○○. ○. ○. 주채무자인 채무자의 (주) ◉◉은행에 대출원리금 ○○○원을 대위변제 한 사실이 있습니다.
2. 따라서 채권자는 채무자에 대하여 대위변제에 기초한 구상금 채권을 가지게 되었으나 채무자는 채권자에게 위 채권에 관한 지급을 하지 않고 있을 뿐만 아니라, 다른 사람에게도 많은 채무를 부담하고 있는 데다가 제3채무자에 대하여 가지는 채권 이외의 재산은 거의 없는 상황이므로, 채권자가 채무자를 상대로 본안소송에 있어서 승소판결을 얻는다 하더라도 집행 불능의 상태가 예상되는 바, 승소 후의 강제집행을 보전하기 위하여 미리 이 신청을 하기에 이르렀습니다.
3. 이 사건 담보제공은 공탁보증보험증권(■■보증보험주식회사 증권번호 제○○호)을 제출하는 방법으로 할 수 있도록 허가하여 주시기 바랍니다.

# 소 명 방 법

| | |
|---|---|
| 1. 소갑 제1호증 | 대위변제증서 |
| 1. 소갑 제2호증 | 대위변제확인서 |

# 첨 부 서 류

1. 위 소명방법　　　　　　　　　각 1통
1. 가압류신청진술서　　　　　　　　1통
1. 송달료납부서　　　　　　　　　　1통

20○○. ○. ○.

위 채권자 ○○○ (서명 또는 날인)

**○○지방법원 ○○지원　귀중**

---

[별 지 1]

**가압류할 채권의 표시**

**금○○○원**

　채무자가 제3채무자에 대하여 가지는 20○○. ○. ○. 공
탁자 ◈◈◈가 ■■지방법원 ■■지원 20○○년 금 제○○
○○호로 공탁한 금 ○○○원의 출급청구권. 끝.

# ■ 위탁자의 채권자가 신탁재산에 가압류를 할 수 있는지요?

Q. 甲은 乙에 대하여 금전채권을 가지고 있었는데 이후 채무자 乙은 자신의 소유 부동산을 신탁회사 丙에게 신탁을 하였습니다. 이 경우 甲은 乙에 대한 위 금전채권에 기하여 신탁회사 丙에게 신탁된 乙소유 부동산을 가압류할 수 있는지요?

A. 乙소유 부동산이 일반적인 소유권이전에 의하여 제3자에게 넘어간 경우라면 乙에 대한 단순 금전채권자에 불과한 甲이 이미 제3자의 소유가 된 위 부동산에 대하여 가압류할 수 없음은 당연하나, 신탁에 의하여 소유권이 이전된 경우에는 신탁자와 수탁자 간 신탁관계에 따른 사용수익 및 관리관계가 존속하므로 위와 동일하게 보아야 할지 의문이 있을 수 있습니다.

일반적으로 신탁이란 신탁당사자간 믿음을 바탕으로 자기 재산을 상대방에게 맡기어 그 사람으로 하여금 신탁재산을 관리·처분하게 하는 재산의 관리·처분제도로서, 위탁자(신탁자)로부터 수탁자가 신탁재산을 양수한 때에 원칙적으로 수탁자는 그 재산에 대하여 대내외적으로 완전한 소유권을 취득하게 됩니다.

특히, 신탁법이 적용되는 신탁의 경우 「신탁법」 제21조 제1항 본문은 "신탁재산에 대하여는 강제집행 또는 경매를 할 수 없다."라고 규정하여 신탁재산에 대한 강제집행 가능성을 원칙적으로 봉쇄하는 한편, 같은 항 단서에서 "단, 신탁전의 원인으로 발생한 권리 또는 신탁사무의 처리상 발생한 권리에 기한 경우에는 예외로 한다."라고 규정하여 그 예외를 인정하고 있습니다.

신탁제도의 성질과 위 법 제21조의 규정에 비추어 볼 때 수탁자에 대한 채권자가 수탁자의 고유재산에 대해서만 강제집행 또는 경매를 할 수 있고 수탁자 명의의 신탁재산에 대해서는 강제집행 또는 경매를 할 수 없다는 점에 대하여는 이론이 없으나, 신탁자에 대한 채권자가 신탁재산에 대하여 강제집행 또는 경매를 할 수 있는지 여부는 명백하지 아니하고 실제 학설상 다툼이 존재하고 있습니다.

이에 대해 판례는 "신탁재산은 수탁자의 고유재산으로부터 구별되어 관리될 뿐만 아니라 위탁자의 재산권으로부터도 분리되어 신탁법 제21조 제1항 단서의 예외의 경우에만 강제집행이 허용될 뿐이다."는 입장을 견지하고 있고, 나아가 "신탁법 제21조 제1항 단서의 신탁전의 원인으로 발생한 권리라고 함은 신탁 전에 이미 신탁부동산에 저당권이 설정된 경우 등 신탁재산 그 자체를 목적으로 하는 채권이 발생된 경우를 말하는 것이고 신탁전에 위탁자에 관하여 생긴 모든 채권이 이에 포함되는 것은 아니다."라고 하는 바(대법원 1987. 5. 12. 선고 86다545 판결, 1996. 10. 15. 선고 96다17424 판결), 이에 따르면 신탁자에 대한 일반적인 단순 금전채권자는 「신탁법」 제21조 제1항 단서의 예외에 해당하지 않아 신탁재산에 대하여 강제집행 또는 경매를 할 수 없다고 할 것입니다.

다만, 신탁법 제8조는 "채무자가 채권자를 해함을 알고 신탁을 설정한 경우에는 채권자는 수탁자가 선의일지라도 민법 제406조 제1항의 취소 및 원상회복을 청구할 수 있다." 라고 규정하고 있고, 판례는 위 규정을 민법 제406조의 채권자취소권과 동일취지로 해석하는 것으로 보이므로(대법원

2001. 12. 27. 선고 2001다32236 판결), 신탁자가 신탁설정
행위에 의해 재산이 감소되어 채권의 공동담보에 부족이 생
기거나 이미 부족상태에 있는 공동담보가 한층 더 부족하게
됨으로써 채권자의 채권을 완전하게 만족시킬 수 없다는 사
실을 인식하면서 신탁설정행위에 나아갔다면 이를 사해신탁
행위로 보아 그 취소 및 원상회복을 청구하는 소송을 통해
신탁자의 재산을 다시 복귀시킬 수 있을 것입니다.

따라서 이러한 사정이 있다면 위 사안의 경우 甲은 신탁
법 제8조의 사해신탁임을 주장하여 신탁에 의한 소유권이
전 자체를 취소하고 원상회복을 청구하는 소를 통해 乙의
재산을 다시 복귀시킬 수 있다고 보입니다.

추가적으로 신탁계약상 위탁자가 '수익자'로 지정되어 있
다면(일명 '자익신탁'), 위탁자의 채권자는 위탁자가 수익자
로서 수탁자로부터 받게 되는 수익권을 압류의 대상으로
삼을 수 있습니다. 또한 신탁관계가 소멸 또는 종료되는
경우 위탁자는 위탁한 재산을 반환받을 권리가 발생하며,
그 대표적인 것이 신탁부동산에 관한 소유권이전등기청구
권인데, 이와 같은 '신탁해지' 또는 '신탁종료'를 원인으로
한 신탁재산에 관한 소유권이전등기청구권에 대하여 압류
등 강제집행을 하는 것은 가능합니다.

# 3. 채권가압류신청서 작성

## 3-1. 신청서 작성

채권가압류신청서를 작성하려는 자는 신청서에 ① 당사자(대리인이 있는 경우 대리인 포함), ② 청구채권의 표시 및 목적물의 표시 ③ 신청의 취지, ④ 신청의 이유, ⑤ 관할법원, ⑥ 소명방법 및 ⑦ 작성한 날짜를 기재하고, 당사자 또는 대리인의 기명날인 또는 서명을 해야 합니다((민사집행법 제23조제1항, 제279조, 민사집행규칙 제203조제2항, 민사소송법 제249조 및 제274조).

## 3-2. 당사자

① 가압류를 신청하는 사람인 채권자·채무자를 적고, 각각의 주소를 적습니다(민사소송법 제274조제1항 및 동규칙 제2조).

② 채무자가 보유하는 채권의 상대방인 제3채무자를 적습니다. 제3채무자란 채무자가 제3자에 대하여 채권을 가지고 있고 이 채권이 가압류 대상이 되는 경우 그 제3자 즉 대상이 되는 채권의 채무자를 제3채무자라 합니다.

```
(예시)
채 권 자 ○ ○ ○
 서울 종로구 수송동111-11 ○○아파트○○동○○호(우: 000-000)
 채권자의 소송대리인 변호사 ○ ○ ○
 서울 강북구 송중동 333-33 ○○빌딩 111호
채 무 자 ○ ○ ○
 서울 종로구 명륜동 222-22 ○○빌라 203호 (우: 000-000)
제3채무자 1. ○○주식회사
 ○○시 ○○구 ○○동 ○○(우: 000-000)
 대 표 이 사 ○○○
```

(전화: 02-000-0000, 팩스: 02-000-0000)
2. 주식회사 OO은행
OO시 OO구 OO동 OO(우: OOO-OOO)
대 표 이 사 OOO
(전화: 02-000-0000, 팩스: 02-000-0000)

## 3-3. 채무자 특정 사항 기재

공무원 또는 대기업 직원의 임금, 퇴직금채권에 대한 가압류명령을 신청하는 경우 채무자의 이름과 주소 외에 소속부서, 직위, 주민등록번호 등 채무자를 특정할 수 있는 사항을 기재해야 합니다(임금 또는 퇴직금에 대한 가압류 등 재판서에 있어서의 채무자 표시에 관한 지침).

<예시 1>
채 무 자 홍 길 동
 서울 중구 서소문동 37
 (참고: 소속부서 육군 OO부대 하사, 군번 OOOO)
 또는(참고: 소속부서 육군 OO부대 군무원 O급, 순번 OOOO)
 또는(참고: 소속부서 육군 OO부대 [직위], 주민등록번호 000000-0000000)

<예시 2>
채 무 자 홍 길 동
 부산 서구 부민동 2가 5의1
 (참고: 소속부서 부산지사 총무국 경리과)

<예시 3>
채 무 자 홍 길 동
 광주 동구 지산2동 342의 1
 (참고: 주민등록번호 123456-1234567)

## 3-4. 가압류할 채권의 표시

가압류할 채권의 표시는 "별지 목록 기재와 같음"이라고 표시하고, 별지로 첨부합니다(민사집행법 제279조제1항제2호).

<예시 1: 대여금채권을 가지고 임차보증금반환채권의 경우>
가압류할 채권의 표시
별지 목록 기재와 같음
[별지 1]
 가압류할 채권의 표시
  청구채권 금 95,000,000원
제3채무자 1. ▣▣주식회사에 대하여
채무자와 제3채무자가 임차목적물(OO시 OO구 OO동 OO에 있는 건물)에 대한 임대차계약종료나 해지 시 채무자의 임대차보증금반환청구권 가운데 위 청구채권에 이르는 금액
제3채무자 2. 주식회사 OO은행에 대하여,
채무자(OOO, 주민등록번호 : 000000-0000000)가 제3채무자 주식회사 OO은행에 대하여 가지는 보통예금, 정기예금, 정기적금, 당좌예금, 별단예금 가운데 이 기재의 순서로, 같은 종류의 예금에 있어서는 예금액이 많은 것부터 차례로 청구채권액에 이를 때까지의 금액. 다만, 이미 압류 또는 가압류가 되어 있는 경우에는 그것이 되어 있지 아니한 것부터 차례로 청구채권에 이를 때까지의 금액
제3채무자 3. 주식회사 ◎◎은행에 대하여,
채무자(OOO, 주민등록번호 : 000000-0000000)가 제3채무자 주식회사 ◎◎은행에 대하여 가지는 보통예금, 정기예금, 정기적금, 당좌예금, 별단예금 가운데 이 기재의 순서로, 같은 종류의 예금에 있어서는 예금액이 많은 것부터 차례로 청구채권액에 이를 때까지의 금액. 다만, 이미 압류 또는 가압류가 되어 있는 경우에는 그것이 되어 있지 아니한 것부터 차례로 청구채권에 이를 때까지의 금액. 끝.

<예시 2: 임금채권으로 대여금의 경우>

### 가압류할 채권의 표시

별지 목록 기재와 같음
[별지 1]
가압류할 채권의 표시
금 10,000,000원
채무자가 제3채무자에 대하여 가지는 대여금반환청구채권 가운데 위 청구금액에 이를 때까지의 금액. 끝.

**(유의사항)**

위 "가압류할 채권의 표시"상의 금액은 가압류신청서의 '청구채권의 표시' 기재금액과 같아야 합니다.

## 3-5. 신청취지

소장의 청구취지에 상응하는 것으로 가압류에 의해 구하려는 보전처분의 내용을 말하며, 권리의 보전을 위해 필요한 내용을 적습니다 (민사집행규칙 제203조제2항).

<예시>

### 신 청 취 지

1. 채무자가 제3채무자들에 대하여 가지는 별지 제1목록 기재의 각 채권을 가압류한다.
2. 제3채무자들은 채무자에게 위의 각 채권에 관한 지급을 하여서는 아니 된다.
라는 재판을 구합니다.

## 3-6. 신청이유

① 신청취지를 구하는 근거로 피보전권리의 존재와 보전의 필요성을 구체적으로 적어야 합니다(민사집행규칙 제203조제2항).

② 그 밖에 선담보제공을 하는 경우 이를 허가해 달라는 취지를 적습니다.

[서식 예] 채권가압류신청서(대여금채권으로 임차보증금에 대하여)

# 채권가압류신청

채 권 자 ○○○

　　　　○○시 ○○구 ○○길 ○○(우편번호 ○○○-○○○)

　　　　전화.휴대폰번호:

　　　　팩스번호, 전자우편(e-mail)주소:

채 무 자 ◇◇◇

　　　　○○시 ○○구 ○○길 ○○(우편번호 ○○○-○○○)

　　　　전화.휴대폰번호:

　　　　팩스번호, 전자우편(e-mail)주소:

제3채무자 ■■■

　　　　○○시 ○○구 ○○길 ○○(우편번호 ○○○-○○○)

　　　　전화.휴대폰번호:

　　　　팩스번호, 전자우편(e-mail)주소:

## 청구채권의 표시

금 ○○○원(채권자가 채무자에 대하여 가지는 대여금채권)

## 가압류할 채권의 표시

별지 제1목록 기재와 같습니다.

## 신 청 취 지

1. 채무자가 제3채무자에 대하여 가지는 별지 제1목록 기재의 채권을 가압류한다.
2. 제3채무자는 채무자에게 위 채권에 관한 지급을 하여서는 아니 된다.

라는 재판을 구합니다.

## 신 청 이 유

1. 피보전권리

   채권자는 채무자의 요청으로 아래와 같이 약정하고 채무자에게 금 ○○○원을 대여하였으나, 채무자는 채권자의 여러 차례에 걸친 변제청구에도 불구하고 변제기일이 지나도록 대여금 ○○○원을 변제하지 않고 있습니다.

   - 아        래 -

   (1) 대여일 : 20○○. ○. ○.
   (2) 대여금 : 금 ○○○원
   (3) 변제기 : 20○○. ○○. ○○.
   (4) 이  율 : 연 ○○%

2. 보전의 필요성

   이에 채권자는 채무자를 상대로 대여금청구의 본안소송을 준비중이나 본안  소송은 오랜 시일을 요할 뿐만 아니라 채무자는 별지 제1목록 기재의 채권을 다른 사람에게 처분하려고 하고 있어, 만일 채권자가 이 사건 가압류를 하지 않는다면 나중에 본안소송에서 승소판결을 받더라도 집행불능의 상황이 예상되어 부득이 이 사건 신청에 이르게 되었습니다.

3. 담보제공은 공탁보증보험증권(■■보증보험주식회사 증권번호 제○○호)을 제출하는 방법으로 할 수 있도록 허가하여 주시기 바랍니다.

**소　명　방　법**

1. 소갑 제1호증　　　　　　　　　차용증
1. 소갑 제2호증　　　　　　　　　지불각서

**첨　부　서　류**

1. 위 소명방법　　　　　　　　　각 1통
1. 가압류신청진술서　　　　　　　1통
1. 송달료납부서　　　　　　　　　1통

20○○.　○.　○.

위 채권자 ○○○ (서명 또는 날인)

**○○지방법원 ○○지원　귀중**

---

[별 지 1]

**가압류할 채권의 표시**

금 ○○○원

채무자가 제3채무자와의 사이에 ○○시 ○○구 ○○길 ○○에 있는 건물에 대하여 체결한 임대차계약에 의하여 임대차계약만료, 해지 등 임대차계약종료시에 제3채무자로부터 수령할 임대차보증금반환청구채권[다만, 「주택임대차보호법」 제8조, 같은 법 시행령의 규정에 따라 우선변제를 받을 수 있는 금액에 해당하는 경우에는 이를 제외한 나머지 금액] 중 위 금액에 이르기까지의 금액. 끝.

## 4. 채권가압류 신청에 따른 비용 납부

### 4-1. 인지 첩부

채권가압류를 신청하려는 자는 10,000원(보증보험증권에 의한 담보 제공인 경우에도 10,000원)의 인지를 붙여야 합니다(민사소송 등 인지법 제9조제2항 본문, 민사접수서류에 붙일 인지액 및 그 편철방법 등에 관한 예규 제3조 및 별표).

### 4-2. 송달료 납부

채권가압류를 신청하려는 자는 3회분의 송달료(3,700원 × 당사자수 × 3회분)를 미리 내야 합니다(민사소송법 제116조제1항, 민사소송규칙 제19조제1항제1호, 송달료규칙 제2조, 송달료규칙의 시행에 따른 업무처리요령 제7조제1항, 별표 1 및 국내 통상우편요금 및 우편이용에 관한 수수료 별표).

### 4-3. 등록면허세 및 지방교육세

채권가압류는 원칙적으로 등록면허세·지방교육세 및 증지대 납부가 없습니다. 다만, 전세권부 채권가압류와 저당권부채권가압류는 등기부상 공시(부기등기)를 위해 부동산 1건당 등록면허세·지방교육세 납부 및 증지를 첩부해야 합니다.

## 5. 선담보제공 허가 신청

① 채권가압류(급여채권·영업자예금채권에 대한 가압류는 제외)를 신청하는 때에는 미리 은행 등과 지급보증위탁계약을 맺은 문서를 제출하고 이에 대해 법원의 허가를 받는 방법으로 선담보제공을 할 수 있습니다(민사집행규칙 제204조).
② 급여채권·영업자예금채권은 선담보제공은 허용되지 않지만 공탁보증보험에 의한 담보제공(담보제공명령 후 담보제공)은 가능하며 청구금액의 1/5 이상은 현금공탁을 해야 합니다(법원행정처, 법원실무제요 민사집행Ⅳ).

## 6. 채권가압류 신청 접수

### 6-1. 제출 서류

채권가압류를 신청하려는 자는 다음의 서류를 관할법원 민사신청 담당부서(종합민원실)에 제출해야 합니다(민사소송법 제273조, 제275조, 민사집행규칙 제203조 및 보전처분 신청사건의 사무처리요령 제3조).

① 채권가압류신청서 1부
② 가압류신청진술서 1부
③ 그 밖에 소명방법으로 권리증서(예: 차용증, 약속어음 등) 사본 1부
④ 법인등기부등본(당사자가 법인인 경우에 한함)

### 6-2. 관할법원

채권가압류 사건은 원칙적으로 제3채무자의 보통재판적을 관할하는 법원이나 본안의 관할법원이 관할합니다(민사집행법 제278조 및 제21조).

## (대여금채권을 가지고 임차보증금반환채권 등에)

# 채권가압류신청


채 권 자 ○○○

　　　　○○시 ○○구 ○○길 ○○(우편번호 ○○○-○○○)

　　　　전화.휴대폰번호:

　　　　팩스번호, 전자우편(e-mail)주소:

채 무 자 ◇◇◇

　　　　○○시 ○○구 ○○길 ○○(우편번호 ○○○-○○○)

　　　　전화.휴대폰번호:

　　　　팩스번호, 전자우편(e-mail)주소:

제3채무자 1. ■■주식회사

　　　　○○시 ○○구 ○○길 ○○(우편번호 ○○○-○○○)

　　　　대표이사 ■■■

　　　　전화.휴대폰번호:

　　　　팩스번호, 전자우편(e-mail)주소:

　　　　2. 주식회사 ◉◉은행

　　　　○○시 ○○구 ○○길 ○○(우편번호 ○○○-○○○)

　　　　대표이사 ◉◉◉

　　　　전화.휴대폰번호:

　　　　팩스번호, 전자우편(e-mail)주소:

　　　　3. 주식회사 ◎◎은행

　　　　○○시 ○○구 ○○길 ○○(우편번호 ○○○-○○○)

　　　　대표이사 ◎◎◎

　　　　전화.휴대폰번호:

팩스번호, 전자우편(e-mail)주소:

## 청구채권의 표시

금 30,000,000원
(20○○. ○. ○.자 대여금 20,000,000원 및 20○○. ○. ○.자
대여금 10,000,000원의 합계)

## 가압류할 채권의 표시

별지 제1목록 기재와 같습니다.

## 신 청 취 지

1. 채무자가 제3채무자들에 대하여 가지는 별지 제1목록 기재의
   각 채권을 가압류한다.
2. 제3채무자들은 채무자에게 위의 각 채권에 관한 지급을 하
   여서는 아니 된다.
   라는 재판을 구합니다.

## 신 청 원 인

1. 채권의 발생원인
   채권자는 채무자에게 20○○. ○. ○. 금 20,000,000원을 이
   자는 정하지 아니하고 변제기는 채권자가 요구하는 때로부
   터 2, 3일 뒤로 정하여 대여하였고, 같은 해 ○. ○○. 금
   10,000,000원을 이자는 정하지 아니하고 변제기는 20○○.

○○. ○.로 정하여 대여하였습니다(소갑 제1, 2, 3호증 참조).

2. 채무자의 제3채무자 1. ■■주식회사에 대한 임차보증금 반환청구권

한편, 채무자는 20○○. ○.경 제3채무자로부터 ○○시 ○○구 ○○길 ○○에 있는 건물을 임대차보증금 금 5,000만원, 월세 금 10만원에 임차하기로 약정하고 그 무렵 위 임대차보증금을 지급하였습니다. 따라서 채무자는 위 임대차계약이 종료하는 경우에 위 임대차보증금에 대한 반환청구권이 있습니다.

3. 채무자의 나머지 제3채무자에 대한 예금채권

또한, 채무자는 나머지 제3채무자에 대하여 보통예금 등 각종의 예금채권을 가지고 있으며 이에 대한 예금반환청구권이 있습니다.

4. 채권자는 채무자를 상대로 대여금청구소송을 준비중에 있습니다. 그러나 본안소송에는 오랜 시일이 소요될 뿐만 아니라 그 사이에 채무자가 별지 제1목록 기재 각 채권을 수령하거나 처분해버릴 염려가 있습니다. 따라서 채권자가 가압류하지 아니하면 본안판결에서 집행이 현저히 곤란할 염려가 있으므로 이 사건 신청에 이른 것입니다.

5. 담보제공은 공탁보증보험증권(■■보증보험주식회사 증권번호 제○○호)을 제출하는 방법으로 할 수 있도록 허가하여 주시기 바랍니다.


## 소 명 방 법

| 1. 소갑 제1호증 | 차용증서 |
| 1. 소갑 제2호증 | 현금보관증 |

1. 소갑 제3호증　　　　　　　각서

## 첨 부 서 류
1. 위 소명방법　　　　　　　각 1통
1. 법인등기사항증명서　　　　3통
1. 가압류신청진술서　　　　　1통
1. 송달료납부서　　　　　　　1통


20○○.　○.　○.
위 채권자 ○○○ (서명 또는 날인)


○○지방법원　귀중

---

[별 지 1]

## 가압류할 채권의 표시


**청구채권 금 30,000,000원(1+2+3)**


**1. 제3채무자 1. ■■주식회사에 대하여**
　**금 ○○○ 원**
　채무자와 제3채무자가 임차목적물(○○시 ○○구 ○○길 ○
　○에 있는 건물)에 대한 임대차계약종료나 해지시 채무자의
　임대차보증금반환청구권[다만, 「주택임대차보호법」 제8조,
　같은 법 시행령의 규정에 따라 우선변제를 받을 수 있는 금
　액에 해당하는 경우에는 이를 제외한 나머지 금액] 가운데
　위 청구채권에 이르는 금액
**2. 주식회사◆◆은행에 대하여**
　**금 ○○○ 원**
　채무자(주민등록번호 : 000000 - 0000000)가 제3채무자 주식

회사◆◆은행 (소관 : 00지점)에 대하여 가지는 다음의 예금채권중 현재 입금되어 있거나 장래 입금될 예금채권으로서 다음에서 기재한 순서에 따라 위 청구금액에 이를 때까지의 금액

**3. ◆◆농업협동조합에 대하여**

금 ○○○ 원

채무자(주민등록번호 : 000000 - 0000000)가 제3채무자 ◆◆농업협동조합 (소관 : 00지점)에 대하여 가지는 다음의 예금채권중 현재 입금되어 있거나 장래 입금될 예금채권으로서 다음에서 기재한 순서에 따라 위 청구금액에 이를 때까지의 금액

- 다　음 -

1. 압류.가압류되지 않은 예금과 압류.가압류된 예금이 있는 때에는 다음 순서에 따라서 압류한다.
   ① 선행 압류·가압류가 되지 않은 예금
   ② 선행 압류·가압류가 된 예금
2. 여러 종류의 예금이 있는 때에는 다음 순서에 의하여 압류한다.
   ① 보통예금　② 당좌예금　③ 정기예금　④ 정기적금　⑤ 별단예금
   ⑥ 저축예금　⑦ MMF　⑧ MMDA　⑨ 적립식펀드예금　⑩ 신탁예금
   ⑪ 채권형 예금　⑫청약예금
3. 같은 종류의 예금이 여러 계좌에 있는 때에는 계좌번호가 빠른 예금부터 압류한다.
4. 다만, 채무자의 1개월간 생계유지에 필요한 예금으로 민사집행법 시행령이 정한 금액에 해당하는 경우에는 이를 제외한 나머지 금액. 끝.

■ 채권자대위소송에서 대위채권자에게 직접 금전의 지급을
  명하는 판결이 확정되더라도, 채무자의 다른 채권자가 압
  류나 가압류를 할 수 있는지요?

Q. 甲은 다수의 채무를 부담하고 있음에도, 乙에 대해 대여금
   채권에 대해 아무런 권리도 행사하지 않고 있습니다. 이에
   甲의 채권자 A가 甲을 대위하여 乙에 대한 대여금 청구의
   소를 제기하여, 乙이 A에게 직접 대여금을 지급하라고 판
   결이 확정되었습니다. 이 경우 甲의 다른 채권자 B가 甲
   의 乙에 대한 채권을 압류나 가압류 할 수가 있나요?

A. 채권자대위소송에서 채권자가 채무자를 대위하여 제3채무
   자에게 금전의 지급을 명하는 판결이 확정된 경우, 다른
   채권자들이 채무자의 제3채무자에 대한 채권에 대해 압류
   나 가압류를 할 수 있는지 문제가 될 수 있습니다.
   이에 대해 판례는 "채권자대위소송에서 제3채무자로 하여금
   직접 대위채권자에게 금전의 지급을 명하는 판결이 확정되
   더라도, 대위의 목적인 권리,즉 채무자의 제3채무자에 대한
   피대위채권이 판결의 집행채권으로서 존재하고 대위채권자
   는 채무자를 대위하여 피대위채권에 대한 변제를 수령하게
   될 뿐 자신의 채권에 대한 변제로서 수령하게 되는 것이 아
   니므로, 피대위채권이 변제 등으로 소멸하기 전이라면 채무
   자의 다른 채권자는 이를 압류·가압류할 수 있다."고 판단하
   였습니다. (대법원 2016. 8. 29. 선고 2015다236547 판결)
   즉 대위채권자가 제3채무자로부터 채권을 변제받아 소멸
   되기 전이라면, 다른 채권자들은 채무자의 책임재산을 보
   전하기 위해 위 채권에 대해 가압류 할 수 있습니다.

## 7. 가압류신청서 제출 후

① 신청서를 법원에 제출하면 사건번호를 부여받게 되고, 채권자는 법원에 비치된 민원인용 컴퓨터 단말기를 통하여 사건번호를 입력하면, 담보제공명령, 가압류 인용결정 여부 등을 알 수 있습니다.

② 가압류 결정 후 14일 경과 후에는 법원에 가지 않고 대법원 홈페이지에서도 확인할 수 있습니다.

## 8. 제3채무자에 대한 진술최고

### 8-1. 제3채무자에 대한 진술최고신청

① 채권가압류의 경우 압류채권자는 제3채무자에게 가압류집행을 할 때, 가압류한 채권에 대해 채권자가 만족을 할 수 있는지 여부를 제3채무자에게 진술하도록 법원에 신청할 수 있습니다(민사집행법 제291조 및 제237조).

② 제3채무자에 대한 진술최고를 신청하려는 채권자는 다음의 내용을 포함한 제3채무자에 대한 진술최고신청서를 작성하여 법원에 제출해야 합니다(민사집행법 제237조).

1. 채권을 인정하는지의 여부 및 인정한다면 그 한도

2. 채권에 대하여 지급할 의사가 있는지의 여부 및 의사가 있다면 그 한도

3. 채권에 대하여 다른 사람으로부터 청구가 있는지의 여부 및 청구가 있다면 그 종류

4. 다른 채권자에게 채권을 압류당한 사실이 있는지의 여부 및

그 사실이 있다면 그 청구의 종류

③ 제3채무자에 대한 진술최고 신청서를 제출할 때에는 최고서의 송달료 및 제3채무자의 진술서 제출용 우편료(3,700원 × 제3채무자의 수)를 예납해야 합니다(송달료규칙 제14조 및 국내 통상 우편요금 및 우편이용에 관한 수수료).

④ 신청 시 유의사항

제3채무자에 대한 진술최고신청은 가압류신청서와 함께 또는 늦어도 가압류결정문이 제3채무자에게 발송되기 전까지 법원에 제출해야 합니다. 사건번호를 모를 경우 사건번호란은 공란으로 하여 제출해도 됩니다.

**[서식 예] 제3채무자에 대한 진술최고신청서**

## 제3채무자에 대한 진술최고신청

채권자      ○○○(주민등록번호)
            ○○시 ○○구 ○○길 ○○(우편번호 ○○○-○○○)
            전화.휴대폰번호:
            팩스번호, 전자우편(e-mail)주소:

채무자      ◇◇◇(주민등록번호)
            ○○시 ○○구 ○○길 ○○(우편번호 ○○○-○○○)
            전화.휴대폰번호:
            팩스번호, 전자우편(e-mail)주소:

제3채무자  1. ■■주식회사
              ○○시 ○○구 ○○길 ○○(우편번호 ○○○-○○○)
              대표이사 ■■■
              전화.휴대폰번호:
              팩스번호, 전자우편(e-mail)주소:
           2. 주식회사 ◆◆은행
              ○○시 ○○구 ○○길 ○○(우편번호 ○○○-○○○)
              대표이사 ◆◆◆
              전화.휴대폰번호:
              팩스번호, 전자우편(e-mail)주소:
           3. 주식회사 ◎◎은행
              ○○시 ○○구 ○○길 ○○(우편번호 ○○○-○○○)
              대표이사 ◎◎◎
              전화.휴대폰번호:
              팩스번호, 전자우편(e-mail)주소:

위 당사자 사이의 귀원 20○○카합○○○호 채권가압류사건에 관하여, 채권자는 민사집행법 제291조, 제237조에 의하여 제3채무자들로 하여금 채권을 인정하는지의 여부 및 인정한다면 그 한도, 채권에 대하여 지급할 의사가 있는지의 여부 및 의사가 있다면 그 한도, 채권에 대하여 다른 사람으로부터 청구가 있는지의 여부 및 청구가 있다면 그 종류, 다른 채권자에게 채권을 압류 당한 사실이 있는지의 여부 및 그 사실이 있다면 그 청구의 종류 등에 관하여 진술할 것을 귀원에서 최고하여 주실 것을 신청합니다.

20○○.　○.　○.

위 채권자 ○○○ (서명 또는 날인)

○○지방법원　귀중

# 가압류결정경정허가신청

사　　건　20○○즈단○○○호 채권가압류

채 권 자　○○○

　　　　　○○시 ○○구 ○○길 ○○(우편번호 ○○○-○○○)

　　　　전화.휴대폰번호:

　　　　팩스번호, 전자우편(e-mail)주소:

채 무 자　◇◇◇

　　　　　○○시 ○○구 ○○길 ○○(우편번호 ○○○-○○○)

　　　　전화.휴대폰번호:

　　　　팩스번호, 전자우편(e-mail)주소:

제3채무자　1. ■■운송사업조합연합회

　　　　　○○시 ○○구 ○○길 ○○(우편번호 ○○○-○○○)

　　　　대표자 회장 ■■■

　　　　전화.휴대폰번호:

　　　　팩스번호, 전자우편(e-mail)주소:

　　　　2. 주식회사 ◉◉은행

　　　　　○○시 ○○구 ○○길 ○○(우편번호 ○○○-○○○)

　　　　대표이사 ◉◉◉

　　　　전화.휴대폰번호:

　　　　팩스번호, 전자우편(e-mail)주소:

## 신 청 취 지

위 사건에 대하여 ○○지방법원에서 20○○. ○. ○. 결정한 가압류결정의 별지 목록 기재 가운데 제3채무자 주식회사 ◉◉ 은행에 개설한 채무자 ◇◇◇(주민등록번호 : ○○○○○○-○○ ○○○○○)의 예금계좌 "○○○-○○-○○○○○○"를 "○○○ -○○-○○○○◉◉"으로 경정한다.

라는 결정을 구합니다.

신 청 이 유

채권자는 위 가압류신청을 하면서 별지 목록 기재 채권의 표시 중 제3채무자 주식회사 ◉◉은행에 대하여 채무자가 개설한 예금계좌번호를 잘못 기재한 것이므로 이를 경정하여 주시기 바라기에 이 신청을 합니다.

**소명방법 및 첨부서류**

|  |  |
|---|---|
| 1. 채권가압류결정문 | 1통 |
| 1. 별지목록 | 1통 |
| 1. 송달료납부서 | 1통 |

20○○. ○. ○.

위 채권자 ○○○ (서명 또는 날인)

○○지방법원  귀중

[별    지]

## 가압류할 채권의 표시


1. 제3채무자 ■■운송사업조합연합회에 대하여,
   청구채권 금 10,000,000원
   채무자 ◇◇◇(주민등록번호 : ○○○○○○-○○○○○○○)가
   제3채무자 ■■운송사업조합연합회로부터 수령하는 복지금, 수익
   금 등 배당금 가운데 2분의 1씩 위 금액에 이르기까지의 금액.
2. 제3채무자 주식회사 ◉◉은행에 대하여,
   청구채권 금 10,000,000원
   채무자(주민등록번호 : ○○○○○○-○○○○○○○)가 제3
   채무자(취급점 : ◉◉지점)에 대하여 가지는 입금되어 있거나
   장래 입금될 다음 예금채권[다만, 채무자의 1개월간 생계유
   지에 필요한 예금으로 민사집행법 시행령이 정한 금액에 해
   당하는 경우에는 이를 제외한 나머지 금액]중 다음에서 기재
   한 순서에 따라 위 청구금액에 이를 때까지의 금액.


- 다          음 -


1. 압류·가압류되지 않은 예금과 압류·가압류된 예금이 있는 때
   에는 다음 순서에 따라서 가압류한다.
   가. 선행 압류·가압류가 되지 않은 예금
   나. 선행 압류·가압류가 된 예금
2. 여러 종류의 예금이 있는 때에는 다음 순서에 의하여 가압류한다.
   1) 보통예금    2) 당좌예금    3) 정기예금    4) 정기적금
   5) 별단예금    6) 저축예금    7) MMF        8) MMDA
   9) 적립식펀드예금        10)신탁예금    11)채권형예금
   12)청약예금
3. 같은 종류의 예금이 여러 계좌에 있는 때에는 계좌번호가 빠
   른 예금부터 가압류한다. 끝.

# ■ 채권의 가압류가 있는 경우 제3채무자가 이행지체책임을 면하는지요?

Q. 저는 회사의 경리담당직원입니다. 퇴직한 동료직원의 임금 및 퇴직금이 그들의 채권자에게 가압류만 되었기에 지급금의 2분의1을 채권자나 퇴직직원 누구에게도 지급할 수 없어 보류하고 있던 중 퇴직금 지급기일을 넘겼습니다. 이 경우 이자를 지급해야 하는지요?

A. 채권의 가압류는 제3채무자가 채무자에게 지급하는 것을 금지할 뿐 채무 그 자체를 면하게 하는 것이 아니고, 그 채권의 이행기가 도래한 때 제3채무자는 그 지체책임을 면할 수 없습니다(대법원 1994. 12. 13. 선고 93다951 판결). 그렇다고 제3채무자가 채무자에게 변제를 한 때에는 나중에 채권자에게 이중으로 변제하여야 할 위험을 부담하게 되므로, 제3채무자는 어떻게 해야 이중변제의 위험에서 벗어나고 이행지체의 책임도 면할 수 있는지 문제됩니다.

「민사집행법」제248조 제1항은 "제3채무자는 압류에 관련된 금전채권의 전액을 공탁할 수 있다."라고 규정하여 채권자가 경합하지 아니하더라도 공탁을 할 수 있도록 하고, 이는 같은 법 제291조이 가압류의 경우에도 준용하고 있어, 제3채무자는 압류 경합 여부와 상관없이 가압류에 관련된 금전채권을 공탁할 수 있습니다.

그렇다면 귀하 회사는 「민사집행법」제291조 및 제248조 제1항에 의하여 공탁을 하여야 이행지체책임을 면할 수 있고, 이 경우 공탁서의 피공탁자란에는 가압류채무자를, 공탁근거 법령조항은 같은 법 제291조 및 제248조 제1항을 기재하고, 가압류결정문 사본, 공탁통지서, 필요한 우표

등을 첨부하여 공탁을 한 후 즉시 공탁서를 첨부하여 그 내용을 서면으로 가압류발령법원에 신고하여야 합니다.

이 경우 가압류채권자는 가압류를 본압류로 전이하는 압류명령을 받아 집행법원의 지급위탁에 의하여 공탁금 출급을 청구할 수 있고, 피공탁자(가압류채무자)는 가압류명령이 취소, 신청 취하 등으로 인하여 실효된 경우, 공탁통지서와 가압류가 실효되었음을 증명하는 서면을 첨부하여 공탁공무원에게 공탁금 출급을 청구할 수 있고(2003. 12. 17. 행정예규 제528호, 제3채무자의 권리공탁에 관한 업무처리절차), 가압류 효력이 미치지 않는 부분에 대하여는 변제공탁의 예에 따라 피공탁자(가압류채무자)가 공탁을 수락하고 출급을 청구할 수 있으며, 공탁자도 회수 청구할 수 있습니다.

■ 채권가압류 후 채무자가 제3채무자를 상대로 한 이행의 소 제기가 가능한지요?

Q. 갑은 을이 병에 대해 가지고 있는 채권을 가압류하였습니다. 이 경우에 을이 병에게 이행을 구하는 소를 제기할 수 있는지요?

A. 대법원은 위와 같은 사안에서, "일반적으로 채권에 대한 가압류가 있더라도 이는 채무자가 제3채무자로부터 현실로 급부를 추심하는 것만을 금지하는 것일 뿐 채무자는 제3채무자를 상대로 그 이행을 구하는 소송을 제기할 수 있고 법원은 가압류가 되어 있음을 이유로 이를 배척할 수 없다"고 판시 하였습니다.(대법원 2002. 4. 26. 선고 2001다59033 판결 참고.) 왜냐하면 가압류채무자인 을도 채무명의를 취득할 필요가 있고 또는 시효를 중단할 필요

도 있는 경우가 있을 것이므로 허용할 필요성이 있고 제3채무자인 병은 이행을 명하는 판결이 있더라도 집행단계에서 이를 저지하면 되기 때문입니다. 따라서, 을은 이행소송을 제기할 수 있고 다만 승소판결을 받더라도 위 가압류가 해제되지 않는 이상 강제집행을 할 수 없습니다.

## 8-2. 제3채무자에 대한 진술최고의 효력

① 제3채무자에 대한 진술최고에 따른 제3채무자의 진술은 단순한 사실에 불과하고 채무의 승인으로는 볼 수 없어 그 자체만으로는 아무런 구속력이 없습니다.

② 제3채무자가 고의 또는 과실로 허위의 진술을 함으로써 압류채권자가 손해를 입은 때에는 그 손해배상을 청구할 수 있습니다.

### ■ 채무자의 급여에 제3자의 압류 사실 등이 있는지 알 수 없을까요?

Q. 채권자 A는 채무자 B의 급여를 가압류하려 합니다. 채무자 B의 급여에 제3자의 압류 사실 등이 있는지 알 수 없을까요?

A. 채권자 A는 채무자 B의 급여를 가압류함에 있어서 제3채무자(주식회사 C)에게 채권을 인정하는지, 인정한다면 그 한도, 그 채권에 대하여 다른 사람으로부터 청구가 있는지 및 청구가 있다면 그 청구의 종류 등을 진술하게 하는 "제3채무자에 대한 진술최고"(민사집행법 제237조)를 통해 가압류한 채권에 대한 궁금증을 해소할 수 있습니다.

# ■ 명예퇴직수당을 받을 경우에 이를 가압류할 수 있을까요?

Q. 채무자가 다니던 회사를 그만두면서 명예퇴직수당을 받는 다고 하는데, 이를 가압류할 수 있을까요?

A. 가압류할 수 있습니다.

퇴직위로금이나 명예퇴직수당도 민사집행법 제246조제1항 제5호에 따른 퇴직금과 그 밖에 이와 비슷한 성질을 가진 급여채권에 해당합니다. 따라서 명예퇴직수당의 2분의 1 의 범위에서 가압류 할 수 있습니다.

급료, 연금, 봉급, 상여금, 퇴직연금, 그 밖에 이와 비슷한 성질을 가진 급여채권의 경우에는 2분의 1에 해당하는 금 액에 대해서만 가압류가 가능합니다. 다만, 국민기초생활보 장법에 따른 최저생계비를 감안하여 일정액이 제한됩니다. 가압류가 가능한 급여채권의 범위는 다음과 같습니다.

| 월 급여 | 가압류 가능한 급여채권의 범위 |
|---|---|
| 150만원 이하 | 전액 압류 금지 |
| 150만원 초과 300만원 이하 | 150만원을 제외한 나머지 |
| 300만원 초과 600만원 이하 | 월급여의 1/2 초과금액 |
| 600만원 초과 | 300만원 + [(급여 × 1/2 - 300만 원) × 1/2]을 제외한 나머지 |

**(관련판례 1)**

퇴직위로금이나 명예퇴직수당은 그 직에서 퇴임하는 자에 대하여 그 재직 중 직무집행의 대가로서 지급되는 후불적 임금으로서의 보수의 성질을 아울러 갖고 있다고 할 것이므로 퇴직금과 유사하다고 볼 것이고, 따라서 이들은 「민사소송법」 제579조제4호의 압류금지채권인 퇴직금 그 밖의 유사한 급여채권에 해당한다(대법원 2006. 6. 8.자 2000마1439 결정).

**(관련판례 2)**

지방공무원법 제66조의2제1항, 지방공무원 명예퇴직수당 등 지급 규정 제3조, 제4조, 제5조, 제7조 등의 규정에 비추어 보면, 20년 이상 근속한 공무원이 그 정년퇴직일 전 1년 이상의 기간 중 자진 퇴직하는 때에는 예산상 부득이하여 그 지급대상범위와 인원이 제한되는 경우 및 위 지급규정 제3조 제3항에 정해진 결격사유가 없는 한 명예퇴직수당 지급신청을 하여 그 지급을 받을 수 있으므로, 20년 이상 근속한 지방공무원의 경우에는 명예퇴직수당의 기초가 되는 법률관계가 존재하고 그 발생근거와 제3채무자를 특정할 수 있어 그 권리의 특정도 가능하며 가까운 장래에 발생할 것이 상당 정도 기대된다고 할 것이어서, 그 공무원이 명예퇴직수당 지급대상자로 확정되기 전에도 그 명예퇴직수당 채권에 대한 압류가 가능하다고 할 것이고, 그 공무원이 명예퇴직 및 명예퇴직수당 지급신청을 할지가 불확실하다거나 예산상 부득이한 경우 그 지급대상범위가 제한될 수 있다는 것 때문에 그것이 가까운 장래에 발생할 것이 상당 정도 확실하지 않다고 볼 것은 아니다(대법원 2001. 9. 18. 자 2000마5252 결정).

## [서식 예] 가압류를 본압류로 이전하는 채권압류 및 추심명령신청 (가압류금액이 같을 경우)

### (가압류를 본압류로 이전하는)
### 채권압류 및 추심명령신청

채 권 자   ○○○(주민등록번호)

　　　　　○○시 ○○구 ○○길 ○○(우편번호)

　　　　　전화.휴대폰번호:

　　　　　팩스번호, 전자우편(e-mail)주소:

채 무 자   주식회사◇◇

　　　　　○○시 ○○구 ○○길 ○○(우편번호)

　　　　　대표이사 ◇◇◇

　　　　　전화.휴대폰번호:

　　　　　팩스번호, 전자우편(e-mail)주소:

제3채무자   대한민국

　　　　　위 법률상 대표자 법무부장관 ■□■

　　　　　(소관 : ○○지방법원 공탁공무원)


**청구채권의 표시 : 금 ○○○○○원**

 1. 금 ○○○○○원

    ○○지방법원 20○○가소○○○ 임금청구사건의 집행력 있
    는 조정조서정본에 기초한 금액

 2. 금 ○○○○원

    위 금원에 대한 20○○. ○. ○.부터 20○○. ○. ○.까지
    연 ○○%의 비율에 의한 지연손해금

 3. 금 ○○○원(집행비용)

    내역 : 금 ○○○원(신청서 첩부인지대)

    　　　금 ○○○원(송달료)

금 ○○○원(집행문부여신청인지대)
 4. 합계 금 ○○○○○원(1 + 2+3)
**본압류로 이전하는 압류 및 추심 할 채권의 표시**
 별지목록 기재와 같습니다.


# 신 청 취 지

1. 채권자와 채무자 사이의 ○○지방법원 20○○카단○○○ 채권가압류결정에 의한 별지목록 기재 채권에 대한 가압류는 이를 본압류로 이전한다.
2. 제3채무자는 위 채권을 채무자에게 지급하여서는 아니 된다.
3. 채무자는 위 채권을 영수하거나 기타 처분을 하여서는 아니 된다.
4. 위 압류된 채권은 채권자가 추심할 수 있다.
라는 재판을 구합니다.


# 신 청 원 인

1. 채권자는 채무자에 대하여 임금청구채권이 있어서 이의 집행 보전을 하기 위하여 ○○지방법원 20○○카단○○○호로서 채권가압류집행을 한 뒤 같은 법원 20○○가소○○○호로서 소제기하여 채권자 승소판결이 내려진바 있습니다.
2. 그러나 채무자는 위 채권가압류에 대하여 금 ○○○○원을 ○○지방법원 20○○년 금 제○○○호로 해방공탁하고 집행취소결정을 받았으므로 그 해방공탁금을 추심하여 변제에 충당하고자 이 사건 신청에 이른 것입니다.

# 첨 부 서 류

1. 가압류결정정본              1통
1. 가압류결정송달증명원         1통
1. 집행력있는 판결정본          1통
1. 판결정본송달증명원           1통
1. 송달료납부서                1통

20○○.  ○.  ○.
위 채권자   ○○○ (서명 또는 날인)

**○○지방법원  귀중**

---

[별 지]

## 본압류로 이전하는 압류 및 추심 할 채권의 표시

**금 ○○○○원**
채권자의  ○○지방법원  20○○카단○○○  채권가압류집행에  대하여 채무자가 제3채무자에게 20○○년 금 제○○○호로써 해방공탁한 공탁금회수청구채권 가운데 위 금액에 이르기까지의 금액. 끝.

---

**(관련판례)**

채권자가 금전채권의 가압류를 본압류로 전이하는 압류 및 추심명령을 받아 본집행절차로 이행한 후 본압류의 신청만을 취하함으로써 본집행절차가 종료한 경우, 특단의 사정이 없는 한 그 가압류집행에 의한 보전 목적이 달성된 것이라거나 그 목적달성이 불가능하게 된 것이라고는 볼 수 없으므로 그 가압류집행의 효력이 본집행과 함께 당연히 소멸되는 것은 아니라고 할 것이니, 채권자는 제3채무자에 대하여 그 가압류집행의 효력을 주장할 수 있음(대법원 2000. 6. 9. 선고 97다34594 판결).

# 제5절 그 밖의 재산권에 대한 가압류 신청

채권자는 채무자의 제3자에 대한 유체동산 인도청구권, 부동산인도청구권, 골프회원권, 스포츠회원권, 콘도회원권, 유체동산에 대한 공유지분권, 특허권, 실용신안권, 상표권, 디자인권, 저작권 등의 지식재산권(저작인격권은 제외), 합명·합자·유한회사의 사원권, 조합권의 지분권, 주식발행 전의 주식이나 신주인수권, 예탁유가증권, 전세권 등에 대한 가압류를 신청할 수 있습니다.

## [서식 예] 도메인 가압류신청서

<br>

### 도 메 인 가 압 류 신 청

채 권 자   ○○○ (000000-0000000)
　　　　　○○시 ○○구 ○○길 ○○(우편번호 ○○○-○○○)
　　　　　전화.휴대폰번호:
　　　　　팩스번호, 전자우편(e-mail)주소:
채 무 자   주식회사 ◇◇◇ (000000-0000000)
　　　　　○○시 ○○구 ○○길 ○○(우편번호 ○○○-○○○)
　　　　　대표이사 ◇◇◇
　　　　　전화.휴대폰번호:
　　　　　팩스번호, 전자우편(e-mail)주소:
제3채무자 주식회사 □□□ (000000-0000000)
　　　　　○○시 ○○구 ○○길 ○○(우편번호 ○○○-○○○)
　　　　　대표이사 □□□
　　　　　전화.휴대폰번호:

팩스번호, 전자우편(e-mail)주소:

**청구채권의 표시**
금 ○○○원(채권자가 채무자에 대하여 가지는 임금청구채권)
**가압류하여야할 도메인의 표시**
별지 제1목록 기재와 같습니다.

## 신 청 취 지

1. 채권자의 채무자에 대한 위 청구채권의 집행을 보전하기 위하여 채무자의 제3채무자에 대한 별지 제1목록 기재 도메인이름의 등록자로서의 일체의 권리를 가압류한다.
2. 채무자는 별지 제1목록 기재 도메인이름 등록자로서의 일체의 권리에 관하여 매매.양도 기타 일체의 처분을 하여서는 아니 된다.
3. 제3채무자는 채무자에게 별지 제1목록기재 도메인이름의 등록자로서의 일체의 권리에 대하여 양도를 승낙하거나, 채무자의 신청으로 별지 제1목록 기재 도메인이름 등록의 말소 또는 등록자변경을 해주어서는 아니된다.
4. 담보제공은 채권자가 ○○보증보험주식회사와 체결한 지급보증위탁계약문서의 제출에 의한다.
라는 결정을 구합니다.

## 신 청 이 유

1. 채권자는 서울시 ○○구 ○○길 ○○번지 소재 "주식회사 ◇◇"라는 상호로 소프트웨어, 하드웨어 제조 및 개발업을

하는 채무자에게 고용되어 20○○. ○월부터 20○○. ○월까지 노무를 제공하다가 퇴사한 근로자입니다.

2. 그런데 채권자는 임금 10,000,000원과 위 근무기간 동안의 퇴직금 5,000,000원 합계 금 15,000,000원을 지금까지 채무자로부터 지급받지 못하고 있습니다.

3. 그러므로 채권자는 채무자에 대하여 위 임금채권 금 15,000,000원을 청구하고자 본안소송을 준비중에 있으나, 본안소송은 상당한 시일이 소요되고, 그 동안 채무자는 .com/.net/.org의 국제도메인 등록서비스를 하는 제3채무자에게 등록한 그 소유의 별지 제1목록 기재 도메인을 다른 사람에게 처분해버릴 가능성이 높습니다. 따라서 본안소송에서 승소판결을 받더라도 집행을 할 수 없게 될 우려가 있으므로 그 집행을 보전하기 위하여 이 사건 신청을 하기에 이르렀습니다.

4. 한편, 채권자의 청구채권은 임금채권임을 감안하여 무공탁가압류명령을 내려주시거나 경제적 여유가 없으므로 공탁보증보험증권(■■보증보험주식회사 증권번호 제○○호)을 제출하는 방법으로 할 수 있도록 허가하여 주시기 바랍니다.

## 소 명 방 법

1. 소갑 제1호증             체불금품확인원
1. 소갑 제2호증             사업소개서(제3채무자)

## 첨 부 서 류

1. 위 소명방법                      1통
1. 부동산등기사항전부증명서       1통

1. 법인등기사항전부증명서                    2통
1. 가압류신청진술서                         1통
1. 송달료납부서                           1통


200○○.  ○.  ○.

위 채권자 ○○○ (서명 또는 날인)


○○지방법원 ○○지원  귀중

---

[별 지 1]

### 가압류할 도메인의 표시


도메인 이름 :  www.○○○○○.com.

등록인 :

등록인의 주소 :

사용종료일 :

도메인 등록대행자 :    끝.

# 프로그램가압류신청

채 권 자    □ □ □ (주민등록번호 :                )
            서울 □□구 □□길 □□□-□

채 무 자    주식회사 ○○○○○○
            서울 ○○구 ○○길 ○○-○
            대표이사 전 ○ ○

**청구채권의 표시**
**금 ○○○○○○원**(채권자가 채무자에 대하여 가지고 있는 임금 및 퇴직금청구채권)
**가압류할 프로그램의 표시**
별지 제1목록 기재와 같습니다.

## 신 청 취 지

1. 채권자의 채무자에 대한 위 청구채권의 집행을 보전하기 위하여 채무자가 가지는 별지 제1목록 기재 각 프로그램을 가압류한다.
2. 채무자는 위 각 프로그램에 관하여 매매, 양도 그 밖의 일체의 처분을 하여서는 아니 된다.
라는 결정을 구합니다.

## 신 청 이 유

**1. 당사자의 관계 및 피보전권리에 대하여**

채무자는 소프트웨어 개발 및 공급 등을 목적으로 하는 회사이고, 채권자는 채무자와 근로계약을 체결한 후 2004. ○. ○.부터 2007. ○. ○.까지 소프트웨어개발팀장으로 노무를 제공하다 퇴직하였는데, 채무자로부터 임금 ○○○○○원, 퇴직금 ○○○○○원 합계 금 ○○○○○원을 현재까지도 지급받지 못하고 있습니다(소갑 제1호증).

## 2. 보전의 필요성에 대하여

그러므로 채권자는 임금청구의 소를 제기하려고 준비 중이나 본안소송은 오랜 시일이 소요되고, 채무자는 별지목록 기재의 각 프로그램 외에는 집행 가능한 재산이 없으므로 지금 이를 곧 가압류하지 않으면 승소 후 강제집행의 목적을 달성하지 못할 우려가 있어 부득이 이 사건 신청에 이르게 된 것입니다.

## 3. 담보제공에 대하여

한편, 채권자는 경제적 여유가 없으므로 담보제공에 관하여는 민사집행법 제19조 제3항, 민사소송법 제122조에 의하여 보증보험주식회사와 지급보증위탁계약을 맺은 문서를 제출하는 방법으로 담보제공을 할 수 있도록 허가하여 주시기 바랍니다.

## 4. 등록촉탁처

한국저작권위원회 등록팀

주소 : 서울 강남구 개포로 619(개포동)

전화 : (02) 2660-0166

### 소 명 방 법

1. 소갑 제1호증                          체불금품확인원

**첨 부 서 류**

| | |
|---|---|
| 1. 위 소명방법 | 1통 |
| 1. 프로그램등록부 | 3통 |
| 1. 법인등기사항전부증명서 | 1통 |
| 1. 부동산등기사항전부증명서 | 1통 |
| 1. 가압류신청진술서 | 1통 |
| 1. 송달료납부서 | 1통 |

2013. ○. ○.

위 채권자 ○ ○ ○  (서명 또는 날인)

○○지방법원 귀중

---

[별 지 1]

**가압류할 프로그램의 표시**

1. 프로그램등록번호 : 2000 -00-000-000000
   프로그램의 명칭(제호) : ◈ ◈ ◈
   프로그램창작연월일 : 2000. 0.  0.
   프로그램등록연월일 : 2000. 0.  0.
   프로그램 저작자 : (주) ○○○○○○
2. 프로그램등록번호 : 2000 -00-000-000000
   프로그램의 명칭(제호) : ◉ ◉ ◉
   프로그램창작연월일 : 2000. 0.  0.
   프로그램등록연월일 : 2000. 0.  0.
   프로그램 저작자 : (주) ○○○○○○
3. 프로그램등록번호 : 2000 -00-000-000000
   프로그램의 명칭(제호) : ■ ■ ■
   프로그램창작연월일 : 2000. 0.  0.
   프로그램등록연월일 : 2000. 0.  0.
   프로그램 저작자 : (주) ○○○○○○

- 이 상 -

# 1. 가압류목적물

① 가압류를 신청할 수 있는 그 밖의 재산권에는 채무자의 제3자에 대한 유체동산 인도청구권, 부동산인도청구권, 골프회원권, 스포츠회원권, 콘도회원권, 유체동산에 대한 공유지분권, 특허권, 실용신안권, 상표권, 디자인권, 저작권 등의 지식재산권(저작인격권은 제외), 합명·합자·유한회사의 사원권, 조합원의 지분권, 주식발행 전의 주식이나 신주인수권, 예탁유가증권, 전세권 등이 있습니다.

# 출자증권가압류신청

사　　　건　20○○즈단○○○호 채권가압류

채　권　자　1. ○①○

　　　　　　○○시 ○○구 ○○길 ○○(우편번호 ○○○-○○○)

　　　　　　　전화.휴대폰번호:

　　　　　　　팩스번호, 전자우편(e-mail)주소:

　　　　　　2. ○②○

　　　　　　○○시 ○○구 ○○길 ○○(우편번호 ○○○-○○○)

　　　　　　　전화.휴대폰번호:

　　　　　　　팩스번호, 전자우편(e-mail)주소:

채　무　자　◇◇기업주식회사

　　　　　　○○시 ○○구 ○○길 ○○(우편번호 ○○○-○○○)

　　　　　　대표이사 ◇◇◇

　　　　　　전화.휴대폰번호:

　　　　　　팩스번호, 전자우편(e-mail)주소:

제3채무자　■■설비건설공제조합

　　　　　　○○시 ○○구 ○○길 ○○(우편번호 ○○○-○○○)

　　　　　　이사장 ■■■

　　　　　　전화.휴대폰번호:

　　　　　　팩스번호, 전자우편(e-mail)주소:

**청구채권의 표시**

금 14,000,000원{채권자들이 채무자에 대하여 가지는 임금 등 청구

채권(채권자 ○①○의 금 7,000,000원, 채권자 ○②○의 금 7,000,0

00원의 합계)

**가압류하여야 할 출자증권의 표시**

별지목록 기재와 같습니다.

## 신 청 취 지

1. 채권자들이 채무자에 대하여 가지는 위 청구채권의 집행을 보전하기 위하여 채무자가 제3채무자에 대하여 가지는 별지목록 기재의 출자증권에 기초한 조합원지분을 가압류한다.
2. 제3채무자는 채무자에게 위 지분에 관하여 이익금의 배당, 출자금의 반환, 잔여재산의 분배를 하여서는 아니 된다.
3. 채권자의 위임을 받은 집행관은 채무자로부터 별지목록 기재 출자증권을 수취하여 보관하여야 한다.

라는 판결을 구합니다.

## 신 청 이 유

1. 채무자는 건설설비업을 하는 법인이고 채권자 ○①○는 20○○. ○. ○.부터 20○○. ○. ○○.까지 대리로, 채권자 ○②○는 20○○. ○. ○.부터 20○○. ○○. ○.까지 현장관리인으로 각각 채무자에게 고용되어 근무하였습니다.
2. 채권자 ○①○는 근무기간 동안 채무자로부터 20○○. 8월분 임금 1,000,000원, 9월분 임금 1,000,000원, 10월분 임금 1,000,000원과 20○○. ○. ○.부터 20○○. ○. ○. 사이의 퇴직금 1,000,000원을 받지 못하였고, 20○○. ○. ○.부터 20○○. ○. ○.까지(365일)의 상여금 3,000,000원(기본급 금 1,000,000원과 연간 상여금300%를 받기로 하였으므로 이를 계산하면, 금 1,000,000원×300%×365/365)의 합계 금 7,000,000원을 지급 받

지 못하고 있습니다.

3. 채권자 ○①○는 근무기간 동안 채무자로부터 퇴직금 1,000,000
   원과 20○○. ○. ○.부터 20○○. ○. ○.까지(730일)의 상여금
   6,000,000원(기본급 금 1,000,000원과 연간 상여금 300%를 받기
   로 하였으므로 이를 계산하면, 금 1,000,000원×300%×730/365)
   의 합계 금 7,000,000원을 지급 받지 못하고 있습니다.

4. 채권자들은 위 임금을 받기 위하여 채무자를 □□노동지방사
   무소에 신고하자 채무자는 상여금을 먼저 우선 지급하여 주겠
   다고 하여 이를 제외하자 상여금은 물론 그 이후의 임금까지
   미지급하고 있는 상태입니다.

5. 채무자는 일부의 근로자들에게는 위 상여금을 지급하였으나
   최근에는 공사대금 수금이 되지 않는다는 등 이런 저런 핑계
   를 대면서 임금을 지급하지 않고 있어 채권자들은 임금청구의
   소송을 제기하고자 하나 이는 많은 시일이 걸리고 채무자가
   언제 이행할지 기대할 수 없고 별지목록 기재 출자증권을 가
   압류하지 않으면 강제집행의 목적을 달성할 수 없을 것이므로
   우선 집행보전을 위하여 이 사건 신청에 이른 것입니다.

6. 한편, 채권자들은 장기간 급여를 받지 못하고 취업을 제대로
   하지 못해 생계에 적지 않는 어려움이 있으므로 이 사건 담
   보제공은 무공탁으로 할 수 있도록 허가하여 주시거나, 민사
   집행법 제19조 제3항, 민사소송법 제122조에 의하여 보증보
   험주식회사와 지급보증위탁계약을 맺은 문서를 제출하는 방법
   으로 담보제공을 할 수 있도록 허가하여 주시기 바랍니다.

### 소 명 방 법

1. 소갑 제1호증　　　　　　　체불금품확인원

1. 소갑 제2호증          사실확인서

## 첨 부 서 류

1. 위 소명방법                     각 1통
1. 법인등기사항증명서              2통
1. 송달료납부서                    1통


20○○.  ○.  ○.
위 채권자 1. ○①○ (서명 또는 날인)
          2. ○②○ (서명 또는 날인)


○○지방법원  귀중

---

[별  지]

### 가압류할 출자증권의 표시

채무자가 제3채무자에 대하여 가지고 있는 출자금의 증권
1. 출자 1좌금 : ○○○원
2. 출 자 좌 수 : ○○○좌. 끝.

## 2. 유체동산의 인도 또는 권리이전청구권에 대한 가압류

### 2-1. 인도청구권 가압류

채권자는 채무자에게 그의 책임재산이 될 유체동산의 인도청구권이 있거나 제3자가 권리이전채무를 지고 있는 때 인도청구권 자체를 가압류 할 수 있습니다.

### 2-2. 피보전권리

피보전권리는 매입한 상품의 인도청구권 또는 무기명주식의 신주발행 시 그 인도청구권 등을 그 예로 들 수 있습니다.

## 3. 부동산 등의 인도 또는 권리이전청구권에 대한 가압류

채무자에게 제3자에 대한 부동산인도청구권이 있거나 소유권이전등기청구권 등 부동산에 관한 권리이전청구권이 있는 경우 채권자는 채무자의 위 청구권을 가압류 할 수 있습니다(민사집행법 제242조 및 제244조).

# 4. 전세권 등에 대한 가압류

## 4-1. 피보전권리가 인정되는 재산권

다음과 같은 재산권도 피보전권리가 인정되어 가압류의 대상이 되며, 가압류 신청할 수 있습니다.

① 골프회원권, 스포츠회원권, 콘도회원권

② 유체동산에 대한 공유지분권

③ 특허권, 실용신안권, 상표권, 디자인권, 저작권 등의 지식재산권 (저작인격권은 제외)

④ 합명·합자·유한회사의 사원권, 조합권의 지분권

⑤ 주식발행 전의 주식이나 신주인수권

⑥ 예탁유가증권

⑦ 전세권 등

# 전세권이 있는 채권가압류신청

채 권 자 ○○○

　　　　○○시 ○○구 ○○길 ○○(우편번호 ○○○-○○○)

　　　　전화.휴대폰번호:

　　　　팩스번호, 전자우편(e-mail)주소:

채 무 자 ◇◇◇

　　　　○○시 ○○구 ○○길 ○○(우편번호 ○○○-○○○)

　　　　전화.휴대폰번호:

　　　　팩스번호, 전자우편(e-mail)주소:

제3채무자 ◉◉◉

　　　　○○시 ○○구 ○○길 ○○(우편번호 ○○○-○○○)

　　　　전화.휴대폰번호:

　　　　팩스번호, 전자우편(e-mail)주소:


**청구채권의 표시** : 금 **25,000,000원**(낙찰계계금채권 또는 계금

　　　　　　　　　　상당의 손해배상 합의금채권)


가압류할 전세권이 있는 채권의 표시 : 별지 제1목록 기재와 같

습니다.


# 신 청 취 지

1. 채무자의 제3채무자에 대한 별지 제1목록 기재의 전세권이 있

　는 채권을 가압류한다.

2. 제3채무자는 채무자에게 위의 채권에 관한 지급을 하여서는
   아니 된다.
   라는 결정을 구합니다.

## 신 청 이 유

1. 피보전권리
   가. 채권자는 시각장애인으로서 19○○. ○. ○. 채무자가 조직하여
      운영하는 낙찰계 2구좌에 가입하여 1구좌당 각 금 500,000
      원씩 불입하여 그 가운데 1구좌는 낙찰금을 받았으나, 나머
      지 1구좌는 20○. ○. ○.까지 총 61회 합계 금 30,500,000
      원을 불입하여 3회만 더 불입하면 낙찰금 50,000,000원을 수
      령하게 되어 있었음에도 불구하고 계금을 받은 계원들의 계
      불입금 미납으로 인하여 파계가 되는 바람에 낙찰금도 받지
      못하고 불입한 계금도 반환 받지 못하였습니다.
   나. 그런데 위와 같이 낙찰계가 깨진 이유는 위 낙찰계를 관리하
      던 채무자가 계금 낙찰자에 대하여는 담보를 설정한 뒤 낙
      찰금을 지급한다는 계운영규칙에 위배하여 담보설정 없이
      낙찰금을 지급하였기 때문입니다. 이에 채권자가 채무자를
      업무상배임죄로 고소하여 수사진행과정에서 채권자와 채무
      자는 채무자가 채권자에게 채권자가 기 불입한 계불입금
      원금 30,500,000원에 이에 대한 이자 금 9,500,000원을
      합한 금 40,000,000원을 지급하기로 합의하고 고소취하를
      한 사실이 있고, 그 결과 채무자가 기소유예처분을 받았습
      니다. 위와 같은 사실에 대한 증거로 각서(소갑 제1호증)가
      있는바, 위 각서에는 원금 30,500,000원만 기재되어 있으
      나 위 각서에 기재된 금액 외에 이자로 금 9,500,000원을

지급하기로 구두상 합의한 사실이 있습니다.

다. 따라서 채무자는 채권자에게 위와 같이 손해배상에 관한 합의에 따른 약정금 으로써 또는 계주로서의 계금 40,000,000원을 지급할 의무가 있음에도 그 가운데 금 15,000,000원만 지급하고 나머지 금 25,000,000원을 지급하지 않고 있으므로 채권자는 그 지급을 구하기 위하여 소송준비중에 있습니다.

2. 보전의 필요성

별지 제1목록 기재 전세금채권은 채무자의 유일한 재산인바, 채무자가 이를 다른 사람에게 양도하거나 전세권설정자로부터 수령하는 경우 채권자는 본안소송에서 승소하더라도 소송의 실익을 거둘 수 없으므로 그 집행보전을 위하여 이 사건 가압류신청을 하고자 합니다.

3. 담보제공

이 사건 담보제공은 공탁보증보험증권(■■보증보험주식회사 증권번호 제○○호)을 제출하는 방법으로 할 수 있도록 허가하여 주시기 바랍니다.

<h2 style="text-align:center">소 명 방 법</h2>

1. 소갑 제1호증          고소장
1. 소갑 제2호증          공소부제기이유고지서
1. 소갑 제3호증          각서
1. 소갑 제4호증          부동산등기사항증명서

<h2 style="text-align:center">첨 부 서 류</h2>

1. 위 소명방법          각 1통

1. 가압류신청진술서                 1통
1. 송달료납부서                    1통


20○○. ○. ○.

위 채권자 ○○○ (서명 또는 날인)


**○○지방법원 귀중**

---

[별 지 1]

### 가압류할 전세권이 있는 채권의 표시


**금 25,000,000원**(낙찰계계금채권 또는 계금상당의 손해배상
합의금채권) 및 위 금액에 대하여 20○○.
○. ○.부터 다 갚는 날까지 연 20%의 비율
에 의한 지연손해금

단, 채무자가 제3채무자에 대하여 가지는 아래 표시 부동산에
관한 ○○지방법원 19○○. ○. ○. 접수 제○○○호 전세권설
정등기에 기초한 전세금반환채권 금 300,000,000원 가운데 위
청구채권에 이르기까지의 금액.


- 아                    래 -

1. ○○시 ○○구 ○○동 ○○ 대 229.8㎡
2. 위 지상
   철근콘크리트조 슬래브지붕 근린생활시설(공중목욕탕) 및 주택
   1층 114.08㎡
   2층 114.08㎡
   3층 95.64㎡
   지하층 75.64㎡. 끝.

## 4-2. 가압류 절차 일반

① 전세권 등에 대한 가압류는 금전채권의 압류에 관한 규정(민사집행법 제223조부터 제227조까지)을 준용합니다.

② 가압류신청서에는 가압류할 권리를 명백하게 적으면 되고, 그 존재를 증명할 필요까지는 없습니다. 다만, 임차권과 같이 임대인(제3채무자)의 승낙이 있어야 가압류가 가능할 것은 그 승낙의 존재를 증명하는 자료를 제출해야 합니다(법원행정처, 법원실무제요 민사집행Ⅳ).

③ 이상은 그 밖의 재산권에 대한 가압류 신청에서 특이한 피보전권리 및 그 대상만을 언급하였습니다.

**(관련판례 1)**

자동차운수사업법에 따르면, 인가를 받아 자동차운수사업의 양도가 적법하게 이루어지면 그 면허는 당연히 양수인에게 이전되는 것일 뿐, 자동차운수사업을 떠난 면허 자체는 자동차운수사업을 합법적으로 영위할 수 있는 자격에 불과하므로, 자동차운수사업자의 자동차운수사업면허는 법원이 강제집행의 방법으로 이를 압류하여 환가하기에 적합하지 않은 것이다(대법원 1996.9.12.선고 96마1088 판결).

**(관련판례 2)**

건설업법 제6조, 제7조, 제9조, 제16조의2, 제13조, 제15조에 따르면, 건설부장관의 인가를 받아 건설업의 양도가 적법하게 이루어지면 건설업면허는 당연히 양수인에게 이전되는 것일 뿐, 건설업을 떠난 건설업면허 자체는 건설업을 합법적으로 영위할 수 있는 자격에 불과한 것으로서 양도가 허용되지 아니하는 것이라 할 것이므로, 결국 건설업자의 건설업면허는 법원이 강제집행의 방법으로 이를 압류하여 환가하기에는 적합하지 아니한 것이라 할 것이다(대법원 1994. 12. 15. 선고 94마1802 판결).

# 채 권 가 압 류 신 청

채 권 자   ○○○ (주민등록번호)

　　　　　○○시 ○○구 ○○길 ○○(우편번호)

　　　　　전화.휴대폰번호:

　　　　　팩스번호, 전자우편(e-mail)주소:

채 무 자   ○○○ (주민등록번호)

　　　　　○○시 ○○구 ○○길 ○○(우편번호)

　　　　　전화.휴대폰번호:

　　　　　팩스번호, 전자우편(e-mail)주소:

제3채무자  ◇◇주식회사

　　　　　○○시 ○○구 ○○로 ○○(우편번호)

　　　　　대표이사  ◈◈◈

　　　　　전화.휴대폰번호:

　　　　　팩스번호, 전자우편(e-mail)주소:


**청구채권의 표시** : 5,000,000원

**피보전권리의 요지** : 채권자가 채무자에 대하여 가지는 손해배상
　　　　　　　　　　　청구 채권

**가압류할 채권의 표시** : 별지 목록 기재와 같음


## 신 청 취 지

1. 채무자의 제3채무자에 대한 별지 기재의 회원권을 가압류한다.

2. 제3채무자는 위 회원권에 대하여 예탁금을 반환하거나 채무자
　의 청구에 의하여 명의변경 그 밖의 일체의 변경절차를 하여

서는 아니된다.

3. 채무자는 위 회원권에 대하여 예탁금의 반환을 청구하거나 매매, 양도, 질권의 설정 그 밖의 일체의 처분행위를 하여서는 아니된다.

## 신 청 원 인

1. 채권자는 대리운전 기사이고, 채무자는 자신의 승용차를 운전하기 위하여 채권자를 대리운전 기사로 불렀던 손님입니다. 채무자는 20○○. ○. ○. 전남 ○○길에 있는 자신의 주거지 인근 도로에서 자신의 승용차를 대리 운전하던 채권자의 오른쪽 가슴을 손으로 만져 채권자를 강제로 추행하였습니다.

2. 채권자는 대리운전 근무 중 야간에 손님으로부터 추행을 당하여 매우 큰 정신적 충격을 입었고, 그로 인하여 우울증 증세 및 두려움을 호소하여 생업이던 대리운전마저 그만두는 등 극심한 고통을 받았습니다. 따라서 이 사건 불법행위의 경위 및 결과, 채무자의 전적인 고의·과실 등을 고려하면 채권자의 정신적 손해는 5,000,000원으로 정함이 상당하다고 할 것입니다.

3. 채권자는 채무자를 상대로 위 채권의 지급을 구하는 본안소송을 준비하고 있습니다. 그런데 소송이 진행 도중에라도 채무자가 재산을 은닉.처분할 우려가 있는바, 만일 채무자가 재산을 은닉, 처분할 경우 후일 채권자가 채무자를 상대로 한 본안소송에서 승소한다 하더라도 강제집행이 곤란 내지 불가능하게 될 염려가 있으므로 그 집행보전을 위하여 이 사건 가압류신청에 이르렀습니다.

4. 위 가압류에 대한 담보의 제공에 대하여는 채권자가 범죄피해자이고 형편이 어려운 점을 감안하시어 별도의 공탁 등을 하

지 않고도 가압류를 할 수 있도록 허가하여 주시거나, 채권자
가 채무자를 위하여 담보를 제공함에 있어 민사집행법 제19조
제3항에 의하여 준용되는 민사소송법 제122조에 의한 지급보
증위탁계약체결문서를 제출하는 방법으로 담보제공할 수 있도
록 결정하여 주시기 바랍니다.

## 소 명 방 법

1. 소갑 제1호증                         형사판결문
1. 소갑 제2호증                         진단서

## 첨 부 서 류

1. 위 소명방법                          각 1통
1. 법인등기사항증명서                    2통
1. 부동산등기사항증명서                  1통
1. 송달료납부서                         1통


20○○.  ○.  ○.
위 채권자   ○○○   (서명 또는 날인)


**○○지방법원  귀중**

---

[별 지]

## 목     록


금 5,000,000원

채무자가 제3채무자에 대하여 가지는 제3채무자가 경영하고 있는 콘도미니엄 및 시설이용에 아래와 같이 회원입회계약을 체결하여 채무자가 제3채무자에게 회원권 취득을 위한 입회비를 예치한 후, 아래와 같이 가지고 있는 콘도회원권 및 시설이용권. (단, 위 계약기간만료 및 해지 시 채무자가 제3채무자로부터 받을 위 예치금에 대한 반환청구채권)

아　　래
1 원소속:○○리조트/○○○ (30박)
2. 이용구분:○○○형
3. 가입자명:주식회사 ○○○ (○○○-○○-○○○○)

**(관련판례)**

피고 회사에 의하여 운영되는 컨트리클럽의 골프개인회원권은 입회희망자가 피고 회사 이사회의 입회승인을 얻어 입회금을 납입함으로써 취득하게 되며 재산적 가치를 갖는 계약상의 지위로서 자유로이 양도할 수 있으나 그 회칙상 회원자격심사위원회의 심의와 이사회의 승인을 얻은 후 소정의 수수료를 납부하도록 되어 있다면, 그 회원권의 양수인이 위 이사회의 승인을 얻지 못한 단계에서는 그 회원권 양도양수계약은 계약당사자 사이에서만 효력이 있을뿐 피고 회사나 제3자에 대한 관계에서는 양수인이 아직 회원으로서의 지위를 취득하지 못하여 여전히 양도인이 회원권자라고 할 수 밖에 없고, 그 양도인의 채권자는 양도인이 보유하는 회원권이나 또는 회원으로서의 지위에서 피고 회사에 대하여 가지는 입회금반환청구권을 가압류할 수 있을 것이며 그 가압류후에는 그 회원권의 양수인이 피고 회사 이사회의 승인을 얻어 회원의 지위를 취득하였더라도 위 가압류채권자에 대해서는 그 회원권 취득의 효력을 주장할 수 없다(대법원 1989. 11. 10. 선고 88다카19606 판결).

# 광업권가압류신청

채 권 자 ○○○

　　　　○○시 ○○구 ○○길 ○○(우편번호 ○○○-○○○)

　　　　전화.휴대폰번호:

　　　　팩스번호, 전자우편(e-mail)주소:

채 무 자 ◇◇◇

　　　　○○시 ○○구 ○○길 ○○(우편번호 ○○○-○○○)

　　　　광업원부상 주소 ○○시 ○○구 ○○길 ○○-○○○

　　　　전화.휴대폰번호:

　　　　팩스번호, 전자우편(e-mail)주소:

## 청구채권의 표시

금 ○○○원(채권자가 20○○. ○. ○. 채무자에게 대여한 대여금)

## 가압류할 광업권의 표시

별지 제1목록 기재와 같습니다.

## 신 청 취 지

1. 채권자의 채무자에 대한 위 청구채권의 집행을 보전하기 위하여 채무자가 가지는 별지 제1목록 기재 광업권을 가압류한다.

2. 채무자는 위 광업권에 관하여 매매, 양도 그 밖의 일체의 처

분을 하여서는 아니 된다.
라는 결정을 구합니다.

신 청 이 유

1. 채권자는 20○○. ○. ○. 채무자에게 금 ○○○원을 대여하였고, 이에 대한 이자는 연 ○○%, 변제기는 20○○. ○○. ○.로 정하였습니다. 그런데 채무자는 현재까지 위 돈을 변제하지 않고 있습니다.

2. 그러므로 채권자는 채무자에 대하여 위 금전소비대차약정에 따른 대여금채권 금 ○○○원과 20○○. ○. ○○.부터 다 갚을 때까지 약정이자 및 약정이자에 상당하는 지연손해금을 청구하고자 본안소송을 준비중에 있으나, 본안소송은 상당한 시일이 소요되고, 그 동안 채무자는 그 소유의 별지 제1목록 기재 광업권을 다른 사람에게 처분해버릴 가능성이 높습니다. 따라서 본안소송에서 승소판결을 받더라도 집행을 할 수 없게 될 우려가 있으므로 그 집행을 보전하기 위하여 이 사건 신청을 하기에 이르렀습니다.

3. 한편, 채권자는 경제적 여유가 없으므로 담보제공에 관하여는 민사집행법 제19조 제3항, 민사소송법 제122조에 의하여 보증보험주식회사와 지급보증위탁계약을 맺은 문서를 제출하는 방법으로 담보제공을 할 수 있도록 허가하여 주시기 바랍니다.

소 명 방 법

    1. 소갑 제1호증               차용증서

**첨 부 서 류**

1. 위 소명방법                    1통
1. 광업원부등본                    1통
1. 가압류신청진술서                1통
1. 송달료납부서                    1통


20○○.  ○.  ○.

위 채권자 ○○○ (서명 또는 날인)

○○지방법원 ○○지원  귀중

---

[별 지 1]

**가압류할 광업권의 표시**

광업권등록번호 : 제○○○호

소    재    지 : ○○시 ○○구 ○○길 ○○

광 업 지 적 : ○○지적 ○○호

광    종    명 : 금광

면            적 : ○○○㎡

광업권의 존속기간 : 20○○. ○. ○.부터 20○○. ○○. ○○.까지

　　　　　　　　　　만 ○○년

가압류할 광업권 : 채무자 ○○○지분. 끝.

# 제4장 가압류 신청 심리 및 재판

## 제1절 가압류 신청 심리

① 가압류 신청서에는 소장에 관한 규정이 준용되므로 심리에 앞서 재판장은 신청서의 형식적 적법 여부를 심사하고 신청서에 흠이 있는 경우 상당한 기간을 정하여 보정을 명하며 채권자가 보정하지 않거나 보정이 불가능한 경우에는 재판장은 명령으로 신청서를 각하합니다.

② 가압류는 변론을 열지 않고 서면심리에 의해서만 재판할 수도 있고 변론을 거쳐 재판할 수도 있습니다.

### 1. 신청사건의 형식적 심사

① 가압류 신청서에는 소장에 관한 규정이 준용되므로 심리에 앞서 재판장은 신청서의 형식적 적법 여부를 심사합니다(민사집행법 제23조제1항 및 민사소송법 제254조).

② 재판장은 신청서에 흠이 있는 경우 상당한 기간을 정하여 보정을 명하고, 채권자가 보정하지 않거나 보정이 불가능한 경우 명령으로 신청서를 각하합니다(민사소송법 제254조제1항).

③ 소명자료를 적지 않았거나 신청서에 인용한 소명자료의 증본 또는 사본을 붙이지 않은 경우라도 이를 제출하도록 명할 수는 있으나 불이행을 이유로 신청서를 각하할 수는 없습니다(민사소송법 제254조제4항).

④ 가압류의 경우 가압류신청진술서를 첨부하지 않았거나 고의로 진

술사항을 누락하거나 허위로 진술한 내용이 발견된 경우에는 특별한 사정이 없는 한 보정명령 없이 신청이 기각될 수 있습니다(보전처분 신청사건의 사무처리요령 제3조 및 전산양식 A4705).

⑤ 보정명령 송달 등으로 인한 시간절약을 위하여 재판장은 법원사무관 등을 통해 구두로 보정을 명하고, 즉시 보정하지 않으면 보전명령서를 송달하고 있습니다.

## 2. 신청사건의 실질적 심사

### 2-1. 변론의 요부

① 가압류는 변론을 열지 않고 서면심리에 의해서만 재판할 수도 있고 변론을 거쳐 재판할 수도 있습니다(민사집행법 제280조제1항).

1. 가압류에서 원칙상 변론기일 또는 심리기일을 여는 경우. 가압류의 이의신청에 대한 재판(민사집행법 제286조)

2. 가압류이유가 소멸되거나 그 밖에 사정이 바뀐 것을 이유로 한 취소신청에 대한 재판(민사집행법 제288조제1항제1호)

3. 법원이 정한 담보를 제공한 것을 이유로 한 취소신청에 대한 재판(민사집행법 제288조제1항제2호)

4. 가압류가 집행된 뒤에 3년간 본안의 소를 제기하지 않은 것을 이유로 한 취소신청에 대한 재판(민사집행법 제288조제1항제3호)

② 가압류의 경우 실무상 서면심리만으로 심리를 하고, 이것으로 불충분한 경우에 심문절차를 열고 있으나 변론을 거치는 경우는 거의 없습니다.

## 2-2. 서면심리

서면심리의 경우에도 순전히 서면 만에 의하여 심리하기도 하고 심문절차를 거치기도 합니다(민사집행법 제23조제1항 및 민사소송법 제134조제2항).

## 2-3. 입증과 그 대용

① 가압류 절차에서의 신청 이유 등은 증명 대신 소명(疏明)으로 합니다(민사집행법 제279조제2항). 소명이란 증명보다 낮은 정도의 개연성으로 법관으로 하여금 확실할 것이라는 추측을 얻게 한 상태 또는 그와 같은 상태에 이르도록 증거를 제출하는 당사자의 노력을 말합니다.

② 소명의 방법에는 제한이 없습니다. 그러나 소명은 즉시 조사할 수 있는 증거에 의해야 합니다(민사소송법 제299조제1항).

③ 소명이 없거나 부족할 때에 법원은 당사자 또는 법정대리인으로 하여금 보증금을 공탁하게 하거나 그 주장이 진실하다는 것을 선서하게 하여 소명을 대신할 수 있습니다(민사소송법 제299조제2항).

④ 소명 대신 행한 선서 후 진술이 거짓임이 밝혀진 때에는 법원의 결정에 따라 200만원 이하의 과태료를 부과받습니다(민사소송법 제301조).

⑤ 과태료를 부과받은 경우 과태료 부과결정에 대하여 즉시항고를 할 수 있습니다(민사소송법 제302조).

## ■ 가압류를 신청하면 법정에 출두하여 신청이유 등에 대해서 진술해야 하나요?

Q. 가압류를 신청하면 법정에 출두하여 신청 이유 등에 대해서 진술해야 하나요?

A. 가압류는 변론을 열지 않고 서면심리에 의해서만 재판할 수도 있고 변론을 거쳐 재판할 수도 있습니다. 또한, 서면심리의 경우에도 순전히 서면으로만 심리하기도 하고 심문절차를 거치기도 합니다.

실무상 가압류는 서면심리만으로 심리를 하고, 이것으로 불충분한 경우에 심문절차를 열고 있으나 변론을 거치는 경우는 거의 없습니다.

따라서 실무상 심문절차에 따라 법원에서 판사의 질문에 답변할 수 있으나, 판결의 기초가 될 사실과 증거를 직접 구술을 통해 변론해야 하는 경우는 거의 없습니다.

### ◇ 신청 형식에 대한 심사

① 가압류 신청서에는 소장에 관한 규정이 준용되므로 심리에 앞서 재판장은 신청서의 형식이 적법한 지를 심사합니다.

② 재판장은 신청서에 흠이 있는 경우 상당한 기간을 정하여 보정을 명하는데, 이에 대해 보정하지 않거나 보정이 불가능한 경우에는 신청을 각하합니다.

③ 소명자료를 적지 않았거나 신청서에 인용한 소명자료의 등본 또는 사본을 붙이지 않은 경우라도 이를 제출하도록 명할 수는 있으나 불이행을 이유로 신청서를 각하할 수는 없습니다.

### ◇ 신청 내용에 대한 심사

① 가압류는 변론을 열지 않고 서면심리로만 재판할 수도 있고, 변론을 거쳐 재판할 수도 있습니다.

② 서면심리로만 재판할 때에는 순전히 서면으로만 심리하기도 하고 변론이 아닌 단순 심문절차를 거치기도 합니다.

### ◇ 가압류 사건에서 원칙상 변론기일 또는 심리기일을 여는 경우

① 가압류의 이의신청에 대한 재판

② 가압류 이유가 소멸되거나 그 밖에 사정이 바뀐 것을 이유로 한 가압류 취소신청에 대한 재판

③ 법원이 정한 담보를 제공한 것을 이유로 한 가압류 취소신청에 대한 재판

④ 가압류가 집행된 뒤에 채권자가 3년간 본안의 소를 제기하지 않은 것을 이유로 한 가압류 취소신청에 대한 재판

# 제2절 가압류 재판

## 1. 담보제공명령

① 법원은 가압류로 생길 수 있는 채무자의 손해에 대하여 채권자에게 담보제공을 명령할 수 있습니다.

② 법원은 통상 가압류 명령에 앞서 보통 3일에서 5일 사이의 일정한 기간을 정하여 담보제공명령을 발합니다(법원행정처, 법원실무제요 민사집행Ⅳ).

③ 법원의 담보제공명령을 발한 후 담보제공명령을 받은 채권자가 그 결정에 정하여진 기일(보통 7일) 내에 담보를 제공하지 않으면 법원은 신청을 각하하게 되며, 담보제공이 되면 가압류 명령을 발하게 됩니다(민사집행법 제280조제3항 및 민사소송법 제219조).

### 1-1. 담보제공의 필요성

가압류는 피보전권리의 존부에 관한 확정적인 판단 없이 소명으로 사실을 인정하고 채무자의 재산을 동결하는 것이기 때문에 채무자는 때에 따라서 아무런 의무 없이 손해를 입게 되는 수가 있습니다. 따라서 비교적 간이한 절차에 따라 채권자에게 채권보전수단을 마련해 주는 대신 나중에 그 가압류가 잘못된 것으로 밝혀질 경우 채무자가 그 손해를 쉽게 회복할 수 있도록 담보를 마련해 두는 것이 형평에 적합합니다.

## 1-2. 담보제공의 방법

① 담보의 제공은 금전 또는 유가증권을 공탁(供託)한 후 공탁서 사본을 법원에 제출하거나 금융기관 또는 보험회사와 지급보증 위탁계약을 체결한 후 그 보증서(지급보증위탁계약체결문서, 이하 "공탁보증보험증권"이라 함) 원본을 법원에 제출하는 방법으로 합니다(민사소송법 제122조, 민사집행규칙 제204조, 민사소송규칙 제22조제2항 및 지급보증위탁계약체결문서의 제출에 의한 담보제공과 관련한 사무처리요령 제4조제1항).

② 채권자가 부동산·자동차·건설기계·소형선박 또는 금전채권에 대한 가압류신청(급여채권·영업자예금채권의 경우는 제외)을 하는 경우에는 법원의 담보제공명령이 없더라도 미리 담보제공을 신청(이하 "선담보제공"이라 함)할 수 있습니다(민사집행규칙 제204조).

## [서식 예] 권리행사최고에 의한 담보취소신청서

---

### 권리행사최고에 의한 담보취소신청

신청인 ○○○(주민등록번호)
　　　○○시 ○○구 ○○길 ○○(우편번호 ○○○-○○○)
　　　전화.휴대폰번호:
　　　팩스번호, 전자우편(e-mail)주소:
피신청인 ◇◇◇(주민등록번호)
　　　○○시 ○○구 ○○길 ○○(우편번호 ○○○-○○○)
　　　전화.휴대폰번호:
　　　팩스번호, 전자우편(e-mail)주소:

### 신 청 취 지

위 당사자간 (　　　사건번호기재　　　)호 사건에 대하여 신청인(피신청인)이 손해담보로서 귀원 공탁공무원에게　　년　　월　　일에 공탁한 금　　　　원(금제　　　　호)에 관하여, 피신청인에게 일정한 기간내 권리를 행사하도록 최고하여 주시고, 만약 피신청인이 그 기간 동안 권리를 행사하지 않을 경우에는 담보취소결정을 하여 주시기 바랍니다.

### 신 청 이 유

1. 신청인은 피신청인에 대하여 대여금청구채권이 있어 그 채권의 집행보전을 위하여 피신청인 소유 부동산에 대하여 귀원 20○○카단○○○호로서 부동가압류신청을 할 때 위 신청취

지기재와 같이 보증공탁을 한 후 가압류집행을 한 바 있으나 신청인이 피신청인을 상대로 제기한 같은 사건의 본안소송인 귀원 20○○가합○○○호 대여금청구사건이 20○○. ○. ○. 신청인의 패소판결이 선고되고 신청인의 항소포기로 이 판결이 확정되었습니다.

2. 따라서 이 사건 부동산가압류신청사건의 보증공탁은 그 사유가 소멸되었다 할 것이므로 신청인은 담보사유소멸로 인한 담보취소결정을 구하고자 하는데, 그동안 피신청인이 위 부동산가압류로 인한 손해배상발생이 있다면 위 신청취지의 공탁금에 대하여 권리행사 할 것을 최고한 후 그 권리행사가 없을 때에는 이 사건 담보의 취소결정을 구하기 위하여 이 사건 신청에 이른 것입니다.

### 첨 부 서 류

| | |
|---|---|
| 1. 공탁서 | 1통 |
| 1. 판결정본 | 1통 |
| 1. 확정증명원 | 1통 |
| 1. 송달료납부서 | 1통 |

20○○.  ○.  ○.

위 신청인 ○○○ (날인)

○○지방법원  귀중

**[서식 예] 즉시항고권 포기서(담보취소결정)**

# 즉시항고권포기서

신청인　○○○(주민등록번호)
　　　　○○시 ○○구 ○○길 ○○(우편번호 ○○○-○○○)
　　　　전화.휴대폰번호:
　　　　팩스번호, 전자우편(e-mail)주소:
피신청인　◇◇◇(주민등록번호)
　　　　○○시 ○○구 ○○길 ○○(우편번호 ○○○-○○○)
　　　　전화.휴대폰번호:
　　　　팩스번호, 전자우편(e-mail)주소:


　위 당사자 사이의 귀원 20○○카담○○호 담보취소신청사건에 관하여, 귀원의 담보취소결정에 대하여 피신청인은 즉시항고권을 포기합니다.


첨　부 : 인감증명서　　1통


　　　　　　　　　　　　　20○○.　○.　○.
　　　　　　　　　　　　　위 피신청인　◇◇◇ (날인)


**○○지방법원　귀중**

# ■ 담보로 공탁된 현금을 담보제공자 발행의 당좌수표로 변환이 허용되는지요?

Q. 甲은 乙이 제기한 금전청구소송에서 패소하여 항소제기하여 항소심진행 중인데, 乙은 가집행이 선고된 제1심 판결에 기하여 甲의 부동산에 강제경매신청을 하였습니다. 이에 甲은 강제경매를 정지시키기 위하여 집행정지신청을 하여 현금을 공탁하고 강제집행정지명령을 받아 경매절차를 정지시켰습니다. 그런데 이 경우 甲발행의 당좌수표로 담보물을 변경할 수는 없는지요?

A. 소송비용의 담보물의 변환에 관하여 민사소송법 제126조는 "법원은 담보제공자의 신청에 따라 결정으로 공탁한 담보물을 바꾸도록 명할 수 있다. 다만, 당사자가 계약에 의하여 공탁한 담보물을 다른 담보로 바꾸겠다고 신청한 때에는 그에 따른다."라고 규정하고 있고, 민사집행법 제19조 제3항은 민사소송법 제126조의 규정을 특별한 규정이 있는 경우를 제외하고는 민사집행법에 규정된 담보제공에도 준용하도록 규정하고 있습니다.

그런데 법원이 공탁담보물의 변환을 명함에 있어 새로운 담보물의 종류 및 수량에 대한 재량의 한계에 관하여 판례는 "법원은 담보제공자의 신청에 의하여 상당하다고 인정할 때에는 공탁한 담보물의 변환을 명할 수가 있는 것이고, 신담보물을 어떠한 종류와 수량의 유가증권으로 할 것인가는 법원의 재량에 의하여 정하여지는 것이라 할 것이나, 법원은 이로 인하여 담보권리자의 이익이나 권리가 침해되지 않도록 원래의 공탁물에 상당한 합리적인 범위 내에서 결정하여야 할 것인바, 공탁할 유가증권은 담보로 하여야 할 성질상 환가가 용이하지 아니하거나 시세의 변동이 심하여 안정성이 없는 것은 부적당하다고 할 것이다."라고 하였으며, 담보로 공탁된 현금을 담보제공자 발행의 당좌수표로 변환하는 것이 허용되는지에 관하여 판례는 "본래의 현금공탁에 대신하여 공탁담보물의 변환을 구하는 담보제공자 발행의 당좌수표는 금융기관 발행의 수표와는 달리 그 지급 여부가 개인의 신용에 의존하는 것으로서 환가가 확실하다고 볼 수 없으므로 공탁할 유가증권이 되기에 적절하지 못하다."라고 하였습니다(대법원 2000. 5. 31.자 2000그22 결정).

따라서 위 사안에 있어서도 甲은 甲발행의 당좌수표로 담보물을 변경할 수는 없을 것으로 보입니다.

## 1-3. 담보액의 산정

① 담보로 제공할 금액은 법원의 재량에 의해 결정되며, 그 산정기준은 청구채권액을 기준으로 가압류의 종류에 따라 다릅니다(법원행정처, 법원실무제요 민사집행Ⅳ).

② 담보액 산정의 기준은 법원마다 다르나, 평균적인 것을 예시하면 다음과 같습니다(법원행정처, 법원실무제요 민사집행Ⅳ).

| 보전처분의 종류 | 산정기준 | 목적물 | | |
|---|---|---|---|---|
| | | 부동산(자동차·건설기계) | 유체동산 | 채권 그 밖의 재산권 |
| 가압류 | 청구채권액 | 1/10 | 4/5(청구금액의 2/5 이상은 현금공탁) | 2/5(급여·영업자 예금채권은 1/5 이상 현금공탁) |

## 2. 지급보증위탁계약체결문서(공탁보증보험증권)의 제출에 의한 담보제공

### 2-1. 공탁보증보험증권 제출 허가신청

① 공탁보증보험증권을 제출하는 방법으로 담보를 제공하기 위해서는 법원으로부터 허가를 받아야 합니다(지급보증위탁계약체결문서의 제출에 의한 담보제공과 관련한 사무처리요령 제3조제1항).

② 가압류 신청서를 작성할 때 공탁보증보험증권 제출 허가 신청을 함께 하는 경우 : 가압류 신청서의 신청이유에서 다음과 같은 취지의 문구를 적고 판사의 허가결정이 있는 등본을 지참하여 지급보증위탁계약을 체결합니다.

---

<기재례>

### 신 청 이 유

<중 략>

4. 이 사건 명령신청에 대한 담보제공에 관하여는 민사집행법 제19조 제3항, 민사소송법 제122조에 의하여 보증보험주식회사와 지급보증위탁계약을 맺은 문서를 제출하는 방법으로 담보제공을 할 수 있도록 허가하여 주시기 바랍니다.

---

③ 담보제공명령 후 따로 공탁보증보험증권 제출 허가 신청을 하는 경우 : 지급보증위탁계약체결문서의 제출에 의한 담보제공의 허가신청서 2통을 법원에 제출하고, 판사의 허가결정이 있는 등본을 지참하여 지급보증위탁계약을 체결합니다.

<기재례>

지급보증위탁계약체결문서의 제출에 의한 담보제공의 허가신청
채 권 자
채 무 자
위 당사자 사이의 귀원 20 카단 부동산가압류신청사건에 관하
여 채권자는 금OOO원의 담보제공을 명령받았는바, 민사집행법
제19조 제3항, 민사소송법 제122조에 의하여 지급보증위탁계
약을 맺은 문서를 제출하는 방법으로 담보를 제공할 것을 허가
하여 주시기 바랍니다.

20 . . .
채권자 ( (인) 또는 서명)

OO지방법원 귀중

------------------------------------------------------

위 신청을 허가함.

20 . . .
판 사 (인)

## 2-2. 지급보증위탁계약체결(공탁보증보험가입)

① 보험가입

법원으로부터 받은 보증서 제출 허가서를 지참하여 (주)서울보증
보험을 방문하여 "공탁보증보험"에 가입합니다.

② 보험계약자격(서울보증보험, 공탁보증보험 상품요약서)

미성년자, 피성년후견인, 피한정후견인 등 단독으로 법률행위가
불가능한 자는 보험계약을 체결할 수 없습니다. 다만, 친권자
또는 법정대리인의 동의가 있는 경우에는 단독으로 보험계약을
체결할 수 있습니다. 신용불량거래처로 등록되어 있는 개인 또

는 법인은 공탁보증보험 가입이 제한될 수 있습니다.

③ 보증보험료 납부(서울보증보험, 공탁보증보험 상품요약서)

    공탁보증보험에 가입하려는 자는 공탁금액에 보험요율을 곱한 납입보험료를 납부해야 합니다.

    <u>납입보험료 = 공탁금액(보증금액) × 보험요율</u>

## 2-3. 담보제공신고

① 보증계약을 체결한 채권자는 담보제공 신고서를 작성하여 보험증권 원본과 함께 해당 재판부에 제출합니다.

② 담보제공신고에 있어 정해진 서식이 있는 것은 아니지만 다른 법원에 보낼 때 편의성 등을 위해 다음과 같은 표지를 작성하여 제출하면 좋습니다.

---

**담보제공 신고서**

사 건 2000카단0000 부동산가압류
채 권 자 000
채 무 자 000
위 사건에 관하여 채권자는 별첨과 같이 담보제공을 하였기에 신고합니다.

**첨 부 서 류**

    1. 담보제공명령문사본         1통
    2. 지급보증위탁계약체결문서    1통

2000. 0. 0.
채권자 0 0 0 (인)

**00지방법원 민사신청과 00단독 귀중**

---

# ■ 담보취소결정 확정 전 담보권리자 권리행사 증명 시 담보 취소결정은 어떻게 되는지요?

Q. 甲은 乙이 제기한 금전청구소송 1심에서 패소하고 항소를 제기하였으나, 항소심진행 중 乙은 가집행이 선고된 제1심 판결에 기하여 甲의 부동산에 강제경매신청을 하였습니다. 이에 甲은 강제집행정지신청을 하여 현금을 공탁하고 강제집행정지명령을 받아 경매절차를 정지시켰으나 항소심에서도 패소하여 위 부동산 강제경매가 다시 진행되었습니다. 乙은 위 부동산의 매각대금에서 금전채권을 전부 변제받을 수 있을 줄 알고 甲의 권리행사최고에 의한 담보취소신청의 소정의 기간 내에 권리행사를 하지 않아 담보취소결정이 되었습니다. 이에 乙은 담보취소결정에 대한 즉시항고를 하면서, 그때서야 甲을 상대로 손해배상청구의 소를 제기하고 소제기증명원을 제출했습니다. 이 경우 담보취소결정은 어떻게 되는지요?

A. 민사소송법 제125조 제3항은 "소송이 완결된 뒤 담보제공자가 신청하면, 법원은 담보권리자에게 일정한 기간 이내에 그 권리를 행사하도록 최고하고, 담보권리자가 그 행사를 하지 아니하는 때에는 담보취소에 대하여 동의한 것으로 본다."라고 규정하고 있고, 이는 민사집행법 제19조 제3항에 의하여 민사집행절차의 담보에 관하여 준용하고 있습니다.

그런데 민사소송법 제125조 제3항에 따른 담보취소결정이 발하여진 후 그 결정이 확정되기 전에 담보권리자가 권리행사를 하고 이를 증명한 경우, 그 담보취소결정을 유지할 수 있는지에 관하여 판례는 "민사소송법 제475조(현행 민사집행법 제19조)에 의하여 준용되는 민사소송법 제115조 (현행 민사소송법 제125조) 제3항이 소송의 완결 후 담보 제공자의 신청에 의하여 법원이 담보권리자에 대하여 일정한 기간 내에 그 권리를 행사할 것을 최고하고, 그 기간 내에 담보권리자가 권리행사를 하지 아니하는 때에는 담보 취소에 관하여 담보권리자의 동의가 있는 것으로 간주하여 법원이 담보취소결정을 할 수 있다고 규정하고 있지만, 그 담보취소결정이 확정되기 전에 담보권리자가 권리행사를 하고 이것을 증명한 경우에는 담보권리자가 담보취소에 동의한 것으로 간주하여 발하여진 담보취소결정은 그대로 유지할 수 없게 되었다고 해석함이 상당하고, 이는 재항고심에 이르러 비로소 권리행사를 하면서 이를 증명하는 서면을 제출한 경우에도 마찬가지라고 할 것이다."라고 하였습니다(대법원 2000. 7. 18.자 2000마2407 결정).

따라서 위 사안에서 담보취소결정은 취소될 것으로 보이고, 乙이 甲을 상대로 한 손해배상청구 소송결과에 따라 甲이 공탁금을 회수할 수 있을지 결정될 것으로 보입니다.

## 2-4. 보증보험료 환급

① 채권자는 다음과 같은 사유가 발생한 경우 법원으로부터 보증보험증서를 반환받아 보증료(보험료)를 전부 또는 일부를 환급받을 수 있습니다(지급보증위탁계약체결문서의 제출에 의한 담보제공과 관련한 사무처리요령 제6조제6항).

1. 법원이 담보제공에 대하여 불허가결정을 하고 현금공탁을 명한 경우
2. 가압류신청이 각하·기각된 경우
3. 법원이 담보금액을 감액한 경우
4. 채권자가 가압류신청을 취하한 경우
5. 가압류집행이 미집행되거나 집행불능된 경우

② 보증보험료를 반환받으려는 자는 담당 법원공무원(가압류 신청계 공무원)으로부터 보증보험증서 원본 아래에 다음과 같은 기재를 받아야 합니다(지급보증위탁계약체결문서의 제출에 의한 담보제공과 관련한 사무처리요령 제6조제6항).

---

OO 보험주식회사 △△지점 귀하

다음과 같은 사유로 지급보증위탁계약 원인이 전부 또는 일부 소멸되어 귀사가 발행한 보증서(공탁보증보험증권)가 담보로 전부 또는 일부 제공되지 아니하였으므로 채권자가 보증료(보험료)를 환급받을 수 있도록 하여 주시기 바랍니다.

- 다음 -
☑ 불허가 ☑ 각하·기각 ☑ 감액(금 원) ☑ 취하
☑ 미집행 ☑ 집행불능

20 . . .
법원사무관 O O O

---

# 3. 현금공탁

## 3-1. 금전공탁서 제출 및 공탁

① 법원으로부터 현금공탁명령을 받은 경우 금전공탁서(재판상의 보증)를 작성하여, 담보제공명령을 받은 법원의 공탁소의 공탁관에게 담보제공명령서와 공탁서 2부를 제출합니다(공탁규칙 제20조제1항).

② 수리된 공탁서 중 1부를 받아 법원이 지정한 은행에 공탁금을 납부합니다(공탁규칙 제26조제1항).

## 3-2. 담보제공신고

① 공탁을 한 채권자는 수리된 공탁서 사본(원본 지참)을 해당 재판부에 제출하고 담보제공사실을 신고해야 합니다.

② 담보제공신고에 있어 정해진 서식이 있는 것은 아니지만 다른 법원에 보낼 때 편의성 등을 위해 다음과 같은 표지를 작성하여 제출하면 좋습니다.

---

### 담보제공 신고서

사 건 20○○카단○○○○ 부동산가압류
채 권 자 ○○○
채 무 자 ○○○
위 사건에 관하여 채권자는 별첨과 같이 담보제공을 하였기에 신고합니다.

### 첨 부 서 류
　1. 담보제공명령문사본　　　　　　　　　1통

---

2. 금전공탁서(재판상의보증) 원본대조필     1통


2000. O. O.

채권자 O O O (인)


**OO지방법원 민사신청과 OO단독 귀중**

# ■ 법원에 가압류 신청을 하였더니, 담보제공명령을 받았는데 담보제공명령이 무엇인가요?

Q. 법원에 가압류 신청을 하였더니, 법원으로부터 담보제공명령을 받았습니다. 담보제공명령이 무엇인가요?

A. 가압류는 피보전권리의 존부에 관한 확정적인 판단 없이 소명으로 사실을 인정하고 채무자의 재산을 동결하는 것이기 때문에 채무자는 때에 따라서 아무런 의무 없이 손해를 입게 되는 수가 있습니다.

따라서 비교적 간이한 절차에 따라 채권자에게 채권보전 수단을 마련해 주는 대신 나중에 그 가압류가 잘못된 것으로 밝혀질 경우 채무자가 그 손해를 쉽게 회복할 수 있도록 담보를 마련해 두는 것이 형평에 적합합니다.

이에 따라 법원은 가압류로 생길 수 있는 채무자의 손해를 쉽게 회복해주기 위해 가압류 신청자에게 담보를 제공하도록 명령할 수 있습니다.

담보의 제공은 ① 금전 또는 유가증권을 공탁한 후 공탁서 사본을 법원에 제출하거나(현금공탁) ② 금융기관 또는 보험회사와 지급보증위탁계약을 체결한 후 그 보증서(지급보증위탁계약체결문서 또는 공탁보증보험증권) 원본을 법원에 제출하는 방법으로 할 수 있습니다. 통상 법원이 담보제공명령을 할 때 담보제공 방법을 지정해 줍니다.

■ 무담보가압류신청에 대하여 담보제공명령 시 그에 대한 불복방법은 어떤 절차가 있나요?

Q. 甲은 사용자 乙에 대한 임금채권에 대하여 乙의 집행가능한 재산인 부동산을 보전하기 위하여 乙의 부동산에 대한 부동산가압류결정을 구하는 신청을 하면서, 임금채권의 집행을 보전하기 위한 것이므로 담보를 제공하지 아니하고 가압류할 수 있도록 해주기를 신청하였습니다. 그런데 법원은 현금으로 담보를 제공하라는 담보제공명령을 하였습니다. 이 경우 법원의 담보제공명령에 불복할 수 있는 방법이 있는지요?

A. 가압류명령에 관하여 민사집행법 제280조는 "①가압류신청에 대한 재판은 변론 없이 할 수 있다. ②청구채권이나 가압류의 이유를 소명하지 아니한 때에도 가압류로 생길 수 있는 채무자의 손해에 대하여 법원이 정한 담보를 제공한 때에는 법원은 가압류를 명할 수 있다. ③청구채권과 가압류의 이유를 소명한 때에도 법원은 담보를 제공하게 하고 가압류를 명할 수 있다. ④담보를 제공한 때에는 그 담보의 제공과 담보제공의 방법을 가압류명령에 적어야 한다."라고 규정하고 있습니다.

그리고 무담보의 가압류결정을 구하는 신청에 대하여 법원이 일정한 액수의 담보를 제공하는 것을 조건으로 가압류를 명할 경우 그에 대하여 불복하는 방법에 관하여 구 민사소송법(2002. 1. 26. 법률 제6626호로 개정되기 전의 것) 하의 판례는 "무담보의 가압류결정을 구하는 신청에 대하여 법원이 일정한 액수의 담보를 제공하는 것을 조건으로 가압류를 명하는 경우, 이는 실질적으로 가압류신청에 대한 일부 기각의 재판과 같은 성격을 가지는 것이므로, 신청인으로서는 위 일부 기각부분(담보를 조건으로 명한 부분)에 대하여 불복할 이익을 갖는다고 할 것이고, 담보의 수액이 지나치게 과다하다고 다투는 경우도 마찬가지로 보아야 할 것인데, 이 때 담보를 제공할 것을 명한 부분을 다투거나 담보의 수액이 지나치게 많다고 하여 다툴 수 있는 방법은 법률상 다른 특별한 규정이 없는 이상 가압류신청의 일부 또는 전부가 기각이나 각하 된 경우와 마찬가지로 통상의 항고로써 다툴 수 있다."라고 하였습니다(대법원 2000. 8. 28.자 99그30 결정).

그런데 민사집행법 제281조 제2항은 "채권자는 가압류신청을 기각하거나 각하 하는 결정에 대하여 즉시항고를 할 수 있다."라고 규정하고 있습니다.

따라서 위 사안의 경우 甲이 법원의 담보제공명령에 불복하려면 '담보를 조건으로 명한 부분'(가압류명령의 기각부분)에 대하여 즉시항고를 제기하여야 할 것으로 보입니다.

# 제3절 가압류 명령

① 가압류 명령의 효력은 그 재판이 고지된 때에 발생합니다. 다만, 집행력은 채권자에게 고지되면 채무자에 대하여 고지가 없더라도 발생합니다.

② 가압류 명령의 효력은 피보전권리의 보전목적 범위 내에서 잠정적·가정적으로만 발생하고 피보전권리나 계쟁 법률관계의 존부를 확정하는 효력은 없습니다. 따라서 가압류 채권자는 채권자평등의 원칙에 따라 우선변제권이 없고 다른 다수의 채권자가 존재하는 경우 함께 배당을 받아야 합니다.

## 1. 가압류 재판의 고지─결정서 송달

① 다음에 대한 결정은 결정의 이유 등을 적은 결정서를 당사자에게 송달하는 방법으로 합니다(민사집행규칙 제203조, 제203조의3 및 제203조의4).

   1. 가압류의 신청
   2. 가압류의 신청을 기각 또는 각하한 결정에 대한 즉시항고
   3. 가압류에 대한 이의신청
   4. 가압류의 취소신청
   5. 가압류에 대한 이의신청 및 취소신청에 관한 결정에 대한 즉시항고

② 담보제공명령, 가압류의 신청을 기각하거나 각하하는 재판과 가압류 신청을 기각 또는 각하한 결정에 대한 즉시항고를 기각하거나 각하하는 재판은 채무자에게 고지할 필요가 없으므로(민사

집행법 제281조제3항) 결정서를 송달하지 않아도 됩니다.

③ 가압류 집행은 그 재판을 채무자에게 송달하기 전에도 할 수 있으므로(민사집행법 제292조제3항) 집행착수 후에 채무자에게 송달하는 것이 실무상 관례입니다.

④ 가압류 재판에 대한 집행은 채권자에게 재판을 고지하거나 송달한 날부터 2주를 넘긴 때에는 하지 못합니다(민사집행법 제292조제2항).

[서식 예] 가압류결정문 등본 교부신청서

---

### 가압류결정문등본교부신청

사    건    20○○카단○○○○호 부동산가압류
채 권 자    ○○○
채 무 자    ◇◇◇


  위 사건에 관하여 채권자는 그 가압류결정문등본 1부를 교부하여 주실 것을 신청합니다.


20○○.  ○.  ○.
위 채권자 ○○○ (서명 또는 날인)


○○지방법원  귀중

---

## 2. 가압류 명령의 효력

① 가압류 명령의 효력은 그 재판이 고지된 때에 발생합니다. 다만, 집행력은 채권자에게 고지되면 채무자에 대하여 고지가 없더라도 발생합니다(민사집행법 제292조제3항).

② 가압류 명령에 대한 경정결정이 있는 경우 당초의 가압류 명령이 고지된 때에 소급하여 경정된 내용의 가압류 명령의 효력이 발생하는 것이 원칙입니다(법원행정처, 법원실무제요 민사집행 Ⅳ). 다만, 제3채무자의 입장에서 볼 때 객관적으로 경정결정이 당초의 채권가압류결정의 동일성에 실질적으로 변경을 가하는 것일 경우에는 경정결정이 제3채무자에게 송달된 때에 비로소 경정된 내용의 채권가압류결정의 효력이 발생합니다(대법원 2001. 7. 10. 선고 2000다72589 판결).

③ 가압류 명령의 효력은 피보전권리의 보전목적 범위 내에서 잠정적·가정적으로만 발생하고 피보전권리나 계쟁 법률관계의 존부를 확정하는 효력은 없습니다. 따라서 가압류 채권자는 채권자평등의 원칙에 따라 우선변제권이 없고 다른 다수의 채권자가 존재하는 경우 함께 배당을 받아야 합니다.

④ 가압류 명령을 발령한 법원은 스스로 이를 취소·철회할 수 없습니다. 다만, 기각·각하결정에 대한 즉시항고나 이용결정에 대한 이의신청이 제기된 때에는 그 재판을 한 법원이 스스로 취소 또는 변경할 수 있습니다(민사집행법 제23조제1항, 민사소송법 제446조 및 민사집행법 제286조제5항).

⑤ 가압류 명령은 채권자에게 고지되면 즉시 집행력이 생기며(민사집행법 제292조제3항), 당사자의 승계가 없는 한 집행문을 부여

받을 필요가 없습니다(법원행정처, 법원실무제요 민사집행Ⅳ).

⑥ 가압류 신청 기각·각하결정은 이에 대한 즉시항고 기간의 경과나 즉시항고 기각·각하재판에 의하여 확정되고, 가압류신청 인용결정은 이에 대한 이의신청 재판의 확정에 의하여 형식적 확정력이 발생합니다(법원행정처, 법원실무제요 민사집행Ⅳ).

## ■ 살고 있는 집이 가압류된 경우에 곧바로 집이 경매로 넘어가는 건가요?

Q. 살고 있는 집이 가압류됐습니다. 이제 곧바로 집이 경매로 넘어가는 건가요?

A. 그렇지는 않습니다.

가압류 결정과는 별도로 채권자가 본안 소송을 제기하여 승소해야 비로소 경매절차를 진행할 수 있습니다. 따라서 해당 주택에 대한 가압류 결정이 내려졌다 하더라도 그것만으로는 곧바로 주택에 대한 경매가 진행되는 것은 아닙니다.

가압류 명령의 효력은 피보전권리의 보전목적 범위에서 잠정적, 가정적으로만 발생합니다. 피보전권리나 계쟁 법률관계의 존부를 확정하는 효력은 없습니다.

가압류 명령의 효력은 그 재판 결과가 고지된 때에 발생합니다. 다만, 집행력은 채권자에게 고지되면 채무자에 대하여 고지가 없더라도 발생합니다.

**(관련판례)**

채권압류 및 전부명령의 경정결정이 확정된 경우에는 처음부터 경정된 내용의 압류 및 전부명령이 있었던 것과 같은 효력이 있으므로, 당초의 결정 정본이 제3채무자에게 송달된 때에 소급하여 경정된 내용의 압류 및 전부명령결정의 효력이 발생하는 것이 원칙이나, 경정결정이 그 허용한계 내의 적법한 것인 경우에 있어서도 제3채무자의 입장에서 볼 때에 객관적으로 경정결정이 당초의 결정의 동일성에 실질적으로 변경을 가하는 것이라고 인정되는 경우에는 경정결정이 제3채무자에게 송달된 때에 비로소 경정된 내용의 결정의 효력이 발생한다고 보는 것이 제3채무자 보호의 견지에서 타당하다 할 것이고, 경정결정이 재판의 내용을 실질적으로 변경하여 위법하나 당연무효로 볼 수 없는 경우에는 더욱 그 소급효를 제한할 필요성이 크다고 할 것이므로 채권압류 및 추심명령을 채권압류 및 전부명령으로 경정한 결정은 그 결정정본이 제3채무자에게 송달된 때에 비로소 경정된 내용의 결정의 효력이 발생한다(대법원 2001. 7. 10. 선고 2000다72589 판결).

## 3. 가압류 신청을 배척하는 재판

### 3-1. 소송요건의 흠결 또는 부적법에 따른 각하(却下)

소송요건에 흠이 있어 부적법하거나 법원이 명한 담보를 제공하지 아니한 때에는 가압류 신청이 각하됩니다(민사집행법 제23조제1항 및 민사소송법 제219조).

### 3-2. 신청의 이유가 부족함에 따른 기각(棄却)

피보전권리나 보전의 필요성이 없어 가압류 신청에 이유가 없으면 신청이 기각됩니다. 소명이 부족하거나 없는 경우에도 담보를 제공하게 하고 가압류를 명할 수 있으나(민사집행법 제280조제2항), 신청이유 없음이 명백하거나 담보제공만으로는 가압류를 발령하기에 부적합하다고 인정되면 기각됩니다(대법원 1965. 7. 27. 선고 65다1021 판결).법원이 신청을 기각·각하하거나 즉시항고를 기각·

각하하는 재판은 채권자에게 고지하면 되고, 채무자에게 고지할 필요는 없습니다(민사집행법 제281조제3항).

## 4. 신청이 배척된 경우 불복절차

### 4-1. 즉시항고(卽時抗告)

① 채권자는 신청을 기각하거나 각하하는 결정에 대하여 결정 고지된 날부터 1주 이내에 즉시항고장을 제출함으로써 즉시항고할 수 있습니다(민사집행법 제15조제2항 및 제281조제2항).

② 무담보의 가압류결정을 구하는 신청에 대하여 법원이 일정한 액수의 담보를 제공하는 것을 조건으로 가압류를 명하는 경우 이는 실질적으로 가압류 신청에 대한 일부기각의 재판과 같은 성격을 가지는 것이므로 채권자는 가압류 신청의 일부기각의 경우와 마찬가지로 즉시항고로 불복할 수 있습니다(담보의 액수가 많다고 다투는 것도 같음: 대법원 2000. 8. 28.자 99그30 결정).

③ 즉시항고장 접수

# *즉시항고장 기재례

---

## 즉시항고장

항고인(채권자) ○○○

   ○○시 ○○구 ○○동 ○○(우편번호 ○○○-○○○)

피항고인(채무자) ◇◇◇

   ○○시 ○○구 ○○동 ○○(우편번호 ○○○-○○○)

위 당사자간 ○○지방법원 ○○카단○○○호 채권가압류 사건에 관하여 귀원의 2000. ○. ○. 채권가압류신청 기각결정은 불복이므로 이에 항고를 제기합니다.

### 원결정의 표시

이 사건 신청을 기각한다.

  (항고인은 위 결정을 2000. ○. ○. 송달받음)

### 항 고 취 지

원결정을 취소하고 다시 상당한 재판을 구합니다.

### 항 고 이 유

1. 가압류 신청서에 적은 신청이유 부분의 사실관계 기재
2. 따라서 위와 같이 부적법 한 본 건 채권가압류 신청의 기각은 부당하므로 이 건 항고에 이르게 된 것입니다.

### 첨 부 서 류

   1. 결정문                    1통

   1. 항고장부본           1통

2000. ○. ○.

위 항고인(채권자) ○○○ (서명 또는 날인)

**○○지방법원 귀중**

---

④ 항고심은 원심에 이어 계속하므로 제출할 호증(증거서류)은 원심에 이어서 번호를 붙입니다. 즉 원심에서 제출한 마지막 증거서류가 '소갑제10호증'이라면 항고심에서 추가 제출할 증거서류는 '소갑제11호증'부터 시작합니다(민사소송법 제409조).

⑤ 즉시항고하려는 자는 즉시항고장 접수 시 20,000원의 수입인지를 구입하여 항고장에 붙여야 합니다(민사소송 등 인지법 제9조제2항 및 제11조제1항).

⑥ 즉시항고하려는 자는 당사자 1명당 5회분의 송달료를 예납해야 합니다(송달료규칙의 시행에 따른 업무처리요령 제7조제1항·별표 1 및 국내 통상우편요금 및 우편이용에 관한 수수료 별표).

⑦ 송달료 = 당사자 1명당 1회 송달료 × 당사자 수 × 5회분 = 3,700원 × 당사자수 × 5회분

⑧ 즉시항고에 의해 집행정지의 효력은 발생하지 않지만, 항고법원은 즉시항고에 대한 결정이 있을 때까지 담보를 제공하게 하거나 담보를 제공하게 하지 않고 원심재판의 집행을 정지하거나 집행절차의 전부 또는 일부를 정지하도록 명할 수 있고, 담보를 제공하게 하고 그 집행을 계속하도록 명할 수 있습니다(민사집행법 제15조제6항).

[ 서식 예 ] 즉시항고권포기서

---

# 즉시항고권포기서

신청인 ○○○(주민등록번호)
　　　○○시 ○○구 ○○길 ○○(우편번호 ○○○-○○○)
　　　전화.휴대폰번호:
　　　팩스번호, 전자우편(e-mail)주소:
피신청인 ◇◇◇(주민등록번호)
　　　○○시 ○○구 ○○길 ○○(우편번호 ○○○-○○○)
　　　전화.휴대폰번호:
　　　팩스번호, 전자우편(e-mail)주소:

　위 당사자 사이의 귀원 20○○카담○○○호 담보취소신청사건
에 관하여 귀원의 담보취소결정에 관하여 피신청인은 즉시항고권
을 포기합니다.

## 첨 부 서 류

1. 인감증명　　　　　　　1통

20○○.　○.　○.
위 피신청인 ◇◇◇ (날인)

○○지방법원　귀중

---

## 4-2. 재항고

가압류 사건 절차에 관한 항고법원의 재판에 대하여는 재판에 영향을 미친 헌법, 법률, 명령 또는 규칙의 위반을 이유로 드는 때에는 대법원에 재항고(再抗告)할 수 있습니다(민사소송법 제442조).

**(관련판례)**

무담보의 가압류결정을 구하는 신청에 대하여 법원이 일정한 액수의 담보를 제공하는 것을 조건으로 가압류를 명하는 경우 이는 실질적으로 가압류신청에 대한 일부기각의 재판과 같은 성격을 가지는 것이므로 신청인으로서는 위 일부기각 부분(담보를 조건으로 명한 부분)에 대하여 불복할 이익을 갖는다고 할 것이고, 담보의 수액이 지나치게 과다하다고 다투는 경우도 마찬가지로 보아야 할 것인데, 이때 담보를 제공할 것을 명한 부분을 다투거나 담보의 수액이 지나치게 많다고 하여 다툴 수 있는 방법은 법률상 다른 특별한 규정이 없는 이상 가압류신청의 일부 또는 전부가 기각이나 각하된 경우와 마찬가지로 통상의 항고로써 다툴 수 있다(대법원 2000. 8. 28.자 99그30 결정).

# 제5장 가압류집행

## 제1절 가압류집행

### 1. 가압류집행에 대한 본집행의 준용

① 가압류의 집행은 특별한 규정이 없으면 민사집행법의 강제집행에 관한 규정이 준용됩니다(민사집행법 제291조 및 민사집행규칙 제218조). 따라서 집행의 목적물, 집행기관, 집행의 방법, 위임집행에 대한 채무자의 구제, 제3자의 구제절차 등 강제집행에 관한 규정이 대부분 준용됩니다.

② 다만, 청구에 관한 이의의 소(민사집행법 제44조), 집행문부여에 대한 이의의 소(민사집행법 제45조)의 규정은 원칙적으로 준용되지 않습니다.

### 2. 집행개시의 요건

① 가압류에 대한 재판이 있은 뒤에 채권자나 채무자의 승계가 이루어진 경우 가압류의 재판을 집행하려면 집행문을 덧붙여야 합니다(민사집행법 제292조제1항).

② 가압류에 대한 재판의 집행은 채권자에게 재판을 고지한 날부터 2주 이내에 해야 합니다(민사집행법 제292조제2항).

③ 가압류집행은 채무자에게 송달하기 전에도 할 수 있습니다(민사집행법 제292조제3항).

# 3. 부동산가압류집행

## 3-1. 등기촉탁

① 부동산에 대한 가압류의 집행은 가압류 재판에 관한 사항을 등기부에 기입해야 합니다(민사집행법 제293조제1항).

② 법원은 가압류 결정을 한 후 채권자에게 결정 정본을 송달하면서 부동산 소재지 관할 등기소에 가압류 사실을 기입하라는 등기촉탁서를 함께 송달함으로써 등기소공무원에 의하여 등기부에 기입하게 됩니다(민사집행법 제293조제2항 및 제3항).

**[서식 예] 부동산 소유권이전등기청구권 가압류신청서**
**(구상금채권을 원인으로)**

---

### 부동산소유권이전등기청구권가압류신청

채 권 자 ○○○
　　　　　○○시 ○○구 ○○길 ○○(우편번호 ○○○-○○○)
　　　　　전화.휴대폰번호:
　　　　　팩스번호, 전자우편(e-mail)주소:
채 무 자 ◇◇◇
　　　　　○○시 ○○구 ○○길 ○○(우편번호 ○○○-○○○)
　　　　　전화.휴대폰번호:
　　　　　팩스번호, 전자우편(e-mail)주소:
제3채무자 ◉◉◉
　　　　　○○시 ○○구 ○○길 ○○(우편번호 ○○○-○○○)
　　　　　전화.휴대폰번호:

---

팩스번호, 전자우편(e-mail)주소:

**청구채권의 표시**

**금 24,000,000원**(20○○. ○. ○.자 연대보증채무를 대위변제한
구상금채권)

**가압류할 채권의 표시**

별지목록 기재와 같습니다.

## 신 청 취 지

1. 채무자의 제3채무자에 대한 별지기재 부동산에 대한 소유권
   이전등기청구권을 가압류한다.
2. 제3채무자는 채무자에 대하여 위 부동산에 관한 소유권이전
   등기절차를 이행하여서는 아니 된다.
3. 채무자는 위 소유권이전등기청구권을 양도하거나 그밖에 처
   분을 하여서는 아니 된다.

라는 재판을 구합니다.

## 신 청 이 유

1. 채권자는 채무자가 신청외 주식회사 ■■은행으로부터 20○○.
   ○. ○. 대출한 금 14,000,000원, 20○○. ○. ○○. 대출한
   금 16,000,000원에 대하여 연대보증을 선 바 있습니다. 그
   러나 채무자가 위 대출금채무를 변제하지 못하여 채권자가
   20○○. ○○. ○. 원금과 이자의 합계 금 24,000,000원을
   대위변제 하게 되었습니다. 이에 채권자는 채무자에게 구상
   금채무의 이행으로서 위 금 24,000,000원을 지급할 것을 독

촉하였으나 채무자는 계속 미루기만 하고 지금까지 변제하지 않고 있습니다.

2. 그러므로 채권자는 귀원에 본안소송 제기의 준비를 하고 있으나 채무자는 별지 기재 부동산소유권이전등기청구권 외에는 별다른 재산이 없습니다. 따라서 채무자의 유일한 재산인 별지기재 부동산소유권이전등기청구권을 가압류하지 않는다면 채권자가 ,나중에 승소판결을 얻는다 하더라도 강제집행이 불가능하겠기에, 집행보전을 위하여 이 사건 신청에 이른 것입니다.

3. 한편, 채권자는 경제적 여유가 없으므로 담보제공에 관하여는 민사집행법 제19조 제3항, 민사소송법 제122조에 의하여 보증보험주식회사와 지급보증위탁계약을 맺은 문서를 제출하는 방법으로 담보제공을 할 수 있도록 허가하여 주시기 바랍니다.


## 소 명 방 법

1. 소갑 제1호증의 1, 2          대위변제확인서 및 영수증


## 첨 부 서 류

1. 위 소명방법                     1통
1. 부동산등기사항증명서            1통
1. 가압류신청진술서                1통
1. 송달료납부서                    1통


20○○.  ○.  ○.

위 채권자 ○○○ (서명 또는 날인)


○○지방법원  귀중

[별 지 1]

## 가압류할 채권의 표시

채무자의 제3채무자에 대한 아래 부동산에 관한 소유권이전등
기청구권

- 아 래 -

  1동의 건물의 표시
     ○○시 ○○구 ○○동 ○○
     [도로명주소] ○○시 ○○구 ○○길 ○○
     철근콘크리트조 슬래브지붕 19층 아파트 제102동
  전유부분의 건물의 표시
     철근콘크리트조
     3층 308호
     59.98㎡
  대지권의 목적인 토지의 표시
     ○○시 ○○구 ○○동 ○○ 대 11243.8㎡
  대지권의 표시
     소유권대지권 11243.8분의 40.151. 끝.

**(관련판례 1)**

소유권이전등기청구권의 가압류나 압류가 행하여지면 제3채무자로서
는 채무자에게 등기이전행위를 하여서는 아니 되고, 그와 같은 행위
로 채권자에게 대항할 수 없다 할 것이나, 가압류나 압류에 의하여
그 채권의 발생원인인 법률관계에 대한 채무자와 제3채무자의 처분까
지도 구속되는 것은 아니므로 기본적 계약관계인 매매계약 자체를 해
제할 수 있다(대법원 2000. 4. 11. 선고 99다51685 판결).

## 3-2. 부동산가압류 등기의 효력

① 부동산가압류 등기가 기입되면 채무자는 해당 가압류 목적 부동산을 처분할 수 없습니다.

② 부동산을 가압류 하더라도 해당 목적 부동산의 이용 및 관리권은 여전히 채무자에게 있습니다(민사집행법 제291조 및 제83조제2항).

# 4. 자동차·건설기계·소형선박에 대한 가압류집행

## 4-1. 가압류 명령 및 집행

① 자동차·건설기계·소형선박(이하 "자동차 등"이라 함)에 대한 가압류는 법원사무관이 해당 행정관청에 가압류기입등록을 촉탁함으로써 집행됩니다(민사집행법 제293조, 민사집행규칙제108조, 제210조 및 제211조)

② 가압류 법원은 채권자의 신청에 의하여 자동차 등을 집행관에게 인도할 것을 채무자에게 명할 수 있습니다(민사집행규칙 제210조제2항 및 제211조).

③ 강제경매개시결정이 송달되거나 등록되기 전에 집행관이 자동차

등을 인도받은 경우에는 그때에 가압류의 효력이 발생합니다(민사집행규칙 제210조제3항 및 제111조제3항).

④ 압류의 효력 발생 당시 채무자가 점유하던 자동차 등을 제3자가 점유하게 된 경우 채권자는 점유 사실을 안 날부터 1주 이내에 법원에게 그 제3자에 대하여 그 물건을 집행관에게 인도하도록 명할 것을 신청할 수 있습니다(민사집행규칙 제210조제2항, 민사집행법 제193조제1항 및 제2항).

⑤ 집행관은 상당하다고 인정하는 때에는 인도받은 자동차 등을 압류채권자, 채무자, 그 밖의 적당한 사람에게 보관시킬 수 있습니다. 이 경우에는 공시서를 붙여 두거나 그 밖의 방법으로 그 자동차 등을 집행관이 점유하고 있음을 분명하게 표시하고, 운행이 허가된 경우를 제외하고는 운행을 하지 못하도록 적당한 조치를 해야 합니다(민사집행규칙 제210조제2항 및 제115조).

## 4-2. 가압류집행의 효력

① 인도 집행된 자동차 등에 대하여 영업상의 필요 그 밖의 상당한 이유가 있는 때 이해관계를 가진 사람의 신청에 의하여 집행법원이 자동차 등의 운행을 적당한 조건을 붙여 허가할 수 있습니다(민사집행규칙 제210조제2항 및 제117조).

② 자동차 등은 가압류의 성질상 현금화할 수 없습니다. 다만, 즉시 매각하지 않으면 값이 크게 떨어질 염려가 있거나 그 보관에 지나치게 많은 비용이 드는 경우에는 집행관은 자동차 등을 매각하여 그 대금을 공탁해야 합니다(민사집행규칙 제210조제3항 및 민사집행법 제296조제5항).

## 5. 유체동산가압류집행

### 5-1. 집행관에게 집행위임

① 유체동산가압류의 집행은 압류와 같은 원칙에 따라야 하므로 집 행관에게 위임하여 동산압류방식에 의하여 집행해야 합니다(민사 집행법 제296조제1항).

② 유체동산에 대한 집행위임은 다음의 사항을 적은 서면에 가압류 명령정본(법원 결정문 원본)을 함께 붙여서 신청해야 합니다(민 사집행규칙 제212조제1항).

　1. 채권자·채무자와 그 대리인의 표시

　2. 가압류명령의 표시

　3. 가압류 목적물인 유체동산이 있는 장소

　4. 가압류채권의 일부에 관하여 집행을 구하는 때에는 그 범위

③ 집행관사무소에 유체동산 집행위임을 하면 채권자는 일정 집행비 용을 예납해야 합니다(집행관수수료규칙 제25조제1항). 그 비용 은 해당 집행관사무소에서 바로 알 수 있으며, 그 자리에서 바로 납부하면 됩니다.

④ 가압류 집행은 채무자 또는 가족이나 친족의 입회가 있어야 집행이 가능하므로 채무자나 그 가족이 있을 때 집행해야 다시 집행하지 않는 수고를 덜 수 있습니다. 따라서 채무자가 직장 그 밖의 사유 로 주간에 집행할 수 없거나 공휴일이 아니면 집행할 수 없는 경우 에는 야간·휴일 집행허가 신청을 할 수 있습니다(민사집행법 제8조).

⑤ 집행한 가압류에 위배하여 물건을 다른 곳으로 이전하거나 봉인 표시(가압류의 경우 연두색 종이)를 떼어낼 경우 공무상비밀표시 무효죄에 해당하여 5년 이하의 징역 또는 700만원 이하의 벌금 에 처해집니다(형법 제140조).

## [서식 예] 야간집행허가신청서

<br>

### 야간집행허가신청

채권자 (이름)            (주민등록번호      -     )
      (주소)
      (연락처)
채무자 (성명)
      (주소)

<br>

채권자는 채무자에 대하여 집행력있는 정본에 의하여 주간에 집행을 하려 하였으나 채무자는 주간에는 폐문부재하여 그 집행을 하지 못하였으므로 야간에 집행을 할 수 있도록 허가하여 주시기 바랍니다.

<br>

첨부서류: 1. 동산압류 불능조서 사본 1부.
           2. 집행력있는 정본 사본 1부.

<br>

20 . . .

   위 채권자          (날인 또는 서명)

**○○○○법원 ○○집행계**

<br>

◇ 유의사항

◇연락처란에는 언제든지 연락 가능한 전화번호나 휴대전화번호(팩스번호, 이메일 주소등도 포함)를 기재하기 바랍니다.

■ 헬스기구를 대여하였는데 채권자들이 유체동산을 가압류하여 제 물건들이 경매될 것 같은 경우 임대한 헬스기구들을 찾을 수 있는 방법이 없을까요?

Q. 저는 헬스기구 대여업을 하는 사람입니다. 헬스장을 운영하는 갑에게 3천만원 상당의 헬스기구를 대여하였는데 갑의 채권자들이 유체동산을 가압류하여 제 물건들이 경매될 것 같습니다. 이 경우 제가 임대한 헬스기구들을 찾을 수 있는 방법이 없을까요?

A. 원칙적으로 제3자는 가압류명령에 대하여 사실상의 이해관계를 가지고 있다 하더라도 당사자가 이의신청을 할 수 없습니다. 그러나 가압류 목적물이 처음부터 제3자에게 속하거나 가압류 후 가압류목적물의 소유권을 취득한 제3자가 가압류의 효력을 부정할 수 있는 경우 등은 제3자이의의 소로써 가압류집행의 배제를 구할 수는 있습니다.(대법원 1996. 6. 14. 선고 96다14494 판결 참고.) 따라서, 귀하는 제3자이의의 소로써 위 헬스기구에 대한 소유권을 지켜낼 수 있을 것입니다.

## 5-2. 가압류집행의 효력

① 가압류된 유체동산을 제3자가 점유하게 된 경우 채권자는 그 제3자의 점유를 안 날부터 1주내에 법원에 가압류물의 인도명령을 신청하여 그 물건을 집행관에게 인도하도록 할 수 있습니다 (민사집행법 제291조, 제193조제1항 및 제2항).

② 가압류집행은 가압류 목적물에 대하여 채무자가 매매, 증여, 질권 등의 담보권 설정 그 밖에 일체의 처분을 금지하는 효력이 발생합니다.

## ■ 가압류 결정 후 일정기간 내에 집행을 해야 하는지요?

Q. 임대인 갑은 임차인 을이 1년 동안이나 차임을 지급하지 않고 있습니다. 보증금에서 연체된 차임을 제하더라도 부족하여 임차인의 유체동산을 가압류하여 가압류 결정을 받았는데 가압류 결정 후 일정기간 내에 집행을 해야 하는지요?

A. 민사집행법 제292조 제2항 "가압류에 대한 재판의 집행은 채권자에게 재판을 고지한 날부터 2주를 넘긴 때에는 하지 못한다."고 규정하고 있습니다. 가압류 결정서를 송달 받은 때로부터 2주의 기간 내에 집행에 착수하여야 하며, 위 2주의 기간이 도과하면 가압류는 집행력을 잃어버리게 됩니다. 따라서, 갑은 가압류결정을 받은 날로부터 2주 내에 집행에 착수하여야 하고, 2주가 도과하여 집행개시를 하지 못한다면 다시 새로운 가압류 신청을 하여야 합니다.

# 6. 채권가압류명령 및 집행

## 6-1. 가압류명령

채권가압류는 가압류의 목적인 특정 채권을 가압류한다는 선언과 동시에 제3채무자에 대하여 채무자에게 지급해서는 안 된다는 명령만을 해야 합니다(민사집행법 제296조제3항).

## 6-2. 집행과 효력

① 채권가압류는 그 발령과 동시에 가압류명령법원이 제3채무자에게 가압류재판 정본을 송달함으로써 집행됩니다(민사집행법 제227조제3항 및 제296조제2항).

② 금전채권이 가압류되었어도 그 이행기가 도래한 때에는 제3채무자는 권리공탁을 해야만 그 지체의 책임을 면할 수 있습니다(민사집행법 제248조제1항).

③ 제3채무자가 가압류 집행된 금전채권액을 공탁한 경우 그 가압류의 효력은 그 청구채권액에 해당하는 공탁금액에 대한 채무자의 공탁금출급청구권에 대하여 존속하게 됩니다(민사집행법 제297조).

## [서식 예] 가압류를 본압류로 이전하는 채권압류 및 추심명령신청 (가압류금액이 적을 경우)

---

**(가압류를 본압류로 이전하는)**

# 채권압류 및 추심명령신청

채 권 자  ○○○(주민등록번호)

○○시 ○○구 ○○길 ○○(우편번호)

전화.휴대폰번호:

팩스번호, 전자우편(e-mail)주소:

채 무 자  ◇◇◇(주민등록번호)

○○시 ○○구 ○○길 ○○(우편번호)

전화.휴대폰번호:

팩스번호, 전자우편(e-mail)주소:

제3채무자  ◈◈◈

○○시 ○○구 ○○길 ○○(우편번호)

전화.휴대폰번호:

팩스번호, 전자우편(e-mail)주소:


**청구채권의 표시 : 금 ○○○○○원**

1. 금 ○○○○○원

   귀원 20○○가소○○○ 구상금청구사건의 집행력 있는 판결
   정본에 기초한 원금

2. 금 ○○○○원

   위 금원에 대한 20○○. ○. ○.부터 20○○. ○. ○.까지는
   연 5%의, 그 다음날부터 20○○. ○. ○.까지는 연 ○○%
   의 각 비율에 의한 지연손해금

3. 금 ○○○원(집행비용)

　내역 : 금 ○○○원(신청서 첩부인지대)

　　　　금 ○○○원(송달료)

　　　　금 ○○○원(집행문부여신청인지대)

4. 합계 금 ○○○○○원(1 + 2+3)


**본압류로 이전하는 압류 및 추심 할 채권 등의 표시**

별지목록 기재와 같습니다.

# 신 청 취 지

1. 채권자와 채무자간 귀원 20○○카단○○○ 채권가압류결정에 의하여 가압류된 별지목록 제1기재 채권은 본압류로 이전하고, 별지목록 제2기재 채권은 압류한다.
2. 제3채무자는 채무자에 대하여 위 압류된 채권을 지급을 하여서는 아니 된다.
3. 채무자는 위 압류된 채권의 처분과 영수를 하여서는 아니 된다.
4. 위 압류된 채권은 채권자가 추심할 수 있다.

라는 재판을 구합니다.

# 신 청 이 유

1. 채권자는 채무자에 대하여 금 ○○○○○원의 구상금채권이 있어서 채무자에게 여러 차례에 걸쳐 독촉하였음에도 이를 지급하지 아니하여 채권자는 위 채권의 집행보전을 위하여 별지목록 제1기재의 채권을 귀원 20○○카단○○○호로 채권가압류집행을 한 뒤 귀원에 구상금청구를 위한 소(20○○가소○○

○호)를 제기하여 이에 대한 판결을 얻고 확정되었습니다.

2. 따라서 채권자는 채무자가 제3채무자에 대하여 가지는 별지목록 제1기재 채권을 본압류로 전이하고, 가압류가 되지 않은 별지목록 제2기재 채권을 압류함과 아울러 별지목록 제1, 제2기재 각 채권에 대하여 추심명령을 구하기 위하여 이 사건 신청에 이르게 된 것입니다.

### 첨 부 서 류

| | |
|---|---|
| 1. 채권가압류결정문 | 1통 |
| 1. 가압류결정송달증명원 | 1통 |
| 1. 집행력 있는 판결정본 | 1통 |
| 1. 판결정본송달 및 확정증명 | 1통 |
| 1. 송달료납부서 | 1통 |

20○○.  ○.  ○.

위 채권자  ○○○ (서명 또는 날인)

**○○지방법원 ○○지원  귀중**

[별 지]

### 본압류로 이전하는 압류 및 추심 할 채권 등의 표시

1. 가압류를 본압류로 이전 및 추심 할 채권
   금 ○○○○원
   채무자가 제3채무자로부터 20○○. ○. ○. ○○시 ○○구 ○○길 ○○에 있는 ○○아파트 ○○동 ○○○호를 임차함에 있어 제3채무자에게 지급한 임대차보증금 ○○○○○원의 반환채권[다만, 「주택

임대차보호법」제8조, 같은 법 시행령의 규정에 따라 우선
변제를 받을 수 있는 금액에 해당하는 경우에는 이를 제외
한 나머지 금액] 가운데 위 금액.

2. 압류 및 추심 할 채권

금 ○○○○원(청구채권 금 ○○○○○원-본압류전이채권 금
○○○○원)

채무자가 제3채무자로부터 20○○. ○. ○. ○○시 ○○구 ○○길
○○에 있는 ○○아파트 ○○동 ○○○호를 임차함에 있어 제3채무
자에게 지급한 임대차보증금 ○○○○○원의 반환채권[다만, 「주택
임대차보호법」제8조, 같은 법 시행령의 규정에 따라 우선
변제를 받을 수 있는 금액에 해당하는 경우에는 이를 제외
한 나머지 금액] 가운데 위 금액. 끝.

**(관련판례)**

같은 채권에 관하여 추심명령이 여러 번 발부되더라도 그 사이에는
순위의 우열이 없고, 추심명령을 받아 채권을 추심하는 채권자는 자기
채권의 만족을 위하여서 뿐만 아니라 압류가 경합되거나 배당요구가
있는 경우에는 집행법원의 수권에 따라 일종의 추심기관으로서 압류나
배당에 참가한 모든 채권자를 위하여 제3채무자로부터 추심을 하는
것이므로 그 추심권능은 압류된 채권 전액에 미치며, 제3채무자로서도
정당한 추심권자에게 변제하면 그 효력은 위 모든 채권자에게 미치므
로 압류된 채권을 경합된 압류채권자 및 또 다른 추심권자의 집행채
권액에 안분하여 변제하여야 하는 것도 아님(대법원 2001.3.27. 선
고 2000다43819 판결).

# 제2절 가압류집행취소

## 1. 채권자의 집행해제 신청

### 1-1. 집행해제의 신청

채권자와 채무자 사이에 원만한 합의가 성립된 경우와 같이 이미 집행된 가압류집행을 해제(취소)할 필요가 있는 경우 채권자는 가압류의 집행상태가 계속되고 있는 한 채무자의 동의 없이 언제든지 집행기관에 대하여 집행해제신청을 할 수 있습니다(대법원 1980. 2. 15.자 79마351 결정).

### 1-2. 신청서 작성

집행해제신청서에는 집행해제를 구하는 사건을 특정하기 위해 사건번호, 사건명 등을 정확히 기재하고, 결정일, 집행해제 이유를 간단히 표시해야 합니다. 그리고 보통 신청취하의 의사와 더불어 신청취하로 인한 집행해제의사를 표시해야 합니다(법원행정처, 법원실무제요 민사집행Ⅳ).

### *집행해제신청 이유 기재례
① 부동산가압류 신청취하 및 집행해제 신청

> 위 당사자 사이의 ○○지방법원 20○○카단○○○호 부동산가압류신청 사건에 관하여 같은 법원에서 20○○. ○. ○. 결정한 가압류결정에 기초하여 채무자 소유의 별지목록 기재 부동산에 대하여 20○○. ○. ○○. ○○지방법원 ○○등기소 등기접수 제○○호로서 가압류집행을 하였으나, 위 당사자 사이에 원만한 합의가 성립되었으므로 위 가압류를 해제하여 주시기 바랍니다.

② 채권가압류 신청취하 및 집행해제 신청

> 위 당사자 사이의 위원 20OO카단OOO호 채권가압류 신청사건에 관하여 귀원의 가압류 결정에 의하여 그 집행이 완료되었는바, (당사자 사이에 원만한 합의가 성립되었으므로) 채권자는 위 가압류신청을 전부취하하오니 집행해제를 하여 주시기 바랍니다.

③ 유체동산가압류 신청취하 및 집행해제 신청

> 위 당사자 사이의 위원 20OO카단OOO호 유체동산가압류 신청사건에 관하여 (당사자 사이에 원만한 합의가 성립되었으므로) 채권자는 이 가압류신청을 취하하오니 가압류의 집행을 해제(취소)하여 주시기 바랍니다.

④ 가압류 일부취하 및 집행해제 신청

> 위 당사자 사이의 위원 20OO카단OOO호 채권가압류 신청사건에 관하여 귀원의 가압류 결정에 의하여 그 집행이 완료되었는바, (당사자 사이에 원만한 합의가 성립되었으므로) 채권자는 채무자 OOO에 대한 가압류신청을 취하하오니 그 집행해제하여 주시기를 신청합니다.


## 1-3. 신청비용 납부

① 채권자에 의한 집행해제신청을 하는 경우 그 해제절차에 필요한 비용(송달료, 등록면허세 등)을 예납해야 하나, 인지는 붙일 필요가 없습니다(법원행정처, 법원실무제요 민사집행Ⅳ).

② 집행해제를 신청하려는 자는 송달료(등기소 또는 제3채무자의 수 × 2회분 × 3,700원)를 납부해야 합니다(송달료규칙의 시행에 따른 업무처리요령9 제7조제1항, 별표 1 및 9국내 통상우편요금 및 우편이용에 관한 수수료9 별표).

③ 부동산 또는 자동차와 같이 등기·등록을 해야 하는 가압류의 집

행해제신청은 해당 목적물의 등록면허세 및 지방교육세를 납부
해야 합니다(지방세법 제24조제1호, 제28조제1항제1호마목, 제3
호라목, 제150조제2호 및 제151조제1항제2호).

| | 등록면허세 | 지방교육세 |
|---|---|---|
| 부동산 | 부동산 1개당 6,000원 | 부동산 1개당 1,200원 |
| 자동차 | 매 1건당 15,000원 | 면제 |

④ 부동산과 같이 등기를 요하는 가압류에 대한 집행해제신청을 하
  려는 자는 부동산 1개당 3,000원의 대법원수입증지를 구입해야
  합니다(등기신청수수료 징수에 관한 예규 제2호자목 및 별표 1).
⑤ 납부방법 : 송달료 납부방법은 우표를 구입하여 신청서에 풀로
  붙이지 말고 고정하여 제출합니다.
⑥ 부동산의 경우 대법원 인터넷 등기소의 등기신청-등록면허세 정액
  분 신고에서 납부통지서를 발부받아 금융기관에 납부하면 됩니다.
⑦ 자동차의 경우 자동차에 대한 해제신청서를 소재지 관할 시·군·
  구청의 세무과에 제시하고 등록면허세납부통지서를 발부받아 금
  융기관에 납부하고, 등록면허세영수필확인서 및 통지서를 해제신
  청서에 첨부합니다.
⑧ 대법원수입증지는 법원 구내은행에서 구입하여 풀로 붙이지 말고
  클립 등으로 고정 후 신청서 상단에 끼워서 제출합니다.

# 채권가압류집행해제신청

사    건        20○○카단○○○○○호 채권가압류
신청인(채권자) ○○○
            ○○시 ○○구 ○○길 ○○(우편번호 ○○○-○○○)
            전화.휴대폰번호:
            팩스번호, 전자우편(e-mail)주소:
피신청인(채무자) ◇◇◇
            ○○시 ○○구 ○○길 ○○(우편번호 ○○○-○○○)
            전화.휴대폰번호:
            팩스번호, 전자우편(e-mail)주소:
제3채무자 ◉◉◉
            ○○시 ○○구 ○○길 ○○(우편번호 ○○○-○○○)
            전화.휴대폰번호:
            팩스번호, 전자우편(e-mail)주소:


    위 당사자 사이의 귀원 20○○카단○○○○호 사건에 관하여
신청인 소유의 별지 목록 기재 채권에 대한 가압류 집행의 해제를
신청합니다.


                20○○.  ○.  ○.
        위 신청인(채권자) ○○○ (서명 또는 날인)


○○지방법원  귀중

## 가압류채권의 표시

금 5,000,000원
채무자가 제3채무자에게 지급 받을 대여금 5,000,000원의 채
권. 끝.

## 1-4. 집행해제 신청 접수

① 채권자의 집행해제는 해당 가압류를 집행한 집행기관에 집행해
제신청서를 제출함으로써 신청해야 합니다.

② 집행법원이 집행하는 가압류(채권·부동산가압류, 채권가압류 및
선박·자동차·항공기의 가압류 등)의 경우 해당 집행법원에 집행
해제신청서 2부를 제출해야 합니다.

③ 집행관이 집행하는 가압류(동산가압류 등)의 경우 집행관에게 집
행해제신청서 2부를 제출해야 합니다.

## [서식 예] 부동산가압류해제신청서(합의에 의하여)

### 부동산가압류해제신청

채 권 자 ○○○

　　　　○○시 ○○구 ○○길 ○○(우편번호 ○○○-○○○)

　　　　전화.휴대폰번호:

　　　　팩스번호, 전자우편(e-mail)주소:

채 무 자 ◇◇◇

　　　　○○시 ○○구 ○○길 ○○(우편번호 ○○○-○○○)

　　　　전화.휴대폰번호:

　　　　팩스번호, 전자우편(e-mail)주소:


　위 당사자 사이의 ○○지방법원 20○○카단○○○호 부동산가압류신청사건에 관하여 같은 법원에서 20○○. ○. ○. 결정한 가압류결정에 기초하여 채무자 소유의 별지목록 기재 부동산에 대하여 20○○. ○. ○○. ○○지방법원 ○○등기소 등기접수 제○○호로서 가압류집행을 하였으나, 위 당사자 사이에 원만한 합의가 성립되었으므로 위 가압류를 해제하여 주시기 바랍니다.


　　　　　　　　20○○. ○. ○.

　　　　　　위 채권자 ○○○ (서명 또는 날인)


○○지방법원 귀중

[별 지]

## 가압류부동산의 표시

1. ○○시 ○○구 ○○동 ○○-○○

   대 157.4㎡


1. 위 지상

   벽돌조 평슬래브지붕 2층주택

   1층 74.82㎡

   2층 74.82㎡

   지층 97.89㎡. 끝.

**[서식 예] 해제증명신청서(채권가압류)**

# 해 제 증 명 신 청

사　　　건　　20○○카단○○○호 채권가압류
채 권 자　　○○○
채 무 자　　◇◇◇
제3채무자　■■개발주식회사 외2

　위 사건에 관하여 채권자는 제3채무자들 가운데 ■■개발주식회사에 대한 채권가압류를 20○○. ○. ○. 해제하였음을 증명하여 주시기 바랍니다.


　　　　　　　20○○.　○.　○.
　　　　　　위 채권자 ○○○ (서명 또는 날인)


○○지방법원　귀중

# 해제신청 접수증명원

사     건 20○○카단○○○호 채권가압류

채 권 자 ○○○

　　　　○○시 ○○구 ○○길 ○○(우편번호 ○○○-○○○)

　　　　전화.휴대폰번호:

　　　　팩스번호, 전자우편(e-mail)주소:

채 무 자 ◇◇◇

　　　　○○시 ○○구 ○○길 ○○(우편번호 ○○○-○○○)

　　　　전화.휴대폰번호:

　　　　팩스번호, 전자우편(e-mail)주소:

제3채무자 ■■■

　　　　○○시 ○○구 ○○길 ○○(우편번호 ○○○-○○○)

　　　　전화.휴대폰번호:

　　　　팩스번호, 전자우편(e-mail)주소:


　위 사건에 관하여 채권자의 해제신청서가 20○○. ○. ○. 귀원에 접수되었음을 증명하여 주시기 바랍니다.


　　　　　　20○○. ○. ○.

　　　　　위 채권자 ○○○ (서명 또는 날인)


**○○지방법원 ○○지원　귀중**

### 1-5. 가압류 종류별 집행기관

① 부동산가압류, 채권가압류, 선박·자동차·항공기 가압류의 경우 : 해당 집행법원

② 동산가압류 등의 경우 : 해당 집행관사무소


## 2. 채무자의 신청에 의한 가압류집행취소

채무자는 법원이 정한 해방공탁금을 공탁하여 집행법원으로 하여금 결정으로 집행한 가압류를 취소할 수 있습니다.

### 2-1. 가압류해방금액 공탁

① 채무자는 법원이 정한 가압류해방금액을 공탁하여 집행법원으로 하여금 결정으로 집행한 가압류를 취소할 수 있습니다(민사집행법 제299조제1항).

② 법원은 가압류 명령 결정을 내릴 때 가압류의 집행을 정지시키거나 집행한 가압류를 취소시키기 위하여 공탁할 금액을 가압류명령서에 기재해야 하고, 이 공탁할 금액을 가압류해방금액이라 합니다(민사집행법 제282조).

## [서식 예] 금전 공탁서(가압류해방)

# 금전 공탁서(가압류해방)

| 공 탁 번 호 | 년 금 제 호 | | 년 월 일<br>신청 | 법령<br>조항 | 민사집행법<br>제282조 |
|---|---|---|---|---|---|
| 공 탁 자<br>(가압류<br>채무자) | 성 명<br>(상호, 명칭) | ○○○ | | | |
| | 주민등록번호<br>(법인등록번호) | 111111-1111111 | | | |
| | 주 소<br>(본점, 주사무소) | ○○시○○구○○길○○ | | | |
| | 전화번호 | 00-000-0000 | | | |
| 공 탁 금 액 | 한글 금삼천만원정 | 보 관 은 행 | | 은행<br>지점 | |
| | 숫자 30,000,000원 | | | | |
| 법원의<br>명칭과<br>사 건 | ○○지방법원 20○○카단○○○○호 부동산가압류사건 | | | | |
| | 당 사 자 | 채 권 자 | □□□ | 채 무 자 | ○○○ |
| 공탁원인사실 | 위 사건의 가압류 집행 취소를 위한 해방공탁 | | | | |
| 비고<br>(첨부서류 등) | 1. 가압류 결정문 사본<br>2. □ 계좌납입신청 | | | | |

위와 같이 신청합니다.　　　　대리인 주소
　　　　　　　　　　　　　　　전화번호
　　공탁자 성명○ ○ ○(서명)　　성명　　　　　인(서명)

위 공탁을 수리합니다.
공탁금을　　　년　　월　　일까지 위 보관은행의 공탁관 계좌
에 납입하시기 바랍니다.
위 납입기일까지 공탁금을 납입하지 않을 때는 이 공탁 수리
결정의 효력이 상실됩니다.

| | | | |
|---|---|---|---|
| 년 월 일 | | | |
| 법원 지원 공탁관 | | | (인) |
| (영수증) 위 공탁금이 납입되었음을 증명합니다. | | | |
| 년 월 일 | | | |
| 공탁금 보관은행(공탁관) | | | (인) |

※ 1. 서명 또는 날인을 하되, 대리인이 공탁할 때에는 대리
인의 성명, 주소(자격자대리인은 사무소)를 기재하고
대리인이 서명 또는 날인하여야 합니다. 전자공탁시스
템을 이용하여 공탁하는 경우에는 날인 또는 서명은
공인인증서에 의한 전ㅁㄴㅇ서명 방식으로 합니다.
 2. 공탁당사자가 국가 또는 지방자치단체인 경우에는 법
인등록번호란에 '고유번호'를 기재하시기 바랍니다.
 3. 공탁금 회수청구권은 소멸시효 완성으로 국고에 귀속
될 수 있습니다.
 4. 공탁서는 재발급 되지 않으므로 잘 보관하시기 바랍니다.

## 1. 가압류해방공탁 관할
 ○ 가압류해방공탁을 하여야 할 공탁소의 관할에 관한 규정이
  없습니다.
 ○ 통상 가압류명령을 한 법원소재지의 공탁소에 공탁하고 있
  는 것이 실무입니다.

## 2. 가압류해방공탁 제출서류 등
◇ 공탁서 2통(공탁소)
◇ 가압류결정문사본(공탁근거서류로 첨부하여야함)
◇ 자격증명서 등(※ 관공서에서 작성하는 증명서는 작성일로부
 터 3월 이내의 것)
 ① 법인의 대표자(대표이사 등) 및 등기된 지배인이 신청하는
  경우 : 법인등기부등·초본
 ② 법인 아닌 사단·재단의 대표자가 신청하는 경우 : 정관(규

약) 및 규약에 따른 대표자선출 회의록(대표자선임결의
서)(※ 부동산등기용 등록번호를 증명하는 종중등록증명
서는 대표자자격증명에 해당되지 않음)
③ 법정대리인(미성년자의 친권자 등)이 신청하는 경우 : 가
족관계증명서 또는 법원의 선임심판서 등
④ 임의대리인이 신청하는 경우
▷ 개인(변호사, 법무사 포함)인 경우 - 위임장(공탁자의
도장이 날인된)
▷ 법인의 피용자(직원)인 경우 - 법인등기부등본, 위임장
(법인대표이사의 도장이 날인된)

◇ 첨부서면의 생략
동일 공탁법원에 대하여 동일인이 동일에 수 건의 공탁을 하
는 경우 1건의 공탁서에 첨부하고 다른 공탁서의 비고란에는
원용한다고 기재
◇ 신분증(주민등록증·운전면허증·여권·공무원신분증)《대리인에 의
한 공탁은 대리인의 신분증》
◇ 도장《대리인에 의한 공탁은 대리인의 도장》

## ■ 수개의 채권으로 가압류를 했을 때 채권의 변동으로 청구 금액에 대한 보정명령이 있은 후 채무자의 가압류 집행 취소 방법은 어떤 절차를 거쳐야 하나요?

Q. 저는 사기, 횡령 등으로 유죄판결을 받고 피해자로부터 민사소송 제기 및 저의 집에 가압류를 당하였습니다. 그런데 소송과정에서 일부 채권이 없는 것으로 드러나 가압류 사건에서도 채권자에게 청구금액을 다시 조사할 것을 명하는 보정명령이 나왔습니다. 저는 그러한 보정명령이 나온 사실을 모르고 당장 집을 처분해야 하는 문제가 있어서 청구금액 전부를 채권자에게 주고 가압류 취하에 대한 합의서를 받았습니다. 위와 같은 보정명령이 있었으니 청구금액이 분명히 줄어 들었는데, 채권자가 가압류 사건을 취하해 버리고 나면 나중에 그 차액만큼을 돌려받을 수 있을까요?

A. 가압류가 들어온 경우 이를 해제하기 위하여 직접 채권자에게 청구금액 상당의 돈을 직접 지급하고 가압류를 취하받는 것은 위험부담이 큰 문제입니다. 귀하와 같은 경우 보정명령으로 청구금액이 달라질 수도 있는데 먼저 청구금액 상당의 돈을 직접 지급하게 되면 차후에 다시 그 차액상당을 돌려달라는 형태의 소송을 하여야 하고 그 차액만큼의 증명의 문제도 귀하에게 넘어오게 됩니다.

따라서 이런 경우 해방금액의 공탁을 이유로 한 채무자의 가압류 취소(민사집행법 제299조 제1항)을 이용하는 것이 간편합니다. 이 신청에 의하여 가압류집행이 취소되더라도 가압류 명령 그 자체의 효력이 소멸되는 것은 아니므로 가압류채권자는 본안청구에서 승소확정판결을 받으면 그 해방공탁금에 대하여 집행을 할 수 있는 것인데, 그렇게 되면 차후에 본안 소송과 가압류 사건에서 올바른 청구금액으로 보정이 된 만큼만 채권자가 가져갈 수 있습니다. 그렇게 되면 채무자는 그 차액만큼은 돌려받을 수 있는 절차적 보장이 되어 있는 것입니다.

결국 귀하께서는 본안 소송에서 감액된 금액만큼을 차후에 다시 청구하는 방법을 강구할 수 밖에 없을 것으로 판단됩니다.

## 2-2. 공탁금 납부

① 가압류해방금액은 금전에 의한 공탁만이 허용되고 유가증권에 의한 공탁은 그 유가증권이 실질적 통용가치가 있는 것이더라도 허용되지 않습니다(대법원 1996. 10. 1.자 96마162 전원합의체 결정).

② 금전 공탁서(가압류해방)를 작성하여, 가압류결정을 내린 법원의 공탁소의 공탁관에게 가압류결정문사본과 작성한 공탁서 2부를 제출합니다(공탁규칙 제20조제1항).

③ 수리된 공탁서 중 1부를 받아 법원이 지정한 은행에 공탁금을 납부합니다(공탁규칙 제26조제1항).

## ■ 가압류 시 제공한 보증공탁금의 회수방법은 어떤 절차인지요?

Q. 저는 甲회사의 채권관리업무를 담당하고 있으면서 가끔 채무자의 재산을 가압류하고 있습니다. 이러한 경우 법원에서는 현금공탁을 명하기도 하는데, 법원에 납입한 공탁금은 어떻게 회수할 수 있는지요?

A. 민사집행법 제280조, 제301조는 가압류 또는 가처분할 때

에는 가압류 등으로 인한 채무자의 손해를 담보하기 위하여 법원은 일정한 담보를 제공하게 하고 가압류 등을 명할 수 있다고 규정하고 있습니다.

이러한 담보를 취소하고 공탁금을 회수하기 위해서는 원칙적으로는 가압류 등을 위하여 제공된 담보는 본안소송이 계속중인 한 담보사유가 소멸되지 않으므로(대법원 1981. 12. 22.자 81마290 결정), 본안소송이 종료되지 않은 이상 그 회수가 불가능하다 할 것이나 채무자가 담보취소에 동의하는 경우에는 본안소송의 결과에 불구하고 공탁금을 회수할 수 있다 하겠습니다.

그리고 본안소송이 종료된 경우에는 소송비용이나 기타 가압류 등으로 인한 채무자의 손해배상청구권 등과 관련, 채권자가 전부승소한 경우에는 바로 담보취소결정이 내려지나 채권자의 일부승소, 전부패소, 소취하 등의 경우에는 채무자에게 담보물에 대하여 권리행사할 것을 최고한 후, 일정한 기간(통상 14일)이 경과되어도 그 권리행사가 없을 경우에 담보취소결정이 내려지고 공탁금을 회수할 수가 있습니다(민사소송법 제125조, 민사집행법 제19조 제3항).

그런데 민사집행법 제19조 제3항에 의하여 민사집행절차의 담보에 관하여 준용되는 민사소송법 제125조 소정의 담보권리자의 권리행사방법에 관하여 판례는 "민사소송법 제115조(현행 민사소송법 제125조)에 의하여 담보제공자가 담보의 사유가 소멸된 것을 증명하거나 담보권리자의 동의 있음을 증명한 때에는 법원은 신청에 의하여 담보취소의 결정을 하여야 하고, 소송완결 후 담보제공자의 신청이 있는 때에는 법원은 담보권리자에 대하여 일정한 기간 내에 그 권리를 행사할 것을 최고하고, 담보권리자가 그 권리를 행사하지 아니하는 때에는 담보취소에 대한담보권리자의 동의가 있는 것으로 간주하는 것인바, 이 경우 '담보권리자의 권리행사는 담보의무자에 대하여 소송의 방법으로' 하여야 한다."라고 하였습니다(대법원 1992. 10. 20.자 92마728 결정).

## 2-3. 해방금액 공탁을 이유로 한 가압류집행취소신청

① 가압류집행 취소

해방금액을 공탁한 채무자는 그 공탁서를 첨부하여 집행법원 또는 가압류명령을 발령한 법원에 가압류집행의 취소를 신청할 수 있습니다(민사집행법 제299조제1항).

② 신청서 작성 및 신청비용 납부

해방금액 공탁을 이유로 한 가압류집행취소신청을 하려는 자는 해방공탁을 이유로 해당 가압류집행취소신청서를 작성해야 합니다.

③ 해방금액 공탁을 이유로 한 가압류집행집행취소신청을 하려는 자는 가압류집행취소신청서에 1,000원의 대한민국수입인지를 구입하여 붙여야 합니다(민사소송 등 인지법 제9조제5항제4호, 민사접수서류에 붙일 인지액 및 그 편철방법 등에 관한 예규 제3조 및 별표).

④ 해방금액 공탁을 이유로 한 가압류집행집행취소신청을 하려는 자는 당사자 1명당 2회분의 송달료(당사자의 수 × 2회분 × 3,700원)를 납부해야 합니다(송달료규칙의 시행에 따른 업무처리요령 제7조제1항, 별표 1 및 국내 통상우편요금 및 우편이용에 관한 수수료 별표).

⑤ 부동산 또는 자동차와 같이 등기·등록을 해야 하는 가압류집행 취소신청을 하려는 자는 해당 목적물의 등록면허세 및 지방교육

세를 납부해야 합니다(지방세법 제24조제1호, 제28조제1항제1호마목, 제3호라목, 제150조제2호 및 제151조제1항제2호).

| | 등록면허세 | 지방교육세 |
|---|---|---|
| 부동산 | 부동산 1개당 6,000원 | 부동산 1개당 1,200원 |
| 자동차 | 1대당 15,000원 | 면제 |

⑥ 납부방법

부동산의 경우 대법원 인터넷 등기소(http://www.iros.go.kr)의 등기신청-등록면허서 정액분 신고에서 납부통지서를 발부받아 금융기관에 납부하면 됩니다.

⑦ 자동차의 경우 자동차에 대한 가압류집행해제신청서를 소재지 관할 시·군·구청의 세무과에 제시하고 등록면허세납부통지서를 발부받아 금융기관에 납부하고, 등록면허세영수필확인서 및 통지서를 해제신청서에 첨부합니다.

⑧ 부동산과 같이 등기를 요하는 가압류에 대한 집행취소신청을 하려는 자는 등기신청수수료로 부동산 1개당 3,000원의 대법원수입증지와 말소등기촉탁을 위한 우표 2회분(6,120원)을 구입해야 합니다(송달료규칙 제14조, 등기신청수수료 징수에 관한 예규 제2호자목 및 별표 1).

**[서식 예] 부동산가압류 집행취소신청서(해방공탁을 이유로)**

# 부동산가압류집행취소신청

채 권 자 ○○○

　　　　○○시 ○○구 ○○길 ○○(우편번호 ○○○-○○○)

　　　　전화.휴대폰번호:

　　　　팩스번호, 전자우편(e-mail)주소:

채 무 자 ◇◇◇

　　　　○○시 ○○구 ○○길 ○○(우편번호 ○○○-○○○)

　　　　전화.휴대폰번호:

　　　　팩스번호, 전자우편(e-mail)주소:

## 신 청 취 지

위 당사자 사이의 귀원 20○○카단○○호 부동산가압류신청 사건에 관하여 귀원에서 20○○. ○. ○.자 결정한 가압류결정 에 의한 채무자 소유의 별지목록 표시 부동산에 대한 가압류의 집행이 완료되었는바, 채무자는 위 결정주문에 표시된 해방금을 공탁하였기에 집행을 취소하여 주시기 바랍니다.

## 신 청 이 유

1. 채권자 ○○○, 채무자 ◇◇◇ 사이의 ○○지방법원 20○○ 카단○○호 부동산 가압류결정정본에 의하여 채권자는 채무 자 소유의 부동산에 가압류집행을 하였습니다.
2. 이 사건 가압류결정 주문에는 채무자가 공탁하고 가압류집행

의 정지 또는 취소를 구할 수 있는 해방금으로서 금 ○○○
만원이 정해져 있습니다.

3. 그러므로 채무자는 위 결정주문에 따라 20○○. ○. ○. 해
방금 ○○○만원을 귀원 공탁공무원에게 20○○년 금 제○
○호로 공탁하였으므로 위 집행처분의 취소를 구하기 위하
여 이 사건 신청에 이른 것입니다.

<h2 style="text-align:center">첨 부 서 류</h2>

| | |
|---|---|
| 1. 가압류결정등본 | 1통 |
| 1. 가압류집행조서등본 | 1통 |
| 1. 공탁서 | 1통 |
| 1. 송달료납부서 | 1통 |

20○○. ○. ○.

위 채무자 ◇◇◇ (서명 또는 날인)

**○○지방법원  귀중**

---

[별 지]

<h2 style="text-align:center">가압류부동산의 표시</h2>

1. ○○시 ○○구 ○○동 ○○-○○
   대 157.4㎡


1. 위 지상
   벽돌조 평슬래브지붕 2층주택
   1층 74.82㎡
   2층 74.82㎡
   지층 97.89㎡. 끝.

# 부동산가압류집행취소신청

신청인(채무자)    ◇◇◇

  ○○시 ○○구 ○○길 ○○(우편번호 ○○○-○○○)

  전화.휴대폰번호:

  팩스번호, 전자우편(e-mail)주소:

피신청인(채권자) ○○○

  ○○시 ○○구 ○○길 ○○(우편번호 ○○○-○○○)

  전화.휴대폰번호:

  팩스번호, 전자우편(e-mail)주소:

## 신 청 취 지

위 당사자 사이의 ○○지방법원 20○○카단○○○○호 부동산가압류사건에 관하여, 신청인(채무자)은 가압류결정에서 정한 청구금액 금 ○○○원의 해방금을 공탁하였으므로, 별지목록 기재 부동산에 대한 가압류집행은 이를 취소한다.

라는 재판을 구합니다.

## 신 청 이 유

1. 피신청인(채권자)은 귀원에 신청인(채무자) 소유의 별지목록 기재 부동산에 관하여 손해배상 금 ○○○원을 청구금액으로 하여 귀원 20○○카단○○○○호로 20○○. ○. ○. 부동산가압류결정을 받고, 위 결정에서 가압류해방금으로 금 ○○○원을 정하였습니다.

2. 신청인은 위 결정에서 정한 해방금을 20○○. ○. ○. 귀원 공
   탁공무원에게 20○○년 금 제○○호로 공탁하였으므로, 위
   부동산에 대한 가압류집행의 취소를 신청합니다.

### 첨 부 서 류

| | |
|---|---|
| 1. 가압류결정등본 | 1통 |
| 1. 가압류집행조서등본 | 1통 |
| 1. 공탁서 | 1통 |
| 1. 송달료납부서 | 1통 |

20○○. ○. ○.

위 신청인(채무자) ◇◇◇ (서명 또는 날인)

**○○지방법원  귀중**

[별 지]

### 부동산의 표시

○○시 ○○구 ○○동 ○○ 대 ○○○㎡. 끝.

**(관련판례)**

가압류집행의 목적물에 갈음하여 가압류해방금이 공탁된 경우에 그 가압류의
효력은 공탁금자체가 아니라 공탁자인 채무자의 공탁금회수청구권에 대하여
미치는 것이므로 채무자의 다른 채권자가 가압류해방공탁금회수청구권 에 대
하여 압류명령을 받은 경우에는 가압류채권자의 가압류와 다른 채권자의 압
류는 그 집행대상이 같아 서로 경합하게 됨. 가압류채권자가 가압류목적물에
대하여 우선변제를 받을 권리가 없는 것과 마찬가지로 가압류해방공탁금에
대하여도 우선변제권이 없다(대법원 1996. 11. 11.자 95마252 결정).

# ■ 가압류해방공탁금 회수청구권을 압류한 공탁금 대여자의 대항력은 어떻게 주장할 수 있는지요?

Q. 甲은 乙이 그의 유일한 재산인 주택 및 대지를 채권자 丙으로부터 가압류 당하고 그 가압류를 취소시키고자 해방공탁금 3,000만원을 차용해달라고 하여 그러한 사정을 알면서 3,000만원을 대여하였습니다. 그런데 甲은 위 해방공탁금에 대하여 丙이 우선변제권을 가지지 못한다는 것을 알고서 위 해방공탁금에 대하여 乙로부터 작성·교부받은 약속어음공정증서에 기하여 압류 및 전부명령을 발부 받았습니다. 이 경우 甲이 위 압류 및 전부명령의 효력을 丙에 대하여 주장할 수 있는지요?

A. 민사집행법 제282조는 "가압류명령에는 가압류의 집행을 정지시키거나 집행한 가압류를 취소시키기 위하여 채무자가 공탁할 금액을 적어야 한다."라고 규정하고 있고, 같은 법 제299조 제1항은 "가압류명령에 정한 금액을 공탁한 때에는 법원은 결정으로 집행한 가압류를 취소하여야 한다."라고 규정하고 있습니다.

위와 같은 공탁금을 해방공탁금이라고 하는데, 가압류채권자의 해방공탁금에 대한 권리에 관하여 판례는 "가압류집행의 목적물에 갈음하여 가압류해방금이 공탁된 경우에 그 가압류의 효력은 공탁금 자체가 아니라 공탁자인 채무자의 공탁금회수청구권에 대하여 미치는 것이므로 채무자의 다른 채권자가 가압류해방공탁금회수청구권에 대하여 압류명령을 받은 경우에는 가압류채권자의 가압류와 다른 채권자의 압류는 그 집행대상이 같아 서로 경합하게 된다."라고 하였습니다(대법원 1996. 11. 11.자 95마252 결정).

그런데 가압류채무자에게 가압류집행취소를 위한 해방공탁금의 용도로 금원을 대여한 자가 그 대여금 채권에 기하여 한 가압류채무자의 해방공탁금회수청구권에 대한 압류 또는 가압류의 효력을 가압류채권자에게 주장할 수 있는지에 관하여 판례는 "해방금액의 공탁에 의한 가압류집행취소제도의 취지에 비추어 볼 때, 가압류채권자의 가압류에 의하여 누릴 수 있는 이익이 가압류집행취소에 의하여 침해되어서는 안 되므로, 가압류채무자에게 해방공탁금의 용도로 금원을 대여하여 가압류집행을 취소할 수 있도록 한 자는 비록 가압류채무자에 대한 채권자라 할지라도 특별한 사정이 없는 한 가압류채권자에 대한 관계에서 가압류 해방공탁금회수청구권에 대하여 위 대여금채권에 의한 압류 또는 가압류의 효력을 주장할 수는 없다."라고 하였습니다(대법원 1998. 6. 26. 선고 97다30820 판결).

따라서 위 사안에 있어서도 해방공탁금대여자인 甲은 가압류채권자인 丙에 대하여 위 압류 및 전부명령의 효력을 주장할 수 없을 것이므로, 위 해방공탁금의 배당절차에서 해방공탁금으로 대여한 그의 대여금채권을 배당받기 어려울 것으로 보입니다.

**(관련판례)**

해방금액의 공탁에 의한 가압류집행취소제도의 취지에 비추어 볼 때, 가압류 채권자의 가압류에 의하여 누릴 수 있는 이익이 가압류집행취소에 의하여 침해되어서는 안되므로, 가압류채무자에게 해방공탁금의 용도로 금원을 대여하여 가압류집행을 취소할 수 있도록 한 자는 비록 가압류 채무자에 대한 채권자라 할지라도 특별한 사정이 없는 한 가압류 채권자에 대한 관계에서 가압류 해방공탁금회수청구권에 대하여 위 대여금채권에 의한 압류 또는 가압류의 효력을 주장할 수는 없음(대법원 1998. 6. 26. 선고 97다30820 판결).

## ■ 모든 상황이 정리되었는데 아직까지 가압류가 안 풀린 경우에는 어떻게 해야 하나요?

Q. 2001년도에 부동산에 가압류가 들어왔지만, 모든 상황이 정리되었습니다. 그런데 아직까지 가압류가 안 풀렸습니다. 어떻게 해야 하나요?

A. 가압류 원인이 되는 상황이 정리되었다면, 아마도 채권채무관계가 종료된 것으로 보입니다.

이와 같은 경우 가압류의 피보전권리가 소멸되었으므로 사정변경을 이유로 법원에 가압류 취소를 신청할 수 있습니다.

① 사정 변경

채무자는 다음의 어느 하나에 해당하는 사유가 있는 경우 가압류가 인가된 뒤에도 가압류 취소를 신청할 수 있습니다.

 1. 가압류 이유가 소멸되었거나 그 밖에 사정이 바뀐 경우

 2. 채무자가 법원이 정한 담보를 제공한 경우

② 가압류가 집행된 뒤 채권자가 일정기간 내에 본안의 소를 제기하지 않은 경우

가압류가 집행된 뒤 채권자가 민사집행법 부칙에 따라 본안의 소를 제기하지 않는 경우 채무자나 이해관계인은 법원에 가압류의 취소를 신청하여 가압류를 풀 수 있습니다.

**(관련판례)**

구 민사소송법 제702조의 가압류해방금액은, 채무자가 입을 수 있는 손해를 담보하는 취지의 이른바 소송상의 담보와는 달리 가압류의 목적물에 갈음하는 것으로서, 금전에 의한 공탁만이 허용되고, 유가증권에 의한 공탁은 그 유가증권이 실질적 통용가치가 있는 것이라고 하더라도 허용되지 않는다(대법원 1996. 10. 1. 자 96마162 전원합의체 결정).

# ■ 가압류의 경합이 없는 경우에도 공탁이 가능한지요?

Q. 저는 갑에게 500만원의 채무를 지고 있습니다. 그런데 갑에게 200만원의 채권을 가지고 있는 사람이 갑의 저에 대한 채권을 가압류하여 저는 공탁을 하려고 합니다. 이 경우에 공탁이 가능할까요?

A. 구 민사소송법 아래에서는 배당요구가 있거나 중복압류가 있는 등 채권자가 경합하는 경우에만 집행공탁을 할 수 있었지만, 현행 민사집행법 하에서는 채권이 압류되면 채권자의 경합이 없더라도 제3채무자(귀하)는 그의 선택에 따라 압류채권 상당액 또는 압류에 관련된 금전채권을 공탁하여 채무를 벗어날 수 있도록 하였습니다.(민사집행법 제248조 제1항) 가압류의 경우에도 민사집행법 제291조는 "가압류의 집행에 대하여는 강제집행에 관한 규정을 준용한다"고 규정하여 가압류 경우에도 채권자가 경합하지 않아도 공탁이 허용되도록 하였습니다. 따라서, 귀하는 귀하의 선택에 따라 압류채권 상당액(200만원) 또는 압류에 관련된 금전채권(500만원)전액을 공탁할 수 있습니다. 이 경우 가압류의 효력은 공탁금액에 대한 채무자의 출급청구권에 대하여 존속합니다(민사집행법 제297조).

# ■ 가압류 해방공탁금에 대하여 가압류채권자에게 우선권이 있는지요?

Q. 저는 甲의 부동산을 가압류한 후 그에 대한 대여금 700만원 청구소송을 제기하여 소송진행 중에 있습니다. 그런데 甲은 700만원을 해방공탁한 후 가압류가 해제되자 그 부동산을 처분하였으며, 甲의 채권자 乙은 甲의 위 해방공탁금회수청구권을 압류하였습니다. 이 경우 위 해방공탁금은 저의 부동산가압류에 대한 해방공탁금이므로 제가 乙보다 우선하여 채권의 만족을 얻을 수 있는지요?

A. 가압류해방금액에 관하여 민사집행법 제282조는 "가압류명령에는 가압류의 집행을 정지시키거나 집행한 가압류를 취소시키기 위하여 채무자가 공탁할 금액을 적어야 한다."라고 규정하고 있고, 가압류집행의 취소에 관하여 같은 법 제299조 제1항은 "가압류명령에 정한 금액을 공탁한 때에는 법원은 결정으로 가압류를 취소하여야 한다."라고 규정하고 있습니다.

그러므로 채무자가 가압류명령에 기재된 해방금액을 공탁하였을 때에는 법원은 가압류를 취소하여야 합니다. 그러나 이와 같이 가압류집행이 취소되더라도 가압류명령 그 자체의 효력이 소멸되는 것은 아니고, 가압류채권자가 본안소송에서 승소의 확정판결을 받거나 가집행선고가 있는 때에는 그 가압류해방공탁금이 집행의 대상이 됩니다.

그런데 이 경우 판례는 가압류의 효력은 그 가압류해방공탁금 자체가 아니라 공탁자인 채무자의 가압류해방공탁금회수청구권에 대하여 미치는 것으로 보기 때문에 채무자의 다른 채권자가 가압류해방공탁금회수청구권에 대하여 압류

명령을 받은 경우에는 가압류채권자의 가압류와 다른 채권자의 압류는 그 집행대상이 같아 서로 경합하게 됩니다. 따라서 이러한 경우 가압류채권자에게 어떤 우선권이 주어지는지 문제되는데, 가압류채권자가 가압류목적물에 대하여 우선변제 받을 권리가 없는 것과 마찬가지로 가압류해방공탁금에 대하여도 우선변제권이 없으므로, 집행력 있는 집행권원을 가진 다른 채권자가 가압류해방공탁금회수청구권에 대하여 강제집행절차를 밟는다고 하여 가압류채권자에게 별다른 손해를 주는 것도 아니므로 가압류채권자가 다른 채권자에 대하여 우선권을 가진다고 할 수는 없다 하겠습니다(대법원 1996. 11. 11.자 95마252 결정).

따라서 귀하의 경우에도 귀하의 채권과 乙의 채권이 채권액에 비례하여 안분배당되는데, 귀하의 대여금청구소송이 끝나기 전에 배당이 실시된다면 귀하의 배당액은 공탁될 것이고, 귀하는 위 소송이 끝난 후 공탁된 금원을 수령할 수 있을 것입니다.

# 제3절 공탁금 회수

## 1. 현금 공탁금 회수

가압류 결정을 받기 위해 현금공탁을 한 경우 가압류 결정 이전에 신청을 취하하거나 각하된 때 또는 가압류 결정 이후 법원의 담보 취소결정을 받아 공탁금을 회수할 수 있습니다(민사집행법 제19조 제3항, 민사소송법 제125조 및 공탁법 제9조제2항제3호).

## 2. 가압류 명령 결정 전 공탁금 회수

① 채권자는 가압류 명령 결정 전 가압류 신청을 취하하거나 가압류 신청이 각하된 경우 공탁의 원인이 소멸하였음을 증명하여 공탁금을 회수할 수 있습니다(공탁법 제9조제2항제3호).
② 공탁금을 회수하려는 자는 공탁소멸을 증명하는 서류와 공탁물 회수청구서를 2부 작성하여 제출해야 합니다(공탁규칙 제32조제 1항 및 제34조제2호).

## 3. 가압류 명령 결정 후 공탁금 회수

### 3-1. 본안 소송에서 채권자가 승소한 경우(담보사유가 소멸한경우)
① 본안 소송에서 전부 승소한 채권자는 담보취소신청을 하고, 법원으로부터 담보취소결정을 받아 공탁금을 회수할 수 있습니다 (민사소송법 제125조제1항).

② 담보취소신청을 하려는 채권자는 담보취소신청서와 첨부서류를 기존에 담보제공명령을 한 법원에 제출해야 합니다(민사소송법 제125조제1항 및 민사소송규칙 제23조제1항).

③ 담보취소신청을 하려는 채권자는 1,000원의 인지와 2회분의 송달료(당사자 수 × 2회분 × 3,700원)를 납부해야 합니다.

④ 법원으로부터 담보취소결정이 있으면 결정정본의 각 당사자에게 송달되고, 그로부터 7일이 경과하면 담보취소 사건은 확정됩니다(민사소송법 제125조제4항 및 제444조제1항).

⑤ 채권자는 확정된 담보취소사건의 결정정본과 확정증명원, 공탁서 원본을 공탁금 회수청구서(2부)에 첨부하여 공탁소에서 공탁금을 회수할 수 있습니다(공탁규칙 제32조제1항 및 제34조제2호).

**\*확정증명원 작성례**

---

**확정증명원**

사 건 2000카담0000 담보취소
신 청 인 000
피신청인 ◇◇◇
위 당사자간 귀원 2000카담000호 담보취소신청 사건에 관하여 동 담보취소결정이 이미 확정되었음을 증명하여 주시기 바랍니다.

2000. 0. 0.
위 신청인 000 (서명 또는 날인)

00지방법원 귀중

---

⑥ 법원으로부터 담보취소결정확정증명원을 받으려는 채권자는 확정증명원 2부를 작성하여 1부에는 500원의 인지를 붙여 법원에 제출해야 합니다(민사접수서류에 붙일 인지액 및 그 편철방법 등에 관한 예규 제3조 및 별표).

## ■ 판결 확정 전에도 가집행정지를 위한 공탁금을 회수할 수 있는지요?

Q. 甲은 乙이 제기한 물품대금청구의 제1심 소송에서 패소하여 항소하였는데, 乙이 가집행선고부 제1심 판결에 기하여 강제집행을 할 것으로 보여 강제집행정지담보공탁을 한 후 강제집행을 정지시켰습니다. 그런데 甲이 항소심에서 승소하여 제1심 판결이 취소되었으나 아직 확정되지는 않은 상태인바, 이 경우 甲이 강제집행정지를 위한 담보의 사유가 소멸되었음을 이유로 위 공탁금을 회수할 수 있는지요?

A. 민사소송법 제125조 제1항은 "담보제공자가 담보하여야 할 사유가 소멸되었음을 증명하면서 취소신청을 하면, 법원은 담보취소결정을 하여야 한다."라고 규정하고 있고, 이 규정은 민사집행법 제19조 제3항에 의하여 민사집행절차에도 준용하고 있습니다.

가집행선고 있는 판결에 대한 강제집행정지를 위한 담보는 채권자가 그 강제집행정지로 인하여 입게 될 손해의 배상채권을 확보하기 위한 것인데, 가집행선고부 제1심 판결이 항소심판결에 의하여 취소되었으나 그 항소심판결이 미확정인 경우, 가집행선고부 제1심 판결에 대한 강제집행정지를 위한 담보는 그 사유가 소멸되었다고 볼 수 있는지에 관하여 판례는 "제1심 판결에 붙은 가집행선고는 그 본안판결을 변경한 항소심판결에 의하여 변경의 한도에서 효력을 잃게 되지만, 그 실효는 변경된 그 본안판결의 확정을 해제조건으로 하는 것이어서 그 항소심판결을 파기하는 상고심판결이 선고되면 가집행선고의 효력은 다시 회복되기에, 그 항소심판결이 확정되지 아니한 상태에서는 가집행선고부 제1심 판결에 기한 가집행이 정지됨으로 인하여 입은 손해의 배상을 상대방에게 청구할 수 있는 가능성이 여전히 남아 있다고 할 것이므로, 가집행선고부 제1심 판결이 항소심판결에 의하여 취소되었다 하더라도 그 항소심판결이 미확정인 상태에서는 가집행선고부 제1심 판결에 대한 강제집행정지를 위한 담보는 그 사유가 소멸되었다고 볼 수 없다."라고 하였습니다(대법원 1999. 12. 3.자 99마2078 결정).

따라서 위 사안의 경우 甲은 항소심이 확정되지 않은 상태에서는 위 강제집행정지를 위한 담보공탁의 담보취소결정을 받을 수 없을 것으로 보입니다.

### 3-2. 채무자의 동의가 있는 경우(담보권리자인 채무자로부터 담보취소에 대한 동의 및 항고권포기서를 받은 경우)

① 본안 소송이 종료되지 않아도 채무자의 동의를 받았음을 증명한 경우 채권자는 법원의 담보취소결정을 받아 그 확정증명원을 첨부하여 공탁금을 회수할 수 있습니다(민사소송법 제125조제2항).

② 담보취소신청을 하려는 채권자는 1,500원의 인지(담보취소신청·확정증명원 각 1,000원·500원)와 2회분의 송달료(당사자 수 × 2회분 × 3,700원)를 납부해야 합니다(민사접수서류에 붙일 인지액 및 그 편철방법 등에 관한 예규 제3조 및 별표, 송달료규칙의 시행에 따른 업무처리요령 제7조제1항, 별표 1 및 국내 통상우편요금 및 우편이용에 관한 수수료 별표).

③ 채권자는 확정된 담보취소사건의 결정정본과 확정증명원, 공탁서 원본을 공탁금 회수청구서에 첨부하여 공탁소에서 공탁금을 회수할 수 있습니다(공탁규칙 제32조제1항 및 제34조제2호).

④ 공탁물이 금전인 경우 그 원금 또는 이자의 수령, 회수에 대한 권리는 그 권리를 행사할 수 있는 때부터 10년간 행사하지 않으면 시효로 인하여 소멸합니다(공탁법 제9조제3항).

## 3-3. 채권자가 본안 소송에서 패소한 경우(권리행사최고 기간이 만료된 경우)

① 채권자가 본안 소송에서 패소하였지만, 채권자의 신청에 의해 법원은 담보권리자(채무자)에게 일정한 기간 이내에 그 권리를 행사하도록 최고하고, 담보권리자가 그 행사를 하지 않은 때에는 담보취소에 대하여 동의한 것으로 보아 위의 경우와 같이 공탁금을 회수할 수 있습니다(민사소송법 제125조제3항).

② 권리행사최고를 통해 공탁금을 회수하려는 채권자는 2,500원의 인지(권리행사최고·담보취소신청·확정증명원 각 1,000원·1,000원·500원)와 5회분(권리행사최고 3회분, 담보취소신청 2회분)의 송달료(당사자 수 × 5회분 × 3,700원)를 납부해야 합니다(민사접수서류에 붙일 인지액 및 그 편철방법 등에 관한 예규 제3조 및 별표, 송달료규칙의 시행에 따른 업무처리요령 제7조제1항 및 별표 1).

③ 채권자는 확정된 담보취소사건의 결정정본과 확정증명원, 공탁서 원본을 공탁금 회수청구서에 첨부하여 공탁소에서 공탁금을 회수할 수 있습니다(공탁규칙 제32조제1항 및 제34조제2호).

# 담보취소신청

신청인  ○○○(주민등록번호)
　　　　○○시 ○○구 ○○길 ○○(우편번호 ○○○-○○○)
　　　　전화.휴대폰번호:
　　　　팩스번호, 전자우편(e-mail)주소:
피신청인  ◇◇◇(주민등록번호)
　　　　　○○시 ○○구 ○○길 ○○(우편번호 ○○○-○○○)
　　　　　전화.휴대폰번호:
　　　　　팩스번호, 전자우편(e-mail)주소:

　위 당사자 사이의 귀원 20○○카단○○호 유체동산가압류신청
사건에 관하여 신청인이 피신청인의 손해담보를 위하여 금 ○○
만원을 귀원 20○○년 금 제○○호로 공탁하였는데, 피신청인이
담보취소에 동의를 하였으므로 이 사건 담보취소를 신청합니다.

## 첨 부 서 류

　　1. 담보취소동의서　　　　　　　　　　1통
　　1. 즉시항고권포기서　　　　　　　　　1통
　　1. 인감증명서　　　　　　　　　　　　2통
　　1. 영수증(피공탁자 1통, 공탁자 3통)　3통
　　1. 가압류결정문　　　　　　　　　　　1통
　　1. 송달료납부서　　　　　　　　　　　1통

　　　　　　20○○.　○.　○.
　　　　　위 신청인 ○○○ (날인)

**○○지방법원　귀중**

## [서식 예] 담보취소동의서

# 담보취소동의서

신청인 ○○○(주민등록번호)
　　　　○○시 ○○구 ○○길 ○○(우편번호 ○○○-○○○)
　　　　전화.휴대폰번호:
　　　　팩스번호, 전자우편(e-mail)주소:
피신청인 ◇◇◇(주민등록번호)
　　　　○○시 ○○구 ○○길 ○○(우편번호 ○○○-○○○)
　　　　전화.휴대폰번호:
　　　　팩스번호, 전자우편(e-mail)주소:

　위 당사자 사이의 귀원 20○○카단○○호 유체동산가압류신청사건에 관하여 신청인이 피신청인의 손해담보를 위하여 금○○만원을 귀원 20○○년 금 제○○호로 공탁하였는데, 피신청인은 신청인이 위 공탁금을 회수하는데 동의하고, 그 회수를 위한 담보취소에 동의합니다.

## 첨 부 서 류

　1. 인감증명　　　　　　　　　　　1통

20○○. ○. ○.
위 피신청인 ◇◇◇ (날인)

○○지방법원　귀중

# ■ 집을 팔려고 하는데 가압류를 풀려면 어떻게 해야 되나요?

Q. 임차보증금 반환과 관련하여 소송 중에 임차인이 주택을 가압류했습니다. 집을 팔려고 하는데 가압류를 려면 어떻게 해야 되나요?

A. 집주인은 가압류를 풀려면 법원이 가압류 결정을 할 때 정한 가압류 해방금액을 공탁한 후, 집행법원에 가압류 취소를 신청해야 합니다. 이에 따라 가압류를 취소하려는 채무자는 가압류 결정을 내린 법원의 공탁소에 공탁서를 제출하고, 공탁금을 지정된 은행에 납부하면 됩니다.

가압류 해방금액을 공탁한 채무자는 그 공탁서를 첨부하여 집행법원 또는 가압류명령을 발령한 법원에 가압류집행의 취소를 신청할 수 있습니다.

① 가압류 해방금액

법원은 가압류 결정을 내릴 때 가압류의 집행을 정지시키거나 집행한 가압류를 취소시킬 때 필요한 공탁금액(해방공탁금)을 가압류명령서에 기재해야 합니다.

② 임차인이 공탁금을 받는 경우

임차인이 가압류 해방공탁금을 찾기 위해서는 먼저 집주인을 상대로 소송을 제기하여 '집주인은 임차보증금을 지급하라'는 판결을 받아야 합니다. 판결을 받고 난 뒤 '공탁금회수청구권'에 대하여 전부명령 또는 추심명령을 받아 가압류 해방공탁금을 받아가면 됩니다.

③ 집주인이 공탁금을 회수하는 경우

집주인이 본안소송에서 승소하면 집주인은 사정변경에 의한 가압류취소결정을 받고 그 확정증명서를 받아 공탁금을 회수할 수 있습니다.

■ 가압류취소판결 후 제3자로 소유권이전등기가 경료된 경우 가압류권자에게 대항할 수 있나요?

Q. 저는 A아파트를 얼마 전 구매하였습니다. 그런데 사실 이 A아파트는 가압류가 되어있었는데, 가압류취소판결의 집행에 의하여 가압류등기가 말소된 후 소유권 이전등기를 받았습니다. 이 경우에 제가 가압류권자에게 대항할 수 있나요?

A. 가압류 취소판결로 가압류등기가 말소된 경우 그 이후에 A아파트에 관하여 소유권이전등기를 경료한 귀하는 가압류의 제한을 받지 않고 가압류 신청인에게 그 소유권 취득의 효력으로 대항할 수 있습니다.(대법원 2007. 11. 30. 선고 2006므 2580 판결 참조.) 그러므로 위와 같이 이미 A아파트에 관하여 귀하 앞으로 소유권이전등기가 경료된 경우에는 가압류 신청인은 더 이상 그 가압류명령을 신청할 이익이 없게 됩니다.(대법원 1998. 10. 13. 선고96다42307 판결 등 참조.) 따라서, 귀하는 가압류 신청인에게 소유권 취득으로 대항할 수 있으며 가압류 신청인은 가압류신청이익을 잃게 됩니다.

# 제6장 가압류 채무자의 구제

## 제1절 가압류에 대한 이의신청

① 가압류 결정에 대하여 이의신청을 하려는 채무자 등은 신청의 취지와 이유를 적은 이의신청서를 관할법원에 제출해야 합니다.

② 이의신청에 대한 결정으로 가압류 결정의 전부나 일부를 인가 · 변경 또는 취소할 수 있습니다. 이 경우 법원은 채권자에게 적당한 담보를 제공하도록 명할 수 있습니다.

### ■ 타인의 물건이 가압류된 경우 물건소유자의 불복방법은 없나요?

Q. 저는 남편 甲과 함께 친정에서 살다가 3년 전부터 별거하고 있으며, 甲의 주거가 일정하지 않아 주민등록은 친정집 주소지로 계속 사용하고 있었습니다. 그런데 甲의 채권자가 친정집의 가재도구인 유체동산에 가압류집행을 하였는데, 그 집행된 물건은 친정식구들 소유입니다. 위 가압류집행에 불복하려면 어떻게 해야 하는지요?

A. 채무자는 가압류결정에 대하여 이의신청을 할 수 있을 뿐 (민사집행법 제283조 제1항), 항고하는 것은 허용되지 않습니다(대법원 1973. 7. 26.자 73마656 결정, 1999. 4. 20. 자 99마865 결정). 이의를 신청할 수 있는 사람은 채무자와 그 일반승계인에 한하고 이의신청에는 기간의 제한이 없어 가압류명령이 유효하게 존재하는 한 언제든지 할 수 있습니다.

그런데 귀하의 질문과 같이 위 가압류목적물이 채무자의 소유가 아닌 제3자 소유인 경우에는 제3자 이의의 소로써 다투어야 합니다. 유체동산의 강제집행은 집행대상물이 채무자 소유(책임재산이라고 함)인지의 여부 즉, 실체관계를 따지지 않고 대상물의 외형과 존재상황만에 의하여 판별하도록 하고 있어, 귀하의 경우와 같이 실체법적으로 채무자의 책임재산에 속하지 아니함에도 불구하고 집행기관에 의하여 강제집행대상이 되는 경우가 있는데, 이런 경우에는 그 집행기관이 아닌 권리판정기관이 신중한 절차로써 그 실체를 가리도록 하는바, 이 제도가 「민사집행법」제48조에 규정된 '제3자 이의의 소'입니다. 이 소송은 일반적인 소송방법과 같으며 채권자를 피고로 하는 것이고, 특별한 경우 채무자도 공동피고로 할 수 있는 경우도 있으며(같은 법 제48조 제1항 단서), 이의 승소판결로써 위 가압류집행을 정지 또는 취소시킬 수 있을 것입니다.

다만 제3자 이의의 소 제기만으로 당연히 강제집행이 정지되는 것은 아니므로, 강제집행정지 신청을 함께하여 정지결정을 받아 집행관 사무실에 제출하여 집행을 정지시킨 후, 제3자 이의의 소에서 승소 확정되면, 그 판결문을 다시 집행관에게 제출하여 강제집행을 취소시켜야 종국적으로 해결됩니다.

# 1. 가압류에 대한 이의

## 1-1. 채무자의 이의신청

채무자는 가압류 결정에 대하여 이의를 신청할 수 있습니다(민사집행법 제283조제1항).

**[서식 예] 가압류결정에 대한 이의신청서**

### 가압류결정에 대한 이의신청

신청인(채무자)   ○○○(주민등록번호)

　　　　　　○○시 ○○구 ○○길 ○○(우편번호 ○○○-○○○)

　　　　　　전화.휴대폰번호:

　　　　　　팩스번호, 전자우편(e-mail)주소:

피신청인(채권자)  ◇◇◇(주민등록번호)

　　　　　　○○시 ○○구 ○○길 ○○(우편번호 ○○○-○○○)

　　　　　　전화.휴대폰번호:

　　　　　　팩스번호, 전자우편(e-mail)주소:

### 신 청 취 지

1. 피신청인의 신청인에 대한 ○○지방법원 20○○카단○○○호 유체동산가압류신청사건에 관하여 귀원이 20○○. ○. ○.자에 한 가압류결정을 취소한다.
2. 피신청인의 위 가압류신청을 기각한다.
3. 소송비용은 피신청인의 부담으로 한다.

라는 재판을 구합니다.

## 신 청 원 인

1. 피신청인(채권자)은 20○○. ○. ○. 신청인(채무자)에게 대여
한 대여금채권이 있는데도 변제기일이 지난 뒤에도 변제하지
않고 있다고 주장하고 같은 채권의 집행보전을 위하여 신청
인(채무자) 소유의 유체동산가압류신청에 이른 것이라고 주
장하여 ○○지방법원 20○○카단○○○호 유체동산가압류결
정에 의하여 신청인(채무자) 소유의 유체동산을 가압류집행
한 사실이 있습니다.

2. 그러나 신청인(채무자)은 20○○. ○. ○. 피신청인(채권자)으
로부터 금 ○○○원을 차용한 사실은 인정하나 변제기일이
지난 현재에 이르도록 변제하지 않고 있다는 사실은 부인합
니다. 왜냐하면, 피신청인(채권자)이 위 채권을 20○○. ○.
○. ○○시 ○○구 ○○동 ○○○에 주소를 둔 신청외 ■■
■에게 양도하고 같은 날짜로 채권양도통지와 함께 변제기일
이 도래하면 양수인인 신청외 ■■■에게 지급하라는 당부까
지 있어서 신청인(채무자)은 변제기일인 20○○. ○. ○. 신
청외 ■■■에게 채무전액을 변제하였기 때문입니다.

3. 그러므로 신청인(채무자)의 피신청인(채권자)에 대한 채무는
소멸하였으므로 이에 기한 이 사건 유체동산가압류신청은 그
이유가 없으므로 이의 취소를 구하고자 이 사건 신청을 하
기에 이른 것입니다.

## 소 명 방 법

1. 소을 제1호증          유체동산가압류집행조서

1. 소을 제2호증        채권양도통지서
1. 소을 제3호증        영수증


# 첨 부 서 류

1. 위 소명방법              각 1통
1. 송달료납부서              1통


20○○.  ○.  ○.
위 신청인(채무자) ○○○ (서명 또는 날인)

○○지방법원  귀중


## 1-2. 이의사건의 관할법원

① 이의사건은 가압류 명령을 발령한 법원의 전속관할에 속합니다 (법원행정처, 법원실무제요 민사집행Ⅳ).

② 채권자의 가압류 신청이 제1심에서 배척되고 채권자의 항고에 의해 항고심에서 가압류 명령을 하게 된 경우 항고심법원이 관할법원이 됩니다(대법원 1999.4.20.자 99마865 결정).

③ 법원은 가압류 이의신청사건에 관하여 현저한 손해 또는 지연을 피하기 위한 필요가 있는 때에는 직권으로 또는 당사자의 신청에 따라 결정으로 그 가압류 사건의 관할권이 있는 다른 법원에 사건을 이송(移送)할 수 있습니다. 다만, 이송받는 법원의 심급이 다른 경우에는 이송이 허용되지 않습니다(민사집행법 제284조).

## 1-3. 이의신청 자격

① 이의신청을 할 수 있는 사람은 가압류의 채무자와 그 일반승계인, 파산관재인 등이며, 구체적으로 살펴보면 다음과 같습니다(법원행정처, 법원실무제요 민사집행Ⅳ).

② 채무자의 특정승계인은 직접 자기 이름으로 이의신청을 할 수는 없고, 민사소송법 제81조에 따른 참가승계의 절차를 거쳐 승계인으로서 이의신청을 할 수 있습니다(대법원 1970. 4. 28. 선고 69다2108 판결).

③ 채무자의 채권자는 채무자를 대위하여 이의신청할 수 없습니다. 다만, 이해관계인으로서 보조참가신청과 동시에 이의신청을 할 수 있습니다(민사소송법 제71조 및 제76조).

④ 가압류의 제3채무자는 당사자가 아니므로 이의신청을 할 수 없습니다(대법원 1998. 2. 13. 선고 95다15667 판결).

⑤ 가처분의 피보전권리의 전부 또는 일부가 가처분 결정 당시부터 자기의 권리라고 주장하는 제3자가 동시에 권리보전에 필요가 있는 때에는 독립당사자 참가를 할 수 있고, 그 제3자는 참가신청과 동시에 이의신청을 할 수 있습니다(민사소송법 제79조).

## 2. 이의신청

### 2-1. 신청시기

이의신청의 시기는 법률상 제한이 없으므로 가압류가 유효하게 존재하고 취소·변경을 구할 이익이 있는 한 언제든지 할 수 있습니다 (법원행정처, 법원실무제요 민사집행Ⅳ).

## ■ 불복절차인 이의신청이나 취소신청에 의하지 않고 불법행위를 이유로 한 손해배상을 청구할 수 있는지요?

Q. 을은 약속어음금채권을 피보전권리로 하여 갑 소유의 부동산에 대한 가압류를 신청하여 인용된 바 있습니다. 그 후 을은 갑을 상대로 약속어음금의 지급을 청구하는 본안소송을 제기하였으나, 을이 전부 패소한 경우, 갑은 을을 상대로 위 가압류가 불법행위를 구성한다고 주장하면서 그로 인한 손해배상을 청구할 수 있나요?

A. "가압류나 가처분 등 보전처분은 법원의 재판에 의하여 집행되는 것이기는 하나 그 실체 상 청구권이 있는지 여부는 본안소송에 맡기고 단지 소명에 의하여 채권자의 책임 아래 하는 것이므로, 그 집행 후에 집행채권자가 본안소송에서 패소 확정되었다면 그 보전처분의 집행으로 인하여 채무자가 입은 손해에 대하여는 특별한 반증이 없는 한 집행채권자에게 고의 또는 과실이 있다고 추정되고, 따라서 부당한 집행으로 인한 손해에 대하여 이를 배상할 책임이 있고, 부당한 보전처분으로 인한 손해배상책임이 성립하기 위하여 일반적인 불법행위의 성립에 있어서 필요한 고의 또는 과실 이외에 오로지 채무자에게 고통을 주

기 위하여 보전처분을 하였다는 점까지 필요한 것은 아니다"라는 것이 판례의 태도입니다(대법원 1999. 4. 13. 선고 98다52513 판결). 또한 "가압류신청에서 채권액보다 지나치게 과다한 가액을 주장하여 그 가액대로 가압류 결정이 된 경우 본안 판결에서 피보전권리가 없는 것으로 확인된 부분의 범위 내에서는 고의·과실이 추정되고 다만 특단의 사정이 있으면 고의·과실이 부정된다고 보아야 할 것이다(대법원 1995. 12. 12. 선고 95다34095, 34101 판결)"라고 판시하고 있습니다. 이러한 판례의 태도에 비추어 보전처분의 채무자는 이의신청이나 취소신청에 따른 불복절차 외에 보전처분이 불법행위에 해당한다는 이유로 그로 인한 손해배상 청구도 가능하다고 하겠습니다.

따라서 갑이 을에게 불법행위를 이유로 손해배상청구를 할 수 있다고 하겠습니다.

## [서식 예] 제3자이의의 소(가압류집행에 대한 이의)

# 소　　　장

원　고　○○○ (주민등록번호)

　　　　○○시 ○○구 ○○로 ○○(우편번호 ○○○-○○○)

　　　　전화.휴대폰번호:

　　　　팩스번호, 전자우편(e-mail)주소:

피　고　주식회사◇◇은행

　　　　○○시 ○○구 ○○로 ○○(우편번호 ○○○-○○○)

　　　　대표이사 ◈◈◈

　　　　전화.휴대폰번호:

　　　　팩스번호, 전자우편(e-mail)주소:

**제3자이의의 소**

## 청　구　취　지

1. 피고가 소외 ◉◉주택주식회사에 대한 ○○지방법원 ○○지원 20○○ 카단○○○○호 집행력 있는 가압류결정정본에 기하여 20○○. ○. ○. 가압류 집행한 물건 중 별지목록 기재 물건에 대하여 한 가압류집행은 이를 불허한다.

2. 소송비용은 피고의 부담으로 한다.

라는 판결을 구합니다.

## 청　구　원　인

1. 피고는 소외 ◉◉주택주식회사(다음부터 소외회사라고만 함) 에 대한 귀 원 20○○카단○○○○호 유체동산가압류결정정

본에 기하여 20○○. ○. ○. 소외회사의 소재지인 ○○ ○○시 ○○면 ○○로 140에서 별지 가압류조서 기재와 같이 각 물건을 가압류하였습니다.

2. 그러나 위 가압류 물건 중 별지목록 기재의 물건은 소외회사의 소유물이 아니라 원고의 소유에 속하는 것으로서, 원고가 주택을 신축하기 위하여 20○○. ○. ○. 소외 ◎◎◎로부터 금 5,000,000원에 매수하였습니다.

3. 원고는 위 물건을 매수한 날부터 그 다음날까지 별지목록 기재 물건{소나무 원목 통나무 11,000사이('사이'란 통나무를 3m간격으로 절단한 경우의 단위임)를 소외회사로 운반하였으며 갑 제4호증(원목작업확인서1), 같은 달 13. 원고의 요청이 있으면 언제든지 반환 받기로 하고 위 물건를 소외회사에게 보관시켰습니다.

4. 그러므로 원고는 위 통나무에 대하여 정당한 소유자로서 피고로부터 집행을 당할 하등의 이유가 없으므로 청구취지와 같은 판결을 구하고자 이 사건 소제기에 이른 것입니다.

## 입 증 서 류

| | |
|---|---|
| 1. 갑 제1호증 | 유체동산가압류집행조서 등본 |
| 1. 갑 제2호증 | 소나무원목판매확인서 |
| 1. 갑 제3호증 | 각 원목작업확인서 |
| 1. 갑 제4호증 | 물품보관증 |
| 1. 갑 제5호증 | 인감증명서 |

## 첨 부 서 류

1. 위 입증서류                              각 1통
1. 법인등기사항증명서                          1통
1. 소장부본                                1통
1. 송달료납부서                              1통


20○○.  ○.  ○.

위 원고   ○○○  (서명 또는 날인)


**○○지방법원 ○○지원 귀중**

---

[별  지]

## 물 건 목 록

소나무 원목 통나무 11,000사이
('사이'란 통나무를 3m간격으로 절단한 경우의 단위임}
물건소재지 :  ○○시 ○○구 ○○로 ○○. 끝.

| 관할법원 | ※ 아래(1)참조 | 소멸시효 기 간 | ○○년(☞소멸시효일람표) |
|---|---|---|---|
| 제출부수 | | | 소장원본 1부 및 피고 수만큼의 부본 제출 |
| 비 용 | | | 인지액 : ○○○원(☞산정방법) ※ 아래(2)참조<br>송달료 : ○○○원(☞적용대상사건 및 송달료 예납기준표) |
| 불복절차 및 기 간 | | | 항소(민사소송법 제390조)<br>판결서가 송달된 날부터 2주 이내(민사소송법 제396조 제1항) |
| 기 타 | | | 제3자가 강제집행의 목적물에 대하여 소유권이 있다고 주장하거나 목적물의 양도나 인도를 막을 수 있는 권리가 있다고 주장하는 때에는 채권자를 상대로 그 강제집행에 대한 이의의 소를 제기할 수 있고, 다만, 채무자가 그 이의를 다투는 때에는 채무자를 공동피고로 할 수 있는데(민사집행법 제48조(제3자이의의 소) 제1항), 이 규정은 가압류집행에 대하여도 준용됨(민사집행법 제291조). |

## ※ (1) 관 할

집행법원의 관할에 속함. 유체동산에 대한 보전처분의 집행법원에 대하여는 특별한 규정이 없으므로 집행절차를 실시할 곳이나 실시한 곳을 관할하는 지방법원이 집행법원이 되고, 시·군법원에서 한 보전처분에 대한 제3자이의의 소의 관할법원은 시·군법원이 있는 곳을 관할하는 지방법원 또는 지방법원지원이 됨(민사집행법 제22조 제2호).

## ※ (2) 인 지

소장에는 소송목적의 값에 따라 민사소송등인지법 제2조 제1항 각 호에 따른 금액 상당의 인지를 붙여야 함. 다만, 대법원 규칙이 정하는 바에 의하여 인지의 첨부에 갈음하여 당해 인지액 상당의 금액을 현금이나 신용카드·직불카드 등으로 납부하게 할 수 있는바, 현행 규정으로는 인지첨부액이 1만원 이상일 경우에는 현금으로 납부하여야 하고 또한 인지액 상당의 금액을 현금으로 납부할 수 있는 경우 이를

수납은행 또는 인지납부대행기관의 인터넷 홈페이지에서 인지납부대행
기관을 통하여 신용카드 등으로도 납부할 수 있음(민사소송등인지규
칙 제27조 제1항 및 제28조의 2 제1항).

## 2-2. 이의신청서의 제출

① 가압류 결정에 대하여 이의신청을 하려는 채무자 등은 신청의
취지와 이유를 적은 이의신청서를 관할법원에 제출해야 합니다
(민사집행법 제283조제2항 및 민사집행규칙 제203조).

② 가압류 결정에 대하여 이의신청을 하려는 채무자 등은 이의신청
서에 10,000원의 인지를 붙여야 하고, 당사자 1명당 8회분의 송
달료(당사자가 채권자 및 채무자 2명이라 할 경우: 2명 ×
3,700원 × 8회 = 56,800원)를 송달료납부서로 납부해야 합니
다(민사소송 등 인지법 제9조제2항 본문, 민사접수서류에 붙일
인지액 및 그 편철방법 등에 관한 예규 제3조·별표, 송달료규칙
의 시행에 따른 업무처리요령 제7조제1항·별표 및 국내 통상우
편요금 및 우편이용에 관한 수수료 별표).

## 2-3. 이의신청의 효과

이의신청은 가압류의 집행을 정지시키지 않습니다(민사집행법 제283
조제3항).

# 제3채무자에 대한 진술최고신청

채권자 　　○○○(주민등록번호)

　　　　　○○시 ○○구 ○○길 ○○(우편번호 ○○○-○○○)

　　　　　전화.휴대폰번호:

　　　　　팩스번호, 전자우편(e-mail)주소:

채무자 　　◇◇◇(주민등록번호)

　　　　　○○시 ○○구 ○○길 ○○(우편번호 ○○○-○○○)

　　　　　전화.휴대폰번호:

　　　　　팩스번호, 전자우편(e-mail)주소:

제3채무자 　1. ■■주식회사

　　　　　　○○시 ○○구 ○○길 ○○(우편번호 ○○○-○○○)

　　　　　　대표이사 ■■■

　　　　　　전화.휴대폰번호:

　　　　　　팩스번호, 전자우편(e-mail)주소:

　　　　　2. 주식회사 ◆◆은행

　　　　　　○○시 ○○구 ○○길 ○○(우편번호 ○○○-○○○)

　　　　　　대표이사 ◆◆◆

　　　　　　전화.휴대폰번호:

　　　　　　팩스번호, 전자우편(e-mail)주소:

　　　　　3. 주식회사 ◎◎은행

　　　　　　○○시 ○○구 ○○길 ○○(우편번호 ○○○-○○○)

　　　　　　대표이사 ◎◎◎

　　　　　　전화.휴대폰번호:

　　　　　　팩스번호, 전자우편(e-mail)주소:

위 당사자 사이의 귀원 20○○카합○○○호 채권가압류사건에 관하여, 채권자는 민사집행법 제291조, 제237조에 의하여 제3채무자들로 하여금 채권을 인정하는지의 여부 및 인정한다면 그 한도, 채권에 대하여 지급할 의사가 있는지의 여부 및 의사가 있다면 그 한도, 채권에 대하여 다른 사람으로부터 청구가 있는지의 여부 및 청구가 있다면 그 종류, 다른 채권자에게 채권을 압류 당한 사실이 있는지의 여부 및 그 사실이 있다면 그 청구의 종류 등에 관하여 진술할 것을 귀원에서 최고하여 주실 것을 신청합니다.

20○○.  ○.  ○.
위 채권자 ○○○ (서명 또는 날인)

○○지방법원  귀중

## ■ 신청 당시 이미 사망한 자를 상대로 한 보전처분의 효력 및 이의신청이 허용되는지요?

Q. 갑은 을이 이미 사망하였음에도 불구하고 법원에 을 소유 명의로 되어 있던 토지에 대하여 위 을을 채무자로 표시한 가압류신청서를 제출하여 법원으로부터 같은 내용의 가압류결정을 받았습니다. 이와 같은 가압류결정이 유효한지요? 혹시 무효라면 을의 상속인인 병이 이러한 가압류결정에 대하여 이의신청을 할 수 있나요?

A. 판례는 신청당시 이미 사망한 자를 상대로 한 보전처분신청 및 그에 따른 보전명령의 효력에 대하여 "사망한 자를 채무자로 한 가압류신청은 부적법하고 위 신청에 따른 가

압류결정이 있었다 하여도 그 결정은 당연무효라고 할 것이며 그 효력이 상속인에게 미친다고 할 수는 없는 것이므로, 채무자표시를 상속인으로 할 것을 이미 사망한 피상속인으로 잘못 표시하였다는 사유는 결정에 명백한 오류가 있는 것이라고 할 수 없고 따라서 결정을 경정할 사유에 해당한다 할 수 없다."라고 하여 보전처분의 신청은 부적법하고 그 신청에 따른 보전처분 역시 당연무효라고 판시하고 있습니다(대법원 1991.3.29. 자 89그9 결정). 다만 당연무효라고 하더라도 부동산등기부 상 가압류등기가 경료됨에 따라 마치 유효한 가압류가 경료된 것과 같은 외관이 있어 이를 제거할 필요가 있습니다. 이를 위하여 판례는 "이미 사망한 자를 채무자로 한 처분금지가처분신청은 부적법하고 그 신청에 따른 처분금지가처분결정이 있었다고 하여도 그 결정은 당연무효로서 그 효력이 상속인에게 미치지 않는다고 할 것이므로, 채무자의 상속인은 일반승계인으로서 무효인 그 가처분결정에 의하여 생긴 외관을 제거하기 위한 방편으로 가처분결정에 대한 이의신청으로써 그 취소를 구할 수 있다"라고 하여 망인의 상속인은 일반승계인으로서 이의신청으로써 취소를 구할 수 있다고 하고 있습니다(대법원 2002. 4. 26. 선고 2000다30578 판결).

참고로 이와 달리 신청당시 피신청인이 생존해 있었던 경우에 대하여 판례는 " 당사자 쌍방을 소환하여 심문절차를 거치거나 변론절차를 거침이 없이 채권자 일방만의 신청에 의하여 바로 내려진 처분금지가처분결정은 신청 당시 채무자가 생존하고 있었던 이상 그 결정 직전에 채무자가 사망함으로 인하여 사망한 자를 채무자로 하여 내려졌다고 하더라도 이를 당연무효라고 할 수 없다"라고 판시하여 그 효력을 인정하고 있습니다(대법원 1993.7.27. 선고 92다48017 판결). 따라서 위 사안의 경우 갑이 신청하여 결정된 부동산가압류는 당연무효이며 이에 대하여 병은 이의신청으로서 취소를 구할 수 있다고 하겠습니다.

**(관련판례 1)**

이미 사망한 자를 채무자로 한 처분금지가처분신청은 부적법하고 그 신청에 따른 처분금지가처분결정이 있었다고 하여도 그 결정은 당연무효로서 그 효력이 상속인에게 미치지 않는다고 할 것이므로, 채무자의 상속인은 일반승계인으로서 무효인 그 가처분결정에 의하여 생긴 외관을 제거하기 위한 방편으로 가처분결정에 대한 이의신청으로써 그 취소를 구할 수 있다(대법원 2002. 4. 26. 선고 2000다30578 판결).

**(관련판례 2)**

채권자가 이미 사망한 자를 그 사망 사실을 모르고 제3채무자로 표시하여 압류 및 전부명령을 신청하였을 경우 채무자에 대하여 채무를 부담하는 자는 다른 특별한 사정이 없는 한 이제는 사망자가 아니라 그 상속인이므로 사망자를 제3채무자로 표시한 것은 명백한 오류이고, 또한 압류 및 전부명령에 있어서 그 제3채무자의 표시가 이미 사망한 자로 되어 있는 경우 그 압류 및 전부명령의 기재와 사망이라는 객관적 사정에 의하여 누구라도 어느 채권이 압류 및 전부되었는지를 추인할 수 있다고 할 것이어서 그 제3채무자의 표시를 사망자에서 그 상속인으로 경정한다고 하여 압류 및 전부명령의 동일성의 인식을 저해한다고 볼 수는 없으므로, 그 압류 및 전부명령의 제3채무자의 표시를 사망자에서 그 상속인으로 경정하는 결정은 허용된다(대법원 1998. 2. 13. 선고 95다15667 판결).

## 2-4. 이의신청의 취하

① 채무자는 가압류 이의신청에 대한 재판이 있기 전까지 채권자의 동의 없이 이의신청을 취하할 수 있습니다(민사집행법 제285조제1항 및 제2항).

② 가압류에 대한 이의신청을 취하하려는 자는 서면으로 해야 합니다. 다만, 변론 또는 심문기일에서는 말로 할 수 있습니다(민사집행법 제285조제3항).

③ 이의신청서가 송달한 후에 이의신청이 취하가 있는 경우 법원은 취하의 서면을 채권자에게 송달해야 합니다(민사집행법 제285조제4항).

## ■ 가압류 취소는 어떤 절차가 필요한가요?

Q. 건축물에 가압류가 잡혀 있습니다. 타인 명의에 땅에 건물등기만 구매하여 건물을 사용했는데 땅주인이 땅을 매매하여야하니 한 달이라는 시간안에 건물을 철거하고 가압류도 해지시켜달라고 합니다. 가압류는 아버지가 사업을 하시다가 물품대금을 지급하지 못하여 걸린 부분이구요. 현재 아버지는 돌아가시고 가압류는 98년도에 잡혔던 상황입니다. 땅주인이 건물등기는 구입하겠다고 하여 가압류를 먼저 풀라고 하는데 가압류 잡은 업체는 현제 부도상태이고 현제까지 아무런 법적인 조치가 없어 이번에 상속받으면서 알게 되었습니다. 이럴 경우 가압류시요가 만료되서 해제할 수 있다고 들었는데 어떻게 하는 건가요?

A. 민사집행법 제288조는 가압류 취소에 관한 사항을 규정하고 있습니다.
민사집행법 제288조 (사정변경 등에 따른 가압류취소)

①채무자는 다음 각호의 어느 하나에 해당하는 사유가 있는 경우에는 가압류가 인가된 뒤에도 그 취소를 신청할 수 있다. 제3호에 해당하는 경우에는 이해관계인도 신청할 수 있다.

1. 가압류이유가 소멸되거나 그 밖에 사정이 바뀐 때
2. 법원이 정한 담보를 제공한 때
3. 가압류가 집행된 뒤에 3년간 본안의 소를 제기하지 아니한 때

②제1항의 규정에 의한 신청에 대한 재판은 가압류를 명한 법원이 한다. 다만, 본안이 이미 계속된 때에는 본안법원이 한다.

③제1항의 규정에 의한 신청에 대한 재판에는 제286조제1항 내지 제4항·제6항 및 제7항을 준용한다.

귀하의 사례를 보건데, 98년 경 부동산을 가압류 하고 현재까지 본안을 제기하지 않은 것으로 보입니다. 따라서 민사집행법 제288조 1항 3호에 따라 가압류 취소를 신청하실 수 있습니다.

즉 귀하 부동산 가압류를 명한 법원에 가압류 취소 신청을 하시면 됩니다.

# 3. 이의신청의 심리와 재판

## 3-1. 심문기일 통지

① 이의신청이 있는 때에는 법원은 변론기일 또는 당사자 쌍방이 참여할 수 있는 심문기일을 정하고 당사자에게 이를 통지해야 합니다(민사집행법 제286조제1항).

② 법원은 심리를 종결하려는 경우에는 상당한 유예기간을 두고 심리를 종결할 기일을 정하여 이를 당사자에게 고지해야 합니다. 다만, 변론기일 또는 당사자 쌍방이 참여할 수 있는 심문기일에는 즉시 심리를 종결할 수 있습니다(민사집행법 제286조제2항).

## 3-2. 이의신청에 대한 재판

① 이의신청에 대한 재판은 결정으로 합니다(민사집행법 제286조제3항).

② 이의신청에 대한 결정으로 가압류의 전부나 일부를 인가·변경 또는 취소할 수 있습니다. 이 경우 법원은 채권자에게 적당한 담보를 제공하도록 명할 수 있습니다(민사집행법 제286조제5항).

③ 법원은 가압류를 취소하는 결정을 하는 경우 채권자가 그 고지를 받은 날부터 2주를 넘지 아니하는 범위에서 상당하다고 인정하는 기간이 경과해야 그 결정의 효력이 생긴다는 뜻을 선언할 수 있습니다(민사집행법 제286조제6항).

> **(법령용어해설)**
> **결정** : 임의적 변론 또는 서면심리를 근거로 하여 법원이 행하는 재판을 말합니다.
> **판결** : 법원이 변론을 근거로 하여 민사소송법 제208조에 규정된 일정한 방식에 따라 판결원본을 작성하고 선고라는 엄격한 방법으로서 당사자에게 고지하는 재판을 말합니다.

## 3-3. 이의신청 재판에 대한 불복

① 이의신청에 대한 결정에 대하여 즉시항고를 할 수 있습니다. 이 경우 집행정지의 효력은 없습니다(민사집행법 제286조제7항).

② 이의신청에 따라 가압류를 취소하는 결정에 대하여 즉시항고를 하는 경우 채권자는 다음과 같은 요건을 갖추어 법원에 가압류취소 결정의 효력정지신청을 할 수 있고, 법원은 그 신청에 따라 담보를 제공하게 하거나 담보를 제공하지 아니하게 하고 가압류취소 결정의 효력을 정지시킬 수 있습니다(민사집행법 제289조제1항).

1. 불복의 이유로 주장한 사유가 법률상 정당한 사유가 있다고 인정되고 그 사실에 대한 소명이 있어야 합니다.

2. 가압류를 취소함으로 인하여 회복할 수 없는 손해가 생길 위험이 있다는 사정에 대한 소명이 있어야 합니다.

(관련판례)

보전처분 채무자의 신청에 의한 제소명령은 기본적으로 보전처분 절차에 부수하는 것으로서 보전처분의 유지 여부를 결정하기 위한 것에 불과한 점, 보전처분의 신청을 대리한 소송대리인은 그 보전처분에 대한 이의가 있는 경우에 그 이의소송에서도 소송대리권이 있는 것으로 해석되는 점 등에 비추어 보면, 보전처분 신청절차에서 이루어진 소송위임의 효력은 그에 기한 제소명령 신청사건에도 미친다(대법원 2003. 8. 22.자 2003마1209 결정).

# 제2절 채무자에 의한 가압류취소

## 1. 제소명령의 신청

① 가압류는 본안 제소를 전제로 하는 소송절차입니다. 따라서 가압류명령이 발령되어 유효하게 존속함에도 불구하고 채권자가 본안소송을 제기하지 않는 경우 채무자는 가압류 발령법원에 채권자로 하여금 본안의 소를 제기할 것을 명하도록(제소명령)을 신청할 수 있습니다(민사집행법 제287조제1항 전단).

② 이 신청의 채무자는 가압류가 발령된 사실을 소명해야 합니다. 그러나 본안이 제소되지 않았음을 입증할 필요가 없습니다.

**[서식 예] 제소명령신청서**

## 제소명령신청

신청인(채무자)　○○○(주민등록번호)
　　　　　　　○○시 ○○구 ○○길 ○○(우편번호 ○○○-○○○)
　　　　　　　전화.휴대폰번호:
　　　　　　　팩스번호, 전자우편(e-mail)주소:
피신청인(채권자)　◇◇◇(주민등록번호)
　　　　　　　○○시 ○○구 ○○길 ○○(우편번호 ○○○-○○○)
　　　　　　　전화.휴대폰번호:
　　　　　　　팩스번호, 전자우편(e-mail)주소:


　위 당사자 사이의 피신청인이 신청인에 대하여 한 귀원 20○
○카단○○○호 부동산가압류신청사건에 대하여 피신청인은 신
청인에 대하여 본안소송을 제기하지 않고 있으므로 금번 귀원
에서 피신청인에게 소정의 기간 내에 소를 제기하라는 명령을
내려 주시기 바랍니다.


　　　　　　　20○○.　○.　○.
　　　　　위 신청인 ○○○ (서명 또는 날인)


○○지방법원　귀중

■ 동일 채권으로 여러 부동산에 대한 각 별건의 가압류를 했을 때 채무자가 그 집행을 취소하는 방법은 없는지요?

Q. 저는 사업자금으로 3,000만원을 빌리고 갚지 못해 채권자 甲으로부터 소송을 제기당함과 동시에 순차로 저희 집, 사무실, 사무실 대지에 각 가압류를 당하였습니다. 이제 경기가 풀려 위 각 가압류를 풀고 싶은데, 각 가압류사건마다 해방금을 공탁하면 3,000만원보다 훨씬 많은 금액을 공탁해야 한다고 합니다. 하나의 가압류에 대하여 해방금을 공탁하여 집행취소를 구하고, 나머지 사건은 가압류이의를 하여 보전의 필요성이 없다는 주장을 하는 방법으로 가능할까요?

A. 가압류의 집행정지나 집행한 가압류를 취소하기 위하여 채무자가 공탁할 금액을 해방공탁금이라고 합니다. 이는 가압류가 금전적 청구권을 보전하기 위한 수단이므로 집행목적재산 대신 상당한 금전을 공탁하면 채권자는 채권보전의 목적을 달성할 수 있으므로 채무자로 하여금 불필요한 집행을 당하지 않도록 하기 위하여 둔 제도입니다.
그러나 해방금액은 채권자의 손해를 담보하는 것이 아니고 가압류의 목적 재산에 갈음하는 것이므로 채권자는 이에 대하여 우선변제권이 없습니다. 따라서 하나의 가압류 사건에 청구금액 상당의 해방공탁금이 있다 하여 다른 가압류 사건에 보전의 필요성이 없다고 보기는 어렵습니다. 다른 채권자가 해방공탁금에 대하여 가압류나 압류를 할 가능성을 배제할 수 없기 때문입니다. 따라서 질문하신 방법으로는 가압류 집행을 취소할 수가 없을 것으로 판단됩니다.
이 때 가능한 방법은, 적당한 담보를 제공하여 취소를 구할 수 있도록 하는 제도가 있습니다(민사집행법 288조 제1항 후단). 위 담보는 해방공탁금과 달리 직접 피보전권리를 담보하는 것이므로 채권자는 이에 대하여 일종의 질권을 갖게 됩니다. 채무자는 담보의 종류와 액수 등을 특정하지 아니하고 단순히 적당한 담보를 제공하고 가압류를 취소하여 달라는 신청을 하면 되는데, 이 때 신청 취지에 취소할 수 개의 가압류를 모두 표시합니다. 법원은 변론을 열어 적당한 담보의 종류와 수액을 결정하고, 미리 담보의 제공을 명해 그 이행 즉시 가압류 취소 판결을 할 수 있습니다(민사집행법 제288조 제3항).

## 2. 신청절차

① 제소명령을 신청하려는 자는 신청취지와 이유를 적은 제소명령신청서를 작성해야 합니다(민사집행규칙 제203조제1항제4호 및 제2항).
② 제소명령을 신청하려는 자는 1,000원의 대한민국수입인지를 구입하여 신청서 우측상단에 붙여야 합니다(민사소송 등 인지법 제9조제5항제4호, 민사접수서류에 붙일 인지액 및 그 편철방법 등에 관한 예규 제3조 및 별표).
③ 제소명령을 신청하려는 자는 당사자 1명당 2회분의 송달료(3,700원 × 당사자 수 × 2회분)를 예납해야 합니다(송달료규칙의 시행에 따른 업무처리요령 제7조제1항·별표 1 및 국내 통상우편요금 및 우편이용에 관한 수수료 별표).
④ 신청서 작성과 신청비용을 완납한 자는 가압류 결정법원에 제소명령신청서 1부를 제출해야 합니다.

## 3. 제소명령

① 제소명령은 변론 없이 결정의 형식으로 채권자로 하여금 2주 이상의 기간 이내에 본안의 소를 제기하여 이를 증명하는 서류를 제출하거나 이미 소를 제기했으면 소송계속사실을 증명하는 서류를 제출하도록 명합니다(민사집행법 제287조제1항 및 제2항).

② 제소명령은 채무자의 신청이 있어야 하는 재판이므로 신청을 인용하는 경우에는 채권자와 채무자에게 고지하고, 이를 배척하는 경우에는 채무자에게만 고지합니다(민사집행규칙 제7조제2항).

### ■ 제소명령에 의한 본안소송이 취하 간주된 때 소제기의 효력은 있는지요?

Q. 甲은 乙이 금전채권에 기하여 甲의 부동산에 가압류를 하였으나 본안소송을 제기하지 않기에 제소명령을 신청하였습니다. 그런데 乙은 제소명령에 응하여 본안소송을 제기하였으나 변론기일에 계속 불출석하여 본안소송이 취하간주 되었습니다. 이 경우 甲이 어떠한 조치를 취하여야 하는지요?

A. 제소명령에 관하여 민사집행법 제287조 제1항은 "가압류법원은 채무자의 신청에 따라 변론 없이 채권자에게 상당한 기간내에 본안의 소를 제기하여 이를 증명하는 서류를 제출하거나 이미 소를 제기하였으면 소송계속사실을 증명하는 서류를 제출하도록 명하여야 한다."고 규정하고 있고, 제2항에서는 "제1항의 기간은 2주일 이상으로 정하여야 한다"고 규정하고 있으며, 제3항에서는 "채권자가 제1항의 기간내에 제1항의 서류를 제출하지 아니한 때에는 법원은 채무

자의 신청에 따라 결정으로 가압류를 취소하여야 한다"고
규정하고 있습니다. 또한 제4항에 따르면 "제1항의 서류를
제출한 뒤에 본안의 소가 취하되거나 각하된 경우에는 그
서류를 제출하지 아니"한 것으로 보며, 제5항에서는 "제3항
의 신청에 관한 결정에 대하여는 즉시항고를 할 수 있으며,
이 경우 민사소송법 제447조의 규정은 준용하지 아니한다."
라고 규정하고 있습니다.

그러므로 위 사안에서 乙이 제기한 본안소송이 乙의 변론
기일 불출석으로 취하간주 되었다면 「민사집행법」제287조
제4항에 따라 본안소송이 제기되지 아니한 것으로 볼 수
있어, 甲으로서는 같은 조 제3항에 따른 가압류취소신청을
해볼 수 있을 것입니다.

그리고 가압류결정에 대한 채무자의 이의신청에 관하여
같은 법 제283조에서 규정하고 있습니다. 제1항에서는 "채
무자는 가압류결정에 대하여 이의를 신청할 수 있다."고
규정하고 있으며, 제2항에서는 "제1항의 이의신청에는 가
압류의 취소나 변경을 신청하는 이유를 밝혀야 한다.", 제
3항에서는 위 "이의신청은 가압류의 집행을 정지하지 아
니한다."라고 규정하고 있습니다.

이에 관하여 판례는"가압류이의소송은 가압류결정의 취소·변
경을 구하는 절차라는 면에서 제소기간 도과(徒過)로 인한
가압류취소소송과 다를 바 없고, 소송경제적 측면과 보전소
송의 긴급성의 요청에 비추어 볼 때 제소명령기간 내에 본
안소송을 제기하지 아니한 때에 그 기간이 도과되었다는 것
도 가압류이의사유로 주장할 수 있으며, 제소기간의 도과여
부를 판단함에 있어서 제소명령에 응하여 채권자가 제기한

본안의 소송이나 중재판정절차가 취하되거나 당사자의 불출석으로 인하여 취하간주 또는 종료선언되거나 소송요건의 흠결을 이유로 한 소각하 판결이 확정되었을 때에는 본안의 소제기나 중재신청을 하지 아니한 것과 같이 보아야 할 것이고, 가압류결정에 대한 제소명령에 응하여 제기한 본안의 소를 각하한 판결이나 중재절차를 종료한 선언의 당부는 당해 절차에서 판단되어야 할 것이고, 제소기간의 도과여부를 심리하는 법원이 그 당부에 관하여 심리·판단할 수 있는 것이 아니므로, 그 판결이나 중재절차에 위법이 있다 하더라도 위 가압류결정에 대한 제소명령기간의 도과여부를 판단함에 있어서는 아무런 영향도 미칠 수 없다."라고 하였습니다(대법원 2000.2.11.선고 99다50064 판결).

따라서 위 사안에서 甲은 乙이 제기한 본안소송이 乙의 변론기일 불출석으로 취하간주 되어 제소명령기간 내에 본안소송을 제기하지 아니한 것으로 되었으므로, 그것을 이유로 가압류이의소송을 제기하여 다툴 수도 있을 것으로 보입니다.

## 4. 제소명령 등에 대한 불복

① 제소명령 신청을 기각 또는 각하하는 결정 또는 너무 장기간의 제소기간에 대하여는 일반 항고(抗告)로 불복할 수 있습니다(민사소송법 제439조).

② 제소명령을 받은 채권자는 제소명령의 내용이 부당하더라도 항고할 수 없고, 제소기간 도과로 인한 가압류취소결정이 내려지면 이에 대하여 즉시항고를 할 수 있습니다(법원행정처, 법원실무제요 민사집행Ⅳ).

■ 가압류취소소송의 변론종결 전 본안소송 제기 시 가압류취소 되는지요?

Q. 乙은 대여금채권에 기하여 甲소유 부동산에 가압류를 하였으나, 甲은 대여금채무를 변제하였고 이자에 관하여만 다툼이 있는 상태이므로 가압류법원에 제소명령을 신청하였습니다. 그런데 채권자 乙은 소를 제기하였다는 증명서류의 제출기간이 지났음에도 불구하고 본안소송을 제기하지 않았습니다. 그러므로 채무자 甲은 제소기간이 지났음을 이유로 가압류취소소송을 제기해 둔 상태입니다. 만일 乙이 가압류취소소송이 끝나기 전에 대여금청구의 본안소송을 제기한다면 甲이 신청한 가압류취소소송은 어떻게 되는지요?

A. 본안의 제소명령에 관하여 민사집행법 제287조 제1항은 "가압류법원은 채무자의 신청에 따라 변론 없이 채권자에게 상당한 기간내에 본안의 소를 제기하여 이를 증명하는 서류를 제출하거나 이미 소를 제기하였으면 소송계속사실

을 증명하는 서류를 제출하도록 명하여야 한다."고 규정하고 있고, 제2항에서는 "제1항의 기간은 2주일 이상으로 정하여야 한다"고 규정하고 있으며, 제3항에서는 "채권자가 제1항의 기간내에 제1항의 서류를 제출하지 아니한 때에는 법원은 채무자의 신청에 따라 결정으로 가압류를 취소하여야 한다"고 규정하고 있습니다. 또한 제4항에 따르면 "제1항의 서류를 제출한 뒤에 본안의 소가 취하되거나 각하된 경우에는 그 서류를 제출하지 아니"한 것으로 보며, 제5항에서는 "제3항의 신청에 관한 결정에 대하여는 즉시항고를 할 수 있으며, 이 경우 민사소송법 제447조의 규정은 준용하지 아니한다."라고 규정하고 있습니다.

그러므로 가압류채권자가 가압류채무자의 신청으로 법원에서 정한 일정기간내에 소를 제기하여 이를 증명하는 서류를 제출하거나 이미 소를 제기하였으면 소송계속사실을 증명하는 서류를 제출하지 아니한 때에는 법원은 채무자의 신청에 따라 결정으로 가압류를 취소하여야 하며, 또한 소제기 입증서류를 제출한 뒤에 본안의 소가 취하되거나 각하된 경우에는 그 서류를 제출하지 아니한 것으로 보게 됩니다.

그런데 구 민사소송법 제705조 제1항은 "본안이 계속하지 아니한 때에는 가압류법원은 채무자의 신청에 의하여 변론 없이 상당한 기간내에 소를 제기할 것을 채권자에게 명하여야 한다."라고 규정하고, 제2항은 "제1항의 기간을 도과하면 채무자의 신청에 의하여 종국판결로 가압류를 취소하여야 한다."라고 규정하였고, 구「민사소송법」하의 판례는 "제소명령에서 정한 기간이 경과함을 이유로 한 가압류취소사건에 있어서 그 기간이 지난 후라도 채권자가 그 취소소송의 사실심 변론종결시까지 본소제기의 사실을 소명한 때에는 그 가압류의 취소를 면할 수 있다."라고 하였으며(대법원 1990. 12. 26. 선고 90다8541 판결), 또한 "제소명령 불준수에 따른 가처분취소소송에 있어서 본안의 소는 제소명령에서 정한 기간을 도과(徒過)한 후라 하더라도 그 도과를 원인으로 하는 가처분취소소송의 사실심변론종결 당시까지 제기된 경우에는 그 가처분을 취소할 수 없다."라고 하였습니다(대법원 2001. 4. 10. 선고 99다49170 판결).

그러나 현행 민사집행법은 구 민사소송법상의 제소명령규정을 소제기증명서 등의 제출기간으로 명시하여 규정하고 있으므로 이 기간 내에 소제기를 증명하는 서류를 제출하지 아니하면 법원은 채무자의 신청에 따라 결정으로 가압류를 취소하여야 합니다.

따라서 위 사안에서도 채무자 甲이 제기한 가압류취소소송의 사실심 변론종결 이전에 채권자 乙이 대여금청구의 본안소송을 제기하더라도 이는 이미 법원의 제출명령기간을 도과한 후이므로 위 가압류취소소송은 기각되지 않고 유효하게 인용될 수 있을 것으로 보입니다.

## 5. 소제기증명서 등의 제출

① 제소명령을 받은 채권자가 제소기간 내에 소제기증명서, 소송계속사실증명을 제출하지 않으면 채무자의 취소신청에 따라 결정으로 가압류가 취소될 수 있습니다(민사집행법 제287조제3항).

② 채권자가 법원이 정한 제소기간 이후에 소제기증명서 등을 제출한 경우라도 가압류는 취소될 수 있습니다(대법원 2003. 8. 22. 자 2003마1209 결정).

③ 소제기 증명서류의 제출 후 본안의 소가 취하되거나 각하된 경우에는 관련 서류를 제출하지 않은 것으로 봅니다(민사집행법 제287조제4항).

[서식 예] 제소신고서

---

### 제 소 신 고

채권자    ○○○
채무자    ◇◇◇
제3채무자 주식회사 ■■

　귀원 20○○카단○○○호 채권가압류사건과 관련하여 채무자가 제소명령신청 하였는바, 채권자는 ○○지방법원 20○○가단○○○호 임금 등 청구사건으로 20○○. ○. ○.자로 소제기하였으므로 신고합니다.


첨부서류 : 소제기증명원    1통
　　　　　　　　20○○. ○. ○.

---

위 채권자 ○○○ (서명 또는 날인)

○○지방법원 귀중

## 6. 제소명령 불이행으로 인한 가압류취소(제소기간 도과로가 압류취소)

### 6-1. 취소신청

① 제소명령을 받은 채권자가 법원이 정한 제소기간 안에 제소증명서 등을 제출하지 않은 경우 채무자는 가압류의 취소를 법원에 신청할 수 있습니다(민사집행법 제287조제3항).

② 제소기간 도과로 인한 가압류취소를 신청하려는 자는 신청서를 당사자수+1부 작성하여 가압류결정문 사본 등 첨부서류를 법원에 제출해야 합니다(민사집행규칙 제203조제1항제5호).

③ 제소기간 도과로 인한 가압류취소를 신청하려는 자는 10,000원의 수입인지를 구입하고 당사자 1명당 8회분의 송달료(당사자수+1 × 8회 × 3,700원)를 예납해야 합니다.

### 6-2. 가압류취소결정

제소기간 도과에 의한 가압류취소신청서를 받은 법원은 결정으로 가압류를 취소해야 합니다(민사집행법 제287조제3항).

# *제소기간 도과로 인한 채권가압류 취소신청 기재례

## 제소기간도과에 의한 가압류 취소신청

신청인(채무자) ○○○
  ○○시 ○○구 ○○동 ○○(우편번호 ○○○-○○○)
피신청인(채권자) ◇◇◇
  ○○시 ○○구 ○○동 ○○(우편번호 ○○○-○○○)

### 신 청 취 지

1. 위 당사자간 귀원 2000카단○○○호 채권가압류 신청사건에
   관하여 별지목록 기재 채권에 대하여 귀원에서 2000. 00. ○
   ○. 결정한 가압류결정은 이를 취소한다.
2. 소송비용은 피신청인(채권자)의 부담으로 한다.
3. 위 제1항은 가집행할 수 있다.
라는 재판을 구합니다.

### 신 청 이 유

1. 위 당사자 사이의 피신청인이 신청인에 대하여 한 귀원 2000
   카단○○○호 부동산가압류신청사건에 의해 채권가압류결정을 받
   았음에도 더 이상 본안의 소를 제기하지 않아 2000. ○. 경 귀
   원에 제소명령신청(2000카기○○○제소명령)을 한 바 있습니다.
2. 그러나 피신청인은 귀원이 발령한 제소명령에 따라 소정의 기
   간 내에 본안의 소를 제기하지 않아 이건 가압류취소신청에
   이른 것입니다.

### 소 명 방 법
  1. 소갑 제1호증 채권가압류 결정문 사본

2000. ○. ○.
위 신청인 ○○○ (서명 또는 날인)

○○지방법원 귀중

# 부동산가압류취소신청

신청인(채무자)  ◇◇◇

　　　　　　○○시 ○○구 ○○길 ○○(우편번호 ○○○-○○○)

　　　　　　전화.휴대폰번호:

　　　　　　팩스번호, 전자우편(e-mail)주소:

피신청인(채권자) ○○○

　　　　　　○○시 ○○구 ○○길 ○○(우편번호 ○○○-○○○)

　　　　　　전화.휴대폰번호:

　　　　　　팩스번호, 전자우편(e-mail)주소:

## 신 청 취 지

1. 피신청인의 신청인에 대한 귀원 20○○카단○○○○호 부동산가압류신청사건에 관하여 귀원이 20○○. ○○. ○○. 신청인 소유의 별지목록 기재 부동산에 대하여 한 가압류결정은 이를 취소한다.
2. 소송비용은 피신청인의 부담으로 한다.
3. 위 제1항은 가집행할 수 있다.

라는 재판을 구합니다.

## 신 청 이 유

1. 피신청인(채권자)은 신청인(채무자)에 대한 대여금청구채권의 집행보전을 위하여 귀원으로부터 20○○카○○○○호 부동

산가압류결정을 받아 신청인 소유의 별지목록 기재 부동산을 가압류하였습니다.

2. 그러나 신청인은 피신청인으로부터 차용한 금 ○○○원 및 이에 대한 이자를 20○○. ○○. ○○.에 모두 변제하였습니다.

3. 따라서 피보전채권이 모두 소멸되었으므로, 신청인 소유의 부동산에 대한 위 가압류결정은 마땅히 취소되어야 하나, 아직까지도 위 가압류결정이 취소되지 않고 있어 신청인의 재산권행사에 막대한 지장을 주고 있으므로 부득이 신청취 지와 같은 재판을 구하고자 이 사건 신청에 이르게 되었습니다.

## 첨 부 서 류

| | |
|---|---|
| 1. 변제영수증 | 1통 |
| 1. 부동산가압류결정문 | 1통 |
| 1. 부동산등기사항증명서 | 1통 |
| 1. 송달료납부서 | 1통 |

20○○. ○. ○.

위 신청인(채무자) ◇◇◇ (서명 또는 날인)

**○○지방법원 ○○지원 귀중**

---

[별 지]

## 부동산의 표시

1. ○○시 ○○구 ○○동 ○○ 대 ○○○m²
2. ○○시 ○○구 ○○동 ○○ 임야 ○○○m². 끝.

## 6-3. 가압류취소결정에 대한 불복

① 가압류취소신청에 대한 결정은 즉시항고가 가능하나, 집행정지의 효력은 발생하지 않습니다(민사집행법 제287조제5항).

② 가압류를 취소하는 결정에 대하여 즉시항고를 하는 경우 채권자는 다음과 같은 요건을 갖추어 법원에 가압류취소결정의 효력정지신청을 할 수 있고, 법원은 그 신청에 따라 담보를 제공하게 하거나 담보를 제공하지 아니하게 하고 가압류취소결정의 효력을 정지시킬 수 있습니다(민사집행법 제289조제1항).

1. 불복의 이유로 주장한 사유가 법률상 정당한 사유가 있다고 인정되고 그 사실에 대한 소명이 있어야 합니다.

2. 가압류를 취소함으로 인하여 회복할 수 없는 손해가 생길 위험이 있다는 사정에 대한 소명이 있어야 합니다.


■ **은행계좌에 가압류가 되었는데 상대편은 가압류 이후에 어떤 행동도 취하고 있지 않은 경우에 어떻게 하면 될까요?**

Q. 은행계좌에 가압류가 들어왔습니다. 그런데 상대편은 가압류 이후에 어떤 행동도 취하고 있지 않습니다. 어떻게 하면 될까요?

A. 채무자는 가압류 발령법원에 채권자에 대한 제소명령을 신청할 수 있습니다.

이 경우 제소명령을 받은 채권자가 법원이 정한 제소기간 내에 제소증명서나 소송계속사실 증명서를 제출하지 않으면 채무자는 가압류의 취소를 법원에 신청할 수 있습니다.

① 제소명령 신청(채무자)

제소명령을 신청하려면 신청취지와 이유를 적은 제소명령신청서를 법원에 제출해야 합니다. 이 때 제소명령을 신청하는 채무자는 가압류가 발령된 사실에 대해서는 소명해야 하지만, 본안이 제소되지 않았음은 입증할 필요가 없습니다.

② 제소명령(법원)

법원은 제소명령에 따라 변론 없이 결정의 형식으로 채권자로 하여금 2주 이상의 기간 이내에 본안의 소를 제기하여 이를 증명하는 서류를 제출하거나 이미 소를 제기했으면 소송계속사실을 증명하는 서류를 제출하도록 명하게 됩니다.

법원은 제소명령 신청을 인용하는 경우에는 채권자와 채무자에게 그 사실을 알려야 하고, 제소명령 신청을 배척하는 경우에는 채무자에게만 알리면 됩니다.

③ 가압류 취소 신청(채무자)

제소명령을 받은 채권자가 법원이 정한 제소기간 안에 제소증명서나 소송계속사실 증명서를 제출하지 않으면 채무자는 가압류의 취소를 법원에 신청할 수 있습니다. 이 경우 가압류 취소 신청을 하려면 신청서를 2부 작성하여 가압류 결정문 사본 등 첨부서류와 함께 법원에 제출하면 됩니다.

**(관련판례)**

보전처분 채무자의 신청에 의한 제소명령은 기본적으로 보전처분 절차에 부수하는 것으로서 보전처분의 유지 여부를 결정하기 위한 것에 불과한 점, 보전처분의 신청을 대리한 소송대리인은 그 보전처분에 대한 이의가 있는 경우에 그 이의소송에서도 소송대리권이 있는 것으로 해석되는 점 등에 비추어 보면, 보전처분 신청절차에서 이루어진 소송위임의 효력은 그에 기한 제소명령 신청사건에도 미친다(대법원 2003. 8. 22.자 2003마1209 결정).

# 7. 사정변경 등에 따른 가압류취소

① 채무자는 가압류 이유가 소멸되었거나 그 밖에 사정이 바뀐 경우에는 가압류 명령이 있은 후라도 그 취소를 신청할 수 있습니다.

② 채무자는 가압류결정상의 해방금액을 공탁하고 가압류집행의 취소·정지를 구할 수도 있으나, 법원이 자유재량에 의해 정한 담보를 제공하고서 그 가압류 자체의 취소를 구할 수도 있습니다.

③ 가압류가 집행된 뒤 채권자가 3년간 본안의 소를 제기하지 않은 경우 채무자나 이해관계인은 가압류의 취소를 신청할 수 있습니다.

## 7-1. 가압류취소 사유

채무자는 다음의 어느 하나에 해당하는 사유가 있는 경우 가압류가 인가된 뒤에도 그 취소를 신청할 수 있습니다(민사집행법 제288조제1항 본문).

1. 가압류이유가 소멸되었거나 그 밖에 사정이 바뀐 때
2. 법원이 정한 담보를 제공한 때
3. 가압류가 집행된 뒤에 3년간 본안의 소를 제기하지 아니한 때

## ■ 보증인의 사정변경에 의한 가압류취소신청을 다툴 수 있나요?

Q. 무는 갑, 을, 병의 보증 아래 정으로부터 금원을 대여하였으나, 무가 변제기가 지나도록 대여원리금을 변제하지 아니하자, 무는 원금의 일부 및 그 이자에 대한 집행을 보전하기 위하여 갑의 부동산에 대한 가압류 신청을 하여 인용, 가압류등기까지 경료 되었습니다. 그 후 무의 정에 대한 채무는 갑, 을, 병, 정으로부터 일부씩 변제받음으로써

모두 소멸하였습니다. 이에 대하여 갑이 무를 상대로 사정변경을 이유로 한 가압류취소신청을 하자 을과 병은 자기들은 부담부분을 넘어 변제하여 갑에 대하여 구상권을 행사할 수 있고, 무가 갑에 대하여 가지고 있던 채권 및 그 담보에 관한 권리는 법률상 당연히 변제자인 자신들에게 이전된다는 점을 이유로 갑의 가압류취소를 다투면서 위 가압류취소사건에 참가신청을 하였습니다. 이러한 을과 병의 주장은 타당한가요?

A. 민법 제448조 제2항, 제425조에 따르면 수인의 보증인이 있는 경우에 어느 보증인이 자기의 부담부분을 넘은 변제를 한 때에는 다른 보증인에 대하여 구상권을 행사할 수 있다는 점에는 의문이 없습니다. 그러나 민법 제482조 제1항의 변제자 대위의 범위에 과연 채권자의 가압류채권자의 지위도 포함되어 가압류취소신청을 다툴 수 있는지가 문제됩니다. 이에 대하여 판례는 "수인의 보증인이 있는 경우에 어느 보증인이 자기의 부담부분을 넘은 변제를 한 때에는 다른 보증인에 대하여 구상권을 행사할 수 있고, 그 구상권의 범위 내에서 종래 채권자가 가지고 있던 채권 및 그 담보에 관한 권리는 법률상 당연히 그 변제자에게 이전되는 것이므로, 채권자가 어느 공동보증인의 재산에 대하여 가압류결정을 받은 경우에, 그 피보전권리에 관하여 채권자를 대위하는 변제자는 채권자의 승계인으로서, 가압류의 집행이 되기 전이라면 민사소송법 제708조 제1항(2002. 1. 26. 법률 제6626호로 전문 개정되기 전의 것)에 따라 승계집행문을 부여받아 가압류의 집행을 할 수 있고, 가압류의 집행이 된 후에는 위와 같은 승계집행문을 부여받지 않더라도 가압류에 의한 보전의 이익을 자신을

위하여 주장할 수 있다. 위의 경우에 변제를 한 보증인은 구상권의 범위 내에서 채권자가 다른 공동보증인에 대하여 가지고 있던 가압류의 피보전권리를 대위행사할 수 있다고 보아야 할 것이므로, 가압류가 대위변제의 경우에 이전되는 담보에 관한 권리에 해당하지 아니한다거나, 위 변제로 인하여 가압류의 피보전권리가 변제를 한 보증인에게 이전되는 결과 채권자가 그 범위 내에서 피보전권리를 상실한다는 사정 때문에 가압류채권자의 지위를 승계한 보증인이 다른 공동보증인의 사정변경에 의한 가압류취소신청을 다툴 수 없는 것은 아니다"라고 판시하여 민법 제482조 제1항의 변제자 대위의 범위에 과연 채권자의 가압류채권자의 지위도 포함되므로 채무자가 신청한 가압류취소신청 역시 다툴 수 있다고 판시하고 있습니다(대법원 1993.7.13. 선고 92다33251 판결).

따라서 을, 병은 갑이 무를 상대로 사정변경을 이유로 한 가압류취소신청에 참가하여 갑의 가압류 취소신청을 다툴 수 있다고 하겠습니다.

## 7-2. 사정변경에 의한 가압류취소

채무자는 가압류 이유가 소멸되었거나 그 밖에 사정이 바뀐 경우에는 가압류 명령이 있은 후라도 그 취소를 신청할 수 있습니다(민사집행법 제288조제1항제1호).

① 사정변경에 해당한다고 본 경우

　1. 본안소송에서 채권자 패소의 판결이 있으나 아직 확정되지 않은 경우라도 잠정적인 보전처분보다는 확정성이 있는 판단이기 때문에 그 판결이 상급심에서 취소나 파기될 염려가 없

다고 확정되는 경우(대법원 1977.5.10. 선고 77다471 판결)

2. 채권자가 본안소송에서 패소판결을 받고 항소심에서 소를 취하하여 재소금지 원칙의 적용을 받은 경우(대법원 1999. 3. 9. 선고 98다12287 판결)

② 사정변경에 해당하지 않는다고 본 경우

1. 가압류의 목적인 채무자의 제3채무자에 대한 채권이 존재하지 않음이 밝혀졌다 하더라도 이는 가압류결정이 결과적으로 채권보전의 실효를 거둘 수 없게 됨에 그칠 뿐임(대법원 1999. 3. 23. 선고 98다63100 판결)

2. 본안소송이 이송된 것만으로는 사정변경이라 볼 수 없으며, 본안소송에서 소송법상 이유로 각하판결을 받은 경우 일반적으로 사정변경이 있다고 볼 수 없음(대법원 1995. 8. 25. 선고 94다42211 판결)

## ■ 보전명령에 대한 본안소송의 취하간주가 보전명령 취소사유인지요?

Q. 乙은 甲에 대한 금전채권에 기하여 甲의 부동산에 가압류를 하고 본안소송을 제기하였으나, 변론기일에 계속 불출석하여 취하간주로 종결되었습니다. 이 경우 甲은 사정변경을 이유로 위 부동산가압류의 취소를 청구할 수 있는지요?

A. 사정변경에 의한 가압류취소에 관하여 민사집행법 제288조 제1항은 "채무자는 다음 각호의 어느 하나에 해당하는 사유가 있는 경우에는 가압류가 인가된 뒤에도 그 취소를 신청할 수 있다. 제3호에 해당하는 경우에는 이해관계인도 신청할 수 있다.

1. 가압류이유가 소멸되거나 그 밖에 사정이 바뀐 때
2. 법원이 정한 담보를 제공한 때
3. 가압류가 집행된 뒤에 3년간 본안의 소를 제기하지 아니한 때"라고 규정하고 있습니다.

그런데 보전명령(가압류·가처분 등)에 대한 본안소송이 취하 간주 되었다는 사실만으로 보전명령취소사유인 사정변경에 해당하는지에 관하여 판례는 "채권자가 보전명령이 있은 후 그 보전의 의사를 포기하였다고 볼 만한 사정이 있는 경우에는 보전명령취소사유인 사정변경에 해당한다고 보아야 하는데, 소(訴)의 의제적 취하는 여러 가지 동기와 원인에서 이루어지고, 보전명령에 대한 본안소송이 쌍방불출석으로 취하된 것으로 간주되었다고 하더라도, 통상의 소취하의 경우와 마찬가지로 본안에 대한 종국판결이 있기 전이라면 피보전권리에 영향을 주는 것이 아니어서 다시 같은 소송을 제기할 수도 있으므로, 그 취하의 원인, 동기, 그 후의 사정 등에 비추어 채권자가 보전의 의사를 포기하였다고 인정되지 아니하는 이상 보전명령에 대한 본안소송이 취하된 것으로 간주되었다는 사실 자체만으로 보전명령 취소사유인 사정변경에 해당한다고 볼 수는 없다."라고 하였습니다(대법원 1992. 6. 26. 선고 92다9449 판결, 1998. 5. 21. 선고 97다47637 판결).

따라서 위 사안에 있어서도 甲은 乙이 제기한 본안소송이 취하 또는 취하간주 되었다는 사유만으로 「민사집행법」제288조 제1항의 사정변경이 있음을 이유로 위 부동산 가압류의 취소를 신청하기는 어려울 것으로 보입니다.

그런데 같은 법 제287조 제1항은 "가압류법원은 채무자의 신청에 따라 변론 없이 채권자에게 상당한 기간 이내에 본안의 소를 제기하여 이를 증명하는 서류를 제출하거나 이미 소를 제기하였으면 소송계속사실을 증명하는 서류를 제출하도록 명하여야 한다."라고 규정하고 있고, 같은 조 제3항은 "채권자가 제1항의 기간 이내에 제1항의 서류를 제출하지 아니한 때에는 법원은 채무자의 신청에 따라 결정으로 가압류를 취소하여야 한다."라고 규정하고 있으며, 같은 조 제4항은 "제1항의 서류를 제출한 뒤에 본안의 소가 취하되거나 각하된 경우에는 그 서류를 제출하지 아니한 것으로 본다."라고 규정하고 있습니다.

따라서 乙이 제기한 본안소송이 취하간주 된 뒤 다시 소를 제기하지 아니할 경우 제소명령을 신청하여 제소기간이 경과되도록 소제기가 없거나, 다시 본안소송을 제기하였다가 불출석으로 취하간주 된다면(이 경우에는 제소명령을 이행하지 않은 것으로 됨, 「민사집행법」 제287조 제4항) 그것을 이유로 「민사집행법」제287조 제3항에 따라 가압류 취소의 소를 제기할 수 있고, 또한 가압류이의의 소를 제기할 수도 있을 것으로 보입니다(대법원 2000. 2. 11. 선고 99다50064 판결).

## 7-3. 사정변경에 의한 가압류취소신청

① 사정변경으로 가압류취소신청을 하려는 자는 사정변경에 의한 가압류취소신청서(당사자 수+1부)를 작성하고 소명방법에 기재된 첨부서류를 가압류 명령을 결정한 법원에 제출해야 합니다. 다만, 본안이 이미 계속된 때에는 본안법원에 제출해야 합니다(민사집행법 제288조제2항).

② 사정변경에 의한 가압류취소를 신청하려는 자는 10,000원의 수입인지를 구입하고 당사자 1명당 8회분의 송달료(당사자 수 × 8회 × 3,700원)를 예납해야 합니다(민사소송 등 인지법 제9조제2항 본문, 민사접수서류에 붙일 인지액 및 그 편철방법 등에 관한 예규 제3조·별표, 민사소송법 제116조제1항, 민사소송규칙 제19조제1항제1호, 송달료규칙 제2조, 송달료규칙의 시행에 따른 업무처리요령 제7조제1항, 별표 1 및 국내 통상우편요금 및 우편이용에 관한 수수료 별표).

# [서식 예] 가압류 취소신청서

## 가압류 취소신청

신청인(채무자) ㅇㅇㅇ
　ㅇㅇ시 ㅇㅇ구 ㅇㅇ동 ㅇㅇ(우편번호 ㅇㅇㅇ-ㅇㅇㅇ)
피신청인(채권자) ◇◇◇
　ㅇㅇ시 ㅇㅇ구 ㅇㅇ동 ㅇㅇ(우편번호 ㅇㅇㅇ-ㅇㅇㅇ)
제3채무자 ㅇㅇ은행
　ㅇㅇ시 ㅇㅇ구 ㅇㅇ동 ㅇㅇ
　　대표이사 ㅇㅇㅇ

## 신 청 취 지

1. 위 당사자간 ㅇㅇ법원 ㅇㅇ지원 2000카단ㅇㅇㅇㅇ호 채권가압류
   신청사건에 관하여 귀원에서 2000. ㅇ. ㅇㅇ. 결정한 가압류
   결정을 취소한다.
2. 신청비용은 채권자(피신청인)의 부담으로 한다.
라는 재판을 구합니다.

## 신 청 이 유

1. 피신청인(채권자, 이하 '피신청인'이라고 함)은 신청인(채무자,
   이하 '신청인'이라고 함) 소유의 별지목록 기재 채권에 대하여
   선급금 반환 청구의 보전을 위하여 귀원 2000카단ㅇㅇ호로서
   2000. ㅇ. ㅇㅇ.가압류 결정을 받아 가압류집행 촉탁을 하였습
   니다.

2. 그러나 피신청인이 신청인을 상대로 귀원 2000가소OOOO호 선급금반환 청구사건을 제기하여 2000. O. OO. 신청인 승소 의(원고청구기각) 판결선고가 있었으며, 위 판결은 OO지방법 원 2000나OOO호 선급금반환 항소심이 2000. O. OO.자로 항소취하간주되어 동년 O. OO.자로 확정되었기에 위 가압류 결정의 취소를 구하기 위하여 이 사건 신청에 이른 것입니다.

## 소 명 방 법

    1. 소갑제 1호증 결정문(채권가압류)
    1. 소갑제 2호증 판결문(1심)
    1. 소갑제 3호증 신청서(송달,확정증명원)
    1. 소갑제 4호증 항소취하간주증명원

## 첨 부 서 류

| | |
|---|---|
| 1. 별지목록 | 4통 |
| 2. 등기사항전부증명서 | 1통 |
| 3. 신청서부본 | 1통 |

2000. O. O.
위 신청인 OOO (서명 또는 날인)

**OO지방법원 귀중**

## 8. 법원이 정한 담보의 제공에 의한 가압류취소

① 채무자는 가압류결정상의 해방금액을 공탁하고 가압류집행의 취소·정지를 구할 수도 있으나(민사집행법 제282조), 법원이 자유재량에 의해 정한 담보를 제공하고서 그 가압류 자체의 취소를 구할 수도 있습니다(동법 제288조제1항제2호).

② 채무자는 단순히 적당한 담보를 제공하게 하고 가압류를 취소하여 달라는 신청을 하면 됩니다. 그 밖에 그 담보의 종류, 액수 등을 특정하여 표시할 필요가 없습니다.

## 9. 가압류가 집행된 뒤 3년간 본안의 소를 제기하지 아니한 사유에 의한 가압류취소

### 9-1. 본안의 소 제기 기간

가압류가 집행된 뒤 채권자가 다음의 구분에 따른 기간에 본안의 소를 제기하지 않은 경우 채무자나 이해관계인은 가압류의 취소를 신청할 수 있습니다(민사집행법 제288조제1항제3호).

| 가압류의 집행시기 | 기간 | 근거 |
|---|---|---|
| 2002. 6. 30. 이전에 집행 | 10년 | 민사집행법 부칙(제6627호) 제2조 |
| 2002. 7. 1.부터 2005. 7. 27.까지 사이에 집행 | 5년 | 민사집행법 부칙(제7358호) 제2조 |
| 2005. 7. 28. 이후에 집행 | 3년 | 민사집행법 부칙(제7358호) 제1조 |

## 9-2. 3년간 본안의 소를 제기하지 않음에 따른 가압류취소신청

① 채권자가 3년간 본안의 소를 제기하지 않음에 따라 가압류취소신청을 하려는 자는 가압류취소신청서(당사자 수+1부)를 작성하고 소명방법에 기재된 첨부서류를 가압류 명령을 결정한 법원에 제출해야 합니다. 다만, 본안이 이미 계속된 때에는 본안법원에 제출해야 합니다(민사집행법 제288조제2항).

② 채권자가 3년간 본안의 소를 제기하지 않음에 따라 가압류취소를 신청하려는 자는 10,000원의 수입인지를 구입하고 당사자 1명당 8회분의 송달료(당사자 수 × 8회 × 3,700원)를 예납해야 합니다(민사소송 등 인지법 제9조제2항, 민사접수서류에 붙일 인지액 및 그 편철방법 등에 관한 예규 제3조·별표, 민사소송법 제116조제1항, 민사소송규칙 제19조제1항제1호, 송달료규칙 제2조, 송달료규칙의 시행에 따른 업무처리요령」 제7조제1항·별표 1 및 국내 통상우편요금 및 우편이용에 관한 수수료 별표).

## 10. 사정변경 등에 의한 가압류취소의 심리와 재판

### 10-1. 관할법원

사정변경 등에 의한 가압류취소신청에 대한 재판은 가압류를 명한 법원이 관할법원이 됩니다. 다만, 본안이 이미 계속된 때에는 본안법원이 관할법원이 됩니다(민사집행법 제288조제2항).

### 10-2. 심리와 재판

① 사정변경 등에 의한 가압류취소 신청은 변론 또는 당사자 쌍방

이 참여할 수 있는 심문절차를 거쳐 결정으로 재판되어야 합니다(민사집행법 제288조제3항, 제286조제1항 및 제3항).

② 법원은 심리를 종결하고자 하는 경우에는 상당한 유예기간을 두고 심리를 종결할 기일을 정하여 이를 당사자에게 고지해야 합니다. 다만, 변론기일 또는 당사자 쌍방이 참여할 수 있는 심문기일에는 즉시 심리를 종결할 수 있습니다(민사집행법 제288조제3항 및 제286조제2항).

③ 가압류를 취소하는 결정을 하는 경우 채권자가 그 고지를 받은 날부터 2주를 넘지 아니하는 범위에서 상당하다고 인정하는 기간이 경과하여야 그 결정의 효력이 생긴다는 뜻을 선언할 수 있습니다(민사집행법 제288조제3항 및 제286조제6항).

## 10-3. 사정변경 등에 의한 가압류취소 결정에 대한 불복

① 가압류취소결정에 대하여는 즉시항고를 할 수 있습니다. 이 경우 집행정지의 효력은 발생하지 않습니다(민사집행법 제288조제3항, 제286조제7항 및 민사소송법 제447조).

② 가압류를 취소하는 결정에 대하여 즉시항고를 하는 경우 채권자는 다음과 같은 요건을 갖추어 법원에 가압류취소결정의 효력정지신청을 할 수 있고, 법원은 그 신청에 따라 담보를 제공하게 하거나 담보를 제공하지 아니하게 하고 가압류취소결정의 효력을 정지시킬 수 있습니다(민사집행법 제289조제1항).

　1. 불복의 이유로 주장한 사유가 법률상 정당한 사유가 있다고 인정되고 그 사실에 대한 소명이 있어야 합니다.

　2. 가압류를 취소함으로 인하여 회복할 수 없는 손해가 생길 위험이 있다는 사정에 대한 소명이 있어야 합니다.

## ■ 보증인의 구상권 행사 시 피구상자의 채권자가 한 가압류의 효력을 주장할 수 있는지요?

Q. 甲은 乙과 함께 채무자 丙의 채권자 丁에 대한 채무에 대하여 연대보증을 하였는데, 丙이 그 채무를 변제하지 않자 채권자 丁은 연대보증인 甲과 乙의 부동산에 각각 가압류를 하였습니다. 그런데 甲이 가압류된 부동산을 매도하여야 할 필요성이 있어 위 보증채무를 전액 변제하였습니다. 이 경우 甲이 乙의 부담부분에 대한 구상금채권을 변제받기 위하여, 丁이 행한 乙의 부동산에 대한 가압류를 甲의 乙에 대한 구상금채권을 피보전권리로 하는 것으로 주장할 수 있는지요?

A. 연대보증인간에 어느 연대보증인이 변제 기타 자기의 출재로 공동면책 시킨 경우 다른 연대보증인의 부담부분에 대하여 구상권을 행사할 수 있으며(민법 제448조 제2항, 제425조), 그 부담부분은 특별히 정한 바가 없으면 균등한 비율로 부담하게 됩니다(민법 제439조, 제408조).

그리고 변제할 정당한 이익이 있는 자는 변제로 당연히 채권자를 대위하고(민법 제481조), 채권자를 대위한 자는 자기의 권리에 의하여 구상할 수 있는 범위에서 채권 및 그 담보에 관한 권리를 행사할 수 있습니다(민법 제482조 제1항). 그런데 자기의 부담부분을 넘은 변제를 한 보증인이 다른 보증인에 대하여 구상권을 행사하는 경우, 그 보증인이 채권자가 한 가압류의 효력을 주장할 수 있는지에 관하여 판례는 "수인의 보증인이 있는 경우에 어느 보증인이 자기의 부담부분을 넘은 변제를 한 때에는 다른 보증인에 대하여 구상권을 행사할 수 있고, 그 구상권의 범위 내에서 종래 채권자가 가지고 있던 채권 및 그 담보에 관한 권리는 법률상 당연히 그 변제자에게 이전되는 것이므로, 채권자가 어느 공동보증인의 재산에 대하여 가압류결정을 받은 경우에, 그 피보전권리에 관하여 채권자를 대위하는 변제자는 채권자의 승계인으로서, 가압류의 집행이 되기 전이라면 민사소송법 제708조(현행 민사집행법 제31조) 제1항에 따라 승계집행문을 부여받아 가압류의 집행을 할 수 있고, 가압류의 집행이 된 후에는 위와 같은 승계집행문을 부여받지 않더라도 가압류에 의한 보전의 이익을 자신을 위하여 주장할 수 있다."라고 하였습니다(대법원 1993. 7. 13. 선고 92다33251 판결).

또한, 변제를 한 보증인이 다른 보증인의 사정변경에 의한 가압류취소신청에 참가하여 다툴 수 있는지에 관하여 위 판례는 "변제를 한 보증인은 구상권의 범위 내에서 채권자가 다른 공동보증인에 대하여 가지고 있던 가압류의 피보전권리를 대위행사 할 수 있다고 보아야 할 것이므로, 가압류가 대위변제의 경우에 이전되는 담보에 관한 권리에 해당하지 아니한다거나, 위 변제로 인하여 가압류의 피보전권리가 변제를 한 보증인에게 이전되는 결과 채권자가 그 범위 내에서 피보전권리를 상실한다는 사정 때문에 가압류채권자의 지위를 승계한 보증인이 다른 공동보증인의 사정변경에 의한 가압류취소신청을 다툴 수 없는 것은 아니다."라고 하였습니다.

따라서 위 사안에서 연대보증인 甲은 다른 연대보증인 乙의 부담부분에 대한 구상금채권을 변제받기 위하여, 채권자 丁이 행한 乙의 부동산에 대한 가압류를 甲의 乙에 대한 구상금채권을 피보전권리로 하는 것으로 주장할 수 있

을 것으로 보이고, 또한 乙이 공동면책 되었음을 이유로
丁을 상대로 사정변경에 의한 가압류취소신청을 제기할
경우에도 보조참가 하여 다툴 수 있을 것으로 보입니다.

**(관련판례 1)**

가압류의 목적인 채무자의 제3채무자에 대한 채권이 존재하지 않음이
밝혀졌다 하더라도 이는 가압류결정이 결과적으로 채권보전의 실효를
거둘 수 없게 됨에 그칠 뿐 이로써 가압류결정을 취소할 사유는 되지
못한다(대법원 1999. 3. 23. 선고 98다63100 판결).

**(관련판례 2)**

가압류의 피보전권리가 변제로 소멸된 경우에는 민사소송법 제706조
제1항에 정한 "사정변경에 의한 가압류취소" 사유가 되고, 가압류를
그 피보전권리와 다른 권리의 보전을 위하여 유용할 수 없다(대법원
1994. 8. 12. 선고 93므1259 판결).

**(관련판례 3)**

가압류 후 본안소송에서 패소하고 상소심에서 변경될 것 같지 아니하
면 그 가압류결정은 사정변경을 이유로 취소될 수 있다(대법원
1977. 5. 10. 선고 77다471 판결).

# 제3편
# 대부업

# 제1장 대부업 관련 법률상식

## ◆ 불법사금융·개인정보불법유통 피해사례 및 대응 요령

(출처 : 금융감독원 자료)

### 【고금리 피해사례】

### 1. 불법 고금리 수취 사례

(전남 OO시에 거주하는 S씨는 시장에서 반찬가게를 운영 중에 운영자금이 부족하여 전단지를 보고 고금리 일수를 이용하게 되었음)

- 일수업자 송모씨로부터 500만원을 빌렸는데 수수료 30만원을 공제하고 65일간 10만원을 상환하는 조건이었는데, 서씨는 일수금 상환 부담을 견디지 못하고 현재는 가게를 넘기고 식당일 하고 있음.
- 일수업자는 이후에도 계속 채권추심을 하면서, 경찰에서 혹시 조사 요청이 오더라도 응하지 말고 거짓말을 하라고 회유하고 있다며 피해구제 신고

### 2. 불법 고금리 사채

(전북 OO시에 거주하는 유모씨는 미용실을 운영하던 중 사업 운영자금이 부족하여 일수전단지를 보고 사채업자 조씨로부터 500만원을 매일 6만원씩 100일간 상환하는 조건으로 2012. 09월 대출받음)

- 2013.01월에 추가로 1,000만원을 매일 12만원씩 100일간 상환하는 조건으로 대출받았는데, 사채업자 조씨는 이때 미용실 매매계약서를 강제로 작성하게 하고 미용실 열쇠를 강탈해 갔으며, 그 후 수시로 찾아와서 대출상환을 요구함

## 【고금리 피해 예방요령】

### 1. 대출시 대출업체가 등록대부업체인지 여부를 확인(금융감독원 (1332) 및 지자체 대부업담당자에 문의)

① 등록대부업체의 경우 이자율 위반의 대부계약을 체결할 확률이 낮은 편이므로 대부업체를 이용할 때도 등록된 대부업체인지 반드시 확인하고 거래하십시오.

② 또한 휴대전화 문자메시지, 일수전단지, 명함 등을 통한 대출광고는 불법사금융업체이므로 절대 이용하지 마십시오.

### 2. 고금리 입증을 위한 계약서, 변제 내역을 보관

① 법정 최고 이자율 위반으로 경찰에 신고하거나 채무변제를 완료하였음에도 사채업자가 고금리 이자의 변제를 요구하여 법원에 채무부존재 확인소송을 낼 때, 피해자들은 증거부족으로 이자율 위반사실을 입증하기 어려운 경우가 많습니다.

② 대부계약시에 반드시 서면으로 작성한 계약서를 받아 보관 하시고 변제사실을 증명하는 영수증이나 계좌이체내역을 보관하는 것이 좋습니다.

## 【불법채권추심】

① 불법채권추심에 대응하기 위해서는 무엇보다도 증거자료 확보가 중요합니다.

② 평소 휴대폰 등의 녹취 및 촬영 기능을 잘 익혀두었다가 불법채권추심을 당할 경우에는 당황하지 말고 휴대폰을 이용해 통화내용 녹취, 사진, 동영상 촬영을 통한 증거자료를 꼭 확보하여 신고·상담을 해야 합니다.

### ※ 피해사례1) 채권추심자가 소속을 밝히지 않는다면?

① 대출채권 추심자가 채무자 또는 그의 관계인에게 소속과 성명을 밝히지 않는 것은 불법채권추심에 해당합니다.

② 채권추심자가 검찰·법원 등 사법당국을 사칭하거나 법무사, 법무팀장 등 사실과 다른 직함을 사용하는 것도 불법입니다.

### 《관련법규》

① "대부업법" 제10조의2 대부계약에 따른 채권의 추심을 하는 자는 채무자 또는 그의 관계인에게 그 소속과 성명을 밝혀야 한다(위반시 5백만원 이하의 과태료).

② "채권의 공정한 추심에 관한 법률(이하 채권추심법)" 제6조 제1항 채권추심자가 채권자로부터 채권추심을 위임받은 경우에는 채권추심에 착수하기 전까지 다음 각호에 해당하는 사항을 채무자에게 서면으로 통지하여야 한다(위반시 1천만원 이하의 과태료).

　1. 채권추심자의 성명·명칭 또는 연락처(채권추심자가 법인인 경우에는 채권추심담당자의 성명, 연락처를 포함한다)

　2. 채권자의 성명·명칭, 채무금액, 채무불이행 기간 등 채무에 관한 사항

3. 입금계좌번호, 계좌명 등 입금계좌 관련 사항

**〈대응방법〉**

① 채권추심자에게 소속과 성명을 밝히도록 요구하고 이에 응하지 않을 경우 채권추심에 응할 필요가 없습니다.
② 채권추심자가 소속과 성명을 밝히지 않고 채권추심을 계속 할 경우 관할 지자체에 신고하고, 미등록 사채업자가 추심을 하는 경우에는 경찰서에 신고합니다.

**※ 피해사례2) 채권추심자가 협박 또는 폭언을 한다면?**

① 채권추심자가 협박조의 내용으로 언성을 높이거나, 욕설 등 폭언을 하였다면 이는 불법채권추심에 해당될 수 있습니다.
② 또한, 언어 이외의 폭행·체포·감금, 기타 위계·위력을 사용한 행위도 모두 불법채권추심에 해당됩니다.

**〈관련법규〉**

"채권추심법" 제9조 제1호 채무자 또는 관계인을 폭행·협박·체포 또는 감금하거나 그에게 위계나 위력을 사용하는 행위 금지(위반시 5년 이하의 징역 또는 5천만원 이하의 벌금)

**〈대응방법〉**

① 전화 협박 등의 불법채권추심은 증빙이 어려워 처벌이 곤란한 경우가 많으므로 반드시 증거자료를 확보, 전화로 채권 추심자가 협박을 하는 경우에는 당황하지 말고 통화내용을 녹취하고, 자택 방문의 경우에는 핸드폰 등을 이용한 녹화·사진촬영, 이웃증언 등을 확보합니다.

② 이후 확보한 증거자료를 가지고 관할 지자체 또는 경찰서에 적극 신고합니다.

**※ 피해사례3) 반복적으로 또는 야간에 채권추심 전화가 온다면?**

정당한 사유 없이 반복적으로 전화·문자메시지 등을 이용하여 추심하거나 저녁 9시 이후 아침 8시 이전에 전화·문자메시지, 자택방문 등의 채권추심을 하여 공포심이나 불안감을 유발, 정상적인 업무나 사생활을 해친다면 불법채권추심에 해당됩니다.

**〈관련법규〉**

① "채권추심법" 제9조제2호 정당한 사유 없이 반복적으로 또는 야간(오후 9시 이후부터 다음 날 오전 8시까지)에 채무자나 관계인을 방문함으로써 공포심이나 불안감을 유발하여 사생활 또는 업무의 평온을 심하게 해치는 행위 금지(위반시 3년 이하의 징역 또는 3천만원 이하의 벌금)

② "채권추심법" 제9조제3호 정당한 사유 없이 반복적으로 또는 야간에 전화하는 등 말·글·음향·영상 또는 물건을 채무자나 관계인에게 도달하게 함으로써 공포심이나 불안감을 유발하여 사생활 또는 업무의 평온을 심하게 해치는 행위 금지(위반시 3년 이하의 징역 또는 3천만원 이하의 벌금)

**〈대응방법〉**

① 전화·문자메시지 발송, 자택방문 등이 반복적으로 또는 야간에 발생하였음을 입증해야 하므로 전화 기록 등을 필히 보관(채무자가 휴대전화 전원을 꺼놓거나, 통화불능 지역에 있어 채권추심업체가

정상시간대 발송한 것이 심야시간에 도달한 경우 등은 제외)합니다.

② 채권추심업체에 공식적으로 반복적 또는 야간 추심행위중단을 요청하고 관할 경찰서에 신고(전화기록 등 입증이 불가능한 경우에는 추심 시간대·횟수 등을 기록한 일지를 경찰수사에 제공하면 조치 가능성이 높음)합니다.

### ※ 피해사례4) 채권추심자가 집 또는 회사로 찾아온다면?

① 채권추심자의 자택·회사 방문 자체를 불법채권추심으로 간주할 수는 없으나 혼인·장례 등 채무자가 곤란한 사정을 이용하여 방문 등을 통해 채권추심의사를 공개적으로 표시하는 경우는 불법입니다.

예) 1. 혼인·장례식장에 찾아오겠다고 협박하는 사례

2. 딸 결혼식날 예식장에 실제로 찾아와 하객들이 보는 앞에서 채무상환을 요구하며 계란을 투척하고 이후 "둘째, 셋째 때도 보자"라고 협박한 사례

② 방문시 채무사실을 가족·회사동료 등 제3자에게 직·간접적으로 알리는 것 또한 불법입니다.

### 〈관련법규〉

"채권추심법" 제12조제1호 혼인·장례 등 채무자가 채권추심에 응하기 곤란한 사정을 이용하여 채무자 또는 관계인에게 채권 추심의 의사를 공개적으로 표시하는 행위(위반시 2천만원 이하의 과태료)

### 〈대응방법〉

① 혼인·장례식 등에 찾아오겠다고 협박하는 경우 당황하지 말고 협

박 내용을 녹취하고 채권추심자에게 이는 불법이므로 지자체·경찰서에 신고하겠다며 즉시 중단 요청합니다.

② 협박이 지속되거나 불안한 경우 관할 지자체 및 경찰서에 신고합니다.

③ 증빙자료를 확보하지 못한 경우도 지자체에 즉시 민원제기 등을 통해 조치를 취합니다.

④ 혼인·장례식 등에 직접 찾아오는 경우에는 마찬가지로 증거자료 확보 후 지자체에 신고합니다.


**※ 피해사례5) 채무사실을 제3자에게 고지하거나 이를 협박하면?**

① 채권추심자가 채무사실을 가족이나 회사동료 등 제3자에게 직·간접적으로 알리는 것은 불법입니다.

② 채무자의 소재파악이 곤란한 경우가 아님에도 관계인에게 채무자의 소재, 연락처 등을 문의하는 행위도 금지되어 있습니다.


**〈관련법규〉**

① "채권추심법" 제12조제2호 채무자의 소재파악이 곤란한 경우가 아님에도 채무자의 관계인에게 채무자의 소재, 연락처 또는 소재를 알 수 있는 방법 등을 문의하는 행위를 금지(위반시 2천만원 이하의 과태료)

② "채권추심법" 제12조 제5호 엽서에 의한 채무변제 요구 등 채무자 외의 자가 채무사실을 알 수 있게 하는 행위를 금지(위반시 5백만원 이하의 과태료)


**〈대응방법〉**

① 채권추심자가 가족 등에게 채무사실을 알리겠다고 협박하는 경우

에는 "불법이므로 신고하겠다."며 즉시 중단 요청(협박이 지속되는 경우에는 녹취기록 등을 확보하여 지자체에 즉시 신고)을 해야 합니다.

② 가족 등 제3자에게 채무사실을 알린 경우에는 가족 등의 도움을 받아 채권추심자의 제3자 고지 행위 일자·내용 등을 상세히 기록하고 진술자료 등도 확보하여 지자체에 신고합니다.

## ※ 피해사례6) 채무자 또는 채무자의 가족에게 대위변제를 요구한다면?

채무자 또는 채무자의 가족·친지 등에게 연락하여 대위변제를 강요하거나 유도하는 행위도 금지되어 있습니다.

예) 최근 채무자 또는 채무자의 친·인척 등에게 "햇살론" 등 서민전용 대출 등을 활용하여 채무를 변제토록 강요하거나 대위변제를 유도

### 〈관련법규〉

① "채권추심법" 제9조 제5호 채무자 또는 관계인에게 금전의 차용이나 그 밖의 이와 유사한 방법으로 채무의 변제자금을 마련할 것을 강요함으로써 공포심이나 불안감을 유발하여 사생활 또는 업무의 평온을 심하게 해치는 행위를 금지(위반시 3년 이하의 징역 또는 3천만원 이하의 벌금)

② "채권추심법" 제9조 제6호 채무자 외의 사람에게 채무자 대신 변제할 것을 반복적으로 요구함으로써 공포심·불안감을 유발하여 사생활 또는 업무의 평온을 심하게 해치는 행위를 금지(위반시 3년 이하의 징역 또는 3천만원 이하의 벌금)

**《대응방법》**

① 채권추심자가 채무미납에 따른 불이익, 도의적 책임 등을 암시하는 방법으로 대위변제를 유도하더라도 절대 응할 필요가 없습니다.

예) "따님이 평생 취직도 안 되고 빚쟁이로 살도록 내버려 두실 겁니까" 등으로 부모의 대위변제를 유도

② 지속적으로 대위변제 요구시 녹취 등 증거자료를 확보하여 관할 경찰서에 신고합니다.

**※ 피해사례7) 채권추심자가 압류, 자택실사, 경매 등을 한다고 협박하며?**

① 채권추심자가 압류·경매, 채무불이행정보 등록 등의 조치를 직접 취할 수 없으며, 이러한 조치로 위협하는 것은 불법입니다.

② 또한, 채권추심에 관한 민·형사상 법적인 절차가 진행되고 있지 아니함에도 그러한 절차가 진행되고 있다고 거짓으로 표시하는 행위도 불법입니다.

**《관련법규》**

① "채권추심법" 제11조제3호 채권추심에 관한 법률적 권한이나 지위를 거짓으로 표시하는 행위를 금지(위반시 1천만원 이하의 과태료)

② "채권추심법" 제11조제4호 채권추심에 관한 민사상 또는 형사상 법적인 절차가 진행되고 있지 아니함에도 그러한 절차가 진행되고 있다고 거짓으로 표시하는 행위를 금지(위반시 1천만원 이하의 과태료)

**〈대응방법〉**

① 채권의 압류·경매, 채무불이행정보의 등록행위는 법원의 결정사안 이므로 이에 동요할 필요는 없습니다.

② 며칠 연체되었다고 압류가 가능한 것이 아니라 대부계약서상에 명시된 기한의 이익이 상실된 경우에 한하여 압류가 가능하므로 이 외의 경우에는 이의를 제기할 수 있습니다.

③ 지속적으로 압류 등 의사표시를 포함한 독촉장, 문자메시지 등으로 괴롭히면 이러한 증거자료를 확보하여 관할 지자체에 신고합니다.

**※ 피해사례8) 오래된 채무에 대해 갑자기 변제를 요구한다면?**

① 채권추심자가 압류·경매, 채무불이행정보 등록 등의 조치를 직접 취할 수 없으며, 이러한 조치로 위협하는 것은 불법입니다.

② 또한, 채권추심에 관한 민·형사상 법적인 절차가 진행되고 있지 아니함에도 그러한 절차가 진행되고 있다고 거짓으로 표시하는 행위도 불법입니다.

**〈관련법규〉**

① "채권추심법" 제11조 제3호 채권추심에 관한 법률적 권한이나 지위를 거짓으로 표시하는 행위를 금지(위반시 1천만원 이하의 과태료)

② "채권추심법" 제11조 제4호 채권추심에 관한 민사상 또는 형사상 법적인 절차가 진행되고 있지 아니함에도 그러한 절차가 진행되고 있다고 거짓으로 표시하는 행위를 금지(위반시 1천만원 이하의 과태료)

**〈대응방법〉**

① 만기가 5년 이상 경과한 채무의 경우 소멸시효 완성 여부, 개인 회생 개시결정 여부 등 본인 채무가 추심대상인지를 1차적으로 확인합니다.

② 소멸시효 완성 등으로 추심대상이 아닌 것으로 확인되면, 추심업체에 추심 중단을 요청하고, 추심이 지속될 경우 관할 지자체·경찰서에 신고합니다.

**※ 피해사례9) 변제 완료한 채무에 대해 채권추심을 한다면?**

채무 변제를 완료하였음에도 장기간 경과 후에 동일한 채무에 대해 추심을 하는 경우에는 다음과 같이 대응합니다.

**〈대응방법〉**

① 채무변제확인서가 있는 경우 채무변제확인서를 제시하거나, 통장 거래내역 증빙 등을 통해 채무변제 완료를 입증합니다.

② 채무상환은 채권자 명의계좌에 입금함으로써 객관적인 증빙을 확보하고, 채무변제를 완료한 경우 반드시 채권추심자로부터 채무변제확인서를 교부받아 최소 소멸시효 완성기간인 5년 이상 보관하는 것이 바람직합니다.

③ 입증 서류가 없는 경우 경찰서 수사의뢰 등을 통해 조치를 취합니다.

## 【불법채권추심 관련 상담 및 신고 방법은?】

불법채권추심으로 피해를 당했거나 채권추심행위의 적정성 여부 등의 상담을 원할 경우에는 혼자 고민하지 말고, 금융감독원(불법사금융 피해신고센터)과 상담하고, 각 지자체 소관부서 또는 지역 경찰서(지능범죄수사팀)에 적극 신고합니다.

## 【사금융피해 관련 상담·제보 방법】

① 사금융피해 관련 상담·제보 사금융 피해 관련 상담 : 금융감독원 불법사금융 피해신고센터(1332)
② 인터넷을 통한 상담·제보 : 인터넷 포털에서 "서민금융1332"검색
   > 불법사금융 > 불법사금융 피해신고
* 은행·저축은행·여전사·신용정보회사 등의 불법채권추심 행위는 금융감독원 금융민원센터(1332, www.fcsc.kr)또는 해당 부서에서 처리
③ 관할 지자체 신고 : 대부업체 주소지 관할지자체(시청 또는 구청)
④ 경찰청 상담·신고처 : 업체 주소지 관할 경찰서 수사과 지능범죄 수사팀

## 【불법대출중개수수료】

### 피해사례 보기

* 본 피해사례는 금감원의 "불법 대출중개수수료 피해신고" 코너에 신고된 건으로 금감원은 이에 대해 신고인이 중개수수료를 반환받도록 조치하는 한편, 중개수수료를 편취한 불법 대부중개업자를 경찰에 통보하였습니다.

## ※ 피해사례1) 비대면거래

(전남에 거주하는 K씨는 긴급자금이 필요해서 고민하던 중 대출광고 전화를 받고 상담 후 1,000만원 대출을 신청)

① 대출을 받기 위해 신용등급을 올리는 작업을 해야 하는데 작업비로 수수료 19.5%(195만원)를 송금하면 중간에서 작업을 해서 은행에서 대출을 받을 수 있도록 해준다고 하면서, 대신 은행에는 이러한 사실을 절대 알리지 말고 본인이 직접 대출신청을 하도록 요구함.

② 이후 피해자가 은행에 방문하여 직접 대출을 받은 뒤 작업비 195만원을 송금하자 그 뒤 연락이 두절됨

## ※ 피해사례2) 예치금 명목으로 편취

(전북에 거주하는 P모씨는 결혼자금이 필요하여 OO캐피탈 직원을 사칭하는 상담원으로부터 대출문자를 받고 연락하니 1,500만원이 바로 대출 가능하다며 주민등록사본, 통장을 요구)

① 급전이 필요한 P모씨는 요구 서류를 팩스로 보냈는데, 상담원은 신용등급이 낮아 현재로서는 대출이 어렵다고 하며 대신 대부업체 몇 군데에서 대출을 받게 해 줄 것이니 예치금으로 대출금의 50%를 요구함.

② 이후 피해자가 대출을 받은 뒤 750만원을 입금하였으나 그 뒤 연락이 두절됨

## 【불법 대출중개수수료 피해예방요령】

긴급자금이 필요한 경우에는 서민금융1332(s1332.fss.or.kr)의 서민대출안내 코너 또는 한국이지론(1644-1110)을 통해 본인의 소득 및 신용수준 등에 맞는 대출상품을 알아보거나, 각 은행 및 서민금융회사 등에 유선 또는 직접 방문을 통해 대출상품을 상담 받는 것이 불법 대출중개수수료 피해를 예방할 수 있습니다.

대출을 대가로 "금융컨설팅 수수료, 보증보험료, 저금리 대출 전환"등 각종 명목으로 수수료 등을 요구하는 것은 불법이므로 이러한 대출중개업자의 부당한 요구에 응하지 말 것과 대출중개수수료 등을 지급한 경우에는 금융감독원의 "불법 대출 중개 수수료 피해 신고코너" 나 금융협회로 적극 신고하시기 바랍니다.

# 【대출사기 피해사례】

## ※ 피해사례1) 저금리대출 알선 미끼

① 피해자는 ○○은행을 사칭하여 고금리의 대출을 일정기간 사용하면 저금리의 대출로 전환 가능하다는 전화를 받음.

② 사기범은 피해자에게 ○○대부 및 ○○저축은행에 대출을 신청하여 총 1,350만원의 대출을 받게 하고 대환대출을 위해 필요하니 지정하는 계좌로 동 금액을 입금하도록 안내하여 피해자는 동 금액을 송금하였으나 대출이 이루어지지 않고 연락도 두절됨.

## ※ 피해사례2) 신용등급 상향 미끼로 보증료 등 요구

① 피해자는 ○○저축은행을 사칭하여 저금리 대출이 가능하다는 전화를 받음.

② 사기범은 대출금 1천만원 승인은 났으나 신용등급이 낮다며 피해자에게 통장 잔액이 300만원인 것을 증명해야 한다고 함.

③ 피해자는 본인 통장에 300만원을 입금하였고 사기범은 피해자와 통화하면서 텔레뱅킹 이체 수단으로 동 금액을 인출함.

## ※ 피해사례3) 공증료 등 법률비용 납부 요구

① 피해자는 ○○캐피탈을 사칭하여 저금리로 1,500만원 대출이 가능하다는 전화를 받음.

② 사기범은 채무 불이행시에 대비해 공증료 등 법률비용을 납부해야 한다며 공증료 등의 명목으로 금전을 요구하여 피해자는 농협·새마을금고·우체국으로 380만원을 송금하였으나 이후 연락이 두절됨.

## ※ 피해사례4) 통장사본·휴대폰 등 실물 요구

① 피해자는 ○○캐피탈 직원을 사칭한 사기범에게 휴대폰으로 전화를 받음.

② 사기범은 피해자에게 얼마나 대출이 가능한지 알려주겠다며 주민등록번호를 요구하였고 피해자는 주민등록번호를 불러줌.

③ 사기범은 피해자가 통장거래내역이 부족해서 대출이 안되니 자기들에게 통장과 현금카드를 주면 통장거래내역을 높여서 400만원까지 대출이 가능하다고 함.

④ 피해자는 통장과 현금카드를 개설하고 택배기사를 통해 사기범에게 넘겨줌.

⑤ 사기범은 피해자에게 통장을 받았다고 전화하고 곧 대출이 실행될 것이라고 하였으나 이후 연락이 두절됨.


## ※ 피해사례5) 스마트폰 악성앱 이용

① 피해자는 ○○캐피탈을 사칭한 사기범으로부터 저금리 대출이 가능하다는 전화를 받음.

② 사기범은 본인 인증이 필요하다며 문자로 인터넷 주소를 보냈고 피해자는 해당 주소를 통해 앱을 다운받아 설치한 후, 이름과 주민등록번호를 입력함.

③ 사기범은 피해자에게 대부업체의 기존 대출금을 상환해야 저금리 대출이 가능하다고 하였고, 피해자는 대출금 상환을 위해 S대부의 실제 전화번호로 전화하였으나 해당 전화는 S대부가 아니라 사기범의 사무실로 연결됨.

④ 사기범은 S대부 대출심사팀으로 가장하고 피해자에게 계좌번호를 알려주며 대출금을 상환할 것을 안내하였고 피해자는 동 계좌로 총 1,000만원을 송금함.

## 【대출사기 피해예방요령】

① 전화 또는 문자메시지를 통한 대출광고에 유의

전화나 문자메시지를 통한 대출광고는 사기업체의 대출광고일 확률이 높으므로 동 광고에 속지 않도록 유의해야 합니다.

> ※ 특히, 대출여부는 대출당시 고객의 신용등급·채무내역·연체이력 등을 고려하여 금융회사가 결정하는 것이므로 저금리 대환대출을 약속하는 행위는 대출사기일 가능성이 높음.

② 대출실행과 관련한 금전적 요구시 대출사기로 의심

정상적인 대출업체는 수수료 등 어떠한 명목으로도 대출과 관련해 금전을 요구하지 않으므로 금전 요구시 절대 응하지 말아야 합니다.

③ 문자메시지에 포함된 출처가 불분명한 인터넷주소 클릭 주의.

스마트폰 보안설정 항목에서 "알 수 없는 앱 설치의 非허용" 및 "앱 설치 전 확인"을 체크하는 등 보안에 유의해야 합니다.

④ 타인에게 개인 신용정보 등을 알려 주지 말 것.

신분증, 보안카드 번호, 문자메시지 인증번호, 통장사본 등 개인 신용정보를 본인 외 제3자에게 알려 주는 경우 대출거래 또는 자금이체 승인 등에 악용될 소지가 많음에 주의해야 합니다.

* 통장 사본, 휴대폰 등을 대출권유업체에 주는 경우 대포통장이나 대포폰으로 악용될 우려

⑤ 대출관련 수수료 등을 송금한 경우 지급정지 요청

즉시 경찰청(☎112) 또는 은행 영업점이나 콜센터에 송금계좌에 대한 지급정지를 요청하고 3일 이내에 경찰서가 발급한 사건사고사실확인원을 첨부하여 신고한 은행 영업점에 제출합니다.

⑥ 대출관련 서류를 보낸 경우 개인정보 노출자 사고예방시스템에 등록

금융감독원 민원센터(☎1332) 또는 금융회사 영업점을 방문하여 '개인정보 노출자 사고예방 시스템'에 등록합니다.

\* 본인명의로 신규 금융거래시(통장개설, 대출신청, 인터넷뱅킹 신청, 신용카드 발급 등) 본인확인을 더욱 엄격히 하여 명의도용을 사전 차단

## 【피싱사기 피해사례】

### ※ 사례1) "개인정보유출로 보안승급필요"라는 문자메시지 발송에 의한 피싱사기 시도

12.5.25일 사기범은 경기 거주 기모씨(50대)에게 "개인정보유출로 보안승급필요"라는 문자메시지를 발송, 피싱사이트로 유도하여 인터넷 뱅킹과 공인인증서 재발급에 필요한 정보를 입력토록 한 후, 피해자명의의 공인인증서를 재발급 받아 인터넷뱅킹을 통해 피해자 계좌에서 1천2백만원을 사기범 계좌로 이체하여 편취

### ※ 사례2) 가족 모두의 개인정보를 알고 자녀납치 빙자 피싱사기 시도

12.6.5일 사기범은 경기 거주 이모씨(여, 40대)에게 자녀의 휴대전화번호(발신번호 변작)로 전화를 걸어 자녀의 이름과 학교 등의 정보를 말하면서 납치극 상황을 연출하여 피해자로부터 3백만원을 편취

### ※ 사례 3) 피싱사이트로 유도하기 위해 금융감독원과 금융회사를 사칭하여 휴대전화 소지인의 이름과 거래은행 계좌번호가 기재된 문자 메시지를 발송

## 【텔레뱅킹에 의한 피해 사례】

**※ 사례1)** 경기도 수원거주 박모씨(남, 50대초반, 설비업 종사)는 12.8.28일 오전 10시경 금융감독원 직원을 사칭하는 사기범으로부터 "피해자의 계좌에서 180만원이 무단 인출되어, 경찰청과 금융감독원을 통해 조사가 필요하니 주민등록번호와 텔레뱅킹에 필요한 정보(계좌번호, 계좌비밀번호, 보안카드번호 등)를 알려 달라"는 전화를 받고, 텔레뱅킹에 필요한 정보를 사기범에게 알려 주었는데, 사기범은 동 정보를 이용하여 피해자 명의의 텔레뱅킹을 통해 피해자의 W은행 계좌에서 총 11회에 걸쳐 2,765만원을 사기범계좌로 이체하여 편취

**※ 사례2)** 전남 목포거주 이모씨(여, 40대중반, 보험설계사)는 12.9.3일 오후 6시경 B은행 직원을 사칭하는 사기범으로부터 전화가 와서 "자동이체일을 변경하려면 어떻게 하느냐"라고 묻자, 사기범이 "자동이체일자를 21일에서 25일로 변경하려면 관련법이 바뀌어 주민등록번호와 텔레뱅킹에 필요한 정보(계좌번호, 계좌비밀번호, 보안카드번호 등)를 알려주어야 한다"라고 해서, 텔레뱅킹에 필요한 정보를 사기범에게 알려 주었는데, 사기범은 동 정보를 이용하여 피해자 명의의 텔레뱅킹을 통해 피해자의 N은행계좌에서 총 4회에 걸쳐 715만원을 사기범계좌로 이체하여 편취

## 【피싱사이트에 의한 피해사례】

※ **사례1)** 경기 거주 김모씨(여, 40대, 회사원)는 12.9.6(목) 오전 09시경 K은행 대표번호로 온 문자메시지 "OO은행입니다. 고객님 개인정보가 유출되었으니 보안승급 바랍니다. http://www.kbmtcard.com"를 수신하고, 해당사이트에 접속하여 계좌번호, 이체비밀번호, 보안카드 35개 일체 등 인터넷 뱅킹과 공인인증서 재발급에 필요한 정보를 입력하였는데, 사기범이 동 정보를 이용하여 12.9.9(일) 03시 30분경 공인인증서를 재발급 받아, 인터넷 뱅킹으로 인출 가능한 한도 전액인 2천7백만원을 8회에 걸쳐 사기범 계좌로 이체하여 편취하였고, 김모씨는 당일 06시경 핸드폰을 확인하면서 공인인증서 재발급 및 출금내역 문자가 수신되어 있어 피싱사기를 인지하고 해당은행 콜센터에 신고하였으나 이미 전액 출금되었음

※ **사례2)** 부산 거주 이모씨(여, 30대, 회사원)는 12.9.7(금)08시경 K은행 대표번호로 온 문자메시지 " 개인정보유출로 보안승급필요 http://www.kbvtbank.com"를 수신하고, 해당 사이트에 접속하여 계좌번호, 이체비밀번호, 보안카드 번호 35개 일체 등 인터넷 뱅킹과 공인인증서 재발급에 필요한 정보를 입력하였는데, 사기범이 12.9.8(토) 04시 30분경 피해자명의의 공인인증서를 재발급 받아 인터넷뱅킹으로 인출가능한도 전액인 8백만원을 2회에 걸쳐 사기범 계좌로 이체하였음. 이모씨는 04시 30분경 공인인증서가 재발급되었다는 SMS문자와 출금 내역 SMS문자가 수신되는 소리에 잠이 깨어 문자내용을 확인, 피싱사기를 인지하고 경찰청 112센터를 통해 지급정지 조치하였음

# 【파밍(Pharming)에 의한 피싱사이트 피해사례】

※ **사례1)** 경기도 성남거주 김모씨(여, 40대후반)는 12.11.12일 본인이 사용하는 컴퓨터의 인터넷 즐겨찾기에 등록되어 있는 N은행의 사이트에 접속하였으나 동 은행을 가장한 피싱사이트로 접속이 되었고, 인터넷뱅킹에 필요한 정보를 입력하는 팝업창이 나타나 해당 정보(계좌번호, 계좌비밀번호, 보안카드번호 등)를 입력하였는데, 사기범은 12.11.12일부터 16일까지 5일간 동 정보를 이용하여 피해자 명의의 인터넷뱅킹을 통해 피해자의 N은행 계좌에서 총 5회에 걸쳐 1,039만원을 사기범계좌로 이체하여 편취

※ **사례2)** 인천시 거주 유모씨(여, 30대 후반)는 12.11.1일 자녀학원비 이체를 위해 본인이 사용하는 컴퓨터의 인터넷 검색포털사이트에서 "Kx"라는 단어로 검색 후 K은행의 사이트에 접속하였으나 동 은행을 가장한 피싱사이트로 접속이 되었고, 인터넷뱅킹에 필요한 정보를 입력하는 팝업창이 나타나 해당 정보(계좌번호, 계좌비밀번호, 보안카드번호 등)를 입력하였는데, 사기범은 12.11.5일 동 정보를 이용하여 피해자 명의의 인터넷뱅킹을 통해 피해자의 K은행 계좌에서 총 5회에 걸쳐 1,763만원을 사기범 계좌로 이체하여 편취

# 【피싱사기 피해 예방요령】

## 1. 금융거래정보 유출 주의

금융감독원·검찰·경찰 등의 공공기관과 금융회사는 어떠한 경우에도 전화나 문자메시지를 통해 개인정보(이름, 주민등록번호 등)와 금융거래정보(계좌번호, 비밀번호, 보안카드번호 등)를 알려달라거나, 특정 인터넷 사이트에 개인정보 및 금융거래정보 등의 입력을 요구하지 않습니다.

## 2. 보안카드 관리 철저

보안카드 일련번호와 보안카드 코드번호 전체를 알려달라고 하거나 인터넷 사이트에 입력하도록 요구하면 피싱사기이므로 절대로 응하여서는 안 되며, 또한, 타인이 전화나 문자메시지 등으로 보안카드 코드번호 일부를 요구하는 경우도 일절 응대하지 말아야 합니다.

## 3. 금융회사의 보안서비스 적극 활용

① 전자금융사기 예방서비스에 가입하여 타인에 의한 공인인증서 무단 재발급을 예방하고, 나만의 은행주소, 개인화 이미지(국민), 그래픽 인증(우리) 등 금융회사별로 제공하는 보안서비스를 적극 활용

② 전자금융사기 예방서비스 : 각 은행 인터넷 뱅킹 홈페이지에서 가입절차 등을 구체적으로 안내
  (농협은행의 경우 : 개인 인터넷뱅킹 > MY뱅크 > 전자금융사기 예방서비스 > 각 서비스 신청)

③ 나만의 은행주소 : 이용자가 인터넷뱅킹 주소를 직접 만들고 자신만의 은행주소로 인터넷 뱅킹에 접속

④ 개인화이미지 : 이용자가 직접 이미지, 문자, 색상 등을 지정하고 금융회사 사이트 접속시 지정한 이미지 등을 확인
⑤ 그래픽인증 : 이용자가 사전에 4개의 숫자 및 영문자 이미지를 암호로 설정하고 인터넷뱅킹 로그인 단계에서 설정한 이미지 암호키를 입력

## 4. 출처가 불분명한 파일, 이메일의 다운로드 등 자제

출처가 불분명한 동영상 파일과 이메일 등은 악성코드가 포함되어 파밍 등에 노출될 가능성이 높으므로 다운로드 자제 등 이용에 각별한 주의가 필요합니다.

## 5. 금융회사는 보안승급 등을 요구하지 않음

① 금융회사는 문자메시지나 이메일 등으로 보안승급이나 보안강화 조치를 요구하지 않으므로, 이러한 문자메시지나 이메일 등을 받은 경우 일절 응대하지 말고 금융회사 등에 확인
② 또한, 인터넷 즐겨찾기나 포털사이트 검색 등을 통하여 금융회사 홈페이지에 접속하였더라도 보안승급 등을 이유로 금융거래정보 입력을 요구하는 경우는 피싱사기(파밍)이므로 각별한 주의 요망

## 6. 피해발생시 112로 즉시 지급정지 요청

만약 피해를 당한 경우 즉시 경찰청 112센터나 금융회사 콜센터에 사기범 계좌의 지급정지를 요청하고, 지급정지된 피해금액에 대해서는 해당 은행 등을 방문하여 피싱사기 피해금 환급을 신청합니다.

# 【불법사금융 피해예방을 위한 10가지 요령】

① 법정이자율(등록업체 27.9%, 미등록 및 개인간 거래 25%)을 초과한 이자는 무효이므로 원금충당 또는 이자반환 등을 요구하세요!

② 폭행·협박 등을 통해 불법추심을 당하는 경우 휴대전화 녹화·녹음 등 증거나 증인을 확보하고 경찰청(☎112), 해양경찰청(☎122) 또는 지자체에 신고하세요!

③ 대출상담시 신용등급 상향 조정료, 보증료, 수수료 등의 명목으로 돈을 요구하면 대출사기이므로 상담을 중단하고, 피해발생시 신속하게 경찰청(☎112) 또는 해양경찰청(☎122)에 신고하고 거래금융회사에 지급정지를 요청하세요!

④ 대출시 대출업체가 등록대부업체인지 여부를 확인해 보고 거래하세요! (금융감독원(☎1332) 및 지자체 대부업담당자에 문의)

⑤ 휴대전화 문자메시지를 통한 대출광고는 불법사금융 업체이므로 절대 이용하지 마세요!

⑥ 대출중개수수료 요구는 불법이므로 절대 응하지 말고, 이미 지급한 경우에는 금융감독원(☎1332)에 신고하여 돌려받으세요!

⑦ 검찰·경찰·금융감독원 등 공공기관이 계좌번호, 비밀번호 등 금융정보를 요구하는 경우 보이스피싱이므로 절대 응하지 마세요!

⑧ 대출신청 전에 한번더 본인의 소득과 이자부담을 생각하고, 새희망홀씨, 햇살론, 미소금융을 먼저 신청해 보세요!

⑨ 본인의 능력으로 채무상환이 어려운 경우에는 신용회복위원회의 "채무조정제도", 법원의 "개인회생제도" 등을 활용하세요!

⑩ 대출 등 금융거래와 관련하여 애로사항이 있거나, 금융사기 등 피해를 당한 경우 금융감독원(☎1332)과 상담하세요!

## 【형사처벌 대상 불법 채권추심 행위】

① 채무자 또는 관계인을 폭행·협박·체포 또는 감금하거나 위계나 위력을 사용

② 정당한 사유 없이 반복적으로 또는 야간(밤 9시~아침 8시 사이)에 방문하여 공포심이나 불안감을 유발 정당한 사유가 있는 경우 아침 8시~오후 9시 사이에 채권추심을 위해 방문하는 것 자체는 불법이 아니나, 공포감·불안감을 유발시키는 행위가 있는 경우는 불법추심에 해당

③ 정당한 사유 없이 반복적으로 또는 야간에 말·글·음향·영상 또는 물건을 도달하게 하여 공포심이나 불안감을 유발

④ 채무자 외의 사람(보증인 포함)에게 채무에 관한 거짓 사실 유포

⑤ 금전을 빌려서 또는 그 밖의 이와 유사한 방법으로 채무 변제자금을 마련할 것을 강요하여 공포심이나 불안감 유발

⑥ 채무를 변제할 법률상 의무가 없는 사람(가족 등)에게 대신 변제할 것을 반복적으로 요구하여 공포심이나 불안감을 유발

⑦ 채권발생이나 추심과 관련하여 알게 된 채무자 또는 관계인의 신용정보나 개인정보를 누설하거나 채권추심 목적 이외로 이용

⑧ 무효이거나 존재하지 않는 채권을 추심하는 의사를 표시

⑨ 법원, 검찰청, 그 밖의 국가기관에 의한 행위로 오인할 수 있는 말·글·음향·영상·물건, 그 밖의 표지를 사용

⇒ 불법 추심에 대하여 객관적인 증거자료를 확보하고 경찰서(지능범죄수사팀)에 적극 신고하세요!

- 욕설이나 협박내용은 휴대폰 등에 녹음을 하고, 폭행 등의 위협적인 행동은 동영상으로 촬영

- 사채업자는 혼자 만나지 말고 친구나 이웃 등 증인이 될 수 있는

사람과 같이 만날 것

- 금융감독원 불법사금융피해신고센터(국번없이 1332)에서는 대부업
체 및 불법사채의 불법추심 관련 상담 및 경찰서 등 수사기관 신
고를 도와드리고 있습니다.
- 다만, 금감원에서 경찰서 등 수사기관에 통보하는 경우에도 피해
자께서 경찰서에 방문하셔서 진술하시고 증거를 제공하는 등 협
조가 필요함을 양지하여 주시기 바랍니다.

## 【행정처분 대상 부당채권 추심 행위】

① 정당한 사유 없이 채무확인서 교부를 거부

채무확인서 교부에 직접 사용되는 범위에서 비용 청구는 가능함. 참고로, 한국대부금융협회는 회원사에 대해 직접 사용되는 비용을 입증할 수 있는 경우를 제외하고는 1만원 이내에서 수취할 것을 권고하고 있습니다.

② 채권추심을 위임받은 자가 채권추심 전에 다음과 같은 사항을 포함한 수임사실을 서면(전자문서 포함)으로 통지하지 않는 행위

* "전자문서"라 함은 정보처리시스템에 의하여 전자적 형태로 작성, 송신·수신 또는 저장된 정보를 말한다(전자거래기본법 제2조 제1호).

1. 채권추심자의 성명·명칭 또는 연락처(채권추심자가 법인인 경우 추심담당자의 성명 및 연락처 포함)

2. 채권자의 성명·명칭, 채무금액, 채무불이행 기간 등 채무에 관한 사항

3. 입금계좌번호, 계좌명 등 입금계좌 관련 사항

* 채무자가 통지가 필요 없다고 동의한 경우는 서면통지 하지 않을 수 있으나, 기한의 이익이 상실된 경우 등에는 즉시 통지하여야 함

4. 동일 채권에 대해 2인 이상에게 채권추심을 위임

5. 채무의 존재를 다투는 소송 진행중에 채무불이행자로 등록

* 채무불이행자로 이미 등록된 경우에는 소송이 진행중임을 안 날로부터 30일 이내에 채무불이행자 등록을 삭제해야 함.

6. 채권추심 관련 거짓표시

 - 채권추심에 관한 법률적 권한이나 지위를 거짓으로 표시

 - 민사상·형사상 법적 절차가 진행되고 있지 않음에도 그러한 절차가 진행되고 있다고 거짓으로 표시

- 다른 사람이나 단체의 명칭을 무단으로 사용

   참고로, 무효이거나 존재하지 않는 채권을 추심하거나, 법원, 검찰청, 그 밖의 국가기관에 의한 행위로 오인될 수 있는 표지를 사용하는 행위는 형사처벌 사항입니다.

7. 혼인, 장례 등 채무자가 채권추심에 응하기 곤란한 사정을 이용하여 채무자 또는 관계인에게 채권추심의 의사를 공개적으로 표시

8. 채무자의 연락두절 등 소재파악이 곤란한 경우가 아님에도 채무자의 관계인에게 채무자의 소재, 연락처 또는 소재를 알 수 있는 방법 등을 문의

9. 정당한 사유 없이 수화자부담전화료 등 통신비용을 채무자에게 발생시키는 행위

10. 회생절차, 파산절차 또는 개인회생절차에 따라 전부 또는 일부 면책되었음을 알면서 법령에서 정한 절차 외에 반복적으로 채무변제를 요구

 - 개인회생 또는 파산 신청만으로는 채권추심이 중지되지 않습니다. 다만, 개인회생의 경우 법원의 '채권추심금지명령'이 있으면 회생인가 결정 이전에도 추심이 중단될 수 있습니다.

 - 개인회생·파산제도에 대한 상세한 사항은 대한법률구조공단(국번 없이 132)의 개인회생 및 파산 지원센터 홈페이지 등을 참조하시기 바랍니다.

11. 엽서에 의한 채무변제 요구 등 채무자 외의 자가 채무사실을 알 수 있게 하는 행위

12. 채무자 또는 관계인에게 지급할 의무가 없거나 실제로 사용된 금액을 초과한 채권추심 비용 청구

13. 대부계약에 따른 채권추심을 하면서 채무자 또는 그의 관계인에

게 소속과 성명을 밝히지 않는 행위

⇒ 불법 추심에 대하여 객관적인 증거자료를 확보하고 도청·시청·구
청 등 지방자치단체에 적극 신고하세요!

- 금융감독원 불법사금융피해신고센터(국번없이 1332)에서는 대부업
체 및 불법사채의 부당 추심 관련 상담 및 지자체 통보를 도와
드립니다.

- 다만, 금감원에서 지자체로 위법사항을 통보한 경우에도 필요한
경우 피해자께서 지자체에 진술하거나 증거를 제출하시는 등 협
조가 필요함을 양지하여 주시기 바랍니다.

# 【한국이지론을 통해 불법사금융 피해 등을 예방】

① 한국이지론(www.egloan.co.kr)을 통해 본인의 신용도에 맞는 대출을 찾아서 사용하시면 불법사금융 피해를 예방하실 수 있습니다!

 - 한국이지론을 사칭하는 불법업체들이 있으니 유의하시기 바랍니다!

 - 채무불이행자, 개인회생·파산자 및 현재 연체중이신 분은 대출안내가 곤란할 수 있음을 양해해 주시기 바랍니다.

② 대출실행을 위한 신용조회를 하더라도 신용등급에는 영향이 없으나, 단기간에 대량으로 조회가 이루어지는 경우 일부금융기관에서 대출사기 방지 등을 위한 심사유의 대상으로 관리하는 경우가 있으니 주의하시기 바랍니다.

③ 신용조회를 위해서는 본인의 동의가 필요하며 본인 동의하에 적법하게 신용조회가 이루어진 경우, 대출이 실행되지 않았다고 하였더라도 조회기록이 사라지지 않습니다.

⇒ 명의 도용 등 본인 동의 없이 신용조회가 이루어졌다면 해당 업체에 신용조회 기록 삭제를 요청하고, 형사처벌 사항이므로 경찰서에 신고하시기 바랍니다.

# 【등록대부업체인지 확인 후 거래】

① 대부업자는 영업소를 관할하는 시·도지사에 등록하여야 합니다. 다만, 서울시 등 대부분의 시·도는 대부업 등록 등 관리업무를 하부지자체(시·군·구청)에 위임하고 있으므로 참고하시기 바랍니다.

② 미등록 대부업은 불법이며, 법정 최고이자율을 초과하는 의 고금리 수취 및 협박·폭행 등 불법추심의 위험이 매우 높습니다. 등록된 대부업체, 상호저축은행, 캐피탈, 금융지주회사 등을 사칭하는 대출사기를 조심하세요!

⇒ 광고 기재사항을 통해 등록된 구청, 시청, 도청 등 지자체에 대부업 등록여부를 확인하시고 거래하시기 바랍니다.

[등록대부업체 조회하기]

* 광고 시 필수기재사항 : 명칭 또는 대표자 성명, 대부업등록번호, 대부이자율(연 환산 이자율 포함) 및 연체이자율, 기타 부대비용, 영업소의 주소와 전화번호(2 이상의 시·도에서 영업하는 경우 본점의 주소 및 전화번호), 대부업을 등록한 시·도의 명칭 상기 필수기재사항을 모두 기재하지 않거나, 금리 등 주요사항에 대해 허위·과장 광고하는 행위는 불법이며, 지자체 신고가 필요합니다.

③ 한편, 미등록 대부업자가 대부업 광고를 게재하는 행위는 형사처벌 사항입니다.

금융감독원 불법사금융피해신고센터(국번없이 1332)는 상담과 수사기관(경찰서) 및 지자체 신고를 도와드립니다.

## 【계약서를 정확히 작성하고 교부 받을 것】

① 대부계약서의 대부금액, 대부기간, 이자율 등 중요 내용을 반드시 확인하고 정확하게 자필기재한 후, 대부계약서를 교부받으셔서 보관하십시오.

1. 대부업자(영업소 포함) 및 거래상대방의 <u>명칭 또는 성명</u>, 주소 또는 소재지

2. 계약일자

3. <u>대부금액</u>

4. <u>대부이자율(이자율의 세부내역 및 연환산이자율) 및 연체이자율</u>

5. <u>변제기간</u> 및 변제방법

6. 계좌이체로 변제하는 경우 대부업자 명의의 계좌번호

7. 거래에 관한 모든 부대비용

8. 손해배상액 또는 강제집행 내용(관련 약정이 있는 경우)

9. 보증계약을 체결한 경우 그 내용

10. 채무의 조기상환 조건

11. 대부업 등록번호

12. 기한의 이익 상실 관련 내용(관련 약정이 있는 경우)

13. 대부원리금의 변제 순서(관련 약정이 있는 경우)

14. 채무 및 보증채무와 관련된 증명서의 발급비용과 발급기한

* 밑줄 글씨는 자필기재 의무사항입니다.

② 실제와 다른 대부계약서를 작성하거나, 백지어음 또는 백지위임장을 제공하여 실제 채무 보다 과도한 채무를 부담한 경우, 대출금 입금내역, 원리금 상환내역 등 관련 증거자료를 확보하여 채무부존재 소송 등을 제기하고, 경찰서 등 관할 수사기관에 고소하실 수 있습니다. 금융감독원 불법사금융피해신고센터(국번 없이 1332)는

상담과 수사기관(경찰서) 및 지자체 신고를 도와드립니다.

* 증거능력이 미비할 경우 패소하거나 무혐의 처리될 수 있으므로 소송 및 고소는 신중을 기하여 결정할 필요가 있습니다.

③ 계약서 및 공정증서는 민사재판이나 형사재판에서 강력한 증거력이 있어 이를 반증하는 것이 상당히 어려우므로 대부계약시 반드시 실제 채무내용과 동일한 대부계약서를 작성하여 교부받아야 하고, 현장 수령시 실제 수령금액에 대한 확인증을 반드시 받는 등 거래에 유의하시기 바랍니다.

**【미등록 불법사채업자는 금융감독원 불법사금융피해신고센터(국번 없이 1332) 또는 경찰서로 신고】**

대부업 등록을 하지 않고 대부업을 영위하는 것은 불법이며, 형사처벌 사항입니다. 금융감독원 불법사금융피해신고센터(국번 없이 1332)에서는 미등록 불법사채업자에 대한 수사기관(경찰서 등)에서 신고를 도와 드립니다.

**【법정 상한 이자율을 넘는 이자는 내지 마세요】**

① 등록대부업체는 최고 연34.9%(월2.9%, 일 약0.095%)까지 이자 및 연체이자를 수취할 수 있으며, 이를 초과하는 이자계약은 무효입니다.

② 등록대부업자에 적용되는 법정 최고 이자율

| 계약 시점 | 등록대부업자에 적용되는 법정 최고 이자율 |
|---|---|
| 1998.01.13 ~ 2002.10.26 | 별도 최고 이자율은 없으나 민법에 의해 제한 될 수 있음<br>(단, 2008.03.22부터 지급되는 이자는 연 49%로 제한) |
| 2002.10.27 ~ 2007.10.03 | 연 66%(단, 2008.03.22 부터 지급되는 이자는 연 49%로 제한 |
| 2007.10.04 ~ 2010.07.2 | 연 49% |
| 2010.07.21 ~ 2011.06.26 | 연 44% |
| 2011.06.27 ~ 2014.04.01 | 연 39% |
| 2014.04.02 ~ | 연 34.9% |

③ 사례금, 수수료, 공제금, 연체이자, 체당금 등 명칭과 관계없이 대부업자가 받는 것은 모두 이자(부대비용 제외)입니다.

다만, 담보권 설정비용 및 신용조회비용은 부대비용으로 이자가 아니며, 채무자가 부담할 수 있습니다. 어음공증비용, 채무자 방문을 위한 교통비, 전당포 업자 등이 담보로 잡은 물품·차량 등에 대한 보관비용 등은 부대비용이 아니며, 이자에 해당됩니다.

④ 대부업자에게 연34.9% 초과하여 이자를 지급한 경우 초과 지급된 이자 상당금액은 원본에 충당되고, 원본에 충당하고 남은 금액이 있으면, 반환 청구할 수 있습니다.

⑤ 대부업자가 선이자를 공제하고 대출금을 지급한 경우, 채무자가 실제로 받은 금액을 원본으로 하여 이자율을 산정합니다.

⑥ 채무자가 대부중개업체에 지급한 대출중개수수료는 이자에 해당하지 않으며, 대부중개업체가 채무자로부터 중개수수료 등 금전·물품을 수취하는 행위는 불법입니다.

⑦ 전체 대부기간 뿐 아니라, 상환주기별로도 각각 법정최고금리 수준을 초과하는 이자를 수취하는 것은 불법입니다.

⑧ 미등록대부업자 또는 일반인은 최고 연30%(월2.5%, 일0.082%)까지 이자(연체이자 포함)를 수취할 수 있습니다.

⑨ 미등록 대부업자 법정 상한 이자율 상한규제

| 계약 시점 | 민사상 효력 | 형사처벌 기준 |
|---|---|---|
| 1998.01.13~ 2002.10.26 | (2007.06.30 이후 이자는 연 30%) | (2008.03.22~2009.01.20 기간중 이자는 연 49%, 2009.01.21 부터는 연 30%) |
| 2002.10.27~ 2007.06.29 | 연 66% (2007.06.30 이후 이자는 연 30%) | 연 66% (2008.03.22~2009.01.20 기간중 이자는 연 49%, 2009.01.21 부터는 연 30%) |
| 2007.06.30~ 2007.10.03 | 연 30% | 연 66% (2008.03.22~2009.01.20 기간중 이자는 연 49%, 2009.01.21 부터는 연 30%) |
| 2007.10.04~ 2009.01.20 | 연 30% | 연 49% |
| 2009.01.21 ~ | 연 30% | 연 30% |
| 2014.7월중(예정) | 연 25% | 연 25% |

**【계좌 거래, 영수증 수령 등 상환했다는 증거를 확보하세요】**

현금거래를 하고 영수증이나 완납증명서를 받는 등 증빙이 남아있지 않은 경우 악덕 불법사채업자가 지속적으로 상환을 요구하는 사례가 있습니다.

⇒ 채무변제시에는 채권자 명의의 계좌로 송금하거나 영수증, 완납증명서를 받아서 보관하는 등 주의하시기 바랍니다. 채무상환 완료 후 채무자가 서면으로 요구할 경우 채권자가 보관하는 대출계약서, 보증계약서 및 계약관계서류의 원본을 돌려받을 수도 있습니다.

이 경우, 대부업법 제6조제5항에 의한 대부계약서 보관의무와 관련하여 대부업자는 그 반환요구서와 '계약서 및 계약관계서류의 사본'을 보관하면 됩니다.

**【대부업자 연락두절로 변제가 곤란하다면, 법원에 채무금액을 공탁해 두세요】**

채권자가 채무변제를 요구하지 않거나 정당한 사유 없이 채무변제를 받지 않는다 하여 자동적으로 변제의무가 소멸되는 것이 아닙니다. 변제기일이 지났음에도 채권자가 변제를 요구하지 않는다는 이유로 채무변제에 소극적일 경우 향후 많은 이자를 부담해야 할 수 있습니다.

⇒ 사채업자의 주소지를 관할하는 법원에 변제하고자 하는 채무금액(이자 및 원금)을 공탁함으로써 사채업자에 대한 채무를 면할 수 있습니다.

## 【불법 대출중개수수료 주지 마세요】

대부중개업자가 서류처리비, 전산처리비, 교통비 등의 명목으로 중개수수료를 받거나 상조·보험가입 등을 강제하는 행위는 불법입니다.
⇒ 중개수수료 지급요구에 절대 응하시지 마시고, 지급하신 경우 금융감독원 불법사금융피해신고센터(국번 없이 1332) 또는 금융감독원 홈페이지 「불법대출중개수수료 피해 신고」 코너에 신고하시면, 피해구제를 도와드립니다.

## 【대출사기를 조심하세요(대출사기 유형)】

생활정보지 광고, 불법스팸문자 등을 통해 대부업체, 상호저축은행, 캐피탈, 금융지주회사 등을 사칭하는 사기업체를 조심하세요!

### 유형 ① 저금리대출 알선 미끼

- 저금리대출로 대환해주겠다며 대부업체 등의 고금리대출을 받게 한 후 대환대출 명목으로 대출금을 입금하게 하여 편취
- 은행 등의 저금리대출을 알선해 주겠다며 일정기간 동안의 예치금 또는 공탁금 등 명목으로 금전을 요구

### 유형 ② 신용등급 상향 미끼로 보증료 등 요구

- 신용등급이 낮아 대출진행이 어려우므로 보증보험(또는 기금)의 가입이 필요하다며 보증료 납부, 채무이행 담보 명목으로 이자 선납, 신용불량 정보 삭제를 위한 전산비용 등 요구

### 유형 ③ 공증료 등 법률비용 납부 요구

- 대출실행 후 채무불이행 또는 채권추심 등에 대비한 공증료 등 법률비용 명목으로 금전을 요구

- 대출을 받기 위해서는 통장 또는 휴대폰 개설이 필요하다며 통장 사본, 체크카드, 휴대폰 등을 보내달라고 한 후 이를 수령하면 연락을 끊고 대포통장 또는 대포폰으로 사용

- 정상적인 전화번호를 입력하여도 사기범의 전화로 연결되는 스마트폰 악성앱을 설치토록 하여 금융기관 직원을 가장하여 대출금 상환, 수수료 요구 등으로 돈을 편취

  ⇒ 대출관련 수수료 등을 송금한 경우 지급정지 요청

- 즉시 경찰청(☎112) 또는 은행 영업점이나 콜센터에 송금계좌에 대한 지급정지를 요청하고 3일 이내에 경찰서가 발급한 사건사고 사실확인원을 첨부하여 신고한 은행 영업점에 제출

  ⇒ 대출관련 서류를 보낸 경우 개인정보 노출자 사고예방시스템에 등록

 - 금융감독원 민원센터(☎1332) 또는 금융회사 영업점을 방문하여 '개인정보 노출자 사고예방 시스템'에 등록

※ 사기를 당한 후에는 피해를 구제받기가 용이하지 않으므로, 사기를 당하지 않도록 불법적인 대출거래는 하지 않는 것이 무엇보다 중요합니다.

# 제2장 대부업의 개념 등

## 1. 대부업의 정의

① 「대부업」이란 금전의 대부(어음할인·양도담보, 그 밖에 이와 비슷한 방법을 통한 금전의 교부를 포함합니다. 이하 '대부'라 줄여 씁니다)를 업(業)으로 하거나 다음의 어느 하나에 해당하는 자로부터 대부계약에 따른 채권을 양도받아 이를 추심(推尋)하는 것을 업으로 하는 것을 말합니다.

　1) 대부업 등의 등록 및 금융이용자 보호에 관한 법률(이하 '대부업법'이라 한다) 제3조에 따라 대부업의 등록을 한 자

　2) 여신금융기관. 여기서 말하는 「여신금융기관」이란 다른 법령에 따라 인가 또는 허가 등을 받아 대부업을 하는 금융기관(대부업법 제2조 제4호)으로 은행법의 은행, 상호저축은행법의 상호저축은행, 신용협동조합법의 신용협동조합, 여신전문금융업법의 신용카드업자, 시설대여업자, 할부금융업자, 신기술사업금융업자, 보험업법의 보험회사 등이 있습니다.

② 그러나, 대부의 성격 등을 고려해 다음의 어느 하나에 해당하는 경우는 대부업에서 제외됩니다(대부업법 제2조 제1호 단서 및 동법 시행령 제2조).

　1) 사업자가 그 종업원에게 대부하는 경우

　2) 노동조합 및 노동관계조정법에 따라 설립된 노동조합이 그 구성원에게 대부하는 경우

　3) 국가 또는 지방자치단체가 대부하는 경우

　4) 민법이나 그 밖의 법률에 따라 설립된 비영리법인이 정관에서

정한 목적의 범위에서 대부하는 경우

**(관련판례)**

대부업법 제2조 제1호 본문은 "대부업이란 금전의 대부(어음할인·양도담
보, 그 밖에 이와 비슷한 방법을 통한 금전의 교부를 포함한다)를 업으로
하거나 제3조에 따라 대부업의 등록을 한 자 또는 여신금융기관으로부터
대부계약에 따른 채권을 양도받아 이를 추심하는 것을 업으로 하는 것을
말한다"라고 정하고 있다. 여기서 '업으로' 한다는 것은 같은 행위를 계속
하여 반복하는 것을 의미하고, 여기에 해당하는지 여부는 단순히 그에 필요
한 인적 또는 물적 시설을 구비하였는지 여부와는 관계없이 금전의 대부
또는 중개의 반복·계속성 여부, 영업성의 유무, 그 행위의 목적이나 규모·
횟수·기간·태양 등의 여러 사정을 종합적으로 고려하여 사회통념에 따라
판단하여야 한다(대법원 2012. 3. 29. 선고 2011도1985 판결 등 참조).

## 2. 대부업자·미등록대부업자·대부중개업자의 정의

① 「대부업자」란 대부업법 제3조에 따라 대부업의 등록을 한 자를 말합니다(제2조 제1호 가목).

② 「미등록대부업자」란 대부업법 제3조에 따른 대부업의 등록 또는 대부업법 제3조의2에 따른 등록갱신을 하지 않고 사실상 대부업을 하는 자를 말합니다(제9조의4). 등록 또는 등록갱신을 하지 않고 대부업을 한 자는 5년 이하의 징역 또는 5천만원 이하의 벌금에 처해집니다(제19조 제1항 제1호).

③ 「대부중개업」이란 대부중개를 업으로 하는 것을 말하고(대부업법 제2조 제2호), 「대부중개업자」란 대부업법 제3조에 따라 대부중개업의 등록을 한 자를 말합니다(제2조 제3호).

### ■ 대부업자와 사채업자는 어떻게 다른가요?

Q. 신용불량자로 은행에서 대출을 받을 수 없어 광고에 나오는 대부업체를 이용하려 합니다. 사채는 절대 쓰지 말라 했는데, 대부업체와 사채업체는 어떻게 다른가요?

A. 은행 등의 제도권 금융기관이 아니면서 금전의 대부를 업(業)으로 하는 경우를 사채업이라고 합니다.

사채업자 중 대부업법에 따라 대부업의 등록을 한 자를 '대부업자'라 하고, 등록을 하지 않고 사실상 대부업을 하는 자를 미등록 대부업자(무등록 대부업자)라 합니다. 특히 미등록 대부업자를 통한 대출에서 고리사채나 불법채권추심행위 등으로 인한 피해가 많이 발생하고 있으므로 대출받으려는 업체가 등록된 대부업체인지를 확인해야 합니다.

"대부업자"란 대부업법에 따라 대부업의 등록을 한 자를 말합니다. "미등록 대부업자"란 대부업법에 따른 대부업의 등록 또는 등록 갱신을 하지 않고 사실상 대부업을 하는 자를 말합니다. 등록 또는 등록 갱신을 하지 않고 대부업을 한 자는 5년 이하의 징역 또는 5천만원 이하의 벌금에 처해집니다.

"대부중개업"이란 대부중개를 업으로 하는 것을 말하고, "대부중개업자"란 대부업법에 따라 대부중개업의 등록을 한 자를 말합니다.

**(관련판례)**

대부업법 제2조 제1호 본문은 "대부업이란 금전의 대부 또는 그 중개(어음할인·양도담보 그 밖에 이와 유사한 방법에 의한 금전의 교부 및 금전수수의 중개를 포함하며, 이하 '대부'라 함)를 업으로 행하는 것을 말한다."라고 규정하고 있는바, 여기서 '업으로' 한다는 것은 같은 행위를 계속하여 반복하는 것을 의미한다고 할 것이고, 이에 해당하는지 여부는 단순히 그에 필요한 인적 또는 물적 시설을 구비하였는지 여부와는 관계없이, 금전의 대부 또는 중개의 반복·계속성 여부, 영업성의 유무, 그 행위의 목적이나 규모, 횟수, 기간, 태양 등의 여러 사정을 종합적으로 고려해 사회통념에 따라 판단해야 할 것이다 (대법원 2008.10.23. 선고 2008도7277판결).

■ 대부업을 등록한 자가 별도의 등록절차 없이 대부중개업을 영위할 수 있는지요?

Q. 대부업을 등록한 자가 별도의 등록절차 없이 대부중개업을 영위할 수 있는지요?

A. 대부업법은 2009년 1월 21일 개정('09.4.22 시행) 이전에는 대부업 또는 대부중개업을 하려는 자는 영업의 종류와 관계없이 대부업으로만 등록하도록 하였으나 개정 이후에는 직접 금전을 대부하는 자는 대부업을, 대부중개업을 하려는 자는 대부중개업을 별도 등록하도록 하였습니다. 다만, 대부업과 대부중개업을 모두 영위하려는 자는 등록신청서상의 등록신청사업부분에 대부업·대부중개업을 모두 체크해서 신청할 수 있습니다.


■ 당사가 직접 추심하지 않고 신용정보회사에게 추심을 위탁하는 경우에도 대부업에 해당하는지요?

Q. 대부업법에 의하면 여신금융기관으로부터 대부채권을 양도받아 추심하는 것을 업으로 하는 것을 대부업으로 규정하고 있는 바, 당사가 직접 추심하지 않고 신용정보회사에게 추심을 위탁하는 경우에도 대부업에 해당하는지요?

A. 대부업법에서는 대부업자 또는 여신금융기관으로부터 대부계약에 따른 채권을 양도받아 이를 추심하는 것을 업으로 하는 것도 대부업으로 규정하고 있습니다.
귀하가 질의하신 바와 같이 채권을 양도받은 자가 신용정보업자 등에 대한 위임을 통해 추심하는 것을 업(계속적, 반복적, 영리목적)으로 하는 경우에는 채권행사로 인한 법률적 이익은 여전히 남아 있는 점 등을 감안할 때, 본인이 직접 추심을 하는 자와 마찬가지로 대부업에 해당합니다.

## ■ 대부업에서 등록 면제대상인 여신금융기관의 범위는 어떻게 규정되어 있나요?

Q. 대부업 등록의 제외 대상인 여신금융기관의 범위는 ① 대부업 법률상 등록 제외 대상인 여신금융기관에 보험사(생명보험사)도 포함되는지 여부, ② 만일, 포함되지 않을 때 보험사와 제휴관계를 맺은 회사가 보험사를 대리하여 대출업을 행할 경우 대부업 등록은 누가 하여야 하는지 여부 (보험사가 해야 하는 것인지, 아니면 대리제휴사가 해야 하는 것인지), ③ 여신금융기관과 제휴관계를 맺어 대출업을 대행하고 있는 회사는 별도로 대부업을 등록할 필요가 없는 것인지요?

A. 보험사(생명보험사)는 대부업법상 등록 제외 대상인 여신금융기관에 포함되며, 특정 보험사와 업무위탁계약을 통해 대출모집업무를 위탁받은 대출모집인이 해당 보험사에 대해 대출중개행위를 하는 경우에는 대부업 등록 의무가 없습니다.

■ 유동화전문유한회사도 대부업법에 의한 여신금융기관에 해당하는지요?

Q. 1) 자산유동화법에 의한 유동화전문유한회사도 대부업법 제2조 제4항에 의한 여신금융기관에 해당하는지요?

2) 대부업법에 의하면 여신금융기관으로부터 대부채권을 양도 받아 추심하는 것을 업으로 하는 것을 대부업으로 규정하고 있는 바, 당사가 직접 추심하지 않고 신용정보회사에게 추심을 위탁하는 경우에도 대부업에 해당하는지요?

A. 1) 대부업법에서는 대부업이란 금전의 대부를 업(業)으로 하거나 대부업자 또는 여신금융기관으로부터 대부계약에 따른 채권을 양도받아 이를 추심하는 것을 업으로 하는 것으로 규정하고 있습니다. 또한 "여신금융기관"은 다른 법령에 따라 인가 또는 허가 등을 받아 대부업을 하는 금융기관으로 규정하고 있습니다(제2조, 제3조).

귀하께서 질문하신 바와 같이, 자산유동화에 관한 법률에 따라 '자산유동화계획'을 금융위원회에 등록하였고 당해 유동화전문회사의 사업내용이 대부업에 해당하는 경우로서, 당해 유동화전문회사와 관련하여 금융감독당국에 소정의 자산유동화계획의 등록 및 공시 등이 이루어진 경우에는 유동화전문회사는 사실상 여신금융기관 등의 대부채권의 처리를 위한 도관체의 역할을 하므로 대부업법상 여신금융기관에 해당합니다.

따라서 귀하께서 자산유동화에 관한 법률에 따라 자산유동화계획을 등록한 유동화전문회사의 대부채권을 매입하여 추심하는 경우에는 대부업에 해당하여 등록의무가 발생합니다.

2) 대부업법에서는 대부업자 또는 여신금융기관으로부터 대부계약에 따른 채권을 양도받아 이를 추심하는 것을 업으로 하는 것도 대부업으로 규정하고 있습니다.

귀하께서 질문하신 바와 같이 채권을 양도받은 자가 신용정보업자 등에 대한 위임을 통해 추심하는 것을 업(계속적, 반복적, 영리목적)으로 하는 경우에는 채권행사로 인한 법률적 이익은 여전히 남아 있는 점 등을 감안할 때, 본인이 직접 추심을 하는 자와 마찬가지로 대부업에 해당합니다.

## ■ 대부업이란 무엇이며 허가나 등록을 받아야 하는지요?

Q. 제가 거래하는 금융회사가 인가를 받은 대부업체인지 궁금합니다. 대부업이란 무엇이며 허가나 등록을 받아야 하는지요?

A. 대부업이란 금전의 대부 또는 그 중개를 업으로 행하는 업종을 말합니다(대부업법 제2조). 중개는 어음할인.양도담보 그 밖에 이와 유사한 방법에 의한 금전의 교부 및 금전수수의 중개를 포함하는 실질적 개념입니다. "업"에 대한 일반적인 정의는 없으나, 영리를 목적으로 특정행위를 반복하는 경우 이를 "업"으로 지칭하고 있습니다. 다만, 대부업에서 제외되는 범위는 대부업법 시행령 제2조에 의거 다음과 같음을 알려드립니다.

① 사업자가 종업원에게 대부하는 경우

② 노동조합이 구성원에 대부하는 경우

③ 국가 또는 지방자치단체가 대부하는 경우

④ 민법, 그 밖의 법률의 규정에 따라 설립된 비영리법인이 정관으로 정한 목적의 범위 안에서 대부하는 경우

아울러 대부업법에 의거하여 대부업자는 각 시, 도에 영업

소별로 대부업자의 등록이 의무화되어 있습니다.

# ■ 대부업의 영업수익 비율이 50% 미만인 경우에 해당되어 "대부"라는 문자를 사용하지 않고 신규등록할 수 있는지요?

Q. 직전 사업년도 이전에 설립된 법인으로 타 업종을 영위하던 법인이 대부업을 등록하여 영업하고자 하는 경우, 대부업의 영업수익 비율이 50% 미만인 경우에 해당되어 "대부"라는 문자를 사용하지 않고 신규등록 할 수 있는지요?

A. 대부업법 제5조의2 및 동법 시행령 제3조의2는 대부업자 (대부중개업을 겸영하는 대부업자를 포함한다) 또는 대부중개업자는 그 상호 중에 "대부" 또는 "대부중개"라는 문자를 사용하도록 하고, 직전 사업년도 말 손익계산서를 기준으로 총 영업수익 중 대부업에서 생기는 영업수익의 비율이 100분의 50미만인 경우에는 "대부" 또는 "대부중개"라는 문자를 사용하지 않을 수 있도록 하고 있습니다.

따라서, 직전 사업년도 이전에 설립된 법인으로서, 타 업종을 영위하여 영업수익이 발생하였음이 직전 사업년도말 손익계산서 등을 통해 확인되었다면, 상호에 "대부"라는 문자를 사용할 필요가 없을 것으로 판단됩니다. 다만, 추후 대부업으로 인한 영업수익의 비율이 총영업수익의 50% 이상 되는 경우에는 상호에 "대부"라는 문자를 사용하셔야 하며 상호를 변경등록 하셔야 할 것입니다.

## ■ 직원상조회의 회원간 대출시 대부업을 등록해야 하는지요?

Q. 제 사업장에는 상조회라는 직원들 간의 친목단체가 있습니다. 이 상조회는 회원들의 애·경사 및 전출·퇴직시 경조금 및 전별금 지급과 회원들이 납입한 회비로 회원 상호간에 대출을 하고 있습니다. 대출한도는 1인당 500만원 한도로, 기간은 3년이내, 이율은 고정으로 3%를 받고 있습니다. 대출총액도 회원들이 납부한 납부회비의 총액을 넘지 않고 이자 수익은 년말에 회원납부액에 비례하여 회원들에게 지급하고 있습니다. 이와 같이 상조회를 운영 중에 있는데 그 중 대출업무 관련해서 대부업 신고를 해야 하는지요?

A. 대부업법에서는 "금전의 대부(어음할인, 양도담보, 그 밖에 이와 비슷한 방법을 통한 금전의 교부를 포함한다)를 업으로 행하는 자는 시·도지사에게 대부업 등록을 하도록 규정(제2조, 제3조)되어 있습니다. 따라서 금전의 대부를 업으로 행하는 경우에는 대부업 등록 대상에 해당되며, 이 경우 '업'에 해당한다는 것은 판례 등에서 계속적, 반복적으로 영리목적의 사업을 영위하는 것으로 판단하고 있습니다.

따라서 귀하께서 질의하신 바와 같이 직원 상조회를 운영함에 회원 상호간의 부조를 위한 것으로서, 영리를 목적으로 운영하지 않고(비영리, 회칙 등에 비영리를 명시하고 이를 준수하는 등), 불특정다수를 대상으로 대출 행위를 하지 아니한다면 대부업의 등록 대상으로 보기는 어려운 것으로 판단됩니다. 다만, 동 대부행위가 실질적으로 불특정다수를 대상으로 하는 등, 영리 목적으로 계속적, 반복적으로 이루어지는 것인 경우에는 대부업 등록 의무가 발생합니다.

## 3. 대부계약의 체결 절차 및 주의사항

① 대부계약을 체결하기 전에 본인의 신용등급조회를 통해 자신의
신용도에 맞는 대출기관을 찾아보아야 합니다. '서민맞춤대출서
비스(한국이지론)'를 이용해 신용조회 후 자신에게 맞는 대출기
관을 찾아보거나 은행의 '저신용자 전용대출상품'을 이용하는 것
도 좋습니다.

② 은행 등의 제도권 금융기관을 이용하여 돈을 빌릴 수 없는 경우
에는 대부업체에서 돈을 빌릴 수 있고, 이자의 지급이 어렵거나
대부금을 정상적으로 상환하기 어려울 경우에는 연체이자를 감
면하거나 상환기간을 연장해 주는 '채무조정'을 이용할 수 있으
며, 더 이상 변제능력이 없는 경우에는 각급 지방법원에 '개인회
생' 또는 '개인파산·면책'신청을 할 수 있습니다.

③ 대부업법에도 불구하고 시·도지사에게 등록하지 않고 대부업을
하는 업체가 있는데, 이들 미등록대부업체(무등록대부업체)를 이
용하면 부당한 피해를 입을 수 있으므로 이용에 깊은 주의를 기
울여야 합니다.

# ■ 대부계약서에 실제 대출금액보다 많은 금액을 적을 것을 요구하는데 어떻게 대처해야 하나요?

Q. 대부업자로부터 2백만원을 대출받았으나 계약서에는 4백만원을 대출받는 것으로 적고 백지어음과 백지위임장 작성을 요구합니다. 원금을 상환하지 못할 경우 소요될 비용을 고려한 것이므로 전혀 문제될 것이 없다고 하는데 믿어도 되나요?

A. 대부업자가 실제와 다른 계약서 및 백지어음 등의 작성을 요구하는 것은 이자율 제한 규정을 회피하면서 부당한 채무변제를 요구하기 위한 것이므로 대부업자의 말을 믿어서는 안 되며, 실제 채무내용과 같은 대부계약서를 작성해 교부받아야 합니다.

대부업자가 대부업체 이용자와 대부계약을 체결하는 경우에는 대부업체 이용자가 본인임을 확인하고, 대부금액, 대부이자율, 변제기간 등이 적힌 대부계약서를 거래상대방인 이용자에게 교부해야 합니다.

대부업자는 대부계약을 체결하는 경우에는 대부업체 이용자가 본인임을 확인하고 다음의 사항이 적힌 대부계약서를 대부업체 이용자에게 교부해야 합니다. 이를 위반하여 계약서를 교부하지 않은 자 또는 기재사항의 전부 또는 일부가 적혀 있지 않은 계약서를 교부하거나 거짓으로 적어 계약서를 교부한 자는 1천만원 이하의 과태료를 부과 받습니다.

① 대부업자(영업소 포함) 및 거래상대방의 명칭 또는 성명 및 주소 또는 소재지
② 계약일자

③ 대부금액

④ 최고이자율(연 100분의 34.9, 율을 월 또는 일 기준으로 적용하는 경우에는 연 100분의 34.9를 단리로 환산)

⑤ 대부이자율

⑥ 변제기간 및 변제방법

⑦ 변제방법이 계좌이체 방식인 경우에는 그 계좌번호

⑧ 해당 거래에 관한 모든 부대비용

⑨ 손해배상액 또는 강제집행에 관한 약정이 있는 경우에는 그 내용

⑩ 보증계약을 체결한 경우에는 그 내용

⑪ 채무의 조기상환 조건

⑫ 대부업 또는 대부중개업 등록번호

⑬ 연체이자율

⑭ 기한의 이익 상실에 관한 약정이 있는 경우에는 그 내용

⑮ 대부원리금의 변제 순서에 관한 약정이 있는 경우에는 그 내용

# 4. 신용등급조회 후 대출상품 확인

## 4-1. 대출상품 확인

대부계약을 체결하기 전에 본인의 신용등급조회를 통해 자신의 신용도에 맞는 대출기관을 찾아보아야 합니다. '한눈에'서비스(한국이지론)'의 신용정보 조회로 은행 및 대부업체 등 여러 금융회사의 대출상품을 안내받을 수 있고, 소득이 적거나 신용이 낮아 은행에서 대출 받기 어려운 분들에게 연 6~12% 대의 은행대출을 받을 수 있도록 돕는 '서민특화대출' 대출상품의 신청대상이 되는지를 먼저 확인하는 것이 좋습니다.

【해설】
올바른 돈 빌리기 방법은 돈이 필요할 경우 은행 등 제도권 금융회사를 이용하고, 은행 대출이 안 될 경우에도 생활정보지 등의 대부광고에 의존하지 않고 금융감독원이 운영하는 '서민금융 1332'에서 서민대출안내를 활용해 자신의 신용도에 맞는 금융회사나 등록된 대부업체를 이용해야 합니다. 대부업체를 이용하더라도 대부업 등록여부를 확인해야 합니다.

## 4-2. 전환대출 신용보증프로그램

대부업체의 채무를 정상적으로 상환(償還) 중인 자는 제도권 금융기관의 저금리 대출로 전환할 수 있도록 지원하는 국민행복기금의 전환대출 신용보증프로그램을 이용할 수 있습니다.

## 4-3. 신용등급의 조회

① 서민금융이용자의 개인신용관리에 대한 중요성을 인식시키고, 항상 신용관리를 할 수 있도록 크레딧뱅크(CREDiTBank), 마이크레딧(mycredit), 올크레딧(KCB)이 참여하는 "금융감독원과 함께 하는 신용지킴이" 캠페인을 시행하고 있습니다.

② 나의 신용등급조회는 누구나 각 신용정보회사별로 회원가입 후 연3회 무료로 신용정보 조회가 가능하고, 카드발급 사실, 대출/현금서비스 이용현황, 연체정보 등을 안내받을 수 있습니다.

③ 신용조회는 '금융감독원 서민금융 1332 무료신용조회' 등을 통해 확인할 수 있습니다.

④ 돈이 필요할 경우 은행 등 제도권 금융회사를 이용하고, 은행 대출이 안 될 경우에도 생활정보지 등의 대부광고에 의존하지 않으며 '한국이지론의 맞춤대출' 또는 '금융감독원 서민금융 119 서비스의 새희망홀씨' 등을 활용해 자신의 신용도에 맞는 금융 회사나 등록된 대부업체를 이용하는 것이 좋습니다.

## 4-4. '대출'프로그램의 이용

### 4-4-1. '대출중개사이트'의 이용

① '서민맞춤대출안내서비스'(운영회사 한국이지론)는 정부의 서민금융활성화 정책에 따라 설립한 대출중개전문사이트로, 한국이지론에 회원가입 후 한 번의 본인 신용정보 조회로 은행 및 대부업체 등 여러 금융회사의 대출상품을 안내받을 수 있습니다.

② 대출상품을 안내받더라도 자동적으로 대출이 이루어지지 않고, 안내받은 금융회사의 대출심사를 통과해야 실제 대출이 이루어 집니다. 대출안내를 받는 것만으로는 신용정보조회기록이 남지

않고, 대출신청을 하게 되면 신용조회기록이 남습니다.

③ 신용정보 조회를 통한 대출상품에 관한 자세한 사항은 '한국이
지론 맞춤대출소개'에서 확인할 수 있습니다.

## 4-4-2. 은행의 '저신용자 전용대출상품'의 이용

저축은행이나 캐피탈 등 제2금융권 또는 대부업체의 고금리 대출
을 이용하는 저신용자나 금융소외자들에게 연 10% 대의 은행대
출을 받아 금융비용 부담을 줄일 수 있도록 돕는 '희망홀씨 나누
기'캠페인이 시행되고 있습니다. 따라서 저신용자도 이러한 대출상
품의 신청대상이 되는지를 먼저 확인하는 것이 좋습니다.

# 5. 대부업체의 이용

## 5-1. 신용등급조회

돈을 빌리기 전에는 본인의 신용등급조회를 통해 자신의 신용도에 맞는 금융회사를 선택합니다.

## 5-2. 최고이자율

대부업자가 개인에게 대부를 하는 경우 그 이자율은 연 34.9%를 초과할 수 없고(대부업법 제8조 제1항 및 동법 시행령 제5조 제2항), 미등록대부업자는 연 25%를 초과할 수 없습니다(동법 제11조 제1항, 이자제한법 제2조 제1항 및 이자제한법 제2조 제1항의 최고이자율에 관한 규정).

## 5-3. 불법 채권추심 금지

대부계약에 따른 채권을 추심(일반적으로 '빚 독촉'이라고도 함)할 때 폭행·협박·체포 또는 감금을 하거나 위계(僞計) 또는 위력(威力)을 사용하거나 공포심과 불안감을 일으켜 사생활 또는 업무의 평온을 해치는 등 불법채권추심행위를 하는 자는 징역 또는 벌금에 처해지거나 과태료를 부과 받습니다.

## 5-4. 대부조건의 확인 및 대부업체의 선정
## 5-4-1. 대부조건 확인

대부업체를 이용하려는 경우에는 게시된 대부조건을 확인해야 합니다. 대부업자는 대부업 등록번호 등을 영업소마다 게시해야 하므로(대부업법 제9조 제1항 및 동법 시행령 제6조 제1항), 게시된

대부이자율, 이자계산방법, 변제방법, 연체이자율 및 대부업 등록
번호 등을 확인하고 대부업체를 선정합니다.

### 5-4-2. 대부업체의 선정

미등록대부업은 위법이므로(대부업법 제19조 제1항 제1호), 각
시·도의 홈페이지 또는 '금융감독원 서민금융 1332 서비스'의 등록
대부업체조회에서 등록대부업체인지를 확인합니다.

### 5-5. 대부계약 및 보증계약의 체결

### 5-5-1. 대부계약의 체결

대부계약을 체결하는 경우에는 대부업자는 대부업체 이용자에게
대부계약서의 기재사항을 모두 설명해야 하고(대부업법 제6조 제2
항), 대부업체 이용자가 대부계약서에 자필로 대부금액, 대부이자
율, 변제기간 및 연체이자율을 적게 해야 합니다(동법 제6조의2
제1항 및 동법 시행령 제4조의2 제1항).

### 5-5-2. 보증계약의 체결

대부계약과 관련해 보증계약을 체결하는 경우에는 대부업자는 보
증인이 자필로 보증기간, 피보증채무의 금액, 보증의 범위 및 연
체이자율을 적게 하고(대부업법 제6조의2 제2항 및 동법시행령 제
4조의2 제1항), 보증인에게 보증계약서와 대부계약서 사본을 교
부해야 합니다(동법 제6조 제3항).

## 5-6. 이자의 지급

### 5-6-1. 이자의 최고한도

대부업자가 개인에게 대부를 하는 경우 그 이자율은 연 34.9%(율을 월 또는 일 기준으로 적용하는 경우에는 연 100분의 34.9를 단리로 환산)를 초과할 수 없고(대부업법 제8조 제1항, 동법 시행령 제5조 제2항 및 제3항), 미등록대부업자는 연 25%를 초과할 수 없습니다(동법 제11조 제1항, 이자제한법 제2조 제1항 및 이자제한법 제2조 제1항의 최고이자율에 관한 규정).

### 5-6-2. 이자율 산정

이자율을 산정할 때 사례금, 할인금, 수수료, 공제금, 연체이자, 체당금(替當金) 등 그 명칭이 무엇이든 대부와 관련해 대부업자 또는 미등록대부업자가 받는 것은 모두 이자로 보므로(대부업법 제8조 제2항 본문 및 제11조 제1항), 취급수수료나 선이자를 제외한 원금을 기준으로 이자율을 산정합니다. 다만, 담보권 설정비용 및 신용조회비용(신용정보의 이용 및 보호에 관한 법률 제4조 제1항 제1호의 업무를 허가받은 자에게 거래상대방의 신용을 조회하는 경우만 해당)은 이자로 보지 않습니다.

여기서 말하는 체당금(替當金)이란 나중에 상환받기로 하고 대신 지급하는 금전을 말합니다.

### 5-6-3. 이자율 제한 위반

① 대부업자 또는 미등록대부업자가 이자율 제한을 위반하여 대부계약을 체결한 경우 이자율을 초과하는 부분에 대한 이자계약은 무효이므로(대부업법 제8조제3항 및 제11조 제1항), 초과 지

급된 이자 상당금액은 원본에 충당되고, 원본에 충당되고 남은 금액이 있으면 그 반환을 청구할 수 있습니다(동법 제8조 제4항 및 제11조 제1항).

② 법정 최고이자율을 초과해 무효로 되는 이자부분에 대해 변제를 강요받는 경우에는 채무부존재확인소송, 부당이득반환청구소송 및 청구이의의 소 등을 제기할 수 있으며, 대한법률구조공단을 통해 이러한 소송을 지원받을 수 있습니다.

## 5-6-4. 중개수수료

대부중개업자 및 대출모집인과 미등록대부중개업자는 중개수수료(수수료, 사례금, 착수금 등 그 명칭이 무엇이든 대부중개와 관련하여 받는 대가)를 대부업체 이용자로부터 받아서는 안 됩니다(대부업법 제11조의2 제2항).

'대출모집인'이란 여신금융기관과 위탁계약 등을 맺고 대부중개업을 하는 자(그 대부중개업을 하는 자가 법인인 경우 그 법인과 직접 위탁계약 등을 맺고 대부를 받으려는 자를 모집하는 개인을 포함함)를 말합니다(동법 제3조 제1항 단서).

# 6. 대부금의 상환

## 6-1. 대부금의 중도상환

대부업체 이용자는 약정한 상환기일이 도래하기 전이라도 원금의 전부 또는 일부를 상환할 수 있지만, 대부계약 체결 시 채무자와 기한 전의 임의 변제로 대부업자가 받을 손해에 대해 미리 약정한 경우에는 중도상환수수료 등을 부담합니다[민법 제468조 및 대부거래 표준약관(공정거래위원회 표준약관 제10036호, 2015. 3. 27. 발령·시행) 제13조].

## 6-2. 채무조정, 개인회생 및 파산·면책 신청

① 이자의 지급이 어렵거나 대부금을 정상적으로 상환하기 어려울 경우에는 연체이자를 감면하거나 상환기간을 연장해 주는 채무조정프로그램[서민금융나들목(www.hopenet.or.kr)]을 이용할 수 있고, 고금리사채를 이용하여 더 이상 변제능력이 없을 경우에는 개인회생 및 파산·면책 신청을 할 수 있습니다.

② 대한법률구조공단(www.klac.or.kr)은 과도한 부채로 파산 지경에 이른 채무자의 재기(再起)와 갱생(更生)을 돕기 위해 금융소외계층의 개인회생 및 파산·면책사건 및 고리사채 피해자에 대해 무료로 법적인 지원을 하고 있습니다.

■ 대출을 받기 위해서는 수수료를 먼저 입금하라고 요구하는
데 어떻게 해야 하나요?

Q. 대출을 받기 위해서는 수수료를 먼저 입금하라고 요구하는
경우 어떻게 해야 하나요?

A. 대출을 신청하는 과정에서 먼저 수수료를 요구하는 행위는
보통의 경우에 발생하지 않습니다. 따라서 대출신청과정에
서 먼저 수수료 등을 요구하는 경우에는 대부업자의 대부
업 등록여부, 영업소의 위치 등을 정확하게 확인하시고 신
중을 기하시기 바랍니다.

■ 대부업체와 거래시 유의할 사항과 영업방법에 대한 규제사
항은 무엇인지요?

Q. 대부업체와 금융거래시 유의할 사항과 대부업체에게 영업
방법에 대한 규제사항은 무엇인지요?

A. 대부업자가 거래상대방(보증인 포함)과 대부계약을 체결할 경
우(보증계약 포함)에는 계약서 교부가 의무화되어 있습니다.
대부업자가 대부계약을 체결한 경우 계약서, 대부계약대장,
채무자와의 일자별 원리금 및 부대비용의 수수내역 및 담
보관련 서류 등 거래상대방(보증인 포함)으로부터 제출받
은 서류(채무변제 후 서류의 반환을 서면으로 요구하여 반
환한 경우 반환요구서)를 계약체결일로부터 2년간 보관하
여야 합니다. 아울러 대부업자는 대부이자율, 이자계산방
법, 변제방법, 대부업 등록번호, 연체이자율, 대부계약과 관
련한 부대비용의 내용 등 중요사항을 영업소마다 일반인이
알 수 있도록 게시하고, 대부계약 체결시 거래상대방에게
그 내용을 설명해야 합니다.

## ■ 실제 채무내용과 다른 계약서의 작성을 요구할 경우 어떻게 대응해야 하나요?

Q. 급전이 필요하여 생활정보지를 보고 대부업자로부터 100만원을 월 25%의 이자를 주기로 하고 대출받았으나, 계약서에는 200백만원을 대출받는 것으로 기재하고 백지어음과 백지위임장 작성을 요구합니다. 채무자가 원금을 상환하지 못할 경우 소요될 비용을 고려한 것이므로 향후 전혀 문제될 것이 없다고 말하는데 믿어도 되나요?

A. 대부업자가 실제와 다른 계약서 및 백지어음 등의 작성을 요구하는 것은 대부업법상 이자율 제한을 회피하면서 향후 부당한 채무변제를 요구하기 위한 것임을 유념하여야 합니다. 따라서 대부계약시 반드시 실제 채무내용과 동일한 대부계약서를 작성하여 교부받아야 하고, 현장 수령시 실제 수령금액에 대한 확인증을 반드시 받아 두어야 합니다.
백지위임장 및 백지어음은 공증인의 공정증서 작성을 위해 채권자가 요구하는 것으로 백지어음에 실제 빌린 돈보다 많은 금액을 기재할 가능성 있습니다.
계약서 및 공정증서는 민사재판이나 형사재판에서 강력한 증거력이 있어 이를 반증하는 것이 상당히 어렵고, 특히 공정증서는 금전의 지급과 관련하여 법원의 판결과 같은 법률적 효력을 가져 재판절차 없이 채권자가 바로 강제집행을 신청할 수 있음을 유의하셔야 합니다.

## 7. 대부업체 이용자 관련 법제

① 대부업체 이용자와 관련된 법령은 대부업법, 이자제한법 및 채권의 공정한 추심에 관한 법률 등이 있습니다.

대부업법은 대부업 또는 대부중개업의 등록·제한, 대부업자와의 대부계약의 체결절차 등에 관해 규정하면서, 대부업자의 최고이자율은 연 100분의 34.9를 초과할 수 없도록 제한하고 있습니다. 미등록대부업자와 대부계약을 체결하는 경우 최고이자율은 이자제한법을 준용해 연 100분의 25를 초과할 수 없도록 제한하고 있습니다.

② 고리사채업자 및 불법 대부업자들의 과도한 추심행위를 방지하기 위해 채권의 공정한 추심에 관한 법률에서는 대부업자 또는 미등록대부업자를 불문하고 이들로부터 채권을 양도 또는 재양도받아 추심하는 채권추심자가 사용해서는 안 되는 불법적 채권추심행위를 구체적으로 나열하고 있고, 그 밖에 채권추심자의 채무확인서 발급 의무 및 손해배상책임 등에 대해 규정하고 있습니다.

## 7-1. 대부업법

### 7-1-1. 내용

대부업 또는 대부중개업의 등록 및 감독에 필요한 사항을 정하고, 대부업자와 여신금융기관의 불법적 채권추심행위 및 이자율 등을 규제함으로써 대부업의 건전한 발전을 도모하는 한편, 금융이용자 보호를 위하여, 대부업 또는 대부중개업의 등록·제한, 대부계약의 체결, 대부업자의 이자율의 제한 및 불법적 채권추심행위의 금지 등에 관해 규정하고 있습니다.

### 7-1-2. 대부업 또는 대부중개업의 등록

대부업 또는 대부중개업을 하려는 자의 시·도 등록(제3조) 및 상호(商號)에 "대부"사용(제5조의2)을 규정하고 있습니다. 다만, 2009년 4월 22일 이전에 종전의 규정에 따라 대부업의 등록을 한 자는 그 등록의 유효기간 만료일까지 종전의 상호를 사용할 수 있습니다(부칙 제6조).

### 7-1-3. 대부계약의 체결

① 대부계약을 체결하는 경우 계약서의 기재사항, 대부업자의 설명의무 및 중요 사항에 관한 거래상대방의 자필 기재에 관해 규정하고 있습니다(제6조 및 제6조의2).

② 대부거래 표준약관(공정거래위원회 표준약관 제10036호, 2015. 3. 27. 발령·시행) 및 대부보증 표준약관(공정거래위원회 표준약관 제10061호, 2014. 9. 19. 발령·시행)은 대부업자와 채무자 또는 보증인간의 대부거래에 관한 계약서 필수기재사항, 비용의 부담, 계약서의 교부 등을 정하고 있습니다.

### 7-1-4. 이자율의 제한

대부업자의 이자율 제한(제8조), 미등록대부업자의 이자율 제한(제 11조 제1항) 및 대부중개업자의 중개수수료 금지(제11조의2 제2 항)를 규정하고 있습니다.

### 7-2. 이자제한법

① 일반적인 금전거래에서 준수해야 하는 이자의 최고한도, 이자의 사전공제 및 간주이자(看做利子) 등에 관해 규정하고 있습니다.

② 금전대차에 관한 계약상의 최고이자율은 연 25% 입니다(제2조 제1항 및 이자제한법 제2조 제1항의 최고이자율에 관한 규정).

③ 이자율을 산정할 때 할인금, 수수료, 공제금 등도 금전거래와 관련 하여 받는 경우에는 이자로 보는데 이를 "간주이자"라고 합니다.

④ 미등록대부업자가 대부를 하는 경우 그 이자율에 관하여는 대부 업법에 따라 이자제한법 제2조 제1항이 준용되어 연 25%의 이 자율을 적용하게 됩니다(대부업법 제11조 제1항).

### 7-3. 채권의 공정한 추심에 관한 법률

### 7-3-1. 적용대상

① 이 법의 적용 대상이 되는 "채권추심자"는 대부업자나 채권추심 업자와 같은 전문적인 업자들뿐만 아니라 금전을 대여한 일반채 권자를 포함하고, 이들을 위해 고용·위임·도급 등에 따라 채권추 심을 하는 자도 포함합니다(제2조 제1호).

② "채권추심"이란 채무자에 대한 소재파악 및 재산조사, 채권에 대한 변제 요구, 채무자로부터 변제 수령 등 채권의 만족을 얻 기 위한 일체의 행위를 말합니다(제2조 제4호).

7-3-2. 다른 법률과의 관계

채권추심에 관해 다른 법률에 특별한 규정이 있는 경우를 제외하고는 이 법에서 정하는 바에 따릅니다(제4조).

### 7-3-3. 채무자 보호를 위한 채권추심자의 의무

① 채권추심자(대부업자, 대부중개업자, 미등록대부업자 등)는 채무자로부터 채무를 증명할 수 있는 서류의 교부를 요청받은 때에는 정당한 사유가 없는 한 따라야 합니다(제5조).

② 채권추심자(경제적 이익을 대가로 받고 채권을 추심하는 자 등)는 채권추심을 위임받은 경우에는 채권추심에 착수하기 전까지 채권추심자에 관한 사항 등을 채무자에게 통지해야 하고(제6조 제1항 본문), 동일한 채권에 대해 동시에 2인 이상의 자에게 채권추심을 위임해서는 안 됩니다(제7조).

③ 채권추심자는 채무의 존재를 다투는 소송이 진행 중인 경우에는 채무자를 채무불이행자로 등록해서는 안 되고(제8조), 채권발생이나 채권추심과 관련해 알게 된 채무자 또는 관계인의 신용정보나 개인정보를 누설하거나 채권추심의 목적 외로 이용해서는 안 됩니다(제10조 제1항).

### 7-3-4. 불법 채권추심행위의 금지

① 채권추심과 관련하여 폭행, 협박, 위계(僞計) 또는 위력(威力)의 행사, 공포심이나 불안감을 유발해 사생활 또는 업무의 평온을 심하게 해치는 방문·전화, 거짓 표시 또는 불공정한 행위를 금지하고(제9조, 제11조 및 제12조), 이를 위반한 자는 징역 또는 벌금에 처해지거나 과태료를 부과받습니다(제15조 및 제17조,

시행령 제4조 제1항 및 별표).

② "위계(僞計)"란 상대방의 부지(不知)나 착오(錯誤)를 이용해 목적을 달성하는 것을 말하고, "위력(威力)"이란 상대방의 의사를 억압할 수 있는 힘을 말합니다.

## 7-3-5. 손해배상책임

① 채권추심자가 이 법을 위반하여 채무자 또는 관계인에게 손해를 입힌 경우에는 그 손해를 배상해야 합니다(제14조 본문).

② "관계인"이란 채무자와 동거하거나 생계를 같이 하는 자, 채무자의 친족, 채무자가 근무하는 장소에 함께 근무하는 자를 말합니다(제2조 제3호).

# 제3장 대부업체의 선택

## 1. 등록된 대부업체의 이용

### 1-1. 등록대부업체의 확인

① 대부업 또는 대부중개업을 하려는 자(여신금융기관은 제외)는 영업소별로 해당 영업소를 관할하는 시·도지사에게 등록해야 합니다.

② 등록된 대부업체에 관하여는 등록신청인·출자자 및 임원·사용인의 주소 사항을 제외하고는 등록부의 열람을 통해 확인할 수 있습니다.

③ 등록된 대부업체인지는 각 시·도 또는 금융감독원의 '서민금융 1332 홈페이지(s1332.fss.or.kr)' 등을 통해 확인할 수 있습니다.

### 1-2. 대부업자 등의 등록

#### 1-2-1. 대부업자 또는 대부중개업자의 등록

① 대부업 또는 대부중개업(이하 '대부업 등'이라 줄여 씁니다)을 하려는 자(여신금융기관은 제외)는 영업소별로 해당 영업소를 관할하는 특별시장·광역시장·특별자치시장·도지사 또는 특별자치도지사(이하 '시·도지사'라 줄여 씁니다)에게 등록해야 합니다(대부업법 제3조 제1항 본문). 다만, 여신금융기관과 위탁계약 등을 맺고 대부중개업을 하는 자(그 대부중개업을 하는 자가 법인인 경우 그 법인과 직접 위탁계약 등을 맺고 대부를 받으려는 자를 모집하는 개인을 포함합니다)는 해당 위탁계약 범위에서는 등록하지 않아도 됩니다(동법 제3조 제1항 단서).

② 이를 위반하여 등록을 하지 않고 대부업 등을 하거나 속임수나

그 밖의 부정한 방법으로 등록을 한 자는 5년 이하의 징역 또는 5천만원 이하의 벌금에 처해집니다(동법 제19조 제1항 제1호 및 제2호).

③ 위의 규정에도 불구하고 대부업 등을 하려는 자(여신금융기관은 제외)로서 다음 중 어느 하나에 해당하는 자는 금융위원회에 등록해야 합니다. 다만, 대출모집인은 해당 위탁계약 범위에서는 등록하지 않습니다(동법 제3조 제2항).

1) 둘 이상의 특별시·광역시·특별자치시·도·특별자치도(이하 "시·도"라 합니다)에서 영업소를 설치하려는 자

2) 대부채권매입추심을 업으로 하려는 자

3) 독점규제 및 공정거래에 관한 법률 제14조에 따라 지정된 상호출자제한기업집단에 속하는 자

4) 최대주주가 여신금융기관인 자

5) 법인으로서 자산규모 100억원을 초과하는 범위에서 대통령령으로 정하는 기준에 해당하는 자

6) 그 밖에 위 1)부터 5)까지의 규정에 준하는 등 대부업법 시행령으로 정하는 자

## 1-2-2. 대표자, 임원, 업무총괄사용인의 자격

다음 중 어느 하나에 해당하는 사람은 시·도지사에 등록된 대부업자 등의 대표자, 임원 또는 업무총괄 사용인이 될 수 없습니다(대부업법 제4조 제1항 본문). 다만, 업무총괄 사용인의 경우에는 아래 1)부터 6)까지의 어느 하나에 해당하는 경우로 한정합니다(동법 제4조 제1항 단서).

1) 미성년자·피성년후견인 또는 피한정후견인

2) 파산선고를 받고 복권되지 않은 사람

3) 금고 이상의 실형을 선고받고 그 집행이 끝나거나(집행이 끝난 것으로 보는 경우를 포함) 면제된 날부터 5년이 지나지 않은 사람

4) 금고 이상의 형의 집행유예를 선고받고 그 유예기간 중에 있는 사람

5) 금고 이상의 형의 선고유예를 받고 그 유예기간 중에 있는 사람

6) 다음의 어느 하나에 해당하는 규정을 위반하여 벌금형을 선고받고 5년이 지나지 않은 사람

   ㉮ 대부업법

   ㉯ 형법 제257조 제1항, 제260조 제1항, 제276조 제1항, 제283조 제1항, 제319조, 제350조 또는 제366조(각각 채권추심과 관련된 경우만 해당)

   ㉰ 폭력행위 등 처벌에 관한 법률(채권추심과 관련된 경우만 해당)

   ㉱ 신용정보의 이용 및 보호에 관한 법률 제50조 제1항부터 제3항까지의 규정

   ㉲ 채권의 공정한 추심에 관한 법률의 규정

7) 대부업법에 따라 폐업한 날부터 1년이 지나지 않은 자(둘이상의 영업소를 설치한 경우에는 등록된 영업소 전부를 폐업한 경우를 말함)

8) 대부업법에 따라 등록취소 처분을 받은 후 5년이 지나지 않은 자 또는 폐업하지 않았다면 등록취소 처분을 받았을 상당한 사유가 있는 경우 폐업 후 5년이 지나지 않은 자(등록 취소 처분을 받은 자 또는 등록취소 처분을 받았을 상당한 사유가 있는 자가 법인인 경우에는 그 취소 사유 또는 등록 취소 처분을 받았을 상당한 사유의 발생에 직접 책임이 있는 임원을 포함)

## 1-2-3. 등록 신청

등록 신청을 하려는 자는 다음의 사항을 적은 신청서를 시·도지사 또는 금융위원회(이하 "시·도지사 등"이라 함)에게 제출해야 합니다(대부업법 제3조 제3항).

1) 명칭 또는 성명과 주소

2) 등록신청인이 법인인 경우에는 출자자(발행주식 총수 또는 출자 총액의 100분의 1 이하를 소유하는 자는 제외)의 명칭 또는 성명, 주소와 그 지분율 및 임원의 성명과 주소

3) 등록신청인이 영업소의 업무를 총괄하는 사용인(이하 '업무총괄 사용인'이라 함)을 두는 경우에는 업무총괄 사용인의 성명과 주소

4) 영업소의 명칭 및 소재지(둘 이상의 영업소를 설치하는 경우 영업소 각각의 명칭 및 소재지 포함)

5) 경영하려는 대부업 등의 구체적 내용 및 방법

6) 표시 또는 광고에 사용되는 전화번호(홈페이지가 있으면 그 주소 포함)

7) 자기자본(법인이 아닌 경우에는 순자산액)

8) 보증금, 보험 또는 공제

| 대부업·대부중개업 등록신청서 (□ 법인 / □ 개인) | | | 처리기간 |
|---|---|---|---|
| | | | 14일 |

| | | | | | |
|---|---|---|---|---|---|
| 신청영업소 | ① 명칭(상호) | | ② 본점 여부 | | □ 본점  □ 지점 |
| | ③ 법인등록번호 | | | | |
| | ④ 대표자 성명 | | ⑤ 대표자 주민등록번호 | | |
| | ⑥ 소재지 | | | | |
| | ⑦ 홈페이지 주소 | | | | |
| | ⑧ 전화번호(영업소) | | ⑨ 전화번호(휴대전화) | | |
| | ⑩ 광고용 전화번호 | | | | |
| | ⑪ 대표자 주소 | | | | |
| | ⑫ 업무총괄 사용인 성명 | | | | |
| | ⑬ 업무총괄 사용인 주소 | | | | |
| | ⑭ 등록신청사업 | □ 대부업     □ 대부중개업 | | | |
| 본점 | ⑮ 명칭(상호) | | ⑯ 대부업·대부중개업 등록번호 | | |
| | ⑰ 사업자등록번호 | | ⑱ 법인등록번호 | | |
| | ⑲ 대표자 성명 | | ⑳ 대표자 주민등록번호 | | |
| | ㉑ 소재지 | | | | |
| | ㉒ 홈페이지 주소 | | | | |
| | ㉓ 전화번호(영업소) | | ㉔ 전화번호(휴대전화) | | |
| | ㉕ 광고용 전화번호 | | | | |
| | ㉖ 대표자 주소 | | | | |
| | ㉗ 사업내용 | □ 대부업     □ 대부중개업 | | | |

「대부업 등의 등록 및 금융이용자 보호에 관한 법률」 제3조제2항에 따라 위와 같이 신청합니다.

년          월          일

신청인(대표자)                              ㉑

귀하

주) 개인은 인감도장, 법인은 법인인감도장으로 날인하여 주십시오.

| | 신청인 제출서류 | 담당공무원<br>확인사항 | 수수료 |
|---|---|---|---|
| 구<br>비<br>서<br>류 | 1. 대부업·대부중개업 교육이수증 사본 1부<br>2. 영업소의 소재지 증명 서류(등기부등본 또는 임대차 등의 계약서 사본에 한정한다) 1부<br>3. 가족관계등록부 기본증명서 1부(대표자, 법인의 경우 임원)<br>4. 대표자인감증명서 1부(법인은 법인인감증명서)<br>5. 대리인 신청 위임장 1부(대리등록 신청시) | 개인인 경우 주민등록등본, 법인인 경우 법인등기부등본의 내용을 담당공무원이 확인 | 10만원 |

본인은 이 건 업무처리와 관련하여 「전자정부법」 제21조제1항에 따른 행정정보의 공동이용을 통하여 담당공무원이 위의 담당공무원 확인사항을 확인하는 것에 동의합니다.

신청인(대표자)                              ㉑

※ 대표자 및 임원이 「대부업 등의 등록 및 금융이용자 보호에 관한 법률」 제4조 각 호의 어느 하나에 해당하는 경우에는 등록이 제한되며 수수료는 반환되지 아니하므로 주의하시기 바랍니다.

210mm×297mm(일반용지 60g/㎡)

㉘ 영업소 현황

　가. 같은 특별시·광역시·도 내의 영업소

영업소명(본점 및 신청영업소 포함)

| 연번 | 명칭(상호) | 대부업·대부중개업 등록번호 | 소재지 | 전화번호 | 임직원 수 |
|---|---|---|---|---|---|
| 1 | | | | | |
| 2 | | | | | |
| 3 | | | | | |
| 4 | | | | | |
| 5 | | | | | |

　나. 같은 특별시·광역시·도 외의 영업소

영업소명(본점 포함)

| 연번 | 명칭(상호) | 대부업·대부중개업 등록번호 | 소재지 | 전화번호 | 임직원 수 |
|---|---|---|---|---|---|
| 1 | | | | | |
| 2 | | | | | |
| 3 | | | | | |
| 4 | | | | | |
| 5 | | | | | |

※ 칸이 부족하면 별지를 사용하여 기재

㉙ 주요 출자자 및 임원 현황(법인만 작성)

　가. 주요 출자자(1% 이상 출자자) 현황

| 연번 | 명칭·성명 | 주소 | 지분율(%) |
|---|---|---|---|
| 1 | | | |
| 2 | | | |
| 3 | | | |
| 4 | | | |
| 5 | | | |

나. 임원(감사 포함) 현황

| 연번 | 직책 | 성명 | 주민등록번호 | 주소 |
|---|---|---|---|---|
| 1 | | | | |
| 2 | | | | |
| 3 | | | | |
| 4 | | | | |
| 5 | | | | |

※ 칸이 부족하면 별지를 사용하여 기재

(신청서 작성 관련)

1. ①란의 상호에는 대부업자(대부중개업을 겸영하는 대부업자를 포함한다)는 그 상호 중에 "대부"라는 문자를 사용하여야 하며 대부중개업만을 하는 대부중개업자는 그 상호 중에 "대부중개"라는 문자를 사용하여야 한다. 다만, 대부업 또는 대부중개업(이하 "대부업등"이라 한다) 이외의 다른 영업을 겸영하는 대부업자등은 직전 사업연도말 손익계산서를 기준으로 대부업과 대부중개업에서 발생한 영업수익이 50% 미만인 경우에는 그 상호 중에 "대부" 또는 "대부중개의 문자를 사용하지 아니할 수 있다.

2. ⑧, ⑨, ⑩, ㉓, ㉔, ㉕란의 전화번호 등록시 법인의 경우에는 법인 또는 대표자 명의, 개인의 경우에는 대표자 명의로 등록하는 것을 원칙으로 한다. 휴대전화 등록시에는 이동통신사명을 추가로 기재한다(대부업등을 신규등록·등록갱신하거나 휴대전화 번호를 새로 등록하는 경우).

3. ⑩, ㉕란의 광고용 전화번호는 영업소 전화번호, 휴대전화 등 광고에 이용하려는 전화번호를 기재하며 3개 이내에서 등록한다. 다만 시·도지사가 부득이한 사유를 인정하는 경우는 전화번호를 추가할 수 있다.

(구비서류)

1. 대부업·대부중개업 교육이수증 사본 1부 : 등록신청일 전 6개월 이내의 교육 이수증이어야 한다, 교육 이수처는 '대부업 및 대부중개업협회'(한국대부금융협회) 이다.

2. 영업소의 소재지 증명서류(등기부등본 또는 임대차 등의 계약서 사본에 한정한다) 1부 : 영업소는 고정사업장 요건을 갖추어야 하며, 이는 건축물대장에 기재된 건물(「건축법」 제2조제2항제15호에 따른 숙박시설은 제외한다)에 대하여 소유, 임차 또는 사용대차 등의 방법으로 3개월 이상의 사용권을 확보한 장소를 말한다. 이 경우 영업소 소재지 증명서류는 사용권을 확보하는 계약자가 법인의 경우에는 법인 명의로, 개인 대부업자는 대표자 명의로 하여 작성된 것이어야 한다.

■ 대부업법상 등록 대상인 신청인의 주소가 주민등록상의 주소를 의미하는지요?

Q. 대부업법상 등록 대상인 신청인의 주소가 주민등록상의 주소를 의미하는지요?

A. 대부업법 제3조 제2항 제1호는 등록신청인의 주소를 등록하도록 하고 있고, 동 주소는 주민등록지 상의 주소를 의미하는 것으로 보이므로 대부업자의 주민등록지 상의 주소가 변경된 경우 관할 시도지사에게 변경등록을 해야 합니다.

### 1-2-4. 등록증 교부

등록신청을 받은 시·도지사 등은 신청인이 등록 제한 사유에 해당하는 경우 외에는 일정한 사항을 확인한 후 등록부에 대부업법 제3조 제2항에 규정된 사항과 등록일자·등록번호를 적고 지체 없이 신청인에게 등록증을 교부해야 합니다(제3조 제4항).

(관련판례)
대부업법 제3조 제1항, 제2항, 제19조 제1항 제1호와 대부업법이 대부업·대부중개업의 등록 및 감독에 필요한 사항을 정하고 대부업자와 여신금융기관의 불법적 채권추심행위 및 이자율 등을 규제함으로써 대부업의 건전한 발전을 도모하는 한편 금융이용자를 보호하고 국민의 경제생활 안정에 이바지함을 목적으로 한다는 점(제1조)에 비추어 보면, 대부업법 제3조에 따라 대부업 등록을 한 법인이 아무런 실체가 없는 법인으로서 실제로는 법인의 명의가 이용된 것에 불과하고 해당 법인의 실제 운영자가 자신의 대부업을 직접 한 것으로 볼 수 있는 등의 특별한 사정이 없는

한, 법인이 등록을 하고 실질적으로 법인의 영업으로서 대부업을 한 이상
그 법인의 운영을 지배하는 자가 개인 명의로 별도로 대부업 등록을 하지
않았다고 하여 그 운영자를 대부업법 제19조 제1항 제1호의 위반으로 처
벌할 수는 없다(대법원 2013.06.27. 선고 2012도4848 판결).

## 1-2-5. 대부업자 등에 대한 경과조치

2010년 4월 26일 당시 개정 전의 법령에 따라 대부업 등록을 한
자는 그 등록의 유효기간 만료일까지 개정법에 따라 대부업 등록
을 한 것으로 봅니다(대부업법 부칙 제4조).

## 1-3. 대부업에 대한 확인

## 1-3-1. 대부업 등록부의 열람

① 시·도지사 등은 대부업 등록부를 일반인이 열람할 수 있도록 해
   야 합니다(대부업법 제3조 제5항 본문). 따라서 대부업체를 이
   용하려는 사람은 등록부를 열람할 수 있습니다.
② 등록부 중 개인에 관한 사항으로서 공개될 경우 개인의 사생활
   을 침해할 우려가 있는 것으로 다음의 사항은 제외됩니다(동법
   제3조 제5항 단서 및 동법 시행령 제2조의3 제4항).
   1) 등록신청인의 주소
   2) 출자자 및 임원의 주소
   3) 사용인의 주소
③ 대부업체 등록현황은 각 시·도의 홈페이지 또는 '금융감독원 서
   민금융 1332 -각종조회/등록대부업체조회'를 통해서 확인할 수
   있습니다.

### 1-3-2. 영업실태 등의 확인

대부업체를 이용하려는 사람은 대부업자 또는 대부중개업자의 현황 및 영업실태 조사결과 등을 관보 또는 인터넷 홈페이지 등에서 확인할 수 있습니다(대부업법 제16조 제3항).

### 1-3-3. 위반행위 등의 확인

대부업체를 이용하려는 사람은 시·도 또는 금융위원회의 인터넷 홈페이지에서 대부업자·대부중개업자 및 여신금융기관의 행정처분 사실 또는 시정명령 사실을 확인할 수 있습니다(대부업법 시행령 제9조의3 제2항).

### ■ 미등록대부업체를 이용하면 어떤 피해가 있나요?

Q. 미등록대부업체를 이용하면 어떤가요?

A. 미등록대부업체는 돈을 빌리려는 사람들에게 쉽게 접근하는 반면, 영업소 등이 등록되어 있지 않고 대부조건 및 이자율 등을 지키지 않는 경우가 많아 피해를 입기 쉽습니다. 등록 또는 등록갱신을 하지 않고 대부업을 하는 자는 5년 이하의 징역 또는 5천만원 이하의 벌금에 처해집니다(대부업법 제19조 제1항 제1호). 따라서 대부업체를 이용하는 경우에는 등록대부업체인지 확인하는 것이 좋고 각 시·도의 홈페이지에서 대부업체의 등록현황을 확인할 수 있습니다.

■ 이자율이 가장 낮은 대부업체를 발견했는데, 이 업체를 믿고 이용해도 괜찮을까요?

Q. 돈을 빌리려고 인터넷을 검색하던 중 이자율이 가장 낮은 대부업체를 발견했는데, 최저이자율과 상담전화번호만 있고 등록번호와 주소를 찾을 수 없었습니다. 이 업체를 믿고 이용해도 괜찮을까요?

A. 필수 기재사항이 기재되어 있지 않은 광고의 경우 무등록 대부업체가 아닌지를 먼저 의심해야 하며, 관할 시·도에 문의하여 정상 등록 여부를 확인함이 좋습니다.

대부업자가 대부조건 등에 관해 표시 또는 광고를 하는 경우에는 다음의 사항을 포함해야 합니다. 이를 위반한 자는 1천만원 이하의 과태료를 부과 받습니다.
① 명칭 또는 대표자 성명
② 대부업 등록번호
③ 대부이자율(연 이자율로 환산한 것 포함) 및 연체이자율
④ 이자 외에 추가비용이 있는 경우 그 내용
⑤ 영업소의 주소와 등록된 표시 또는 광고에 사용되는 전화번호
⑥ 현재 등록되어 있는 시·도 또는 금융위원회의 명칭과 등록정보를 확인할 수 있는 시·도 등의 전화번호
⑦ 과도한 차입의 위험성을 알리는 경고문구
대부업자는 광고를 하는 경우에는 일반인이 대부조건 등의 사항을 쉽게 알 수 있도록 다음의 방식에 따라 광고의 문안과 표기를 해야 합니다. 이를 위반한 자는 500만원 이하의 과태료를 부과 받습니다.
(1) 대부업자의 상호 글자는 상표의 글자보다 크게 하고,

쉽게 알아볼 수 있도록 할 것

(2) 등록번호, 전화번호, 대부이자율 및 대부계약과 관련된 부대비용, 과도한 차입의 위험성을 알리는 경고문구 및 "중개수수료를 요구하거나 받는 것은 불법"이라는 문구는 상호의 글자와 글자 크기를 같거나 크게 하고, 그 밖의 광고사항과 쉽게 구별할 수 있도록 할 것

(3) 대부업자 등의 광고 표시기준을 준수할 것

■ **생활정보지에서 광고를 보고 업체에 문의하였더니 대출은 가능하지만 10%의 작업비를 미리 입금하라고 합니다. 괜찮을까요?**

Q. 신용불량자로 돈이 필요한데, 생활정보지에 "은행권 당일 대출 가능"이라는 광고를 보고 업체에 문의하였더니 대출은 가능하지만 10%의 작업비를 미리 입금하라고 합니다, 괜찮을까요?

A. 시·도 홈페이지에서 등록 대부업자인지를 확인해 보세요.

최근 경기침체 등으로 무등록 대부업자의 불법적인 사금융 행위가 증가하고 있습니다. 이들은 관할 시·도에 대부업 등록을 하지 않고 기존 대부업 등록업체의 등록번호를 도용하는 등의 방법으로 등록업자를 가장하여 생활정보지에 대부광고를 게재하여, '신불자·연체자 환영', '무직자 대출', '무조건 100% 가능' 등 허위 과장광고를 일삼으며, 이러한 광고를 믿고 대출상담을 신청한 소비자에게 급전대출을 미끼로 중개수수료를 수취하거나 휴대전화 및 은행거래 통장 등을 양도받아 이를 타인에게 불법적으로 재양도하고 있습니다.

그러므로 시·도의 홈페이지에서 대부업체 등록현황 등을 통해 해당 업체가 등록 대부업체인지 반드시 확인하고, 허위·불법광고에 현혹되지 않도록 주의하시기 바랍니다.

대부업 또는 대부중개업을 하려는 자(여신금융기관은 제외)는 영업소별로 해당 영업소를 관할하는 특별시장·광역시장·특별자치시장·도지사 또는 특별자치도지사에게 등록해야 합니다. 등록을 하지 않고 대부업 또는 대부중개업을 하거나 속임수나 그 밖의 부정한 방법으로 등록을 한 자는 5년 이하의 징역 또는 5천만원 이하의 벌금에 처해집니다.

시·도지사 등은 등록부를 일반인이 열람할 수 있도록 해야 하므로, 대부업체를 이용하려는 사람은 각 시·도 홈페이지에서 등록부를 열람하여 해당 업체가 등록 대부업체인지 반드시 확인하고, 허위·불법광고에 현혹되지 않도록 주의해야 합니다.

## ■ 무등록 대부업체 등의 불법 광고 등에 대해 어떻게 대응해야 하는지요?

Q. 무등록 대부업체 등의 불법 광고 등에 대해 어떻게 대응해야 하는지요?

A. 대부업법에 따라 대부업을 영위하고자 하는 자는 영업소별로 해당 영업소를 관할하는 특별시장·광역시장·도지사에게 대부업 등록을 하여야 하며, 등록된 대부업체에 대한 관리·감독 권한은 각 시장 및 도지사가 보유하고 있습니다.

한편 시·도에 등록하지 않은 업체가 대부광고행위를 하는 경우에는 대부업법을 위반하는 행위로서 형사처벌(5년 이하의 징역 5천만원이하의 벌금) 대상이 되므로, 광고업체의 인식정보(전화번호, 업체명 등) 및 광고내용 등을 증빙으로 갖추어 수사기관에 신고하실 수 있음을 알려드립니다. 또한, 대부업법 개정으로 법상이자 상한이 연 70%에서 연 60%로 인하(동법 시행령상 이자상한은 연 49% 유지)되면서, 2008년 3월 22일 이후 발생하는 모든 대부업 대출이자는 연 49%를 초과할 수 없게 됩니다.

2007년 12월 21일 대부업법 개정으로 동년 10월 4일 이전에 체결된 대부계약에 대해서도 2008년 3월 22일 이후 발생하는 대부이자는 연 49%를 넘을 수 없습니다.

또한 정보통신망이용촉진및정보보호등에관한법률에 의하여 정보의 안전한 유통과 정보보호에 필요한 시책을 효율적으로 추진하기 위하여 '한국인터넷진흥원'을 설립하고, 특히 수신자의 동의 없이 광고성 정보를 전송하는 행위를 차단하고자 '불법스팸대응센터'(일반전화 1336, 핸드폰 02-1336번)를 운영하고 있음을 알려드리오니, 스팸과 관련된 귀하의 민원에 대해서는 동 센터로 신고하시기 바랍니다.

## 2. 대부업체의 상호

① 대부업자(대부중개업을 겸영하는 대부업자 포함)는 그 상호 중에 "대부"라는 문자를 사용해야 하고, 대부중개업만을 하는 대부중개업자는 그 상호 중에 "대부중개"라는 문자를 사용해야 합니다. 다만, 2009년 4월 22일 이전에 종전의 규정에 따라 대부업의 등록을 한 자는 그 등록의 유효기간 만료일까지 종전의 상호를 사용할 수 있습니다.

② 대부업자 또는 대부중개업자는 타인에게 자기의 명의로 대부업 또는 대부중개업을 하게 하거나 그 등록증을 대여해서는 안 됩니다.

### 2-1. 대부업 등의 상호

### 2-1-1. 대부업 또는 대부중개업의 상호(商號)의 사용

① 대부업자(대부중개업을 겸영하는 대부업자 포함)는 그 상호 중에 "대부"라는 문자를 사용해야 합니다(대부업법 제5조의2 제1항).

② 이를 위반하여 상호 중에 "대부"라는 문자를 사용하지 않은 자는 1차 위반 시 200만원, 2차 위반 시 500만원, 3차 위반 시 1천만원의 과태료를 부과받습니다(동법 제21조 제1항 제2호, 동법 시행령 제12조 및 별표3 제2호 사목).

③ 위반행위의 횟수에 따른 과태료 부과기준은 위반사항에 대하여 과태료 부과처분을 한 날부터 1년 이내에 다시 동일한 위반사항을 적발한 경우에 적용됩니다(동법 시행령 별표3 제1호 가목, 이하 위반행위의 횟수에 따라 과태료 부과기준을 정한 때에는 이와 같음).

# 과태료의 부과기준

## 1. 일반 기준

가. 위반행위의 횟수에 따른 과태료 부과기준은 위반사항에 대하여 과태료 부과처분을 한 날부터 3년 이내에 다시 동일한 위반사항을 적발한 경우에 적용한다.

나. 시·도지사는 위반행위의 동기, 내용 및 그 횟수 등을 고려하여 과태료 부과금액의 2분의 1의 범위에서 그 금액을 가중하거나 감경할 수 있다. 이 경우 과태료의 총액은 법 제21조제1항 및 제2항에 따른 금액을 초과할 수 없다.

## 2. 개별 기준

(단위: 만원)

| 위반행위 | 해당 조문 | 과태료 부과기준 | | |
|---|---|---|---|---|
| | | 1회 | 2회 | 3회이상 |
| 가. 법 제3조제7항을 위반하여 분실신고를 하지 아니한 자 | 법 제21조제2항제1호 | 20 | 100 | 200 |
| 나. 법 제3조의3제1항 또는 제2항을 위반하여 등록증을 반납하지 아니한 자 | 법 제21조제2항제2호 | 50 | 250 | 500 |
| 다. 삭제 <2013.6.11> | | | | |
| 라. 법 제5조제1항을 위반하여 법 제3조제3항제1호부터 제3호까지의 변경사항을 변경등록하지 아니한 자 | 법 제21조제1항제1호 | 20 | 100 | 200 |
| 마. 법 제5조제1항을 위반하여 법 제3조제3항제4호부터 제8호까지의 규정 중 변경사항을 변경등록하지 아니한 자 | 법 제21조제1항제1호 | 50 | 250 | 500 |
| 바. 법 제5조제2항을 위반하여 폐업신고를 하지 아니한 자 | 법 제21조제1항제1호 | 50 | 250 | 500 |
| 사. 법 제5조의2제1항 또는 제2 | 법 제21조제 | 200 | 500 | 1,000 |

| | | | | |
|---|---|---|---|---|
| 항을 위반하여 상호 중에 "대부" 또는 "대부중개"라는 문자를 사용하지 아니한 자 | 1항제2호 | | | |
| 아. 법 제6조제1항 또는 제3항을 위반하여 계약서를 교부하지 아니한 자 또는 같은 조 제1항 각 호 또는 같은 조 제3항 각 호에서 정한 내용 중 전부 또는 일부가 적혀 있지 아니한 계약서를 교부하거나 같은 조 제1항 각 호 또는 같은 조 제3항 각 호에서 정한 내용 중 전부 또는 일부를 거짓으로 적어 계약서를 교부한 자 | 법 제21조제1항제3호 | 200 | 500 | 1,000 |
| 자. 법 제6조제2항 또는 제4항을 위반하여 설명을 하지 아니한 자 | 법 제21조제1항제4호 | 50 | 250 | 500 |
| 차. 법 제6조제5항을 위반하여 계약서와 계약관계서류의 보관 의무를 이행하지 아니한 자 | 법 제21조제2항제4호 | 50 | 250 | 500 |
| 카. 법 제6조제6항을 위반하여 정당한 사유 없이 계약서 및 계약관계서류의 열람을 거부하거나 관련 증명서의 발급을 거부한 자 | 법 제21조제2항제5호 | 50 | 250 | 500 |
| 타. 법 제6조의2를 위반하여 거래상대방 또는 보증인이 같은 조 제1항 각 호의 사항 또는 같은 조 제2항 각 호의 사항을 자필로 기재하게 하지 아니한 자 | 법 제21조제1항제5호 | 200 | 500 | 1,000 |
| 파. 법 제7조제1항을 위반하여 거래상대방으로부터 소득·재산 및 부채상황에 관한 증명서류를 제출받지 아니한 자 | 법 제21조제1항제6호 | 50 | 250 | 500 |
| 하. 법 제7조의2를 위반하여 제3자에게 담보제공 여부를 확인하지 않은 자 | 법 제21조제1항제6호의2 | 50 | 250 | 500 |
| 거. 법 제9조제1항을 위반하여 중요 사항을 게시하지 아니한 자 | 법 제21조제1항제7호 | 50 | 250 | 500 |

| | | 200 | 500 | 1,000 |
|---|---|---|---|---|
| 너. 법 제9조제2항 또는 제3항을 위반하여 광고를 한 자 | 법 제21조제 1항제8호 | 200 | 500 | 1,000 |
| 더. 법 제9조제4항을 위반하여 광고의 문안과 표기에 관한 의무를 이행하지 아니한 자 | 법 제21조제 2항제6호 | 50 | 250 | 500 |
| 러. 법 제9조제5항을 위반하여 광고를 한 경우 | 법 제21조제 1항제8호 | 500 | 1,000 | 1,500 |
| 머. 법 제9조의3제1항 각 호의 행위를 한 자 | 법 제21조제 1항제9호 | 200 | 500 | 1,000 |
| 버. 법 제9조의5제1항 또는 제2항을 위반하여 종업원을 고용하거나 업무를 위임하거나 대리하게 한 자 | 법 제21조제 1항제10호 | 50 | 250 | 500 |
| 서. 법 제10조제2항을 위반하여 보고 또는 공시를 하지 않은 경우 | 법 제21조제 2항제7호 | 50 | 250 | 500 |
| 어. 법 제10조의2를 위반하여 소속과 성명을 밝히지 아니한 자 | 법 제21조제 2항제8호 | 20 | 100 | 200 |
| 저. 법 제12조제2항 및 제3항에 따른 검사에 불응하거나 검사를 방해한 자 | 법 제21조제 1항제11호 | 500 | 1,000 | 1,500 |
| 처. 법 제12조제1항 또는 제5항에 따른 보고 또는 자료의 제출을 거부하거나 거짓으로 보고 또는 자료를 제출한 자 | 법 제21조제 2항제9호 | 50 | 250 | 500 |
| 커. 법 제12조제9항을 위반하여 보고서를 제출하지 아니하거나, 거짓으로 작성하거나, 기재하여야 할 사항의 전부 또는 일부를 기재하지 아니하고 제출한 자 | 법 제21조 제1항제12 호 | 200 | 500 | 1,000 |
| 터. 법 제18조의2제5항에 따른 대부업 및 대부중개업 협회 또는 이와 비슷한 명칭을 사용한 자 | 법 제21조제 2항제10호 | 50 | 250 | 500 |

④ 대부중개업만을 하는 대부중개업자는 그 상호 중에 "대부중개"라는 문자를 사용해야 합니다(동법 제5조의2 제2항).

이를 위반하여 상호 중에 "대부중개"라는 문자를 사용하지 않은 자는 1차 위반 시 200만원, 2차 위반 시 500만원, 3차 위반 시 1천만원의 과태료를 부과 받습니다(동법 제21조 제1항 제2호, 동법 시행령 제12조 및 별표3 제2호 사목). 다만, 2009년 4월 22일 이전에 종전의 규정에 따라 대부업의 등록을 한 자는 그 등록의 유효기간 만료일까지 종전의 상호를 사용할 수 있습니다[동법(법률 제9344호,2009.1.21.공포, 2009.4.22. 시행) 부칙 제6조].

⑤ 대부업 등 외의 다른 영업을 겸영하는 대부업자 등으로서 총 영업수익 중 대부업 등에서 생기는 영업수익의 비율이 100분의 50 미만인 경우에는 그 상호 중에 "대부" 및 "대부중개"라는 문자를 사용하지 않을 수 있습니다(동법 제5조의2 제3항 및 동법 시행령 제3조의2 제1항).

⑥ 상호 중에 "대부" 또는 "대부중개"라는 문자를 사용하지 않은 대부업자 등이 대부업 등과 관련해 광고 등의 영업행위를 할 때에는 상호와 함께 "대부" 또는 "대부중개"라는 글자를 쉽게 알아볼 수 있도록 적어야 합니다(동법 시행령 제3조의2 제2항).

⑦ 영업수익의 비율은 직전 사업연도 말 손익계산서를 기준으로 하여 대부업 등에서는 이자수익, 대부업 등 외의 영업에서는 매출액으로 계산합니다. 이 경우 유가증권에 대한 투자 및 금융회사에의 예치금 등 금융상품의 운용에 따른 수익은 영업수익의 비율 계산에서 제외합니다(동법 시행령 제3조의2 제3항).

⑧ 대부업자 등이 아닌 자는 그 상호 중에 대부, 대부중개 또는 이와 유사한 상호를 사용하지 못합니다(동법 제5조의2 제4항). 이

를 위반하여 그 상호 중에 대부, 대부중개 또는 이와 유사한 상호를 사용한 자는 3년 이하의 징역 또는 3천만원 이하의 벌금에 처해집니다(동법 제19조 제2항 제1호).

## 2-2. 명의대여 등의 금지

대부업자 등은 타인에게 자기의 명의로 대부업 등을 하게 하거나 그 등록증을 대여해서는 안 됩니다(대부업법 제5조의2 제5항). 이를 위반하여 타인에게 자기의 명의로 대부업 등을 하게 하거나 등록증을 대여한 자는 3년 이하의 징역 또는 3천만원 이하의 벌금에 처해집니다(동법 제19조 제2항 제2호).

### ■ 대부업자의 대출모집인이 대부업자의 명칭이 기재된 명함을 사용한 경우 명의대여 금지 위반인지요?

Q. 대부업자의 대출모집인이 대부업자의 명칭이 기재된 명함을 사용한 경우 명의대여 금지 위반인지요?

A. 대출모집인이 이미 대부업 등록을 한 상태에서 단순히 대부중개를 위해 대부업자의 명칭을 활용한 것이라면 당해 대부업자는 대부업법 제5조의2를 위반한 것은 아닙니다. 다만, 대출모집인이 대부업 등록을 하지 않고 대부업자의 명칭을 활용해 대부를 중개하도록 한 경우에는 대부업법 제5조의2에서 금지한 명의대여에 해당될 수 있을 것입니다.

한 지자체에 대부업 등록을 하고 등록을 하지 않은 다른 지역에서 영업을 하는 것에 대한 제한은 현재 대부업법상 없습니다. 다만, 실질적인 영업점(사무실을 임대해 상주, 전화개통, 직원고용 등)이 해당 영업지역에 있음에도 불구하

고 등록하지 않은 상태로 대부업을 영위하는 것은 대부업
법 위반입니다.

## ■ 상호를 보고 등록대부업체인지 확인할 수 있나요?

Q. 상호를 보고 등록대부업체인지 확인할 수 있나요?

A. 대부업자(대부중개업을 겸영하는 대부업자 포함)는 그 상
호 중에 "대부"라는 문자를 사용해야 하지만(대부업법 제
5조의2 제1항), 2009년 4월 22일 이전에 종전의 규정에
따라 대부업의 등록을 한 자는 그 등록의 유효기간 만료
일까지 종전의 상호를 사용할 수 있습니다[동법(법률 제
9344호, 2009.1. 21. 공포, 2009.4.22. 시행) 부칙 제6조].
따라서 상호에 "대부"라는 문자를 사용하면 등록대부업체
일 가능성이 있지만 유사금융업체('OO캐피탈', 'OO크레디
트') 또는 폐업했거나 등록 유효기간이 지난 대부업체의
상호를 그대로 사용할 경우에는 상호만으로 등록대부업체
인지 알 수는 없습니다.

# 3. 대부조건의 확인

## 3-1. 신용정보 및 대부조건의 확인

① 대부업자는 대부업체 이용자의 소득·재산·부채상황에 관한 증명서
류를 제출받아 객관적인 변제능력을 초과하는 대부계약을 체결해
서는 안 되고, 증명서류를 거래상대방의 소득·재산 및 부채상황을
파악하기 위한 용도 외의 목적으로 사용해서는 안 됩니다.

② 영업소를 방문하여 대부업체를 이용하려는 자는 대부업자가 영
업소마다 대부이자율, 이자계산방법, 변제방법, 대부업 등록번호
등을 알 수 있도록 게시해야 하므로 대부업체를 이용하기 전에
게시된 대부조건을 확인할 수 있습니다.

③ 표시 또는 광고를 보고 대부업체를 이용하려는 경우에는 대부업
자가 대부업 등록번호, 이자율 등을 포함한 표시 또는 광고를
해야 하므로, 대부업체를 이용하기 전에 표시된 대부조건을 확
인할 수 있습니다.

# ■ 제 명의의 통장을 만들어 주면 이자를 저렴하게 해준다고 하는데 그 통장을 대부업체에 맡겨도 괜찮을까요?

Q. 돈을 빌리려고 하는데 제 명의의 통장을 만들어 주면 이자를 저렴하게 해준다고 하네요. 그 통장을 대부업체에 맡겨도 괜찮을까요?

A. 통장은 대부업체에 맡기지 않는 것이 좋습니다.

대부업체 이용자가 본인 명의의 통장을 개설해 대부업체에 맡긴 뒤 이자 등을 무통장 입금하면 이자를 저렴하게 해준다고 유혹하는 경우가 종종 있습니다. 그러나 이러한 경우에는 후에 대부업체로부터 고금리 피해 등을 입어 이를 수사기관에 신고해도 대출원금, 채무변제사실 및 이자지급 내역 등을 확인하기가 어렵고 통장을 이용한 추가적인 범죄발생 가능성도 있습니다. 따라서 통장을 대부업체에 맡기지 않는 것이 좋으며, 그 밖에 대부조건 등을 꼼꼼히 따져 대출을 진행하는 것이 바람직합니다.

대부업자는 다음의 사항을 일반인이 알 수 있도록 영업소마다 게시해야 합니다. 이를 위반한 자는 500만원 이하의 과태료를 부과 받습니다.

① 대부이자율
② 이자계산방법
③ 변제방법
④ 연체이자율
⑤ 대부업 등록번호
⑥ 대부계약과 관련한 부대비용의 내용

## 3-2. 신용정보의 제출

### 3-2-1. 증명서류의 제출

대부업자는 대부계약을 체결하려는 경우에는 미리 대부업체 이용자로부터 그 소득·재산 및 부채상황에 관한 것으로서 다음의 증명서류를 제출받아 그 대부업체 이용자의 소득·재산 및 부채상황을 파악해야 합니다. 다만, 해당 대부업자가 대부계약을 체결하려는 대부업체 이용자에게 이미 대부한 금액의 잔액과 새로 대부계약을 체결하려는 금액의 합계가 300만원 이하인 경우에는 그렇지 않습니다(대부업법 제7조 제1항 및 동법 시행령 제4조의3).

① 대부업체 이용자가 개인인 경우

　1) 소득세법 제143조에 따른 근로소득 원천징수영수증, 소득세법 제144조에 따른 사업소득 원천징수영수증, 소득금액증명원, 급여통장 사본, 연금증서 중 어느 하나의 소득증명서류

　2) 대부업법 제6조 제6항 전단에 따른 증명서로서 부채 잔액증명서. 다만, 신용조회로 부채상황을 알 수 있으면 신용조회로 대신합니다.

　3) 부동산 등기권리증, 부동산 임대차계약서 등 재산상 권리관계를 증명할 수 있는 서류(담보대출인 경우만 해당)

　4) 그 밖에 소득, 재산 및 부채상황을 파악할 수 있는 서류

② 대부업체 이용자가 법인인 경우

　1) 감사보고서(주식회사의 외부감사에 관한 법률 제2조에 따른 외부감사의 대상인 법인만 해당)

　2) 부가가치세법 시행령 제11조 제5항에 따른 사업자등록증, 지방세 세목별 과세증명서 및 지방세 납세증명서

　3) 대부업법 제6조 제6항 전단에 따른 증명서로서 부채 잔액증명서. 다만, 신용조회로 부채상황을 알 수 있으면 신용조회로 대신합니다.

4) 부동산 등기권리증, 부동산 임대차계약서 등 재산상 권리관계를 증명할 수 있는 서류(담보대출인 경우만 해당)

5) 그 밖에 소득, 재산 및 부채상황을 파악할 수 있는 서류

## ■ 급여명세서 등이 대부업법에서 규정된 소득 증명서류로 인정되는지요?

Q. 급여명세서, 카드매출 입금 통장내역, 카드매출 전표, 부가가치세과세표준증명서가 고객이 주부인 경우 배우자의 위와 같은 소득서류 등이 소득 증명서류로 인정되는지요?

A. 대부업법 시행령 제4조의3 제1항 제1호 라목의 "그 밖에 소득, 재산 및 부채상황을 파악할 수 있는 서류"로는 정기적으로 연금, 카드매출금 등 일정 소득금액이 입금되는 통장사본(소득 관련 증명서류에 해당)이나 국가기관 또는 공공기관에서 발급한 것으로서 소득, 부채, 재산 관련 상황을 객관적으로 증명할 수 있는 서류가 이에 해당하며, 개인이 발급한 서류는 동 목상의 증명서류로 인정하기 어려울 것으로 사료됩니다(대부업 관리·감독 지침 '소득, 부채, 재산의 증빙서류' 나. 참고).

한편, 소득·부채·재산 관련 증빙서류는 원칙적으로 거래상대방 본인의 명의로 하여야 하나, 전업주부의 경우 배우자의 소득 증빙서류로 의제할 경우에는 대부업자는 대출이 실행되기 이전에 배우자의 동의 여부를 배우자에게 미리 확인하고 대출금액과 대출이자율, 상환방식 등에 대해 설명하여야 함을 안내하여 드립니다(대부업 관리·감독 지침 '소득, 부채, 재산의 증빙서류' 다. 참고).

### 3-2-2. 과잉 대부계약의 금지

① 대부업자는 대부업체 이용자의 소득·재산·부채상황·신용 및 변제
계획 등을 고려해 객관적인 변제능력을 초과하는 대부계약을 체
결해서는 안 됩니다(대부업법 제7조 제2항).

② 대부거래 표준약관(공정거래위원회 표준약관 제10036호, 2015.3.27.
발령·시행)은 대부업자와 채무자 사이의 대부거래에 관한 계약서 필
수기재사항, 비용의 부담, 계약서의 교부, 채권양도, 기한 전의 임의
상환 및 신용정보 등을 정하고 있습니다.


### 3-2-3. 신용정보의 이용

대부업자는 증명 서류를 거래상대방의 소득·재산 및 부채상황을
파악하기 위한 용도 외의 목적으로 사용해서는 안 됩니다(대부업
법 제7조 제3항).


### 3-3. 대부조건의 확인

### 3-3-1. 대부조건의 게시

① 대부업자는 다음의 사항을 일반인이 알 수 있도록 영업소마다
게시해야 합니다(대부업법 제9조 제1항 및 동법 시행령 제6조
제1항). 이를 위반하여 중요 사항을 게시하지 않은 자는 1차 위
반 시 50만원, 2차 위반 시 250만원, 3차 위반 시 500만원의
과태료를 부과 받습니다(동법 제21조 제1항 제7호, 동법 시행령
제12조 및 별표3 제2호 거목).

② 위반행위의 횟수에 따른 과태료 부과기준은 위반사항에 대하여
과태료 부과처분을 한 날부터 1년 이내에 다시 동일한 위반사항
을 적발한 경우에 적용됩니다(동법 시행령 별표3 제1호 가목,

이하 위반행위의 횟수에 따라 과태료 부과기준을 정한 때에는
이와 같음).

1) 대부이자율

2) 이자계산방법

3) 변제방법

4) 연체이자율

5) 대부업 등록번호

6) 대부계약과 관련한 부대비용의 내용

### 3-3-2. 대부조건의 표시 또는 광고

① 대부업자가 대부조건 등에 관해 표시 또는 광고(표시·광고의 공정
화에 관한 법률에 따른 표시 또는 광고를 말합니다. 이하 '광고'
라 줄여 씁니다)를 하는 경우에는 다음의 사항을 포함해야 합니
다(대부업법 제9조 제2항 및 동법 시행령 제6조 제2항). 이를 위
반하여 광고를 한 자는 1차 위반 시 200만원, 2차 위반 시 500
만원, 3차 위반 시 1천만원의 과태료를 부과 받습니다(동법 제21
조 제1항 제8호, 동법 시행령 제12조 및 별표3 제2호 너목).

1) 명칭 또는 대표자 성명

2) 대부업 등록번호

3) 대부이자율(연 이자율로 환산한 것 포함) 및 연체이자율

4) 이자 외에 추가비용이 있는 경우 그 내용

5) 영업소의 주소와 등록된 표시 또는 광고에 사용되는 전화번
호(둘 이상의 특별시·광역시·특별자치시·도 또는 특별자치도
(이하 "시·도"라 함)에 영업소를 설치한 대부업자인 경우에는
본점의 주소와 광고에 사용되는 전화번호)

6) 현재 등록되어 있는 시·도 또는 금융위원회(이하 "시·도 등"이라 함)의 명칭과 등록정보를 확인할 수 있는 시·도 등의 전화번호

7) 과도한 차입의 위험성을 알리는 경고문구

② 대부업자는 광고를 하는 경우에는 일반인이 위의 사항을 쉽게 알 수 있도록 다음의 방식에 따라 광고의 문안과 표기를 해야 합니다(대부업법 제9조 제4항 및 동법 시행령 제6조의2). 이를 위반하여 광고의 문안과 표기에 관한 의무를 이행하지 않은 자는 1차 위반 시 50만원, 2차 위반 시 250만원, 3차 위반 시 500만원의 과태료를 부과 받습니다(동법 제21조 제2항 제6호, 동법 시행령 제12조 및 별표3 제2호 더목).

1) 대부업자의 상호의 글자는 상표의 글자보다 크게 하고, 쉽게 알아볼 수 있도록 할 것

2) 등록번호, 전화번호, 대부이자율, 대부계약과 관련된 부대비용, 과도한 차입의 위험성을 알리는 경고문구 및 "중개수수료를 요구하거나 받는 것은 불법"이라는 문구는 상호의 글자와 글자 크기를 같거나 크게 하고, 그 밖의 광고사항과 쉽게 구별할 수 있도록 할 것

3) 대부업자 등의 광고 표시기준을 준수할 것

③ 대부업자 등은 다음에 해당하는 시간에는 방송을 이용한 광고를 해서는 안 됩니다(대부업법 제9조 제5항). 이를 위반하여 광고를 한 자는 1차 위반 시 200만원, 2차 위반 시 500만원, 3차 위반 시 1천만원의 과태료를 부과 받게 됩니다(동법 제21조 제1항 제8호, 동법 시행령 제12조 및 별표3 제2호 너목).

1) 평일 : 오전 7시부터 오전 9시까지 및 오후 1시부터 오후 10시까지

2) 토요일과 공휴일 : 오전 7시부터 오후 10시까지

# ■ 거래하고자 하는 대부업체 대부계약의 대부조건을 미리 알고 싶습니다. 어떻게 알 수 있나요?

Q. 거래하고자 하는 대부업체 대부계약의 대부조건을 미리 알고 싶습니다. 어떻게 알 수 있나요?

A. 대부업자는 대부이자율, 이자계산방법, 변제방법, 대부업 등록번호, 연체이자율, 대부계약과 관련한 부대비용의 내용 등을 영업소마다 일반인이 알 수 있도록 게시하여야 하며, 대부계약의 체결시 거래상대방에게 그 내용을 설명하여야 합니다. 당사자가 체결하는 대부계약의 구체적인 내용은 계약서에 기재되어 있으니 계약서를 꼼꼼하게 살펴보셔야 합니다.

# ■ A보드광고가 중계를 통해 간접 노출될 것으로 예상되는데, 상표만을 노출하는 것이 가능한지요?

Q. 대부업의 경우 대부업법에 의해서 광고표현의 규제가 되고 있는 것으로 알고 있습니다. 그래서 A보드에 회사의 대출상표(전화번호 제외)만을 표기하고자 합니다. A보드광고가 중계를 통해 간접 노출될 것으로 예상되는데, 상표만을 노출하는 것이 가능한지요?

A. 귀하께서는 스포츠 경기장에 광고물을 게시하는데 있어서 게시물에 상표(전화번호 제외)만을 표기하는 것이 가능한지에 대하여 질문하셨습니다.
대부업법에 제9조 및 동법 시행령 제6조의2의 규정 등에서는 대부업자가 대부조건 등에 관하여 표시 또는 광고를 하는 경우에는 금융소비자가 피해를 보지 않도록 대부업자의

명칭 또는 대표자 성명, 대부업 등록번호, 대부이자율(연 이
자율로 환산한 것을 포함한다) 및 연체이자율, 이자 외에 추
가비용이 있는 경우 그 내용 등을 포함하도록 하도록 정하
고 있습니다. 또한 대부업자 등의 상호의 글자는 상표의 글
자보다 크게 하고, 쉽게 알아볼 수 있도록 하고 있으며 등
록번호, 전화번호, 대부이자율 및 대부계약과 관련된 부대비
용은 상호의 글자와 글자 크기를 같게 하고 그 밖의 광고사
항과 쉽게 구별할 수 있도록 하고 규정하고 있습니다.

상표법 제2조에서는 상표를 "상품을 생산·가공·증명 또는
판매하는 것을 업으로 하는 자가 자기의 업무에 관련된 상
품을 타인의 상품과 식별되도록 하기 위하여 사용하는 기
호·문자 등 또는 그 밖에 시각적으로 인식할 수 있는 것"
으로 정의하고 있습니다.

귀하께서 질의하신 바와 같이 스포츠 경기장에 게시물을
통하여 상표를 광고한다면, 이는 대부상품의 판매 및 대출
영업을 위하여 상표를 통하여 광고를 하는 것이므로, 금융
소비자가 대부업체의 상호, 등록번호, 대부이자율, 영업소
의 주소 및 전화번호 등을 식별할 수 있도록 "대부업법
제9조 내지 제9조의3, 동법 시행령 6조의 내지 제6조의2
의 요건"을 충족하여 광고하셔야 함을 알려드립니다.

# 제4장 대부계약의 체결

## 1. 대부계약서의 작성 등

① 대부계약은 기본적으로 개인 간의 금전거래로서 당사자 사이의 계약이 우선하므로 대부계약을 체결할 때 자세히 살펴보아야 합니다.

② 대부업자는 대부업체 이용자와 대부계약을 체결하는 경우, 대부업체 이용자가 본인임을 확인하고 대부금액, 대부이자율, 변제기간 등이 적힌 대부계약서를 거래상대방에게 교부해야 합니다.

③ 대부업자는 대부업체 이용자에게 계약서의 기재사항을 모두 설명한 후 대부금액, 대부이자율, 변제기간 및 연체이자율과 같은 중요사항을 대부업체 이용자가 자필로 적게 해야 합니다.

④ 대부업체와 대부업체 이용자는 공정거래위원회가 제공하는 대부거래 표준계약서를 참고하여 계약서를 작성할 수 있습니다.

### 1-1. 대부계약서의 작성
### 1-1-1. 대부계약서의 기재사항

① 대부업자는 대부계약을 체결하는 경우에는 대부업체 이용자가 본인임을 확인하고 다음의 사항이 적힌 대부계약서를 대부업체 이용자에게 교부해야 합니다(대부업법 제6조 제1항 및 동법시행령 제4조 제1항). 이를 위반하여 계약서를 교부하지 않은 자 또는 기재사항의 전부 또는 일부가 적혀 있지 않은 계약서를 교부하거나 거짓으로 적어 계약서를 교부한 자는 1차 위반 시 200만원, 2차 위반 시 500만원, 3차 위반 시 1천만원의 과태료를 부과 받습니다(동법 제21조 제1항 제3호, 동법 시행령 제12조

및 별표3 제2호 아목).

1) 대부업자(영업소 포함) 및 거래상대방의 명칭 또는 성명 및 주소 또는 소재지

2) 계약일자

3) 대부금액

4) 최고이자율(연 100분의 34.9, 율을 월 또는 일 기준으로 적용하는 경우에는 연 100분의 34.9를 단리로 환산 : 대부업법 시행령 제5조)

5) 대부이자율(대부업법 제8조 제2항에 따른 이자율의 세부내역 및 연 이자율로 환산한 것 포함)

6) 변제기간 및 변제방법

7) 변제방법이 계좌이체 방식인 경우에는 그 계좌번호

8) 해당 거래에 관한 모든 부대비용

9) 손해배상액 또는 강제집행에 관한 약정이 있는 경우에는 그 내용

10) 보증계약을 체결한 경우에는 그 내용

11) 채무의 조기상환 조건

12) 대부업 또는 대부중개업 등록번호

13) 기한의 이익 상실에 관한 약정이 있는 경우에는 그 내용(여기서 "기한의 이익"이란 채무의 이행기한이 도래하지 않음으로써 그 동안 당사자가 받는 이익을 말합니다)

14) 대부원리금의 변제 순서에 관한 약정이 있는 경우에는 그 내용

15) 채무 및 보증채무와 관련된 증명서의 발급비용과 발급기한

② 위반행위의 횟수에 따른 과태료 부과기준은 위반사항에 대하여

과태료 부과처분을 한 날부터 1년 이내에 다시 동일한 위반사항을 적발한 경우에 적용됩니다(동법 시행령 별표2 제1호 가목, 이하 위반행위의 횟수에 따라 과태료 부과기준을 정한 때에는 이와 같음).

## ■ 실제 대부금액은 기재하지 않은 대부계약서의 경우 대부업법을 위반한 것이 아닌지요?

Q. 대부업체가 자체대부계약서 약관에 의해 대출최고한도금액만을 정해 놓고 실제대부금액은 기재하지 않은 대부계약서의 경우에 대부업법을 위반한 것이 아닌지요?

A. 대부업법 제6조 제1항에 의하면 대부업자가 대부계약을 체결하는 때에는 대부금액 등이 기재된 계약서를 거래상대방에게 교부하여야 한다고 규정하고 있으나, 대출최고한도를 초과하지 않은 범위 내에서 반복적으로 대출을 받을 수 있는 상품(일명:리볼빙방식)은 그 특성상 대출시마다 계약을 하기 어려운 점이 있어 이 경우에 한해 자체 대부계약서 약관에 따라 대출최고한도만을 기재한 대부계약서는 법에 위반된다고 볼 수 없을 것입니다.

## ■ 대부업체 이용자의 통장을 이용한 불법 대부행위 피해 사례

Q. 돈을 빌리려고 하는데 제 명의의 통장을 만들어 주면 이자를 저렴하게 해준다고 하네요. 그 통장을 대부업체에 맡겨도 괜찮을까요?

A. 대부업체 이용자가 본인 명의의 통장을 개설해 대부업체에 맡긴 뒤 이자 등을 무통장 입금하면 고금리 피해를 수사기관에 신고하더라도 대출원금, 채무변제사실 및 이자지급내역 등을 확인하기가 어렵고 통장을 이용한 추가적인 범죄발생 가능성도 있습니다. 따라서 통장을 대부업체에 맡기지 않아야 합니다.


## ■ 채무이행각서를 대부계약서로 인정할 수 있는지요?

Q. 대부계약서를 작성하지 않고 법무사에서 부동산에 대한 채무이행각서를 작성하였는데 그 채무이행각서를 대부계약서로 인정할 수 있는지요?

A. 현행 대부업법에서는 대부계약 체결시 다음의 사항들을 기재 할 것을 규정하고 있습니다.

　　< 대부업법 제6조 >

　　1) 대부업자 및 거래상대방의 명칭 또는 성명 및 주소,

　　2) 계약일자,

　　3) 대부금액,

　　4) 대부이자율(연 이자율로 환산한 것을 포함한다),

　　5) 변제기간 및 변제방법,

　　6) 대부금을 변제받을 계좌번호를 정한 경우에는 그 계좌번호,

7) 당해 거래에 관한 일체의 부대비용,

8) 손해배상액 또는 강제집행에 관한 약정이 있는 경우에는 그 내용,

9) 보증계약을 체결한 경우에는 그 내용,

10) 채무의 조기상환 조건,

11) 그 밖에 대부업자의 거래상대방 보호를 위하여 필요한 사항으로서 대통령령이 정하는 사항.

**< 대부업법 시행령 제4조 >**

1) 대부업 등록번호,

2) 연체이자율,

3) 기한의 이익 상실에 관한 약정이 있는 경우에는 그 내용,

4) 대부 원리금의 변제순서에 관한 약정이 있는 경우에는 그 내용.

따라서 대부계약서로 인정할 수 있는 지의 여부는 부동산에 대한 채무이행각서에 위의 사항들이 기재되었는지를 확인해 보면 됩니다.


## 1-1-2. 설명의무

대부업자는 대부계약을 체결하는 경우에는 거래상대방에게 대부계약서의 기재사항을 모두 설명해야 합니다(대부업법 제6조 제2항). 이를 위반하여 설명을 하지 않은 자는 1차 위반 시 50만원, 2차 위반 시 250만원, 3차 위반 시 500만원의 과태료를 부과 받습니다(동법 제21조 제1항 제4호, 동법 시행령 제12조 및 별표3 제2호 자목).

## 1-2. 중요 사항의 자필 기재

① 대부업자는 그의 거래상대방과 대부계약을 체결하는 경우에는 다음의 사항을 그 거래상대방이 자필로 적게 해야 합니다(대부업법 제6조의2 제1항 및 동법 시행령 제4조의2 제1항). 이를 위반하여 거래상대방이 대부계약서의 중요기재사항을 자필로 적게 하지 않은 자는 1차 위반 시 200만원, 2차 위반 시 500만원, 3차 위반 시 1천만원의 과태료를 부과받습니다(동법 제21조 제1항 제5호, 동법 시행령 제12조 및 별표3 제2호 타목).

　1) 대부금액
　2) 대부이자율
　3) 변제기간
　4) 연체이자율

② 대부계약을 체결할 때 다음 중 어느 하나에 해당하는 경우에는 거래상대방이 자필로 적은 것으로 봅니다(동법 제6조의2 제3항 및 동법 시행령 제4조의2 제2항).

　1) 공인인증서를 이용해 거래상대방이 본인인지 여부를 확인하고, 인터넷을 이용해 위의 자필 기재사항을 거래상대방이 직접 입력한 경우
　2) 유무선 통신을 이용해 거래상대방이 본인인지 여부와 위의 자필 기재사항에 대한 질문 또는 설명에 대한 거래상대방의 답변 또는 확인내용이 녹음된 음성 녹음을 확인하는 경우
　3) 위의 음성 녹음 내용을 다음의 방법 중 거래상대방이 요청하는 방법으로 확인하는 경우(이 경우 대부업자는 보증인에게 서면확인서를 요청할 수 있음을 대부계약 체결 전에 알려야 합니다.)

㉮ 전화

㉯ 인터넷 홈페이지

㉰ 서면확인서

## ■ 대부업체 이용자가 자필로 적지 않은 대부계약서는 어떻게 되나요?

Q. 대부계약을 체결할 때 대부금액이나 대부이자율을 대부업자가 직접 적은 경우 어떻게 되나요?

A. 대부업자는 대부금액, 대부이자율, 변제기간 및 연체이자율을 대부업체 이용자가 자필로 적게 해야 하고(대부업법 제6조의2 제1항 및 동법 시행령 제4조의2), 이를 위반하면 과태료를 부과 받습니다(동법 제21조 제1항 제5호).

### 1-3. 대부계약서 예시

대부거래 계약서는 공정거래위원회에서 제공하는 표준약관을 사용할 수 있습니다.

# 대부거래표준약관

표준약관 제10036호
(2015. 03. 27. 개정)

**제1조(목적)** 이 약관은 대부업자와 채무자간의 대부거래에 있어서 권리와 의무를 명확히 하고 공정하며 건전한 금전소비대차를 하는 것을 목적으로 한다.

**제2조 (적용범위)** 이 약관은 대부업자와 채무자 사이의 가계 또는 기업의 자금대부 또는 그 중개 및 어음할인 등의 금전의 대부와 관련된 대부업자와 채무자 사이의 모든 거래에 적용된다.

**제3조(용어의 정의)** 이 약관에서 사용하는 용어의 정의는 다음과 같다

1. "대부업"이라 함은 금전의 대부 또는 그 중개, 금전의 대부와 관련한 어음의 할인 및 이와 유사한 방법에 의한 금전의 교부와 관련된 사항을 그 업으로 행하는 사업을 말한다.
2. "대부업자"라 함은 관할관청에 등록여부를 불문하고 대부업을 영위하는 개인 및 법인으로 한다.
3. "채무자"라 함은 대부계약의 체결로 인하여 대부업자에 대하여 채무를 부담하는 자를 말한다.
4. "보증인"이라 함은 채무자가 채무를 이행하지 않는 경우에 그 채무를 대신 이행할 종(從)된 채무를 부담하는 자를 말한다.

**제4조(실명거래)** ① 대부업자와 채무자 사이의 거래는 실명으로 한다.

② 대부업자는 채무자가 본인임을 확인할 의무가 있다.

③ 대부업자와 채무자 사이의 계약은 채무자 본인이 직접 체결하는 것을 원칙으로 하되, 채무자의 대리인과 계약을 체결하는 경우에는 채무자가 발급받은 인감증명서를 첨부한 위임장에 의하여야 한다.

**제5조(약관의 명시·설명·교부)** ① 대부업자는 이 약관을 영업장에 비치하고, 채무자는 영업시간 중 언제든지 이를 열람하거나 그 교부를 청구할 수 있다.

② 대부업자는 계약체결 전에 이 약관 제7조를 포함한 중요내용을 채무자가 이해할 수 있도록 설명하고 약관을 교부한다.

**제6조(계약의 성립)** 대부업자가 약관의 내용을 설명하고 채무자가 본 계약서에 의하여 이의 적용을 동의한 경우 계약은 성립한다.

**제7조(계약서 필수기재사항)** 대부거래 표준계약서에는 다음의 사항을 반드시 기재한다.

1. 대부업자(그 영업소를 포함한다)의 성명 또는 상호, 주소, 전화번호, 생년월일(성별) 또는 사업자등록번호
2. 대부업 등록번호
3. 채무자의 성명 또는 상호, 주소, 전화번호, 생년월일(성별) 또는 사업자등록번호
4. 계약일자
5. 대부금액
6. 이자율(이자율의 세부내역 및 연이자율로 환산한 것을 포함)
7. 연체이자율
8. 변제기간 및 변제방법
9. 대부금을 변제받을 은행계좌번호
10. 채무의 조기상환조건
11. 부대비용이 있는 경우 그 내용 및 금액
12. 보증인이 있는 경우 보증인의 성명 또는 상호, 주소, 생년월일(성별) 또는 사업자등록번호, 보증의 내용

**제8조(이자율 등의 제한)** ① 대부업자는 관계법령이 정하는 이자율(연체이자율 포함)의 범위 내에서 계약을 체결하기로 한다.

② 제1항의 규정에 의한 이자율을 산정함에 있어 사례금, 할인금, 수수료, 공제금, 연체이자, 체당금, 그밖에 그 명칭에 불구하고 대부와 관련하여 대부업자가 받는 것은 이를 이자로 본다. 다만 당해 거래의 계약체결과 변제에 관한 부대비용으로서 관련 법령이 정한 사항은 그러하지 아니하다.

③ 대부업자가 제1항의 규정에 의하지 않은 대부계약을 체결한 경우 제

1항에 따른 이자율을 초과하는 부분에 대한 이자계약은 무효로 한다.

④ 채무자가 대부업자에게 제1항에 따른 이자율을 초과하는 이자를 지급한 경우 그 초과 지급된 이자 상당금액은 원본에 충당되고, 원본에 충당되고 남은 금액이 있으면 그 반환을 청구할 수 있다.

⑤ 대부업자가 선이자를 사전에 공제하는 경우에는 그 공제액을 제외하고 채무자가 실제로 받은 금액을 원본으로 하여 제1항에 따른 이자율을 산정한다.

**제9조 (비용의 부담)** ① 다음 각 호의 비용은 채무자가 부담한다.

1. 채무자 · 보증인에 대한 대부업자의 채권 · 담보권 등의 권리의 행사 · 보전(해지 포함)에 관한 비용

2. 채무이행 지체에 따른 독촉 및 통지비용

3. 채무 및 보증채무와 관련된 증명서의 발급 비용

② 대부업자나 대부업자가 지정하는 자가 제1항 각 호의 업무를 처리하고 그 비용을 채무자에게 청구하는 경우에는 실비를 초과할 수 없으며 소요비용이 최소화되도록 하여야 한다.

③ 제1항에 의한 비용을 대부업자가 대신 지급한 경우에는, 대부업자는 이를 즉시 채무자에게 통지하여 채무자가 이를 곧 변제하도록 하고 만일 채무자가 그러하지 아니하는 경우에는 대부업자가 대신 지급한 금액에 대하여, 대신 지급한 날부터 다 갚는 날까지의 날짜수 만큼, 상법 제54조(상사 법정이율)에 의한 연 6푼의 범위 내에서 약정금리로, 1년을 365일로 보고 1일 단위로 계산한 금액을 더하여 갚기로 한다.

④ 대부업자는 대부계약 약정 시 채무자가 사전에 알 수 있도록, 약정이자 외에 담보대출에 소요되는 부대비용의 항목과 금액을 알려주어야 한다.

**제10조(계약서의 교부 등)** ① 계약내용을 명확히 하기 위하여 계약서는 2부를 작성하여 대부업자와 채무자가 각각 보관하는 것으로 한다.

② 상환 완료 후 채무자는 대부계약서 및 계약관계서류의 반환을 서면으로 요구할 수 있고, 이의 반환 요청이 있는 경우 대부업자는 대부계약서 및 계약관계서류를 즉시 반환하기로 한다.

③ 인터넷을 통해 전자적인 형태로 대부거래 약정을 체결하는 경우 대부업자는 지체없이 계약서를 전자우편 등으로 채무자에게 송부하고, 계약기간 동안 홈페이지에서 당해 계약사항의 열람, 인쇄가 가능하도록 조치하여야 한다. 다만, 채무자의 요청이 있는 경우에는 계약서를 서면으로 교부한다.

**제11조(담보의 제공)** 채무자 또는 보증인의 신용악화, 제공한 담보의 가치감소의 사유가 발생하여 대부업자가 채권보전상 필요하다고 인정되는 경우에는 채무자는 대부업자의 청구에 의하여 대부업자가 인정하는 담보를 제공하거나 보증인을 세우기로 한다. 다만, 담보의 제공이나 보증인을 세울 때에는 반드시 채권보전의 범위 내이어야 한다.

**제12조(기한의 이익의 상실)** ① 채무자에게 다음 각 호의 사유가 발생한 경우에는 대부업자로부터의 독촉·통지 등이 없어도, 채무자는 기한의 이익을 상실한다.
1. 채무자가 제공한 담보재산에 대하여 압류명령이나 체납처분 압류통지가 발송된 때 또는 기타의 방법에 의한 강제집행개시나 체납처분 착수가 있는 때
2. 채무불이행자명부 등재 신청이 있는 때
3. 어음교환소의 거래정지처분이 있을 때
4. 도피 또는 기타의 사유로 금융기관에서 채무자에 대한 지급을 정지한 것으로 인정된 때
5. 파산신청이 있는 때
② 채무자에게 다음 각 호의 사유가 발생한 경우에는 기한의 이익을 상실한다. 다만, 대부업자는 기한의 이익상실일 7영업일전까지 다음 각 호의 채무이행지체사실과 이에 따라 기한의 이익이 상실된다는 사실을 채무자에게 통지하여야 하며, 기한의 이익상실일 7영업일전까지 통지하지 않은 경우에는 채무자는 실제통지가 도달한 날부터 7영업일이 경과한 날에 기한의 이익을 상실한다.
1. 이자를 지급하여야 할 때부터 2개월간 지체한 때
2. 분할상환금 또는 분할상환원리금의 지급을 2회 이상 연속하여 지체하고 그 금액이 대출금의 10분의1을 초과하는 경우

③ 채무자에 관하여 다음 각 호에서 정한 사유중 하나라도 발생하여 대부업자의 채권보전에 현저한 위험이 예상될 경우, 대부업자는 서면으로 당해 위험 및 신용의 회복 등을 독촉하고, 그 통지의 도달일부터 10영업일 이상으로 대부업자가 정한 기간이 경과하면, 채무자는 대부업자에 대한 당해 채무의 기한의 이익을 상실하여 곧 이를 갚아야 할 의무를 진다.

1. 채무자와 그의 보증인이 대출금을 수령한 후 당초 제출하기로 약속한 대부계약에 필요한 중요서류(대출계약서, 보증계약서 등)를 30일 이내에 제출하지 않을 때

2. 채무자가 채무의 상환을 거부하는 의사를 명시적으로 표시할 때

3. 채무자 및 보증인이 계약서의 주요한 내용을 허위로 기재하거나 제출한 증빙서류가 위변조된 것으로 확인된 때

④ 제1항 내지 제3항에 의하여 채무자가 대부업자에 대한 채무의 기한의 이익을 상실한 경우라도, 대부업자의 명시적 의사표시가 있거나, 대부업자가 분할상환금·이자·지연배상금을 받는 등 정상적인 거래의 계속이 있는 때에는, 그 채무 또는 대부업자가 지정하는 채무의 기한의 이익은 그 때부터 부활되는 것으로 본다.

**제13조(기한전의 임의 상환 등)** 채무자는 약정한 상환기일이 도래하기 전이라도 미리 아무런 부담 없이 원금의 전부 또는 일부를 상환할 수 있다. 그러나 대부계약 체결 시 채무자와 기한전의 임의 변제로 대부업자가 받을 손해에 대하여 미리 약정한 경우에 한하여 수수료 등을 채무자가 부담한다.

**제14조(채무의 변제 등의 충당)** ① 채무자의 채무변제 시 채무 전액을 소멸시키기에 부족한 때에는 비용, 이자, 원금의 순서로 충당하기로 한다. 그러나 대부업자는 채무자에게 불리하지 않은 범위내에서 충당순서를 달리할 수 있으나 채무자에게 이러한 사실을 서면으로 통지하여야 한다.

② 변제될 채무가 수개인 경우로서 채무전액이 변제되지 않을 경우 강제집행 또는 담보권 실행경매에 의한 회수금에 대하여는 민법 기타 법률이 정하는 바에 따른다.

③ 변제될 채무가 수개인 경우로서 제2항에 해당되지 않는 임의의 상환금으로 채무자의 채무전액을 없애기에 부족한 때에는 채무자가 지정하는 순서에 따라 변제에 충당하기로 한다. 이 경우, 채무자가 지정하는 순서에 따를 경우, 대부업자의 채권보전에 지장이 생길 염려가 있는 때에는 대부업자는 지체 없이 이의를 표시하고, 물적 담보나 보증의 유무, 그 경중이나 처분의 난이, 변제기의 장단 등을 고려하여 대부업자가 변제에 충당할 채무를 바꾸어 지정할 수 있으나 채무자에게 이러한 사실을 서면으로 통지하여야 한다.

④ 대부업자가 변제충당순서를 제3항에 따라 민법 기타 법률이 정하는바와 달리할 경우에는 대부업자의 채권보전에 지장이 없는 범위 내에서 채무자와 담보제공자 및 보증인의 정당한 이익을 고려하여야 한다.

**제15조(영수증 등 서면교부)** 대부업자는 채무자로부터 이자, 원금 등을 수령한 경우에는 영수증 및 대출 잔액 확인서를 서면 또는 전자우편 등으로 교부하여야 한다.

**제16조(통지사항 및 효력)** ① 채무자는 주소, 전화번호, 근무처가 변경된(휴·퇴직 또는 해고되거나 전·폐업한 경우포함)경우 서면으로 대부업자에게 곧 통지하여야 한다.

② 채무자가 제1항에 의한 통지를 게을리 하여 대부업자가 발송한 서면통지 또는 기타서류가 채무자에게 연착하거나 도달되지 않은 때에는 보통의 우송기간이 경과한 때에 도달한 것으로 본다. 이 경우 상계통지나 기한전의 채무변제 청구 등 중요한 의사표시는 반드시 배달증명부 내용증명에 의하여야 하며, 배달증명부 내용증명이 아닌 경우에는 도달한 것으로 보지 않고 다만 추정한다.

③ 대부업자는 주소 및 전화번호가 변경된 경우 이를 채무자에게 서면으로 통지하여야 한다.

**제17조(채권양도)** 대부업자는 본 계약서상의 채권을 제3자에게 양도할 수는 있으나, 채권양도에 관하여는 반드시 사전에 채무자 및 보증인에게 동의를 얻어야 한다.

**제18조(신용정보)** ① 채무자가 제공한 신용정보(성명, 생년월일, 주소 등 본인의 특정정보 및 차입내용, 상환사항, 연체 등의 객관적 정보)는 이 계약에 의한 법적인 권리행사를 위해서만 이용할 수 있다.

② 채무자 및 보증인은 그 주소지의 확인을 위하여 대부업자의 채권보전 등의 목적에 따라 개인별 주민등록표의 열람을 승낙하기로 한다.

③ 대부업자는 채무자 본인과 보증인에 대하여만 개인정보를 요구할 수 있다.

**제19조(이행장소·준거법)** ① 채무의 이행장소는 다른 약정이 없는 한 거래 영업점으로 하고, 송금방법은 대부업자의 은행계좌에 입금하는 것을 원칙으로 한다. 다만, 부실채권의 관리 등 상당한 사유로 채권관리업무를 대부업자의 본점·지역본부 또는 다른 영업점으로 이관한 경우에는, 이관 받은 본점·지역본부 또는 다른 영업점을 그 이행장소로 한다.

② 채무자가 내국인이 아닌 경우라도, 이 약관에 의한 대부거래에 관하여 적용될 법률은 국내법을 적용한다.

**제20조(불법적 채권추심 행위의 금지)** ① 대부업자(대부업자로부터 대부계약에 따른 채권을 양도 받거나 채권의 추심을 위탁받은 자를 포함한다)는 대부거래 계약에 따른 채권을 추심함에 있어서 다음 각호의 방법을 사용하지 않기로 한다.

1. 채무자 또는 관계인을 폭행·협박·체포 또는 감금하거나 그에게 위계나 위력을 사용하는 행위

2. 정당한 사유 없이 반복적으로 또는 야간(오후 9시 이후부터 다음 날 오전 8시까지를 말한다)에 채무자나 관계인을 방문함으로써 공포심이나 불안감을 유발하여 사생활 또는 업무의 평온을 심하게 해치는 행위

3. 정당한 사유 없이 반복적으로 또는 야간에 전화하는 등 말·글·음향·영상 또는 물건을 채무자나 관계인에게 도달하게 함으로써 공포심이나 불안감을 유발하여 사생활 또는 업무의 평온을 심하게 해치는 행위

4. 채무자 외의 사람(보증인을 포함한다)에게 채무에 관한 거짓 사실을 알리는 행위

5. 채무자 또는 관계인에게 금전의 차용이나 그 밖의 이와 유사한 방법으로 채무의 변제자금을 마련할 것을 강요함으로써 공포심이나 불안감을 유발하여 사생활 또는 업무의 평온을 심하게 해치는 행위

6. 채무를 변제할 법률상 의무가 없는 채무자 외의 사람에게 채무자를 대신하여 채무를 변제할 것을 반복적으로 요구함으로써 공포심이나 불안감을 유발하여 사생활 또는 업무의 평온을 심하게 해치는 행위

7. 엽서에 의한 채무변제요구 등 채무자 외의 자가 채무사실을 알 수 있게 하는 행위

8. 채무자의 연락두절 등 소재파악이 곤란한 경우가 아님에도 채무자의 관계인에게 채무자의 소재, 연락처 또는 소재를 알 수 있는 방법 등을 문의하는 행위

② 대부업자는 기타 「채권의 공정한 추심에 관한 법률」에서 채권추심과 관련하여 금지하고 있는 행위를 하여서는 아니 된다.

**제21조(약관의 변경)** ① 대부업자가 이 약관을 변경하고자 할 경우, 채무자에게 불리한 내용이 될 때에는 서면통지의 방법으로 이를 알리고, 채무자에게 불리한 내용이 아닌 경우에는 거래영업점에 게시함으로써 이를 알려야 한다. 그러나 서면통지나 게시의 경우에는 반드시 제2항의 뜻을 명시하여야 한다.

② 통지가 도달한 때 또는 게시한 때부터 1개월 이내에 채무자의 서면에 의한 이의가 대부업자에게 도달하지 않은 때에는, 약관의 변경을 승인한 것으로 본다.

**제22조(규정의 준용)** 이 약관에서 정하지 아니한 사항에 관하여는 「대부업 등의 등록 및 금융이용자 보호에 관한 법률」 및 동법 시행령 등 관계 법령에 따른다.

**제23조(관할법원의 합의)** 이 약관에 의한 대부거래 계약에 관하여 대

부업자와 채무자 사이에 소송의 필요가 생긴 때에는 법이 정하는 관할법원과 아울러 대부업자의 거래영업점 소재지 지방법원을 관할법원으로 하기로 한다. 다만, 채무자의 책임 있는 사유로 부실채권이 발생되어 그 채권의 관리를 위하여 대부업자가 본점. 지역본부 또는 다른 영업점으로 그 채권관리업무를 이관한 경우에는 법이 정하는 관할법원과 아울러 이관 받은 본점. 지역본부 또는 다른 영업점 소재지 지방법원을 관할법원으로 하기로 한다.

# 대부거래 표준계약서

본인 등은 아래의 대부거래 계약에 대하여 별첨 대부거래 표준약관을 승낙하고 성실히 이행하겠습니다.

**(굵은 선 부분은 채무자가 자필로 기재합니다)**

| | | | |
|---|---|---|---|
| **대부업자** | 상호또는성명 | ㉿ TEL | |
| | 사업자등록번호 | - | |
| | 대부업등록번호 | | |
| | 주 소 | | |
| **채 무 자** | 성 명 | ㉿ TEL | |
| | 생년월일(성별) | | |
| | 주 소 | | |
| **보증인** | 성 명 | ㉿ TEL | |
| | 생년월일(성별) | | |
| | 주 소 | | |
| | 보증채무내용 | 계약일자 | |
| | | 보증기간 | |
| | | 보증채무최고금액 | |
| | | 연대보증여부 | |

| **대 부 금 액**<br>(채무자가 실제 수령한 금액) | 금 | | 원정(₩ | ) | |
|---|---|---|---|---|---|
| **이 자 율** | 월이율 | % | **연체이율** | 월이율 | % |
| | 연이율 | % | | 연이율 | % |

**※ 현행 대부업 등의 등록 및 금융이용자 보호에 관한 법률에 따른 최고이자율은 연____%입니다.**

| | |
|---|---|
| 계약일자(대부일자) | |
| 대부기간 만료일 | |
| 분 할 상 환 일 | . . |
| 이자율의 세부내역 | |
| 은행계좌번호 | |
| **변 제 방 법** | 1. 대출금의 상환 및 이자의 지급은 은행송금(채권자 입금계좌) 등 당사자가 약정한 방법에 의한다.<br>2. 대출금의 상환 및 이자의 지급은 비용, 이자, 원금순으로 충당한다. |
| 조기상환조건<br>(중도상환수수료율) | |
| 부대비용의 내용 및 금액<br>(자세하게 기재할것) | |

| 채무 및 보증채무<br>증명서 발급비용 | | 채무 및 보증채무<br>증명서 발급기한 | |
|---|---|---|---|

- 계 약 내 용 -

※ 채무자는 다음 사항을 읽고 본인의 의사를 사실에 근거하여 자필로 기재하여 주십시오(기재예시 : 1. 수령함, 2. 들었음 3. 들었음).

| | |
|---|---|
| 1. 위 계약서 및 대부거래표준약관을 확실히 수령하였습니까? | |
| 2. 위 계약서 및 대부거래표준약관의 중요한 내용에 대하여 설명을 들었습니까? | |
| 3. 중개수수료를 채무자로부터 받는 것이 불법이라는 설명을 들었습니까? | |

# ■ 실제 채무내용과 다른 계약서 작성 요구하여 피해를 본 사례

Q. 생활정보지를 보고 대부업자로부터 200만원을 대출받았으나, 계약서에는 400만원을 대출받는 것으로 적고 백지어음과 백지위임장 작성을 요구합니다. 원금을 상환하지 못할 경우 소요될 비용을 고려한 것이므로 전혀 문제될 것이 없다고 하는데 믿어도 되나요?

A. 대부업자가 대부업체 이용자와 대부계약을 체결하는 경우에는 대부업체 이용자가 본인임을 확인하고 대부금액, 대부이자율, 변제기간 등이 적힌 대부계약서를 거래상대방에게 교부해야 합니다(대부업법 제6조 제1항 및 동법 시행령 제4조 제1항).

대부업자가 실제와 다른 계약서 및 백지어음 등의 작성을 요구하는 것은 이자율 제한 규정을 회피하면서 부당한 채무변제를 요구하기 위한 것이므로 대부업자의 말을 믿어서는 안 되며, 실제 채무내용과 같은 대부계약서를 작성해 교부받아야 합니다.

대부업자가 대부업체 이용자와 대부계약을 체결하는 경우에는 대부업체 이용자가 본인임을 확인하고, 대부금액, 대부이자율, 변제기간 등이 적힌 대부계약서를 거래상대방인 이용자에게 교부해야 합니다.

## 2. 대부보증계약

① 대부업자가 대부계약과 관련해 보증인과 보증계약을 체결하는 경우에는 보증기간, 피보증채무의 범위 등을 적은 보증계약서 및 그 보증의 대상이 되는 대부계약서 사본을 보증인에게 교부해야 합니다.

② 대부업자는 보증계약을 체결하는 경우 보증인에게 계약서의 기재사항을 모두 설명해야 하고, 중요사항을 보증인이 자필로 적게 해야 합니다.

### 2-1. 보증계약서의 작성

### 2-1-1. 보증계약의 체결

① 대부업자는 대부계약과 관련해 보증계약을 체결하는 경우에 다음의 사항이 적힌 보증계약서 및 그 보증의 대상이 되는 대부계약의 계약서 사본을 보증인에게 교부해야 합니다(대부업법 제6조 제3항 및 동법 시행령 제4조 제1항). 이를 위반하여 계약서를 교부하지 않은 자 또는 기재사항의 전부 또는 일부가 적혀 있지 않은 계약서를 교부하거나 거짓으로 적어 계약서를 교부한 자는 1차 위반 시 200만원, 2차 위반 시 500만원, 3차 위반 시 1천만원의 과태료를 부과 받습니다(동법 제21조 제1항 제3호, 동법 시행령 제12조 및 별표3 제2호 아목).

  1) 대부업자(그 영업소 포함)·주채무자 및 보증인의 명칭 또는 성명 및 주소 또는 소재지
  2) 계약일자
  3) 보증기간

4) 피보증채무의 금액

5) 보증의 범위

6) 보증인이 주채무자와 연대하여 채무를 부담하는 경우에는 그 내용

7) 대부업 등록번호

8) 기한의 이익 상실에 관한 약정이 있는 경우에는 그 내용(여기서 "기한의 이익"이란 채무의 이행기한이 도래하지 않음으로써 그 동안 당사자가 받는 이익을 말합니다.)

9) 대부원리금의 변제 순서에 관한 약정이 있는 경우에는 그 내용

10) 채무 및 보증채무와 관련된 증명서의 발급비용과 발급기한

② 위반행위의 횟수에 따른 과태료 부과기준은 위반사항에 대하여 과태료 부과처분을 한 날부터 1년 이내에 다시 동일한 위반사항을 적발한 경우에 적용됩니다(동법 시행령 별표3 제1호 가목, 이하 위반행위의 횟수에 따라 과태료 부과기준을 정한 때에는 이와 같음).

## ■ 보증계약서에 기재하는 사항은 무엇입니까?

Q. 보증계약서에 기재하는 사항들을 대부업법에서는 어떻게 규정하고 있나요?

A. 대부업법 제6조 제3항 내지 제5항에서는 보증계약시 계약서 기재사항, 설명의무, 계약서 보관의무 등을 규정하고 있으나, 피보증채무의 금액을 최고한도 방식으로 할 수 있는지에 대하여는 직접 규정하고 있지 않으므로 민법상 허용여부 등을 감안하되, 대부업법상 채무자 및 보증인에 대한 설명의무, 계약서 보관의무 등을 성실히 이행할 사항임을 안내합니다.

또한 보증의 범위는 귀하의 사례와 같이 "원금, 통상이자, 연체이자" 등 추상적 표현보다는 보증인 보호를 위하여 구체적인 금액과 적용 이자율, 발생 가능한 손실 범위 등을 보증인이 충분히 알 수 있도록 구체적으로 기재하여야 합니다.

### 2-2-2. 설명의무

대부업자는 대부계약과 관련해 보증계약을 체결하는 경우에는 보증인에게 위의 사항을 모두 설명해야 합니다(대부업법 제6조 제4항). 이를 위반하여 설명을 하지 않은 자는 1차 위반 시 50만원, 2차 위반 시 250만원, 3차 위반 시 500만원의 과태료를 부과 받습니다(동법 제21조 제1항 제4호, 동법 시행령 제12조 및 별표3 제2호 자목).

## 2-2-3. 중요 사항의 자필 기재

① 대부업자는 대부계약과 관련해 보증계약을 체결하는 경우에는 다음의 사항을 그 보증인이 자필로 적게 해야 합니다(대부업 법 제6조의2 제2항 및 동법 시행령 제4조의2 제1항).

   1) 보증기간

   2) 피보증채무의 금액

   3) 보증의 범위

   4) 연체이자율

② 대부계약과 관련된 보증계약을 체결할 때 다음 중 어느 하나에 해당하는 경우에는 보증인이 자필로 적은 것으로 봅니다(동법 제6조의2 제3항 및 동법 시행령 제4조의2 제2항). 이를 위반하여 보증인이 보증계약서의 중요기재사항을 자필로 적게 하지 않은 자는 1차 위반 시 200만원, 2차 위반 시 500만원, 3차 위반 시 1천만원의 과태료를 부과 받습니다(동법 제21조 제1항 제5호, 동법 시행령 제12조 및 별표3 제2호 타목).

   1) 공인인증서를 이용해 보증인이 본인인지 여부를 확인하고, 인터넷을 이용해 위의 자필 기재사항을 보증인이 직접 입력한 경우

   2) 유무선 통신을 이용해 보증인이 본인인지 여부와 위의 자필 기재사항에 대한 질문 또는 설명에 대한 보증인의 답변 또는 확인내용이 녹음된 음성 녹음을 확인하는 경우

   3) 위의 음성 녹음 내용을 다음의 방법 중 보증인이 요청하는 방법으로 확인하는 경우(이 경우 대부업자는 보증인에게 서면확인서를 요청할 수 있음을 대부계약 체결 전에 알려야 합니다)

     ㉮ 전화

     ㉯ 인터넷 홈페이지

     ㉰ 서면확인서

■ 갱신 또는 연장계약서에 자필기재를 받기가 곤란하므로 만기가 지난 대출계약에 대하여 갱신·연장 없이 인하된 이자율을 적용하는 것이 가능한지요?

Q. 연 27.9%로 인하된 대부업 법정최고금리(2016년 3월 3일 시행)는 신규계약 및 기존 계약의 갱신·연장의 경우에 적용하게 되어 있으나, 채무자가 격지간에 있고 미수이자가 과다하여 현실적으로 갱신 또는 연장 계약서에 자필기재를 받기가 곤란하므로 만기가 지난 대출계약에 대하여 갱신·연장 없이 인하된 이자율을 적용하는 것이 가능한지요?

A. 개정된 대부업법 제8조 및 동법 부칙 제5조제2항은 대부업자의 법정최고금리를 기존 연 34.9%에서 연 27.9%로 인하하였고 동법 부칙 제4조는 인하된 법정최고금리는 2016년 3월 3일 이후 대부계약을 체결 또는 갱신하거나 연장하는 경우에 적용하는 것으로 규정하고 있습니다. 이러한 법정최고금리는 대부업자가 받을 수 있는 금리의 상한을 정한 것이므로 대부업자가 대부이용자와 명시적·묵시적 합의 하에 만기 도래여부와 관계없이 기존 계약에 대하여 인하된 이자율을 적용하는 것도 가능합니다.

## 2-2. 대부보증계약서 예시

대부보증 계약서는 공정거래위원회에서 제공하는 표준약관을 사용
할 수 있습니다.

---

### 대부보증 표준약관

표준약관 제10061호
(2014. 9. 19. 개정)

> 대부업자는 채무자·보증인에게 이 약정서상의 중요한 내용을 설명하여야
> 하며, 대부거래계약서와 이 약정서를 교부하여야 합니다.

★ 보증은 재산상 손실을 가져올 수도 있는 중요한 법률행위이므로 보증서의
　내용을 잘 읽은 후 신중한 판단을 하시기 바랍니다.
★ 특히, 연대보증은 본 계약서 제1조에서 약정한 "보증채무의 내용과 부담
　범위" 내에서 채무자와 동일한 내용의 채무를 부담하는 행위입니다.(별지
　"연대보증인이 꼭 알아두어야 할 사항"참조)

년　　월　　일

대부업자　상호 또는 성명

　　　　　대부업 등록번호

　　　　　주　소

　　　　　전화번호

보증인 또는 연대보증인　성　명　　　　　　　(인)

　　　　　　　　　　　생년월일(성별)

　　　　　　　　　　　주　소

　　　　　　　　　　　전화 번호

보증인(채무자와 연대하여 보증채무를 부담하기로 한 경우에는 연대보
증인을 말한다. 이하 같다)은 채무자가 ○○대부업자(이하 "대부업자"

라 한다)에 대한 제1조에서 정하는 채무를 이행하지 아니하는 경우
에 그 채무를 이행하며(연대보증인은 제1조에서 정하는 채무에 대하
여 채무자와 연대하여 보증채무를 지며), 보증채무의 이행에 관하여도
대부거래 표준약관 및 채무자가 대부업자에 제출한 다음 제1조에 표
시된 피보증채무 거래약정서의 각 조항이 적용됨을 승인하고, 이 보
증서 각 조항을 확인한다.

**제1조(보증채무의 내용과 부담범위)**
① 보증인은 아래의 피보증채무에 대하여 보증채무를 부담한다.

| 채 무 자 | 성    명 :<br>주    소 : | |
|---|---|---|
| 거 래 약 정 | 년  월  일자       약정서 | |
| 채 무 금 액 | 금                       원 | |
| 상 환 기 일 | 년        월        일 | |
| 이 자 율 | 연            % | |
| 지 연 배 상 금 | 상환기일에 지급하지 아니한때 또는 기한의 이익을 상실한<br>때에는 지급하여야 할 금액에 대하여 곧 연(    )%의 율로<br>1년을 365일로 보고 1일단위로 계산한 지체일수에 해당하는<br>지연배상금을 지급한다. | |

② 보증인은 자신이 부담하는 보증채무의 내용을 아래란에 자필로
기재한다. 이 경우 채무자와 연대하여 채무를 부담하는 경우에는
특약사항란에 연대보증임을 기재한다.

| 보증기간 | 년  월  일부터         년  월  일까지 | | |
|---|---|---|---|
| 피보증채무금액 | 금                                  원 | | |
| 보증의범위<br>(보증채무최고금액) | 금                                  원 | | |
| 연체이자율 | | | |
| 특약사항 | | | |

**제2조(계약서의 교부)** ① 대부업자는 보증계약을 체결한 경우에는 보증계약서 및 대부계약서 사본을 보증인에게 교부하여야 한다.

② 상환 완료 후 보증인은 보증계약서 및 계약관계서류의 반환을 서면으로 요구할 수 있고, 이의 반환 요청이 있는 경우 대부업자는 보증계약서 및 계약관계서류를 즉시 반환하기로 한다.

**제3조(상 계)** 보증인은 채무자의 대부업자에 대한 채권에 의한 상계로서 대부업자에게 대항할 수 있다.

**제4조(보증인의 최고, 검색의 항변)** 대부업자가 보증인에게 채무의 이행을 청구한 때에는 보증인은 채무자의 변제자력이 있는 사실 및 그 집행이 용이할 것을 증명하여 먼저 채무자에게 청구할 것과 그 재산에 대하여 집행할 것을 항변할 수 있다. 그러나 보증인이 채무자와 연대하여 채무를 부담하기로 한 때에는 그러하지 아니하다.

**제5조(담보 등의 변경·해지·해제)** 보증인이 동의를 한때나, 동등한 가치 이상의 담보대체, 동등한 자력 이상의 보증인 교체 또는 일부변제액에 비례한 담보나 보증의 해지·해제 등 보증인이 대위변제할 경우의 구상실현에 불리한 영향이 없는 경우에는 대부업자는 다른 담보나 보증을 변경 또는 해지·해제할 수 있다.

**제6조(기한이익상실의 보증인에 대한 통지)** ① 대부거래 표준약관 제12조 제1항 각 호에 의하여 기한의 이익이 상실되는 경우 대부업자는 제3호의 경우에는 기한의 이익 상실사유가 발생한 날로부터,

제1호·제2호·제4호·제5호의 경우에는 기한의 이익 상실사유를 대부업자가 인지한 날로부터 각 15영업일 이내에 보증인에게 서면, 전화, 전자우편(E-Mail), 단문메시지서비스(SMS) 등을 통하여 통지하여야 한다. 이 경우 도달에 대한 입증책임은 대부업자가 부담한다.

② 대부거래 표준약관 제12조 제2항 및 제3항에 의하여 기한이익이 상실되는 경우에는 기한의 이익을 상실한 날로부터 15영업일 이내에 보증인에게 서면으로 그 내용을 통지하여야 한다.

**제7조(대부업자의 통지의무 등)** ① 대부업자는 채무자가 원본, 이자 그 밖의 채무를 3개월 이상 이행하지 아니하는 경우 또는 채무자가 이행기에 이행할 수 없음을 미리 안 경우에는 지체없이 보증인에게 그 사실을 알려야 한다.

② 대부업자는 보증인의 청구가 있으면 주채무의 내용 및 그 이행여부를 보증인에게 알려야 한다.

**제8조(서류의 열람요구 등)** 보증인은 대부업자에게 대부계약서·보증계약서 및 이와 관련된 서류의 열람, 피보증채무에 대한 다른 보증이나 담보에 관한 정보, 채무 및 보증채무와 관련된 증명서의 발급을 요구할 수 있다. 이 경우 대부업자는 정당한 사유없이 이를 거부하여서는 아니된다.

**제9조(영수증 등의 교부)** 대부업자는 보증인으로부터 이자, 원금 등을 수령한 경우에는 영수증 및 대출잔액 확인서를 서면 또는 전자우편 등으로 교부하여야 한다.

**제10조(통지사항)** ① 보증인은 주소, 전화번호, 근무처가 변경된(휴·퇴직 또는 전·폐업한 경우 포함) 경우에는 서면으로 대부업자에게 통지하여야 한다.

② 대부업자는 주소 및 전화번호가 변경된 경우 이를 보증인에게 서면으로 통지하여야 한다.

**제11조(불법적 채권추심행위의 금지)** ① 대부업자(대부업자로부터 대

부계약에 따른 채권을 양도 받거나 채권의 추심을 위탁받은 자를 포함한다)는 대부거래 계약에 따른 채권을 추심함에 있어서 다음 각 호의 방법을 사용하지 않기로 한다.

1. 보증인 또는 관계인을 폭행·협박·체포 또는 감금하거나 그에게 위계나 위력을 사용하는 행위

2. 정당한 사유없이 반복적으로 또는 야간(오후 9시 이후부터 다음 날 오전 8시까지를 말한다)에 보증인이나 관계인을 방문함으로써 공포심이나 불안감을 유발하여 사생활 또는 업무의 평온을 심하게 해치는 행위

3. 정당한 사유없이 반복적으로 또는 야간에 전화하는 등 말·글·음향·영상 또는 물건을 보증인이나 관계인에게 도달하게 함으로써 공포심이나 불안감을 유발하여 사생활 또는 업무의 평온을 심하게 해치는 행위

4. 보증인 또는 보증인 외의 사람에게 채무에 관한 거짓 사실을 알리는 행위

5. 보증인 또는 관계인에게 금전의 차용이나 그 밖의 이와 유사한 방법으로 채무의 변제자금을 마련할 것을 강요함으로써 공포심이나 불안감을 유발하여 사생활 또는 업무의 평온을 심하게 해치는 행위

6. 채무를 변제할 법률상 의무가 없는 보증인 외의 사람에게 보증인을 대신하여 채무를 변제할 것을 반복적으로 요구함으로써 공포심이나 불안감을 유발하여 사생활 또는 업무의 평온을 심하게 해치는 행위

7. 엽서에 의한 채무변제요구 등 보증인 외의 자가 채무사실을 알 수 있게 하는 행위

8. 보증인의 연락두절 등 소재파악이 곤란한 경우가 아님에도 보증인의 관계인에게 보증인의 소재, 연락처 또는 소재를 알 수 있

는 방법 등을 문의하는 행위

② 대부업자는 기타 「채권의 공정한 추심에 관한 법률」에서 채
권추심과 관련하여 금지하고 있는 행위를 하여서는 아니 된다.

**제12조(관할법원의 합의)** 이 약관에 의한 보증계약에 관하여 대부업
자와 보증인 사이에 소송의 필요가 생긴 때에는 법이 정하는 관할
법원과 아울러 대부업자의 거래영업점 소재지 지방법원을 관할법원
으로 하기로 한다. 다만, 채무자의 책임있는 사유로 부실채권이 발
생되어 그 채권의 관리를 위하여 대부업자가 본점, 지역본부 또는
다른 영업점으로 그 채권관리업무를 이관한 경우에는 법이 정하는
관할법원과 아울러 이관받은 본점, 지역본부 또는 다른 영업점 소
재지 지방법원을 관할법원으로 하기로 한다.


〈별지〉

---

## 연대보증인이 꼭 알아두어야 할 사항

---

연대보증이란

- 연대보증은 본 계약서 제1조에서 약정한 "보증채무의 내용과 부담
범위"내에서 채무자와 동일한 내용의 채무를 부담하는 행위입니다.
- 따라서 연대보증인은 채무자가 채무를 갚지 않을 경우 이를 대신
갚아야 하므로 그만큼 재산상의 손실을 가져올 수 있는 위험을 부
담하게 됩니다.
- 한편, 연대보증은 보통의 보증과 달리 최고ㆍ검색의 항변권 및 분별
의 이익이 없습니다.

**＊ 용 어 해 설**
최고의 항변권이란 채권자가 보증인에게 채무의 이행을 청구한 경우
에 보증인은 먼저 주채무자가 자력이 있다는 사실 및 그 집행이 용
이하다는 것을 증명하여 먼저 주채무자에게 청구할 것을 항변할 수
있는 권리로서 보통보증에서만 인정되는 권리 입니다.

검색의 항변권이란 채권자가 보증인에게 채무의 이행을 청구한 경우에 보증인은 주채무자에게 변제자력이 있다는 사실 및 집행이 용이함을 증명하여 먼저 주채무자에게 집행하라고 그 청구권을 거절할 수 있는 권리로서 보통보증에서만 인정되는 권리 입니다.

분별의 이익이란 보통의 공동보증에 있어서 각 보증인이 채무에 대하여 보증인의 수에 따라 균등비율로 분할하여 그 책임을 분담하는 이익을 말하나, 연대보증에서는 인정되지 않습니다.

## ■ 본인도 모르게 보증인이 된 경우 보증책임이 있나요?

Q. 제 아들이 자신의 신용상태로는 대출이 어렵다는 이유로 저 모르게 인감증명서를 훔쳐서 저를 보증인으로 세우고 사채업자로부터 대출을 받았습니다. 사채업자가 저에게 보증책임을 묻고 있는데 어떻게 해야 하나요?

A. 본인이 보증에 대한 대리권을 수여하지 않은 경우 보증의사가 없었음을 입증해 보증책임을 면할 수 있으며, 동의없이 인감증명을 훔쳐 보증을 세운 아들은 사문서 위조 등 (형법 제231조)으로 채권자로부터 고소될 수 있습니다. 아들의 처벌을 막기 위해 무권대리행위를 추인(追認)(민법 제133조)해 보증사실에 동의할 수밖에 없다는 점을 악용해 이를 부추기거나 방조(幇助)하는 사례가 있습니다. 채무자의 무권대리행위가 채권자의 사기나 강박에 의한 경우 취소(민법 제110조) 될 수는 있으나, 이를 입증하기는 어려우므로 인감증명서 등 대리권을 나타내는 서류에 대한 관리를 철저히 해야 합니다.

무권대리행위의 추인이란 대리권 없는 자의 무권대리행위를 본인이 후에 인정하여 처음부터 소급하여 대리권이 있었던 것과 같은 효과를 발생시키게 합니다.

## ■ 인터넷상으로 대부계약과 관련한 보증계약을 체결할 수 있나요?

Q. 인터넷상으로 대부계약과 관련한 보증계약을 체결할 수 있는지요?

A. 대부업법 제6조의2 제2항 및 제3항에서는 대부업자가 대부계약과 관련하여 보증계약을 체결하는 경우 중요한 사항을 자필로 기재하도록 하고 있는데, 전자서명법 제2조 제8호에 따른 공인인증서를 이용하여 상기사항을 직접 입력할 경우에도 중요한 사항을 자필로 기재한 것으로 간주됩니다.

위 조항의 취지는 보증계약의 중요사항을 보증채무자가 직접 기재하도록 함으로써 금융이용자 보호하기 위해 대부업자에게 부과된 준수의무이고, 위반시 대부업법 제21조에 따라 과태료가 부과될 수 있습니다.

위 조항은 대부업자의 업무방식에 대해서 부과된 준수의무이므로, 보증인보호법 등 다른 법에 의해서 요구되는 보증계약의 성립 요건에는 영향을 미치는 사항이 아닙니다.

## 3. 계약관련 증명서의 발급

① 대부업자는 대부계약을 체결하거나 보증계약을 체결한 경우에는 그 계약서와 계약 관계 서류를 대부계약 또는 보증계약을 체결한 날부터 채무변제일 이후 2년이 되는 날까지 보관해야 합니다.

② 대부계약 또는 그와 관련된 보증계약을 체결한 자는 대부업자에게 그 계약서와 계약 관계 서류의 열람을 요구하거나 채무 및 보증채무와 관련된 증명서의 발급을 요구할 수 있습니다. 이 경우 대부업자는 정당한 사유 없이 거부해서는 안 됩니다.

### 3-1. 계약 관계 서류의 보관

① 대부업자는 대부계약을 체결하거나 보증계약을 체결한 경우에는 다음의 서류를 대부계약 또는 보증계약을 체결한 날부터 채무변제일 이후 2년이 되는 날까지 보관해야 합니다(대부업법 제6조 제5항 및 동법 시행령 제4조 제2항).

1) 계약서

2) 대부계약대장

3) 채무자와 날짜별로 원리금 및 부대비용을 주고 받은 내역

4) 담보 관련 서류 등 거래상대방(보증인 포함)이 대부계약 또는 그와 관련된 보증계약의 체결과 관련해 제출한 서류(채무자가 채무를 변제하고 관련 서류의 반환을 서면으로 요구해 반환한 경우에는 그 반환요구서)

② 계약서와 계약 관계 서류의 보관의무를 이행하지 않은 자는 1차 위반 시 50만원, 2차 위반 시 250만원, 3차 위반 시 500만원의 과태료를 부과 받습니다(동법 제21조 제2항 제4호, 동법 시행령

제12조 및 별표2 제2호 차목).

③ 위반행위의 횟수에 따른 과태료 부과기준은 위반사항에 대하여 과태료 부과처분을 한 날부터 1년 이내에 다시 동일한 위반사항을 적발한 경우에 적용됩니다(동법 시행령 별표3 제1호 가목, 이하 위반행위의 횟수에 따라 과태료 부과기준을 정한 때에는 이와 같음).

## 3-2. 계약 관계 서류의 열람 및 발급

① 대부계약 또는 그와 관련된 보증계약을 체결한 자 또는 그 대리인은 대부업자에게 그 계약서와 계약 관계 서류의 열람을 요구하거나 채무 및 보증채무와 관련된 증명서의 발급을 요구할 수 있습니다. 이 경우 대부업자는 정당한 사유 없이 이를 거부해서는 안 됩니다(대부업법 제6조 제6항).

② 정당한 사유 없이 계약서 및 계약 관계 서류의 열람을 거부하거나 관련 증명서의 발급을 거부한 자는 1차 위반 시 50만원, 2차 위반 시 250만원, 3차 위반 시 500만원의 과태료를 부과 받습니다(동법 제21조 제2항 제5호, 동법 시행령 제12조 및 별표3 제2호 카목).

# 제5장 이자의 지급

## 1. 이자율의 제한

### 1-1. 대부업자의 이자율 제한

① 대부업자가 개인이나 중소기업기본법 제2조 제2항에 따른 소기업에 해당하는 법인에 대부를 하는 경우 그 이자율은 연 100분의 34.9(율을 월 또는 일 기준으로 적용하는 경우에는 연 100분의 34.9를 단리로 환산)를 초과할 수 없고(대부업법 제8조 제1항 및 동법 시행령 제5조), 미등록대부업자는 연 25%를 초과할 수 없습니다.

② 이자율을 산정할 때 사례금, 할인금, 수수료, 공제금, 연체이자, 체당금(替當金) 등 그 명칭이 무엇이든 대부와 관련해 대부업자 또는 미등록대부업자가 받는 것은 모두 이자로 봅니다.

③ 이자율을 초과해 이자를 받은 자는 3년 이하의 징역 또는 3천만원 이하의 벌금에 처해집니다(동법 제19조 제2항 제3호).

■ **등록된 대부업체로부터 2천만원을 대출받을 경우에 연 이자율은 얼마인가요?**

Q. 등록된 대부업체로부터 2천만원을 대출받으면서 60일 동안 매일 40만원의 원리금을 상환하는 조건으로 계약을 맺고 수수료 등 60만원을 제외한 1,940만원을 받았습니다. 연 이자율은 얼마인가요?

A. 실제대출금 1,940만원을 60일 동안 매일 40만원 씩 상환하는 대출조건에 대하여 연 이자율을 계산해보면 265%가 됩

니다(금융감독원 일일 이자류 계산프로그램 이용). 즉, 위 대출조건은 대부업체가 수취할 수 있는 이자의 최고상한인 연 34.9%를 훨씬 초과하고 있습니다. 대부업자의 대부이자율은 연 100분의 34.9를 초과할 수 없습니다.

월 이자율 및 일 이자율은 연 100분의 34.9를 단리로 환산하여, 월 이자율은 2.9%, 일 이자율은 0.09%를 초과할 수 없습니다.

■ **대부업자(전당포)가 고객에게 부과하는 퀵서비스비용, 출장비용, 차량 등 보관료가 이자에 포함되는지요?**

Q. 대부업자(전당포)가 고객에게 부과하는 퀵서비스비용, 출장비용, 차량 등 보관료가 이자에 포함되는지요? 또 법정최고금리 초과 수취시 제재대상에 해당하는지요?

A. 대부업법 제8조 제2항에서는 사례금, 할인금, 수수료, 공제금, 연체이자, 체당금 등 그 명칭을 불문하고 대부와 관련하여 대부업자가 받는 것은 모두 이자로 간주(간주이자)하면서, 동법 시행령 제5조 제4항에서는 담보권 설정비용 및 신용조회비용(신용정보의 이용 및 보호에 관한 법률 제4조 제4항 제1호의 업무를 허가받은 자에게 거래상대방의 신용을 조회하는 경우에 한함)에 한하여 간주이자에서 제외되는 것으로 정하고 있습니다.

여기에서 이자에서 제외하는 담보권 설정비용은 저당권, 가등기담보, 매도담보, 양도담보 등의 설정과 관련하여 발생하는 등록세, 지방교육세 등 담보권 설정에 직접 필요한 비용만을 말하는 것이며, 그 밖에 담보권 설정 및 채무의 집행을 용이하게 할 목적으로 지불되는 감정비용, 공증비용, 변호사 및 법무사 비용 등으로서 대부업자가 수취한 것은 이자로 간주된다고 볼 것입니다.

질문한 내용 중 동산의 감정을 위한 퀵서비스 비용 및 출장비용, 담보물인 차량 등의 보관료는 귀하께서 적극적으로 담보물을 확인하고 대부계약을 체결하거나 차량 등 담보물을 직접 유치함으로써 담보권의 실행을 용이하게 할 목적에서 발생하는 비용으로서 동산에 대한 담보권 설정에 직접 필요한 비용이 아닌 것으로 판단됩니다. 이에 따라 해당 비용은 대부업법 제8조 제2항의 이자로 간주되며, 그 외의 간주이자 및 약정이자와 합산하여 법정최고금리를 초과하여 수취할 경우 대부업법 제13조 제1항 제1호에 따른 영업정지 등 행정처분과 대부업법 제19조 제2항 제3호에 따른 형사처벌의 대상이 됨을 알려드립니다.

그 이유는 대부업법 제8조 제2항 및 동법 시행령 제5조 제4항은 대부이용자 보호를 위해 간주이자의 범위를 폭넓게 규정하고 있으며, 대부업자가 적극적으로 담보물을 확보하기 위해 지출한 비용은 고객의 편익에 일부분 기여하는 바가 있더라도 간주이자의 범위에 포함됩니다.

## 1-2. 이자율의 산정(算定)

① 이자율을 산정할 때 사례금, 할인금, 수수료, 공제금, 연체이자, 체당금(替當金) 등 그 명칭이 무엇이든 대부와 관련해 대부업자가 받는 것은 모두 이자로 봅니다. 다만, 해당 거래의 체결과 변제에 관한 부대비용으로서 다음의 비용은 이자로 보지 않습니다(대부업법 제8조 제2항 및 동법 시행령 제5조 제4항).

   1) 담보권 설정비용

   2) 신용조회비용(신용정보의 이용 및 보호에 관한 법률 제4조 제4항 제1호의 업무를 허가받은 자에게 거래상대방의 신용을 조회하는 경우만 해당)

② "체당금(替當金)"이란 나중에 상환받기로 하고 대신 지급하는 금전을 말합니다.

③ 대부업자가 선이자를 사전에 공제하는 경우에는 그 공제액을 제외하고 채무자가 실제로 받은 금액을 원본으로 하여 이자율을 산정합니다(동법 제8조 제5항).

## ■ 취급수수료도 이자에 포함되는지요?

Q. 대부업체로부터 월 4% 조건으로 이자를 갚기로 하고 100만원을 빌렸습니다. 취급수수료로 5만원을 지급하고 95만원을 받았는데, 이자는 얼마를 내야 하나요?

A. 이자율을 산정할 때 사례금, 할인금, 수수료, 공제금, 연체이자, 체당금(替當金) 등 그 명칭이 무엇이든 대부와 관련해 대부업자가 받는 것은 모두 이자로 봅니다. 따라서 취급수수료도 이자에 포함되어 실제로 받은 금액(원금)을 기준으로 산정하며, 100만원을 빌리면서 취급수수료로 5만원

을 지급한 경우 원금 95만원에 대한 월 4% 이자를 내면 됩니다.

대법원은 중도상환수수료를 포함하여 그 명목이나 명칭에도 불구하고 대부업자가 받은 일체의 금원 중 그 비용을 제외한 금원을 모두 이자로 보아, 그 금액이 실제 대부기간에 대한 제한이자율 소정의 이율을 초과하게 되면 대부업법을 위반한 죄에 해당하게 된다고 판결하였습니다(대법원 2012.3.15. 선고 2010도11258 판결).

**(관련판례)**

선이자가 공제된 경우에 구 대부업법(2012. 12. 11. 법률 제11544호로 개정되기 전의 것)에서 정하는 제한이자율을 초과하는지 여부는 선이자 공제액을 제외하고 채무자가 실제로 받은 금액을 기초로 하여 대부일부터 변제기까지의 기간에 대한 제한이자율에 따른 이자를 기준으로, 선이자 공제액(채무자가 변제기까지 실제 지급한 이자가 있다면 이를 포함한다)이 그것을 초과하는지에 따라 판단하여야 하고, 그와 같은 판단의 결과 초과하는 부분이 있다면 초과 부분은 구 대부업법 제8조 제4항에 따라 당사자 사이에서 약정된 선이자 공제 전의 대부원금에 충당되어 충당 후의 나머지가 채무자가 변제기에 갚아야 할 대부원금이 된다[구 대부업법(2009. 1. 21. 법률 제9344호로 개정된 것)은 제8조 제5항을 신설하여 "대부업자가 선이자를 사전에 공제하는 경우에는 그 공제액을 제외하고 채무자가 실제로 받은 금액을 원본으로 하여 제1항에 따른 이자율을 산정한다."고 규정하였으나, 이는 제한이자율 초과 여부의 판단 방법에 관한 앞서 본 법리를 입법화한 것에 불과하고 변제기에 갚아야 하는 대부원금에 대하여 정한 것이 아니므로, 위와 같은 해석에 영향이 없다](대법원 2014.11.13. 선고 2014다24785 판결).

## ■ 대부할 금액에 공증비용을 차감하여 대부하고, 차감한 금액은 공증업체에 즉시 이체할 경우 이자로 간주되는지요?

Q. 1) 대부신청자에게 대부할 금액에 공증비용을 차감하여 대부하고, 차감한 금액은 공증업체에 즉시 이체할 경우 이자로 간주되는지요?

2) 이자율의 제한을 적용함에 있어 시행일 이전 체결분의 대부거래계약서를 소급하여 작성하는지요?

A. 1) 대부업법 제8조(이자율의 제한) 및 시행령 제5조 규정에 의하면 당해 거래의 체결과 변제에 관한 부대비용으로서 담보권설정비용 및 신용조회비용을 제외하고 이자율을 산정함에 있어 사례금·할인금·선이자 등 그 명칭에 불구하고 대부와 관련하여 대부업자가 받은 것은 이를 이자로 본다고 규정하고 있습니다. 따라서 대부계약과 관련한 공증비용을 대부업자가 수취하는 것은 이자로 봅니다.

2) 2007년 12월 21일 대부업법 개정으로 2008년 3월 22일 이후 발생하는 대부이자는 연 49%를 넘지 못하게 되었으며, 연 49% 초과이자는 무효이므로 이자 인하에 따라 별도로 대부계약서를 교부할 필요는 없습니다.

**(관련판례)**

대부업법 제8조 제2항의 취지는 대부업자가 사례금·할인금·수수료·공제금·연체이자·체당금 등의 명목으로 채무자에게서 돈을 징수하여 위법을 잠탈하기 위한 수단으로 사용되는 탈법행위를 방지하는 데 있으므로, 명목 여하를 불문하고 대부업자와 채무자 사이의 금전대차와 관련된 것으로서 금전대차의 대가로 볼 수 있는 것은 모두 이자로 간주된다. 나아가 대부업자가 채무자에게서 징수한 돈을 나중에 채무자에게 반환하기로 약정하였다 하더라도, 반환 조건이나 시기, 대부업자의 의사나 행태 등 제반

사정에 비추어 볼 때 그 약정이 대부업법의 제한 이자율을 회피하기 위한 형식적인 것에 불과하고 실제로는 반환의사가 없거나 반환이 사실상 불가능 또는 현저히 곤란한 것으로 인정될 경우에는 그 징수한 돈은 실질적으로 대부업자에게 귀속된 이자로 보아야 한다(대법원 2015.07.23. 선고 2014도9746 판결).

■ **주차료도 이자로 보아 채무자가 지급하는 이자 및 수수료와 합산하여 대부업법상의 이자율 제한 위반여부를 판단해야 하는지요?**

Q. 자동차 담보 대출시 채무자가 귀사가 지정한 주차관리업체와 주차계약을 하고 주차료를 주차관리업체에 지급하는 경우에 동 주차료도 이자로 보아 채무자가 귀사에 지급하는 이자 및 수수료와 합산하여 대부업법상의 이자율 제한 위반 여부를 판단해야 하는지요?

A. 대부업법 제8조 제1항 및 동법 시행령 제5조 제3항에 의하면 담보권설정비용 및 신용비용조회비용을 제외하고 대부와 관련하여 대부업자가 받는 것은 이자로 본다고 규정하고 있으므로 대부와 관련하여 채무자가 지급하는 주차도 이자로 보아야 합니다.

# ■ 선이자를 제외한 원금기준으로 연 이자율은 얼마인가요?

Q. 300만원을 빌리면서 매일 4만원씩 3개월 동안 갚기로 했습니다. 선이자 50만원을 제외한 250만원을 받았는데요, 연 이자율은 얼마인가요?

A. 실제 대출금 250만원을 90일 동안 매일 4만원씩 상환하는 대출조건에 대한 연 이자율은 313.6%로 대부업체가 수취할 수 있는 이자의 최고상한인 연 34.9%를 훨씬 초과하고 있습니다.

**(관련판례)**

구 대부업법(2012. 12. 11. 법률 제11544호로 개정되기 전의 것, 이하 '구 대부업법'이라 한다) 제8조 제2항의 취지는 대부업자가 사례금·할인금·수수료·공제금·연체이자·선이자 등의 명목으로 채무자로부터 금전을 징수하여 위법을 잠탈하기 위한 수단으로 사용되는 탈법행위를 방지하는 데 있으므로, 명목 여하를 불문하고 대부업자와 채무자 사이의 금전대차와 관련된 것으로서 금전대차의 대가로 볼 수 있는 것이라면 이자로 간주되고, 따라서 대부업자가 이를 대부금에서 미리 공제하는 것은 선이자의 공제에 해당하는바, 채무자가 직접 대부중개업자에게 중개의 대가(이하 '중개수수료'라 한다)를 지급한 경우라도 그것이 대부업자와 전혀 무관하게 지급되었다는 등의 특별한 사정이 없고 오히려 대부업자가 대부중개업자로 하여금 채무자로부터 직접 중개수수료를 지급받도록 하고 자신은 대부중개업자에게 아무런 중개수수료를 지급하지 않았다면, 이러한 중개수수료는 대부업자 자신이 지급하여야 할 것을 채무자에게 전가시킨 것으로서 대부업자와 채무자 사이의 금전대차와 관련된 대가라고 할 것이어서, 구 대부업법 제8조 제2항에서 정하는 이자에 해당하고, 대부업자가 그만큼의 선이자를 사전에 공제한 것으로 보아야 한다(대법원 2014.11.13. 선고 2014다24785 판결).

■ 등록된 대부업체로부터 월 2.9% 조건으로 100만원을 빌렸습니다. 수수료로 5만원을 지급하고 95만원을 받았는데, 이자는 얼마를 내야 하나요?

Q. 등록된 대부업체로부터 월 2.9% 조건으로 이자를 갚기로 하고 100만원을 빌렸습니다. 취급수수료로 5만원을 지급하고 95만원을 받았는데, 이자는 얼마를 내야 하나요?

A. 매월 27,550원을 내야 합니다.

이자율을 산정할 때 사례금, 할인금, 수수료, 공제금, 연체이자, 체당금(替當金) 등 그 명칭이 무엇이든 대부와 관련해 대부업자가 받는 것은 모두 이자로 봅니다. 따라서 취급수수료도 이자에 포함되어 선이자를 제외한 실제로 받은 금액(원금)을 기준으로 이자를 산정합니다.

그러므로 질문의 경우 100만원을 빌리면서 취급수수료로 5만원을 지급한 경우 원금 95만원에 대한 월 2.9% 이자를 내면 됩니다. 다만, 해당 거래의 체결과 변제에 관한 부대비용으로서 담보권 설정비용, 신용조회비용은 이자로 보지 않습니다.

### 1-3. 미등록대부업자의 이자율의 제한

### 1-3-1. 미등록대부업자의 최고이자율

미등록대부업자의 금전대차에 관한 계약상의 최고이자율은 연 25%입니다(대부업법 제11조 제1항, 이자제한법 제2조 제1항 및 이자제한법 제2조 제1항의 최고이자율에 관한 규정). 이를 위반하여 이자율을 초과해 이자를 받은 자는 3년 이하의 징역 또는 3천만원 이하의 벌금에 처해집니다(대부업법 제19조 제2항 제3호).

## 1-3-2. 이자율의 산정(算定)

① 이자율을 산정할 때 사례금, 할인금, 수수료, 공제금, 연체이자, 체당금(替當金) 등 그 명칭이 무엇이든 대부와 관련해 미등록대부업자가 받는 것은 모두 이자로 봅니다. 다만, 해당 거래의 체결과 변제에 관한 부대비용으로서 다음의 비용은 이자로 보지 않습니다(대부업법 제8조 제2항 및 제11조 제1항, 동법 시행령 제5조 제4항).

1) 담보권 설정비용

2) 신용조회비용(신용정보의 이용 및 보호에 관한 법률 제4조 제4항 제1호의 업무를 허가받은 자에게 거래상대방의 신용을 조회하는 경우만 해당)

② 미등록대부업자가 선이자를 사전에 공제하는 경우에는 그 공제액을 제외하고 채무자가 실제로 받은 금액을 원본으로 하여 이자율을 산정합니다(동법 제8조 제5항 및 제11조 제1항).

# ■ 두 달 정도 이자를 지급 못했더니 연체이자를 더 내라고 합니다. 연체이자를 내야 하나요?

Q. 등록된 대부업체와의 대부계약서에서 연 이자 34.9%, 연체이자 34.9%로 계약했는데, 두 달 정도 이자를 지급 못했더니 연체이자를 더 내라고 합니다. 연체이자를 내야 하나요?

A. 낼 필요 없습니다.

대부업체 상한금리는 통상이자, 연체이자, 수수료 등 고객에게 받는 일체의 대가성 금전을 포함해 연 34.9%를 초과할 수 없습니다. 이자로 이미 최고금리인 연 34.9%를 지급하고 있으므로 채무자가 연체를 하더라도 기간에 따른 통상이자만 지급하면 되고 별도의 연체이자는 지급할 필요가 없습니다. 이자율을 산정할 때 사례금, 할인금, 수수료, 공제금, 연체이자, 체당금(替當金: 나중에 상환받기로 하고 대신 지급하는 금전) 등 그 명칭이 무엇이든 대부와 관련해 대부업자가 받는 것은 모두 이자로 봅니다. 그러나 해당 거래의 체결과 변제에 관한 부대비용으로서 담보권 설정비용, 신용조회비용은 이자로 보지 않습니다. 대부업자가 선이자를 사전에 공제하는 경우에는 그 공제액을 제외하고 채무자가 실제로 받은 금액을 원본으로 하여 이자와 이자율을 계산합니다.

**(관련판례)**

대부업자가 사전에 공제한 선이자가 구 대부업법(2005. 3. 31. 법률 제7428호로 개정되기 전의 것)에서 정하는 제한이자율을 초과하는지는 그 선이자 공제액을 제외하고 채무자가 실제로 받은 금액을 기초로 하여 대부일부터 변제기까지의 기간에 대한 제한이자율에 따른 이자를 기준으로 그 초과 여부를 판단하여야 한다. 나아가 그와 같은 판단의 결과 선이자의 이자율이 제한이자율을 초과하지 아니하는 경우에는, 제한이자율 초과 부분에 대한 이자계약을 무효로 하는 구 대부업법 제8조 제3항이 적용되지 아니하므로 다른 강행법규 위반의 무효 사유가 없는 한 그 선이자 공제는 당사자가 약정한 이자의 지급으로서 유효하고, 선이자 공제 전의 당사자 사이에서 약정된 대부원금이 채무자가 변제기에 갚아야 할 대부원금이 된다[구 대부업 법(2009. 1. 21. 법률 제9344호로 개정된 것)은 제8조 제5항을 신설하여 "대부업자가 선이자를 사전에 공제하는 경우에는 그 공제액을 제외하고 채무자가 실제로 받은 금액을 원본으로 하여 제1항에 따른 이자율을 산정한다."고 규정하였다. 이는 제한이자율 초과 여부의 판단 방법에 관한 앞서 본 법리를 입법화한 것에 불과하고 변제기에 갚아야 하는 대부원금에 대하여 정한 것이 아니므로, 위와 같은 해석에 영향이 없다](대법원 2013.05.09. 선고 2012다56245 판결).

## ■ 연장수수료도 이자에 포함되는지요?

Q. 급전이 필요해서 미등록대부업체로부터 선이자 20만원에 보증금 10만원을 제외한 20만원을 7일 후에 갚는 조건으로 빌렸습니다. 7일 후에 원금을 갚지 못해 연장수수료 46만원에 원금 20만원을 합쳐 66만원을 냈지만, 원금은 20만원이 아닌 50만원이라며 30만원을 더 갚으라고 하는데 내야 하나요?

A. 더 낼 필요가 없으며 오히려 초과부분에 대해 반환청구 할 수 있습니다.
이자율을 산정할 때 사례금, 할인금, 수수료, 공제금, 연체이자, 체당금(替當金) 등 그 명칭이 무엇이든 대부와 관련해 미등록대부업자가 받는 것은 모두 이자로 보고, 선이자, 보증금을 제외하고 실제 받은 원금을 기준으로 합니다. 다만, 해당 거래의 체결과 변제에 관한 부대비용으로서 담보권 설정비용 및 신용조회비용은 이자로 보지 않습니다.

질문의 경우와 같이 원금 20만원을 7일간 미등록대부업체에서 빌렸을 경우 연 이자율 25%를 기준으로 이자는 959원(대출이자계산기이용, 만기일시상환)입니다. 연장수수료도 이자에 포함되며 이미 66만원을 지급했으므로 초과부분 약 45만원에 대해서는 반환을 청구할 수 있습니다.

일수 이자율 및 1회 상환원리금의 계산은 '금융감독원 서민금융 1332 서비스-불법금융제보-이자율계산'에서 확인할 수 있습니다.

미등록 대부업자로부터 대출을 받은 경우 대부이자율은 연 100분의 25를 초과할 수 없습니다.

미등록 대부업자가 선이자를 사전에 공제하는 경우에는 그 공제액을 제외하고 채무자가 실제로 받은 금액을 원본(원금)으로 하여 이자율을 산정합니다.

**(관련판례)**

이자제한법의 제한을 초과하는 이자를 선이자로 공제한 경우에 그 제한초과부분은 무효이므로 채무자는 실지로 교부받은 대여금액에다가 이 금액에 대한 변제기까지의 위 법 제한범위 내의 이자액을 합산한 금액만을 변제기일에 대여원금으로서 변제할 의무가 있고 이 금액과 약정대여원금액과의 차액부분에 대한 소비대차는 무효이다(대법원 1993.11.23. 선고 93다23459).

# ■ 전 남편의 사업자금을 빌리면서 연대보증을 한 경우 상환 해야 할 금액은 어떻게 계산해야 되는지요?

Q. 저는 대부업체에서 2천만원을 빌리고 바로 수수료로 1백 만원을 입금시킨 후 매달 8십만원씩 입금했습니다. 그래서 합계 1천4백4십만원을 이자로 지급했습니다. 하던 사업이 힘들어지면서 상환을 못하고 있습니다. 사실 저는 전남편 이 사업자금으로 빌리면서 연대보증을 해 주었습니다. 전 남편이 사업이 힘들어지면서 제게 상환문자가 왔습니다. 제가 상환하려면 얼마를 어떻게 상환해야 하는지요?

A. 보증채무는 주채무와 같은 이행을 해야 하는 채무이므로 정확한 상환금액 및 상환방법에 대해서는 대부업체에 문의 를 하셔야 합니다. 다만, 면책을 받은 채무자는 파산채권자 에 대한 채무의 전부에 관해 그 책임이 면제되므로, 파산·면책 신청 시 알지 못하여 채권자목록에 기재하지 못한 누 락된 채권이 있다하더라도 그 채권에 대해서도 면책의 효 력을 주장할 수 있습니다(채무자 회생 및 파산에 관한 법 률 제566조 제7호 참조). 그러나 보증채무의 발생시점에 따라 면책의 효력이 달라질 수 있으므로 이에 대해서는 확 인하여 처리해야 합니다.

■ **대부업체를 통하여 대출받은 경우 이자계산은 어떻게 하는 지요?**

Q. 대부업체를 통하여 1천만원을 통장으로 입금 받은 후 1% 인 10만원을 취급수수료로 다시 입금하였고, 연 20%금리 원금균등으로 매주 12회 상환방식으로 상환하다가 5회차 에 중도상환하였습니다. 이 때

① 대출원금을 1천만원으로 이자계산을 하는 것인지 아니 면 990만원으로 계산을 해야 하는지요?

② 입금 받은 후 취급수수료 10만원을 제공하였다면 이자 제한법에 초과되는 사항일까요?

③ 취급수수료와 이자포함 연간이율 34.9%가 아닌 일일이 자율(0.096%), 월이자율(2.908%)가 넘어가면 이자제 한법에 고려 사항일까요?

④ 중도상환시 취급수수료의 일정액을 돌려받을 수 있는지요?

A. 이자율을 산정할 때 사례금, 할인금, 수수료, 공제금, 연체 이자, 체당금(替當金) 등 그 명칭이 무엇이든 대부와 관련 해 대부업자가 받는 것은 모두 이자로 봅니다(대부업법 제 8조 제2항 본문).

대부업자가 이자율 제한(연 34.9%, 미등록대부업자의 경우 는 연 25%)을 위반하여 대부계약을 체결한 경우 이자율을 초과하는 부분에 대한 이자계약은 무효입니다(동법 제8조 제3항 및 동법 시행령 제5조 제2항). 이때, 이자율을 월 또 는 일 기준으로 적용하는 경우에는 연 34.9%를 단리로 환 산합니다(동법 시행령 제5조 제3항).

만약, 대부업자가 선이자를 사전에 공제하는 경우에는 그 공제액을 제외하고 채무자가 실제로 받은 금액을 원본으로

하여 이자율을 산정합니다(동법 제8조 제2항 본문 및 제8조 제5항). 또한, 채무자가 대부업자 또는 미등록대부업자에게 이자율 제한을 초과하는 이자를 지급한 경우 그 초과 지급된 이자 상당금액은 원본에 충당되고, 원본에 충당되고 남은 금액이 있으면 그 반환을 청구할 수 있습니다(동법 제8조 제4항 및 제11조 제1항).

대부업체 이용과 관련된 종합적인 상담 서비스는 금융감독원의 불법사금융 및 개인정보 불법유통 피해신고센터에서 받으실 수 있습니다.

참고로 보다 정확한 이자율 계산은 <금융감독원 서민금융 1332(http://s1332.fss.or.kr) -불법사금융・개인정보불법유통 - 이자계산기>에서 확인할 수 있습니다.

**(관련판례)**

이자제한법 제2조 제1항, '이자제한법 제2조 제1항의 최고이자율에 관한 규정'에 의하면 금전대차에 관한 계약상의 최고이자율은 연 30%로 제한되고, 구 이자제한법(2009. 1. 21. 법률 제9344호로 개정되기 전의 것) 제7조는 다른 법률에 따라 인가·허가·등록을 마친 금융업 및 대부업에는 이자제한법을 적용하지 아니한다고 규정하고 있는바, 위 규정의 문언 내용, 국민경제생활의 안정과 경제정의의 실현을 목적으로 하는 이자제한법의 입법 취지, 미등록 대부업체의 등록을 유도하기 위한 입법 경위 등에 비추어 보면, 구 대부업의 등록 및 금융이용자보호에 관한 법률(2009. 1. 21. 법률 제9344호로 개정되기 전의 것) 제3조의 규정에 의한 대부업의 등록을 하지 아니하고 사실상 대부업을 영위하는 자에 대하여는 이자제한법이 적용되어 이러한 대부업자가 대부를 하는 경우의 최고이자율은 연 30%로 제한된다(대법원 2009.06.11. 선고 2009다12399).

# ■ 법이 바뀌어서 그동안 이자낸 것을 얼마정도는 도로 받을 수 있다고 하는데 맞나요?

Q. 대부업체에서 2008년 6월에 5백만원을 대출받고, 선이자 15만원, 수수료로 50만원을 공제하고 나머지를 435만원을 송금 받았습니다. 그리고 2009년 7월에 원금 5백만원을 갚았습니다. 돈이 없어 연체를 하였기 때문에 그동안은 매월 20만원씩 이자를 납부하였습니다. 그런데 2009년에 법이 바뀌어서 그동안 이자낸 것을 얼마정도는 돌려받을 수 있다고 하는데 맞나요?

A. 채무자가 대부업자 또는 미등록대부업자에게 위 이자율을 초과하는 이자를 지급한 경우 그 초과 지급된 이자 상당금액은 원본에 충당되고, 원본에 충당되고 남은 금액이 있으면 그 반환을 청구할 수 있습니다(대부업법 제8조 제4항).

다만, 대부업법 제9344호 부칙 제4조에 따르면 대부업법 제8조 제4항의 규정은 2009년 1월 21일 이후 이 법 제8조 제1항에 따른 이자율을 초과하여 지급한 경우부터 적용됩니다. 참고로 2009년 1월 21일 당시 대부업자의 대부이자율은 연 49%를 초과할 수 없었습니다(동법 제8조 제1항 및 동법 시행령 제5조 제2항).

그 밖에 대부업체 이용과 관련된 법률 지원은 금융감독원 불법사금융피해신고센터에서 받으실 수 있습니다.

**(관련판례)**

구 대부업의 등록 및 금융이용자보호에 관한 법률(2009. 1. 21. 법률 제9344호로 개정되기 전의 것) 제1조, 제8조 제1항, 제2항, 구 대부업법 시행령(2009. 4. 21. 대통령령 제21446호로 개정되기 전의 것) 제5조 제3항, 제4항 등에서 정한 구 대부업법의 입법목적과 관련 법령의 규정 내용을 종합하면, 대부업자가 선이자를 사전에 공제한 후 대부하였는데 선이자 산정의 대상기간 또는 약정 대부기간이 도과하기 전 중도에 대부원금이 상환된 경우 대부업자가 사전에 공제한 선이자가 구 대부업법에서 정한 제한이자율을 초과하는지 여부는, 선이자 공제액을 제외하고 채무자가 실제로 받은 금액을 원본으로 하여 대부일부터 실제 변제일까지 기간에 대한 제한이자율 소정의 이자를 기준으로 판단하여야 하고, 이러한 법리는 금융이용자가 약정 변제기 전에 대부금을 변제하는 경우 그로 인한 대부업자의 손해배상 명목으로 중도상환수수료를 지급하기로 하는 약정이 있는 경우에도 마찬가지이다. 결국 구 대부업법이 적용되는 대부에서는, 중도상환수수료를 포함하여 명목이나 명칭에 불구하고 대부업자가 받은 일체의 금원 중 구 대부업법 시행령 제5조 제4항에 열거된 비용을 제외한 금원을 모두 이자로 보아, 그 금액이 실제 대부기간에 대한 제한이자율 소정의 이율을 초과하게 되면 구 대부업법 제8조 제1항을 위반한 죄에 해당하게 된다(대법원 2012.03.15. 선고 2010도11258 판결).

■ 단리로 환산한 월 이자율 및 일 이자율은 초과해도 되는지요?

Q. 대부업자가 대부를 할 때 연 이자율이 100분의 49 이내인 경우, 단리로 환산한 월 이자율 및 일 이자율은 초과해도 되는지요?

A. 대부업자가 대부를 할 때 연 이자율이 100분의 49 이내인 경우, 단리로 환산한 월 이자율 및 일 이자율도 연 이자율 100분의 49를 초과해서는 안 된다 할 것입니다.

■ 캐피탈사를 통해 법인 대출을 받은 경우에 법무비용을 부대비용이라고 볼 수 있는 것인지요?

Q. 캐피탈사를 통해 법인 대출을 받았습니다. 그런데 대출기표 이후 사정이 있어 바로 상환을 하였습니다. 취급수수료로 캐피탈사가 3%를 수취하였고, 수수료 중 1% 가량이 법무법인 약정서 작성 비용으로 소요가 되었습니다. 해당 캐피탈사는 해당 법무비용은 거래의 체결과 변제에 관한 부대비용이라고 주장을 하고 있는데요. 해당 법무비용을 부대비용이라고 볼 수 있는 것인지요?

A. 대부계약을 체결하는 경우에 담보권 설정비용, 신용조회비용(신용정보의 이용 및 보호에 관한 법률 제4조 제4항 제1호의 업무를 허가받은 자에게 거래상대방의 신용을 조회하는 경우만 해당)은 해당 거래의 체결과 변제에 관한 부대비용으로서 이자로 보지 않습니다(대부업법 제8조 제2항 및 동법 시행령 제5조 제4항).
대부업자는 대부계약을 체결하는 때에 대부계약과 관련한 모든 부대비용을 거래상대방에게 설명해야 할 의무가 있습니다(동법 제6조 제2항).

## ■ 대부업자의 최고이자율이 어떻게 바뀌었나요?

Q. 대부업자의 이자율 제한이 바뀐 것으로 알고 있는데, 적용 기준은 어떻게 되나요?

A. 2011년 6월 27일 대부업법 시행령이 개정되어 제한 이자율을 기존 연 44%에서 현행 연 39%로 5%p 인하하였으며, 이는 개정된 시행령이 시행된 이후 '신규 체결되거나 갱신되는 대부계약'에 적용됩니다.

**(관련판례)**

이자제한법 제2조 제1항, '이자제한법 제2조 제1항의 최고이자율에 관한 규정'에 의하면 금전대차에 관한 계약상의 최고이자율은 연 30%로 제한되고, 구 이자제한법(2009. 1. 21. 법률 제9344호로 개정되기 전의 것) 제7조는 다른 법률에 따라 인가·허가·등록을 마친 금융업 및 대부업에는 이자제한법을 적용하지 아니한다고 규정하고 있는바, 위 규정의 문언 내용, 국민경제생활의 안정과 경제정의의 실현을 목적으로 하는 이자제한법의 입법 취지, 미등록 대부업체의 등록을 유도하기 위한 입법 경위 등에 비추어 보면, 구 대부업의 등록 및 금융이용자보호에 관한 법률(2009. 1. 21. 법률 제9344호로 개정되기 전의 것) 제3조의 규정에 의한 대부업의 등록을 하지 아니하고 사실상 대부업을 영위하는 자에 대하여는 이자제한법이 적용되어 이러한 대부업자가 대부를 하는 경우의 최고이자율은 연 30%로 제한된다(대법원 2009.06.11. 선고 2009다12399).

■ 대부업자 등이 법 개정사실을 알지 못하여 법정 최고금리를 초과하는 대부계약을 체결한 경우에 위법 사유를 어떻게 해소해야 하나요?

Q. 대부업자 및 여신금융기관이 법 개정사실을 알지 못하여 개정법 시행일 이후 법정 최고금리를 초과하는 대부계약을 체결한 경우에 위법 사유를 어떻게 해소해야 하나요?

A. 대부업자 등이 법 개정사실을 알지 못하여 개정법 시행일 이후 법정최고금리(연 27.9%)를 초과하는 대부계약을 체결한 경우 개정 대부업법 시행 시점인 3월 3일 0시 이후 연 27.9%를 초과하여 체결·갱신된 대부계약은 위법한 계약에 해당하므로, 해당 대부업자 등은 즉시 연 27.9% 이하로 대부계약서를 재체결한 후 거래상대방에게 이를 교부하여 위법한 계약상태를 해소해야 합니다. 이 경우 구체적인 재계약의 방법으로 대면접촉 외에도 등기우편, 내용증명 발송 등을 통해 수정된 계약서를 송부한 후 이를 회신 받는 방법을 예시로 들고 있습니다.

대부업법 제6조 제1항에 따르면 법정최고이자율과 대부이자율 등이 기재된 대부계약서를 고객에게 교부하도록 되어 있고, 대부업법 제6조의2 제1항 및 동법 시행령 제4조의2에 따르면 대부이자율과 연체이자율 등을 거래상대방이 자필기재하게 되어 있습니다. 이에 따를 때, 원칙적으로 인하된 법정최고금리에 따라 수정된 계약서를 대면 또는 우편송부의 방법으로 서면으로 교부하고 자필기재를 받아 회수함이 원칙입니다.

다만, 대부업법 제6조의2 제3항 제1호에 따라 공인인증서를 통한 본인 확인 후 거래상대방이 인터넷에 필수 기재사항을 입력하여 전자적 형태로 대부계약서가 작성된 경우에 한하여 전자문서 송신에 의한 교부의무 이행도 가능할 것으로 판단됩니다. 이 경우 전자문서의 송·수신과 관련하여 전자문서 및 전자거래기본법 제18조의4의 "공인전자주소"를 이용한 전자문서 송·수신, 제31조의2의 "공인전자문서센터"를 통한 전자문서 보관 등의 방식을 준수하여 전자문서의 관리에 만전을 기하여 주시기 바랍니다.

한편, 민법 제428조의2 제1항(2016.2.4.시행)은 보증은 그 의사가 보증인의 기명날인 또는 서명이 있는 서면으로 표시되어야 효력이 발생하고 보증의 의사가 전자적 형태로 표시된 경우에는 효력이 없다고 규정하고 있으므로, 보증계약의 경우에는 전자문서의 형태로 계약서의 교부를 할 수 없을 것으로 판단됩니다.

**(관련판례)**

구 대부업법(2009. 1. 21. 법률 제9344호로 개정되기 전의 것)의 입법목적 및 구 대부업법 제1조, 제8조 제1항, 제19조 제2항 제2호, 구 대부업법 시행령(2009. 4. 21. 대통령령 제21446호 대부업법 시행령으로 개정되기 전의 것) 제5조 제3항의 내용과 취지 등에 비추어 보면, 대부업을 영위하는 자가 금전을 대부하면서 구 대부업법 제8조 제1항에서 정한 제한이자율(이하 '제한이자율'이라 한다)을 초과하는 이자를 받기로 약정한 경우에, 실제로 상환받은 이자에 관하여 상환 시까지 남아 있는 차용원금과 차용기간에 기초하여 산정되는 이자율이 제한이자율을 초과하는 때에는 구 대부업법 제8조 제1항을 위반한 것으로서 제19조 제2항 제2호에 따라 처벌된다고 보아야 한다. 그리고 이러한 법리는 제한이자율을 초과하는 이자를 포함하여 원리금을 분할 상환하기로 하는 약정을 체결한 경우에, 실제로 상환받은 각 원리금에 포함된 각 이자에 대하여도 마찬가지로 적용된다(대법원 2012.08.17. 선고 2010도7059 판결).

■ 대부업법상 이자율이 제한되는 것으로 알고 있는데, 계약한 이자를 모두 갚아야 하는지요?

Q. 대부업자로부터 100만원을 대출하며 선이자 10만원을 공제한 90만원을 수령하였으며, 월 10만원의 이자를 지급하기로 하는 대부계약을 체결하였습니다. 대부업법상 이자율이 제한되는 것으로 알고 있는데, 계약한 이자를 모두 갚아야 하는지요?

A. 대부업법에서는 법정 이자상한을 초과하는 이자를 무효로 규정하고 있습니다.

이자율을 산정함에 있어 선이자, 수수료, 사례금, 연체이자 등 명칭에 관계없이 대부와 관련하여 대부업자가 받은 것은 이를 이자로 간주하여 최초의 공제금액을 원금에서 차감합니다. 다만, 대부거래의 체결과 변제에 관한 부대비용(담보설정비용, 신용정보의 이용 및 보호에 관한 법률 제4조 제4항 제1호의 업무를 허가받은 자에게 거래상대방의 신용을 조회하는 경우의 신용조회비용)은 제외됩니다.

따라서 계약체결 후 이자율 위반사실을 알게 되거나 위반사실을 알고도 불가피하게 계약을 체결한 경우에는, 이자율 위반이 불법행위이며 무효(법정 이자상한을 초과하는 이자부분만 무효가 되며 대부계약자체는 유효)임을 적극 주장하여 제한금리 이내에서 합리적인 수준의 재계약을 유도하고, 대부업자가 불법임을 알고도 계약조건을 조정하지 않는 경우 관할 경찰서 수사과 지능팀으로 연락하시기 바랍니다.

## 2. 초과이자를 지급한 경우

① 대부업자 또는 미등록대부업자가 이자율 제한을 위반하여 대부
   계약을 체결한 경우 이자율을 초과하는 부분에 대한 이자계약
   은 무효입니다.
② 채무자가 대부업자 또는 미등록대부업자에게 이자율을 초과하는
   이자를 지급한 경우 그 초과 지급된 이자 상당금액은 원본에 충
   당되고, 원본에 충당되고 남은 금액이 있으면 그 반환을 청구할
   수 있습니다.
③ 법정 최고이자율을 초과해 무효로 되는 이자부분에 대하여 변제
   를 강요받는 경우에는 채무부존재확인소송, 부당이득반환청구소
   송 및 청구이의의 소 등을 제기할 수 있습니다.

■ 이자율을 초과하는 계약하였을 경우에 초과 지급한 이자를 돌려받을 수 있을까요?

Q. 등록 대부업체에서 돈을 빌릴 경우 연 34.9%의 이자율이 적용되는 것을 알고 있었습니다. 하지만 돈이 너무 급한 나머지 연 34.9%의 이자율을 초과하는 계약서를 작성하였고 이미 원금과 이자를 다 갚았습니다. 생각해 보니 억울하네요. 초과 지급한 이자를 돌려받을 수 있을까요?

A. 돌려받을 수 있습니다.

연 34.9%의 이자율을 초과하는 부분에 대한 이자계약은 무효가 되고, 초과 지급된 이자 상당금액은 원본에 충당되고, 원본에 충당하고 남은 금액이 있으면 그 반환을 청구할 수 있습니다. 따라서 채무자가 최고 이자율을 알고 계약을 했거나 모르고 계약을 한 경우에도 초과 이자부분의 반환을 청구할 수 있습니다. 대부업자 또는 미등록 대부업자가 이자율 제한을 위반하여 대부계약을 체결한 경우 이자율을 초과하는 부분에 대한 이자계약은 무효입니다. 따라서 이자를 지급하지 않은 경우에는 초과부분에 대한 이자를 지급할 필요가 없고, 이미 지급한 경우에는 대부계약 자체는 유효하지만 초과하는 이자 부분은 무효이므로 그 반환을 청구할 수 있습니다.

채무자가 대부업자 또는 미등록 대부업자에게 이자율을 초과하는 이자를 지급한 경우 그 초과 지급된 이자 상당금액은 원본에 충당되고, 원본에 충당되고 남은 금액이 있으면 그 반환을 청구할 수 있습니다.

대부업을 영위하는 피고인이 갑에게 원금 1,200만 원에 대해 매회 144,000원씩 100일간 합계 1,440만 원을 상환 받는 조건으로 일수로 대출한 후 제한이자율 초과 이자를 포함한 144,000원씩을 21회 수취하였다고 하여 구 대부업법(2009. 1. 21. 법률 제9344호로 개정되기 전의 것, 이하 '구 대부업법'이라 한다) 위반으로 기소된 사안에서, 피고인이 분할 상환 받은 각 원리금에 포함된 이자 액수를 가린 다음, 이자별로 상환일까지 남아 있는 차용원금과 차용기간에 상응한 이자율을 산정하여 그 이자율이 제한이자율을 초과하는 경우에는 구 대부업법을 위반한 것으로 판단하여야 함에도, 차용일부터 최종 분할 상환일까지 상환된 이자의 총액을 산출한 다음 이에 관하여 최초 원금과 그 기간의 총 일수에 기초하여 산정한 이자율이 제한이자율을 초과하지 않는다는 이유로 무죄를 선고한 원심판결에 구 대부업법이 정한 제한이자율을 초과한 이자율 산정에 관한 법리오해의 위법이 있다(대법원 2012.08.17. 선고 2010도7059 판결).

## 2-1. 이자율을 초과하는 계약

### 2-1-1. 이자율의 제한

대부업자의 대부이자율은 연 100분의 34.9를 초과할 수 없고(대부업법 제8조 제1항 및 동법 시행령 제5조 제2항), 미등록대부업자의 금전대차에 관한 계약상의 최고이자율은 연 25%입니다(동법 제11조 제1항, 이자제한법 제2조 제1항 및 이자제한법 제2조 제1항의 최고이자율에 관한 규정).

### 2-1-2. 초과부분의 무효

대부업자 또는 미등록대부업자가 이자율 제한을 위반하여 대부계약을 체결한 경우 이자율을 초과하는 부분에 대한 이자계약은 무효입니다(대부업법 제8조 제3항 및 제11조 제1항). 따라서 이자를 지급하지 않은 경우에는 초과부분에 대한 이자를 지급할 필요가 없고, 이미 지급한 경우에는 대부계약 자체는 유효하지만 초과하는 이자부분은 무효이므로 그 반환을 청구할 수 있습니다.

### 2-1-3. 원본에의 충당 및 그 반환 청구

채무자가 대부업자 또는 미등록대부업자에게 위 이자율을 초과하는 이자를 지급한 경우 그 초과 지급된 이자 상당금액은 원본에 충당되고, 원본에 충당되고 남은 금액이 있으면 그 반환을 청구할 수 있습니다(대부업법 제8조 제4항 및 제11조 제1항).

■ 초과이자 지급한 경우에 어떻게 반환을 청구할 수 있나요?

Q. 신문이나 TV 등을 통해 등록대부업체에서 돈을 빌릴 경우 연 34.9%의 이자율이 적용되는 것을 알고 있었습니다. 하지만 돈이 너무 급한 나머지 연 34.9%의 이자율을 초과하는 계약서를 작성하였고 이미 원금과 이자를 다 갚았습니다. 생각해 보니 억울하네요. 초과 지급한 이자를 돌려받을 수 있을까요?

A. 돌려받을 수 있습니다. 대부업자가 개인이나 중소기업기본법 제2조 제2항에 따른 소기업에 해당하는 법인에 대부를 하는 경우 그 이자율은 연 100분의 34.9(율을 월 또는 일 기준으로 적용하는 경우에는 연 100분의 34.9를 단리로 환산)를 초과할 수 없습니다(대부업법 제8조 제1항, 동법 시행령 제5조 제1항부터 제3항까지). 이 이자율을 초과하는 부분에 대한 이자계약은 무효가 되고, 초과 지급된 이자

상당금액은 원본에 충당되고, 원본에 충당하고 남은 금액이 있으면 그 반환을 청구할 수 있습니다. 따라서 채무자가 최고 이자율을 알고 계약을 했거나 모르고 계약을 한 경우에도 초과 이자부분의 반환을 청구할 수 있습니다.

## 2-2. 초과이자 지급에 대한 대응

### 2-2-1. 부당이득반환청구소송 등의 제기

① 법정 최고이자율을 초과해 무효로 되는 이자부분에 대해 변제를 강요받는 경우에는 채무부존재확인소송, 부당이득반환청구소송 및 청구이의의 소 등을 제기할 수 있습니다.

② 대한법률구조공단은 법률상담 및 변호사에 의한 소송대리 등 고리사채 피해자에 대해 무료로 법적 지원을 하고 있습니다.

---

※ 【해설】
① "채무부존재확인소송"이란 채무의 다툼에 관해 부존재의 확정을 요구하는 소송을 말합니다.
② "부당이득반환청구소송"이란 법률상 원인 없이 타인의 재산 또는 노무로 인해 이익을 얻고 이로 인해 타인에게 손해를 가한 자의 이익의 반환(민법 제741조)을 청구하는 소송을 말합니다.
③ "청구에 관한 이의의 소"란 채무명의의 일반적인 집행력의 배제를 구하는 소를 말합니다. 즉 채무자임은 인정하지만 현재 책임질 채무에 대하여는 부정하는 것입니다. 채무자가 판결에 따라 확정된 청구에 관해 이의하려면 제1심 판결법원에 청구에 관한 이의의 소를 제기해야 하고(민사집행법 제44조 제1항), 그 이유가 변론이 종결된 뒤(변론 없이 한 판결의 경우에는 판결이 선고된 뒤)에 생긴 것이어야 합니다(동법 제44조 제2항).

# ■ 매달 원리금을 상환할 경우 총 원리금은 얼마인가요?

Q. 급하게 돈이 필요해서 700만원을 연이율 100%를 조건으로 6개월 동안 빌리는데, 200만원을 선이자로 공제하고 500만원을 받았습니다. 그러나 대부업자는 700만원 전체에 대한 이자를 계산하여 갚을 것을 요구했고, 6개월 동안 약 920만원을 갚았습니다. 매달 원리금을 상환할 경우 총 원리금은 얼마인가요?

A. 대부업자가 선이자를 사전에 공제하는 경우에는 그 공제액을 제외하고 채무자가 실제로 받은 금액을 원금으로 하여 이자율을 산정합니다(대부업법 제8조제5항). 500만원에 대한 법정최고 이자율 연 34.9%를 적용하여 원리금인 5,521,080원(대출이자계산기이용, 원리금균등분할상환)만을 변제할 의무가 있으므로 초과부분 약 368만원의 반환을 청구할 수 있습니다.

대부업자를 상대로 약 368만원의 부당이득반환소송을 제기할 수 있으며, 이 경우 대한법률구조공단의 법적 지원을 받을 수 있습니다.

이자율을 초과하여 이자를 받은 대부업자는 3년 이하의 징역 또는 3천만원 이하의 벌금에 처해 집니다(동법 제19조 제2항 제3호).

**(관련판례1)**

[1] 구 대부업법(2009. 1. 21. 법률 제9344호로 개정되기 전의 것) 의 입법 목적 및 구 대부업법 제1조, 제8조 제1항, 제19조 제2항 제2호, 구 대부업법 시행령(2009. 4. 21. 대통령령 제21446호로 개정되기 전의 것) 제5조 제3항의 내용과 취지 등에 비추어 보면, 대부업을 영위하는 자가 금전을 대부하면서 구 대부업법 제8조 제1항에서 정한 제한이자율(이하 '제한이자율'이라 한다)을 초과하는

이자를 받기로 약정한 경우에, 실제로 상환 받은 이자에 관하여 상환 시까지 남아 있는 차용원금과 차용기간에 기초하여 산정되는 이자율이 제한이자율을 초과하는 때에는 구 대부업법 제8조 제1항을 위반한 것으로서 제19조 제2항 제2호에 따라 처벌된다고 보아야 한다. 그리고 이러한 법리는 제한이자율을 초과하는 이자를 포함하여 원리금을 분할 상환하기로 하는 약정을 체결한 경우에, 실제로 상환 받은 각 원리금에 포함된 각 이자에 대하여도 마찬가지로 적용된다.

[2] 대부업을 영위하는 피고인이 갑에게 원금 1,200만 원에 대해 매회 144,000원씩 100일간 합계 1,440만 원을 상환 받는 조건으로 일수로 대출한 후 제한이자율 초과 이자를 포함한 144,000원씩을 21회 수취하였다고 하여 구 대부의 등록 및 금융이용자보호에 관한 법률(2009. 1. 21. 법률 제9344호 대부업 등의 등록 및 금융이용자 보호에 관한 법률로 개정되기 전의 것, 이하 '구 대부업법'이라 한다) 위반으로 기소된 사안에서, 피고인이 분할 상환 받은 각 원리금에 포함된 이자 액수를 가린 다음, 이자별로 상환일까지 남아 있는 차용원금과 차용기간에 상응한 이자율을 산정하여 그 이자율이 제한이자율을 초과하는 경우에는 구 대부업법을 위반한 것으로 판단하여야 함에도, 차용일부터 최종 분할 상환일까지 상환된 이자의 총액을 산출한 다음 이에 관하여 최초 원금과 그 기간의 총 일수에 기초하여 산정한 이자율이 제한이자율을 초과하지 않는다는 이유로 무죄를 선고한 원심판결에 구 대부업법이 정한 제한이자율을 초과한 이자율 산정에 관한 법리오해의 위법이 있다(대법원 2012.08.17. 선고 2010도7059 판결).

**(관련판례2)**

이자제한법(2007. 3. 29. 법률 제8322호로 제정되어 2007. 6. 30.부터 시행된 것) 제2조 제1항은 "금전대차에 관한 계약상의 최고이자율은 연 40퍼센트를 초과하지 아니하는 범위 안에서 대통령령으로 정한다.", 제5조는 "이자에 대하여 다시 이자를 지급하기로 하는 복리약정은 제2조 제1항에서 정한 최고이자율을 초과하는 부분에 해당하는 금액에 대하여는 무효로 한다.", 부칙 제2항은 "이 법 시행 전에 성립한 대차관계에 관한 계약상의 이자율에 관하여도 이 법 시행일 이후부터는 이 법에 따라 이자율을 계산한다."고 각 규정하고 있고, 이에 따라 '이자제한법 제2조 제1항의 최고이자율에 관한 규정'은 "이자제한법 제2조 제1항에 따른 금전대차에 관한 계약상의 최고이자율은 연 30퍼센트로 한다."고 규정하고 있는바, 이에 의하면, 복리약정은 연 30퍼센트를 초과하는 부분에 한하여 무효라 할 것이고, 그러한 복리약정이 이자제한법 시행 전에 체결된 것인 때에는 이자제한법이 시행된 2007. 6. 30.부터 그 초과 부분은 무효로 된다고 할 것이다(대법원 2008.10.23. 선고 2008다37742 판결).

### ■ 법정 이자상한을 초과하는 이자를 이미 지급한 경우 어떻게 해야 하는지요?

Q. 대부업자로부터 500만원을 대출하며 선이자 및 수수료 명목으로 50만원을 공제한 450만원을 수령하였으며, 열흘에 45만원의 이자를 지급하기로 하는 대부계약을 체결하고 현재까지 90만원의 이자를 지급하였습니다. 대부업법에서는 이자율 상한을 제한하는 것으로 알고 있는데, 이미 부당하게 지급한 이자는 어떻게 보상을 받아야 하나요?

A. 대부업법에서 규정하고 있는 법정금리를 초과하는 대부계약을 체결한 경우에, 초과하는 이자분에 대해서는 상환의

무가 없으며, 이미 부당한 이자를 지급하였다면 그 반환을 청구할 수 있습니다. 반환청구 소송의 경우 통상적인 민사소송에 비해 저렴하고 신속하게 처리할 수 있는 소액사건 심판제도를 이용하는 것이 유리합니다.

소액사건은 소송목적의 값이 2천만을 초과하지 않는 경우에 해당되며, 법원이 채권자에게 이행권고결정을 내린 후 14일 이내에 이에 대한 이의신청이 없으면 확정판결과 같은 효력을 부여하고, 원고는 집행문을 부여받지 않고도 이행권고결정정본으로 강제집행 할 수 있음을 알려드립니다. 반환청구 소송을 하기 위해서는 대출원금, 이자율 및 변제내역 등을 확인할 수 있는 대부계약서, 입출금내역, 무통장입금표 등 부당한 이자를 지급하였음을 증명할 수 있는 자료를 확보하는 것이 매우 중요합니다.

**(관련판례)**

대부업 등의 등록 및 금융이용자 보호에 관한 법률(이하 '대부업법'이라 한다) 제8조 제2항의 취지는 대부업자가 사례금·할인금·수수료·공제금·연체이자·체당금 등의 명목으로 채무자에게서 돈을 징수하여 위법을 잠탈하기 위한 수단으로 사용되는 탈법행위를 방지하는 데 있으므로, 명목 여하를 불문하고 대부업자와 채무자 사이의 금전대차와 관련된 것으로서 금전대차의 대가로 볼 수 있는 것은 모두 이자로 간주된다. 나아가 대부업자가 채무자에게서 징수한 돈을 나중에 채무자에게 반환하기로 약정하였다 하더라도, 반환 조건이나 시기, 대부업자의 의사나 행태 등 제반 사정에 비추어 볼 때 그 약정이 대부업법의 제한 이자율을 회피하기 위한 형식적인 것에 불과하고 실제로는 반환의사가 없거나 반환이 사실상 불가능 또는 현저히 곤란한 것으로 인정될 경우에는 그 징수한 돈은 실질적으로 대부업자에게 귀속된 이자로 보아야 한다(대법원 2015.07.23. 선고 2014도8289 판결).

## ■ 불법 고금리 대부계약을 이미 체결한 경우 어떻게 해야 하는지요?

Q. 300만원을 대출하며 선이자 30만원을 공제한 270만원을 수령하였으며, 월 100만원의 이자를 지급하기로 하는 대부계약을 체결하였습니다. 대부업법상 이자율이 제한되는 것으로 알고 있는데, 계약한 이자를 모두 갚아야 하는지요?

A. 대부업법에서는 법정 이자상한을 초과하는 이자를 무효로 규정하고 있습니다.

이자율을 산정함에 있어 선이자, 수수료, 사례금, 연체이자 등 명칭에 관계없이 대부와 관련하여 대부업자가 받은 것은 이를 이자로 간주하여 최초의 공제금액을 원금에서 차감합니다. 다만, 대부거래의 체결과 변제에 관한 부대비용(담보설정비용, 신용정보의 이용 및 보호에 관한 법률 제4조 제4항 제1호의 업무를 허가받은 자에게 거래상대방의 신용을 조회하는 경우의 신용조회비용)은 제외됩니다.

따라서, 계약체결 후 이자율 위반사실을 알게 되거나 위반사실을 알고도 불가피하게 계약을 체결한 경우에는, 이자율 위반이 불법행위이며 무효(법정 이자상한을 초과하는 이자부분만 무효가 되며 대부계약자체는 유효)임을 적극 주장하여 제한금리 이내에서 합리적인 수준의 재계약을 유도하고 대부업자가 불법임을 알고도 계약조건을 조정하지 않는 경우 관할 경찰서 수사과 지능팀으로 연락하시기 바랍니다.

■ 사채업자로부터 돈을 빌리면서 원금은 모두 변제하고 이자 일부만 남아 있는 상태인데 이자부분을 초과한 금액이 기재된 이행권고결정이 송달된 경우 대처할 방법이 있는지요?

Q. 저는 사채업자 甲으로부터 500만원을 이자 월 4%, 변제기 3개월 후로 하여 차용하였고, 원금은 모두 변제하고 이자 일부만 남아 있는 상태입니다. 그런데 최근 집으로 이자부분을 초과한 금액이 기재된 이행권고결정이 송달되어 왔습니다. 이 경우 제가 대처할 방법이 있는지요?

A. 이행권고결정이라 함은 소액사건의 소가 제기된 때에 법원이 결정으로 소장부본이나 제소조서등본을 첨부하여 피고에게 청구취지대로 이행할 것을 권고하는 결정을 말합니다(소액사건심판법 제5조의3 제1항).

귀하가 대여 원금과 이자 일부를 변제하였음에도 사채업자 甲으로부터 남은 이자를 초과한 금액을 청구 받았다면, 이행권고결정등본을 송달 받은 날부터 2주일 안에 서면으로 이의신청을 할 수 있고(동법 제5조의4 제1항 본문), 또한 귀하는 그 등본이 송달되기 전에도 이의신청을 할 수 있습니다(동법 제5조의4 제1항 단서). 귀하의 이의신청이 있으면 법원은 지체 없이 변론기일을 지정하도록 하고 있고(동법 제5조의4 제3항), 이 경우 귀하에게 다시 소장부본을 송달하지는 않고 이행권고결정등본이 송달된 때를 소장부본이나 제소조서등본이 송달된 것으로 간주하도록 규정하고 있습니다(동법 제6조 단서).

그리고 귀하는 제1심 판결이 선고되기 전까지 이의신청을 취하할 수 있고(동법 제5조의4 제4항), 이행권고결정의 이행조항은 원고의 청구취지와 동일하므로, 귀하가 이의신청을 취하하는 경우에는 원고의 동의를 받을 필요는 없습니다.

귀하가 이의신청을 취하한 경우에는 법원사무관 등은 이행권고결정 원본의 피고 성명 옆에 이행권고결정의 송달일자와 확정일자를 부기하여 날인한 후, 이행권고결정 정본을 원고에게 송달하도록 되어 있습니다. 또한, 법원은 이의신청기간 내에 이의신청서가 아니라 답변서 기타 다투는 취지의 서면이 접수되면 이를 이의신청서로 보아 변론기일을 지정하도록 하고 있습니다. 이의신청의 방식은 서면으로 하여야 하고(동법 제5조의4 제1항), 이의신청서의 양식은 법원에 비치되어 있습니다. 귀하가 이의신청을 한 때에는 구체적 이의사유를 기재하지 않더라도 원고의 주장사실을 다툰 것으로 봅니다(동법 제5조의4 제5항).

법원은 이의신청이 적법하지 아니하다고 인정하는 때에 그 흠을 보정할 수 없으면 결정으로 이를 각하 하여야 하며(같은 법 제5조의5 제1항), 이의신청을 각하 하는 경우는 주로 이의신청기간이 2주일을 경과한 때와 이의신청권이 없는 제3자가 이의신청한 때입니다. 이의신청의 각하결정에 대하여는 즉시항고를 할 수 있습니다(동법 제5조의5 제2항).

한편 피고가 부득이한 사유로 2주일 내에 이의신청을 할 수 없었던 때에는 그 사유가 없어진 후 2주일 내에 이의신청을 할 수 있습니다. 이를 이의신청의 추후보완이라 합니다. 다만, 그 사유가 없어질 당시 외국에 있는 피고에 대하여는 이의신청 기간을 30일로 하도록 규정하고 있습니다(동법 제5조의6 제1항). 이때 피고는 이의신청과 동시에 그 추후보완 사유를 서면으로 소명하여야 합니다. 법원은 추완사유가 없다고 인정되는 경우에는 결정으로 이를 각하 하고, 그 각하결정에 대하여는 즉시항고로 다툴 수 있습니다(동법 제5조의6 제3항, 제4항).

또한, 이행권고결정에 대하여 적법한 추후보완 이의신청이 있는 때에 민사소송법 제500조의 재심 또는 상소의 추후보완신청으로 말미암은 집행정지신청 제도를 준용하도록 함으로써 이행권고결정제도의 취지를 모르는 피고가 입을 불측의 손해를 방지할 수 있는 길을 열어 놓았습니다(소액사건심판법 제5조의6 제5항).

**(관련판례)**

금 300만 원을 대여하면서 중개수수료 명목으로 30만 원, 공증료 명목으로 30만 원을 각 공제하고 실제로는 240만 원을 지급한 경우, 구 대부업의 등록 및 금융이용자보호에 관한 법률이 정한 제한이자율을 초과하는 간주이자를 공제한 것으로 보아야 함에도, 이와 달리 무죄를 선고한 원심판결에 법리오해의 위법이 있다고 한 사례(대법원 2010.05.13. 선고 2009도11576 판결).

# 3. 대부중개업자의 사업범위 및 중개수수료의 금지

## 3-1. 대부중개업 이용 시 주의사항

① 대부중개업자는 대부업자로부터 중개수수료를 받을 수는 있어도 대부업체 이용자로부터 받아서는 안 됩니다. 이를 위반한 자는 3년 이하의 징역 또는 3천만원 이하의 벌금에 처해집니다.

② 대부업체 이용자는 대부중개업자가 중개의 대가(중개수수료)를 요구하는 경우 거부할 수 있습니다.

③ 대부업자가 개인이나 소기업에 해당하는 법인에 대부하는 경우 대부중개업자 등에게 지급하는 중개수수료는 대부금액의 100분의 5를 초과할 수 없습니다.

④ 대부중개업자를 이용하려는 경우에는 대부중개업자가 표시 또는 광고를 할 때 대부중개업 등록번호, 대부이자율 등을 포함해야 하므로 표시된 대부조건을 확인할 수 있습니다.

## 3-2. 대부중개수수료의 금지

### 3-2-1. 대부중개업

「대부중개업」이란 대부중개를 업(業)으로 하는 것을 말하고(대부업법 제2조 제2호), 「대부중개업자」란 대부업법 제3조에 따라 대부중개업의 등록을 한 자를 말합니다(제2조 제3호).

### 3-2-2. 중개의 제한

대부중개업자는 대부업의 등록 또는 등록갱신을 하지 않고 사실상 대부업을 하는 자(미등록대부업자)에게 대부중개를 해서는 안 됩니다(대부업법 제11조의2 제1항). 이를 위반하여 미등록대부업자에게 대부중개를 한 자는 3년 이하의 징역 또는 3천만원 이하의 벌금에 처해집니다(동법 제19조 제2항 제6호).

### 3-2-3. 대부업체 이용자의 중개수수료 지급 금지

대부중개업자 및 대출모집인(대부중개업자 등)과 미등록대부중개업자는 수수료, 사례금, 착수금 등 그 명칭이 무엇이든 대부중개와 관련하여 받는 대가(중개수수료)를 대부업체 이용자로부터 받아서는 안 됩니다.(대부업법 제11조의2 제2항). 이를 위반하여 중개수수료를 받은 자는 3년 이하의 징역 또는 3천만원 이하의 벌금에 처해집니다(동법 제19조 제2항 제6호).

'대출모집인'이란 여신금융기관과 위탁계약 등을 맺고 대부중개업을 하는 자(그 대부중개업을 하는 자가 법인인 경우 그 법인과 직접 위탁계약 등을 맺고 대부를 받으려는 자를 모집하는 개인을 포함함)를 말합니다(동법 제3조 제1항 단서).

### 3-2-4. 중개수수료의 상한

① 대부업자가 개인이나 소기업(중소기업기본법 제2조 제2항)에 해당하는 법인에 대부하는 경우 대부중개업자 등에게 지급하는 중개수수료는 다음에 해당하는 금액을 초과할 수 없습니다(대부업법 제11조의2 제3항 및 동법 시행령 제6조의8 제2항).

| 대부금액 | 중개수수료 금액 |
|---|---|
| 5백만원 이하 | 100분의 5 |
| 5백만원 초과 1천만원 이하 | 25만원 + 5백만원을 초과하는 금액의 100분의 4 |
| 1천만원 초과 | 45만원 + 1천만원을 초과하는 금액의 100분의 3 |

※ 여신금융기관이 대부중개업자 등에게 중개수수료를 지급하는 경우에도 위와 같습니다(대부업법 제11조의2 제4항).

② 이를 위반하여 중개수수료를 초과하여 지급한 자는 3년 이하의 징역 또는 3천만원 이하의 벌금에 처해집니다(동법 제19조 제2항 제7호).

③ 대부중개업자 등은 대부업자 또는 여신금융기관으로부터 위의 금액을 초과하는 중개수수료를 지급받아서는 안 됩니다(동법 제11조의2 제5항). 이를 위반하여 중개수수료를 받은 자는 3년 이하의 징역 또는 3천만원 이하의 벌금에 처해집니다(동법 제19조 제2항 제9호).

### 3-3. 대부중개를 위탁한 대부업자 또는 여신금융기관의 배상책임

① 대부중개업자등이 그 위탁받은 대부중개를 하면서 대부업법을 위반해 거래상대방에게 손해를 발생시킨 경우 대부업자 또는 여신금융기관은 그 손해를 대신 배상할 책임이 있습니다(동법 제11조의3 제1항 본문). 다만, 대부업자 또는 여신금융기관이 대부중개업자등에게 대부중개를 위탁하면서 상당한 주의를 기울였고 대부중개업자가 대부중개를 하면서 거래상대방에게 손해를 입히는 것을 막기 위해 노력한 경우에는 그렇지 않습니다(동법 제11조의3 제1항 단서).

② 대부업자 또는 여신금융기관이 대부중개업자의 중개행위로 발생한 손해를 대신 배상한 경우 대부업자 또는 여신금융기관은 대부중개업자에게 구상권을 행사할 수 있습니다(동법 제11조의3 제2항).

## 3-4. 대부중개업자 등의 광고 제한

## 3-4-1. 대부중개업자 외의 광고 금지

대부중개업자 등이 아니면 대부중개업에 관한 표시 또는 광고(표시·광고의 공정화에 관한 법률에 따른 표시 또는 광고를 말합니다)를 해서는 안 됩니다(대부업법 제9조의2 제2항). 이를 위반하여 대부중개업 광고를 한 자는 5년 이하의 징역 또는 5천만원 이하의 벌금에 처해집니다(동법 제19조 제1항 제3호).

■ **신용불량자가 생활정보지의 광고를 보고 문의했더니 대출은 가능하지만 10%의 작업비를 미리 입금하라고 합니다. 괜찮을까요?**

Q. 신용불량자로 돈이 필요한데, 생활정보지에 "은행권 당일 대출 가능"이라는 광고를 보고 업체에 문의하였더니 대출은 가능하지만 10%의 작업비를 미리 입금하라고 합니다. 괜찮을까요?

A. 시·도 홈페이지에서 등록 대부업자인지를 확인해 보세요.
최근 경기침체 등으로 무등록 대부업자의 불법적인 사금융 행위가 증가하고 있습니다.
이들은 관할 시·도에 대부업 등록을 하지 않고 기존 대부업 등록업체의 등록번호를 도용하는 등의 방법으로 등록업자를 가장하여 생활정보지에 대부광고를 게재하여, '신불자·연체자 환영', '무직자 대출', '무조건 100% 가능' 등 허위 과장광고를 일삼으며, 이러한 광고를 믿고 대출상담을 신청한 소비자에게 급전대출을 미끼로 중개수수료를 수취하거나 휴대전화 및 은행거래 통장 등을 양도받아 이를 타인에게 불법적으로 재양도하고 있습니다.

그러므로 시·도의 홈페이지에서 대부업체 등록현황 등을 통해 해당 업체가 등록 대부업체인지 반드시 확인하고, 허위·불법광고에 현혹되지 않도록 주의하시기 바랍니다.

대부업 또는 대부중개업을 하려는 자(여신금융기관은 제외)는 영업소별로 해당 영업소를 관할하는 특별시장·광역시장·특별자치시장·도지사 또는 특별자치도지사에게 등록해야 합니다.

등록을 하지 않고 대부업 또는 대부중개업을 하거나 속임수나 그 밖의 부정한 방법으로 등록을 한 자는 5년 이하의 징역 또는 5천만원 이하의 벌금에 처해집니다.

시·도지사 등은 등록부를 일반인이 열람할 수 있도록 해야 하므로, 대부업체를 이용하려는 사람은 각 시·도 홈페이지에서 등록부를 열람하여 해당 업체가 등록 대부업체인지 반드시 확인하고, 허위·불법광고에 현혹되지 않도록 주의해야 합니다.


### 3-4-2. 대부조건의 표시 또는 광고

① 대부중개업자가 대부조건 등에 관해 광고를 하는 경우에는 다음의 사항을 포함해야 합니다(대부업법 제9조 제3항 및 동법 시행령 제6조 제3항).

　1) 명칭 또는 대표자 성명

　2) 대부중개업 등록번호

　3) 중개를 통해 대부를 받을 경우 그 대부이자율(연 이자율로 환산한 것 포함) 및 연체이자율

　4) 이자 외에 추가비용이 있는 경우 그 내용

　5) 영업소의 주소와 등록된 광고에 사용되는 전화번호(둘 이상의 특별시·광역시·특별자치·시도 또는 특별자치도(이하 "시·도"라

함)에 영업소를 설치한 대부업자인 경우에는 본점의 주소와 광고에 사용되는 전화번호를 말함)

    6) 현재 등록되어 있는 시·도 등의 명칭과 등록정보를 확인할 수 있는 시·도 등의 전화번호

    7) "중개수수료를 요구하거나 받는 것은 불법"이라는 문구

    8) 과도한 차입의 위험성을 알리는 경고문구

② 대부중개업자는 광고를 하는 경우에는 일반인이 위의 사항을 쉽게 알 수 있도록 다음의 방식에 따라 광고의 문안과 표기를 해야 합니다(동법 제9조 제4항 및 동법시행령 제6조의2).

    1) 대부중개업자의 상호의 글자는 상표의 글자보다 크게 하고, 쉽게 알아볼 수 있도록 할 것

    2) 등록번호, 전화번호, 대부이자율, 대부계약과 관련된 부대비용, 과도한 차입의 위험성을 알리는 경고문구 및 "중개수수료를 요구하거나 받는 것은 불법"이라는 문구는 상호의 글자와 글자 크기를 같거나 크게 하고, 그 밖의 광고사항과 쉽게 구별할 수 있도록 할 것

    3) 대부업자 등의 광고 표시기준을 준수할 것

③ 불법 대부광고에 사용된 전화번호의 이용중지

시·도지사 등은 미래창조과학부장관에게 불법 대부광고에 사용된 전화번호에 대한 이용중지를 요청할 수 있습니다. 또한 허위·과장 광고의 경우에는 시·도지사가 기한을 정하여 해당 광고의 중단을 명할 수 있으며, 광고 중단 명령을 따르지 않을 경우에는 광고에 사용된 전화번호에 대한 이용정지를 요청할 수 있습니다. 다만, 이의신청 절차를 마련해 선의의 피해를 방지하고 있습니다(동법 제9조의6).

## ■ 불법 대출중개수수료를 지급했을 경우에 이를 반환받을 수 있나요?

Q. 대부업체에서 돈을 빌릴 때 신용등급을 올려준다며 대출과정에서도 신용정보조회기록이 남지 않는 조건으로 중개수수료를 지급했는데, 이를 반환받을 수 있나요?

A. 대부중개업자는 중개의 대가를 대부업체 이용자로부터 받아서는 안 되며, 이를 위반하는 경우에는 3년 이하의 징역 또는 3천만원 이하의 벌금에 처해집니다(대부업법 제19조 제2항 제6호). 이미 중개수수료를 지급한 경우에는 금융감독원의 불법사금융피해신고센터 또는 한국대부금융협회 대부업피해신고센터 등에 신고해 수수료를 반환받을 수 있습니다.

# ■ 학자금 대출을 받을 경우 보증인 없이 대출을 받게 해주겠다며 대출중개수수료 명목으로 요구할 때는 불법이 아닌지요?

Q. 가정형편이 어려워짐에 따라 대학 등록금 납입을 위해 대부중개업체에 대출 가능 여부를 문의하였더니, 학자금 대출은 친인척의 보증인이 필요하나, 보증인 없이 대출을 받게 해주겠다며 230만원(대출금의 16.25%)을 대출중개수수료 명목으로 요구하여 이를 지불하였습니다. 그런데 이것은 불법이 아닌지요?

A. 불법이 맞습니다. 대부중개업자는 중개의 대가를 대부업체 이용자로부터 받아서는 안 되며, 이를 위반하는 경우에는 3년 이하의 징역 또는 3천만원 이하의 벌금에 처해집니다. 이미 중개수수료를 지급한 경우에는 금융감독원의 사금융피해상담센터 또는 한국대부금융협회 대부업피해신고센터 등에 신고해 수수료를 반환받을 수 있습니다.

「대부중개업자」란 대부중개를 업(業)으로 하여 관할 시·도에 대부중개업의 등록을 한 자를 말합니다. 대부중개업자는 미등록 대부업자에게 대부중개를 해서는 안 됩니다.

대부중개업자는 대부업체와 대부업체이용자 사이의 대부계약을 중개한 경우 중개의 대가(중개수수료)를 대부업자로부터는 받을 수 있으나, 대부업체 이용자로부터는 받을 수 없습니다.

# 제6장 채무의 변제

## 1. 채무의 변제 등

### 1-1. 기한 전의 상환

① 대부업체 이용자는 대부계약을 체결할 때 조기 상환에 관해 약정한 경우에는 그 약정에 따라, 약정하지 않은 경우에는 민법에 따라 조기 상환할 수 있습니다.

② 조기 상환하는 경우 대부업자가 입은 손해는 약정이 있는 경우에는 약정에 따라서, 약정이 없는 경우에는 통상적으로 입은 손해를 배상해야 합니다.

③ 당사자의 특별한 의사표시가 없으면 변제기 전이라도 대부업체 이용자는 상환할 수 있습니다. 그러나 대부업자의 손해는 배상해야 합니다(민법 제468조).

④ 「대부거래 표준약관」(공정거래위원회 표준약관 제10036호, 2015. 3.27. 발령·시행)은 기한 전의 임의상환에 관해 정하고 있는데, 채무자는 약정한 상환기일이 도래하기 전이라도 원금의 전부 또는 일부를 상환할 수 있습니다. 그러나 대부계약 체결 시 채무자와 기한 전의 임의 변제로 대부업자가 받을 손해에 대해 미리 약정한 경우에는 수수료 등을 채무자가 부담합니다(대부거래 표준약관 제13조).

# ■ 급전이 필요하여 대출을 받았다가 일이 잘 해결되어 미리 갚으려 합니다. 별도의 비용 없이 상환이 가능할까요?

Q. 급전이 필요하여 대부업체로부터 90일 기간으로 대출을 받았다가 생각보다 일이 잘 해결되어 30일 만에 갚으려 합니다. 별도의 비용 없이 상환이 가능할까요?

A. 기한 전 상환으로 대부업체가 입은 손해를 배상해야 합니다. 채무자는 약정한 상환기일이 도래하기 전이라도 원금의 전부 또는 일부를 상환할 수 있습니다.

그러나 대부계약 체결 시 채무자와 기한 전의 임의(任意) 변제로 대부업자가 받을 손해에 대해 미리 약정한 경우에는 수수료 등을 채무자가 부담해야 합니다.

당사자의 특별한 의사표시가 없으면 변제기 전이라도 채무자는 변제할 수 있습니다. 그러나 대부업체의 손해(이자 수익, 약정 수수료 등)는 배상해야 합니다.

**(관련판례)**

피고인들이 갑에게 대부기간을 3개월로 하여 돈을 대부하면서 1개월분 선이자를 공제하였는데 5일 후 약정 대부원금 전액을 변제받고도 선이자로 공제한 금액을 정산하지 않아 제한이자율을 초과하였다고 하여 구 대부업법(2009.1.21. 법률 제9344호로 개정되기 전의 것) 위반으로 기소된 사안에서, 피고인들이 사전에 공제한 선이자가 실제 대부기간에 대한 구 대부업법에서 정한 제한이자율에 따른 이자를 초과하였지만 초과 부분은 이자가 아닌 중도상환수수료로 받은 것이어서 제한이자율을 초과한 것으로 볼 수 없다는 취지로 판단한 원심의 조치에 구 대부업법상 중도상환수수료의 간주이자 해당 여부에 관한 법리오해의 위법이 있다(대법원 2012.03.15. 선고 2010도11258 판결).

## 1-2. 일부 상환

대부업체 이용자가 채무변제 시 일부를 상환한 경우에는 비용, 이자, 원금의 순서로 충당합니다. 그러나 대부업자는 대부업체 이용자에게 불리하지 않은 범위에서 충당순서를 달리할 수 있고, 이러한 사실을 서면으로 통지해야 합니다.

## 1-3. 채무의 변제충당

### 1-3-1. 변제충당

「변제충당」이란 채무자가 동일한 채권자에 대해 같은 종류의 목적을 가지는 여러 개의 채무를 부담하거나(민법 제476조), 한 개의 채무의 변제로서 여러 개의 급부를 해야 하거나(동법 제478조), 또는 채무자가 한 개 또는 여러 개의 채무에 관해 원본 외에 비용·이자를 지급해야 하는 경우(동법 제479조)에 변제로서 제공한 급부가 그 전부를 소멸하게 하는 데에 부족할 때에 그 변제를 어느 채무에 충당할 것인지의 문제를 말합니다.

### 1-3-2. 합의변제충당

당사자는 합의 또는 계약으로 변제충당을 결정할 수 있습니다.

### 1-3-3. 지정변제충당

① 채무자가 동일한 채권자에 대하여 같은 종류를 목적으로 한 여러 개의 채무를 부담한 경우에 변제의 제공이 그 채무전부를 소멸하게 하지 못하는 때에는 변제자는 그 당시 어느 채무를 지정하여 그 변제에 충당할 수 있습니다(민법 제476조 제1항).

② 변제자가 지정을 하지 않은 때에는 변제받는 자는 그 당시 어느

채무를 지정하여 변제에 충당할 수 있습니다. 그러나 변제자가 그 충당에 대해 즉시 이의를 한 때에는 지정충당을 할 수 없습니다(동법 제476조 제2항).

③ 변제충당의 지정은 상대방에 대한 의사표시로써 합니다(동법 제476조 제3항).


### 1-3-4. 법정변제충당

당사자가 변제에 충당할 채무를 지정하지 않은 때에는 다음에 따릅니다(민법 제477조).

1) 채무 중에 이행기가 도래한 것과 도래하지 않은 것이 있으면 이행기가 도래한 채무의 변제에 충당합니다.

2) 채무전부의 이행기가 도래했거나 도래하지 않은 때에는 채무자에게 변제이익이 많은 채무의 변제에 충당합니다.

3) 채무자에게 변제이익이 같으면 이행기가 먼저 도래한 채무나 먼저 도래할 채무의 변제에 충당합니다.

4) 2)와 3)의 사항이 같은 때에는 그 채무액에 비례해 각 채무의 변제에 충당합니다.


### 1-4. 변제충당순서

### 1-4-1. 비용, 이자, 원금의 순서

① 채무자가 한 개 또는 여러 개의 채무의 비용 및 이자를 지급할 경우에 변제자가 그 전부를 소멸하게 하지 못한 급여를 한 때에는 비용, 이자, 원본의 순서로 변제에 충당해야 합니다(민법 제479조 제1항).

② 비용, 이자, 원본의 충당순서는 법정변제충당에 따릅니다(동법

제479조 제2항 및 제477조).

③ 「대부거래 표준약관」(공정거래위원회 표준약관 제10036호, 2015.
3.27. 발령·시행)은 채무의 변제충당에 관해 다음과 같이 정하고
있습니다.

1) 채무자의 채무변제 시 채무 전액을 소멸시키기에 부족한 때
에는 비용, 이자, 원금의 순서로 충당하기로 합니다. 그러나
대부업자는 채무자에게 불리하지 않은 범위에서 충당순서를
달리할 수 있으나 채무자에게 이러한 사실을 서면으로 통지
해야 합니다(동 약관 제14조 제1항).

2) 변제될 채무가 여러 개인 경우로서 강제집행 또는 담보권 실행
경매에 따른 회수금에 해당되지 않는 임의의 상환금이 채무자
의 채무전액에 부족한 때에는 채무자가 지정하는 순서에 따라
변제에 충당합니다. 채무자가 지정하는 순서에 따를 경우 대부
업자의 채권보전에 지장이 생길 염려가 있는 때에는 대부업자는
지체 없이 이의를 표시하고, 물적 담보나 보증의 유무, 그 경중
이나 처분의 난이, 변제기의 장단 등을 고려해 대부업자가 변제
에 충당할 채무를 바꾸어 지정할 수 있으나 채무자에게 이러한
사실을 서면으로 통지해야 합니다(동 약관 제14조제3항).
여기서 「강제집행」이란 사법상 또는 행정법상의 의무를 이행
하지 않는 사람에 대해 국가가 강제 권력으로 그 의무의 이
행을 실현하는 작용이나 절차를 말합니다.

3) 대부업자가 변제충당순서를 민법 및 그 밖의 법률과 달리 할
경우에는 대부업자의 채권보전에 지장이 없는 범위에서 채무
자와 담보제공자 및 보증인의 정당한 이익을 고려해야 합니
다(동 약관 제14조 제4항).

4) 변제될 채무가 여러 개인 경우로서 채무전액이 변제되지 않을 경우 강제집행 또는 담보권 실행경매에 따른 회수금에 대하여는 민법 및 그 밖의 법률에 따릅니다(동 약관 제14조 제2항).

**(관련판례)**

비용, 이자, 원본에 대한 변제충당에 있어서는 민법 제479조에 그 충당 순서가 법정되어 있고 지정 변제충당에 관한 민법 제476조는 준용되지 않으므로 원칙적으로 비용, 이자, 원본의 순서로 충당하여야 하고, 채무자는 물론 채권자라 할지라도 위 법정 순서와 다르게 일방적으로 충당의 순서를 지정할 수는 없다. 그러나 당사자 사이에 특별한 합의가 있는 경우이거나 당사자의 일방적인 지정에 대하여 상대방이 지체 없이 이의를 제기하지 아니함으로써 묵시적인 합의가 되었다고 보이는 경우에는 그 법정충당의 순서와는 달리 충당의 순서를 인정할 수 있다(대법원 2009.06.11. 선고 2009다12399 판결).

## 2. 대부금을 갚기 힘든 경우

① 이자의 지급이 어렵거나 대부금을 정상적으로 상환하기 어려울 경우에는 연체이자를 감면하거나 상환기간을 연장해 주는 '채무조정프로그램'을 이용할 수 있습니다.

② 채무조정프로그램에는 한국자산관리공사의 신용회복기금·캠코신용지원·희망모아, 신용회복위원회의 프리워크아웃·개인워크아웃, 법원의 개인회생 및 개인파산 등이 있습니다.

③ 그 중 신용회복기금의 전환대출(환승론)은 대부업체의 고금리채무를 이용하는 채무자의 신용도에 따라 제도권 금융기관의 저금리 대출로 전환할 수 있도록 지원하는 전환대출 신용보증프로그램입니다.

④ 신용회복과 재기를 도모하기 위해 자신의 재산으로 모든 채무를 변제할 수 없는 상태에 있는 개인채무자가 그 채무의 정리를 위해 법원에 파산신청을 할 수 있고, 장래 계속적으로 또는 반복하여 수입을 얻을 가능성이 있는 개인채무자는 5년 이내에 일정한 금액을 변제하면 나머지 채무의 면제를 받을 수 있는 법원의 개인회생절차 등을 이용할 수 있습니다.

## 2-1. '채무조정'프로그램의 이용

### 2-1-1. 채무조정

① 채무조정이란 현재의 소득으로 본인의 채무를 정상적으로 상환할 수 없는 채무자를 대상으로 실질적 변제가능성을 고려한 채무 변경(연체이자 감면, 원금 일부감면, 상환기간 연장 등)을 통해 채무자의 경제적 회생을 지원하는 절차입니다.

② 채무조정프로그램에는 한국자산관리공사의 신용회복기금·캠코신용지원·희망모아, 신용회복위원회의 프리워크아웃·개인워크아웃, 법원의 개인회생 및 개인파산 등이 있습니다. 각 프로그램별로 신청대상, 채무감면율, 상환기간, 채무조정효과 등이 다르므로 채무자는 본인의 상황에 적합한 채무조정프로그램을 선택해야 합니다.

③ 그 밖에 채무조정에 관한 자세한 사항은 '서민금융나들목 채무조정정보'에서 확인할 수 있고, '서민금융나들목 맞춤형채무조정 찾기'에서는 개인정보입력을 통해 본인에게 적합한 채무조정프로그램을 찾을 수 있습니다.

## 2-1-2. 각 프로그램의 지원대상

| 기　　관 | 채무조정프로그램 | 신청대상 |
|---|---|---|
| 한국자산관리공사 | 국민행복기금<br>(채무조정) | 국민행복기금이 보유하고 있는 채권의 채무자 |
| | 국민행복기금<br>(바꿔드림론) | -제도권금융기관 및 등록대부업체의 고금리 채무보유자<br>-재직(사업영위) 및 소득이 있는 자<br>-현재 연체가 없으며 최근 3개월내 30일 이상 계속된 연체 없는 자 |
| | 캠코신용지원 | 한국자산관리공사에 보유하고 있는 채권의 채무자 |
| | 희망모아 | 희망모아유동화전문유한회사에서 보유하고 있는 채권의 채무자 |
| 신용회복위원회 | 프리워크아웃 | 채무불이행기간이 30일 초과 90일 미만이며, 2개 이상의 금융회사에 총채무액이 5억원 이하인 경우 |
| | 개인워크아웃 | -3개월 이상 금융채무연체자<br>-생계비 이상의 소득이 있는 자 |
| 법원 | 개인회생 | 채무불이행 상태 |
| | 개인파산 | 채무불이행 상태 |

(출처: 서민금융나들목 채무조정정보)

※ 그 밖에 각 프로그램의 신청대상 및 대상채무에 관한 자세한 사항은 '서민
금융나들목 채무조정정보 채무조정소개'에서 확인할 수 있습니다.

## 2-2. 각 채무조정프로그램의 내용

## 2-2-1. 신용회복기금의 채무조정

신용회복기금 채무조정은 제도권 금융기관 및 대부업체로부터 채
권을 매입해 채무자들에게 채무조정을 시행하는 프로그램으로, 신
용회복기금과 협약을 맺은 금융기관 등으로부터 매입한 연체채권
을 대상으로 채무액을 감면하거나 채무자의 상환능력을 고려해
최장 8년 이내에 상환할 수 있습니다.

## 2-2-2. 전환대출(환승론)

① 신용회복기금이 대부업체 등에서 고금리채무를 사용하는 채무자의 신용도에 따라 제도권 금융기관의 저금리 대출로 전환해 금융비용을 줄이고 경제활동을 지원하는 전환대출 신용보증프로그램입니다.

② 채무조정 및 전환대출에 관한 자세한 사항은 국민행복기금 홈페이지 또는 콜센터, 한국자산관리공사를 통해 상담 및 신청을 할 수 있습니다.

## 2-2-3. 캠코신용지원

① 한국자산관리공사가 금융기관으로부터 매입한 채권을 대상으로, 채무관계자에게 재산이 없는 경우 연체이자 전액 및 원금의 최대 30%까지 감면될 수 있으며 재산이 있는 경우 보유재산의 가치에 따라 채무조정의 범위가 결정됩니다.

② 캠코신용지원에 관한 자세한 사항은 캠코신용지원 홈페이지 또는 고객지원센터를 이용할 수 있습니다.

## 2-2-4. 희망모아

① 희망모아유동화전문유한회사가 금융회사의 부실채권을 매입하여, 연체이자는 감면하고 원금은 채무자가 장기분할 상환하거나 일시상환 할 수 있는 채무조정프로그램입니다.

② 희망모아에 관한 자세한 사항은 < 희망모아 홈페이지 > 또는 고객지원센터를 이용할 수 있습니다.

## 2-2-5. 프리워크아웃

30일 초과 90일 미만의 단기연체 중인 개인채무자를 대상으로 상환기간 연장, 이자율 인하, 채무감면 및 변제기 유예 등의 사전 채무조정을 통해 개인채무자의 연체 장기화를 방지하는 제도로, 원금 및 정상이자는 감면되지 않으며 연체이자에 한해 감면될 수 있습니다.

## 2-2-6. 개인워크아웃

① 신용회복위원회의 개인워크아웃은 금융회사의 자율협약인 신용회복지원 협약에 따라 금융채무를 정상적으로 상환할 수 없는 채무자를 대상으로 본인의 상환능력에 맞게 채무를 변제할 수 있도록 상환기간 연장, 분할상환, 변제기 유예, 이자율 인하 및 채무감면 등을 통해 채무를 조정하는 절차입니다.

② 프리워크아웃 및 개인워크아웃에 관한 자세한 사항은 신용회복위원회 홈페이지 또는 신용회복상담센터를 이용할 수 있습니다.

# ■ 개인워크아웃, 개인파산, 개인회생제도 중 어느 제도가 유리한지요?

Q. 저는 중학생 자녀 한명과 배우자를 두고 있는 회사원입니다. 그런데 금융권에 부채가 8천만원 정도되며 친지 및 사채업자에게 진 부채가 약 1천5백만원 정도 있습니다. 급여는 약 150만원 정도이며 현재 다니고 있는 회사가 폐업할 예정이어서 다른 직장을 알아보고 있는데, 대부분의 회사의 급여가 현재 회사의 급여에 미치지 못하는 실정입니다. 이곳저곳 문의해 보니 파산을 권하는 사람이 있는 반면에 저의 경우 개인회생이나 개인워크아웃을 해야 한다는 사람도 있습니다. 저는 어떤 제도를 이용해야 하는지요?

A. 현재 시행되고 있는 신용회복제도는 크게 개인파산, 개인회생, 개인워크아웃이 있습니다. 위 각 제도는 다음과 같은 구체적인 점에서 차이가 있습니다.

① 제도 운영주체에 있어서, 개인파산과 개인회생제도는 채무자 회생 및 파산에 관한 법률에 따라 법원이 재판을 통해 결정하는 방식으로 운영하고 있으나, 개인워크아웃은 금융감독위원회의 허가를 받아 설립된 신용회복위원회가 운영하고 있습니다.

② 제도가 적용될 채권자의 범위에 있어서도 개인파산과 개인회생제도는 제한이 없으나 개인워크아웃제도는 협약에 가입되어 있는 금융기관만을 그 대상으로 하고 있어 개인 간 채권관계나 사채업자들을 그 대상에서 제외하고 있습니다.

③ 제도를 이용할 채무자의 요건으로서, 개인파산의 경우 지급불능으로 인정된다면 채무액의 제한은 없으나 개

인회생의 경우 지급불능 또는 그러한 염려가 있는 급여·영업·연금소득자로서 담보채무의 경우 10억원, 무담보채무의 경우 5억원 이하이어야 하고, 개인워크아웃의 경우 연체정보가 등록된 자로 최저생계비 이상의 소득이 있거나 그 미만의 소득이 있더라도 채무상환이 가능하다고 인정된 채무자로서 5억원 이하의 채무를 부담하고 있는 경우에 한하고 있습니다.

④ 채무조정 내용에 있어서도 개인파산의 경우 전부 또는 일부면책을 받을 수 있으나 개인회생의 경우 원칙적으로 5년 동안 원금 일부를 변제하고 나머지를 면책 받을 수 있으며, 개인워크아웃의 경우 원칙적으로 10년 이내 원금 전부 및 이자 일부를 변제하고 나머지를 면책 받을 수 있습니다. 귀하의 경우 개인워크아웃을 이용한다면 친지 및 사채업자에 대한 채무를 해결할 수 없게 되어 개인파산 또는 개인회생제도의 이용을 고려해볼 수 있습니다. 그런데 귀하는 현재 부양가족수가 3인 가구로 평가되어 2015년 기준 보건복지부 공표 3인 가구 최저 생계비 1,359,688원의 1.5배(개인회생시 법원 인정 생계비)인 금 2,039,532원[2012년 기준 보건복지부 공표 3인 가구 최저생계비 1,218,873원의 1.5배인 금 1,828,310원]을 공제하면 남는 소득이 없을 뿐만 아니라 실직 가능성도 있어 개인회생절차를 이용하기는 어려울 것으로 보입니다. 따라서 채무증대과정에 있어서 낭비, 재산은닉 등 면책불허가사유가 없다면 개인파산을 고려해 볼 수 있을 것입니다.

**(관련판례)**

채무자회생 및 파산에 관한 법률상 개인파산·면책제도의 주된 목적 중의 하나는 파산선고 당시 자신의 재산을 모두 파산배당을 위하여 제공한, 정직하였으나 불운한 채무자의 파산선고 전의 채무의 면책을 통하여 그가 파산선고 전의 채무로 인한 압박을 받거나 의지가 꺾이지 않고 앞으로 경제적 회생을 위한 노력을 할 수 있는 여건을 제공하는 것이다. 그러나 한편, 채무자회생 및 파산에 관한 법률은 채권자 등 이해관계인의 법률관계를 조정하고 파산제도의 남용을 방지하기 위하여, 같은 법 제309조에서 법원은 파산신청이 성실하지 아니하거나 파산절차의 남용에 해당한다고 인정되는 때에는 파산신청을 기각할 수 있도록 하고, 같은 법 제564조 제1항의 각 호에 해당하는 경우에는 법원이 면책을 불허가할 수 있도록 하고, '채무자가 고의로 가한 불법행위로 인한 손해배상청구권' 등 같은 법 제566조의 각 호의 청구권은 면책대상에서 제외하며, 같은 법 제569조에 따라 채무자가 파산재단에 속하는 재산을 은닉 또는 손괴하는 등 사기파산죄로 유죄의 확정판결을 받거나 채무자가 부정한 방법으로 면책을 받은 경우 법원의 결정에 의하여 면책이 취소될 수 있도록 하고 있다. 따라서 개인파산·면책제도를 통하여 면책을 받은 채무자에 대한 차용금 사기죄의 인정 여부는 그 사기로 인한 손해배상채무가 면책대상에서 제외되어 경제적 회생을 도모하려는 채무자의 의지를 꺾는 결과가 될 수 있다는 점을 감안하여 보다 신중한 판단을 요한다(대법원 2007.11.29. 선고 2007도8549 판결).

## ■ 개인회생절차와 개인워크아웃은 어떤 차이가 있나요?

Q. 개인 빚을 청산하는데 개인회생절차와 개인워크아웃이 있다는데 어떤 차이가 있나요?

A. 개인워크아웃제도는 신용회복위원회에서 실시하는 임의적인 제도입니다. 개인워크아웃은 신용회복지원협약에 가입한 채권금융기관들에 대한 채무만 조정할 수 있고, 위 채권금융기관들 이외의 채권자에 대한 채무는 조정할 수 없습니다. 채무액의 한도도 개인워크아웃의 경우에는 5억원임에 반하여 개인회생절차는 담보채무는 최대 10억원, 무담보채무는 최대 5억원인 점에서 차이가 있습니다.

개인워크아웃은 채무 원금의 면제에 제한을 두고 있으나, 개인회생절차에서는 원칙적으로 5년의 변제기간 동안 가용소득을 변제에 투입하면 원금을 모두 변제하지 못한 경우에도 나머지 원금의 면제가 가능합니다.

## 2-2-7. 개인회생

개인회생제도는 총 채무액이 무담보채무의 경우에는 5억원, 담보부채무의 경우에는 10억원 이하인 개인채무자로서 장래 계속적으로 또는 반복하여 수입을 얻을 가능성이 있는 자가 법원에 신청해 3년 내지 5년간 일정한 금액을 변제하면 나머지 채무의 면제를 받을 수 있는 제도입니다.

### ■ 개인회생절차개시 신청할 때 필요한 서류는 무엇 무엇인지요?

Q. 저는 이번에 사채로 쓴 빚이 많아서 개인회생절차개시 신청을 하려고 합니다. 필요한 서류에는 어떤 것들이 있나요?

A. 다음과 같은 서류를 구비하여야 합니다.

① 개인회생절차개시신청서 : 반드시 채무자의 연락 가능한 전화번호(집, 직장 및 휴대전화)를 표시하여야 합니다.

② 개인회생채권자목록 : 채권자의 성명 및 주소와 채권의 원인 및 금액이 기재된 것을 말합니다. 채무자는 개인회생절차 개시신청 후 회생위원과의 면담을 통하여 개인회생채권자목록의 잘못된 부분과 누락된 부분을 수정하는 등으로 최종적인 개인회생채권자목록을 작성한 후 그 원본과 채권자수에 2통을 더한 부본을 회생위원이 지정한 날까지 법원에 제출하여야 합니다.

③ 재산목록 : 재산가액을 증명하기 위한 자료, 예를 들면, 재산목록에 예.적금을 기재한 경우에는 그 통장사본, 부동산을 기재한 경우에는 그 소유 부동산의 등기부등본과 재산세과세증명서 등 시가증명자료, 자동차를 기재한 경우에는 자동차등록원부등본과 시가증명자료를 첨

부하여야 합니다. 경우에 따라서는 감정평가가 필요할
수도 있습니다.

④ 채무자의 수입 및 지출에 관한 목록 : 수입목록, 지출목
록, 변제계획 수행시의 예상 지출목록, 가족관계 등을
기재하여야 합니다.

⑤ 신청일 전 10년 이내에 화의사건.파산사건 또는 개인회
생사건을 신청한 사실이 있는 때에는 그 관련서류,

⑥ 급여소득자 또는 영업소득자임을 소명하는 자료 :

- 최근 1년 동안 직장의 변동이 없는 경우에는 1년간의
자료를 제출하고, 직장 변동이 있는 경우에는 직장변동
후의 기간만 제출하면 됩니다.

- 급여소득자의 경우 : 근로소득세 원천징수영수증 사본 1
통, 또는 소득증명서 1통

- 영업소득자의 경우 : 사업자등록증 1통 [사업자등록이
있는 경우에만 제출], 종합소득세 확정신고서 사본 1통,
또는 사업자 소득금액증명원 1통, 또는 소득진술서 1통
및 확인서 2통,

⑦ 진술서,

⑧ 그밖에 대법원규칙이 정하는 서류 : 주민등록등본, 호적
등본, 미납세액이 없음을 증명하는 자료 또는 미납세액
을 확인받은 자료, 생계비 결정을 위한 자료, 채무자가
사적 채무조정을 시도한 적이 있는 경우에는 이를 확인
할 수 있는 자료 등,

⑨ 변제계획안 : 변제계획안은 개인회생절차개시신청을 한
날로부터 14일 이내에 제출하면 됩니다. 다만, 절차의
신속한 진행을 위해서는 개인회생절차개시신청과 동시

에 변제계획안을 제출하는 것이 바람직합니다. 채무자가 개인회생절차개시신청과 동시에 변제계획안을 제출하지 않은 경우에는 회생위원은 그 채무자에게 변제계획안 양식을 교부하고 기본적인 작성요령을 안내하는 방법으로 채무자가 스스로 변제계획안을 작성할 수 있도록 하게 됩니다.채무자는 회생위원과의 면담을 통하여 변제계획안의 잘못된 부분과 누락된 부분을 수정하는 등으로 최종적인 변제계획안을 작성한 후 그 원본과 채권자수에 1통을 더한 부본을 회생위원이 지정한 날까지 법원에 제출하여야 합니다.

## ■ 개인회생절차의 진행과 채권자에게 취해야 할 조치 및 소요기간은 얼마나 되는지요?

Q. 저는 빚이 상당히 많아 개인회생을 신청하려고 합니다. 개인회생은 어떤 절차를 거쳐 진행되며, 신청인은 채권자들에게 어떤 조치를 취해야 하고, 언제부터 돈을 누구에게 갚아야 하는지, 전체적인 절차 및 소요 기간은 어떻게 되는지요?

A. 개인회생제도는 채무자의 가용소득으로 개인회생채권자들에게 변제하는 내용의 변제계획안을 인가하는 절차가 그 핵심이며, 이를 위해서는 채권금액 및 채무자 소득과 생계비 확정 등 다소 기술적인 문제를 처리해야 하므로, 대부분의 개인파산사건과 달리 절차가 복잡하고 오랜 시일이 소요되는 절차적인 특성이 있습니다. 이하에서는 각 지방법원 마다 운영을 달리하는 부분이 있을 수 있으나, 가장 많은 사건을 처리하고 있는 서울중앙지방법원의 개인회생제도 운영 절차를 기준으로 그 운영절차를 살펴보겠습니다. 신청인은 신청서, 채권자목록 및 재산목록, 수입 및 지출에 관한 목록, 진술서가 포함된 개인회생절차개시신청 양식을 통해 채무자의 주소지 관할 지방법원 본원(서울의 경우 5개의 지방법원 본원이 있으나 서울중앙지방법원에만 이를 신청할 수 있음)에 이를 신청할 수 있고, 변제계획안은 개인회생절차개시신청일로부터 14일 이내에 제출해야 합니다.

그러나 실무상 개인회생절차의 신속한 진행을 위해 변제계획안을 개시신청서와 동시에 제출하고 있습니다. 개인회생절차개시신청을 하면 법원은 그 사건을 개인회생 단독 재판부에 배당하고 직권으로 법원사무관 등을 개인회생위원으로 선임하여, 선임된 개인회생위원 및 개인회생위원과의 면담기일을 지정한 안내문을 신청인에게 교부합니다. 개인회생위원은 법원의 감독을 받아 채무자의 재산 및 수입 상황과 채권액을 정확하고 신속하게 조사하고 적정한 변제계획안이 작성될 수 있도록 필요한 권고를 하며, 변제계획 인가 후 그 수행을 감독하는 등 법원을 보좌하는 업무를 수행하는 기관입니다.

신청 단계에서 개인회생위원은 신청인과의 면담기일에 구두상 또는 문서상으로 보정권고를 하여 개인회생절차개시신청서 및 변제계획안이 적정하게 작성될 수 있도록 하고, 신청인이 보정사항을 적정하게 이행할 경우 신청일로부터 1개월 이내에 개인회생절차개시결정을 하게 됩니다. 다만, 개인회생절차개시결정은 수차례 걸친 보정권고 및 보정사항의 이행으로 1개월보다 길어질 수 있습니다.

※【해설】
개인회생절차개시결정에는 ①개인회생채권에 관한 이의기간(개시결정일로부터 2주 이상 2월 이하)과 ②개인회생채권자집회기일(이의기간 말일과 2주 이상 1월 이하의 기간을 주어야 함)을 정해야 하고, 동 결정을 지체 없이 공고하고 신청인 및 개인회생채권자들에게 개인회생절차개시결정문, 개인회생채권자목록, 변제계획안을 송달합니다. 이러한 송달을 하기 위하여 법원은 개시결정을 한 경우 유선상으로 신청인이나 그 대리인에게 연락하여 채권자목록 및 변제계획안의 부본을 채권자수 + 2통 만큼 추가로 제출하도록 요청하고 있습니다. 최초의 변제는 변제계획인가일로부터 1월 이내에 개시하면 족하지만, 변제계획안의 수행가능성을 소명하기 위하여 변제계획안 제출일로부터 60일 후 90일 이내에 일정한 날을 제1회로 하여 매월 일정한 날에 그 변제계획안상의 매월 변제액을 회생위원에게 임

치할 뜻을 기재할 수 있고, 실무에서는 급여에 대한 가압류나 압류 및 추심명령 또는 전부명령이 있는 경우를 제외하고는 모두 위 지침과 같은 내용으로 변제계획안을 작성하여 변제계획인가결정 이전부터 최초의 변제를 개시하고 있는 실정입니다. 이에 따라 법원은 개인회생절차개시결정을 하면서 신청인에게 그 결정문과 함께 안내문을 송달하여 개인회생위원의 계좌번호를 고지하고 변제계획안에서 정한 변제개시일에 변제금을 입금하도록 독려하고 있습니다.

개인회생절차개시결정에서 정한 채권자 이의기간이 경과되면 채권자집회기일을 진행하는 바, 채권자집회기일이란 신청인이 변제계획안을 개인회생채권자들에게 설명하고 변제계획안에 대하여 개인회생채권자들의 이의진술 기회를 제공하고 집회를 종료하여 그 이의 유무에 따른 변제계획안 인가 여부를 간이·신속하게 결정하기 위한 제도로서, 개인회생채권자들의 변제계획안 승인결의가 없더라도 법에서 정한 변제계획 인가요건을 충족한다면 변제계획 인가결정을 받을 수 있습니다.

법원은 채권자집회기일에서 개인회생채권자의 이의 유무에 따른 변제계획 인가요건을 검토한 후 이를 충족한 것으로 판단할 경우 채권자집회기일 후 10일에서 15일 사이에 변제계획 인부결정을 선고하고, 그 주문·이유의 요지와 변제계획의 요지를 공고하고, 송달은 하지 않을 수 있는데 실무상 변제계획 인가결정은 송달하지 않고 있습니다.

위와 같은 절차에 따라 개인회생 변제계획인가결정이 선고·공고되면 신청인은 변제계획안의 내용과 같이 변제계획을 수행하며 이에 대하여 개인회생위원이 그 수행의 적정함을 감독하고, 신청인이 3개월 이상 변제금을 개인회생위원 계좌에 입금하지 않을 경우 개인회생절차가 직권으로 폐지될 수 있습니다.

## ■ 급여채권에 압류 및 전부명령이 확정된 경우에 개인회생신청은 가능한지요?

Q. 저는 공기업 직원으로 부동산 투자를 하다가 손해를 입어 은행 대출금과 신용카드, 사채를 사용하여 채무가 많아 발생하였습니다. 그래서 현재는 급여에 1순위로 채권압류 및 전부명령이 들어와 있습니다. 그 이후 여러 건의 채권 가압류, 채권압류 및 추심명령이 들어왔으나 최초의 전부 명령이 우선한다고 하여 그 전부채권자에게 본인 급여의 일정 부분이 지급되고 있는 실정입니다. 개인회생을 신청 하려고 알아보았는데 급여에 전부명령이 들어온 경우 다른 강제집행과 달라서 개인회생이 소용없다고 하는 사람도 있고 법이 바뀌어서 급여에 전부명령이 들어와도 개인회생을 신청할 수 있다는 사람도 있는데 이런 경우에 개인회생을 신청할 수 있나요?

A. 전부명령이란 채무자가 제3채무자에 대하여 가지는 압류 한 금전채권을 집행채권과 집행비용청구권의 변제에 갈음 하여 압류채권자에게 이전시키는 채권 강제집행의 한 방 법으로서, 이러한 전부명령으로 압류채권자는 만족을 얻 게 되며 다른 채권자의 배당가입이 허용되지 않고 압류채 권자가 우선적 변제를 받을 수 있다는 점에서 공탁사유 또는 추심의 신고를 할 때까지 다른 채권자의 배당가입이 허용되는 추심명령과 구별됩니다. 개인회생제도에 있어서 채무자의 변제의 재원인 급여에 전부명령이 결정되어 확 정된 경우 그 압류 및 전부된 급여채권은 전부채권자에게 확정적으로 이전되어 원칙적으로 채무자는 개인회생을 신 청하더라도 압류 및 전부되지 않은 나머지 급여만으로 개

인회생을 신청해야 하므로 급여채권에 전부명령이 들어온 채무자는 사실상 개인회생제도를 이용하는 것이 불가능하였습니다.

그러나 채무자 회생 및 파산에 관한 법률은 채무자의 급여채권에 대한 전부명령의 효력을 제한하여 개인회생절차 개시결정 전에 확정된 전부명령은 변제계획 인가결정 후에 제공한 노무로 인한 부분에 대하여는 그 효력이 상실되고, 변제계획인가결정으로 인하여 전부채권자가 변제받지 못하게 되는 채권액은 이를 개인회생채권으로 한다고 규정하여, 급여채권에 전부명령이 확정된 경우에도 개인회생제도를 이용할 수 있는 길을 열어놓았습니다.

이러한 경우 채무자는 급여채권에 대한 전부명령이 실효될 것을 전제로 전부채권자를 개인회생채권자로 하여 채권자목록에 기재하되, '채권현재액'은 확정된 전부명령상의 금액에서 전부채권자가 채무자의 사용자로부터 전부금 명목으로 지급받은 금액을 공제한 잔여 금액을 기재하며(급여채권에 대한 전부명령은 장래의 급여채권이 이미 전부채권자에게 이전된 것이므로 매월 전부금의 수령을 집행채권의 원리금 변제충당으로 해석할 수 없고 집행채권상의 원리금의 구별은 사라진 것으로 볼 수 있어 잔여 금액을 모두 원금에 기재하는 것이 타당해 보임), '부속서류'란에 '√'를 표시하고 그 아래 3번 란에 '○'를 표시한 후, 부속서류 3. 전부명령의 내역 양식에 채권번호, 채권자명칭, 채권의 내용, 전부명령의 내역으로서 ① 전부명령을 내린 법원 ②당사자, ③사건명 및 사건번호, ④전부명령의 대상이 되는 채권의 범위, ⑤제3채무자에 대한 송달일, ⑥전부명령의 확정여부를 전부명령결정문을 참조하여 이를 기재하고, 전부명령 결정문 사본 및 사용자가 작성한 전부금 지급내역서를 소명자료로 제출합니다.

또한 전부명령이 있은 사실에 관하여는 위 개인회생채권자목록 이외에 ①수입 및 지출에 관한 목록 중 Ⅰ. 현재의 수입목록 내용 중에 급여에 압류, 가압류 등 유무란과(법원양식 : '수입 및 지출에 관한 목록' 참조), ②진술서 Ⅲ. 부채상황 1. 채권자로부터 소송·지급명령·전부명령·압류·가압류 등을 받은 경험 유무란(법원양식 : '진술서' 참조)에 각각 이를 추가적으로 기재해야 합니다. 그리고 변제계획안의 작성에 있어서는 전부명령이 장래 실효될 것을 전제로 이를 '미확정채권'으로 취급하여 '7. 미확정 개인회생채권에 대한 조치'란에 해당 있음으로 」표시하고, '8. 변제금원의 회생위원에 대한 임치 및 지급'란에 7.항을 표시하며, '개인회생채권 변제예정액 표 2. 채권자별 변제예정액의 산정내역'의 표에 전부채권자의 명칭을 기재하되 개인회생채권액은 채권자목록에 기재한 금액을 미확정채권(원금)란에 기재합니다. 향후 변제계획 인가결정이 선고되면, 전부명령은 변제계획 인가결정 이후 제공한 노무로 인한 부분에 대하여는 그 효력이 상실되어 미확정채권으로 취급되던 전부채권자의 채권금액은 확정될 수 있으므로, ① 채무자가 사용자로부터 변제계획 인가결정일까지 근로한 대가 상당의 임금을 일할 계산한 확인서 및 이를 전부채권자에게 지급했다는 금융자료 등을 법원에 제출하거나 ②전부채권자 스스로 변제계획 인가결정까지의 노무로 인한 임금 중 압류 전부금을 수령한 내역을 확인할 수 있는 금융자료를 제출하여 미확정채권을 확정채권으로 변경할 수 있습니다.

따라서 귀하의 경우에도 이미 귀하의 급여에 채권압류 및 전부명령결정이 선고되어 확정되었더라도 개인회생을 신청할 경우 「채무자 회생 및 파산에 관한 법률」 제616조에 따라 전부명령의 효력이 제한되고 전부채권자도 개인회생채권자로 취급되므로 다른 요건을 충족하여 변제계획인가결정을 받으면 그 이후에는 급여 전액을 수령하여 변제계획을 수행할 수 있을 것으로 보입니다.

※ 【해설】
채권자목록에 기재된 개인회생채권에 기하여 개인회생재단에 속하는 재산에 대하여 이미 계속 중인 강제집행, 가압류 또는 가처분절차는 개인회생절차가 개시되면 일시적으로 중지되었다가, 변제계획이 인가되면 변제계획 또는 변제계획인가결정에서 다르게 정하지 아니하는 한 그 효력을 잃습니다.

따라서 채권자목록에 기재된 개인회생채권에 기하여 개인회생재단에 속하는 채권에 대하여 내려진 압류 및 전부명령이 아직 확정되지 않은 상태에서 채무자에 대하여 개인회생절차가 개시되고 이를 이유로 압류 및 전부명령에 대하여 즉시항고가 제기되었다면, 항고법원은 다른 이유로 압류 및 전부명령을 취소하는 경우를 제외하고는 항고에 관한 재판을 정지하였다가 변제계획이 인가되는 경우 압류 및 전부명령이 효력이 발생하지 않게 되었거나 그 효력이 상실되었음을 이유로 압류 및 전부명령을 취소하고 압류 및 전부명령신청을 기각하여야 합니다(대법원 2008. 1. 31.자 2007마1679 결정, 대법원 2010. 12. 13자 2010마428 결정 등 참조).

## ■ 개인회생신청 시 재산처분을 통한 변제도 해야 하는지요?

Q. 저는 사업실패로 인하여 현재 원금 금 6,000만원, 이자 금 1,700만원 정도의 사채가 있습니다. 지금은 화물운송업을 하면서 월평균 180만원의 소득을 올리고 있습니다. 그런데 저는 아버지로부터 상속받은 시골의 땅이 있는데 그 땅의 시가는 약 2,500만원에 달하고, 그 이외에 1.5톤 화물차량이 제 앞으로 되어 있고, 그 시가는 약 1,000만원 됩니다. 저와 같은 경우에도 개인회생을 신청할 수 있는지요? 가능하다면 어떤 방식으로 신청서를 작성해야 하는지요?

A. 개인회생제도는 채무자가 적법한 변제계획을 수립하여 법원으로부터 인가를 받으면 채권자들에 의한 개별적 강제집행의 위험에서 벗어날 수 있도록 하고 채무자가 변제계획을 성실히 수행하여 완료할 경우 잔존 채무를 면책시켜주는 갱생형 도산절차입니다. 따라서 개인회생절차에서는 최소한 파산절차에서 배당받을 수 있는 청산가치 이상의 변제를 보장해 주어야 한다는 원칙을 가지고 있으며, 채무자 회생 및 파산에 관한 법률은 동 원칙을 변제계획 인가요건으로 규정하고 있습니다(같은 법 제614조 제1항 제4호 및 제2항 제1호). 구체적으로는, 변제계획을 통해 채권자들에게 변제할 총 가용소득이 채무자가 개인회생절차개시결정 당시 보유한 재산 합계액을 상회하는지 여부로 청산가치가 보장되었는지를 판단하는데, 개인회생의 경우 일반적으로 매월 일정한 가용소득을 통해 5년의 변제기간 동안 변제를 하게 되므로 채무자가 변제하는 총 가용소득을 현재가치로 환산하여 그 금액이 채무자 재산 합계액 이상이 되어야 청산가치를 보장한다고 할 수 있습니다.

귀하의 경우 월평균 소득 180만원에서 2인 가구 생계비 금 158만원(보건복지부 공표 2015년 2인 가구 최저생계비 금 1,051,048원의 약 1.5배, 구체적 산정방법은 생계비 산정 사례 32번 참조)을 공제한 22만원을 가용소득으로 하여 60개월간 변제하는 내용으로 우선 변제계획안을 작성한다면, 총 가용소득의 현재가치가 금 11,801,526원{22만원×(3+50.6433)}에 불과하여 귀하의 재산 합계액(청산가치) 3,500만원에 미치지 못해 이를 상회하도록 가용소득을 늘리거나 재산처분을 통한 변제계획안을 작성해야 합니다.

재산처분을 통한 변제계획안을 작성하는 경우 ①영업소득을 기본 재산인 화물자동차를 처분대상재산으로 삼을 수 는 없으므로 상속받은 부동산을 처분대상재산으로 하되, ②변제투입예정액은 변제기한을 1년으로 할 경우 금10,631,855원{(35,000,000-26,821,650)×130%},2년으로할경우 금 12,267,525원{(35,000,000-26,821,650)×150%}으로 하여 변제계획안을 작성해야 합니다.

그런데, 처분대상재산 및 변제기한 등을 기재하는 것은 자금조달의 수단으로써 예시되는 것에 불과한 것이므로 변제계획에서 처분하기로 정한 재산이 아닌 다른 재산을 처분하였거나, 심지어 친족 등으로부터 금원을 융통하여 변제자금을 마련한다고 하더라도, 변제계획에서 정한 시기에 정한 금액을 변제에 투입하기만 한다면 결과적으로 문제될 것은 없습니다.

---

※【해설】
실무적으로는 현재가치 환산 방법으로 라이프니쯔식 현가 산정방식을 적용하는데 이러한 방식은 공제되는 중간이자가 복리로 계산되어 채권자들에게 유리합니다. 예를 들어 매월 20만원의 가용소득으로 60개

월간 변제하는 내용으로 변제계획안을 작성하는 경우 명목상의 총 변제금은 금 1,200만원이나 라이프니쯔식 현가 산정방식을 통해 산정한 총 변제금의 현재가치는 금 10,728,660원{20만원×(3+50.6433)}('3'을 더하는 이유는 변제계획인가결정 전 일반적으로 미리 적립할 것으로 예상되는 개월 수이므로 할인하지 않은 것이며, '50.6433'은 나머지 57개월에 대한 라이프니쯔 계수를 의미함)이 되므로, 이러한 현재가치가 채무자가 개인회생절차 개시결정 당시 보유한 재산 합계액에 미달하는 경우 청산가치 보장의 원칙을 준수한 것으로 볼 수 없습니다. 이와 같은 경우 청산가치를 보장하기 위해서는 ①생계비를 줄여서 가용소득을 청산가치가 보장될 수 있을 정도로 늘리는 방법 ②가용소득 이외에 보유재산도 처분하는 것으로 변제계획안을 작성하는 방법이 있을 수 있습니다. ①의 방법의 경우 청산가치를 만족시키기 위해서는 생계비를 상당히 감액해야 하는데 법원에서 인정한 긴축된 생계비를 다시 줄이기는 쉽지 않은 것이 일반적이므로 보통 재산처분을 통한 변제계획안을 작성하여 청산가치를 만족시키고 있습니다. 구체적으로 청산가치를 보장하기 위하여 재산을 처분하는 내용으로 변제계획안을 작성하는 경우, 어떤 재산을 처분하고 얼마를 변제하는 것으로 작성하는지 문제될 수 있습니다. ①처분대상 재산은 채무자가 선택할 수 있으나 일정한 기간 내에 처분할 것으로 변제계획안을 작성해야 하므로 처분하기 쉬운 재산이어야 하고 청산가치를 만족시킬 수 있을 정도로 가치 있는 재산이어야 합니다. ②재산처분을 통한 변제액은 청산가치를 만족시킬 수 있는 금액이어야 하는 바, 구체적으로는 "채무자 재산합계액(청산가치)과 총 가용소득의 현재가치와의 차액"이 청산가치를 만족시키지 못하는 금액이므로 동 금액 이상을 변제에 투입하는 것으로 변제계획안을 작성해야 합니다. 그러나 채무자에게 변제계획 인가결정과 동시에 재산을 처분하여 그 차액을 즉시 변제할 것을 기대하기는 어려우므로, 실무상 변제계획인가결정일로부터 1년 또는 2년의 변제기한을 주어서 그 기간 내에 변제하도록 하는 변제계획안을 작성하도록 하고 있습니다. 이러한 경우에도 가용소득을 통한 변제와 마찬가지로 재산처분을 통한 변제투입예정액의 현재가치를 산정하여 청산가치를 보장했는지 여부를 판단해야 하는 복잡한 문제가 발생하므로, 서울중앙지방법원 파산부 실무에서는 일률적으로 "청산가치와 총 가용소득의 현재가치의 차액"에 ①변제기한이 1년 이내인 경우에는 130%, ②변제기한이 2년 이내인 경우에는 150%의 곱한 금액을 재산처분을 통한 변제투입예정액으로 정할 수 있도록 하여 청산가치 보장원칙을 준수하도록 하고 있습니다.

**(관련판례)**

개인회생절차가 이미 개시된 경우 개인회생채권에 관하여는 개인회생채권조사확정재판을 통하여 채권 확정을 받을 수 있도록 절차가 마련되어 있을 뿐 아니라, 개인회생채권자표에 기재된 채권은 확정판결과 동일한 효력이 있고, 개인회생절차가 계속되는 경우에는 그 절차에 따라 변제를 받을 수 있으며, 개인회생절차가 폐지되더라도 개인회생채권자표에 기하여 강제집행을 할 수 있도록 되어 있다. 그러므로 개인회생채권조사확정재판 제도의 취지 및 개인회생절차의 안정성 등에 비추어 보면, 아직 개인회생채권이 확정되지 않았더라도 개인회생채권자목록에 이미 기재되어 있는 채권에 관하여는 별도로 이행소송을 제기하는 것은 불가능하고, 개인회생절차에서 조사확정재판을 통해 채권의 존부나 범위를 다툴 수밖에 없다(대구지방법원 2007.11.22. 선고 2007가단46418 판결).

## 2-2-8. 개인파산 및 면책

① 개인사업 또는 소비활동의 결과 자신의 재산으로 모든 채무를 변제할 수 없는 상태에 있는 개인채무자가 그 채무의 정리를 위해 파산신청을 하는 경우 이를 '개인파산'이라 하고, '개인면책'은 자연재해나 경기변동 등으로 인하여 파산선고를 받은 채무자에게 파산절차를 통해 변제되지 않고 남은 채무에 대한 채무자의 변제책임을 파산법원의 재판에 의해 면제시킴으로써 채무자의 경제적 갱생(更生)을 도모하는 제도입니다.

② 개인회생, 개인파산 및 면책에 관한 신청절차 및 신청서 작성방법 등에 대하여는 '대법원 전자민원센터 절차안내 개인회생, 개인파산 및 면책' 또는 '대한법률구조공단 개인회생 및 파산지원센터'에서 확인할 수 있습니다.

## ■ 개인파산의 의의와 절차는?

Q. 개인파산을 신청할 경우 현재 본인이 부담하고 있는 모든 빚을 쉽게 탕감 받을 수 있다고 들었습니다. 이러한 파산제도는 무엇이고, 또한 어떤 절차로 진행이 되고, 소문대로 모든 빚을 손쉽게 탕감받을 수 있는 제도인지요?

A. 파산이란 채무자의 채무가 재산을 초과하거나, 채무자가 채무를 장래에 일반적·계속적으로 변제할 수 없는 경우, 채무자의 총재산을 모든 채권자에게 공평하게 변제할 것을 목적으로 하는 사법절차를 말하며, 그 중 채무자가 법인 아닌 개인인 파산사건을 일반적으로 개인파산이라고 합니다.

개인파산은 비영업자가 소비활동의 일환으로 변제능력을 초과하여 물품 등을 구입한 결과 자신의 모든 재산으로도 채무를 완제할 수 없어 이를 해결하고자 스스로 파산을 신청하는 '소비자파산'과, 개인사업자가 영업활동을 통하여 채무를 부담하고 파탄에 이르러 파산을 신청하는 '영업자파산'을 모두 포함합니다. 파산절차는 채무자의 총재산을 환가하여 이를 채권자들에게 평등하게 분배하는 것을 본래적인 목적으로 하는 청산절차이나, 개인파산의 경우 총재산을 환가하여 분배하는 절차비용을 충당할 재산이 없는 경우가 대부분이며, 법인과 달리 개인의 경우 파산이 종결 또는 폐지된다고 하여도 여전히 사회경제의 주체로서 금융 및 소비생활을 계속하게 되므로 '성실하나 불운한' 채무자를 구제하여 갱생을 도모하는 제도가 필요하게 되는데 이러한 제도가 바로 면책제도입니다.

결국 파산제도는 청산절차로서의 파산과 채무를 변제할 책임을 소멸케 하는 면책이라는 두 가지 절차로 구성되어 있으며, 일반적으로 파산절차 보다는 면책절차에 채무자들의 실질적인 관심이 있다고 할 것입니다. 그러나 채무가 많다고 하여 모두 파산을 신청하여 면책을 받을 수 있는 것은 아닙니다. 파산의 경우 파산원인으로서 지급불능 즉, 채무자의 연령, 직업, 기술, 건강, 재산 및 부채의 규모 등을 종합적으로 고려하여 채무자의 재산, 노동력, 신용으로 채무를 변제할 수 없음이 일반적·계속적으로 불가능하다고 판단되어야하고, 일반적으로 소액의 채무가 있는 경우 지급불능으로 평가될 수 없어 파산 자체가 불가능할 수 있습니다.

또한 면책의 경우 낭비, 재산은닉 등 채무자 회생 및 파산에 관한 법률에 정한 일정한 면책불허가사유가 없어야 면책허가결정을 받을 수 있으며, 이미 개인파산절차에서 면책을 받은 사실이 있다면 그 면책결정 확정일로부터 7년이 경과하지 않으면 면책 받을 수 없습니다(같은 법 제564조 제1항 제4호). 또한 면책결정이 된다 하더라도 면책의 효력을 부여하는 것이 부적당한 채권에 대하여는 면책에서 제외하고 있습니다(같은 법 제566조 단서). 따라서 단순히 현재 갚을 능력이 없다는 사유만으로 무조건 모든 빚을 탕감받을 수 있는 것은 아니라고 할 것입니다.

■ **채무를 변제하지 못하여 사기죄로 고소당할 경우 어떻게 대처해야 합니까?**

Q. 사금융업체로부터 대출을 받았으나, 이자를 매달 갚아오다 사정이 어려워 최근 2개월간 납입을 못하고 있습니다. 반드시 갚아야 된다는 생각에는 변함이 없으며 채권자와 연락도 계속 유지하고 있는데 채권자가 저를 사기죄로 고소하겠다고 합니다. 이것도 사기죄가 됩니까?

A. 통상 채무와 관련한 사기죄는 돈을 빌릴 당시 변제할 의사나 능력이 없는데도 상대방을 기망하여 돈을 빌리는 경우 성립됩니다. 즉, 빌릴 당시의 채무자의 재산 상태와 빌린 금액의 액수, 빌린 후 변제를 해 온 과정에 있어서 채무자의 변제에 대한 노력 등 여러 가지 사정을 참작하여 사기죄의 성립여부가 결정될 것이며, 빌릴 당시 채무변제에 대한 의사 및 능력이 있었다면 사기죄는 성립하지 않을 것으로 판단됩니다.

# ■ 허위사실로 자기를 무고한 경우도 처벌되는지요?

Q. 甲은 금융기관에서의 신용대출과 사채를 얻어 중소건설업체를 확장하던 중 사업부진으로 사채를 갚지 못하였습니다. 사채업자의 빚 독촉을 견디다 못한 甲은 차라리 교도소에 들어가 있는 것이 편할 것이라 판단하고는 자신이 신문에 보도된 강도사건의 범인이라고 경찰서에 허위신고를 하였습니다. 이 경우 甲은 어떤 죄로 처벌되는지요?

A. 위 사안은 사채업자의 변제독촉을 견디다 못해 스스로 형사처분을 받기 위하여 허위로 경찰서에 강도사건의 범인이 자신이라고 허위사실을 신고한 甲의 자기무고행위도 무고죄로 처벌되는가의 문제입니다.

형법 제156조의 무고죄는 타인으로 하여금 형사처분 또는 징계처분을 받게 할 목적으로 공무소 또는 공무원에 대하여 허위로 사실을 신고함으로써 성립하는 범죄로 현행 형법상 타인에 대해서만 무고죄를 인정하고 있습니다. 판례 또한 "형법 제156조의 무고죄는 국가의 형사사법권 또는 징계권의 적정한 행사를 주된 보호법익으로 하는 죄이나, 스스로 본인을 무고하는 자기무고는 무고죄의 구성요건에 해당하지 아니하여 무고죄를 구성하지 않는다. 그러나 피무고자의 교사·방조 하에 제3자가 피무고자에 대한 허위의 사실을 신고한 경우에는 제3자의 행위는 무고죄의 구성요건에 해당하여 무고죄를 구성하므로, 제3자를 교사·방조한 피무고자도 교사·방조범으로서의 죄책을 부담한다."라고 판시하고 있습니다(대법원 2008.10.23. 선고 2008도4852 판결).

따라서 甲의 자기 무고행위는 같은 법 제156조 소정의 무고죄의 구성요건에 해당하지 않는다고 할 것입니다.

다만, 甲의 자기무고행위는 경범죄처벌법 제1조 제5호의 있지 아니한 범죄 또는 재해의 사실을 공무원에게 거짓으로 신고한 경우에 해당될 것인지가 문제될 수 있을 듯하며, 이에 해당된다면 10만원 이하의 벌금, 구류 또는 과료의 형으로 처벌받게 될 것입니다.

그러나 판례를 보면, "범인 아닌 자가 수사기관에서 범인임을 자처하고 허위사실을 진술하여 진범의 체포와 발견에 지장을 초래하게 한 행위는 범인은닉죄에 해당한다."라고 하였으므로(대법원 1996.6.14. 선고 96도1016 판결), 甲의 자기무고행위가 강도사건의 범인의 체포와 발견에 지장을 초래할 의도로 이루어진 것이라면 범인은닉죄로 처벌받을 수도 있습니다.

## ■ 개인회생절차와 파산절차는 어떤 차이가 있나요?

Q. 저는 사채로 빌린 돈이 많아서 법원에 파산이나 개인회생을 신청하려는데 개인회생절차와 파산절차는 어떤 차이가 있나요?

A. 파산절차는 채무자에게 파산선고를 하고 그 선고시점에 채무자가 보유하고 있는 모든 재산을 환가하여 채권자에게 변제하는 제도입니다. 다만, 채무자의 재산이 파산절차의 진행비용(파산관재인의 보수, 신문공고비 등)을 충당하기에도 부족한 경우에는 파산선고와 동시에 파산절차를 폐지하고 절차를 종결합니다. 파산절차의 종결 후 채무자는 면책절차를 신청하여 채무의 면책을 받을 수 있습니다. 면책결정을 받으면 채무자는 더 이상 자기의 소득으로 채무를 변제할 필요가 없습니다(즉, 채무자의 소득은 채무자의 재산으로 됩니다). 파산선고를 받으면 상당한 사회적, 법적 불이익을 당하게 됩니다. 공무원의 경우에는 당연 퇴직하게 되고 변호사 등은 등록이 취소되며 상당수의 기업에서는 파산선고를 받는 것을 당연 면직사유로 정하고 있습니다. 그러나 위 면책결정을 받으면 위와 같은 자격이 당연히 회복됩니다(다만, 퇴직한 직장에 당연히 복직되는 것은 아닙니다). 개인회생절차에서는 위와 같은 파산선고로 인한 불이익은 없으나 개인회생절차 개시결정 이후 장래의 소득까지도 채무변제에 사용하여야 하는 점에서 차이가 있습니다. 채권자의 입장에서는 채무자가 개인회생절차를 이용하는 것이 파산절차를 이용하는 것보다 유리합니다.

## ■ 파산신청을 할 때 강제집행을 막을 방법은 없나요?

Q. 저는 사업하다가 과다한 투자로 실패를 하여 금융권에 대출금 및 신용카드대금 연체, 그리고 세무서에 부가가치세가 체납되어 있고, 또 현재는 교통사고로 장애인이 되어 더 이상 변제할 능력이 없어 최근 법원에 파산을 신청하여 그 결과를 기다리고 있습니다. 그런데 파산을 신청한지 얼마 후 신용카드사에서 제 집안의 TV, 냉장고 등 유체동산에 압류집행을 하였고, 또 세무서에서는 체납처분으로 제 소유 장애인용 자동차를 공매한다고 통지해 왔습니다. 위 집기류와 장애인용 자동차는 제가 기본적인 생활을 해 나가기 위한 최소한의 필수적인 재산입니다. 채권자의 강제집행을 막을 방법은 없는지요?

A. 원칙적으로 파산신청이 있다고 하여 채권자의 강제집행이나 보전처분의 집행이 중지되는 것은 아니며, 파산선고로 인하여 비로소 파산채권을 근거로 한 채무자의 재산에 대하여 행하여진 강제집행 및 보전처분의 집행은 파산재단에 대하여 그 효력을 잃게 됩니다. 파산선고 후 채무자의 재산에 대한 관리처분권은 파산관재인에게 전속하며 따라서 파산선고 후 채권자의 개별적 강제집행 또한 금지됩니다.
그러나 일반적으로 개인파산사건은 환가할 재산이 없는 경우가 대부분으로서 위와 같이 파산관재인이 선임되어 청산절차를 진행하지 않고 파산선고와 동시에 청산절차로서의 파산절차를 폐지하는 결정(동시폐지 결정)을 하는 경우, 채무자는 자신 소유 재산에 대한 관리처분권을 상실하지 않고 파산재단 자체가 형성되지 않아 채권자는 개별적으로 강제집행 할 수 있다고 보는 것이 구 파산법상의 해석론이었습니다.

채무자 회생 및 파산에 관한 법률은 위와 같이 동시폐지결정이 선고될 경우 채권자가 개별적인 강제집행을 허용하는 입법적 불비를 보완하여, 면책신청이 있고 파산폐지결정의 확정 또는 파산종결결정이 있는 때에는 면책신청에 관한 재판이 확정될 때까지 채무자의 재산에 대하여 파산채권에 기한 강제집행·가압류 또는 가처분을 할 수 없고, 채무자의 재산에 대하여 파산선고 전에 이미 행하여지고 있던 강제집행·가압류 또는 가처분은 중지된다고 규정하고 있습니다. 귀하의 경우 파산선고 및 동시폐지결정이 선고되고 파산선고 등의 사실이 공고된 후부터 14일 이내 동시폐지결정에 대한 즉시항고가 제기되지 않아 동시폐지결정이 확정된 경우, 유체동산 압류 및 매각절차의 속행을 중지시키고 체납처분으로서 자동차 공매를 금지시킬 수 있습니다. 구체적으로는 ①면책신청 접수증명원과 ②동시폐지결정이 있는 파산선고결정 정본 및 그 확정증명원을 압류 집행한 집행관과 관할 세무서에 제출함으로써 유체동산 압류 및 매각절차와 자동차 공매절차를 중지 또는 금지시킬 수 있습니다. 다만, 파산선고 및 동시폐지결정 전 유체동산 매각절차가 속행되어 강제집행이 종료될 우려가 있는 경우, 위 압류된 유체동산이 6개월간의 생계비에 사용할 특정재산에 해당한다고 주장하며 면제재산을 신청하고, 그와 동시에 면제재산에 대한 유체동산 매각절차의 중지를 신청하여 법원의 결정으로 이를 중지시킬 수는 있습니다.

**(관련판례)**

채무자 회생 및 파산에 관한 법률 제566조 제7호에서 말하는 '채무자가 악의로 채권자목록에 기재하지 아니한 청구권'이라고 함은 채무자가 면책결정 이전에 파산채권자에 대한 채무의 존재 사실을 알면서도 이를 채권자목록에 기재하지 않은 경우를 뜻하므로, 채무자가 채무의 존재 사실을 알지 못한 때에는 비록 그와 같이 알지 못한 데에 과실이 있더라도 위 법조항에 정한 비면책채권에 해당하지 아니하지만, 이와 달리 채무자가 채무의 존재를 알고 있었다면 과실로 채권자목록에 이를 기재하지 못하였다고 하더라도 위 법조항에서 정하는 비면책채권에 해당한다. 이와 같이 채권자목록에 기재하지 아니한 청구권을 면책대상에서 제외한 이유는, 채권자목록에 기재되지 아니한 채권자가 있을 경우 그 채권자로서는 면책절차 내에서 면책신청에 대한 이의 등을 신청할 기회를 박탈당하게 될 뿐만 아니라 그에 따라 위 법 제564조에서 정한 면책불허가사유에 대한 객관적 검증도 없이 면책이 허가, 확정되면 원칙적으로 채무자가 채무를 변제할 책임에서 벗어나게 되므로, 위와 같은 절차 참여의 기회를 갖지 못한 채 불이익을 받게 되는 채권자를 보호하기 위한 것이다. 따라서 사실과 맞지 아니하는 채권자목록의 작성에 관한 채무자의 악의 여부는 위에서 본 위 법 제566조 제7호의 규정 취지를 충분히 감안하여, 누락된 채권의 내역과 채무자와의 견련성, 그 채권자와 채무자의 관계, 누락의 경위에 관한 채무자의 소명과 객관적 자료와의 부합 여부 등 여러 사정을 종합하여 판단하여야 한다(대법원 2010. 10. 14. 선고 2010다49083 판결).

## 3. 불법 채권추심의 금지

### 3-1. 불법 채권추심행위의 금지 등

① 대부업자는 미등록대부업자로부터 대부계약에 따른 채권을 양도 받아 이를 추심하는 행위를 해서는 안 됩니다.

② 대부업자 또는 미등록대부업자는 대부계약에 따른 채권을 추심(일 반적으로 '빚 독촉'이라고도 함)할 때 폭행·협박·체포 또는 감 금을 하거나 위계(僞計) 또는 위력(威力)을 사용하거나 공포심과 불안감을 일으켜 사생활 또는 업무의 평온을 해쳐서는 안 됩니다.

③ 대부업자, 여신금융기관 또는 미등록대부업자는 연락이 끊기는 등의 이유로 채무자의 소재파악이 곤란한 경우 외에는 채권추심 을 목적으로 채무자의 관계인에게 채무자의 소재 등을 문의할 수 없고, 채무자의 소재 등을 문의하는 경우에도 관계인에게 채 무 사실을 알려서는 안 됩니다.

④ 위법한 채권추심행위를 하는 자는 징역 또는 벌금에 처해지거나 과태료를 부과 받습니다.

■ 사채업자로부터 돈을 빌리면서 어음을 발행해 주었는데, 지급기일이 변조된 경우 변조 전에 기명날인한 자의 책임은 어떻게 되는지요?

Q. 저는 사채업자로부터 돈을 빌리면서 지급기일을 그 때로부터 3개월 후로 하는 약속어음을 발행하여 교부하였습니다. 그런데 발행일로부터 1개월 경과된 시점에서 어음금의 지급이 청구되어 어음을 자세히 살펴보니 지급기일이 변조되어 있었습니다. 저는 변조된 지급기일에 지급해야만 하는지요?

A. '어음의 변조'란 권한 없이 어음의 효력이나 어음관계자의 권리의무의 내용에 영향을 미치는 어음의 문언을 변경하는 것을 말하며(대법원 1993.7.13. 선고 93다753 판결), 변조에 의하여 어음요건을 갖추지 못하게 된 경우에는 어음의 변조가 아니고 말소에 의한 어음훼손의 문제가 됩니다.

어음이 변조되면 변조 전의 어음과 그 내용이 달라지게 되고 따라서 어음상에 기명·날인 또는 서명한 자의 책임에 영향을 주게 됩니다. 그래서 어음법 제69조는 "환어음의 문구가 변조된 경우에는 그 변조 후에 기명날인하거나 서명한 자는 변조된 문구에 따라 책임을 지고, 변조 전에 기명날인하거나 서명한 자는 원래 문구에 따라 책임을 진다." 라고 규정하고 있습니다.

판례도 "약속어음의 문언에 변개가 있는 경우 변개 전에 기명날인 또는 서명한 자는 그 변개에 동의를 하지 아니한 이상 변개 후의 문언에 따른 책임을 지지는 아니한다고 하더라도, 변조 전의 원문언에 따른 책임은 지게 된다."라고 하였습니다(대법원 1996.2.23. 선고 95다49936 판결).

이는 어음이 변조 전후에 형식적으로 유효한 어음인 이상 변조 전 어음행위자는 변조 전의 문언대로, 변조 후의 어음행위자는 변조 후의 문언대로 책임을 진다는 것을 의미합니다. 다만, 변조 전 어음행위자가 변조문언에 동의하거나 사후에 이를 추인하는 경우 또는 변조에 대해 일정한 책임이 있는 경우에는 변조문언대로 책임을 져야 할 것입니다. 따라서 위 사안의 경우 귀하는 약속어음의 지급기일을 3개월 후로 기재하여 발행하였으나 변조된 지급기일에 지급청구를 받았으므로 지급기일의 변조를 이유로 그 지급을 거절할 수 있다고 하겠습니다.

참고로 판례는 "어음의 문언이 변조되어 고쳐졌음이 명백한 경우에 어음소지인이 기명·날인자에게 그 변조되어 고쳐진 후의 문언에 따른 책임을 지우자면 그 기명·날인이 변조되어 고쳐진 후에 있은 것 또는 기명날인자가 그 고침에 동의하였다는 것을 입증하여야 하고, 그 입증을 다하지 못하면 그 불이익은 어음소지인이 입어야 한다."라고 하고 있습니다(대법원 1987.3.24. 선고 86다카37 판결).

## 3-1-1. 미등록대부업자로부터의 채권양수·추심 금지

① 대부업자는 미등록대부업자로부터 대부계약에 따른 채권을 양도받아 이를 추심하는 행위를 해서는 안 됩니다(대부업법 제9조의4 제1항).

② 「채권양도(債權讓渡)」란 계약으로 채권의 동일성을 유지하면서 제3자에게 이전하는 것을 말하고, 「채권추심(債權推尋)」이란 채무자에 대한 소재파악 및 재산조사, 채권에 대한 변제 요구, 채무자로부터 변제 수령 등 채권의 만족을 얻기 위한 일체의 행위를 말합니다(채권의 공정한 추심에 관한 법률 제2조 제4호).

③ 이를 위반하여 미등록대부업자로부터 대부계약에 따른 채권을 양도받아 이를 추심하는 행위를 한 자는 3년 이하의 징역 또는 3천만원 이하의 벌금에 처해집니다(대부업법 제19조 제2항 제4호).

## ■ 신용카드 이용한도가 갑자기 축소되면서 더 이상 빚을 갚지 못하게 되었을 경우에 어떠한 형사처벌을 받게 되는지요?

Q. 저는 사업에 실패하고 빌려준 돈 3,000만원을 받지 못하여 많은 빚을 지게 되면서 신용카드로 돌려 막기를 하며 빚을 갚고 생활비를 마련하여 생활하던 중, 신용카드 이용한도가 갑자기 축소되면서 더 이상 빚을 갚지 못하게 되었습니다. 이러한 상황에서 제가 가지고 있던 유일한 재산인 시가 약 1,800만원 정도의 차량에 채권금액 1,500만원의 근저당을 설정하고 사채업자에게 금 500만원을 빌려 생활비에 사용하다가 더 이상 사채 이자를 감당할 수 없어 사채업자에게 차량을 넘기고 등록명의는 이전 하지 않은 채 파산을 신청하였는데, 파산신청서의 채권자목록에는 카드대금 1,000만원의 은행 및 잔 여 사채대금 500만원의 사채업자를 채권자로 기재 하였고, 본인 소유 차량과 대여금채권 3,000만원은 이를 재산목록에 기재하지 않았습니다. 얼마 전 법원으로부터 면책결정을 받아 확정되었는데, 이를 알게 된 사채업자가 본인을 파산범죄로 경찰에 고 소하고 법원에는 면책취소신청을 해 놓았다고 합니다. 현재 저는 재산이 거의 없는 상태인데 신청서를 일부 잘못 기재하였다고 형사처벌을 받고 면책 의 효력도 취소될 수 있는지요?

A. 일정한 사실관계의 존재에 대하여 입증하는 방법에 관하여, 이에 대한 확신을 얻은 상태에까지 입증해야 하는 일반의 민사소송절차에서의 '증명'과 달리, 파산 및 면책절차의 경

우 파산원인으로서의 지급불능이나 면책불허가사유의 존부 등은 일응 그러한 사실관계가 확실할 것이라는 추측을 얻은 상태로 족하다고 보는 '소명'의 방법에 의하여 판단하게 됩니다. 이에 따라 법원은 신청인이 제출한 신청서, 진술서, 첨부서류 등에 의하여 이를 의심할 만한 특별한 사정이 없는 한 이를 진실한 것으로 인정하여 별도의 심문 없이 지급불능, 면책불허가사유 등의 요건사실을 인정하고 파산선고, 동시폐지결정, 면책결정을 하고 있습니다. 다만, 위와 같이 소명에 의한 입증의 진실성을 담보하기 위하여 채무자 회생 및 파산에 관한 법률은 신청인의 면책불허가사유 중 일정한 행위를 사기파산죄, 과태파산죄로 규정하여 형사처벌하고 있으며, 또한 일정한 경우 이미 확정된 면책결정을 취소할 수 있도록 하고 있습니다.

면책취소결정은 면책결정을 받은 신청인이 ①위 사기파산으로 유죄의 확정판결을 받은 때 파산채권자의 신청에 의하거나 법원의 직권으로 취소결정을 할 수 있고 ②채무자가 부정한 방법으로 면책을 받은 경우에 파산채권자가 면책 후(면책결정 확정 후) 1년 이내에 면책의 취소를 신청한 경우에 역시 면책취소결정 할 수 있습니다. 다만, 면책취소사유가 면책절차에서 심리되어 재량면책 된 경우이거나 그렇지 않은 경우라도 면책취소심리 시 재량면책 사유가 있다면 면책취소신청이 기각될 수 있습니다.

귀하의 경우, 파산재단에 속하는 1,800만원의 자동차에 대하여 원금 500만원을 담보하고자 채권최고액 1,500만원의 근저당권을 설정하고 이후 그 차량가액에 현저히 미달하는 채무를 변제하기 위해 차량은 양도한 점에 비추어 사기파산죄의 파산재단에 속하는 재산의 불이익 처분행위 또는 파산재단의 부담을 허위로 증가시키는 행위에 해당할 수 있습니다. 또한, ①귀하가 사기파산으로 유죄의 확정판결을 받은 경우 또는 ②재산목록 중 대여금채권을 기재하지 않아 재산상태에 관하여 허위의 진술한 것으로 평가되는 경우 부정한 방법으로 면책을 받은 것으로 보아 면책이 취소될 수 있습니다. 다만, 생계유지를 위한 것이거나 다른 채권자를 해하는 정도가 심하지 않는 등 일정한 재량면책사유가 있다고 인정될 경우 채권자의 면책취소신청은 기각될 수 있습니다.

---

※【해설】

'사기파산죄'는 총 채권자의 이익을 보호함으로써 파산절차의 적정한 실현을 도모하기 위한 것으로서, 채무자가 파산선고의 전후를 불문하고 자기 또는 타인의 이익을 도모하거나 채권자를 해할 목적으로 ① 파산의 선고를 지연시킬 목적으로 신용거래로 상품을 구입하여 현저 히 불이익한 조건으로 이를 처분하는 행위, ② 파산의 원인인 사실이 있음을 알면서 어느 채권자에게 특별한 이익을 줄 목적으로 한 담보의 제공이나 채무의 소멸에 관한 행위로서 채무자의 의무에 속하지 아니하거나 그 방법 또는 시기가 채무자의 의무에 속하지 아니하는 행위, ③ 법률의 규정에 의하여 작성하여야 하는 상업장부를 작성하지 아니하거나, 그 상업장부에 재산의 현황을 알 수 있는 정도의 기재를  하지 아니하거나, 그 상업장부에 부정의 기재를 하거나, 그 상업장부를 은닉 또는 손괴하는 행위, ④ 제481조의 규정에 의하여 법원사무관 등이 폐쇄한 장부에 변경을 가하거나 이를 은닉 또는 손괴하는 행위를 하고, 그 파산선고가 확정되었다면 10년 이하의 징역 또는 1억 원 이하의 벌금에 처할 수 있도록 규정하고 있습니다(같은 법 650조).

'과태파산죄'는 파산선고 전후를 불문하고 ① 파산의 선고를 지연시킬 목적으로 신용거래로 상품을 구입하여 현저히 불이익한 조건으로 이를 처분하는 행위, ② 파산의 원인인 사실이 있음을 알면서 어느 채권자에게 특별한 이익을 줄 목적으로 한 담보의 제공이나 채무의 소멸에 관한 행위로서 채무자의 의무에 속하지 아니하거나 그 방법 또는 시기가 채무자의 의무에 속하지 아니하는 행위, ③ 법률의 규정에 의하여 작성하여야 하는 상업장부를 작성하지 아니하거나, 그 상업장부에 재산의 현황을 알 수 있는 정도의 기재를 하지 아니하거나, 그 상업장부에 부정의 기재를 하거나, 그 상업장부를 은닉 또는 손괴하는 행위, ④ 제481조의 규정에 의하여 법원 사무관등이 폐쇄한 장부에 변경을 가하거나 이를 은닉 또는 손괴하는 행위를 한 경우 그 파산선고가 확정되었다면 5년 이하의 징역 또는 5,000만원 이하의 벌금에 처할 수 있도록 규정하고 있습니다 (같은 법 제651조).

**(관련판례)**

차용금의 편취에 의한 사기죄의 성립 여부는 차용 당시를 기준으로 판단하여야 하므로, 피고인이 차용 당시에는 변제할 의사와 능력이 있었다면 그 후에 차용금을 변제하지 못하였다고 하더라도 이는 단순한 민사상의 채무불이행에 불과할 뿐 형사상 사기죄가 성립한다고 할 수 없고, 한편 사기죄의 주관적 구성요건인 편취의 범의의 존부는 피고인이 자백하지 아니하는 한 범행 전후의 피고인의 재력, 환경, 범행의 내용, 거래의 이행과정, 피해자와의 관계 등과 같은 객관적인 사정을 종합하여 판단하여야 한다(대법원 1996. 3. 26. 선고 95도 3034 판결 참조).

## 3-1-2. 미등록대부중개업자의 대부중개 및 채권양도 금지

① 대부업자는 미등록대부중개업자(대부중개업의 등록 또는 등록갱신을 하지 않고 사실상 대부중개업을 하는 자)로부터 대부중개를 받은 대부업체 이용자에게 대부해서는 안 됩니다(대부업법 제9조의4 제2항). 이를 위반하여 미등록대부중개업자로부터 대부중개를 받은 거래상대방에게 대부행위를 한 자는 3년 이하의 징역 또는 3천만원 이하의 벌금에 처해집니다(동법 제19조 제2항 제4호).

② 대부업자는 다음에 해당하는 자가 아닌 미등록대부업자에게 대부계약에 따른 채권을 양도해서는 안 됩니다(동법 제9조의4 제3항 및 동법 시행령 제6조의4). 이를 위반하고 미등록대부업자 등에게 대부계약에 따른 채권을 양도한 자는 3년 이하의 징역 또는 3천만원 이하의 벌금에 처해집니다(동법 제19조 제2항 제5호).

1) 등록된 대부업자

2) 여신금융기관

3) 예금보험공사 및 정리금융회사

4) 한국자산관리공사

5) 한국주택금융공사

6) 그 밖에 이에 준하는 자로서 금융위원회가 정하여 고시하는 자

## 3-1-3. 불법 채권추심행위의 금지

① 채권추심자는 채권추심과 관련해 채무자 또는 관계인을 폭행·협박·체포 또는 감금하거나 그에게 위계(僞計)나 위력(威力)을 사용하는 행위를 해서는 안 됩니다(채권의 공정한 추심에 관한 법률 제9조 제1호). 이를 위반하여 채무자 또는 관계인을 폭행·협박·체포 또는 감금하거나 그에게 위계나 위력을 사용해 채권추

심행위를 한 자는 5년 이하의 징역 또는 5천만원 이하의 벌금에 처해집니다(동법 제15조 제1항).

② 「채권추심자」란 다음의 어느 하나에 해당하는 자를 말합니다(동법 제2조 제1호).

    1) 대부업법에 따른 대부업자, 대부중개업자, 대부업의 등록을 하지 않고 사실상 대부업을 영위하는 자, 여신금융기관 및 이들로부터 대부계약에 따른 채권을 양도받거나 재양도 받은 자

    2) 1)외의 금전대여 채권자 및 그로부터 채권을 양도받거나 재양도 받은 자

    3) 상법에 따른 상행위로 생긴 금전채권을 양도받거나 재양도 받은 자

    4) 금전이나 그 밖의 경제적 이익을 대가로 받거나 받기로 약속하고 타인의 채권을 추심하는 자(채권추심을 목적으로 채권의 양수를 가장한 자를 포함)

    5) 1)~ 4)에 규정된 자들을 위해 고용, 도급, 위임 등 원인을 불문하고 채권추심을 하는 자

③ 「채무자」란 채무를 변제할 의무가 있거나 채권추심자로부터 채무를 변제할 의무가 있는 것으로 주장되는 자연인(보증인 포함)을 말합니다(동법 제2조 제2호).

④ 「관계인」이란 채무자와 동거하거나 생계를 같이 하는 자, 채무자의 친족, 채무자가 근무하는 장소에 함께 근무하는 자를 말합니다(동법 제2조 제3호).

⑤ 「위계(僞計)」란 상대방의 부지(不知)나 착오(錯誤)를 이용해 목적을 달성하는 것을 말하고, "위력(威力)"이란 상대방의 의사를 억압할 수 있는 힘을 말합니다.

⑥ 채권추심자는 채권추심과 관련해 다음의 어느 하나에 해당하는 행위를 해서는 안 됩니다(동법 제9조 제2호부터 제7호까지 및 제11조 제1호). 이를 위반한 자는 3년 이하의 징역 또는 3천만 원 이하의 벌금에 처해집니다(동법 제15조 제2항).

  1) 정당한 사유 없이 반복적으로 또는 야간(오후 9시 이후부터 다음 날 오전 8시까지를 말함. 이하 같음)에 채무자나 관계인을 방문함으로써 공포심이나 불안감을 유발해 사생활 또는 업무의 평온을 심하게 해치는 행위

  2) 정당한 사유 없이 반복적으로 또는 야간에 전화하는 등 말·글·음향·영상 또는 물건을 채무자나 관계인에게 도달하게 함으로써 공포심이나 불안감을 유발해 사생활 또는 업무의 평온을 심하게 해치는 행위

  3) 채무자 외의 사람(보증인 포함)에게 채무에 관한 거짓 사실을 알리는 행위

  4) 채무자 또는 관계인에게 금전의 차용이나 그 밖의 이와 유사한 방법으로 채무의 변제자금을 마련할 것을 강요함으로써 공포심이나 불안감을 유발해 사생활 또는 업무의 평온을 심하게 해치는 행위

  5) 채무를 변제할 법률상 의무가 없는 채무자 외의 사람에게 채무자를 대신해 채무를 변제할 것을 요구함으로써 공포심이나 불안감을 유발해 사생활 또는 업무의 평온을 심하게 해치는 행위

  6) 무효이거나 존재하지 않는 채권을 추심하는 의사를 표시하는 행위

  7) 채무자의 직장이나 거주지 등 채무자의 사생활 또는 업무와 관련된 장소에서 다수인이 모여 있는 가운데 채무자 외의 사

람에게 채무자의 채무금액, 채무불이행 기간 등 채무에 관한 사항을 공연히 알리는 행위

⑦ 채권추심자는 채권추심과 관련해 채무자 또는 관계인에게 법원, 검찰청, 그 밖의 국가기관에 의한 행위로 오인할 수 있는 말·글·음향·영상·물건, 그 밖의 표지를 사용하는 행위를 해서는 안 됩니다(동법 제11조 제2호). 이를 위반하여 말·글·음향·영상·물건, 그 밖의 표지를 사용한 자는 1년 이하의 징역 또는 1천만원 이하의 벌금에 처해집니다(동법 제15조 제3항 제2호).

⑧ 채권추심자는 채권추심과 관련해 다음의 어느 하나에 해당하는 행위를 해서는 안 됩니다(동법 제12조 제1호 및 제2호). 이를 위반한 자는 위반행위의 횟수에 따라 1회 위반 시 300만원, 2회 위반 시 600만원, 3회 이상 위반 시 1,400만원의 과태료를 부과 받고(동법 제17조 제1항 제3호, 동법 시행령 제4조 제1항), 사업자가 아닌 경우에는 그 다액의 2분의 1로 감경됩니다(동법 제17조 제4항, 동법 시행령 제4조 제1항). 위반행위의 횟수에 따른 과태료 부과기준은 위반사항에 대하여 과태료 부과처분을 한 날부터 1년 이내에 다시 같은 위반사항을 적발한 경우에 적용합니다.

1) 혼인, 장례 등 채무자가 채권추심에 응하기 곤란한 사정을 이용해 채무자 또는 관계인에게 채권추심의 의사를 공개적으로 표시하는 행위

2) 채무자의 연락두절 등 소재파악이 곤란한 경우가 아님에도 채무자의 관계인에게 채무자의 소재, 연락처 또는 소재를 알 수 있는 방법 등을 문의하는 행위

⑨ 채권추심자는 채권추심과 관련해 채무자 또는 관계인에게 다음의 어느 하나에 해당하는 행위를 해서는 안 됩니다(동법 제11조

제3호부터 제5호까지). 이를 위반한 자는 위반행위의 횟수에 따라 1회 위반 시 150만원, 2회 위반 시 300만원, 3회 이상 위반 시 600만원의 과태료를 부과 받고(동법 제17조 제2항 제5호, 동법 시행령 제4조 제1항), 사업자가 아닌 경우에는 그 다액의 2분의 1로 감경됩니다(동법 제17조 제4항).

1) 채권추심에 관한 민사상 또는 형사상 법적인 절차가 진행되고 있지 않음에도 그러한 절차가 진행되고 있다고 거짓으로 표시하는 행위

2) 채권추심을 위해 다른 사람이나 단체의 명칭을 무단으로 사용하는 행위

⑩ 채권추심자는 채권추심과 관련해 다음의 어느 하나에 해당하는 행위를 해서는 안 됩니다(동법 제12조 제3호부터 제5호까지). 이를 위반한 자는 위반행위의 횟수에 따라 1회 위반 시 100만원, 2회 위반 시 200만원, 3회 이상 위반 시 400만원의 과태료를 부과 받고(동법 제17조 제3항, 동법 시행령 제4조 제1항), 사업자가 아닌 경우에는 그 다액의 2분의 1로 감경됩니다.

1) 정당한 사유 없이 수화자부담전화료 등 통신비용을 채무자에게 발생하게 하는 행위

2) 채무자 회생 및 파산에 관한 법률 제593조 제1항 제4호 또는 제600조 제1항 제3호에 따라 개인회생채권에 대한 변제를 받거나 변제를 요구하는 일체의 행위가 중지 또는 금지되었음을 알면서 법령으로 정한 절차 외에서 반복적으로 채무변제를 요구하는 행위

3) 채무자 회생 및 파산에 관한 법률에 따른 회생절차, 파산절차 또는 개인회생절차에 따라 전부 또는 일부 면책되었음을

알면서 법령으로 정한 절차 외에서 반복적으로 채무변제를
요구하는 행위

4) 엽서에 의한 채무변제 요구 등 채무자 외의 자가 채무사실을
알 수 있게 하는 행위(채권의 공정한 추심에 관한 법률 제9
조 제7호에 해당하는 행위는 제외)

■ **사채업자로부터 돈을 빌리면서 부동산에 가등기를 설정해
주었는데 저의 부동산을 제3자에게 매도하려고 하고 있습
니다. 이 경우 제가 부동산을 찾을 방법이 없는지요?**

Q. 저는 사채업자인 甲으로부터 3,000만원을 차용하고, 시가
1억원 상당인 저의 부동산을 담보로 제공하여 가등기를
설정하면서, 본등기에 필요한 서류도 교부하였습니다. 그
런데 甲은 제가 자금사정이 어려워 변제기일을 지키지 못
한 것을 악용하여 가등기에 기초한 본등기를 하고는 다시
저의 부동산을 제3자에게 매도하려고 하고 있습니다. 이
경우 제가 부동산을 찾을 방법이 없는지요?

A. 가등기에는 채권담보를 목적으로 하는 담보가등기와 매매
예약 등에 의한 가등기가 있고, 담보가등기신청을 할 경우
등기신청서 기재사항 중 등기목적을 본등기 될 권리의 이
전담보가등기(예 : 소유권이전담보가등기, 저당권이전담보
가등기 등)라고 기재하도록 등기예규에서 정하고 있습니다
(등기예규 제1057호 2002. 8. 14. 제정).
한편, 판례는 당해 가등기가 담보가등기인지는 당해 가등기
가 실제상 채권담보를 목적으로 한 것인지 여부에 의하여
결정되는 것이지 당해 가등기의 등기부상 원인이 매매예약
으로 기재되어 있는지 아니면 대물변제예약으로 기재되어

있는지 하는 형식적 기재에 의하여 결정되는 것이 아니라고 하였으며(대법원 1998.10.7.자 98마1333 결정) 또한, 담보가등기인지는 그 등기부상 표시나 등기할 때에 주고받은 서류의 종류에 의하여 형식적으로 결정될 것이 아니고, 거래의 실질과 당사자의 의사해석에 따라 결정될 문제라고 하였습니다(대법원 1992.2.11. 선고 91다36932 판결).

위 사안에서는 귀하가 甲으로부터 3,000만원을 차용하면서 시가 1억원 상당의 부동산을 담보로 제공하였으므로 담보가등기를 하였다고 할 수 있을 것입니다.

그런데 가등기담보 등에 관한 법률에 의하면, 채권자가 담보계약에 의한 담보권을 실행하여 그 담보목적부동산의 소유권을 취득하기 위해서는 그 채권의 변제기 후에 청산금(통지 당시의 목적부동산의 가액에서 그 채권액을 공제한 금액)의 평가액을 채무자 등에게 통지하고(이 통지에는 통지 당시의 목적부동산의 평가액 및 민법 제360조에 규정된 피담보채권액이 명시되어야 함), 그 통지가 채무자 등에게 도달한 날로부터 2개월의 청산기간이 경과한 후, 청산금을 채무자 등에게 지급하여야 하며, 위 청산금지급채무와 부동산소유권이전등기 및 인도채무의 이행은 동시이행관계에 있습니다(동법 제3조, 제4조).

가등기담보 등에 관한 법률 제3조, 제4조를 위반하여 이루어진 담보가등기에 기초한 본등기효력에 관한 판례를 보면, 가등기담보 등에 관한 법률 제3조, 제4조의 각 규정에 의하면 담보가등기의 경우 청산금평가액을 채무자 등에게 통지한 후 채무자에게 정당한 청산금을 지급하거나 지급할 청산금이 없는 경우에는 채무자가 그 청산통지를 받은 날로부터 2개월의 청산기간이 경과하여야 하는 청산절차를 거친 후에야 그 가등기에 기초한 본등기를 청구할 수 있는데, 위 각 규정을 위반하여 담보가등기에 기초한 본등기가 이루어진 경우에는 그 본등기는 무효이고, 다만 가등기권리자가 이러한 청산절차를 거치면 위 무효인 본등기는 실체적 법률관계에 부합하는 유효한 등기가 될 수 있을 뿐이고(대법원 2007.12.13. 선고 2007다49595 판결), 가등기담보 등에 관한 법률 제13조, 제14조, 제15조에 따르면, 이러한 청산절차를 거치기 전에 강제경매 등의 신청이 행해진 경우 담보가등기권자는 그 가등기에 기초한 본등기를 청구할 수 없고, 그 가등기가 부동산매각에 의해 소멸하되 다른 채권자보다 자기채권을 우선변제 받을 권리가 있을 뿐이라고 하였습니다(대법원 2010.11.9.자 2010마1322 결정).

또한, 청산기간경과 후에도 채무자가 피담보채무전액 등을 지급하고 가등기말소청구를 할 수 있는지를 살펴보면 가등기담보 등에 관한 법률에서 채무자 등은 청산금채권을 변제받을 때까지 그 채무액(반환할 때까지의 이자와 손해금을 포함)을 채권자에게 지급하고 그 채권담보목적으로 마친 소유권이전등기의 말소를 청구할 수 있다고 규정하고 있으며(동법 제11조 본문), 판례도 "채권자가 가등기담보 등에 관한 법률에 의한 가등기담보권을 실행하여 그 담보목적부동산의 소유권을 취득하기 위하여 채무자 등에게 하는 담보권실행통지에는 채권자가 주관적으로 평가한 통지당시의 목적부동산가액과 피담보채권액을 명시함으로써 청산금평가액을 채무자 등에게 통지하면 충분하며, 채권자가 이와 같이 주관적으로 평가한 청산금액수가 정당하게 평가된 청산금액수에 미치지 못하더라도 담보권실행통지로서의 효력이나 청산기간진행에는 아무런 영향이 없고 청산기간이 경과한 후에는 그 가등기에 기초한 본등기를 청구할 수 있는데, 이 경우 채무자 등은 채권자가 통지한 청산 금액을 다투고 정당하게 평가된 청산금을 지급받을 때까지 목적부동산의 소유권이전등기 및 인도채무이행을 거절하거나 피담보채무전액을 채권자에게 지급하고 채권담보목적으로 마쳐진 가등기말소를 청구할 수 있을 뿐 아니라(대법원 1992.9.1. 선고 92다10043, 10050 판결), 채권자에게 정당하게 평가된 청산금을 청구할 수도 있다."고 하였습니다(대법원 2008.4.11. 선고 2005다36618 판결).

한편, 채무자는 채권자가 통지한 청산금액에 동의함으로써 청산금을 확정시킬 수 있으며, 그 경우 동의는 명시적 뿐만 아니라 묵시적으로도 가능합니다.

그러므로 위 사안에서 甲은 청산절차를 이행하지 않았고, 귀하에게 청산금을 지급하지도 않았으므로 비록 본등기를 하였더라도 그 본등기는 무효로 되어 甲은 소유권을 취득하지 못하는 것이고, 제3자에게 매도할 권리도 없다고 하겠습니다. 그럼에도 불구하고 甲이 이러한 사정을 모르는 제3자와 매매계약을 체결하고 소유권이전등기까지 경료하여 준다면 귀하는 그 제3자에게 대항할 수 없으므로 소유권을 회복하기 어렵게 될 수 있습니다(가등기담보 등에 관한 법률 제11조 단서).

따라서 귀하는 지금이라도 위 부동산에 대해 처분금지가처분을 신청하여 甲이 부동산을 처분하지 못하도록 조치한 다음, 피담보채권액을 변제 또는 공탁한 후 甲의 명의로 되

어 있는 소유권이전등기의 말소를 청구하든지, 甲에게 청산
절차이행과 청산금지급을 청구하는 것이 좋을 듯합니다.

### 3-1-4. 부당한 비용 청구 금지

① 채권추심자는 채무자 또는 관계인에게 지급할 의무가 없거나 실
제로 사용된 금액을 초과한 채권추심비용을 청구해서는 안 됩니
다(채권의 공정한 추심에 관한 법률 제13조 제1항).

② 이를 위반하여 채권추심비용을 청구한 자는 위반행위의 횟수에
따라 1회 위반 시 150만원, 2회 위반 시 300만원, 3회 이상 위
반 시 600만원의 과태료를 부과 받고(동법 제17조 제2항 제6
호, 동법 시행령 제4조 제1항), 사업자가 아닌 경우에는 그 다
액의 2분의 1로 감경됩니다(동법 제17조 제4항).

③ 채권추심자가 채무자 또는 관계인에게 청구할 수 있는 채권추심
비용은 다음과 같습니다(동법 시행령 제2조).

   1) 채권자와 채무자가 채무이행과 관련하여 채무자 또는 관계인
   이 부담하기로 변제기 전에 합의한 비용

   2) 채무확인서의 교부와 관련하여 1만원의 범위에서 채권추심자
   가 실제로 지출한 비용

   3) 그 밖에 채무자가 부담하는 것이 적절하다고 인정되는 비용

④ 채무자 또는 관계인은 채권추심자가 사업자(동법 제2조 제1호
가목 및 라목에 따른 자 및 그 자를 위하여 고용, 도급, 위임
등에 따라 채권추심을 하는 자를 말함)인 경우에는 그 사업자에
게 채권추심비용을 항목별로 명시한 서류(비용명세서)의 교부를
요청할 수 있습니다(동법 제13조의2 제1항).

⑤ 비용명세서의 교부를 요청받은 채권추심자는 정당한 사유가 없으

면 지체 없이 이를 교부해야 하고, 채무자 또는 관계인에게 그 교부에 따른 비용을 청구해서는 안 됩니다(동법 시행령 제3조 제2항). 이를 위반하여 비용명세서를 교부하지 않은 자는 1천만원 이하의 과태료를 부과 받습니다(동법 제17조 제2항 제7호).

### 3-1-5. 손해배상책임

채권추심자가 채권의 공정한 추심에 관한 법률을 위반해 채무자 또는 관계인에게 손해를 입힌 경우에는 그 손해를 배상해야 합니다(동법 제14조).

■ **대부업체에게 부당하게 재산이 가압류 된 경우에는 어떻게 해야 하나요?**

Q. 대부업체에서 빌린 원금과 이자를 전부 변제했는데 원금과 이자가 남았다며 부동산 및 자동차 등을 가압류한 경우에는 어떻게 해야 하나요?

A. 가압류는 금전채권이나 금전으로 환산할 수 있는 채권에 대해 동산 또는 부동산에 대한 강제집행을 보전하기 위해 할 수 있습니다(민사집행법 제276조 제1항). 가압류는 채권자 보호를 위한 제도이지만 악의의 채권자가 부당하게 재산에 가압류를 하는 경우 선의의 채무자는 피해를 입을 수 있습니다.

부당하게 재산에 가압류가 된 경우 채무자는 다음과 같은 조치를 취할 수 있습니다. ①법원의 가압류 명령자체에 문제가 있음을 주장해 가압류결정에 대해 이의를 신청할 수 있습니다(동법 제283조 제1항). 이의신청은 가압류의 집행을 정지하지 않으므로(동법 제283조 제3항), ②가압류를 빨리 풀 필요가 있을 때에는 가압류명령에 정한 금액을 공탁해 법원에 가압류를 취소하도록 할 수 있습니다(동법 제299조 제1항). 이와 별도로 ③채무자는 법원에, 변론 없이 채권자에게 2주 이상의 기간 이내에 본안의 소를 제기해 이를 증명하는 서류를 제출하거나 이미 소를 제기하였으면 소송계속사실을 증명하는 서류를 제출하도록 명하는 신청(동법 제287조 제1항 및 제2항)을 할 수도 있습니다. 채권자가 기간 이내에 서류를 제출하지 않은 때에는 법원은 채무자의 신청에 따라 결정으로 가압류를 취소해야 합니다(동법 제287조 제3항).

### 3-1-6. 채권추심자의 소속·성명 명시 의무

대부계약에 따른 채권의 추심을 하는 자는 채무자 또는 그의 관계인에게 그 소속과 성명을 밝혀야 합니다(대부업법 제10조의2). 이를 위반하여 소속과 성명을 밝히지 않은 자는 1차 위반 시 20만원, 2차 위반 시 100만원, 3차 위반 시 200만원의 과태료를 부과 받습니다(동법 제21조 제2항 제8호, 동법 시행령 제12조 및 별표3 제2호 버목).

■ **집 나간 아버지가 대부업체에서 대출받았을 경우 대신 갚아야 하나요?**

Q. 집 나간 아버지가 대부업체에서 500만원을 대출받았나 봅니다, 아버지랑 연락이 안 된다며 매일 저녁 집으로 전화를 해 어머니와 저에게 대신 갚으라고 합니다, 저희가 대신 갚아야 할까요?

A. 대신 갚아야 할 의무가 없습니다. 채권 추심자는 채권 추심과 관련해 채무자 또는 관계인을 폭행·협박·체포 또는 감금하거나 그에게 위계(僞計)나 위력(威力)을 사용하는 행위를 해서는 안 됩니다.

또한, 채무를 변제할 법률상 의무가 없는 채무자 외의 사람에게 채무자를 대신해 채무를 변제할 것을 요구함으로써 공포심이나 불안감을 유발해 사생활 또는 업무의 평온을 심하게 해치는 행위를 해서도 안 됩니다. 따라서 채무를 변제할 의무가 없는 질문자나 어머니에게 아버지의 빚을 대신 갚으라고 종용할 수 없습니다.

채권 추심자는 채권 추심과 관련해 채무자 또는 관계인을 폭행·협박·체포 또는 감금하거나 그에게 위계나 위력을 사용하는 행위를 해서는 안 됩니다. 이를 위반한 자는 5년 이하의 징역 또는 5천만원 이하의 벌금에 처해집니다.

채권추심자는 채권추심과 관련해 아래의 어느 하나에 해당하는 행위를 해서는 안 되며, 이를 위반한 자는 3년 이하의 징역 또는 3천만원 이하의 벌금에 처해집니다.

① 정당한 사유 없이 반복적으로 또는 야간(오후 9시 이후부터 다음 날 오전 8시까지를 말함)에 채무자나 관계인을 방문함으로써 공포심이나 불안감을 유발해 사생활 또는 업무의 평온을 심하게 해치는 행위

② 정당한 사유 없이 반복적으로 또는 야간(오후 9시 이후부터 다음 날 오전 8시까지를 말함)에 전화하는 등 말, 글, 음향, 영상 또는 물건을 채무자나 관계인에게 도달하게 함으로써 공포심이나 불안감을 유발해 사생활 또는 는 업무의 평온을 심하게 해치는 행위

③ 채무자 외의 사람이나 보증인에게 채무에 관한 거짓 사실을 알리는 행위

④ 채무자 또는 관계인에게 금전 차용 등의 방법으로 채무의 변제자금을 마련할 것을 강요함으로써 공포심이나 불안감을 유발해 사생활 또는 업무의 평온을 심하게 해치는 행위

⑤ 채무를 변제할 법률상 의무가 없는 사람에게 채무자를 대신해 채무를 변제할 것을 반복적으로 요구함으로써 공포심이나 불안감을 유발해 사생활 또는 업무의 평온을 심하게 해치는 행위

⑥ 무효이거나 존재하지 않는 채권을 추심하는 의사를 표시하는 행위

⑦ 채무자의 직장이나 거주지 등 채무자의 사생활 또는 업무와 관련된 장소에서 다수인이 모여 있는 가운데 채무자 외의 사람에게 채무자의 채무금액, 채무불이행 기간 등 채무에 관한 사항을 공연히 알리는 행위

**(관련판례)**

[1] 업무방해죄에서 ´위력´이란 사람의 자유의사를 제압·혼란케 할 만한 일체의 세력을 말하고, 유형적이든 무형적이든 묻지 않으며, 폭행·협박은 물론 사회적, 경제적, 정치적 지위와 권세에 의한 압박 등을 포함한다고 할 것이고, 위력에 의해 현실적으로 피해자의 자유의사가 제압되는 것을 요하는 것은 아니다.

[2] 대부업체 직원이 대출금을 회수하기 위해 소액의 지연이자를 문제삼아 법적 조치를 거론하면서 소규모 간판업자인 채무자의 휴대전화로 수백 회에 이르는 전화공세를 한 것이 사회통념상 허용한도를 벗어난 채권추심행위로서 채무자의 간판업 업무가 방해되는 결과를

초래할 위험이 있었다고 보아 업무방해죄를 구성한다고 한 사례(대법원 2005.5.27. 선고 2004도8447판결).

## ■ 대출 불법수수료를 요구하며 협박할 경우에는 어떻게 해야 하나요?

Q. 제가 대출을 받았는데 채권자가 진행비 10.0%를 요구하고 10.0%에 동의한다는 녹취도 했다고 합니다. 불법수수료라서 못주겠다고 하니 가족에게 알린다고 협박하며 밤늦게까지 전화하며 수수료주지 않는다면 피해주겠다고 협박을 하고 있어서 너무 억울합니다. 이런 경우에는 어떻게 해야 하나요?

A. 대부업법은 대부중개업자는 중개의 대가를 대부를 받는 거래상대방으로부터 받아서는 안 되며, 이를 위반 시 5년 이하의 징역 또는 5천만원 이하의 벌금에 처한다고 명시하고 있습니다.

또한 중개업자가 중개수수료를 받기위해 민원인을 협박한 부분은 형법상 협박죄가 성립될 수 있으며, 이에 대한 법정형은 3년 이하의 징역, 500만원 이하의 벌금, 구류 또는 과태료가 부과됩니다.

아울러 협박으로 재물의 교부를 받거나 재산상의 이익을 취득한 부분이 있다면 형법상 공갈에 해당하고, 이에 대한 법정형은 10년 이하의 징역 또는 2천만원 이하의 벌금입니다.

귀하께서는 가까운 경찰서 민원실에 해당 대출 중개업소를 명시하여 고소, 고발장을 접수하여 주시면 적법절차에 따라 처리 될 것입니다.

# ■ 과도하거나 부당한 채권추심에 대해 어떻게 대처해야 하는지요?

Q. 과도하거나 부당한 채권추심에 대해 어떻게 대처해야 하는지요?

A. 대부업자(대부업자로부터 대부계약에 따른 채권을 양도받거나 채권의 추심을 위탁 받은 자, 등록하지 아니하고 사실상 대부업을 영위하는 자 포함)는 대부계약에 따른 채권을 추심함에 있어 대부업법에 의거, 말이나 글, 음향 또는 영상, 물건을 채무자 또는 그의 관계인에게 도달하게 하는 행위 및 정당 한 사유 없이 채무자 또는 그의 관계인을 방문하는 행위, 채무자의 관계인에게 채무자를 대신하여 채무를 변제할 것을 강요하는 행위(2008.3.22.시행) 등으로 채무자 또는 그의 관계인에게 공포심과 불안감을 유발하여 사생활 또는 업무의 평온을 심히 해치는 방법을 금지하고 있으며, 이와 같은 불법적 채권추심을 하는 경우 3년 이하의 징역 또는 3천만원 이하의 벌금에 처해질 수 있습니다.

귀하께서 겪고 있는 피해가 이러한 불법적 채권추심행위에 해당된다고 판단되는 경우 불법적 채권추심행위를 한 자의 영업소나 주소지를 관할하는 경찰서 수사과 지능팀으로 동 사실을 신고하실 수 있으며, 경찰청 또는 정부민원안내콜센터 등에 신고하시어 구제받으실 수 있습니다. 다만, 실제로 불법적 채권추심행위로 인정되어 형사처벌을 받게 되는 것은 수사의 진행 결과 및 관련 증거 등에 따라 달라질 수 있습니다.

또한 대부업자가 채무자외의 관계인에게 채무사실을 알리는 경우(엽서에 의한 채무변제의 요구 등 채무자 외의 자가 채무사실을 알 수 있게 하는 방법 포함) 2천만원 이내의 과태료에 처하도록 관련법에 규정되어 있으므로, 이 경우 대부업자의 영업소 소재지 관할 시, 도에 동 사실을 신고할 수 있습니다.

한편, 불법 채권추심으로 인한 피해 예방 및 구제를 위해 금융감독원에서는 사금융피해상담센터를 운영하고 있으며, 대부업피해신고센터를 통해서도 도움을 받으실 수 있습니다.

### ■ 공포심과 불안감을 유발하는 채권추심은 처벌대상이 되는지요?

Q. 공포심과 불안감을 유발하는 채권추심은 처벌대상이 되는지요?

A. 말, 글, 영상, 물건 등을 전달하거나 정당한 사유 없는 방문을 통해 공포심과 불안감을 유발하여 사생활 또는 업무의 평온을 심히 해치는 방법으로 채권추심을 하는 경우 3년이하 징역 또는 3천만원 이하 벌금에 처해질 수 있습니다.

# ■ 사채업자로부터 돈을 빌리면서 공정증서를 작성 하였는데, 가재도구에 대하여 압류를 하였을 경우에 해결할 방법이 없는지요?

Q. 저는 현재 조그만 자영업을 하는 사람으로서 가족으로는 처와 고등학교 1학년생 딸아이가 있습니다. 그런데 저는 약 6개월 전에 자금난으로 인하여 사채업자로부터 금 500만원을 빌리면서 집행력 있는 공정증서를 작성 하였는데 이를 갚지 못하고 변제기한을 넘기자, 최근에 사채업자가 집안에 있는 가재도구에 대하여 압류를 하였고, 압류된 물건 중에는 피아노 1대도 포함되어 있습니다. 그러나 약 3개월 후에 딸아이가 시민회관에서 피아노독주회를 개최할 예정인데 피아노가 경매로 넘어가면 딸아이가 이때까지 계속 연습해오던 피아노로 더 이상 연습을 하지 못하게 되어 독주회를 제대로 개최하지 못할 상황인데, 이 경우 해결할 방법이 없는지요? 참고적으로 저는 한 달 정도 지나면 금전이 마련되어 부채를 갚을 수 있을 것으로 예상됩니다.

A. 민사집행법 제195조는 다음과 같은 물건들에 대한 압류를 금지하고 있습니다.
   1) 채무자 및 그와 같이 사는 친족(사실상 관계에 따른 친족을 포함한다. 이하 이 조에서 '채무자 등'이라 한다)의 생활에 필요한 의복·침구·가구·부엌기구, 그 밖의 생활필수품
   2) 채무자 등의 생활에 필요한 2월간의 식료품·연료 및 조명재료
   3) 채무자 등의 생활에 필요한 1월간의 생계비로서 대통령령이 정하는 액수의 금전

4) 주로 자기 노동력으로 농업을 하는 사람에게 없어서는 아니 될 농기구·비료·가축·사료·종자, 그 밖에 이에 준하는 물건

5) 주로 자기의 노동력으로 어업을 하는 사람에게 없어서는 아니 될 고기잡이 도구·어망·미끼·새끼고기, 그 밖에 이에 준하는 물건

6) 전문직 종사자·기술자·노무자, 그 밖에 주로 자기의 정신적 또는 육체적 노동으로 직업 또는 영업에 종사하는 사람에게 없어서는 아니 될 제복·도구, 그 밖에 이에 준하는 물건

7) 채무자 또는 그 친족이 받은 훈장·포장·기장, 그 밖에 이에 준하는 명예증표

8) 위패·영정·묘비, 그 밖에 상례·제사 또는 예배에 필요한 물건

9) 족보·집안의 역사적인 기록·사진첩, 그 밖에 선조숭배에 필요한 물건

10) 채무자의 생활 또는 직무에 없어서는 아니 될 도장·문패·간판, 그 밖에 이에 준하는 물건

11) 채무자의 생활 또는 직업에 없어서는 아니 될 일기장·상업장부, 그 밖에 이에 준하는 물건

12) 공표되지 아니한 저작 또는 발명에 관한 물건

13) 채무자 등이 학교·교회·사찰, 그 밖의 교육기관 또는 종교단체에서 사용하는 교과서·교리서·학습용구, 그 밖에 이에 준하는 물건

14) 채무자 등의 일상생활에 필요한 안경·보청기·의치·의수족·지팡이·장애보조용 바퀴의자, 그 밖에 이에 준하는

신체보조기구

15) 채무자 등의 일상생활에 필요한 자동차로서 자동차관리법이 정하는 바에 따른 장애인용 경형자동차

16) 재해의 방지 또는 보안을 위하여 법령의 규정에 따라 설비하여야 하는 소방 설비·경보기구·피난시설, 그 밖에 이에 준하는 물건 등과 같으며, 민사집행법 이외에 다른 법령에도 개별적으로 규정을 하고 있습니다.

한편 민사집행법 제196조 제1항은 "법원은 당사자가 신청하면 채권자와 채무자의 생활형편, 그 밖의 사정을 고려하여 유체동산의 전부 또는 일부에 대한 압류를 취소하도록 명하거나 같은 법 제195조의 유체동산을 압류하도록 명할 수 있다."라고 규정하고 있습니다. 여기서 '생활형편'이란 채권자가 채무자로부터 그 채권을 변제받지 못함으로써 받고 있는 경제적 곤궁의 정도와 채무자의 경제적 곤궁의 정도를 의미하며, '그 밖의 사정'이란 압류명령을 취소하거나 압류금지물건에 대하여 압류명령을 함으로써 채권자 또는 채무자가 받게 되는 경제적 영향과 채무자가 채무를 성실히 이행 할 의사가 있는지 여부 및 이러한 재판의 신청에 이르게 된 경위나 동기 등을 의미한다고 볼 수 있습니다.

따라서 위와 같은 사유에 해당될 경우에는 압류명령을 발한 법원에 '압류금지물건 확장(혹은 압류 취소) 신청'을 할 수 있는데, 귀하의 딸이 현재 연습중인 피아노는 소명하기에 따라서 민사집행법 제195조 제13호의 '학습용구 또는 이에 준하는 물건'으로 해석될 여지가 있어 보입니다. 만약 이러한 주장이 인정되지 않는다면, 귀하는 민사집행법 제196조 제1항에서 규정한 '그 밖의 사정'을 내세우셔야

할 것으로 보입니다.

그리고 압류금지물건의 확장 신청과 동시에 법원에 강제집행을 일시정지 시켜 달라는 잠정처분을 신청하게 되는데, 이 경우 법원에서 민사집행법 제196조 제3항 및 같은 법 제16조 제2항에 의하여 담보를 제공할 것을 조건으로 하는 명령이 내려지는 것이 일반적입니다. 이 경우 담보의 제공은 보통 현금으로 하여야 하며, 그 방법은 법원에 공탁하는 것이며, 담보액은 법원이 재량으로 판단하게 되어 있으나 대략 피아노의 감정가액 정도로 생각하시면 될 것으로 보입니다.

**(관련판례)**

공증료는 채권자가 채무자의 채무불이행에 대비하여 강제집행을 위한 집행권원을 미리 확보해 놓는 데 드는 비용으로서 채무자가 당연히 부담해야 할 성질의 것도 아니고 담보권 설정비용으로 볼 수도 없으므로, 구 대부업법 제8조 제2항 등의 취지에 비추어 볼 때 채무자로부터 공증료를 받았다면 이 역시 구 대부업법 제8조 제2항에서 정하는 이자에 해당하고, 대부업자가 그만큼의 선이자를 사전에 공제한 것으로 보아야 한다(대법원 2014.11.13. 선고 2014다24785 판결).

## 4. 채권추심자의 의무

① 고리사채업자 및 불법대부업자들이 채무자와 그 가족들을 과도한 추심행위를 통해 괴롭히는 사례가 빈발하여 사회적 문제가 됨에 따라 이를 방지하기 위해 채권의 공정한 추심에 관한 법률이 제정되어 시행되고 있습니다.

② 채무자의 보호를 위해 채권추심자에게 채무확인서 발급 의무, 채권추심에 관한 사항의 채무자 통지 의무, 복수의 채권추심 위임 금지, 채무부존재 소송 시 채무불이행자 등록 금지 및 개인정보의 누설 금지 등을 규정하고 있습니다.

③ 채권추심자는 채권추심과 관련해 폭행, 협박, 위계(僞計) 또는 위력(威力)의 행사, 공포심이나 불안감을 유발해 사생활 또는 업무의 평온을 심하게 해치는 방문·전화, 거짓 표시 또는 불공정한 행위를 해서는 안 되고, 채무자 또는 관계인에게 손해를 입힌 경우에는 그 손해를 배상해야 합니다.

## ■ 사채업자가 변제받기를 거부할 경우에 채무자가 변제할 수 있는 방법은 없나요?

Q. 저는 6개월 전 사채업자 甲으로부터 5,000만원을 차용하면서 저의 부동산에 근저당권을 설정하였는데, 형편이 어려워 이자를 제때 지급하지 못하였고 변제기에 이르러 그동안 지급하지 못한 이자와 원금을 변제하려고 하였으나, 甲은 터무니없는 금액을 요구하며 수령하기를 거절하였습니다. 이후에도 甲과 여러 차례 만나려고 시도하였으나, 그때마다 甲은 만나주지 않고 있습니다. 이 경우 저는 어떻

게 대처해야 되는지요?

A. 일부 채권자 중에는 담보물을 헐값에 취득할 목적으로 변제기일에 일부러 만나주지 않거나 무리한 요구를 내세우는 등의 수법으로 채무자로 하여금 변제기일을 넘기게 하여 담보물을 처분하는 경우도 있는데, 민법에서 채권자가 변제를 받지 아니하거나 받을 수 없는 때에는 변제자는 채권자를 위하여 변제목적물을 공탁하여 그 채무를 면할 수 있고, 변제자가 과실 없이 채권자를 알 수 없는 경우에도 같다고 변제공탁제도에 관하여 규정하고 있습니다(민법 제487조). 또한, 변제목적물이 공탁에 적당하지 아니하거나 멸실 또는 훼손될 염려가 있거나 공탁에 과다한 비용을 요하는 경우 변제자는 법원의 허가를 얻어 그 물건을 경매하거나 시가로 방매하여 대금을 공탁할 수 있는데(민법 제490조), 채무변제 약정내용에 따른 부동산변제공탁은 공탁에 적당하지 아니한 경우에 해당하므로, 민법 제490조에 의하여 변제자가 법원의 허가를 얻어 당해 부동산을 경매하거나 시가로 방매하여 그 대금을 공탁하는 절차를 취해야 할 것입니다 (공탁선례 1-41 1999. 2. 27. 제정).

변제공탁은 채무이행지의 공탁소에 하여야 하고(민법 제488조 제1항), 변제공탁의 효력발생 시기는 변제공탁이 적법한 경우 채권자가 공탁물출급청구를 하였는지 여부와 관계없이 그 공탁을 한 때에 변제효력이 발생합니다(대법원 2002. 12. 6. 선고 2001다2846 판결).

그리고 공탁원인사실이 어느 것인지의 판단기준에 관한 판례를 보면, 공탁은 공탁자가 자기의 책임과 판단 아래 하는 것으로서 공탁자는 누구에게 변제해야 할 것인지를 판단하여 그에 따라 변제공탁이나 집행공탁 또는 혼합공탁을 선택하여 할 수 있을 뿐만 아니라, 변제공탁을 함에 있어서도 민법 제487조 전단과 후단 중 어느 사유를 공탁원인사실로 할 것인지 선택하여 할 수 있는데, 변제공탁이 민법 제487조 전단의 '수령불능을 원인으로 한 변제공탁'인지, 같은 조 후단의 '상대적 불확지 변제공탁'인지 아니면 두 가지 성격을 모두 가지고 있는지는 공탁서의 '법령조항'란의 기재와 '공탁원인사실'란의 기재 등에 비추어 객관적으로 판단해야 한다고 하였습니다(대법원 2008. 10. 23. 선고 2007다35596 판결).

또한, 채무액일부 변제공탁의 효력에 관한 판례를 보면, 채무자가 공탁원인이 있어서 공탁에 의하여 그 채무를 면하려면 채무액전부를 공탁해야 할 것이고, 일부공탁은 그 채무를 변제함에 있어서 일부제공이 유효한 제공이라고 시인될 수 있는 특별한 사정이 있는 경우를 제외하고는 채권자가 이를 수락하지 아니하는 한 그에 상응하는 효력을 발생할 수 없다고 하였으며(대법원 2008. 7. 10. 선고 2008다10051 판결), 채무액일부 변제공탁의 경우 채권자가 공탁금을 채권일부에 충당한다는 유보의 의사표시를 하고 이를 수령한 때에는 그 공탁금은 채권일부변제에 충당되고, 그 경우 유보의 의사표시는 반드시 명시적으로 해야 하는 것은 아니라고 하였으나(대법원 2009. 10. 29. 선고 2008다51359 판결), 채권자에 대한 변제자의 공탁금액이 채무총액에 비하여 아주 근소하게 부족한 경우에는 당해 변제공탁은 신의칙상 유효한 것이라고 보아야 한다고 하였습니다(대법원 2002.5.10. 선고 2002다12871, 12888 판결).

조건부변제공탁도 채권자가 조건이행의무가 있는 경우에는 유효합니다. 예컨대, 동시이행관계에 있는 반대급부를 조건으로 하는 변제공탁은 유효하고(대법원 1992.12.22. 선고 92다8712 판결), 이 경우 공탁물수령자가 그 출급을 받으려면 붙여진 조건을 이행하였음을 증명하여야 공탁물출급을 청구할 수 있습니다(민법 제491조, 공탁법 제10조). 그러나 채권자에게 반대급부 기타 조건의 이행의무가 없음에도 불구하고 채무자가 이를 조건으로 공탁한 때에는 채권자가 이를 수락하지 않은 한 그 공탁은 무효입니다(대법원 2002. 12.6. 선고 2001다2846 판결).

변제공탁의 효과로는 변제가 있었던 것과 같이 채무는 소멸하고, 채권자는 공탁물인도청구권을 취득합니다. 그리고 질권·저당권이 공탁으로 인하여 소멸한 때를 제외하고는 채권자가 공탁을 승인하거나 공탁소에 대하여 공탁물을 받기를 통고하거나 공탁유효의 판결이 확정되기까지 변제자는 공탁물을 회수할 수 있고(민법 제489조), 착오로 공탁을 한 때나 공탁원인이 소멸한 때에도 공탁물을 회수할 수 있습니다(공탁법 제9조 제2항).

따라서 위 사안의 경우 甲이 변제 받기를 거부하고 있으므로, 귀하는 원금, 약정이자, 변제기 이후의 지연손해금 등을 채무이행지, 즉 지참채무이므로 甲의 주소지를 관할하는 법원에 설치된 공탁소에 공탁하여 甲에 대한 채무를 면할 수 있을 것입니다(민법 제488조). 그리고 채무가 소멸하면 근저당권도 당연히 소멸하나(근저당권의 부종성) 귀하의 부동산에 마쳐진 근저당권설정등기가 자동적으로 말소되는 것은 아니므로, 귀하는 甲을 상대로 우선 근저당권처분금지가처분을 한 후 근저당권설정등기 말소등기청구의 소를 제기해야 할 것입니다.

참고로 '관할공탁소 이외의 공탁소에서의 공탁사건처리지침'(행정예규 제887호 2011.2.7. 개정)에서 금전변제공탁신청 및 공탁금지급청구에 관하여 공탁당사자의 생활근거지가 관할공탁소와 멀리 떨어져 있는 경우 관할공탁소를 방문해서 공탁업무를 처리해야 하는 불편을 덜어주기 위해 관할공탁소 이외의 공탁소(접수공탁소)에 공탁서 등을 제출할 수 있는 특칙이 마련되어 있습니다. 또한, 국내에 주소나 거소가 없는 외국인이나 재외국민을 위한 변제공탁은 지참채무의 경우에 다른 법령의 규정이나 당사자의 특약이 없는 한 서울중앙지방법원 공탁관에게 공탁할 수 있습니다(공탁법 제5조, 공탁규칙 제66조).

## 4-1. 채무자 보호를 위한 채권추심자의 의무

### 4-1-1. 채무확인서 발급 의무

① 채권추심자(대부업자, 대부중개업자, 미등록대부업자, 여신금융기관 및 이들로부터 대부계약에 따른 채권을 양도받거나 재양도받은 자에 한함)는 채무자로부터 원금, 이자, 비용, 변제기 등 채무를 증명할 수 있는 서류(채무확인서)의 교부를 요청받은 때에는 정당한 사유가 없는 한 이에 따라야 합니다(채권의 공정한 추심에 관한 법률 제5조 제1항). 이를 위반하여 채무확인서의 교부요청에 응하지 않은 자는 위반행위의 횟수에 따라 1회 위반 시 300만원, 2회 위반 시 600만원, 3회 이상 위반 시 1,400만원의 과태료를 부과 받습니다(동법 제17조 제1항 제1호, 동법 시행령 제4조 제1항).

② 위반행위의 횟수에 따른 과태료 부과기준은 위반사항에 대하여 과태료 부과처분을 한 날부터 1년 이내에 다시 같은 위반사항을 적발한 경우에 적용합니다(동법 시행령 별표).

③ 채권추심자(대부업자, 대부중개업자, 미등록대부업자, 여신금융기관 및 이들로부터 대부계약에 따른 채권을 양도받거나 재양도받은 자에 한함)는 채무확인서 교부에 직접 사용되는 비용 중 1만원의 범위에서 채무자에게 그 비용을 청구할 수 있습니다(동법 제5조 제2항 및 동법 시행령 제1조의2).

### 4-1-2. 채권추심에 관한 사항의 채무자 통지 의무

① 채권추심자[금전이나 그 밖의 경제적 이익을 대가로 받거나 받기로 약속하고 타인의 채권을 추심하는 자(채권추심을 목적으로 채권의 양수를 가장한 자 포함) 및 그 자를 위해 고용, 도급, 위임

등 원인을 불문하고 채권추심을 하는 자를 말함]가 채권자로부터 채권추심을 위임받은 경우에는 채권추심에 착수하기 전까지 다음에 해당하는 사항을 채무자에게 서면(전자문서 및 전자거래에 관한 기본법 제2조제1호의 전자문서 포함. 이하 같음)으로 통지해야 합니다. 다만, 채무자가 통지가 필요 없다고 동의한 경우에는 그렇지 않습니다(채권의 공정한 추심에 관한 법률 제6조 제1항).

1) 채권추심자의 성명·명칭 또는 연락처(채권추심자가 법인인 경우에는 채권추심담당자의 성명, 연락처를 포함)
2) 채권자의 성명·명칭, 채무금액, 채무불이행 기간 등 채무에 관한 사항
3) 입금계좌번호, 계좌명 등 입금계좌 관련 사항

② 채무발생의 원인이 된 계약에 기한의 이익에 관한 규정이 있는 경우에는 채무자가 기한의 이익을 상실한 후 즉시 통지해야 합니다(동법 제6조 제2항). 여기서 「기한의 이익」이란 채무의 이행기한이 도래하지 않음으로써 그 동안 당사자가 받는 이익을 말합니다.

③ 채무발생의 원인이 된 계약이 계속적인 서비스 공급 계약인 경우에는 서비스 이용료 납부지체 등 채무불이행으로 인해 계약이 해지된 즉시 통지해야 합니다(동법 제6조 제3항). 이를 위반하여 채권자로부터 채권추심을 위임받은 사실을 서면으로 통지하지 않은 자는 위반행위의 횟수에 따라 1회 위반 시 150만원, 2회 위반 시 300만원, 3회 이상 위반 시 700만원의 과태료를 부과 받습니다(동법 제17조 제2항 제1호, 동법 시행령 제4조 제1항 및 별표).

### 4-1-3. 복수의 채권추심 위임 금지

① 채권추심자는 동일한 채권에 대해 동시에 2인 이상의 자에게 채권추심을 위임해서는 안 됩니다(채권의 공정한 추심에 관한 법률 제7조).

② 이를 위반하여 동일 채권에 대해 2인 이상의 자에게 채권추심을 위임한 자는 위반행위의 횟수에 따라 1회 위반 시 150만원, 2회 위반 시 300만원, 3회 이상 위반 시 600만원의 과태료를 부과 받고(동법 제17조제2항제2호, 동법 시행령 제4조제1항 및 별표), 사업자가 아닌 경우에는 그 다액의 2분의 1로 감경됩니다.

### 4-1-4. 채무부존재 소송 시 채무불이행자 등록 금지

다음의 채권추심자는 채무자가 채무의 존재를 다투는 소를 제기해 그 소송이 진행 중인 경우에 신용정보의 이용 및 보호에 관한 법률에 따른 신용정보집중기관이나 신용정보업자의 신용정보전산시스템에 해당 채무자를 채무불이행자로 등록해서는 안 됩니다.

이 경우 채무불이행자로 이미 등록된 때에는 채권추심자는 채무의 존재를 다투는 소가 제기되어 소송이 진행 중임을 안 날부터 30일 이내에 채무불이행자 등록을 삭제해야 합니다(채권의 공정한 추심에 관한 법률 제8조). 이를 위반하여 채무의 존재를 다투는 소송이 진행 중임에도 채무불이행자로 등록하거나 소송이 진행 중임을 알면서도 30일 이내에 채무불이행자 등록을 삭제하지 않은 자는 위반행위의 횟수에 따라 1회 위반 시 150만원, 2회 위반 시 300만원, 3회 이상 위반 시 700만원의 과태료를 부과 받습니다(동법 제17조 제2항 제3호, 동법 시행령 제4조 제1항 및 별표).

　1) 대부업자, 대부중개업자, 미등록대부업자, 여신금융기관 및

이들로부터 대부계약에 따른 채권을 양도받거나 재양도 받은 자(동법 제2조제1호가목)

2) 금전이나 그 밖의 경제적 이익을 대가로 받거나 받기로 약속하고 타인의 채권을 추심하는 자(채권추심을 목적으로 채권의 양수를 가장한 자 포함) 및 그 자를 위해 고용, 도급, 위임 등 원인을 불문하고 채권추심을 하는 자(동법 제2조 제1호 라목 및 마목)

## 4-1-5. 대리인 선임 시 채무자에 대한 연락 금지

① 채권추심자는 다음의 경우를 제외하고는 채무자가 변호사법에 따른 변호사·법무법인·법무법인(유한) 또는 법무조합을 채권추심에 응하기 위한 대리인으로 선임하고, 이를 채권추심자에게 서면으로 통지한 경우 채무와 관련해 채무자를 방문하거나 채무자에게 말·글·음향·영상 또는 물건을 도달하게 해서는 안 됩니다. 다만, 채무자와 대리인이 동의한 경우 또는 채권추심자가 대리인에게 연락할 수 없는 정당한 사유가 있는 경우에는 그렇지 않습니다(채권의 공정한 추심에 관한 법률 제8조의2).

1) 대부업법에 따른 여신금융기관

2) 신용정보의 이용 및 보호에 관한 법률에 따른 신용정보회사

3) 자산유동화에 관한 법률 제10조에 따른 자산관리자

4) 채권의 공정한 추심에 관한 법률 제2조 제1호 가목에 규정된 자를 제외한 일반 금전대여 채권자

5) 위 1)부터 4)까지에 규정된 자들을 위하여 고용되거나 같은 자들의 위임을 받아 채권추심을 하는 자(다만, 채권추심을 하는 자가 대부업법에 따른 대부업자, 대부중개업자, 대부업의 등록

을 하지 않고 사실상 대부업을 영위하는 자인 경우는 제외)

② 이를 위반하여 채무자를 방문하거나 채무자에게 말·글·음향·영상 또는 물건을 도달하게 한 자는 2천만원 이하의 과태료를 부과 받습니다(동법 제17조 제1항 제2호).

### 4-1-6. 관계인에 대한 연락 금지

① 채권추심자는 채권추심을 위하여 채무자의 소재, 연락처 또는 소재를 알 수 있는 방법 등을 문의하는 경우를 제외하고는 채무와 관련하여 관계인을 방문하거나 관계인에게 말·글·음향·영상 또는 물건을 도달하게 해서는 안 됩니다(채권의 공정한 추심에 관한 법률 제8조의3 제1항).

② 채권추심자는 관계인을 방문하거나 관계인에게 말·글·음향·영상 또는 물건을 도달하게 하는 경우 다음에 해당하는 사항을 관계인에게 밝혀야 하며, 관계인이 채무자의 채무 내용 또는 신용에 관한 사실을 알게 해서는 안 됩니다(동법 제8조의3 제2항). 이를 위반한 자는 1천만원 이하의 과태료를 부과 받습니다(동법 제17조 제2항 제4호).

　1) 채권추심자의 성명·명칭 및 연락처(채권추심자가 법인인 경우에는 업무담당자의 성명 및 연락처를 포함)

　2) 채권자의 성명·명칭

　3) 방문 또는 말·글·음향·영상·물건을 도달하게 하는 목적

## 4-1-7. 개인정보의 누설 금지 등

① 채권추심자는 채권발생이나 채권추심과 관련해 알게 된 채무자 또는 관계인의 신용정보나 개인정보를 누설하거나 채권추심의 목적 외로 이용해서는 안 됩니다(채권의 공정한 추심에 관한 법률 제10조 제1항).

② 채권추심자가 다른 법률에 따라 신용정보나 개인정보를 제공하는 경우는 이에 따른 누설 또는 이용으로 보지 않습니다(동법 제10조 제2항).

③ 이를 위반하여 채무자 또는 관계인의 신용정보나 개인정보를 누설하거나 채권추심의 목적 외로 이용한 자는 3년 이하의 징역 또는 3천만원 이하의 벌금에 처해집니다(동법 제15조 제2항 제3호).

## ■ 못 받은 돈 대신 받아주는 행위가 불법인가요?

Q. 거리에 못 받은 돈 속전속결 해결이라고 적혀있는 현수막이 있는데, 돈 대신 받아주는 건 은행이나 대출업체 말고는 다 불법 아닌가요?

A. 질문의 내용은 도로가에 걸려 있는 현수막에 '못 받은 돈을 대신 받아 준다'는 내용이 적혀 있는데 불법이 아닌지 확인해 달라는 내용으로 이해하였습니다.

우선 현수막의 게시는 관할 행정관청의 검토를 받아 일정한 장소에 게시하도록 되어 있습니다.

질문의 현수막이 불법 게시된 것인지 여부는 민원 내용만으로 게시장소를 알 수 없어 행정관청에 통보가 불가능하므로, 민원인께서 관할 행정관청에 연락하셔서 불법 게시여부 확인 및 철거를 요청하시거나 인근 경찰관서에 연락을 주시면 행정관청과 협조하여 처리토록 할 것입니다.

또한 돈을 대신 받아주는 행위와 관련하여, 현행 '신용정보의 이용 및 보호에 관한 법률'에 '채권추심업'을 신용정보업의 한 종류로 규정하고 있고 시청 지역경제과에서 허가를 담당하고 있습니다.

채권추심업을 영위하는 신용정보회사는 주로 법원판결문에 의해 채권 및 물품대금 등을 채권자로부터 권한을 위임 받아 대행하고 있는 것으로 알고 있습니다.

■ **대부업체로부터 채권추심을 위임받은 신용정보회사가 채권 공정추심법 적용대상인지요?**

Q. 대부업체로부터 채권추심을 위임받은 신용정보회사가 채권의 공정한 추심에 관한 법률의 적용대상인지요?

A. 채권의 공정한 추심에 관한 법률은 채권추심자가 권리를 남용하거나 불법적인 방법으로 채권추심을 하는 것을 방지하여 공정한 채권추심 풍토를 조성하고 채권자의 정당한 권리행사를 보장하면서 채무자의 인간다운 삶과 평온한 생활을 보호함을 목적으로 하는 법입니다

이 법 제8조의2는 채무자가 변호사 등 대리인을 선임하여 통지한 경우 채무자에 대한 직접 추심을 금지하고 있지만 특별히 연락의 제한을 받지 않는 채권추심업자의 범위를 명시하고 있고, 신용정보의 이용 및 보호에 관한 법률에 따른 신용정보회사의 경우 이 조항의 제외 대상입니다.

동 조항은 채권추심자가 누구인지에 대해서만 규제를 하고 있으며, 이 때 채권추심자가 누구에게 채권추심을 위임받았는지의 여부에 대해서는 아무런 언급이 없습니다. 따라

서 채권추심의뢰인이 설령 대부업체라 할지라도 동조 제2호의 신용정보회사는 원칙적으로 채무자에 대한 연락 금지의 대상은 아닙니다.

또한, 동법 제8조의2 제5호 단서의 경우는 제1호부터 제4호까지에 규정된 자들을 위하여 고용되거나 위임받아 채권추심을 하는 자가 대부업자, 대부중개업자, 대부업의 등록을 하지 아니하고 사실상 대부업을 영위하는 자인 경우를 제외하는 것이며, 대부업체나 대부업자가 신용정보회사에 추심을 의뢰하거나 위임한 경우까지 확대해서 해석하기는 어려울 것으로 사료됩니다.

■ **대부업자로부터 급전을 빌려 사용하던 중 변제기가 되어 돈을 갚으려 하는데, 대부업자와 연락이 되지 않는 경우 이자를 어떻게 갚아야 되나요?**

Q. 대부업자로부터 급전을 빌려 사용하던 중 변제기가 되어 돈을 갚으려 하는데, 대부업자는 애초에 약정한 원금과 이자보다 훨씬 많은 금액을 요구하며, 저를 만나주지 않고 연락도 되지 않고 있습니다. 채무를 변제하지 못하면 이자가 계속 늘어날텐데 어떻게 합니까?

A. 채권자가 채무변제를 요구하지 않거나 정당한 사유 없이 채무변제를 받지 않는다 하여 자동적으로 변제의무가 소멸되는 것이 아니므로, 사채업자의 주소지를 관할하는 법원에 변제하고자 하는 채무금액(이자 및 원금)을 공탁함으로써 사채업자에 대한 채무를 면할 수 있습니다.

특히, 변제기일이 지났음에도 채권자가 변제를 요구하지 않는다는 이유로 채무변제에 소극적일 경우 향후 많은 이자를 부담할 수 있음을 유념해야 합니다.

불법 대부업을 예방하기 위해 불법 대부업 신고보상금 제도를 시행하고 있으며, 미등록대부업자나 이자율의 제한 등을 위반한 불법 대부업의 범인 검거에 공로가 있는 자는 신고보상금을 받을 수 있습니다.

범죄신고자와 범인검거공로자가 생명·신체에 해를 받거나 받을 염려가 있다고 인정되는 경우에는 경찰공무원의 직권 또는 범죄신고자 등의 신청에 따라 특정시설에서의 보호, 신변경호, 주기적 순찰 등 신변안전에 필요한 조치를 받을 수 있습니다.

불법 대부업 관련 신고는 금융감독원의 사금융피해상담센터, 한국대부금융협회의 대부업피해신고센터 및 경찰서의 지능범죄수사팀 등에 할 수 있습니다.

## 5. 불법 대부업 신고보상금 제도

① 불법 대부업 피해자의 경우 채무를 변제하지 못하거나 법을 잘 알지 못하고 보복을 우려해 피해신고를 잘하지 않고 있습니다. 이에 따라 불법 대부업을 예방하기 위해 불법 대부업 신고보상 금 제도를 시행하고 있습니다(범죄신고자 등 보호 및 보상에 관한 규칙 제5조 제18호).

② 범죄신고자 등 보호 및 보상에 관한 규칙(경찰청 훈령 제746호, 2014.12.8. 발령·시행)은 범죄신고자와 범인검거공로자의 생명·신체의 안전, 비밀보장 및 보상금 지급에 관해 규정하고 있습니다.

### 5-1. 불법 대부업 신고보상금의 지급 대상

① 다음의 범인검거공로자는 불법 대부업 신고보상금을 받을 수 있 습니다(범죄신고자 등 보호 및 보상에 관한 규칙 제2조 제2호).

　1) 범죄의 범인이 검거되기 전에 경찰공무원에게 범인 또는 범인 의 소재를 신고해 검거하게 한 자

　2) 범인을 검거해 경찰공무원에게 인도한 자

　3) 범인검거에 적극 협조해 그 공이 현저한 자

② 원칙적으로 피해자 신고의 경우에는 보상금을 지급하지 않지만 피해자라도 범인 검거에 공이 있을 경우에는 보상금을 지급할 수 있도록 하고 있습니다.

### 5-2. 불법 대부업 신고보상금의 지급 기준

미등록대부업자나 이자율의 제한 등을 위반한 불법 대부업의 범인 검거에 공로가 있는 자는 보상금을 지급받을 수 있습니다. 다만,

법령상 신고의무자인 경우에는 그렇지 않습니다(범죄신고자 등 보호 및 보상에 관한 규칙 제5조 단서).

## 5-3. 불법사금융 피해신고센터의 설치·운영
### 5-3-1. 불법사금융 피해신고센터의 설치
금융감독원은 불법사금융 이용에 대한 피해자의 신고 접수 및 상담, 금융지원 등의 컨설팅을 제공하기 위해 불법사금융 피해신고센터를 설치·운영하고 있습니다. 신고방법은 다음과 같습니다.
① 전화를 통한 신고 : 국번 없이 ☎ 1332
② 인터넷을 통한 신고 : 금감원 참여마당(www.fss.or.kr), 서민금융1332(s1332.fss.or.kr)
③ 방문을 통한 신고 : 서울 본원, 부산, 대구, 광주, 대전 등 4개 지원(평일:오전 9:00 ~ 오후 12:00, 토·일:오전 9:00 ~ 오후 6:00)

### 5-3-2. 불법사금융 피해신고센터의 업무
① 1차 상담 실시 : 불법사금융 피해신고센터는 고금리대출, 불법채권추심, 대출사기 등 불법사금융 피해신고를 접수받고 피해유형별로 상담을 실시합니다.
② 2차 상담 연결 : 피해신고자를 대상으로 서민금융지원기관(자산관리공사·신용회복 위원회 등)에서 2차로 1:1 맞춤형 서민금융 상담을 받을 수 있도록 연결합니다.
③ 접수 건에 대한 정보제공 : 단속에 활용하도록 수사기관에 피해신고 건에 대한 정보를 제공합니다. 또한 지자체와 합동으로 피해신고 빈발 대부업체 등에 대한 특별검사를 실시할 예정입니다.

■ 채무를 변제치 못하여 사기죄로 고소당한 경우에는 어떻게 대처해야 합니까?

Q. 저는 사금융업체로부터 대출을 받았으나, 이자를 매달 갚아오다 사정이 어려워 최근 2개월간 납입을 못하고 있습니다. 반드시 갚아야 된다는 생각에는 변함이 없으며 채권자와 연락도 계속 유지하고 있는데 채권자가 저를 사기죄로 고소하겠다고 합니다. 이것도 사기죄가 됩니까?

A. 통상 채무와 관련한 사기죄는 돈을 빌릴 당시 변제할 의사나 능력이 없는데도 상대방을 기망하여 돈을 빌리는 경우 성립됩니다. 즉, 빌릴 당시의 채무자의 재산 상태와 빌린 금액의 액수, 빌린 후 변제를 해 온 과정에 있어서 채무자의 변제에 대한 노력 등 여러 가지 사정을 참작하여 사기죄의 성립여부가 결정될 것이며, 빌릴 당시 채무변제에 대한 의사 및 능력이 있었다면 사기죄는 성립하지 않을 것으로 판단됩니다.

■ 과도한 채권추심행위 등 대부업법 위반에 대해 신고할 경우에는 어디로 가야 하는지요?

Q. 과도한 채권추심행위 등 대부업법 위반에 대해 사법기관에 신고할 경우에는 어디로 가야 하는지요?

A. 형사처벌의 대상이 되는 대부업법 위반 행위로 인해 피해를 입으신 경우에는, 대부업법을 위반한 혐의가 있는 자 및 동 업체의 불법행위사실을 입증할 만한 구체적인 증거자료 등을 확보하여 경찰서(경찰서 수사과 지능팀) 또는 검찰청에 관련내용을 신고하실 수 있습니다. 또는 금융감독원 사금융피해상담센터에 신고하실 수 있습니다.

# ■ 타인이 본인 명의를 도용하여 사채를 쓴 경우에 어떻게 대처해야 하나요?

Q. 어느 날 갑자기 사채업자가 저에게 300만원의 채무변제를 요구합니다. 저는 이 사채업자와 계약을 체결한 사실이 없습니다. 예전에 알고 지내던 사람이 제 명의를 도용한 것으로 추측되는데 어떻게 해야 하나요?

A. 타인이 부당한 방법으로 본인의 명의로 돈을 빌렸을 경우 본인이 대출계약을 체결한 적이 없음과 서명, 날인이 본인의 것이 아니라는 사실 등을 입증하여 명의 도용사실을 주장함으로써 채무에 대한 책임을 면할 수 있습니다.

한편, 자신이 타인의 대출사실을 알고 명의를 빌려준 경우에는 채권자에 대한 채무변제 책임을 질 수 있음을 유념하여 개인정보 및 명의관리에 상당히 주의하여야 합니다.

사채업자의 불법행위로 피해를 당하고 있는 경우에는 금융감독원 사금융피해상담센터로 상담하실 수 있습니다.

# 부록: 관련법령

# 소액사건심판법

[시행 2008.1.1.] [법률 제7427호, 2005.3.31.]

**제1조 (목적)** 이 법은 지방법원 및 지방법원지원에서 소액의 민사사건을 간이한 절차에 따라 신속히 처리하기 위하여 민사소송법에 대한 특례를 규정함을 목적으로 한다.

**제2조 (적용범위등)** ① 이 법은 지방법원 및 지방법원지원의 관할사건중 대법원규칙으로 정하는 민사사건(이하 "소액사건"이라 한다)에 적용한다.<개정 1975.12.31., 1980.1.4.>
② 제1항의 사건에 대하여는 이 법에 특별한 규정이 있는 경우를 제외하고는 민사소송법의 규정을 적용한다.

**제3조 (상고 및 재항고)** 소액사건에 대한 지방법원 본원 합의부의 제2심판결이나 결정·명령에 대하여는 다음 각호의 1에 해당하는 경우에 한하여 대법원에 상고 또는 재항고를 할 수 있다.
1. 법률·명령·규칙 또는 처분의 헌법위반여부와 명령·규칙 또는 처분의 법률위반여부에 대한 판단이 부당한 때
2. 대법원의 판례에 상반되는 판단을 한 때

**제4조 (구술에 의한 소의 제기)** ① 소는 구술로써 이를 제기할 수 있다.
② 구술로써 소를 제기하는 때에는 법원서기관·법원사무관·법원주사 또는 법원주사보(이하 "법원사무관등"이라 한다)의 면전에서 진술하여야 한다.<개정 2001.1.29.>
③ 제2항의 경우에 법원사무관등은 제소조서를 작성하고 이에 기명날인하여야 한다.<개정 2001.1.29.>

**제5조 (임의출석에 의한 소의 제기)** ① 당사자쌍방은 임의로 법원에 출석하여 소송에 관하여 변론할 수 있다.
② 제1항의 경우에 소의 제기는 구술에 의한 진술로써 행한다.

**제5조의2 (일부청구의 제한)** ① 금전 기타 대체물이나 유가증권의 일정한 수량의 지급을 목적으로 하는 청구에 있어서 채권자는 소액사건심판법의 적용을 받을 목적으로 청구를 분할하여 그 일부만을 청구할 수 없다.
② 제1항의 규정에 위반한 소는 판결로 이를 각하하여야 한다.
[본조신설 1990.1.13.]

제5조의3 (결정에 의한 이행권고) ① 법원은 소가 제기된 경우에 결정으로 소장부본이나 제소조서등본을 첨부하여 피고에게 청구취지대로 이행할 것을 권고할 수 있다. 다만, 다음 각호 가운데 어느 하나에 해당하는 때에는 그러하지 아니하다.

1. 독촉절차 또는 조정절차에서 소송절차로 이행된 때
2. 청구취지나 청구원인이 불명한 때
3. 그 밖에 이행권고를 하기에 적절하지 아니하다고 인정하는 때

② 이행권고결정에는 당사자, 법정대리인, 청구의 취지와 원인, 이행조항을 기재하고, 피고가 이의신청을 할 수 있음과 이행권고결정의 효력의 취지를 부기하여야 한다.

③ 법원사무관등은 이행권고결정서의 등본을 피고에게 송달하여야 한다. 다만, 그 송달은 민사소송법 제187조, 제194조 내지 제196조에 규정한 방법으로는 이를 할 수 없다. <개정 2002.1.26.>

④ 법원은 민사소송법 제187조, 제194조 내지 제196조에 규정된 방법에 의하지 아니하고는 피고에게 이행권고결정서의 등본을 송달할 수 없는 때에는 지체없이 변론기일을 지정하여야 한다. <개정 2002.1.26.>

[본조신설 2001.1.29.]

제5조의4 (이행권고결정에 대한 이의신청) ① 피고는 이행권고결정서의 등본을 송달받은 날부터 2주일내에 서면으로 이의신청을 할 수 있다. 다만, 그 등본이 송달되기 전에도 이의신청을 할 수 있다.

② 제1항의 기간은 불변기간으로 한다.

③ 법원은 제1항의 이의신청이 있는 때에는 지체없이 변론기일을 지정하여야 한다.

④ 이의신청을 한 피고는 제1심 판결이 선고되기 전까지 이의신청을 취하할 수 있다.

⑤ 피고가 이의신청을 한 때에는 원고가 주장한 사실을 다툰 것으로 본다.

[본조신설 2001.1.29.]

제5조의5 (이의신청의 각하) ① 법원은 이의신청이 적법하지 아니하다고 인정되는 경우에는 그 흠을 보정할 수 없으면 결정으로 이를 각하하여야 한다.

② 제1항의 결정에 대하여는 즉시항고를 할 수 있다.

[본조신설 2001.1.29.]

제5조의6 (이의신청의 추후보완) ① 피고는 부득이한 사유로 제5조의4제1항의

기간내에 이의신청을 할 수 없었던 경우에는 그 사유가 없어진 후 2주일내에 이의신청을 추후보완할 수 있다. 다만, 그 사유가 없어질 당시 외국에 있는 피고에 대하여는 그 기간을 30일로 한다.

② 피고는 이의신청과 동시에 서면으로 그 추후보완사유를 소명하여야 한다.

③ 법원은 추후보완사유가 이유 없다고 인정되는 때에는 결정으로 이의신청을 각하하여야 한다.

④ 제3항의 결정에 대하여는 즉시항고를 할 수 있다.

⑤ 이의신청의 추후보완이 있는 때에는 민사소송법 제500조를 준용한다. <개정 2002.1.26.>

[본조신설 2001.1.29.]

**제5조의7 (이행권고결정의 효력)** ① 이행권고결정은 다음 각호 가운데 어느 하나에 해당하면 확정판결과 같은 효력을 가진다.

1. 피고가 제5조의4제1항의 기간내에 이의신청을 하지 아니한 때

2. 이의신청에 대한 각하결정이 확정된 때

3. 이의신청이 취하된 때

② 법원사무관등은 이행권고결정이 확정판결과 같은 효력을 가지게 된 때에는 이행권고결정서의 정본을 원고에게 송달하여야 한다.

③ 제1항에 해당하지 아니하는 이행권고결정은 제1심 법원에서 판결이 선고된 때에는 그 효력을 잃는다.

[본조신설 2001.1.29.]

**제5조의8 (이행권고결정에 기한 강제집행의 특례)** ① 이행권고결정에 기한 강제집행은 집행문을 부여받을 필요 없이 제5조의7제2항의 결정서의 정본에 의하여 행한다. 다만, 다음 각호 가운데 어느 하나에 해당하는 경우에는 그러하지 아니하다.

1. 이행권고결정의 집행에 조건을 붙인 경우

2. 당사자의 승계인을 위하여 강제집행을 하는 경우

3. 당사자의 승계인에 대하여 강제집행을 하는 경우

② 원고가 여러 통의 이행권고결정서의 정본을 신청하거나, 전에 내어준 이행권고결정서 정본을 돌려주지 아니하고 다시 이행권고결정서 정본을 신청한 때에는 법원사무관등이 이를 부여한다. 이 경우 그 사유를 원본과 정본에 적어야 한다.

③ 청구에 관한 이의의 주장에 관하여는 민사집행법 제44조제2항의 규정에 의한 제한을 받지 아니한다. <개정 2002.1.26.>

[본조신설 2001.1.29.]

**제6조 (소장의 송달)** 소장부본이나 제소조서등본은 지체없이 피고에게 송달하여야 한다. 다만, 피고에게 이행권고결정서의 등본이 송달된 때에는 소장부본이나 제소조서등본이 송달된 것으로 본다.

[전문개정 2001.1.29.]

**제7조 (기일지정 등)** ① 소의 제기가 있는 경우에 판사는 민사소송법 제256조 내지 제258조의 규정에 불구하고 바로 변론기일을 정할 수 있다.

② 제1항의 경우에 판사는 되도록 1회의 변론기일로 심리를 마치도록 하여야 한다.

③ 제2항의 목적을 달성하기 위하여 판사는 변론기일전이라도 당사자로 하여금 증거신청을 하게 하는 등 필요한 조치를 취할 수 있다.

[전문개정 2002.1.26.]

**제7조의2 (공휴일, 야간의 개정)** 판사는 필요한 경우 근무시간외 또는 공휴일에도 개정할 수 있다.

[본조신설 1990.1.13.]

**제8조 (소송대리에 관한 특칙)** ① 당사자의 배우자·직계혈족 또는 형제자매는 법원의 허가없이 소송대리인이 될 수 있다. <개정 2005.3.31.>

② 제1항의 소송대리인은 당사자와의 신분관계 및 수권관계를 서면으로 증명하여야 한다. 그러나 수권관계에 대하여는 당사자가 판사의 면전에서 구술로 제1항의 소송대리인을 선임하고 법원사무관등이 조서에 이를 기재한 때에는 그러하지 아니하다.<개정 2001.1.29.>

**제9조 (심리절차상의 특칙)** ① 법원은 소장·준비서면 기타 소송기록에 의하여 청구가 이유없음이 명백한 때에는 변론없이 청구를 기각할 수 있다.

② 판사의 경질이 있는 경우라도 변론의 갱신없이 판결할 수 있다.

**제10조 (증거조사에 관한 특칙)** ① 판사는 필요하다고 인정한 때에는 직권으로 증거조사를 할 수 있다. 그러나 그 증거조사의 결과에 관하여는 당사자의 의견을 들어야 한다.

② 증인은 판사가 신문한다. 그러나 당사자는 판사에게 고하고 신문할 수 있다.

③ 판사는 상당하다고 인정한 때에는 증인 또는 감정인의 신문에 갈음하여 서면을 제출하게 할 수 있다.

④삭제 <2002.1.26.>

**제11조 (조서의 기재생략)** ① 조서는 당사자의 이의가 있는 경우를 제외하고

판사의 허가가 있는 때에는 이에 기재할 사항을 생략할 수 있다.

② 제1항의 규정은 변론의 방식에 관한 규정의 준수와 화해·인낙·포기·취하 및 자백에 대하여는 이를 적용하지 아니한다.

**제11조의2 (판결에 관한 특례)** ① 판결의 선고는 변론종결후 즉시 할 수 있다.

② 판결을 선고함에는 주문을 낭독하고 주문이 정당함을 인정할 수 있는 범위안에서 그 이유의 요지를 구술로 설명하여야 한다.

③ 판결서에는 민사소송법 제208조의 규정에 불구하고 이유를 기재하지 아니할 수 있다. <개정 2002.1.26.>

[본조신설 1990.1.13.]

**제12조 ~ 제14조** 삭제 <1990.1.13.>

**제15조** 삭제<1996.11.23.>

**제16조** (시행규칙) 이 법 시행에 관하여 필요한 사항은 대법원규칙으로 정한다.

# 부칙

<제7427호, 2005.3.31.> (민법)

**제1조 (시행일)** 이 법은 공포한 날부터 시행한다. 다만, …생략… 부칙 제7조 (제2항 및 제29항을 제외한다)의 규정은 2008년 1월 1일부터 시행한다.

**제2조 ~ 제7조** 생략

# 소액사건심판규칙

[시행 2017.1.1.] [대법원규칙 제2694호, 2016.11.29., 일부개정]

**제1조(목적)** 이 규칙은 소액사건심판법(이하 "법"이라 한다)의 시행에 필요한 사항을 규정함을 목적으로 한다.
[전문개정 2001.2.3.]

**제1조의2(소액사건의 범위)** 법 제2조제1항에 따른 소액사건은 제소한 때의 소송목적의 값이 3,000만원을 초과하지 아니하는 금전 기타 대체물이나 유가증권의 일정한 수량의 지급을 목적으로 하는 제1심의 민사사건으로 한다. 다만, 다음 각호에 해당하는 사건은 이를 제외한다. <개정 1987.8.19., 1993.9.8., 1997.12.31., 2002.6.28., 2016.11.29.>
1. 소의 변경으로 본문의 경우에 해당하지 아니하게 된 사건
2. 당사자참가, 중간확인의 소 또는 반소의 제기 및 변론의 병합으로 인하여 본문의 경우에 해당하지 않는 사건과 병합심리하게 된 사건
[전문개정 1985.12.23.]

**제2조(상고 또는 재항고 이유서의 기재방식)** 상고 또는 재항고 이유서에는 법 제3조 각호에 해당되는 사유만을 구체적으로 명시하여야 하며 이밖의 사유를 기재한 때에는 기재하지 아니한 것으로 본다.

제3조(구술제소) ① 법 제4조 또는 법 제5조제2항에 의하여 구술제소를 하는 경우에 법원서기관, 법원사무관, 법원주사 또는 법원주사보(이하 "법원사무관등"이라 한다)는 제소조서의 말미에 민사소송법 제274조제1항에 규정된 사항을 첨가할 수 있다. <개정 2002.6.28.>
② 삭제 <2001.2.3.>
[전문개정 1990.8.21.]

**제3조의2(소장부본)** 원고는 소장에 원고와 피고의 수에 1을 더한 숫자 만큼의 소장부본을 첨부하여야 한다.
[본조신설 2001.2.3.]

**제3조의3(변론기일 지정신청)** ① 원고는 법 제5조의3제1항에 의한 이행권고결정이 피고에게 송달되지 아니하여 법원으로부터 피고의 주소에 대한 보정명령을 받은 경우에 민사소송법 제187조 또는 제194조 내지 제196조에 규정

된 방법에 의하지 아니하고는 송달할 방법이 없음을 소명하여 변론기일 지정신청을 할 수 있다. <개정 2002.6.28.>

② 제1항의 경우에 법원은 지체없이 변론기일을 지정하여야 한다.

[본조신설 2001.2.3.]

**제4조** 삭제 <1991.8.26.>

**제5조(최초의 기일통지서의 기재사항)** ① 법 제7조제2항의 목적을 달성하기 위하여 원고에 대한 최초의 기일통지서에는 다음 각호의 사항을 적어야 한다. <개정 1988.5.4., 1990.8.21., 2001.2.3., 2002.6.28.>

1. 최초의 기일에 필요한 모든 증거방법을 제출할 수 있도록 사전 준비를 할 것
2. 최초의 기일전이라도 증거신청이 가능하다는 것
3. 서증을 제출할 때에는 동시에 그 사본 2통을 첨가하여 제출하여야 한다는 것(상대방의 수가 2인이상일 때에는 그 수에 1을 더한 통수)
4. 증인신문을 신청하는 때에는 신청서와 동시에 신문사항의 요령을 기재한 서면 4통을 제출하여야 한다는 것(상대방의 수가 2인이상일 때에는 그 수에 3을 더한 통수)

② 삭제 <2001.2.3.>

[제목개정 2002.6.28.]

**제6조(서면신문의 방식)** ① 법 제10조제3항에 의하여 신문에 갈음하여 서면을 제출하기로 결정된 증인 또는 감정인은 법원에 그 신문서를 제출할 때에 주민등록표 초본이나, 동·이장이 그 동일성을 증명하는 서면을 첨부하여야 한다.

② 증인 또는 감정인에 대한 서면신문은 재판사무에 관한 문서양식에 따른 신문서를 송달하여 행한다. <개정 1988.5.4., 1990.8.21., 2002.6.28.>

③ 신문서에는 증인 또는 감정인이 서명·날인하여야 한다.

**제7조** 삭제 <2001.2.3.>

**제8조(민사소송규칙의 적용)** 소액사건의 심판에 관하여 이 규칙에 특별한 규정이 있는 경우를 제외하고는 민사소송규칙의 규정을 적용한다.

[전문개정 1990.8.21.]

**제9조** 삭제 <1990.8.21.>

**제10조** 삭제 <1990.8.21.>

제11조 삭제 <1988.2.13.>

# 부칙
<제2694호, 2016.11.29.>

**제1조(시행일)** 이 규칙은 2017년 1월 1일부터 시행한다.

**제2조(경과조치)** 이 규칙 시행 당시 법의 적용을 받지 않는 사건으로서 법원에 계속 중인 사건에 관하여는 종전의 예에 의한다.

# 대부업 등의 등록 및 금융이용자 보호에 관한 법률
## (약칭: 대부업법)

[시행 2018.12.24.] [법률 제16089호, 2018.12.24., 일부개정]

**제1조(목적)** 이 법은 대부업·대부중개업의 등록 및 감독에 필요한 사항을 정하고 대부업자와 여신금융기관의 불법적 채권추심행위 및 이자율 등을 규제함으로써 대부업의 건전한 발전을 도모하는 한편, 금융이용자를 보호하고 국민의 경제생활 안정에 이바지함을 목적으로 한다.
[전문개정 2009.1.21.]

**제2조(정의)** 이 법에서 사용하는 용어의 뜻은 다음과 같다. <개정 2015.7.24.>

1. "대부업"이란 금전의 대부(어음할인·양도담보, 그 밖에 이와 비슷한 방법을 통한 금전의 교부를 포함한다. 이하 "대부"라 한다)를 업(業)으로 하거나 다음 각 목의 어느 하나에 해당하는 자로부터 대부계약에 따른 채권을 양도받아 이를 추심(이하 "대부채권매입추심"이라 한다)하는 것을 업으로 하는 것을 말한다. 다만, 대부의 성격 등을 고려하여 대통령령으로 정하는 경우는 제외한다.
   가. 제3조에 따라 대부업의 등록을 한 자(이하 "대부업자"라 한다)
   나. 여신금융기관
2. "대부중개업"이란 대부중개를 업으로 하는 것을 말한다.
3. "대부중개업자"란 제3조에 따라 대부중개업의 등록을 한 자를 말한다.
4. "여신금융기관"이란 대통령령으로 정하는 법령에 따라 인가 또는 허가 등을 받아 대부업을 하는 금융기관을 말한다.
5. "대주주"란 다음 각 목의 어느 하나에 해당하는 주주를 말한다.
   가. 최대주주: 대부업자 또는 대부중개업자(이하 "대부업자등"이라 한다)의 의결권 있는 발행주식 총수 또는 출자지분을 기준으로 본인 및 그와 대통령령으로 정하는 특수한 관계에 있는 자(이하 "특수관계인"이라 한다)가 누구의 명의로 하든지 자기의 계산으로 소유하는 주식 또는 출자지분을 합하여 그 수가 가장 많은 경우의 그 본인
   나. 주요주주: 다음의 어느 하나에 해당하는 자

1) 누구의 명의로 하든지 자기의 계산으로 대부업자등의 의결권 있는 발행주식 총수 또는 출자지분의 100분의 10 이상의 주식 또는 출자지분을 소유하는 자

2) 임원의 임면 등의 방법으로 대부업자등의 주요 경영사항에 대하여 사실상의 영향력을 행사하는 주주 또는 출자자로서 대통령령으로 정하는 자

6. "자기자본"이란 납입자본금·자본잉여금 및 이익잉여금 등의 합계액으로서 대통령령으로 정하는 금액을 말한다.

[전문개정 2009.1.21.]

**제3조(등록 등)** ① 대부업 또는 대부중개업(이하 "대부업등" 이라 한다)을 하려는 자(여신금융기관은 제외한다)는 영업소별로 해당 영업소를 관할하는 특별시장·광역시장·특별자치시장·도지사 또는 특별자치도지사(이하 "시·도지사"라 한다)에게 등록하여야 한다. 다만, 여신금융기관과 위탁계약 등을 맺고 대부중개업을 하는 자(그 대부중개업을 하는 자가 법인인 경우 그 법인과 직접 위탁계약 등을 맺고 대부를 받으려는 자를 모집하는 개인을 포함하며, 이하 "대출모집인"이라 한다)는 해당 위탁계약 범위에서는 그러하지 아니하다. <개정 2012.12.11.>

② 제1항에도 불구하고 대부업등을 하려는 자(여신금융기관은 제외한다)로서 다음 각 호의 어느 하나에 해당하는 자는 금융위원회에 등록하여야 한다. 다만, 대출모집인은 해당 위탁계약 범위에서는 그러하지 아니하다. <신설 2015.7.24.>

1. 둘 이상의 특별시·광역시·특별자치시·도·특별자치도(이하 "시·도"라 한다)에서 영업소를 설치하려는 자

2. 대부채권매입추심을 업으로 하려는 자

3. 「독점규제 및 공정거래에 관한 법률」 제14조에 따라 지정된 상호출자제한기업집단에 속하는 자

4. 최대주주가 여신금융기관인 자

5. 법인으로서 자산규모 100억원을 초과하는 범위에서 대통령령으로 정하는 기준에 해당하는 자

6. 그 밖에 제1호부터 제5호까지의 규정에 준하는 등 대통령령으로 정하는 자

③ 제1항 또는 제2항에 따른 등록을 하려는 자는 다음 각 호의 사항을 적은 신

청서와 대통령령으로 정하는 서류를 첨부하여 시·도지사 또는 금융위원회(이하 "시·도지사등"이라 한다)에 제출하여야 한다. <개정 2010.1.25., 2011.4.12., 2012.12.11., 2015.7.24.>

1. 명칭 또는 성명과 주소
2. 등록신청인이 법인인 경우에는 주주 또는 출자자(대통령령으로 정하는 기준 이하의 주식 또는 출자지분을 소유하는 자는 제외한다)의 명칭 또는 성명, 주소와 그 지분율 및 임원의 성명과 주소
3. 등록신청인이 영업소의 업무를 총괄하는 사용인(이하 "업무총괄 사용인"이라 한다)을 두는 경우에는 업무총괄 사용인의 성명과 주소
4. 영업소의 명칭 및 소재지
4의2. 삭제 <2015.7.24.>
5. 경영하려는 대부업등의 구체적 내용 및 방법
6. 제9조제2항 또는 제3항에 따른 표시 또는 광고에 사용되는 전화번호(홈페이지가 있으면 그 주소를 포함한다)
7. 자기자본(법인이 아닌 경우에는 순자산액)
8. 제11조의4제2항에 따른 보증금, 보험 또는 공제

④ 제3항에 따라 등록신청을 받은 시·도지사등은 신청인이 제3조의5의 요건을 갖춘 경우에는 다음 각 호의 사항을 확인한 후 등록부에 제3항 각 호에 규정된 사항과 등록일자·등록번호를 적고 지체 없이 신청인에게 등록증을 교부하여야 한다. <개정 2012.12.11., 2015.7.24.>

1. 신청서에 적힌 사항이 사실과 부합하는지 여부. 이 경우 신청서에 적힌 사항이 사실과 다르면 30일 이내의 기한을 정하여 등록증 교부 전에 신청인에게 신청서의 수정·보완을 요청할 수 있으며, 그 수정·보완 기간은 처리기간에 산입하지 아니한다.
2. 사용하려는 상호가 해당 시·도 또는 금융위원회에 이미 등록된 상호인지 여부. 이 경우 이미 등록된 상호이면 다른 상호를 사용할 것을 요청할 수 있다.
3. 삭제 <2015.7.24.>
4. 삭제 <2015.7.24.>

⑤ 시·도지사등은 제4항에 따른 등록부를 일반인이 열람할 수 있도록 하여야 한다. 다만, 등록부 중 개인에 관한 사항으로서 공개될 경우 개인의 사생활을 침해할 우려가 있는 것으로 대통령령으로 정하는 사항은 제외한다. <개정 2015.7.24.>

⑥ 제1항 또는 제2항에 따른 등록의 유효기간은 등록일부터 3년으로 한다. <개정 2015.7.24.>

⑦ 대부업자등이 제4항 및 제3조의2에 따라 교부받은 등록증을 분실한 경우에는 시·도지사등에게 분실신고를 하고 등록증을 다시 교부받아야 한다. <개정 2015.7.24.>

⑧ 제1항부터 제7항까지의 규정에 따른 등록 등의 구체적 절차는 대통령령으로 정한다. <개정 2015.7.24.>

[전문개정 2009.1.21.]

**제3조의2(등록갱신)** ① 대부업자등이 제3조제6항에 따른 등록유효기간 이후에도 계속하여 대부업등을 하려는 경우에는 시·도지사등에게 유효기간 만료일 3개월 전부터 1개월 전까지 등록갱신을 신청하여야 한다. <개정 2015.7.24.>

② 제1항에 따른 등록갱신신청을 받은 시·도지사등은 신청인이 제3조의5의 요건을 갖춘 경우에는 제3조제4항제1호의 사항을 확인한 후 등록부에 제3조제3항 각 호에 규정된 사항과 등록갱신일자·등록번호를 적고 지체 없이 신청인에게 등록증을 교부하여야 한다. <개정 2012.12.11., 2015.7.24.>

③ 제1항에 따른 등록갱신과 관련하여 시·도지사등은 유효기간 만료일 3개월 전까지 해당 대부업자등에게 갱신절차와 기간 내에 갱신을 신청하지 아니하면 유효기간이 만료된다는 사실을 알려야 한다. <개정 2015.7.24.>

④ 제1항 및 제2항에 따른 등록갱신의 구체적 절차 등은 대통령령으로 정한다. <개정 2015.7.24.>

[본조신설 2009.1.21.]

**제3조의3(등록증의 반납 등)** ① 제5조제2항에 따라 폐업하거나 제13조제2항에 따라 등록이 취소된 대부업자등은 지체 없이 시·도지사등에게 등록증을 반납하여야 한다. <개정 2015.7.24.>

② 제13조제1항에 따라 영업정지 명령을 받은 대부업자등은 등록증을 반납하여야 하고, 시·도지사등은 그 영업정지기간 동안 이를 보관하여야 한다. <개정 2015.7.24.>

③ 제1항 및 제2항에 따라 등록증을 반납하여야 하는 대부업자등은 등록증을 분실한 경우 제3조제7항에 따라 분실신고를 하여야 한다. <개정 2015.7.24.>

[본조신설 2009.1.21.]

**제3조의4(대부업등의 교육)** ① 제3조제1항 또는 제2항에 따라 대부업등의 등록을 하려는 자, 제3조의2제1항에 따라 대부업등의 등록갱신을 신청하려는 자 및 제5조제1항에 따라 대표자 또는 업무총괄 사용인에 대한 변경등록을 하려는 자는 미리 대부업등의 준수사항 등에 관한 교육을 받아야 한다. 다만, 대통령령으로 정하는 부득이한 사유로 미리 교육을 받을 수 없는 경우에는 대부업등의 등록, 등록갱신 또는 변경등록 후 대통령령으로 정하는 기간 내에 교육을 받을 수 있다. <개정 2012.12.11., 2015.7.24.>
② 제1항에 따른 교육의 실시기관, 대상, 내용, 방법 및 절차 등에 관하여 필요한 사항은 대통령령으로 정한다.
[본조신설 2009.1.21.]

**제3조의5(등록요건 등)** ① 제3조제1항에 따라 등록하려는 자는 다음 각 호의 요건을 갖추어야 한다.
1. 1천만원 이상으로서 대통령령으로 정하는 금액 이상의 자기자본(법인이 아닌 경우에는 순자산액)을 갖출 것. 다만, 대부중개업만을 하려는 자는 그러하지 아니하다.
2. 제3조의4에 따른 대부업등의 교육을 이수할 것. 다만, 제3조의4제1항 단서에 따라 등록 후 교육을 받는 경우에는 등록 후 교육을 이수할 것
3. 대부업등을 위하여 대통령령으로 정하는 고정사업장을 갖출 것
4. 대표자, 임원, 업무총괄 사용인이 제4조제1항에 적합할 것
5. 등록신청인이 법인인 경우에는 다음 각 목의 요건을 충족할 것
    가. 최근 5년간 제4조제1항제6호 각 목의 규정을 위반하여 벌금형 이상을 선고받은 사실이 없을 것
    나. 파산선고를 받고 복권되지 아니한 사실이 없을 것
    다. 최근 1년간 제5조제2항에 따라 폐업한 사실이 없을 것(둘 이상의 영업소를 설치한 경우에는 영업소 전부를 폐업한 경우를 말한다)
    라. 최근 5년간 제13조제2항에 따라 등록취소 처분을 받은 사실이나 제5조제2항에 따라 폐업하지 아니하였다면 등록취소 처분을 받았을 상당한 사유가 없을 것
② 제3조제2항에 따라 등록하려는 자는 다음 각 호의 요건을 갖추어야 한다.
1. 신청인이 법인일 것

2. 1천만원 이상으로서 대통령령으로 정하는 금액 이상의 자기자본을 갖출
   것. 다만, 대부중개업만을 하려는 자는 그러하지 아니하다.
3. 제1항제2호, 제3호, 제5호의 요건을 갖출 것
4. 임원, 업무총괄 사용인이 제4조제2항에 적합할 것
5. 「전기통신사업법」에 따른 전기통신사업자, 「사행산업통합감독위원회법」에
   따른 사행산업 등 이해상충 가능성이 있거나 대부업 이용자의 권익 및
   신용질서를 저해할 우려가 있는 업종으로서 대통령령으로 정하는 업을
   하지 아니할 것
6. 대주주(최대주주가 법인인 경우에는 그 법인의 주요경영사항에 대하여 사
   실상 영향력을 행사하고 있는 주주로서 대통령령으로 정하는 자를 포함
   한다)가 대통령령으로 정하는 사회적 신용을 갖출 것
7. 그 밖에 대통령령으로 정하는 사회적 신용을 갖출 것
[본조신설 2015.7.24.]

**제4조(임원 등의 자격)** ① 다음 각 호의 어느 하나에 해당하는 자는 시·도지사
에 등록된 대부업자등의 대표자, 임원 또는 업무총괄 사용인이 될 수 없다. 다
만, 업무총괄 사용인의 경우에는 제1호부터 제6호까지의 어느 하나에 해당하
는 경우로 한정한다. <개정 2009.4.1., 2010.1.25., 2012.12.11., 2015.3.11.,
2015.7.24.>

1. 미성년자·피성년후견인 또는 피한정후견인
2. 파산선고를 받고 복권되지 아니한 자
3. 금고 이상의 실형을 선고받고 그 집행이 끝나거나(집행이 끝난 것으로
   보는 경우를 포함한다) 면제된 날부터 5년이 지나지 아니한 자
4. 금고 이상의 형의 집행유예를 선고받고 그 유예기간 중에 있는 자
5. 금고 이상의 형의 선고유예를 받고 그 유예기간 중에 있는 자
6. 다음 각 목의 어느 하나에 해당하는 규정을 위반하여 벌금형을 선고받고
   5년이 지나지 아니한 자
   가. 이 법의 규정
   나. 「형법」 제257조제1항, 제260조제1항, 제276조제1항, 제283조제1항,
       제319조, 제350조 또는 제366조(각각 채권추심과 관련된 경우만 해
       당한다)
   다. 「폭력행위 등 처벌에 관한 법률」의 규정(채권추심과 관련된 경우만 해

당한다)

　라. 「신용정보의 이용 및 보호에 관한 법률」 제50조제1항부터 제3항까지
　　　의 규정

　마. 「채권의 공정한 추심에 관한 법률」의 규정

　바. 「개인정보 보호법」 제71조, 제72조 또는 제73조

6의2. 제5조제2항에 따라 폐업한 날부터 1년이 지나지 아니한 자(둘 이상의
　　　영업소를 설치한 경우에는 등록된 영업소 전부를 폐업한 경우를 말한다)

7. 제13조제2항에 따라 등록취소 처분을 받은 후 5년이 지나지 아니한 자
　　또는 제5조제2항에 따라 폐업하지 아니하였다면 등록취소 처분을 받았
　　을 상당한 사유가 있는 경우에는 폐업 후 5년이 지나지 아니한 자(등록
　　취소 처분을 받은 자 또는 등록취소 처분을 받았을 상당한 사유가 있는
　　자가 법인인 경우에는 그 취소 사유 또는 등록취소 처분을 받았을 상당
　　한 사유의 발생에 직접 책임이 있는 임원을 포함한다)

8. 삭제 <2015.7.24.>

② 다음 각 호의 어느 하나에 해당하는 자는 금융위원회에 등록한 대부업
자등의 임원 또는 업무총괄 사용인이 될 수 없다. <신설 2015.7.24.>

1. 제1항 각 호의 어느 하나에 해당하는 자

2. 대통령령으로 정하는 금융관련 법령(이하 "금융관련법령"이라 한다)을 위
　　반하여 벌금 이상의 형을 선고받고 그 집행이 끝나거나(집행이 끝난 것으
　　로 보는 경우를 포함한다) 집행이 면제된 날부터 5년이 지나지 아니한 자

3. 금융관련법령에 따라 영업의 허가·인가·등록 등이 취소된 법인 또는 회
　　사의 임직원이었던 자(그 취소사유의 발생에 관하여 직접 또는 이에 상응
　　하는 책임이 있는 자로서 대통령령으로 정하는 자에 한정한다)로서 그 법
　　인 또는 회사에 대한 취소가 있는 날부터 5년이 경과되지 아니한 자

4. 이 법, 금융관련법령에 따라 해임되거나 면직된 날부터 5년이 지나지 아
　　니한 자

5. 재임 또는 재직 중이었더라면 이 법 또는 금융관련법령에 따라 해임요구
　　또는 면직요구의 조치를 받았을 것으로 통보된 퇴임한 임원 또는 퇴직한
　　직원으로서 그 통보된 날부터 5년(통보된 날부터 5년이 퇴임 또는 퇴직한
　　날부터 7년을 초과하는 경우에는 퇴임 또는 퇴직한 날부터 7년으로 한
　　다)이 경과되지 아니한 자

③ 임원 또는 업무총괄 사용인이 된 후에 제1항 각 호 또는 제2항 각 호에 해당하게 된 경우에는 그 직을 잃는다. <신설 2015.7.24.>

[전문개정 2009.1.21.]

[제목개정 2015.7.24.]

**제5조(변경등록 등)** ① 대부업자등은 제3조제3항 각 호의 기재사항이 변경된 경우에는 그 사유가 발생한 날부터 15일 이내에 대통령령으로 정하는 바에 따라 변경된 내용을 시·도지사등에게 변경등록하여야 한다. 다만, 대통령령으로 정하는 경미한 사항이 변경된 경우는 제외한다. <개정 2015.7.24.>

② 대부업자등이 폐업할 때에는 대통령령으로 정하는 바에 따라 시·도지사등에게 신고하여야 한다. <개정 2015.7.24.>

③ 제1항 및 제2항에 따른 변경등록 및 폐업신고와 관련한 세부적인 사항은 대통령령으로 정한다. <개정 2015.7.24.>

[전문개정 2009.1.21.]

**제5조의2(상호 등)** ① 대부업자(대부중개업을 겸영하는 대부업자를 포함한다)는 그 상호 중에 "대부"라는 문자를 사용하여야 한다.

② 대부중개업만을 하는 대부중개업자는 그 상호 중에 "대부중개"라는 문자를 사용하여야 한다.

③ 대부업등 외의 다른 영업을 겸영하는 대부업자등으로서 총영업수익 중 대부업등에서 생기는 영업수익의 비율 등을 고려하여 대통령령으로 정하는 기준에 해당하는 자는 제1항 및 제2항에도 불구하고 그 상호 중에 "대부" 및 "대부중개"라는 문자를 사용하지 아니할 수 있다.

④ 이 법에 따른 대부업자등이 아닌 자는 그 상호 중에 대부, 대부중개 또는 이와 유사한 상호를 사용하지 못한다. <신설 2015.7.24.>

⑤ 대부업자등은 타인에게 자기의 명의로 대부업등을 하게 하거나 그 등록증을 대여하여서는 아니 된다. <개정 2015.7.24.>

[전문개정 2009.1.21.]

**제5조의3(업무총괄 사용인 등)** ① 대부업자등은 영업소마다 업무총괄 사용인을 두어야 한다. 다만, 등록신청인이 개인인 경우로서 단일 영업소를 두고 있는 경우에는 업무총괄 사용인을 두지 아니할 수 있다.

② 업무총괄 사용인의 업무범위 등에 관한 세부적인 사항은 대통령령으로

정한다.
[본조신설 2012.12.11.]

**제6조(대부계약의 체결 등)** ① 대부업자가 그의 거래상대방과 대부계약을 체결하는 경우에는 거래상대방이 본인임을 확인하고 다음 각 호의 사항이 적힌 대부계약서를 거래상대방에게 교부하여야 한다. <개정 2010.1.25., 2014.1.1., 2017.4.18.>

1. 대부업자(그 영업소를 포함한다) 및 거래상대방의 명칭 또는 성명 및 주소 또는 소재지
2. 계약일자
3. 대부금액
3의2. 제8조제1항에 따른 최고이자율
4. 대부이자율(제8조제2항에 따른 이자율의 세부내역 및 연 이자율로 환산한 것을 포함한다)
5. 변제기간 및 변제방법
6. 제5호의 변제방법이 계좌이체 방식인 경우에는 변제를 받기 위한 대부업자 명의의 계좌번호
7. 해당 거래에 관한 모든 부대비용
8. 손해배상액 또는 강제집행에 관한 약정이 있는 경우에는 그 내용
9. 보증계약을 체결한 경우에는 그 내용
10. 채무의 조기상환수수료율 등 조기상환조건
11. 연체이자율
12. 그 밖에 대부업자의 거래상대방을 보호하기 위하여 필요한 사항으로서 대통령령으로 정하는 사항

② 대부업자는 제1항에 따라 대부계약을 체결하는 경우에는 거래상대방에게 제1항 각 호의 사항을 모두 설명하여야 한다.

③ 대부업자가 대부계약과 관련하여 보증계약을 체결하는 경우에는 다음 각 호의 사항이 적힌 보증계약서 및 제1항에 따른 대부계약서 사본을 보증인에게 교부하여야 한다.

1. 대부업자(그 영업소를 포함한다) · 주채무자 및 보증인의 명칭 또는 성명 및 주소 또는 소재지
2. 계약일자

3. 보증기간

4. 피보증채무의 금액

5. 보증의 범위

6. 보증인이 주채무자와 연대하여 채무를 부담하는 경우에는 그 내용

7. 그 밖에 보증인을 보호하기 위하여 필요한 사항으로서 대통령령으로 정하는 사항

④ 대부업자는 대부계약과 관련하여 보증계약을 체결하는 경우에는 보증인에게 제3항 각 호의 사항을 모두 설명하여야 한다.

⑤ 대부업자는 제1항에 따른 대부계약을 체결하거나 제3항에 따른 보증계약을 체결한 경우에는 그 계약서와 대통령령으로 정하는 계약관계서류(대부업자의 거래상대방 또는 보증인이 채무를 변제하고 계약서 및 계약관계서류의 반환을 서면으로 요구함에 따라 이를 반환한 경우에는 그 사본 및 반환요구서를 말한다. 이하 같다)를 대부계약 또는 보증계약을 체결한 날부터 채무변제일 이후 2년이 되는 날까지 보관하여야 한다.

⑥ 대부계약 또는 그와 관련된 보증계약을 체결한 자 또는 그 대리인은 대부업자에게 그 계약서와 대통령령으로 정하는 계약관계서류의 열람을 요구하거나 채무 및 보증채무와 관련된 증명서의 발급을 요구할 수 있다. 이 경우 대부업자는 정당한 사유 없이 이를 거부하여서는 아니 된다. <개정 2014.3.18.>

[전문개정 2009.1.21.]

**제6조의2(중요 사항의 자필 기재)** ① 대부업자는 그의 거래상대방과 대부계약을 체결하는 경우에는 다음 각 호의 사항을 그 거래상대방이 자필로 기재하게 하여야 한다.

1. 제6조제1항제3호의 대부금액

2. 제6조제1항제4호의 대부이자율

3. 제6조제1항제5호의 변제기간

4. 그 밖에 대부업자의 거래상대방을 보호하기 위하여 필요한 사항으로서 대통령령으로 정하는 사항

② 대부업자는 대부계약과 관련하여 보증계약을 체결하는 경우에는 다음 각 호의 사항을 그 보증인이 자필로 기재하게 하여야 한다.

1. 제6조제3항제3호의 보증기간

2. 제6조제3항제4호의 피보증채무의 금액

3. 제6조제3항제5호의 보증의 범위

4. 그 밖에 보증인을 보호하기 위하여 필요한 사항으로서 대통령령으로 정하는 사항

③ 대부계약 또는 이와 관련된 보증계약을 체결할 때 다음 각 호의 어느 하나에 해당하는 경우에는 대부업자는 제1항 각 호의 사항 또는 제2항 각 호의 사항을 거래상대방 또는 보증인이 자필로 기재하게 한 것으로 본다.

1. 「전자서명법」제2조제8호에 따른 공인인증서를 이용하여 거래상대방 또는 보증인이 본인인지 여부를 확인하고, 인터넷을 이용하여 제1항 각 호의 사항 또는 제2항 각 호의 사항을 거래상대방 또는 보증인이 직접 입력하게 하는 경우

2. 그 밖에 거래상대방 또는 보증인이 본인인지 여부 및 제1항 각 호의 사항 또는 제2항 각 호의 사항에 대한 거래상대방 또는 보증인의 동의 의사를 음성 녹음 등 대통령령으로 정하는 방법으로 확인하는 경우

[본조신설 2009.1.21.]

**제7조(과잉 대부의 금지)** ① 대부업자는 대부계약을 체결하려는 경우에는 미리 거래상대방으로부터 그 소득·재산 및 부채상황에 관한 것으로서 대통령령으로 정하는 증명서류를 제출받아 그 거래상대방의 소득·재산 및 부채상황을 파악하여야 한다. 다만, 대부금액이 대통령령으로 정하는 금액 이하인 경우에는 그러하지 아니하다.

② 대부업자는 거래상대방의 소득·재산·부채상황·신용 및 변제계획 등을 고려하여 객관적인 변제능력을 초과하는 대부계약을 체결하여서는 아니 된다.

③ 대부업자는 제1항에 따른 서류를 거래상대방의 소득·재산 및 부채상황을 파악하기 위한 용도 외의 목적으로 사용하여서는 아니 된다.

[전문개정 2009.1.21.]

**제7조의2(담보제공 확인의무)** 대부업자는 대부계약을 체결하고자 하는 자가 제3자의 명의로 된 담보를 제공하는 경우 그 제3자에게 담보제공 여부를 확인하여야 한다.

[본조신설 2010.1.25.]

**제7조의3(총자산한도)** ① 금융위원회에 등록한 대부업자는 총자산이 자기자본의 10배의 범위에서 대통령령으로 정하는 배수(이하 "총자산한도"라 한다)

에 해당하는 금액을 초과해서는 아니 된다.

② 총자산한도의 산정기준 등 세부적인 사항은 대통령령으로 정한다.

[본조신설 2015.7.24.]

**제8조(대부업자의 이자율 제한)** ① 대부업자가 개인이나 「중소기업기본법」 제2 조제2항에 따른 소기업(小企業)에 해당하는 법인에 대부를 하는 경우 그 이 자율은 연 100분의 27.9 이하의 범위에서 대통령령으로 정하는 율을 초과 할 수 없다.

② 제1항에 따른 이자율을 산정할 때 사례금, 할인금, 수수료, 공제금, 연 체이자, 체당금(替當金) 등 그 명칭이 무엇이든 대부와 관련하여 대부업자 가 받는 것은 모두 이자로 본다. 다만, 해당 거래의 체결과 변제에 관한 부 대비용으로서 대통령령으로 정한 사항은 그러하지 아니하다.

③ 대부업자가 개인이나 「중소기업기본법」 제2조제2항에 따른 소기업(小企 業)에 해당하는 법인에 대부를 하는 경우 대통령령으로 정하는 율을 초과하 여 대부금에 대한 연체이자를 받을 수 없다. <신설 2018.12.24.>

④ 대부업자가 제1항을 위반하여 대부계약을 체결한 경우 제1항에 따른 이 자율을 초과하는 부분에 대한 이자계약은 무효로 한다. <개정 2018.12.24.>

⑤ 채무자가 대부업자에게 제1항과 제3항에 따른 이자율을 초과하는 이자를 지급한 경우 그 초과 지급된 이자 상당금액은 원본(元本)에 충당되고, 원본에 충당되고 남은 금액이 있으면 그 반환을 청구할 수 있다. <개정 2018.12.24.>

⑥ 대부업자가 선이자를 사전에 공제하는 경우에는 그 공제액을 제외하고 채무자가 실제로 받은 금액을 원본으로 하여 제1항에 따른 이자율을 산정 한다. <개정 2018.12.24.>

[본조신설 2016.3.3.]

[시행일 : 2019.6.25.] 제8조제3항, 제8조제5항

**제9조(대부조건의 게시와 광고)** ① 대부업자는 등록증, 대부이자율, 이자계산 방법, 변제방법, 연체이자율, 그 밖에 대통령령으로 정하는 중요 사항을 일 반인이 알 수 있도록 영업소마다 게시하여야 한다. <개정 2010.1.25., 2012.12.11.>

② 대부업자가 대부조건 등에 관하여 표시 또는 광고(「표시·광고의 공정화 에 관한 법률」에 따른 표시 또는 광고를 말한다. 이하 "광고"라 한다)를 하

는 경우에는 다음 각 호의 사항을 포함하여야 한다. <개정 2012.12.11., 2017.4.18.>

1. 명칭 또는 대표자 성명
2. 대부업 등록번호
3. 대부이자율(연 이자율로 환산한 것을 포함한다) 및 연체이자율
4. 이자 외에 추가비용이 있는 경우 그 내용
5. 채무의 조기상환수수료율 등 조기상환조건
6. 과도한 채무의 위험성 및 대부계약과 관련된 신용등급의 하락 가능성을 알리는 경고문구 및 그 밖에 대부업자의 거래상대방을 보호하기 위하여 필요한 사항으로서 대통령령으로 정하는 사항

③ 대부중개업자가 대부조건 등에 관하여 광고를 하는 경우에는 다음 각 호의 사항을 포함하여야 한다. <개정 2012.12.11., 2017.4.18.>

1. 명칭 또는 대표자 성명
2. 대부중개업 등록번호
3. 중개를 통하여 대부를 받을 경우 그 대부이자율(연 이자율로 환산한 것을 포함한다) 및 연체이자율
4. 이자 외에 추가비용이 있는 경우 그 내용
5. 채무의 조기상환수수료율 등 조기상환조건
6. 과도한 채무의 위험성 및 대부계약과 관련된 신용등급의 하락 가능성을 알리는 경고문구 및 그 밖에 대부중개업자의 거래상대방을 보호하기 위하여 필요한 사항으로서 대통령령으로 정하는 사항

④ 대부업자등은 제2항 또는 제3항에 따라 광고를 하는 경우에는 일반인이 제2항 각 호의 사항 또는 제3항 각 호의 사항을 쉽게 알 수 있도록 대통령령으로 정하는 방식에 따라 광고의 문안과 표기를 하여야 한다.

⑤ 대부업자등은 다음 각 호에 따른 시간에는 「방송법」 제2조제1호에 따른 방송을 이용한 광고를 하여서는 아니 된다. <신설 2015.7.24.>

1. 평일: 오전 7시부터 오전 9시까지 및 오후 1시부터 오후 10시까지
2. 토요일과 공휴일: 오전 7시부터 오후 10시까지

[전문개정 2009.1.21.]

**제9조의2(대부업등에 관한 광고 금지)** ① 대부업자 또는 여신금융기관이 아니면 대부업에 관한 광고를 하여서는 아니 된다.

② 대부중개업자 또는 대출모집인이 아니면 대부중개업에 관한 광고를 하여서는 아니 된다. <개정 2012.12.11.>

[전문개정 2009.1.21.]

**제9조의3(허위·과장 광고의 금지 등)** ① 대부업자등은 다음 각 호의 행위를 하여서는 아니 된다.

1. 대부이자율, 대부 또는 대부중개를 받을 수 있는 거래상대방, 대부중개를 통하여 대부할 대부업자, 그 밖에 대부 또는 대부중개의 내용에 관하여 다음 각 목의 방법으로 광고하는 행위

   가. 사실과 다르게 광고하거나 사실을 지나치게 부풀리는 방법

   나. 사실을 숨기거나 축소하는 방법

   다. 비교의 대상 및 기준을 명시하지 아니하거나, 객관적인 근거 없이 자기의 대부 또는 대부중개가 다른 대부업자등의 대부 또는 대부중개보다 유리하다고 주장하는 방법

2. 대부 또는 대부중개를 받을 수 있는 것으로 오인하게 하거나 유인하여 다음 각 목의 방법으로 광고하는 행위

   가. 이 법 또는 다른 법률을 위반하는 방법

   나. 타인의 재산권을 침해하는 방법

3. 그 밖에 대부업자등의 거래상대방을 보호하거나 불법 거래를 방지하기 위하여 필요한 경우로서 대통령령으로 정하는 광고 행위

② 시·도지사는 제1항을 위반한 대부업자등에게 제21조에 따라 과태료를 부과한 경우에는 지체 없이 그 내용을 공정거래위원회에 알려야 한다.

[본조신설 2009.1.21.]

**제9조의4(미등록대부업자로부터의 채권양수·추심 금지 등)** ① 대부업자는 제3조에 따른 대부업의 등록 또는 제3조의2에 따른 등록갱신을 하지 아니하고 사실상 대부업을 하는 자(이하 "미등록대부업자"라 한다)로부터 대부계약에 따른 채권을 양도받아 이를 추심하는 행위를 하여서는 아니 된다. <개정 2012.12.11.>

② 대부업자는 제3조에 따른 대부중개업의 등록 또는 제3조의2에 따른 등록갱신을 하지 아니하고 사실상 대부중개업을 하는 자(이하 "미등록대부중개업자"라 한다)로부터 대부중개를 받은 거래상대방에게 대부하여서는 아니

된다. <신설 2012.12.11.>

③ 대부업자 또는 여신금융기관은 제3조제2항제2호에 따라 등록한 대부업자, 여신금융기관 등 대통령령으로 정한 자가 아닌 자에게 대부계약에 따른 채권을 양도해서는 아니 된다. <신설 2015.7.24.>

[본조신설 2009.1.21.]

[제목개정 2012.12.11.]

**제9조의5(고용 제한 등)** ① 대부업자등은 다음 각 호의 어느 하나에 해당하는 사람을 고용하여서는 아니 된다. <개정 2015.7.24.>

1. 「폭력행위 등 처벌에 관한 법률」 제4조에 따라 금고 이상의 형을 선고받고 그 집행이 끝나거나(집행이 끝난 것으로 보는 경우를 포함한다) 면제된 날부터 5년이 지나지 아니한 사람

2. 제4조제1항제6호 각 목의 어느 하나에 해당하는 규정을 위반하여 다음 각 목의 어느 하나에 해당하는 사람

    가. 금고 이상의 실형을 선고받고 그 집행이 끝나거나(집행이 끝난 것으로 보는 경우를 포함한다) 면제된 날부터 2년이 지나지 아니한 사람

    나. 금고 이상의 형의 집행유예 또는 선고유예를 선고받고 그 유예기간 중에 있는 사람

    다. 벌금형을 선고받고 2년이 지나지 아니한 사람

② 대부업자등은 제1항 각 호의 어느 하나에 해당하는 사람에게 대부업등의 업무를 위임하거나 대리하게 하여서는 아니 된다.

[본조신설 2010.1.25.]

**제9조의6(불법 대부광고에 사용된 전화번호의 이용중지 등)** ① 시·도지사 등 대통령령으로 정하는 자는 제9조의2제1항 및 제2항을 위반한 광고를 발견한 때에는 과학기술정보통신부장관에게 해당 광고에 사용된 전화번호에 대한 전기통신역무 제공의 중지를 요청할 수 있다. <개정 2017.7.26.>

② 시·도지사등은 제9조제2항부터 제4항까지 또는 제9조의3제1항을 위반한 광고를 발견한 경우 광고를 한 자에게 기한을 정하여 해당 광고의 중단을 명할 수 있으며, 그 명을 따르지 아니하는 경우에는 과학기술정보통신부장관에게 광고에 사용된 전화번호에 대한 전기통신역무 제공의 중지를 요청할 수 있다. <개정 2015.7.24., 2017.7.26.>

③ 제1항 또는 제2항에 따른 요청으로 전기통신역무 제공이 중지된 이용자는 전기통신역무 제공의 중지를 요청한 기관에 이의신청을 할 수 있다.

④ 제3항에 따른 이의신청의 절차 등에 필요한 사항은 대통령령으로 정한다.

[본조신설 2014.3.18.]

**제9조의7(대부업 이용자 보호기준)** ① 금융위원회에 등록한 대부업자등으로서 대통령령으로 정하는 자산규모 이상인 자는 법령을 지키고 거래상대방을 보호하기 위하여 임직원이 그 직무를 수행할 때 따라야 할 기본적인 절차와 기준(이하 "보호기준"이라 한다)을 정하여야 한다.

② 제1항에 따라 보호기준을 정하는 대부업자등은 보호기준을 지키는지를 점검하고, 보호기준을 위반하는 경우 이를 조사하여 감사(監査)하는 자(이하 "보호감시인"이라 한다)를 1명 이상 두어야 한다.

③ 제1항에 따른 대부업자등은 보호감시인을 임면하려면 이사회의 결의를 거쳐야 한다.

④ 보호감시인은 다음 각 호의 요건을 충족한 자이어야 하며, 보호감시인이 된 후 제2호 또는 제3호의 요건을 충족하지 못한 경우에는 그 직을 상실한다.

1. 다음 각 목의 어느 하나에 해당하는 경력이 있는 자일 것

   가. 한국은행 또는 「금융위원회의 설치 등에 관한 법률」 제38조에 따른 검사 대상 기관(이에 상당하는 외국금융기관을 포함한다)에서 10년 이상 근무한 경력이 있는 자

   나. 금융 또는 법학 분야의 석사 이상의 학위소지자로서 연구기관 또는 대학에서 연구원 또는 전임강사 이상의 직에서 5년 이상 근무한 경력이 있는 자

   다. 변호사 자격을 가진 자로서 해당 자격과 관련된 업무를 합산하여 5년 이상 종사한 경력이 있는 자

   라. 기획재정부, 금융위원회, 「금융위원회의 설치 등에 관한 법률」에 따라 설립된 금융감독원(이하 "금융감독원"이라 한다) 또는 같은 법에 따른 증권선물위원회에서 5년 이상 근무한 경력이 있는 자로서 그 기관에서 퇴임하거나 퇴직한 후 5년이 지난 자

   마. 그 밖에 대부업 이용자 보호를 위하여 대통령령으로 정하는 자

2. 제4조제2항 각 호의 어느 하나에 해당되지 아니하는 자일 것

3. 최근 5년간 이 법, 금융관련법령을 위반하여 금융위원회 또는 금융감독원

원장(이하 "금융감독원장"이라 한다)으로부터 주의·경고의 요구 이상에 해당하는 조치를 받은 사실이 없는 자일 것

⑤ 보호기준 및 보호감시인에 관하여 필요한 사항은 대통령령으로 정한다.

[본조신설 2015.7.24.]

**제10조(대주주와의 거래제한 등)** ① 제3조제2항제3호에 따라 등록한 대부업자(이하 "상호출자제한기업집단 대부업자"라 한다)가 그 대주주(최대주주의 특수관계인을 포함한다. 이하 이 조에서 같다)에게 제공할 수 있는 대부, 지급보증 또는 자금 지원적 성격의 유가증권의 매입, 그 밖에 금융거래상의 신용위험이 따르는 대부업자의 직접적·간접적 거래로서 대통령령으로 정하는 것(이하 "신용공여"라 한다)의 합계액은 그 대부업자의 자기자본의 100분의 100을 넘을 수 없으며, 대주주는 그 대부업자로부터 그 한도를 넘겨 신용공여를 받아서는 아니 된다.

② 상호출자제한기업집단 대부업자는 그 대주주에게 대통령령으로 정하는 금액 이상으로 신용공여를 하려는 경우에는 그 사실을 금융위원회에 지체 없이 보고하고, 인터넷 홈페이지 등을 이용하여 공시하여야 한다.

③ 상호출자제한기업집단 대부업자는 추가적인 신용공여를 하지 아니하였음에도 불구하고 자기자본의 변동, 대주주의 변경 등으로 제1항에 따른 한도를 넘게 되는 경우에는 대통령령으로 정하는 기간 이내에 제1항에 따른 한도에 적합하도록 하여야 한다.

④ 제3항에도 불구하고 상호출자제한기업집단 대부업자는 신용공여의 기한 및 규모 등에 따른 부득이한 사유가 있으면 금융위원회의 승인을 받아 그 기간을 연장할 수 있다.

⑤ 제4항에 따른 승인을 받으려는 상호출자제한기업집단 대부업자는 제3항에 따른 기간이 만료되기 3개월 전까지 제1항에 따른 한도에 적합하도록 하기 위한 세부계획서를 금융위원회에 제출하여야 한다.

⑥ 금융위원회는 제5항에 따라 세부계획서를 제출받은 날부터 1개월 이내에 승인 여부를 결정·통보하여야 한다. 다만, 자료보완 등 필요한 경우에는 그 기간을 연장할 수 있다.

⑦ 여신금융기관이 최대주주인 대부업자는 제1항에도 불구하고 그 대주주에게 신용공여를 할 수 없으며, 대주주는 그 대부업자로부터 신용공여를 받아서는 아니 된다.

⑧ 금융위원회는 대부업자 또는 그 대주주가 제1항부터 제7항까지의 규정을 위반한 혐의가 있다고 인정되는 경우에는 대부업자 또는 그 대주주에게 필요한 자료의 제출을 명할 수 있다.

[본조신설 2015.7.24.]

**제10조의2(채권추심자의 소속·성명 명시 의무)** 대부계약에 따른 채권의 추심을 하는 자는 채무자 또는 그의 관계인에게 그 소속과 성명을 밝혀야 한다.

[본조신설 2009.1.21.]

**제11조(미등록대부업자의 이자율 제한)** ① 미등록대부업자가 대부를 하는 경우의 이자율에 관하여는 「이자제한법」 제2조제1항 및 이 법 제8조제2항부터 제6항까지의 규정을 준용한다. <신설 2016.3.3., 2018.12.24.>

② 삭제 <2012.12.11.>

[전문개정 2009.1.21.]

[제목개정 2012.12.11.]

[시행일 : 2019.6.25.] 제11조제1항

**제11조의2(중개의 제한 등)** ① 대부중개업자는 미등록대부업자에게 대부중개를 하여서는 아니 된다.

② 대부중개업자 및 대출모집인(이하 "대부중개업자등"이라 한다)과 미등록대부중개업자는 수수료, 사례금, 착수금 등 그 명칭이 무엇이든 대부중개와 관련하여 받는 대가(이하 "중개수수료"라 한다)를 대부를 받는 거래상대방으로부터 받아서는 아니 된다. <개정 2012.12.11.>

③ 대부업자가 개인이나 대통령령으로 정하는 소규모 법인에 대부하는 경우 대부중개업자등에게 지급하는 중개수수료는 해당 대부금액의 100분의 5의 범위에서 대통령령으로 정하는 율에 해당하는 금액을 초과할 수 없다. <신설 2012.12.11.>

④ 여신금융기관이 대부중개업자등에게 중개수수료를 지급하는 경우의 중개수수료 상한에 관하여는 제3항을 준용한다. <신설 2012.12.11.>

⑤ 금융위원회는 제4항을 위반하여 중개수수료를 지급한 여신금융기관에 대하여 그 시정을 명할 수 있다. <신설 2012.12.11.>

⑥ 대부중개업자등은 대부업자 또는 여신금융기관으로부터 제3항 및 제4항에 따른 금액을 초과하는 중개수수료를 지급받아서는 아니 된다. <신설 2012.12.11.>

[전문개정 2009.1.21.]

제11조의3(대부중개를 위탁한 대부업자 또는 여신금융기관의 배상책임) ① 대부업자 또는 여신금융기관은 대부중개업자등이 그 위탁받은 대부중개를 하면서 이 법을 위반하여 거래상대방에게 손해를 발생시킨 경우에는 그 손해를 배상할 책임이 있다. 다만, 대부업자 또는 여신금융기관이 대부중개업자등에게 대부중개를 위탁하면서 상당한 주의를 하였고 이들이 대부중개를 하면서 거래상대방에게 손해를 입히는 것을 막기 위하여 노력한 경우에는 그러하지 아니하다.

② 제1항은 해당 대부중개업자등에 대한 대부업자 또는 여신금융기관의 구상권 행사를 방해하지 아니한다.

[본조신설 2014.1.1.]

제11조의4(거래상대방에 대한 배상책임) ① 대부업자등은 대부업등을 하면서 고의 또는 과실로 인한 위법행위로 거래상대방에게 손해를 발생시킨 경우에는 그 손해를 배상할 책임이 있다.

② 대부업자등은 업무를 개시하기 전에 제1항에 따른 손해배상책임을 보장하기 위하여 대통령령으로 정하는 바에 따라 보증금을 예탁하거나 보험 또는 공제에 가입하여야 한다.

[본조신설 2015.7.24.]

제12조(검사 등) ① 시 · 도지사등은 대부업자등에게 그 업무 및 업무와 관련된 재산에 관하여 보고하게 하거나 자료의 제출, 그 밖에 필요한 명령을 할 수 있다. <개정 2015.7.24.>

② 시 · 도지사 또는 금융감독원장은 소속 공무원 또는 소속 직원(금융위원회에 등록한 대부업자등에 대한 검사로 한정한다)에게 그 영업소에 출입하여 그 업무 및 업무와 관련된 재산에 관하여 검사하게 할 수 있다. <개정 2015.7.24.>

③ 시 · 도지사는 대부업자등에 대한 전문적인 검사가 필요한 경우로서 대통령령으로 정하는 경우에는 제2항에도 불구하고 금융감독원장에게 대부업자등에 대한 검사를 요청할 수 있다. <개정 2015.7.24.>

④ 삭제 <2015.7.24.>

⑤ 금융감독원장은 제2항 및 제3항에 따른 검사에 필요하다고 인정하면 대부업자등에 대하여 업무 및 업무와 관련된 재산에 관한 보고, 자료의 제출, 관계자의 출석 및 의견의 진술을 요구할 수 있다. <개정 2015.7.24.>

⑥ 제2항 및 제3항에 따라 출입·검사를 하는 자는 그 권한을 표시하는 증표를 지니고 이를 관계인에게 내보여야 한다. <개정 2015.7.24.>

⑦ 시·도지사등은 제1항부터 제3항까지의 규정에 따른 보고 또는 검사 결과에 따라 필요하면 대부업자등에게 시정명령 등 감독상 필요한 명령을 할 수 있다. <개정 2015.7.24.>

⑧ 금융감독원장이 제2항에 따른 검사를 한 경우에는 그 보고서를 금융위원회에 제출하여야 한다. 이 경우 이 법 또는 이 법에 따른 명령이나 처분을 위반한 사실이 있을 때에는 그 처리에 관한 의견서를 첨부하여야 한다. <개정 2015.7.24.>

⑨ 대부업자등은 다음 각 호의 구분에 따른 사항을 적은 보고서를 대통령령으로 정하는 기간마다 대통령령으로 정하는 절차와 방법에 따라 관할 시·도지사등에게 제출하여야 한다. <개정 2015.7.24.>

1. 대부업자의 경우
   가. 대부금액
   나. 대부를 받은 거래상대방의 수
   다. 그 밖에 영업소의 업무현황을 파악하기 위하여 필요한 사항으로서 대통령령으로 정하는 사항
2. 대부중개업자의 경우
   가. 대부를 중개한 금액
   나. 대부를 중개한 거래상대방의 수
   다. 그 밖에 영업소의 업무현황을 파악하기 위하여 필요한 사항으로서 대통령령으로 정하는 사항

[전문개정 2009.1.21.]

**제13조(영업정지 및 등록취소 등)** ① 시·도지사등은 대부업자등이 다음 각 호의 어느 하나에 해당하면 그 대부업자등에게 대통령령으로 정하는 기준에 따라 1년 이내의 기간을 정하여 그 영업의 전부 또는 일부의 정지를 명할 수 있다. <개정 2009.2.6., 2015.7.24., 2016.3.3.>

1. 별표 1 각 호의 어느 하나에 해당하는 경우, 「채권의 공정한 추심에 관한 법률」 제5조제1항, 제7조부터 제9조까지, 제10조제1항 및 제11조부터 제13조까지를 위반한 경우
2. 해당 대부업자등의 영업소 중 같은 시·도지사에게 등록한 다른 영업소

가 영업정지 처분을 받은 경우

② 시·도지사등은 대부업자등이 다음 각 호의 어느 하나에 해당하면 그 대부업자등의 등록을 취소할 수 있다. 다만, 제1호에 해당하면 등록을 취소하여야 한다. <개정 2010.1.25., 2015.7.24.>

1. 속임수나 그 밖의 부정한 방법으로 제3조 또는 제3조의2에 따른 등록 또는 등록갱신을 한 경우

2. 제3조의5제1항제3호의 요건을 충족하지 아니한 경우

2의2. 시·도지사에 등록한 대부업자등이 제3조의5제1항제5호가목 또는 나목의 요건을 충족하지 아니한 경우

2의3. 금융위원회에 등록한 대부업자등이 제3조의5제1항제5호가목, 나목 또는 같은 조 제2항제5호 또는 제6호의 요건을 충족하지 아니한 경우

2의4. 시·도지사에 등록한 대부업자등의 대표자가 제4조제1항 각 호에 해당하는 경우

3. 6개월 이상 계속하여 영업실적이 없는 경우

4. 제1항에 따른 영업정지 명령을 위반한 경우

5. 제1항에 따라 영업정지 명령을 받고도 그 영업정지 기간 이내에 영업정지 처분 사유를 시정하지 아니하여 동일한 사유로 제1항에 따른 영업정지 처분을 대통령령으로 정하는 횟수 이상 받은 경우

6. 대부업자등의 소재를 확인할 수 없는 경우로서 시·도지사등이 대통령령으로 정하는 바에 따라 소재 확인을 위한 공고를 하고 그 공고일부터 30일이 지날 때까지 그 대부업자등으로부터 통지가 없는 경우

7. 대부업자등이 제1항제1호에 해당하는 경우로서 대부업자등의 거래상대방의 이익을 크게 해칠 우려가 있는 경우

8. 해당 대부업자등의 영업소 중 같은 시·도지사에게 등록한 다른 영업소가 등록취소 처분을 받은 경우

③ 시·도지사등은 제2항에 따른 등록취소를 하려면 다음 각 호의 방법에 따른 의견청취 절차를 거쳐야 한다. 다만, 제2항제6호의 경우에는 그러하지 아니하다. <개정 2015.7.24.>

1. 제2항제1호·제3호·제4호·제5호·제7호 및 제8호의 경우: 청문

2. 제2항제2호, 제2호의2부터 제2호의4까지의 경우: 의견제출 기회 부여

④ 제3항에도 불구하고 다음 각 호의 경우에는 의견청취 절차를 거치지 아

니할 수 있다. <개정 2015.7.24.>

1. 제2항제2호, 제2호의2부터 제2호의4까지에 해당함이 재판 등에 따라 객관적으로 증명된 경우

2. 의견청취가 매우 어렵거나 명백히 불필요하다고 인정되는 상당한 이유가 있는 경우

3. 대부업자등이 의견청취 절차를 거치지 아니하여도 좋다는 의사를 명백히 표시하는 경우

⑤ 시·도지사등은 대부업자등에게 제1항 또는 제2항에 따른 영업정지 또는 등록취소 처분을 하는 경우에는 그 사실을 전산정보처리조직 등을 통하여 다른 시·도지사등에게 지체 없이 알려야 한다. <개정 2012.12.11., 2015.7.24.>

⑥ 금융위원회는 금융위원회에 등록된 대부업자등 또는 그 임직원이 별표 1 각 호의 어느 하나에 해당하는 경우에는 다음 각 호의 어느 하나에 해당하는 조치를 할 수 있다. <신설 2015.7.24., 2016.3.3., 2017.4.18.>

1. 대부업자등에 대한 주의·경고 또는 그 임직원에 대한 주의·경고·문책의 요구

2. 임원의 해임 권고 또는 직무정지

3. 직원의 면직 요구

⑦ 금융위원회는 퇴임·퇴직한 대부업자등의 임직원이 재임·재직 중이었더라면 제6항 각 호에 해당하는 조치를 받았을 것으로 인정되는 경우에는 그 조치의 내용을 해당 대부업자등에게 통보할 수 있다. <신설 2015.7.24., 2017.4.18.>

⑧ 제7항에 따른 통보를 받은 대부업자등은 이를 퇴임·퇴직한 해당 임직원에게 통보하고, 그 내용을 기록·유지하여야 한다. <신설 2017.4.18.>

[전문개정 2009.1.21.]

[제목개정 2015.7.24.]

**제14조(등록취소 등에 따른 거래의 종결)** 다음 각 호의 어느 하나에 해당하는 대부업자등(대부업자등이 개인인 경우에는 그 상속인을 포함한다)은 그 대부업자등이 체결한 대부계약에 따른 거래를 종결하는 범위에서 대부업자등으로 본다. <개정 2015.7.24.>

1. 제3조제6항에 따른 등록의 유효기간이 만료된 경우

2. 제5조제2항에 따라 폐업신고를 한 경우

3. 제13조제2항에 따라 등록취소 처분을 받은 경우

[전문개정 2009.1.21.]

**제14조의2(과징금)** ① 금융위원회는 대부업자 또는 그 대주주(최대주주의 특수관계인을 포함한다. 이하 이 조에서 같다)가 다음 각 호의 어느 하나에 해당할 때에는 다음 각 호의 구분에 따라 과징금을 부과할 수 있다. <개정 2017.4.18.>
 1. 대부업자
  가. 상호출자제한기업집단 대부업자가 제10조제1항에 따른 신용공여의 한도를 초과하여 신용공여를 한 경우: 초과한 신용공여 금액 이하
  나. 여신금융기관이 최대주주인 대부업자가 제10조제7항을 위반하여 신용공여를 한 경우: 신용공여 금액 이하
 2. 대주주
  가. 상호출자제한기업집단에 속하는 대주주가 제10조제1항에 따른 신용공여의 한도를 초과하여 신용공여를 받은 경우: 초과한 신용공여 금액 이하
  나. 대부업자의 최대주주인 여신금융기관이 제10조제7항을 위반하여 신용공여를 받은 경우: 신용공여 금액 이하
② 금융위원회는 과징금을 부과받은 자(이하 "과징금납부의무자"라 한다)가 납부기한 내에 과징금을 납부하지 아니한 때에는 납부기한의 다음 날부터 납부한 날의 전 날까지의 기간에 대하여 대통령령으로 정하는 가산금을 징수할 수 있다. 이 경우 가산금을 징수하는 기간은 60개월을 초과하지 못한다. <개정 2017.4.18.>
③ 금융위원회는 과징금납부의무자가 그 기한까지 납부하지 아니하면 국세 체납처분의 예에 따라 이를 징수할 수 있다.
④ 금융위원회는 대통령령으로 정하는 바에 따라 과징금의 징수 및 체납처분에 관한 업무를 국세청장에게 위탁할 수 있다.
⑤ 과징금 부과기준 및 금액, 징수, 그 밖에 필요한 사항은 대통령령으로 정한다.
[본조신설 2015.7.24.]

**제14조의3(이의신청)** ① 제14조의2에 따른 과징금 부과처분에 대하여 불복하는 자는 그 처분의 고지를 받은 날부터 30일 이내에 그 사유를 갖추어 금융위원회에 이의를 신청할 수 있다.
② 금융위원회는 제1항에 따른 이의신청에 대하여 60일 이내에 결정을 하여

야 한다. 다만, 부득이한 사정으로 그 기간 이내에 결정을 할 수 없을 경우에는 30일의 범위에서 그 기간을 연장할 수 있다.

③ 금융위원회는 제2항 단서에 따라 결정기간을 연장하는 경우에는 지체 없이 제1항에 따라 이의를 신청한 자에게 결정기간이 연장되었음을 통보하여야 한다.

[본조신설 2015.7.24.]

**제14조의4(과징금 납부기한의 연장 및 분할납부)** ① 금융위원회는 과징금납부의무자가 다음 각 호의 어느 하나에 해당하는 자로서 과징금의 전액을 일시에 납부하기가 어렵다고 인정되는 경우에는 그 납부기한을 연장하거나 분할납부하게 할 수 있다. 이 경우 필요하다고 인정되는 때에는 담보를 제공하게 할 수 있다.

1. 재해 또는 도난 등으로 재산에 현저한 손실을 입은 경우
2. 사업여건의 악화로 사업이 중대한 위기에 처한 경우
3. 과징금의 일시납부에 따라 자금사정에 현저한 어려움이 예상되는 경우
4. 그 밖에 제1호부터 제3호까지에 준하는 사유가 있는 경우

② 과징금납부의무자가 제1항에 따른 과징금 납부기한의 연장을 받거나 분할납부를 하고자 하는 경우에는 그 납부기한의 10일 전까지 금융위원회에 신청하여야 한다.

③ 금융위원회는 제1항에 따라 납부기한이 연장되거나 분할납부가 허용된 과징금납부의무자가 다음 각 호의 어느 하나에 해당하게 된 때에는 그 납부기한의 연장 또는 분할납부 결정을 취소하고 과징금을 일시에 징수할 수 있다.

1. 분할납부 결정된 과징금을 그 납부기한 내에 납부하지 아니한 경우
2. 담보의 변경, 그 밖에 담보보전에 필요한 금융위원회의 명령을 이행하지 아니한 때
3. 강제집행, 경매의 개시, 파산선고, 법인의 해산, 국세 또는 지방세의 체납처분을 받는 등 과징금의 전부 또는 잔여분을 징수할 수 없다고 인정되는 때
4. 그 밖에 제1호부터 제3호까지에 준하는 사유로서 대통령령으로 정하는 사유가 있는 때

④ 제1항부터 제3항까지의 규정에 따른 과징금 납부기한의 연장 또는 분할납부 등에 관하여 필요한 사항은 대통령령으로 정한다.

[본조신설 2015.7.24.]

**제14조의5(과징금 환급가산금)** ① 금융위원회는 과징금납부의무자가 이의신청의 재결 또는 법원의 판결 등의 사유로 과징금을 환급하는 경우에는 과징금을 납부한 날부터 환급한 날까지의 기간에 대하여 대통령령으로 정하는 바에 따라 환급가산금을 지급하여야 한다.

② 제1항에도 불구하고 법원의 판결에 의하여 과징금 부과처분이 취소되어 그 판결이유에 따라 새로운 과징금을 부과하는 경우에는 당초 납부한 과징금에서 새로 부과하기로 결정한 과징금을 공제한 나머지 금액에 대해서만 환급가산금을 계산하여 지급한다.

[본조신설 2015.7.24.]

**제15조(여신금융기관의 이자율의 제한)** ① 여신금융기관은 연 100분의 27.9 이하의 범위에서 대통령령으로 정하는 율을 초과하여 대부금에 대한 이자를 받을 수 없다. <신설 2016.3.3.>

② 제1항에 따른 이자율을 산정할 때에는 제8조제2항을 준용한다. <신설 2016.3.3.>

③ 여신금융기관은 대부자금의 조달비용, 연체금의 관리비용, 연체금액, 연체기간, 금융업의 특성 등을 고려하여 대통령령으로 정하는 율을 초과하여 대부금에 대한 연체이자를 받을 수 없다.

④ 금융위원회는 제1항 및 제3항을 위반하여 이자 및 연체이자를 받는 여신금융기관에 대하여 그 시정을 명할 수 있다.

⑤ 여신금융기관이 제1항 및 제3항에 따른 기준을 초과하여 이자 또는 연체이자를 받은 경우 그 이자계약의 효력 등에 관하여는 제8조제4항부터 제6항까지의 규정을 준용한다. <개정 2018.12.24.>

[전문개정 2009.1.21.]

[제목개정 2016.3.3.]

[시행일 : 2019.6.25.] 제15조제5항

**제15조의2(대부업정책협의회 등의 설치)** ① 대부업등 관련 정책을 종합적인 관점에서 일관성 있게 수립·추진하고, 관계 행정기관 간의 협의가 필요한 사항을 효율적으로 협의·조정하기 위하여 금융위원회에 대부업정책협의회를 둔다.

② 대부업정책협의회는 회의의 효율적 운영을 위하여 대부업정책실무협의회를 둘 수 있다.

③ 대부업등 관련 업무의 효율적 수행과 위법행위의 효과적 예방·단속에 관한 사항을 협의하기 위하여 시·도에 대부업관계기관협의회를 둔다.

④ 제1항에 따른 대부업정책협의회, 제2항에 따른 대부업정책실무협의회 및 제3항에 따른 대부업관계기관협의회의 구성·운영, 그 밖에 필요한 사항은 대통령령으로 정한다.

[본조신설 2009.1.21.]

**제16조(대부업자의 실태조사 등)** ① 시·도지사는 수시로 대통령령으로 정하는 방법 및 절차에 따라 대부업자등의 영업실태를 조사하여야 하며 그 결과를 매년 행정안전부장관 및 금융위원회에 제출하여야 한다. <개정 2013.3.23., 2014.11.19., 2017.4.18., 2017.7.26.>

② 행정안전부장관과 금융위원회는 시·도지사, 관계 행정기관 또는 공공단체의 장에게 대부업자등의 현황 파악과 제도 조사를 위하여 필요한 자료의 제공을 요청할 수 있다. 이 경우 시·도지사, 관계 행정기관 또는 공공단체의 장은 특별한 사유가 없으면 이에 협조하여야 한다. <개정 2013.3.23., 2014.11.19., 2017.4.18., 2017.7.26.>

③ 행정안전부장관과 금융위원회는 대부업자등의 현황 및 영업실태 조사결과 등을 대통령령으로 정하는 바에 따라 관보 또는 인터넷 홈페이지 등에 게재하여야 한다. <신설 2014.1.1., 2014.11.19., 2017.7.26.>

[전문개정 2009.1.21.]

**제16조의2(행정처분 사실 등의 공개)** ① 시·도지사등은 금융이용자 보호를 위하여 다음 각 호의 어느 하나에 해당하는 자에 대한 행정처분 또는 시정명령 사실을 공개하여야 한다. <개정 2015.7.24.>

1. 최근 5년 이내에 제13조에 따른 영업정지 또는 등록취소 처분을 받은 자
2. 최근 5년 이내에 제15조제4항에 따른 시정명령을 받은 자

② 제1항에 따른 공개의 기준, 내용 및 절차 등에 필요한 사항은 대통령령으로 정한다.

[본조신설 2014.1.1.]

**제17조(등록수수료 등)** ① 제3조에 따른 등록을 하려는 자는 대통령령으로 정하는 바에 따라 수수료를 내야 한다.

② 제12조제2항 및 제3항에 따라 검사를 받는 대부업자등은 대통령령으로

정하는 검사수수료를 시·도지사나 금융감독원장에게 내야 한다. <개정 2015.7.24.>

[전문개정 2009.1.21.]

**제18조(분쟁 조정)** ① 시·도지사에게 등록된 대부업자등과 거래상대방 간의 분쟁을 해결하기 위하여 해당 영업소를 관할하는 시·도지사 소속으로 분쟁 조정위원회를 둔다. <개정 2015.7.24.>

② 시·도지사에게 등록된 대부업자등과 거래상대방은 제1항에 따른 분쟁조정 위원회에서 분쟁이 해결되지 아니하는 경우에는 「소비자기본법」 제60조에 따른 소비자분쟁조정위원회에 분쟁 조정을 신청할 수 있다. <개정 2015.7.24.>

③ 제1항에 따른 분쟁조정위원회의 구성·운영과 분쟁 조정의 절차·방법 등 분쟁 조정에 관하여 필요한 사항은 대통령령으로 정한다.

④ 금융위원회에 등록된 대부업자등과 거래상대방 간의 분쟁 조정에 관하여 는 「금융위원회의 설치 등에 관한 법률」 제51조부터 제57조까지의 규정을 준용한다. <신설 2015.7.24.>

[전문개정 2009.1.21.]

**제18조의2(대부업 및 대부중개업 협회 설립 등)** ① 대부업등의 업무질서를 유 지하고, 대부업등의 건전한 발전과 이용자 보호를 위하여 대부업 및 대부중 개업 협회(이하 "협회"라 한다)를 설립한다.

② 협회는 법인으로 한다.

③ 협회는 정관으로 정하는 바에 따라 주된 사무소를 두고 필요한 곳에 지 회(支會)를 둘 수 있다. <개정 2015.7.24.>

④ 협회는 대통령령으로 정하는 바에 따라 주된 사무소의 소재지에서 설립 등기를 함으로써 성립한다.

⑤ 이 법에 따른 협회가 아닌 자는 대부업 및 대부중개업 협회 또는 이와 비슷한 명칭을 사용하지 못한다.

[본조신설 2009.1.21.]

**제18조의3(업무)** ① 협회는 다음 각 호의 업무를 한다. <개정 2016.3.3.>

1. 이 법 또는 관계 법령을 준수하도록 하기 위한 회원에 대한 지도와 권고
2. 대부업등의 이용자 보호를 위한 회원에 대한 업무방식 개선·권고
3. 대부업등의 이용자 민원의 상담·처리

4. 그 밖에 협회의 목적을 달성하기 위하여 대통령령으로 정하는 업무

② 협회는 업무에 관한 규정을 제정·변경하거나 폐지한 경우에는 지체 없이 금융위원회에 이를 보고하여야 한다. <신설 2016.3.3.>

[본조신설 2009.1.21.]

**제18조의4(정관)** ① 협회의 정관은 창립총회에서 작성한 후 금융위원회의 인가를 받아야 한다. 이를 변경하려는 경우에도 또한 같다.

② 협회의 정관에는 다음 각 호의 사항이 포함되어야 한다.

1. 목적, 명칭 및 주된 사무소의 소재지
2. 임직원에 관한 사항
3. 임원의 선출에 관한 사항
4. 회원의 권리와 의무에 관한 사항
5. 업무와 그 집행에 관한 사항
6. 회비의 분담과 예산 및 회계에 관한 사항
7. 회의에 관한 사항
8. 그 밖에 협회의 운영에 관한 사항

[본조신설 2009.1.21.]

**제18조의5(가입 등)** ① 대부업자등은 협회에 가입할 수 있다. 다만, 금융위원회에 등록된 대부업자등, 그 밖에 대통령령으로 정하는 자는 협회에 가입하여야 한다. <개정 2015.7.24.>

② 협회는 대부업자등이 협회에 가입하려는 경우 정당한 사유 없이 그 가입을 거부하거나 가입에 부당한 조건을 부과하여서는 아니 된다.

③ 협회는 회원에게 정관으로 정하는 바에 따라 회비를 징수할 수 있다.

[본조신설 2009.1.21.]

**제18조의6(「민법」의 준용)** 협회에 대하여 이 법에 특별한 규정이 없으면 「민법」 중 사단법인에 관한 규정을 준용한다.

[본조신설 2009.1.21.]

**제18조의7(업무의 위탁)** ① 이 법에 따른 시·도지사의 업무의 일부는 대통령령으로 정하는 바에 따라 협회에 위탁할 수 있다.

② 이 법에 따른 금융위원회의 업무의 일부는 대통령령으로 정하는 바에 따라 금융감독원장 또는 협회에 위탁할 수 있다. <신설 2015.7.24.>

③ 금융감독원장 및 협회는 제1항 및 제2항에 따라 위탁받은 업무의 처리 결과를 매 분기별로 시·도지사등에게 보고하여야 한다. <개정 2015.7.24.>
[본조신설 2009.1.21.]

**제18조의8(관계 기관에의 협조 요청)** 시·도지사등은 대부업자등의 관리·감독 등을 위하여 관계 기관의 사실 확인이 필요하면 해당 기관에 그 확인을 요청할 수 있다. 이 경우 해당 기관은 특별한 사유가 없으면 사실을 확인하여 통보하여야 한다. <개정 2015.7.24.>
[본조신설 2009.1.21.]

**제18조의9(협회에 대한 검사)** ① 협회는 그 업무와 재산상황에 관하여 금융감독원장의 검사를 받아야 한다.
② 금융감독원장은 제1항의 검사를 함에 있어서 필요하다고 인정하는 경우에는 협회에 업무 또는 재산에 관한 보고, 자료의 제출, 증인의 출석, 증언 및 의견의 진술을 요구할 수 있다.
③ 제1항에 따라 검사를 하는 자는 그 권한을 표시하는 증표를 지니고 이를 관계자에게 내보여야 한다.
④ 금융감독원장이 제1항에 따른 검사를 한 경우에는 그 보고서를 금융위원회에 제출하여야 한다. 이 경우 이 법 또는 이 법에 따른 명령이나 처분을 위반한 사실이 있는 때에는 그 처리에 관한 의견서를 첨부하여야 한다.
⑤ 금융위원회는 검사의 방법·절차, 검사결과에 대한 조치기준, 그 밖에 검사업무와 관련하여 필요한 사항을 정하여 고시할 수 있다.
[본조신설 2016.3.3.]

**제18조의10(협회에 대한 조치)** ① 금융위원회는 협회가 별표 2 각 호의 어느 하나에 해당하는 경우에는 다음 각 호의 어느 하나에 해당하는 조치를 할 수 있다.
1. 6개월 이내의 업무의 일부의 정지
2. 위법행위의 시정명령
3. 기관경고
4. 기관주의
5. 그 밖에 위법행위를 시정하거나 방지하기 위하여 필요한 조치로서 대통령령으로 정하는 조치

② 금융위원회는 협회의 임원이 별표 2 각 호의 어느 하나에 해당하는 경우에는 다음 각 호의 어느 하나에 해당하는 조치를 할 수 있다.

1. 해임요구
2. 6개월 이내의 직무정지
3. 문책경고
4. 주의적 경고
5. 주의
6. 그 밖에 위법행위를 시정하거나 방지하기 위하여 필요한 조치로서 대통령령으로 정하는 조치

③ 금융위원회는 협회의 직원이 별표 2 각 호의 어느 하나에 해당하는 경우에는 다음 각 호의 어느 하나에 해당하는 조치를 협회에 요구할 수 있다.

1. 면직
2. 6개월 이내의 정직
3. 감봉
4. 견책
5. 경고
6. 주의
7. 그 밖에 위법행위를 시정하거나 방지하기 위하여 필요한 조치로서 대통령령으로 정하는 조치

④ 금융위원회는 제2항 또는 제3항에 따라 협회의 임직원에 대하여 조치를 하거나 이를 요구하는 경우 그 임직원에 대하여 관리·감독의 책임이 있는 임직원에 대한 조치를 함께 하거나 이를 요구할 수 있다. 다만, 관리·감독의 책임이 있는 자가 그 임직원의 관리·감독에 상당한 주의를 다한 경우에는 조치를 감면할 수 있다.

⑤ 금융위원회는 다음 각 호의 어느 하나에 해당하는 처분 또는 조치를 하고자 하는 경우에는 청문을 하여야 한다.

1. 제18조의4제1항에 따른 협회의 정관에 대한 인가의 취소
2. 제18조의10제2항 또는 제3항에 따른 협회의 임직원에 대한 해임요구 또는 면직요구

[본조신설 2016.3.3.]

**제18조의11(처분 등의 기록 및 공시 등)** ① 금융위원회는 제18조의10에 따라 처

분 또는 조치한 경우에는 그 내용을 기록하고 이를 유지·관리하여야 한다.

② 금융위원회는 협회의 퇴임한 임원 또는 퇴직한 직원이 재임 또는 재직 중이었다면 제18조의10제2항제1호부터 제5호까지 또는 같은 조 제3항제1호부터 제6호까지에 해당하는 조치를 받았을 것으로 인정되는 경우에는 그 받았을 것으로 인정되는 조치의 내용을 금융감독원장으로 하여금 협회에 통보하도록 할 수 있다. 이 경우 통보를 받은 협회는 이를 퇴임·퇴직한 그 임직원에게 통보하여야 한다.

③ 제1항은 협회가 금융위원회의 조치요구에 따라 그 임직원을 조치한 경우 및 제2항에 따라 통보를 받은 경우에 준용한다.

④ 협회 또는 그 임직원(임직원이었던 자를 포함한다)은 금융위원회에 자기에 대한 제18조의10에 따른 처분 또는 조치 여부 및 그 내용을 조회할 수 있다.

⑤ 금융위원회는 제4항의 조회요청을 받은 경우에는 정당한 사유가 없으면 처분 또는 조치 여부 및 그 내용을 그 조회 요청자에게 통보하여야 한다.

⑥ 제18조의10제1항, 같은 조 제2항제2호부터 제6호까지 및 같은 조 제4항(제2항제2호부터 제6호까지의 어느 하나에 해당하는 조치에 한정한다)에 따른 처분 또는 조치에 대하여 불복하는 자는 그 처분 또는 조치의 고지를 받은 날부터 30일 이내에 그 사유를 갖추어 금융위원회에 이의를 신청할 수 있다.

⑦ 금융위원회는 제6항에 따른 이의신청에 대하여 60일 이내에 결정을 하여야 한다. 다만, 부득이한 사정으로 그 기간 이내에 결정을 할 수 없을 경우에는 30일의 범위에서 그 기간을 연장할 수 있다.

[본조신설 2016.3.3.]

**제19조(벌칙)** ① 다음 각 호의 어느 하나에 해당하는 자는 5년 이하의 징역 또는 5천만원 이하의 벌금에 처한다. <개정 2009.2.6., 2015.7.24.>

1. 제3조 또는 제3조의2를 위반하여 등록 또는 등록갱신을 하지 아니하고 대부업등을 한 자

2. 속임수나 그 밖의 부정한 방법으로 제3조 또는 제3조의2에 따른 등록 또는 등록갱신을 한 자

3. 제9조의2제1항 또는 제2항을 위반하여 대부업 또는 대부중개업 광고를 한 자

4. 제10조제1항 또는 제7항을 위반하여 신용공여를 한 자

5. 제10조제1항 또는 제7항을 위반하여 신용공여를 받은 자

② 다음 각 호의 어느 하나에 해당하는 자는 3년 이하의 징역 또는 3천만원 이하의 벌금에 처한다. <개정 2009.2.6., 2012.12.11., 2015.7.24.>

1. 제5조의2제4항을 위반하여 그 상호 중에 대부, 대부중개 또는 이와 유사한 상호를 사용한 자

1의2. 제5조의2제5항을 위반하여 타인에게 자기의 명의로 대부업등을 하게 하거나 등록증을 대여한 자

2. 제7조제3항을 위반하여 서류를 해당 용도 외의 목적으로 사용한 자

3. 제8조 또는 제11조제1항에 따른 이자율을 초과하여 이자를 받은 자

4. 제9조의4제1항 또는 제2항을 위반하여 미등록대부업자로부터 대부계약에 따른 채권을 양도받아 이를 추심하는 행위를 한 자 또는 미등록대부중개업자로부터 대부중개를 받은 거래상대방에게 대부행위를 한 자

5. 제9조의4제3항을 위반하여 대부계약에 따른 채권을 양도한 자

6. 제11조의2제1항 또는 제2항을 위반하여 대부중개를 하거나 중개수수료를 받은 자

7. 제11조의2제3항에 따른 중개수수료를 초과하여 지급한 자

8. 제11조의2제5항에 따른 시정명령을 이행하지 아니한 자

9. 제11조의2제6항을 위반하여 중개수수료를 지급받은 자

10. 제15조제4항에 따른 시정명령을 이행하지 아니한 자

③ 제1항 및 제2항의 징역형과 벌금형은 병과(倂科)할 수 있다.

[전문개정 2009.1.21.]

**제20조(양벌규정)** 법인의 대표자나 법인 또는 개인의 대리인, 사용인, 그 밖의 종업원이 그 법인 또는 개인의 업무에 관하여 제19조의 위반행위를 하면 그 행위자를 벌하는 외에 그 법인 또는 개인에게도 해당 조문의 벌금형을 과(科)한다. 다만, 법인 또는 개인이 그 위반행위를 방지하기 위하여 해당 업무에 관하여 상당한 주의와 감독을 게을리하지 아니한 경우에는 그러하지 아니하다.

[전문개정 2009.1.21.]

**제21조(과태료)** ① 다음 각 호의 어느 하나에 해당하는 자에게는 5천만원 이하의 과태료를 부과한다. <개정 2010.1.25., 2015.7.24., 2017.4.18.>

1. 제5조제1항 또는 제2항을 위반하여 변경등록 또는 폐업신고를 하지 아니한 자

2. 제5조의2제1항 또는 제2항을 위반하여 상호 중에 "대부" 또는 "대부중개"라는 문자를 사용하지 아니한 자

3. 제6조제1항 또는 제3항을 위반하여 계약서를 교부하지 아니한 자 또는 같은 조 제1항 각 호 또는 같은 조 제3항 각 호에서 정한 내용 중 전부 또는 일부가 적혀 있지 아니한 계약서를 교부하거나 같은 조 제1항 각 호 또는 같은 조 제3항 각 호에서 정한 내용 중 전부 또는 일부를 거짓으로 적어 계약서를 교부한 자

4. 제6조제2항 또는 제4항을 위반하여 설명을 하지 아니한 자

5. 제6조의2를 위반하여 거래상대방 또는 보증인이 같은 조 제1항 각 호의 사항 또는 같은 조 제2항 각 호의 사항을 자필로 기재하게 하지 아니한 자

6. 제7조제1항을 위반하여 거래상대방으로부터 소득·재산 및 부채상황에 관한 증명서류를 제출받지 아니한 자

6의2. 제7조의2를 위반하여 제3자에게 담보제공 여부를 확인하지 아니한 자

7. 제9조제1항을 위반하여 중요 사항을 게시하지 아니한 자

8. 제9조제2항, 제3항 또는 제5항을 위반하여 광고를 한 자

9. 제9조의3제1항 각 호의 행위를 한 자

10. 제9조의5제1항 또는 제2항을 위반하여 종업원을 고용하거나 업무를 위임하거나 대리하게 한 자

10의2. 제10조제2항을 위반하여 보고 또는 공시를 하지 아니한 자

11. 제12조제2항 및 제3항에 따른 검사에 불응하거나 검사를 방해한 자

12. 제12조제9항을 위반하여 보고서를 제출하지 아니하거나, 거짓으로 작성하거나, 기재하여야 할 사항의 전부 또는 일부를 기재하지 아니하고 제출한 자

② 다음 각 호의 어느 하나에 해당하는 자에게는 1천만원 이하의 과태료를 부과한다. <개정 2009.2.6., 2015.7.24., 2017.4.18.>

1. 제3조제7항을 위반하여 분실신고를 하지 아니한 자

2. 제3조의3제1항 또는 제2항을 위반하여 등록증을 반납하지 아니한 자

3. 삭제 <2012.12.11.>

4. 제6조제5항을 위반하여 계약서와 계약관계서류의 보관의무를 이행하지 아니한 자

5. 제6조제6항을 위반하여 정당한 사유 없이 계약서 및 계약관계서류의 열

람을 거부하거나 관련 증명서의 발급을 거부한 자

6. 제9조제4항을 위반하여 광고의 문안과 표기에 관한 의무를 이행하지 아니한 자

7. 삭제 <2017.4.18.>

8. 제10조의2를 위반하여 소속과 성명을 밝히지 아니한 자

9. 제12조제1항 또는 제5항에 따른 보고 또는 자료의 제출을 거부하거나 거짓으로 보고 또는 자료를 제출한 자

10. 제18조의2제5항에 따른 대부업 및 대부중개업 협회 또는 이와 비슷한 명칭을 사용한 자

③ 제1항이나 제2항에 따른 과태료는 대통령령으로 정하는 바에 따라 시·도지사등이 부과·징수한다. <개정 2015.7.24.>

[전문개정 2009.1.21.]


# 부칙

### <법률 제16089호, 2018.12.24.>


**제1조(시행일)** 이 법은 공포한 날부터 시행한다. 다만, 제8조제3항·제5항, 제11조제1항 및 제15조제5항의 개정규정은 공포 후 6개월이 경과한 날부터 시행한다.

**제2조(대부업자의 이자율 제한에 관한 적용례)** 제8조제3항의 개정규정은 이 법 시행일 이후 최초로 계약을 체결 또는 갱신하거나 연장하는 분부터 적용한다.

## 대부업자등에 대한 영업정지 처분 등 사유

(제13조제1항제1호 및 제13조제6항 관련)

1. 제3조제7항을 위반하여 분실신고를 하지 아니한 경우
2. 제3조의4제1항 단서에 따른 교육을 받지 아니한 경우
2의2. 제4조를 위반하여 임원 또는 업무총괄 사용인을 선임한 경우
3. 제5조제1항 본문을 위반하여 변경등록을 하지 아니한 경우
4. 제5조의2제1항 또는 제2항을 위반하여 상호 중에 "대부" 또는 "대부중개"라는 문자를 사용하지 아니하거나, 같은 조 제5항을 위반하여 타인에게 자기의 명의로 대부업등을 하게 하거나 그 등록증을 대여한 경우
5. 제6조제1항 또는 제3항을 위반하여 대부계약서 또는 보증계약서를 교부하지 아니한 경우, 같은 조 제1항 각 호 또는 같은 조 제3항 각 호의 사항 중 전부 또는 일부를 적지 아니하거나 거짓으로 적어 대부계약서 또는 보증계약서를 교부한 경우
6. 제6조제2항 또는 제4항을 위반하여 설명의무를 이행하지 아니한 경우
7. 제6조제5항을 위반하여 계약서와 계약관계서류를 보관하지 아니한 경우
8. 제6조제6항을 위반하여 계약서와 계약관계서류의 열람을 거부하거나 관련 증명서의 발급을 정당한 사유 없이 거부한 경우
9. 제6조의2를 위반하여 거래상대방 또는 보증인이 같은 조 제1항 각 호의 사항 또는 같은 조 제2항 각 호의 사항을 자필로 기재하게 하지 아니한 경우
10. 제7조제1항을 위반하여 미리 거래상대방으로부터 소득·재산 및 부채상황에 관한 증명서류를 제출받지 아니한 경우
11. 제7조제3항을 위반하여 서류를 용도 외의 목적으로 사용한

경우

11의2. 제7조의3을 위반하여 총자산한도에 해당하는 금액을 초과하는 경우

12. 제8조에 따른 이자율을 초과하여 대부계약을 체결하거나 이자를 받은 경우

13. 제9조제1항을 위반하여 게시의무를 이행하지 아니한 경우

14. 제9조제2항 또는 제3항을 위반하여 광고를 한 경우

15. 제9조제4항을 위반하여 광고의 문안과 표기에 관한 의무를 이행하지 아니한 경우

16. 제9조의3제1항을 위반하여 같은 항 각 호에 해당하는 행위를 한 경우

17. 제9조의4제1항 또는 제2항을 위반하여 미등록대부업자로부터 대부계약에 따른 채권을 양도받아 이를 추심하는 행위를 한 경우 또는 미등록대부중개업자로부터 대부중개를 받은 거래상대방에게 대부행위를 한 경우

17의2. 제9조의4제3항을 위반하여 제3조제2항제2호에 따라 등록한 대부업자나 여신금융기관 등 대통령령으로 정하는 자가 아닌 자에게 대부계약에 따른 채권을 양도하는 경우

17의3. 제9조의5제1항 또는 제2항을 위반하여 종업원을 고용하거나 업무를 위임하거나 대리하게 한 경우

17의4. 제9조의7을 위반하여 보호기준 및 보호감시인과 관련된 의무를 이행하지 아니한 경우

18. 제10조제1항을 위반하여 대주주에게 신용공여를 한 경우

18의2. 제10조제2항을 위반하여 보고를 하지 아니하였거나 공시하지 아니한 경우

19. 제10조제7항을 위반하여 대주주에게 신용공여를 한 경우

20. 제11조의2제1항 또는 제2항을 위반하여 대부중개를 하거나 중개수수료를 받은 경우

20의2. 제11조의4제2항을 위반하여 보증금을 예탁하지 아니하였거나 보험 또는 공제에 가입하지 아니한 경우

21. 제12조제2항 및 제3항에 따른 검사에 불응하거나 검사를 방해한 경우
22. 제12조제1항 또는 제7항에 따른 명령을 위반한 경우
23. 제12조제5항에 따른 요구에 응하지 아니한 경우
24. 제12조제9항을 위반하여 보고서를 제출하지 아니한 경우 또는 거짓으로 작성하거나, 기재하여야 할 사항의 전부 또는 일부를 기재하지 아니하고 제출한 경우
25. 그 밖에 대부업자등의 거래상대방을 보호하거나 건전한 영업 질서를 유지하기 위한 경우로서 대통령령으로 정하는 경우

[별표 2] <신설 2016.3.3.>

## 협회 및 그 임직원에 대한 처분 사유

(제18조의10제1항부터 제3항까지의 규정 관련)

1. 제18조의3제1항 각 호 외의 업무를 영위한 경우
2. 제18조의3제2항에 따른 보고를 하지 아니하거나 업무에 관한 규정을 위반한 경우
3. 제18조의4제1항을 위반하여 인가를 받지 아니하거나 거짓이나 그 밖의 부정한 방법으로 인가를 받은 경우
4. 제18조의7제2항에 따라 위탁받은 권한에 따른 업무를 수행함에 있어 관계 법령을 위반한 경우
5. 제18조의9제1항에 따른 검사를 거부·방해 또는 기피한 경우
6. 제18조의9제2항에 따른 보고 등의 요구에 불응한 경우
7. 제18조의10제1항제2호·제5호, 같은 조 제2항제1호 또는 같은 조 제3항에 따른 조치를 이행하지 아니한 경우
8. 제18조의11제3항을 위반하여 그 내용을 기록·유지 또는 관리하지 아니한 경우
9. 「형법」 제355조, 제356조 또는 제357조제1항·제2항, 제359조를 위반한 경우
10. 그 밖에 금융이용자 보호 또는 국민의 경제생활 안정을 해할 우려가 있는 경우로서 대통령령으로 정하는 경우

# 대부업 등의 등록 및 금융이용자 보호에 관한 법률 시행령 ( 약칭: 대부업법 시행령 )

[시행 2019.5.14.] [대통령령 제29287호, 2018.11.13., 일부개정]

**제1조(목적)** 이 영은 「대부업 등의 등록 및 금융이용자 보호에 관한 법률」에서 위임된 사항과 그 시행에 필요한 사항을 규정함을 목적으로 한다.

[전문개정 2009.4.21.]

**제2조(대부업에서 제외되는 범위)** 「대부업 등의 등록 및 금융이용자 보호에 관한 법률」(이하 "법"이라 한다) 제2조제1호 각 목 외의 부분 단서에서 "대통령령으로 정하는 경우"란 다음 각 호의 어느 하나에 해당하는 경우를 말한다.

1. 사업자가 그 종업원에게 대부하는 경우
2. 「노동조합 및 노동관계조정법」에 따라 설립된 노동조합이 그 구성원에게 대부하는 경우
3. 국가 또는 지방자치단체가 대부하는 경우
4. 「민법」이나 그 밖의 법률에 따라 설립된 비영리법인이 정관에서 정한 목적의 범위에서 대부하는 경우

[전문개정 2009.4.21.]

**제2조의2(여신금융기관의 범위)** 법 제2조제4호에서 "대통령령으로 정하는 법령"이란 다음 각 호의 법률을 말한다.

1. 「은행법」
2. 「중소기업은행법」
3. 「한국산업은행법」
4. 「한국수출입은행법」
5. 「한국은행법」
6. 「자본시장과 금융투자업에 관한 법률」
7. 「상호저축은행법」
8. 「농업협동조합법」
9. 「수산업협동조합법」

10. 「신용협동조합법」

11. 「산림조합법」

12. 「새마을금고법」

13. 「보험업법」

14. 「여신전문금융업법」

15. 「자산유동화에 관한 법률」

16. 「우체국예금·보험에 관한 법률」

17. 「중소기업창업 지원법」

18. 그 밖에 금융위원회가 정하여 고시하는 법률

[본조신설 2016.7.6.]

[종전 제2조의2는 제2조의4로 이동 <2016.7.6.>]

**제2조의3(특수관계인의 범위 등)** ① 법 제2조제5호가목에서 "대통령령으로 정하는 특수한 관계에 있는 자"란 다음 각 호의 어느 하나에 해당하는 자(이하 "특수관계인"이라 한다)를 말한다.

1. 본인이 개인인 경우: 다음 각 목의 어느 하나에 해당하는 자

　　가. 배우자(사실상의 혼인관계에 있는 사람을 포함한다. 이하 같다)

　　나. 6촌 이내의 부계혈족 및 4촌 이내의 부계혈족의 처

　　다. 3촌 이내의 부계혈족의 남편 및 자녀

　　라. 3촌 이내의 모계혈족과 그 배우자 및 자녀

　　마. 배우자의 2촌 이내의 부계혈족과 그 배우자

　　바. 입양자 생가(生家)의 직계존속

　　사. 출양자 및 그 배우자와 출양자 양가(養家)의 직계비속

　　아. 혼인 외 출생자의 생모

　　자. 본인의 금전이나 그 밖의 재산으로 생계를 유지하는 사람 및 생계를 함께 하는 사람

　　차. 본인이 혼자서 또는 본인과 가목부터 자목까지의 관계에 있는 사람과 합하여 100분의 30 이상을 출자하거나 그 밖에 임원의 임면(任免) 등 법인 또는 단체(이하 "법인등"이라 한다)의 주요 경영사항에 대하여 사실상 영향력을 행사하고 있는 경우에는 해당 법인등과 그 임원

　　카. 본인이 혼자서 또는 본인과 가목부터 차목까지의 관계에 있는 자와 합하여 100분의 30 이상을 출자하거나 그 밖에 임원의 임면 등 법인

등의 주요 경영사항에 대하여 사실상 영향력을 행사하고 있는 경우에
는 해당 법인등과 그 임원

2. 본인이 법인등인 경우: 다음 각 목의 어느 하나에 해당하는 자

가. 임원

나. 「독점규제 및 공정거래에 관한 법률」 제2조제3호에 따른 계열회사(이
하 "계열회사"라 한다) 및 그 임원

다. 혼자서 또는 제1호 각 목의 관계에 있는 자와 합하여 본인에게 100
분의 30 이상을 출자하거나 그 밖에 임원의 임면 등 본인의 주요 경
영사항에 대하여 사실상 영향력을 행사하고 있는 개인(그와 제1호 각
목의 관계에 있는 자를 포함한다) 또는 법인(계열회사는 제외한다.
이하 이 호에서 같다)·단체와 그 임원

라. 본인이 혼자서 또는 본인과 가목부터 다목까지의 관계에 있는 자와
합하여 100분의 30 이상을 출자하는 경우나 그 밖에 임원의 임면 등
법인 또는 단체의 주요 경영사항에 대하여 사실상 영향력을 행사하
고 있는 경우에는 해당 법인·단체와 그 임원

② 법 제2조제5호나목2)에서 "대통령령으로 정하는 자"란 다음 각 호의 어
느 하나에 해당하는 자를 말한다.

1. 혼자서 또는 다른 주주(출자자를 포함한다. 이하 이 항에서 같다)와의 합
의·계약 등에 따라 대표이사 또는 이사의 과반수를 선임한 주주

2. 경영전략, 조직 변경 등 주요 의사결정이나 업무집행에 지배적인 영향력
을 행사한다고 인정되는 자로서 금융위원회가 정하는 주주

③ 법 제2조제6호에서 "대통령령으로 정하는 금액"이란 「상법」 제30조제2항
에 따른 대차대조표 상 납입자본금·자본잉여금 및 이익잉여금 등의 합계액
에 결산상 오류에 따른 금액을 더하거나 뺀 금액을 말한다.

[본조신설 2016.7.6.]

[종전 제2조의3은 제2조의5로 이동 <2016.7.6.>]

**제2조의4(금융위원회 등록이 필요한 대부업자등)** 법 제3조제2항제6호에서 "대
통령령으로 정하는 자"란 다음 각 호에 해당하는 자의 정보를 온라인에서
게재하는 자와 연계하여 대부업을 하려는 자를 말한다.

1. 대부채권으로부터 발생하는 원금과 이자의 수취만을 목적으로 하는 권리
를 취득하려는 자(이하 "자금제공자"라 한다)

2. 대부를 받으려는 자

[본조신설 2017.8.29.]

[종전 제2조의4는 제2조의5로 이동 <2017.8.29.>]

**제2조의5(출자자의 범위)** 법 제3조제3항제2호에서 "대통령령으로 정하는 기준"이란 발행주식총수 또는 출자총액의 100분의 1을 말한다. <개정 2016.7.6.>

[본조신설 2009.4.21.]

[제2조의4에서 이동, 종전 제2조의5는 제2조의6으로 이동 <2017.8.29.>]

**제2조의6(등록 등의 절차)** ① 법 제3조제1항 또는 제2항에 따라 대부업 또는 대부중개업(이하 "대부업등"이라 한다)을 등록하려는 자는 금융위원회가 정하여 고시하는 대부업등 등록신청서에 법 제3조제3항제4호에 따른 영업소의 소재지를 증명할 수 있는 서류(등기부등본 또는 임대차 등의 계약서 사본에 한정한다), 제2조의8제5항에 따른 교육이수증 사본(이하 "교육이수증 사본"이라 한다)과 그 밖에 금융위원회가 정하여 고시하는 서류를 첨부하여 영업소의 소재지를 관할하는 특별시장·광역시장·특별자치시장·도지사 또는 특별자치도지사(이하 "시·도지사"라 한다) 또는 금융위원회에 제출하여야 한다. 다만, 법 제3조의4제1항 단서에 해당되어 교육을 받은 경우에는 교육을 받은 날부터 1주일 이내에 교육이수증 사본을 제출하여야 한다. <개정 2010.4.20., 2014.4.1., 2016.7.6., 2017.8.29., 2018.11.13.>

② 제1항에 따라 제출하는 교육이수증 사본은 등록신청일 전 6개월 이내의 교육에 대한 교육이수증[등록하려는 시·도지사 또는 금융위원회(이하 "시·도지사등"이라 한다)가 교부한 것에 한정되지 아니한다] 사본이어야 한다. <개정 2016.7.6.>

③ 법 제3조제2항제5호에서 "대통령령으로 정하는 기준"이란 다음 각 호의 기준을 모두 충족하는 것을 말한다. <신설 2016.7.6., 2018.11.13.>

1. 직전 사업연도말을 기준으로 자산규모가 100억원을 초과할 것

2. 제1호에 따른 자산 중 대부계약에 따른 채권(이하 "대부채권"이라 한다) 잔액이 50억원 이상일 것

④ 법 제3조제3항 각 호 외의 부분에서 "대통령령으로 정하는 서류"란 다음 각 호의 서류를 말한다. <신설 2016.7.6.>

1. 법 제3조의5제1항제1호 또는 같은 조 제2항제2호에 따른 자기자본(법인

이 아닌 경우에는 순자산액)을 갖추었음을 증명하는 서류

2. 법 제11조의4제2항에 따라 보증금을 예탁하거나 보험 또는 공제에 가입하였음을 증명하는 서류

3. 그 밖에 법 또는 이 영에 따른 등록요건을 심사하기 위하여 필요한 서류로서 금융위원회가 정하여 고시하는 서류

⑤ 시ㆍ도지사에게 등록한 대부업자 또는 대부중개업자(이하 "대부업자등"이라 한다)가 법 제3조제2항 각 호에 해당하게 되어 등록기관이 금융위원회로 변경되거나 금융위원회에 등록한 대부업자등이 법 제3조제2항 각 호에 해당하지 아니하게 되어 등록기관이 시ㆍ도지사로 변경되는 경우 해당 대부업자등은 그 변경 사유의 발생일부터 15일 이내에 현재 등록되어 있는 시ㆍ도지사 또는 금융위원회에 금융위원회가 정하여 고시하는 변경신청과 관련된 서류를 제출하여야 한다. <신설 2016.7.6., 2018.11.13.>

⑥ 법 제3조제4항 각 호 외의 부분에 따른 등록증의 서식은 금융위원회가 정하여 고시한다. <개정 2016.7.6.>

⑦ 법 제3조제5항 단서에서 "대통령령으로 정하는 사항"이란 다음 각 호의 사항을 말한다. <개정 2016.7.6.>

1. 법 제3조제3항제1호에 따른 등록신청인의 주소

2. 법 제3조제3항제2호에 따른 주주 또는 출자자 및 임원의 주소

3. 법 제3조제3항제3호에 따른 사용인의 주소

⑧ 법 제3조제7항에 따라 등록증을 다시 교부받으려는 자는 금융위원회가 정하여 고시하는 대부업등 등록증 분실신고서를 현재 등록되어 있는 시ㆍ도지사등에게 제출하여야 한다. <개정 2016.7.6.>

⑨ 제1항 또는 제5항에 따른 등록 등의 절차에 관하여 필요한 사항은 금융위원회가 정하여 고시한다. <신설 2016.7.6.>

[전문개정 2009.4.21.]

[제2조의5에서 이동, 종전 제2조의6은 제2조의7로 이동 <2017.8.29.>]

**제2조의7(등록갱신 절차)** ① 법 제3조의2제1항에 따라 등록갱신을 신청하려는 자는 금융위원회가 정하여 고시하는 대부업등 등록갱신신청서에 법 제3조제3항제4호에 따른 영업소의 소재지를 증명할 수 있는 서류(등기부등본 또는 임대차 등의 계약서 사본에 한정한다), 교육이수증 사본과 그 밖에 금융위원회가 정하여 고시하는 서류를 첨부하여 현재 등록되어 있는 시ㆍ도지사등

에게 제출하여야 한다. <개정 2010.4.20., 2016.7.6.>

② 제1항의 경우에는 제2조의6제1항 단서 및 같은 조 제2항을 준용한다. <개정 2017.8.29.>

[본조신설 2009.4.21.]

[제2조의6에서 이동, 종전 제2조의7은 제2조의8로 이동 <2017.8.29.>]

**제2조의8(대부업등의 교육)** ① 법 제3조의4제1항 단서에서 "대통령령으로 정하는 부득이한 사유"란 다음 각 호의 어느 하나의 사유를 말한다.

1. 천재지변

2. 본인의 질병·사고, 업무상 국외 출장 등 부득이한 사유

3. 교육기관의 인적·물적 사정 등으로 교육을 받기 어려운 경우

② 법 제3조의4제1항 단서에서 "대통령령으로 정하는 기간" 이란 1개월을 말한다. <개정 2016.7.6.>

③ 법 제3조의4제1항에 따른 대부업등의 준수사항 등에 관한 교육은 시·도지사등이 다음 각 호의 구분에 따른 대부업자등의 임직원을 대상으로 실시한다. <개정 2018.11.13.>

1. 법 제3조제1항에 따라 대부업등의 등록을 하거나 해당 등록을 법 제3조의2제1항에 따라 갱신하려는 경우: 다음 각 목의 구분에 따른 사람

   가. 법인인 대부업자등의 지점: 해당 지점의 업무를 총괄하는 사용인(이하 "업무총괄 사용인"이라 한다)

   나. 가목 외의 자: 대표자와 업무총괄 사용인

2. 법 제3조제2항에 따라 대부업등의 등록을 하거나 해당 등록을 법 제3조의2제1항에 따라 갱신하려는 경우: 다음 각 목의 구분에 따른 사람

   가. 법인인 대부업자등의 지점: 해당 지점의 업무총괄 사용인

   나. 가목 외의 자: 다음의 사람

   1) 대표자와 업무총괄 사용인

   2) 임직원 총원(대표자 및 업무총괄 사용인을 포함한다)의 100분의 10 이상에 해당하는 수의 임직원

④ 제3항에 따른 교육의 내용은 다음 각 호와 같다. <신설 2018. 11. 13.>

1. 법 제8조에 따른 대부업자의 이자율 제한 및 이자율 계산 방법

2. 법 제12조제9항에 따른 보고서 작성 방법

3. 「채권의 공정한 추심에 관한 법률」에 따른 불법적 채권추심행위의 금지

4. 대부업자등의 광고에 관한 방법

5. 그 밖에 대부업자등이 대부업등을 경영하는 데 필요하다고 판단되는 사항

⑤ 시·도지사등은 제3항에 따른 교육을 받은 사람에게 금융위원회가 정하여 고시하는 교육이수증을 교부하여야 한다. <개정 2016.7.6., 2018.11.13.>

[본조신설 2009.4.21.]

[제2조의7에서 이동, 종전 제2조의8은 제2조의9로 이동  <2017.8.29.>]

[시행일 : 2019.5.14.] 제2조의8제3항, 제2조의8제4항

**제2조의9(자기자본)** ① 법 제3조의5제1항제1호에서 "대통령령으로 정하는 금액"이란 다음 각 호의 구분에 따른 금액을 말한다.

1. 등록신청인이 법인인 경우: 5천만원

2. 등록신청인이 법인이 아닌 경우: 1천만원

② 법 제3조의5제2항제2호에서 "대통령령으로 정하는 금액"이란 다음 각 호의 구분에 따른 금액을 말한다. <개정 2018.11.13.>

1. 등록신청인이 법 제3조제2항제2호에 따라 등록하려는 경우: 5억원

2. 그 밖의 경우: 3억원

③ 법 제3조의5제1항제1호 및 같은 조 제2항제2호에 따른 자기자본(법인이 아닌 경우에는 순자산액)의 산정방법은 금융위원회가 정하여 고시한다.

[본조신설 2016.7.6.]

[제2조의8에서 이동, 종전 제2조의9는 제2조의10으로 이동 <2017.8.29.>]

**제2조의10(고정사업장)** 법 제3조의5제1항제3호에서 "대통령령으로 정하는 고정사업장"이란 건축물대장에 기재된 건물(「건축법」 제2조제2항제1호에 따른 단독주택, 같은 항 제2호에 따른 공동주택 및 같은 항 제15호에 따른 숙박시설은 제외한다)에 대하여 소유, 임차 또는 사용대차 등의 방법으로 6개월 이상의 사용권을 확보한 장소를 말한다. <개정 2016.7.6.>

[본조신설 2010.4.20.]

[제2조의9에서 이동, 종전 제2조의10은 제2조의11로 이동 <2017.8.29.>]

**제2조의11(겸업금지업종 등)** ① 법 제3조의5제2항제5호에서 "대통령령으로 정하는 업"이란 다음 각 호의 어느 하나에 해당하는 업을 말한다. <개정 2017.8.29.>

1. 「전기통신사업법」에 따른 전기통신사업 중 다음 각 목의 어느 하나에 해당하는 업

가. 「전기통신사업법」 제5조제2항에 따른 기간통신사업

나. 「전기통신사업법」 제5조제3항에 따른 별정통신사업

다. 「전기통신사업법」 제5조제4항에 따른 부가통신사업 중 이해상충 가능성이 있거나 대부업 이용자의 권익 및 신용질서를 저해할 우려가 있는 업종으로서 금융위원회가 구체적으로 정하여 고시하는 업

2. 「사행산업통합감독위원회법」에 따른 사행산업

3. 「식품위생법 시행령」에 따른 단란주점영업 및 유흥주점영업

4. 「방문판매 등에 관한 법률」에 따른 다단계판매업

5. 그 밖에 이해상충 가능성이 있거나 대부업 이용자의 권익 및 신용질서를 현저히 저해할 우려가 있는 업종으로서 금융위원회가 정하여 고시하는 업

② 법 제3조의5제2항제6호에서 "대통령령으로 정하는 자"란 다음 각 호의 어느 하나에 해당하는 자를 말한다. 다만, 제1호의 경우 법인의 성격 등을 고려하여 금융위원회가 정하여 고시하는 자는 제외한다.

1. 최대주주인 법인의 최대주주(최대주주인 법인을 사실상 지배하는 자가 그 법인의 최대주주와 다른 경우에는 그 사실상 지배하는 자를 포함한다)

2. 최대주주인 법인의 대표자

③ 법 제3조의5제2항제6호 및 제7호에서 "대통령령으로 정하는 사회적 신용을 갖출 것"이란 각각 다음 각 호의 요건을 모두 갖춘 경우를 말한다. 다만, 다음 각 호의 위반 정도 등이 경미하다고 인정되는 경우는 사회적 신용을 갖춘 것으로 본다. <개정 2017.8.29., 2018.11.13.>

1. 최근 5년간 법, 이 영, 금융관련법령(제2조의12에 따른 금융관련법령을 말한다. 이하 같다), 「독점규제 및 공정거래에 관한 법률」 또는 「조세범 처벌법」을 위반하여 벌금형 이상에 상당하는 형사처벌을 받은 사실이 없을 것

2. 최근 5년간 「신용정보의 이용 및 보호에 관한 법률」 제25조에 따른 종합신용정보집중기관에 금융질서 문란정보 거래처 또는 약정한 기일 내에 채무를 변제하지 아니한 자로 등록된 사실이 없을 것

3. 「금융산업의 구조개선에 관한 법률」에 따라 부실금융기관으로 지정되었거나 법, 이 영 또는 금융관련법령에 따라 영업의 허가·인가·등록 등이 취소된 금융기관의 대주주 또는 그의 특수관계인(부실금융기관으로 지정되거나 영업의 허가 등이 취소될 당시 「독점규제 및 공정거래에 관한 법률 시행령」 제3조의2제1항제2호가목에 따른 독립경영자에 해당하거나 같

은 목에 따라 공정거래위원회로부터 동일인관련자의 범위에서 분리되었다고 인정을 받은 자는 제외한다)이 아닐 것. 다만, 대주주 또는 그의 특수관계인으로서 법원의 판결에 따라 부실책임이 없다고 인정된 자 또는 부실에 따른 경제적 책임을 부담하는 등 금융위원회가 정하여 고시하는 기준에 해당하는 자는 제외한다.

4. 그 밖에 금융위원회가 정하여 고시하는 건전한 금융거래질서를 해친 사실이 없을 것

[본조신설 2016.7.6.]

[제2조의10에서 이동, 종전 제2조의11은 제2조의12로 이동 <2017.8.29.>]

**제2조의12(금융관련법령)** 법 제4조제2항제2호에서 "대통령령으로 정하는 금융관련법령"이란 다음 각 호의 법률을 말한다. <개정 2016.8.31., 2018.10.30.>

1. 「공사채 등록법」
2. 「공인회계사법」
3. 「근로자퇴직급여 보장법」
4. 「금융회사부실자산 등의 효율적 처리 및 한국자산관리공사의 설립에 관한 법률」
5. 「금융산업의 구조개선에 관한 법률」
6. 「금융실명거래 및 비밀보장에 관한 법률」
7. 「금융위원회의 설치 등에 관한 법률」
8. 「금융지주회사법」
9. 「기술신용보증기금법」
10. 「농업협동조합법」
11. 「담보부사채신탁법」
12. 「문화산업진흥 기본법」
13. 「벤처기업육성에 관한 특별조치법」
14. 「보험업법」
15. 「감정평가 및 감정평가사에 관한 법률」
16. 「부동산투자회사법」
17. 「사회기반시설에 대한 민간투자법」
18. 「산업발전법」
19. 「상호저축은행법」

20. 「선박투자회사법」
21. 「새마을금고법」
22. 「소재 · 부품전문기업 등의 육성에 관한 특별조치법」
23. 「수산업협동조합법」
24. 「신용보증기금법」
25. 「신용정보의 이용 및 보호에 관한 법률」
26. 「신용협동조합법」
27. 「여신전문금융업법」
28. 「예금자보호법」
29. 「외국인투자 촉진법」
30. 「외국환거래법」
31. 「유사수신행위의 규제에 관한 법률」
32. 「은행법」
33. 「이자제한법」
34. 「자본시장과 금융투자업에 관한 법률」
35. 「자산유동화에 관한 법률」
36. 「전자금융거래법」
37. 「주식회사 등의 외부감사에 관한 법률」
38. 「주택법」
39. 「중소기업은행법」
40. 「중소기업창업 지원법」
41. 「채권의 공정한 추심에 관한 법률」
42. 「특정 금융거래정보의 보고 및 이용 등에 관한 법률」
43. 「한국산업은행법」
44. 「한국수출입은행법」
45. 「한국은행법」
46. 「한국주택금융공사법」
47. 「해외자원개발 사업법」
48. 그 밖에 금융위원회가 정하여 고시하는 법률
[본조신설 2016. 7. 6.]
[제2조의11에서 이동 <2017. 8. 29.>]

**제3조(변경등록 등)** ① 법 제5조제1항 본문에 따라 변경등록을 하려는 대부업 자등은 금융위원회가 정하여 고시하는 대부업등 변경등록신청서에 변경 사항을 증명하는 서류를 첨부하여 현재 등록되어 있는 시·도지사등에게 제출하여야 한다. <개정 2016.7.6.>

② 법 제5조제1항 단서에서 "대통령령으로 정하는 경미한 사항이 변경된 경우"란 다음 각 호의 어느 하나에 해당하는 경우를 말한다. <개정 2014.9.3., 2016.7.6., 2018.11.13.>

1. 대표자, 임원, 출자자 및 업무총괄 사용인의 주소가 변경된 경우
2. 출자총액이 100분의 5 이하인 출자자의 명칭 또는 성명 및 지분율이 변경된 경우
3. 둘 이상의 영업소를 설치한 경우로서 영업소의 명칭 또는 소재지가 변경된 경우(명칭 또는 소재지가 변경된 해당 영업소는 제외한다)
4. 자기자본(법인이 아닌 경우에는 순자산액)의 변경사항이 법 제12조제9항에 따른 보고서에 반영되어 제출되는 경우

③ 법 제5조제2항에 따라 폐업하려는 대부업자등은 폐업한 날부터 15일 이내에 금융위원회가 정하여 고시하는 대부업등 폐업신고서(「전자문서 및 전자거래 기본법」 제2조제1호에 따른 전자문서를 포함한다)를 현재 등록되어 있는 시·도지사등에게 제출하여야 한다. <개정 2012.8.31., 2016.7.6.>

④ 제1항부터 제3항까지에서 규정한 사항 외에 법 제5조에 따른 변경등록 및 폐업신고에 관하여 필요한 사항은 금융위원회가 정하여 고시한다. <신설 2016.7.6.>

[전문개정 2009.4.21.]

**제3조의2(상호 등)** ① 법 제5조의2제3항에서 "대통령령으로 정하는 기준"이란 총영업수익 중 대부업등에서 생기는 영업수익의 비율이 100분의 50 미만인 경우를 말한다.

② 제1항에 해당하여 상호(商號) 중에 "대부" 또는 "대부중개"라는 문자를 사용하지 아니한 대부업자등이 대부업등과 관련하여 광고 등의 영업행위를 할 때에는 상호와 함께 "대부" 또는 "대부중개"라는 글자를 쉽게 알아볼 수 있도록 적어야 한다.

③ 제1항의 영업수익의 비율은 직전 사업연도 말 손익계산서를 기준으로 하

여 대부업등에서는 이자수익, 대부업등 외의 영업에서는 매출액으로 계산한다. 이 경우 유가증권에 대한 투자 및 금융회사에의 예치금 등 금융상품의 운용에 따른 수익은 영업수익의 비율 계산에서 제외한다.

[본조신설 2009.4.21.]

**제3조의3(업무총괄 사용인의 업무범위)** 법 제5조의3제2항에 따른 업무총괄 사용인의 업무범위는 다음 각 호와 같다.

1. 대부업자의 업무총괄 사용인

  가. 대부계약의 체결 및 이행에 관한 업무

  나. 채권추심에 관한 업무

  다. 민원의 상담·처리에 관한 업무

  라. 광고 등을 통한 거래상대방 모집에 관한 업무

  마. 그 밖에 거래상대방의 편의를 위하여 대부업자를 갈음하여 행하는 영업에 관한 업무

2. 대부중개업자의 업무총괄 사용인

  가. 대부계약의 중개에 관한 업무

  나. 대부업자와의 중개계약 체결 및 이행에 관한 업무

  다. 민원의 상담·처리에 관한 업무

  라. 광고 등을 통한 거래상대방 모집에 관한 업무

  마. 그 밖에 거래상대방의 편의를 위하여 대부중개업자를 갈음하여 행하는 영업에 관한 업무

[본조신설 2013.6.11.]

**제4조(대부계약서 등의 기재사항)** ① 법 제6조제1항제12호 및 같은 조 제3항제7호에서 "대통령령으로 정하는 사항"이란 다음 각 호의 사항을 말한다. <개정 2010.4.20., 2011.11.30.>

1. 대부업등 등록번호

2. 삭제 <2010.4.20.>

3. 기한의 이익 상실에 관한 약정이 있는 경우에는 그 내용

4. 대부원리금의 변제 순서에 관한 약정이 있는 경우에는 그 내용

5. 채무 및 보증채무와 관련된 증명서의 발급비용과 발급기한

② 법 제6조제5항 및 같은 조 제6항 전단에서 "대통령령으로 정하는 계약

관계서류"란 다음 각 호의 서류를 말한다.

1. 대부계약대장
2. 채무자와 날짜별로 원리금 및 부대비용을 주고 받은 내역
3. 담보 관련 서류 등 거래상대방(보증인을 포함한다)이 대부계약 또는 그와 관련된 보증계약의 체결과 관련하여 제출한 서류(채무자가 채무를 변제하고 관련 서류의 반환을 서면으로 요구하여 반환한 경우에는 그 반환요구서)

[전문개정 2009.4.21.]

**제4조의2(중요 사항의 자필 기재)** ① 법 제6조의2제1항제4호 및 같은 조 제2항제4호에서 "대통령령으로 정하는 사항"이란 연체이자율을 말한다. <개정 2016.7.6.>

② 법 제6조의2제3항제2호에서 "음성 녹음 등 대통령령으로 정하는 방법"이란 다음 각 호의 사항을 모두 충족하는 방법을 말한다. <신설 2016.7.6.>

1. 유무선 통신을 이용하여 거래상대방이 본인인지 여부와 법 제6조의2제1항 각 호의 사항에 관하여 질문 또는 설명하고 그에 대한 거래상대방의 답변 또는 확인내용을 음성 녹음할 것
2. 제1호에 따른 음성 녹음 내용을 다음 각 목의 방법 중 거래상대방이 요청하는 방법으로 확인할 수 있도록 할 것. 이 경우 대부업자는 거래상대방에게 서면확인서를 요청할 수 있음을 대부계약 체결 전에 알려야 한다.
   가. 전화
   나. 인터넷 홈페이지
   다. 서면확인서

[본조신설 2009.4.21.]

**제4조의3(과잉 대부의 금지)** ① 법 제7조제1항 본문에서 "대통령령으로 정하는 증명서류"란 다음 각 호의 구분에 따른 서류를 말한다. <개정 2013.6.28., 2018.10.30., 2018.11.13.>

1. 거래상대방이 개인인 경우
   가. 「소득세법」 제143조에 따른 근로소득 원천징수영수증, 같은 법 제144조에 따른 사업소득 원천징수영수증, 소득금액증명원, 급여통장 사본, 연금증서 중 어느 하나의 소득증명서류
   나. 법 제6조제6항 전단에 따른 증명서로서 부채 잔액 증명서「「신용정보

의 이용 및 보호에 관한 법률」 제4조제1항제1호에 따른 신용조회업을 하는 회사 또는 같은 법 제25조에 따른 종합신용정보집중기관을 통한 신용정보조회(이하 "신용정보조회"라 한다) 결과를 제출하지 아니하는 경우만 해당한다]

　다. 부동산 등기권리증, 부동산 임대차계약서 등 재산상 권리관계를 증명할 수 있는 서류(담보대출인 경우만 해당한다)

　라. 신용정보조회 결과(법 제3조제2항에 따라 등록한 대부업자가 대부계약을 체결하려는 경우만 해당한다)

　마. 그 밖에 소득, 재산 및 부채상황을 파악할 수 있는 서류

2. 거래상대방이 법인인 경우

　가. 감사보고서(「주식회사 등의 외부감사에 관한 법률」 제4조에 따른 외부감사의 대상인 법인만 해당한다)

　나. 「부가가치세법 시행령」 제11조제5항에 따른 사업자등록증, 지방세 세목별 과세증명서 및 지방세 납세증명서

　다. 제1호나목, 다목 및 마목의 서류

② 법 제7조제1항 단서에서 "대통령령으로 정하는 금액"이란 다음 각 호의 금액을 말한다. 이 경우 금액은 해당 대부업자가 대부계약을 체결하려는 거래상대방에게 이미 대부한 금액의 잔액과 새로 대부계약을 체결하려는 금액을 합하여 산정한다. <개정 2010.4.20., 2011.11.30., 2018.11.13.>

1. 거래상대방이 29세 이하이거나 70세 이상인 경우: 100만원

2. 제1호 외의 거래상대방인 경우: 300만원

[본조신설 2009.4.21.]

**제4조의4(총자산한도)** ① 법 제7조의3제1항에서 "대통령령으로 정하는 배수"란 10배를 말한다.

② 법 제7조의3제2항의 총자산한도는 「상법」 제30조제2항에 따른 대차대조표상 자산을 기준으로 산정한다. 다만, 법 제3조제2항제6호 및 이 영 제2조의4에 따라 금융위원회에 등록한 대부업자가 보유 대부채권의 전부에 대하여 원금과 이자의 수취만을 목적으로 하는 권리를 자금제공자에게 이전한 경우 해당 대부채권은 총자산한도 산정 시 총자산에 포함하지 아니한다. <개정 2017.8.29.>

[본조신설 2016.7.6.]

**제5조(이자율의 제한)** ① 삭제 <2017.8.29.>

② 법 제8조제1항에서 "대통령령으로 정하는 율"이란 연 100분의 24를 말한다. <개정 2017.8.29., 2017.11.7.>

③ 제2항의 율을 월 또는 일 기준으로 적용하는 경우에는 연 100분의 24를 단리로 환산한다. <개정 2017.8.29., 2017.11.7.>

④ 법 제8조제2항 단서에서 "대통령령으로 정한 사항"이란 다음 각 호의 비용을 말한다.

1. 담보권 설정비용

2. 신용조회비용(「신용정보의 이용 및 보호에 관한 법률」 제4조제1항제1호의 업무를 허가받은 자에게 거래상대방의 신용을 조회하는 경우만 해당한다)

⑤ 법 제8조제3항에서 "대통령령으로 정하는 율"이란 금융위원회가 대부자금의 조달비용, 연체금의 관리비용, 연체금액, 연체기간, 대부계약의 특성 등을 고려하여 정하는 연체이자율을 말한다. 이 경우 연 100분의 24를 초과할 수 없다. <신설 2019.5.21.>

[전문개정 2014.4.1.]

[시행일 : 2019.6.25.] 제5조

**제6조(대부조건의 게시 등)** ① 법 제9조제1항에서 "대통령령으로 정하는 중요 사항"이란 다음 각 호의 사항을 말한다.

1. 대부업 등록번호

2. 삭제 <2010.4.20.>

3. 대부계약과 관련한 부대비용의 내용

② 법 제9조제2항제6호에서 "대통령령으로 정하는 사항"이란 다음 각 호의 사항을 말한다. <개정 2011.11.30., 2014.4.1., 2016.7.6., 2017.10.17.>

1. 영업소의 주소와 법 제3조제3항제6호에 따라 등록된 표시 또는 광고(「표시·광고의 공정화에 관한 법률」에 따른 표시 또는 광고를 말한다. 이하 "광고"라 한다)에 사용되는 전화번호[2 이상의 특별시·광역시·특별자치시·도 또는 특별자치도(이하 "시·도"라 한다)에 영업소를 설치한 대부업자인 경우에는 본점의 주소와 광고에 사용되는 전화번호를 말한다]

2. 현재 등록되어 있는 시·도 또는 금융위원회(이하 "시·도등"이라 한다)의 명칭과 등록정보를 확인할 수 있는 시·도등의 전화번호

3. 과도한 채무의 위험성 및 대부계약과 관련된 신용등급의 하락 가능성을 알리는 별표 1 제2호가목에 따른 경고문구

③ 법 제9조제3항제6호에서 "대통령령으로 정하는 사항"이란 다음 각 호의 사항을 말한다. <개정 2011.11.30., 2016.7.6., 2017.10.17.>

1. 영업소의 주소와 법 제3조제3항제6호에 따라 등록된 광고에 사용되는 전화번호(2 이상의 시·도에 영업소를 설치한 대부중개업자인 경우에는 본점의 주소와 광고에 사용되는 전화번호를 말한다)

2. 현재 등록되어 있는 시·도등의 명칭과 등록정보를 확인할 수 있는 시·도등의 전화번호

3. "중개수수료를 요구하거나 받는 것은 불법"이라는 문구

4. 과도한 채무의 위험성 및 대부계약과 관련된 신용등급의 하락 가능성을 알리는 별표 1 제2호가목에 따른 경고문구

[전문개정 2009.4.21.]

**제6조의2(대부업자등의 광고)** 법 제9조제4항에서 "대통령령으로 정하는 방식"이란 다음 각 호의 방식을 말한다. <개정 2011.11.30., 2016.7.6.>

1. 대부업자등의 상호의 글자는 상표의 글자보다 크게 하고, 쉽게 알아볼 수 있도록 할 것

2. 등록번호, 전화번호, 대부이자율, 대부계약과 관련된 부대비용, 제6조제2항제3호 및 제3항제3호·제4호의 문구는 상호의 글자와 글자 크기를 같거나 크게 하고, 그 밖의 광고사항과 쉽게 구별할 수 있도록 할 것

3. 별표 1에 따른 대부업자등의 광고 표시기준을 준수할 것

[본조신설 2009.4.21.]

**제6조의3(대부업자등의 허위·과장 광고)** 법 제9조의3제1항제3호에서 "대통령령으로 정하는 광고 행위"란 다음 각 호의 어느 하나에 해당하는 광고 행위를 말한다.

1. 다른 법률에 따라 허가·인가·등록 등을 받은 금융기관으로 오인될 수 있는 표현 등을 사용하는 광고 행위

2. 서민금융상품(서민 등 금융 소외계층을 지원하기 위한 상품으로서 금융위원회가 정하여 고시하는 상품을 말한다)으로 오인될 수 있는 표현 등을 사용하는 광고 행위

[전문개정 2013.6.11.]

**제6조의4(미등록대부업자 등에 대한 채권양도 금지)** 법 제9조의4제3항에서 "대부업자, 여신금융기관 등 대통령령으로 정한 자"란 다음 각 호의 자를 말한다.

1. 법 제3조제2항제2호에 따라 등록한 대부업자

2. 여신금융기관

3. 「예금자보호법」에 따른 예금보험공사 및 정리금융회사

4. 「금융회사부실자산 등의 효율적 처리 및 한국자산관리공사의 설립에 관한 법률」에 따른 한국자산관리공사

5. 「한국주택금융공사법」에 따른 한국주택금융공사

6. 그 밖에 제1호부터 제5호까지에 준하는 자로서 금융위원회가 정하여 고시하는 자

[본조신설 2016.7.6.]

[종전 제6조의4는 제6조의5로 이동 <2016.7.6.>]

**제6조의5(불법 대부광고에 사용된 전화번호의 이용중지 등)** ① 법 제9조의6제1항에서 "시·도지사 등 대통령령으로 정하는 자"란 다음 각 호의 자를 말한다.

1. 시·도지사

2. 검찰총장

3. 경찰청장

4. 금융감독원장(「금융위원회의 설치 등에 관한 법률」에 따른 금융감독원의 원장을 말한다. 이하 같다)

② 법 제9조의6제1항 또는 제2항에 따른 요청으로 전기통신역무 제공이 중지된 이용자가 같은 조 제3항에 따라 이의신청을 하려면 전기통신역무 제공이 중지된 날부터 30일 이내에 다음 각 호의 사항을 적은 문서를 같은 조 제1항 또는 제2항에 따른 전기통신역무 제공의 중지를 요청한 기관(이하 이 조에서 "제공중지요청기관"이라 한다)에 제출하여야 한다.

1. 이의신청인의 명칭 또는 성명과 주소 및 연락처

2. 이의신청의 사유

3. 전기통신역무 제공이 중지된 날

③ 제공중지요청기관은 제2항에 따라 이의신청을 받은 날부터 15일 이내에 그 이의신청에 대하여 결정을 하고 그 결과를 이의신청인에게 문서로 통지하여야 한다. 다만, 부득이한 사유로 그 기간 이내에 결정을 할 수 없을 때

에는 15일의 범위에서 그 기간을 연장할 수 있으며, 연장사유와 연장기간을 이의신청인에게 통지하여야 한다.

④ 제공중지요청기관은 제2항에 따라 제출된 문서에 흠결이 있거나 추가적인 사실 확인이 필요한 경우 보완을 요청할 수 있다. 이 경우 그 보완에 소요된 기간은 제3항 본문의 기간에 산입(算入)되지 아니한다.

⑤ 제공중지요청기관은 법 제9조의6제3항에 따른 이의신청이 이유가 있다고 인정할 때에는 지체 없이 과학기술정보통신부장관에게 해당 전기통신역무 제공의 중지를 해제하도록 요청하여야 한다. <개정 2017.7.26.>

[본조신설 2014.9.3.]

[제6조의4에서 이동, 종전 제6조의5는 제6조의8로 이동 <2016.7.6.>]

**제6조의6(대부업 이용자 보호기준)** ① 법 제9조의7제1항에서 "대통령령으로 정하는 자산규모"란 다음 각 호의 금액을 말한다. <개정 2018.11.13.>

1. 법 제3조제2항제2호에 따라 등록하여 대부채권매입추심을 업으로 하려는 대부업자: 직전 사업연도말 기준으로 10억원

2. 그 밖의 대부업자등: 직전 사업연도말 기준으로 500억원

② 법 제9조의7제1항에 따른 보호기준(이하 "보호기준"이라 한다)에는 다음 각 호의 사항이 포함되어야 한다. <개정 2018.11.13.>

1. 업무의 분장 및 조직구조에 관한 사항

2. 임직원이 업무를 수행할 때 준수하여야 하는 절차에 관한 사항

3. 임직원의 보호기준 준수 여부를 확인하는 절차 및 방법과 보호기준을 위반한 임직원의 처리에 관한 사항

4. 보호기준의 제정 또는 변경 절차에 관한 사항

5. 법 제9조의7제2항에 따른 보호감시인(이하 "보호감시인"이라 한다)의 임면절차에 관한 사항

6. 대부채권 추심 관련 불법행위를 방지하기 위한 채권의 추심·관리·매매 등에 대한 절차나 기준에 관한 사항

7. 채무자 보호를 위한 대출채권의 소멸시효 관리 등에 관한 사항

8. 그 밖에 대부업 이용자 보호를 위하여 필요한 사항으로서 금융위원회가 정하여 고시하는 사항

③ 대부업자등이 보호기준을 제정하거나 변경하려는 경우에는 이사회의 결의를 거쳐야 한다. 다만, 이사회가 없는 경우에는 그러하지 아니하다.

④ 금융위원회는 법 제12조에 따른 검사 결과 법령을 위반한 사실이 드러난 대부업자등에 대해서는 법령 위반행위의 재발 방지를 위하여 보호기준의 변경을 권고할 수 있다.

⑤ 보호감시인은 다음 각 호의 업무를 수행한다.

1. 대부업 이용자 보호를 위한 계획의 수립

2. 법령 준수 여부와 관련한 영업실태와 관행에 대한 정기적인 점검 및 개선

3. 임직원에 대한 교육 계획의 수립

4. 그 밖에 대부업 이용자 보호를 위하여 금융위원회가 정하여 고시하는 사항

⑥ 보호감시인은 다른 영리법인의 상시적인 업무에 종사할 수 없다.

⑦ 보호감시인은 선량한 관리자의 주의로 그 직무를 수행하여야 하며, 다음 각 호의 어느 하나에 해당하는 업무를 수행하는 직무를 담당해서는 아니 된다. 다만, 직전 사업연도 말 기준으로 대부거래자 수가 1천명 미만인 대부업자등에 두는 보호감시인은 다음 각 호의 어느 하나에 해당하는 업무를 수행하는 직무를 담당할 수 있다.

1. 자산운용에 관한 업무

2. 법 제2조제1호 또는 제2호에 따라 대부업자등이 수행하는 업무 및 그 부수업무

⑧ 제1항부터 제7항까지에서 규정한 사항 외에 보호기준 및 보호감시인에 관하여 필요한 사항은 금융위원회가 정하여 고시한다.

[본조신설 2016.7.6.]

**제6조의7(대주주와의 거래제한 등)** ① 법 제10조제1항에서 "대통령령으로 정하는 것"이란 다음 각 호의 것을 말한다.

1. 대주주(그의 특수관계인을 포함한다. 이하 이 조에서 같다)를 위하여 담보를 제공하는 거래

2. 대주주를 위하여 어음을 배서(「어음법」 제15조제1항에 따른 담보적 효력이 없는 배서는 제외한다)하는 거래

3. 대주주에 대하여 출자의 이행을 약정하는 거래

4. 부동산, 증권 등 경제적 가치가 있는 재산의 대여

5. 대부, 지급보증, 자금 지원적 성격의 유가증권의 매입

6. 제1호부터 제5호까지의 어느 하나에 해당하는 거래의 제한을 회피할 목적으로 하는 거래로서 다음 각 목의 어느 하나에 해당하는 거래

가. 제3자와의 계약 또는 담합 등에 의하여 서로 교차하는 방법으로 하는 거래
　나. 장외파생상품거래, 신탁계약 또는 연계거래 등을 이용하는 거래
7. 대부업자가 직접적으로 제1호부터 제6호까지에 해당하는 거래를 한 것은 아니나 실질적으로 그에 해당하는 결과를 가져올 수 있는 거래

② 금융위원회는 다음 각 호의 어느 하나에 해당하는 거래에 대해서는 제1항에도 불구하고 이를 신용공여의 범위에 포함시키지 아니할 수 있다.
1. 대부업자에게 손실을 끼칠 가능성이 매우 적은 것으로 판단되는 거래
2. 금융시장에 미치는 영향 등 해당 거래의 상황에 비추어 신용공여의 범위에 포함시키지 아니하는 것이 타당하다고 판단되는 거래

③ 법 제10조제2항에서 "대통령령으로 정하는 금액"이란 금융위원회가 정하는 기준에 따른 단일거래금액이 자기자본의 1만분의 10에 해당하는 금액 또는 10억원 중 적은 금액을 말한다.

④ 법 제10조제3항에서 "대통령령으로 정하는 기간"이란 1년을 말한다.
[본조신설 2016.7.6.]

**제6조의8(중개수수료의 제한)** ① 법 제11조의2제3항에서 "대통령령으로 정하는 소규모 법인"이란 「중소기업기본법」 제2조제2항에 따른 소기업에 해당하는 법인을 말한다.

② 법 제11조의2제3항에서 "대통령령으로 정하는 율에 해당하는 금액"이란 다음 표의 구분에 따른 금액을 말한다. <개정 2018.11.13.>

| 대부금액 | 중개수수료 금액 |
|---|---|
| 5백만원 이하 | 100분의 4 |
| 5백만원 초과 | 20만원 + 5백만원을 초과하는 금액의 100분의 3 |

[본조신설 2013.6.11.]
[제6조의5에서 이동 <2016.7.6.>]

**제6조의9(손해배상책임의 이행을 위한 보증금 예탁 등)** ① 대부업자등은 법 제11조의4제2항에 따라 다음 각 호의 구분에 따른 금액 이상을 법 제18조의2제1항에 따른 대부업 및 대부중개업 협회(이하 "협회"라 한다)에 보증금으로 예탁하거나 해당 금액을 최소 보장금액으로 하는 보험 또는 공제에

가입하고 등록기간 동안 이를 계속하여 유지하여야 한다.

1. 시ㆍ도지사에게 등록한 경우: 1천만원

2. 금융위원회에 등록한 경우: 5천만원

② 시ㆍ도지사등은 대부업자등의 거래규모, 법령 위반 등을 고려하여 대부업 이용자 보호를 위하여 필요하다고 인정하는 경우에는 제1항 각 호에 따른 금액의 증액을 명할 수 있다.

③ 대부업자등은 다음 각 호에 해당하는 사유가 발생한 날부터 3년의 범위에서 대부계약에 따른 거래를 종결하기 전까지 제1항 또는 제2항에 따른 보증금의 예탁이나 보험 또는 공제의 가입을 유지하여야 한다. 다만, 대부업자등의 불법행위로 인한 손해배상책임과 관련한 소송이 진행 중인 경우에는 해당 소송의 확정판결에 따른 보증금이나 보험 또는 공제의 지급이 종료되는 날까지 보증금의 예탁이나 보험 또는 공제의 가입을 유지하여야 한다.

1. 법 제3조제6항에 따른 등록의 유효기간이 만료되었으나 갱신등록을 하지 아니한 경우

2. 법 제5조제2항에 따라 폐업신고를 한 경우

3. 법 제13조제2항에 따라 등록취소 처분을 받은 경우

④ 제1항부터 제3항까지의 규정에 따른 보증금 예탁 등의 절차에 관하여 필요한 사항은 금융위원회가 정하여 고시한다.

[본조신설 2016.7.6.]

**제7조(금융감독원장에 대한 검사 요청 대상)** 법 제12조제3항에서 "대통령령으로 정하는 경우"란 다음 각 호의 어느 하나에 해당하는 경우를 말한다. <개정 2010.4.20., 2016.7.6.>

1. 삭제 <2016.7.6.>

2. 매월 말을 기준으로 대부업자등의 월평균 대부금액의 잔액이 금융위원회가 정하는 금액을 초과하는 경우

3. 대부업자등의 영업행위가 법령에 위반되는 경우

4. 동일인이 2 이상의 등록업체의 대주주인 경우 등 분사(分社) 등의 수단을 통하여 법 제12조제2항에 따른 금융감독원장의 검사를 피하려는 의도가 있다고 의심되는 경우

5. 대부업자등의 영업행위가 거래상대방(대부계약과 관련된 보증계약을 체결하는 경우에는 보증인을 포함한다)에게 불이익을 줄 가능성이 크고 「금

융위원회의 설치 등에 관한 법률」 제38조에 따라 금융감독원의 검사를 받는 기관(이하 "금융기관"이라 한다)과 연계되어 있는 경우

[전문개정 2009.4.21.]

**제7조의2** 삭제 <2016.7.6.>

**제7조의3(대부업자등의 보고서 제출)** ① 법 제12조제9항에 따라 대부업자등은 금융위원회가 정하여 고시하는 보고서를 6월 30일 및 12월 31일을 기준으로 작성하여 그 기준일의 다음 달 말일까지 관할 시·도지사등에게 제출하여야 한다. <개정 2016.7.6.>

② 법 제12조제9항제1호다목 및 같은 항 제2호다목에서 "대통령령으로 정하는 사항"이란 제1항에 따른 보고서에 기재된 영업소 일반현황 및 대부현황·대부중개현황·차입현황 등의 사항을 말한다.

[본조신설 2009.4.21.]

**제7조의4(영업정지 및 등록취소 기준)** ① 법 제13조제1항 각 호 외의 부분에서 "대통령령으로 정하는 기준"이란 별표 2에 따른 기준을 말한다. <개정 2011.11.30.>

② 법 제13조제2항제5호에서 "대통령령으로 정하는 횟수"란 별표 2에서 정한 횟수를 말한다. <개정 2011.11.30.>

[본조신설 2009.4.21.]

**제8조(공고내용 및 방법)** 법 제13조제2항제6호에 따라 시·도지사등은 해당 대부업자등이 소재지를 통지하지 아니하는 경우 등록이 취소될 수 있다는 내용의 소재 확인을 위한 공고를 작성하여 관보, 시·도의 공보 또는 일간신문에 실어야 한다. <개정 2016.7.6.>

[전문개정 2009.4.21.]

**제8조의2(과징금의 부과기준)** 법 제14조의2제1항에 따른 과징금의 부과기준은 별표 2의2와 같다.

[전문개정 2017.10.17.]

**제8조의3(과징금의 부과절차)** ① 금융위원회는 법 제14조의2제1항에 따라 과징금을 부과할 때에는 그 위반행위의 종류와 해당 과징금의 금액을 구체적으로 밝혀 과징금을 낼 것을 서면으로 통지하여야 한다.

② 제1항에 따라 통지를 받은 자는 통지받은 날부터 60일 이내에 금융위원회가 정하는 수납기관에 과징금을 납부하여야 한다.

③ 제1항 및 제2항에서 규정한 사항 외에 과징금의 부과절차에 관하여 필요한 사항은 금융위원회가 정하여 고시한다.

[본조신설 2016.7.6.]

**제8조의4(가산금)** 법 제14조의2제2항 전단에서 "대통령령으로 정하는 가산금"이란 체납된 과징금에 연 100분의6을 적용하여 계산한 금액을 말한다. <개정 2017.10.17.>

[본조신설 2016.7.6.]

**제8조의5(납부기한 연장과 분할납부)** 금융위원회는 법 제14조의4에 따라 과징금납부의무자에 대하여 과징금의 납부기한을 연장하거나 분할납부하게 할 경우 납부기한 연장은 1년을 초과할 수 없으며, 분할 납부의 간격은 6개월 이내로 횟수는 3회를 초과할 수 없다.

[본조신설 2016.7.6.]

**제8조의6(환급가산금의 이율)** 금융위원회는 법 제14조의5제1항에 따라 은행의 1년 만기 정기예금의 이자율을 고려하여 금융위원회가 정하여 고시하는 이율을 적용한 환급가산금을 지급하여야 한다.

[본조신설 2016.7.6.]

**제9조(여신금융기관의 이자율 등의 제한)** ① 법 제15조제1항에서 "대통령령으로 정하는 율"이란 연 100분의 24를 말한다. <개정 2014.4.1., 2017.8.29., 2017.11.7.>

② 제1항의 율을 월 또는 일 기준으로 적용하는 경우에는 연 100분의 24를 단리로 환산한다. <개정 2014.4.1., 2017.8.29., 2017.11.7.>

③ 법 제15조제2항에 따라 준용되는 법 제8조제2항 단서에서 "대통령령으로 정하는 사항"이란 다음 각 호의 비용을 말한다. <신설 2014.9.3.>

1. 담보권 설정비용
2. 신용조회비용(「신용정보의 이용 및 보호에 관한 법률」 제4조제1항제1호의 업무를 허가받은 자에게 거래상대방의 신용을 조회하는 경우만 해당한다)
3. 만기가 1년 이상인 대부계약의 대부금액을 조기상환함에 따라 발생하는 비용으로서 조기상환 금액의 100분의 1을 초과하지 아니하는 금액

④ 법 제15조제3항에서 "대통령령으로 정하는 율"이란 금융위원회가 각 금융업 및 대부계약의 특성 등을 반영하여 정하는 연체이자율을 말한다. 이 경우 연 100분의 24를 초과할 수 없다. <개정 2018.11.13.>

[전문개정 2009.4.21.]

**제9조의2(실태조사의 방법 및 절차)** ① 시·도지사는 법 제16조제1항에 따라 대부업자등의 영업실태를 조사하는 경우 법 제12조제9항 각 호의 구분에 따른 사항을 매년 6월 30일 및 12월 31일을 기준으로 조사하여야 한다.

② 시·도지사는 제1항에 따른 실태조사의 결과를 법 제16조제1항에 따라 행정안전부장관과 금융위원회에 제출하는 경우 금융감독원장이 지정하는 전산정보시스템을 통하여 전자문서로 제출할 수 있다.

③ 행정안전부장관과 금융위원회는 법 제16조제3항에 따라 대부업자등의 현황 및 영업실태 조사결과 등을 매년 6월 30일과 12월 31일을 기준으로 작성하여 그 기준일부터 6개월 내에 관보 또는 인터넷 홈페이지에 게재하여야 한다.

[전문개정 2017.10.17.]

**제9조의3(행정처분 또는 시정명령 사실의 공개 내용 및 절차 등)** ① 시·도지사등은 법 제16조의2제1항에 따라 행정처분 또는 시정명령 사실을 공개하는 경우 다음 각 호의 사항이 포함되도록 하여야 한다. <개정 2016.7.6.>

1. 행정처분 또는 시정명령 사실의 공개임을 알 수 있는 제목

2. 상호, 소재지 및 성명(법인의 경우 대표자 성명을 말한다)

3. 대부업등 등록번호(여신금융기관의 경우 사업자등록번호를 말한다)

4. 위반행위

5. 위반행위에 대한 행정처분 또는 시정명령의 내용

6. 행정처분일·시정명령일 및 그 기간

② 제1항에 따른 공개는 시·도지사등이 해당 행정처분 또는 시정명령을 한 후 지체 없이 시·도등의 인터넷 홈페이지에 게재하는 방법으로 한다. <개정 2016.7.6.>

③ 시·도지사등은 제1항제5호에 따른 행정처분 또는 시정명령이 취소된 경우에는 그 취소된 사실을 해당 행정처분 또는 시정명령 사실이 제2항에 따라 게재된 기간 이상 시·도등의 인터넷 홈페이지에 게재하는 방법으로 공개하여야 한다. <개정 2016.7.6.>

[본조신설 2014.4.1.]

**제10조(등록수수료 등)** ① 대부업등의 등록을 하려는 자는 법 제17조제1항에 따라 각각의 사업에 대하여 영업소당 10만원의 수수료를 내야 한다. 다만, 10만원 이내에서 시·도의 조례로 그 금액을 다르게 정할 수 있다.

② 법 제17조제2항에서 "대통령령으로 정하는 검사수수료"란 검사일을 기준으로 연평균 대부금액 잔액의 1천분의 1 이내에서 금융위원회가 정하는 금액을 말한다. 다만, 시·도지사가 받는 검사수수료의 경우에는 연평균 대부금액 잔액의 1천분의 1 이내에서 시·도의 조례로 그 금액을 다르게 정할 수 있다.

[전문개정 2009.4.21.]

**제11조(분쟁조정위원회의 구성 및 운영)** ① 법 제18조제1항에 따른 분쟁조정위원회는 다음 각 호의 어느 하나에 해당하는 사람으로서 시·도지사가 임명하거나 위촉하는 5명의 위원으로 구성한다. <개정 2012.2.29., 2016.7.6.>

1. 금융기관에서 3년 이상 근무한 경력이 있는 사람

2. 변호사 또는 공인회계사

3. 소비자단체에서 3년 이상 근무한 경력이 있는 사람

4. 금융·대부업 또는 소비자보호 분야에서 3년 이상 근무한 경력이 있는 공무원

5. 금융 또는 법학을 전공하여 대학에서 조교수 이상의 직(職)에 3년 이상 재직한 경력이 있는 사람

② 위원장은 위원 중에서 호선(互選)하며, 위원장 및 위원의 임기는 1년으로 하되 연임할 수 있다.

③ 시·도지사는 제1항 각 호에 따른 위원이 다음 각 호의 어느 하나에 해당하는 경우에는 해당 위원을 해임(解任)하거나 해촉(解囑)할 수 있다. <신설 2016.7.6.>

1. 심신장애로 인하여 직무를 수행할 수 없게 된 경우

2. 직무와 관련된 비위사실이 있는 경우

3. 직무태만, 품위손상이나 그 밖의 사유로 인하여 위원으로 적합하지 아니하다고 인정하는 경우

4. 위원 스스로 직무를 수행하는 것이 곤란하다고 의사를 밝히는 경우

④ 분쟁조정위원회는 재적위원 3분의 2의 찬성으로 분쟁에 대한 조정안을 의결하며, 분쟁당사자에게 그 조정안의 수락을 권고할 수 있다. <개정 2016.7.6.>

⑤ 제1항부터 제4항까지에서 규정한 사항 외에 분쟁조정위원회의 효율적인 운영에 필요한 세부사항은 분쟁조정위원회가 정한다. <개정 2016.7.6.>

[전문개정 2009.4.21.]

**제11조의2(대부업 및 대부중개업 협회)** ① 법 제18조의2제4항에 따라 협회는 정관을 작성하여 금융위원회의 인가를 받은 날부터 2주일 이내에 주된 사무소의 소재지에서 설립등기를 하여야 한다. <개정 2016.7.6.>

② 제1항에 따른 설립등기에는 다음 각 호의 사항이 포함되어야 한다.

1. 목적

2. 명칭

3. 주된 사무소 및 지회(支會)의 소재지

4. 임원의 성명 및 주소

5. 공고의 방법

③ 제1항에 따른 설립등기의 신청서에는 다음 각 호의 서류를 첨부하여야 한다.

1. 정관

2. 정관인가서 사본

④ 법 제18조의3제1항제4호에서 "대통령령으로 정하는 업무"란 다음 각 호의 업무를 말한다. <개정 2011.11.30., 2016.7.6.>

1. 대부업자등의 임직원에 대한 교육

2. 대부업등의 발전을 위한 조사·연구

3. 대부업자등의 광고에 대한 자율심의

4. 대부업자등, 법 제3조에 따라 등록을 하지 아니하고 사실상 대부업등을 하는 자의 법령위반사항 등에 대한 자율감시

5. 법 제11조의4에 따른 대부업자등의 손해배상책임을 보장하기 위한 보증금 예탁 및 공제업무

6. 그 밖에 협회의 목적을 달성하기 위하여 필요한 업무

⑤ 법 제18조의5제1항 단서에서 "대통령령으로 정하는 자"란 법 제3조제1항에 따라 등록한 법인인 대부업자등을 말한다. <신설 2016.7.6.>

[본조신설 2009.4.21.]

**제11조의3(업무의 위탁)** ①시·도지사등은 법 제18조의7제1항 및 제2항에 따라 법 제3조의4에 따른 대부업등의 준수사항 등에 관한 교육 업무를 협회에 위탁한다. <개정 2016.7.6.>

② 금융위원회는 법 제18조의7제2항에 따라 다음 각 호의 업무를 금융감독원장에게 위탁한다. <신설 2016.7.6., 2017.10.17., 2018.11.13.>

1. 법 제3조·제3조의2 및 제3조의3에 따른 대부업등의 등록, 등록갱신, 등록증의 반납과 등록증의 분실신고 접수 등의 절차에 관한 업무

2. 법 제3조의5에 따른 대부업등의 등록요건 심사에 관한 업무

3. 법 제4조제2항에 따른 대부업자등의 임원 및 업무총괄 사용인의 자격심사에 관한 업무

4. 법 제5조에 따른 대부업등의 변경등록 및 폐업신고 접수에 관한 업무

5. 법 제10조제2항에 따른 상호출자제한기업집단 대부업자의 신용공여 사실에 관한 보고의 접수

6. 법 제10조제5항에 따른 세부계획서의 접수

7. 법 제10조제8항에 따른 신용공여한도 위반 혐의 대부업자 및 그 대주주에 대한 자료제출명령

7의2. 법 제11조의2제5항에 따른 시정명령 심사에 관한 업무

8. 법 제12조제1항에 따른 대부업자등의 업무 및 업무와 관련된 재산에 관한 보고, 자료의 제출 및 그 밖에 필요한 명령

8의2. 법 제12조제7항에 따른 시정명령 심사에 관한 업무

9. 법 제12조제9항에 따른 보고서의 접수

10. 법 제13조제6항제1호 및 제3호에 따른 조치

10의2. 법 제13조제7항에 따른 조치 내용의 결정 및 통보(같은 조 제6항제1호 및 제3호에 해당하는 조치를 받았을 것으로 인정되는 경우의 조치 내용의 결정 및 통보에 한정한다)

10의3. 법 제15조제4항에 따른 시정명령 심사에 관한 업무

11. 법 제16조에 따른 대부업자의 실태조사 등에 관한 업무

12. 법 제16조의2에 따른 행정처분 사실 등의 공개에 관한 업무

13. 법 제17조제1항에 따른 등록수수료에 관한 업무

14. 법 제18조의8에 따른 대부업자등의 관리·감독 등을 위하여 사실확인이 필요한 경우 관계 기관에의 협조 요청

[본조신설 2009.4.21.]

**제11조의4(협회에 대한 조치)** ① 법 제18조의10제1항제5호에서 "대통령령으로 정하는 조치"란 다음 각 호의 어느 하나에 해당하는 조치를 말한다.

1. 경영이나 업무방법의 개선요구나 개선권고

2. 변상 요구

3. 법을 위반한 경우에는 고발 또는 수사기관에의 통보

4. 다른 법률을 위반한 경우에는 관련기관이나 수사기관에의 통보

5. 그 밖에 금융위원회가 법 및 이 영과 그 밖의 관련 법령에 따라 취할 수 있는 조치

② 법 제18조의10제2항제6호 및 같은 조 제3항제7호에서 "대통령령으로 정하는 조치"란 각각 제1항제3호부터 제5호까지의 어느 하나에 해당하는 조치를 말한다.

[본조신설 2017.8.29.]

[종전 제11조의4는 제11조의5로 이동 <2017.8.29.>]

**제11조의5(고유식별정보의 처리)** ① 시·도지사등(제11조의3에 따라 시·도지사 등의 업무를 위탁받은 자를 포함한다)은 다음 각 호의 사무를 수행하기 위하여 불가피한 경우 「개인정보 보호법 시행령」 제19조제1호, 제2호 또는 제4호에 따른 주민등록번호, 여권번호 또는 외국인등록번호(이하 이 조에서 "주민등록번호등"이라 한다)가 포함된 자료를 처리할 수 있다. <개정 2016.7.6.>

1. 법 제3조에 따른 등록에 관한 사무

2. 법 제3조의2에 따른 등록갱신에 관한 사무

3. 법 제3조의3에 따른 등록증 반납 등에 관한 사무

4. 법 제3조의4에 따른 대부업등 교육에 관한 사무

5. 법 제4조에 따른 대부업자등의 대표자, 임원 또는 업무총괄 사용인의 자격요건 확인 등에 관한 사무

6. 법 제5조에 따른 변경등록 및 폐업신고에 관한 사무

7. 법 제9조의7에 따른 보호기준 및 보호감시인에 관한 사무

8. 법 제10조에 따른 상호출자제한기업집단 대부업자의 대주주와의 거래 관련 보고, 신용공여기간 연장 승인, 자료제출명령 등에 관한 사무

9. 법 제11조의4제2항에 따른 손해배상책임을 보장하기 위한 보증금 예탁 등에 관한 사무

10. 법 제12조, 제13조에 따른 검사, 영업정지, 등록취소 및 이에 따른 사후 조치 등에 관한 사무

11. 법 제14조의2에 따른 과징금 부과·징수에 관한 사무

12. 법 제16조에 따른 대부업자의 실태조사 등에 관한 사무

13. 법 제18조에 따른 분쟁 조정에 관한 사무

② 행정안전부장관은 다음 각 호의 사무를 수행하기 위하여 불가피한 경우 주민등록번호등이 포함된 자료를 처리할 수 있다. <개정 2013.3.23., 2014.11.19., 2016.7.6., 2017.7.26.>

1. 법 제12조에 따른 검사 및 이에 따른 사후조치 등에 관한 사무

2. 법 제16조에 따른 대부업자의 실태조사 등에 관한 사무

③ 대부업자등은 법 제9조의5에 따른 고용 제한 또는 업무 위임·대리 제한의 사유 확인에 관한 사무를 수행하기 위하여 불가피한 경우 주민등록번호등이 포함된 자료를 처리할 수 있다. <신설 2014.8.6.>

[본조신설 2012.1.6.]

[제11조의4에서 이동, 종전 제11조의5는 제11조의6으로 이동 <2017.8.29.>]

**제11조의6(규제의 재검토)** 금융위원회는 다음 각 호의 사항에 대하여 다음 각 호의 기준일을 기준으로 2년마다(매 2년이 되는 해의 기준일과 같은 날 전까지를 말한다) 그 타당성을 검토하여 개선 등의 조치를 하여야 한다. <개정 2016.7.6.>

1. 제4조에 따른 대부계약서 등의 기재사항: 2015년 1월 1일

2. 제6조의8에 따른 중개수수료의 제한: 2015년 1월 1일

[본조신설 2014.12.9.]

[제11조의5에서 이동 <2017.8.29.>]

**제12조(과태료 부과기준)** 과태료의 부과기준은 별표 3과 같다. <개정 2011.11.30.>

[전문개정 2009.4.21.]

# 부칙

<대통령령 제29287호, 2018.11.13.>

**제1조(시행일)** 이 영은 공포한 날부터 시행한다. 다만, 제6조의8제2항의 개정규정은 공포 후 3개월이 경과한 날부터 시행하고, 제2조의8제3항 및 제4항의 개정규정은 공포 후 6개월이 경과한 날부터 시행한다.

**제2조(중개수수료의 제한에 관한 적용례)** 제6조의8제2항의 개정규정은 부칙 제1조 단서에 따른 시행일 이후 대부중개업자 및 대출모집인에게 중개수수료를 지급하는 경우부터 적용한다.

**제3조(등록의 절차에 관한 경과조치)** 이 영 시행 당시 법 제3조제1항에 따라 대부업등의 등록을 한 자가 제2조의6제3항제1호의 개정규정에 해당되는 경우에는 이 영 시행일부터 6개월 이내에 법 제3조제2항 및 이 영 제2조의6제3항제1호의 개정규정에 따른 등록을 하여야 한다.

**제4조(대부업등의 교육에 관한 경과조치)** 법 제3조의4제1항 단서에 따라 부득이한 사유로 미리 교육을 받을 수 없는 경우로서 대부업등의 등록, 등록갱신 또는 변경등록 후 교육을 이수하여야 하는 대부업자등이 이 영 시행 전에 대부업등의 등록, 등록갱신 또는 변경등록을 한 경우에는 제2조의8제3항의 개정규정에도 불구하고 종전의 규정에 따른다.

**제5조(자기자본요건에 관한 경과조치)** 이 영 시행 당시 종전의 규정에 따라 대부업의 등록을 한 자는 이 영 시행일부터 2년 이내에 제2조의9제2항의 개정규정에 따른 요건을 갖추어야 한다.

**제6조(대부업 이용자 보호기준에 관한 경과조치)** 이 영 시행 당시 종전의 규정에 따라 대부업등의 등록을 한 자로서 제6조의6제1항의 개정규정에 따라 보호기준을 정해야 하거나 같은 조 제2항제6호 및 제7호의 개정규정을 보호기준에 포함하여야 하는 대부업자등은 이 영 시행일부터 2년 이내에 제6조의6의 개정규정에 따른 요건을 갖추어야 한다.

## 대부업자 등의 광고 표시기준
(제6조의2제3호 관련)

1. 광고 표시 등의 방법
 가. 상호 및 등록번호는 광고 왼쪽상단에 표시한다.
 나. 삭제 <2016.7.6.>
 다. 방송(라디오 방송은 제외한다. 이하 같다), 지면, 옥외간판, 현수막, 인터넷을 통한 광고는 상호, 등록번호, 전화번호, 대부이자율, 대부계약과 관련된 부대비용, 과도한 채무의 위험성 및 대부계약과 관련된 신용등급의 하락 가능성 그리고 불법중개수수료와 관련된 경고문구의 글자를 해당 광고에 표시된 최대글자의 3분의 1 이상의 크기로 쉽게 알아볼 수 있도록 한다.
 라. 방송을 통한 광고는 상호, 등록번호, 전화번호, 대부이자율, 대부계약과 관련된 부대비용, 과도한 채무의 위험성 및 대부계약과 관련된 신용등급의 하락 가능성 그리고 불법중개수수료와 관련된 경고문구에 관한 내용이 전체 광고시간의 5분의 1 이상 자막으로 표시되어야 한다.
 마. 인터넷을 통한 광고는 해당 홈페이지의 최초 화면에 법 제9조제2항 각 호의 사항 및 같은 조 제3항 각 호의 사항을 일반인이 알아보기 쉬운 방식을 통해 모두 표시하여야 한다.
 바. 고객모집 또는 대부상품 홍보를 위해 전화번호를 표기할 경우에는 등록번호, 대부이자율 및 대부계약과 관련된 부대비용, 제2호에 따른 경고문구 등 필수 표기사항을 모두 표시한다. 다만, 간판 등 단순히 영업소 위치를 표시하기 위한

경우 또는 음악, 체육행사 등의 후원 목적에 불과할 경우에
는 상호 또는 상표만 표시할 수 있다.

2. 경고문구 표기기준
  가. 과도한 채무의 위험성을 알리는 경고문구는 1)부터 3)까지
    의 어느 하나로 하고, 대부계약과 관련된 신용등급의 하락
    가능성을 알리는 경고문구는 4) 또는 5)로 한다.
  1) "과도한 빚, 고통의 시작입니다."
  2) "과도한 빚은 당신에게 큰 불행을 안겨 줄 수 있습니다."
  3) "과도한 빚, 파산으로 가는 지름길입니다."
  4) "대출 시 귀하의 신용등급이 하락할 수 있습니다."
  5) "대출 시 신용등급 하락으로 다른 금융거래가 제약받을 수
    있습니다."
  나. 경고문구는 광고에 사용된 배경과 명확하게 구분되어 소비자
    가 쉽게 알아볼 수 있어야 한다.
  다. 경고문구는 지면 및 방송 광고의 경우에 표기한다. 다만, 광
    고면적이 150제곱센티미터 미만인 지면광고에 대해서는 경
    고문구를 생략할 수 있다.

## [별표 2] <개정 2016.7.6.>

## 영업정지 및 등록취소 기준(제7조의4 관련)

### 1. 일반 기준

가. 위반행위가 2 이상인 경우로서 그에 해당하는 각각의 처분 기준이 영업정지인 경우에는 무거운 처분의 영업정지 기간에 가벼운 처분의 영업정지 기간의 2분의 1을 가중한다.

나. 위반행위의 횟수에 따른 행정처분기준은 위반사항에 대하여 행정처분을 한 날부터 3년 이내에 다시 동일한 위반사항을 적발한 경우에 적용한다.

다. 시·도지사는 위반행위의 동기, 내용 및 그 횟수 등을 고려하여 영업정지 기간의 2분의 1의 범위에서 그 기간을 가중하거나 감경할 수 있다. 다만, 가중하는 경우에도 가목 및 나목에 따른 기간은 1년을 넘지 못한다.

### 2. 개별 기준

| 위반행위 | 해당 조문 | 행정처분기준 | | |
|---|---|---|---|---|
| | | 1회 | 2회 | 3회 |
| 가. 법 제3조제7항을 위반하여 분실신고를 하지 아니한 경우 | 법 제13조제1항제1호 | - | 영업 일부정지 1월 | 영업 일부정지 3월 |
| 나. 법 제3조의4제1항 단서에 따른 교육을 받지 아니한 경우 | 법 제13조제1항제1호 | - | 영업 일부정지 3월 | 영업 일부정지 6월 |
| 다. 법 제4조를 위반하여 임원 또는 업무총괄 사용인을 선임한 경우 | 법 제13조제1항제1호 | - | 영업 일부정지 3월 | 영업 일부정지 6월 |
| 라. 법 제5조제1항 본문을 위반하여 법 제3조제3항제1호부터 제3호까지의 규정 중 변경된 내용을 변경등록하지 아니한 경우 | 법 제13조제1항제1호 | - | 영업 일부정지 1월 | 영업 일부정지 3월 |

| | | 영업 일 부정지 3월 | 영업 일 부정지 6월 |
|---|---|---|---|
| 마. 법 제5조제1항 본문을 위반하여 법 제3조제3항제4호부터 제8호까지의 규정 중 변경된 내용을 변경등록하지 아니한 경우 | 법 제13조 제1항제1호 | - | 영업 일 부정지 3월 | 영업 일 부정지 6월 |
| 바. 법 제5조의2제1항 또는 제2항을 위반하여 상호 중에 "대부" 또는 "대부중개"라는 문자를 사용하지 아니한 경우 | 법 제13조 제1항제1호, 제2항제7호 | 영업 일 부정지 3월 | 영업 일 부정지 6월 | 등록취소 |
| 사. 법 제5조의2제4항을 위반하여 타인에게 자기의 명의로 대부업등을 하게 하거나 그 등록증을 대여한 경우 | 법 제13조 제1항제1호, 제2항제7호 | 영업 전 부정지 6월 | 등록취소 | - |
| 아. 법 제6조제1항 또는 제3항을 위반하여 대부계약서 또는 보증계약서를 교부하지 아니한 경우, 같은 조 제1항 각 호 또는 같은 조 제3항 각 호의 사항 중 전부 또는 일부를 적지 아니하거나 거짓으로 적어 대부계약서 또는 보증계약서를 교부한 경우 | 법 제13조 제1항제1호, 제2항제7호 | 영업 일 부정지 3월 | 영업 일 부정지 6월 | 등록취소 |
| 자. 법 제6조제2항 또는 제4항을 위반하여 설명의무를 이행하지 아니한 경우 | 법 제13조 제1항제1호 | - | 영업 일 부정지 3월 | 영업 일 부정지 6월 |
| 차. 법 제6조제5항을 위반하여 계약서와 계약관계서류를 보관하지 아니한 경우 | 법 제13조 제1항제1호 | - | 영업 일 부정지 3월 | 영업 일 부정지 6월 |
| 카. 법 제6조제6항을 위반하여 계약서와 계약관계서류의 열람을 거부하거나 관련 증명서의 발급을 정당한 사유 없이 거부한 경우 | 법 제13조 제1항제1호 | - | 영업 일 부정지 3월 | 영업 일 부정지 6월 |

| 위반행위 | 근거 법조문 | 1차 | 2차 | 3차 |
|---|---|---|---|---|
| 또는 「채권의 공정한 추심에 관한 법률」제5조제1항을 위반하여 채무확인서의 교부를 정당한 사유 없이 거부한 경우 | | | | |
| 타. 법 제6조의2를 위반하여 거래상대방 또는 보증인이 같은 조 제1항 각 호의 사항 또는 같은 조 제2항 각 호의 사항을 자필로 기재하게 하지 아니한 경우 | 법 제13조제1항제1호, 제2항제7호 | 영업 일부정지 3월 | 영업 일부정지 6월 | 등록취소 |
| 파. 법 제7조제1항을 위반하여 미리 거래상대방으로부터 소득·재산 및 부채상황에 관한 증명서류를 제출받지 아니한 경우 | 법 제13조제1항제1호 | - | 영업 일부정지 3월 | 영업 일부정지 6월 |
| 하. 법 제7조제3항을 위반하여 서류를 용도 외의 목적으로 사용한 경우 | 법 제13조제1항제1호, 제2항제7호 | 영업 전부정지 6월 | 등록취소 | - |
| 거. 법 제7조의3을 위반하여 총자산한도에 해당하는 금액을 초과하는 경우 | 법 제13조제1항제1호, 제2항제7호 | 영업 전부정지 6월 | 등록취소 | - |
| 너. 법 제8조에 따른 이자율을 초과하여 대부계약을 체결한 경우 | 법 제13조제1항제1호 | 영업 일부정지 1월 | 영업 일부정지 3월 | 영업 일부정지 6월 |
| 더. 법 제8조에 따른 이자율을 초과하여 이자를 받은 경우 | 법 제13조제1항제1호, 제2항제7호 | 영업 전부정지 6월 | 등록취소 | - |
| 러. 법 제9조제1항을 위반하여 게시의무를 이행하지 아니한 경우 | 법 제13조제1항제1호 | - | 영업 일부정지 3월 | 영업 일부정지 6월 |
| 머. 법 제9조제2항 또는 제3항을 위반하여 광고를 한 경우 | 법 제13조제1항제1호, | 영업 일부정지 | 영업 일부정지 | 등록취소 |

| | | 제2항제7호 | 3월 | 6월 |
|---|---|---|---|---|
| 버. 법 제9조제4항을 위반하여 광고의 문안과 표기에 관한 의무를 이행하지 아니한 경우 | 법 제13조 제1항제1호 | - | 영업 일 부정지 1월 | 영업 일 부정지 3월 |
| 서. 법 제9조의3제1항을 위반하여 같은 항 각 호에 해당하는 행위를 한 경우 | 법 제13조 제1항제1호, 제2항제7호 | 영업 일 부정지 3월 | 영업 일 부정지 6월 | 등록취소 |
| 어. 법 제9조의4제1항 또는 제2항을 위반하여 미등록대부업자로부터 대부계약에 따른 채권을 양도받아 이를 추심하는 행위를 한 경우 또는 미등록대부중개업자로부터 대부중개를 받은 거래상대방에게 대부행위를 한 경우 | 법 제13조 제1항제1호, 제2항제7호 | 영업 전 부정지 6월 | 등록취소 | - |
| 저. 법 제9조의4제3항을 위반하여 법 제3조제2항제2호에 따라 등록한 대부업자나 여신금융기관 등 대통령령으로 정하는 자가 아닌 자에게 대부계약에 따른 채권을 양도하는 경우 | 법 제13조 제1항제1호, 제2항제7호 | 영업 전 부정지 6월 | 등록취소 | - |
| 처. 법 제9조의5제1항 또는 제2항을 위반하여 종업원을 고용하거나 업무를 위임하거나 대리하게 한 경우 | 법 제13조 제1항제1호 | - | 영업 일 부정지 3월 | 영업 일 부정지 6월 |
| 커. 법 제9조의7을 위반하여 보호기준 및 보호감시인과 관련된 의무를 이행하지 않은 경우 | 법 제13조 제1항제1호 | - | 영업 일 부정지 1월 | 영업 일 부정지 3월 |
| 터. 법 제10조제1항을 위반하여 대주주에게 신용공여를 한 경우 | 법 제13조 제1항제1호, 제2항제7호 | 영업 전 부정지 6월 | 등록취소 | - |
| 퍼. 법 제10조제2항을 위반하여 보 | 법 제13조 | - | 영업 일 | 영업 일 |

| 위반행위 | 근거 법조문 | 1차 | 2차 | 3차 |
|---|---|---|---|---|
| 고를 하지 않았거나 공시하지 않은 경우 | 제1항제1호 | | 부정지 1월 | 부정지 3월 |
| 허. 법 제10조제7항을 위반하여 대주주에게 신용공여를 한 경우 | 법 제13조 제1항제1호, 제2항제7호 | 영업 전부정지 6월 | 등록 취소 | - |
| 고. 법 제11조의2제1항 또는 제2항을 위반하여 대부중개를 하거나 중개수수료를 받은 경우 | 법 제13조 제1항제1호, 제2항제7호 | 영업 전부정지 6월 | 등록 취소 | - |
| 노. 법 제11조의4제2항을 위반하여 보증금을 예탁하지 않았거나 보험 또는 공제에 가입하지 않은 경우 | 법 제13조 제1항제1호, 제2항제7호 | 영업 전부정지 6월 | 등록 취소 | - |
| 도. 법 제12조제2항 및 제3항에 따른 검사에 불응하거나 검사를 방해한 경우 | 법 제13조 제1항제1호, 제2항제7호 | 영업 일부정지 3월 | 영업 일부정지 6월 | 등록 취소 |
| 로. 법 제12조제1항 또는 제7항에 따른 명령을 위반한 경우 | 법 제13조 제1항제1호, 제2항제7호 | 영업 일부정지 3월 | 영업 일부정지 6월 | 등록 취소 |
| 모. 법 제12조제5항에 따른 요구에 응하지 아니한 경우 | 법 제13조 제1항제1호, 제2항제7호 | 영업 일부정지 3월 | 영업 일부정지 6월 | 등록 취소 |
| 보. 법 제13조제1항제2호를 위반하여 해당 대부업자등의 영업소 중 같은 시·도지사에게 등록한 다른 영업소가 영업정지처분을 받은 경우 | 법 제13조 제1항제2호 | | 영업 일부정지 3월 | 영업 일부정지 6월 |
| 소. 법률 제9344호 「대부업 등의 등록 및 금융이용자 보호에 관한 법률」 부칙 제7조제1항 후단을 위반하여 2009년 7월 22일까지 | 법 제13조 제1항제1호, 제2항제7호 | 영업 일부정지 3월 | 영업 일부정지 6월 | 등록 취소 |

| | | | | |
|---|---|---|---|---|
| 대부업 등록증 및 대부중개업 등록증을 다시 교부받지 아니한 경우 | | | | |
| 오.「채권의 공정한 추심에 관한 법률」제7조를 위반하여 동일한 채권에 대하여 동시에 2인 이상의 자에게 채권추심을 위임한 경우 | 법 제13조 제1항제1호 | 영업 일부정지 1월 | 영업 일부정지 3월 | 영업 일부정지 6월 |
| 조.「채권의 공정한 추심에 관한 법률」제8조를 위반하여 채무의 존재를 다투는 소송이 진행 중임에도 해당 채무자를 채무불이행자로 등록을 한 경우 | 법 제13조 제1항제1호 | 영업 일부정지 1월 | 영업 일부정지 3월 | 영업 일부정지 6월 |
| 초.「채권의 공정한 추심에 관한 법률」제8조의2를 위반하여 채무자를 방문하거나 채무자에게 말·글·음향·영상 또는 물건을 도달하게 한 경우 | 법 제13조 제1항제1호, 제2항 제7호 | 영업 일부정지 3월 | 영업 일부정지 6월 | 등록취소 |
| 코.「채권의 공정한 추심에 관한 법률」제8조의3제1항을 위반하여 관계인을 방문하거나 관계인에게 말·글·음향·영상 또는 물건을 도달하게 한 경우 | 법 제13조 제1항제1호, 제2항 제7호 | 영업 전부정지 3월 | 영업 전부정지 6월 | 등록취소 |
| 토.「채권의 공정한 추심에 관한 법률」제8조의3제2항을 위반하여 같은 항 각 호에 해당하는 사항을 관계인에게 밝히지 않거나 관계인이 채무자의 채무 내용 또는 신용에 관한 사실을 알게 한 경우 | 법 제13조 제1항제1호 | 영업 일부정지 1월 | 영업 일부정지 3월 | 영업 일부정지 6월 |
| 포.「채권의 공정한 추심에 관한 법 | 법 제13조 | 영업 전 | 등록취 | - |

| 위반행위 | 근거 법조문 | 1차 | 2차 | 3차 |
|---|---|---|---|---|
| 률」 제8조의4를 위반하여 채권추심과 관련한 소송행위를 한 경우 | 제1항제1호, 제2항제7호 | 부 정 지 6월 | 소 | |
| 호. 「채권의 공정한 추심에 관한 법률」 제9조를 위반하여 같은 조 각 호의 어느 하나에 해당하는 행위로 추심한 경우 | 법 제13조 제1항제1호, 제2항제7호 | 영업 전 부 정 지 6월 | 등 록 취 소 | - |
| 구. 「채권의 공정한 추심에 관한 법률」 제10조제1항을 위반하여 채무자 또는 관계인의 신용정보나 개인정보를 누설하거나 목적 외로 이용한 경우 | 법 제13조 제1항제1호, 제2항제7호 | 영업 전 부 정 지 6월 | 등 록 취 소 | - |
| 누. 「채권의 공정한 추심에 관한 법률」 제11조를 위반하여 같은 조 제1호에 해당하는 행위를 한 경우 | 법 제13조 제1항제1호, 제2항제7호 | 영업 전 부 정 지 6월 | 등 록 취 소 | - |
| 두. 「채권의 공정한 추심에 관한 법률」 제11조를 위반하여 같은 조 제2호에 해당하는 행위를 한 경우 | 법 제13조 제1항제1호, 제2항제7호 | 영업 전 부 정 지 3월 | 영업 전 부 정 지 6월 | 등 록 취 소 |
| 루. 「채권의 공정한 추심에 관한 법률」 제11조를 위반하여 같은 조 제3호부터 5호까지의 어느 하나에 해당하는 행위를 한 경우 | 법 제13조 제1항제1호 | 영업 일 부 정 지 1월 | 영업 일 부 정 지 3월 | 영업 일 부 정 지 6월 |
| 무. 「채권의 공정한 추심에 관한 법률」 제12조를 위반하여 같은 조 제1호 또는 제2호에 해당하는 행위로 채권을 추심한 경우 | 법 제13조 제 1 항 제 1 호, 제2항 제7호 | 영업 일 부 정 지 3월 | 영업 일 부 정 지 6월 | 등 록 취 소 |
| 부. 「채권의 공정한 추심에 관한 법률」 제12조를 위반하여 같은 조 제3호부터 제5호까지의 어느 하나에 해당하는 행위로 채권을 | 법 제13조 제1항제1호 | - | 영업 일 부 정 지 3월 | 영업 일 부 정 지 6월 |

| | | | | |
|---|---|---|---|---|
| 추심한 경우 | | | | |
| 수. 「채권의 공정한 추심에 관한 법률」 제13조를 위반하여 지급할 의무가 없거나 실제로 사용된 금액을 초과한 채권추심 비용을 청구한 경우 | 법 제13조 제1항제1호 | 영업 일부 정지 1월 | 영업 일부 정지 3월 | 영업 일부 정지 6월 |

[별표 2의2] <신설 2017.10.17.>

## 과징금의 부과기준(제8조의2 관련)

1. 과징금의 산정기준

  가. 기본과징금의 산정

   1) 기본과징금은 법 제14조의2제1항에서 정한 과징금 금액
      의 상한에 2)에 따른 부과기준율을 곱한 금액으로 한다.

   2) 부과기준율은 위반행위의 내용 및 정도, 위반행위의 기간
      및 횟수, 위반행위로 인하여 취득한 이익의 규모 등에 따
      라 위반행위의 중대성 정도를 "중대성이 약한 위반행위",
      "중대한 위반행위", "매우 중대한 위반행위"로 구분하여
      금융위원회가 정하여 고시한다.

  나. 기본과징금의 조정

     금융위원회는 위반행위의 내용 및 정도, 위반행위의 기간
     및 횟수, 위반행위로 인하여 취득한 이익의 규모(부과기준
     율 산정 단계에서 고려된 세부 참작사항은 제외한다), 위반
     행위에 대한 검사의 협조 여부, 위반상태의 해소나 위반행
     위의 예방을 위한 노력, 그 밖에 금융위원회가 정하여 고시
     하는 사유를 고려하여 가목에 따라 산정한 기본과징금 금액
     을 감경하거나 2분의 1 범위에서 가중할 수 있다. 다만, 가
     중하는 경우에도 법 제14조의2제1항에서 정한 과징금 금액
     의 상한을 초과할 수 없다.

  다. 부과과징금의 결정

   1) 금융위원회는 위반자의 현실적인 부담능력 등 특별한 사
      정, 금융시장 또는 경제여건, 위반행위로 인하여 발생한
      피해의 배상 정도, 위반행위로 인하여 취득한 이익의 규
      모, 그 밖에 금융위원회가 정하여 고시하는 사유를 고려할

때, 나목에 따라 조정한 과징금 금액이 과중하다고 인정되는 경우에는 이를 감액하여 부과과징금으로 정할 수 있다.
2) 금융위원회는 위반자의 지급불능·지급정지 또는 자본잠식 등의 사유로 인하여 위반자가 객관적으로 과징금을 납부할 능력이 없다고 인정되는 경우, 자신의 행위가 위법하지 않은 것으로 오인한 데 정당한 사유가 있는 경우, 과징금 외에 실효성 있는 다른 조치를 이미 받은 경우, 위반의 정도가 경미한 경우, 나목에 따라 조정한 과징금 금액이 소액인 경우, 그 밖에 금융위원회가 정하여 고시하는 사유에 해당하는 경우에는 과징금을 면제할 수 있다.

2. 세부기준

부과기준율 등 기본과징금의 산정, 기본과징금의 조정, 부과과징금의 결정, 그 밖에 과징금의 부과 등에 필요한 세부기준에 관한 사항은 금융위원회가 정하여 고시한다.

[별표 3] <개정 2017.10.17.>

## 과태료의 부과기준(제12조 관련)

1. 일반기준

  가. 위반행위의 횟수에 따른 과태료의 가중된 부과기준은 최근 3년 간 같은 위반행위로 과태료 부과처분을 받은 경우에 적용한다. 이 경우 기간의 계산은 위반행위에 대하여 과태료 부과처분을 받은 날과 그 처분 후 다시 같은 위반행위를 하여 적발된 날을 기준으로 한다.

  나. 가목에 따라 가중된 부과처분을 하는 경우 가중처분의 적용 차수는 그 위반행위 전 부과처분 차수(가목에 따른 기간 내에 과태료 부과처분이 둘 이상 있었던 경우에는 높은 차수를 말한다)의 다음 차수로 한다.

  다. 시·도지사등은 위반행위의 동기, 내용 및 그 횟수 등을 고려하여 제2호에 따른 과태료 금액을 감경 또는 면제하거나 2분의 1 범위에서 그 금액을 가중할 수 있다. 다만, 가중하는 경우에도 법 제21조제1항 및 제2항에 따른 과태료 금액의 상한을 초과할 수 없다.

2. 개별기준

(단위: 만원)

| 위반행위 | 근거 법조문 | 부과 대상 | 과태료 금액 | | |
|---|---|---|---|---|---|
| | | | 1차 | 2차 | 3차 이상 |
| 가. 법 제3조제7항을 위반하여 분실신고를 하지 않은 경우 | 법 제21조 제2항제1호 | 법인 | 200 | 400 | 600 |
| | | 법인이 아닌 자 | 50 | 100 | 200 |
| 나. 법 제3조의3제1항 또는 제2항을 위반하여 등록증 | 법 제21조 제2항제2호 | 법인 | 500 | 750 | 1,000 |
| | | 법인이 | 100 | 250 | 500 |

| | | | | | |
|---|---|---|---|---|---|
| 을 반납하지 않은 경우 | | 아닌 자 | | | |
| 다. 법 제5조제1항을 위반하여 법 제3조제3항제1호부터 제3호까지의 사항에 대하여 변경등록하지 않은 경우 | 법 제21조제1항제1호 | 법인 | 200 | 400 | 600 |
| | | 법인이 아닌 자 | 50 | 100 | 200 |
| 라. 법 제5조제1항을 위반하여 법 제3조제3항제4호부터 제8호까지의 사항에 대하여 변경등록하지 않은 경우 | 법 제21조제1항제1호 | 법인 | 500 | 750 | 1,000 |
| | | 법인이 아닌 자 | 100 | 250 | 500 |
| 마. 법 제5조제2항을 위반하여 폐업신고를 하지 않은 경우 | 법 제21조제1항제1호 | 법인 | 500 | 750 | 1,000 |
| | | 법인이 아닌 자 | 100 | 250 | 500 |
| 바. 법 제5조의2제1항 또는 제2항을 위반하여 상호 중에 "대부" 또는 "대부중개"라는 문자를 사용하지 않은 경우 | 법 제21조제1항제2호 | 법인 | 600 | 1,000 | 2,000 |
| | | 법인이 아닌 자 | 200 | 500 | 1,000 |
| 사. 법 제6조제1항 또는 제3항을 위반하여 계약서를 교부하지 않은 경우 또는 같은 조 제1항 각 호 또는 같은 조 제3항 각 호에서 정한 내용 중 전부 또는 일부가 적혀 있지 않은 계약서를 교부하거나 같은 조 제1항 각 호 또는 같은 조 제3항 각 호에서 정한 내용 중 전부 또는 일부를 거짓으로 적어 계약서를 교부한 경우 | 법 제21조제1항제3호 | 법인 | 600 | 1,000 | 2,000 |
| | | 법인이 아닌 자 | 200 | 500 | 1,000 |

| 아. 법 제6조제2항 또는 제4항을 위반하여 설명을 하지 않은 경우 | 법 제21조제1항제4호 | 법인 | 500 | 750 | 1,000 |
|---|---|---|---|---|---|
| | | 법인이 아닌 자 | 100 | 250 | 500 |
| 자. 법 제6조제5항을 위반하여 계약서와 계약관계서류의 보관의무를 이행하지 않은 경우 | 법 제21조제2항제4호 | 법인 | 500 | 750 | 1,000 |
| | | 법인이 아닌 자 | 100 | 250 | 500 |
| 차. 법 제6조제6항을 위반하여 정당한 사유 없이 계약서 및 계약관계서류의 열람을 거부하거나 관련 증명서의 발급을 거부한 경우 | 법 제21조제2항제5호 | 법인 | 500 | 750 | 1,000 |
| | | 법인이 아닌 자 | 100 | 250 | 500 |
| 카. 법 제6조의2를 위반하여 거래상대방 또는 보증인이 같은 조 제1항 각 호의 사항 또는 같은 조 제2항 각 호의 사항을 자필로 기재하게 하지 않은 경우 | 법 제21조제1항제5호 | 법인 | 600 | 1,000 | 2,000 |
| | | 법인이 아닌 자 | 200 | 500 | 1,000 |
| 타. 법 제7조제1항을 위반하여 거래상대방으로부터 소득·재산 및 부채상황에 관한 증명서류를 제출받지 않은 경우 | 법 제21조제1항제6호 | 법인 | 500 | 750 | 1,000 |
| | | 법인이 아닌 자 | 100 | 250 | 500 |
| 파. 법 제7조의2를 위반하여 제3자에게 담보제공 여부를 확인하지 않은 경우 | 법 제21조제1항제6호의2 | 법인 | 500 | 750 | 1,000 |
| | | 법인이 아닌 자 | 100 | 250 | 500 |
| 하. 법 제9조제1항을 위반하여 중요 사항을 게시하지 않은 경우 | 법 제21조제1항제7호 | 법인 | 500 | 750 | 1,000 |
| | | 법인이 아닌 자 | 100 | 250 | 500 |
| 거. 법 제9조제2항 또는 제3 | 법 제21조 | 법인 | 600 | 1,000 | 2,000 |

| | | | 200 | 500 | 1,000 |
|---|---|---|---|---|---|
| 항을 위반하여 광고를 한 경우 | 제1항제8호 | 법인이 아닌 자 | | | |
| 너. 법 제9조제4항을 위반하여 광고의 문안과 표기에 관한 의무를 이행하지 않은 경우 | 법 제21조 제2항제6호 | 법인 | 500 | 750 | 1,000 |
| | | 법인이 아닌 자 | 100 | 250 | 500 |
| 더. 법 제9조제5항을 위반하여 광고를 한 경우 | 법 제21조 제1항제8호 | 법인 | 1,000 | 2,000 | 3,000 |
| | | 법인이 아닌 자 | 500 | 1,000 | 1,500 |
| 러. 법 제9조의3제1항 각 호의 행위를 한 경우 | 법 제21조 제1항제9호 | 법인 | 600 | 1,000 | 2,000 |
| | | 법인이 아닌 자 | 200 | 500 | 1,000 |
| 머. 법 제9조의5제1항 또는 제2항을 위반하여 종업원을 고용하거나 업무를 위임하거나 대리하게 한 경우 | 법 제21조 제1항제10 호 | 법인 | 500 | 750 | 1,000 |
| | | 법인이 아닌 자 | 100 | 250 | 500 |
| 버. 법 제10조제2항을 위반하여 보고 또는 공시를 하지 않은 경우 | 법 제21조 제1항제10 호의2 | 법인 | 600 | 1,000 | 2,000 |
| | | 법인이 아닌 자 | 200 | 500 | 1,000 |
| 서. 법 제10조의2를 위반하여 소속과 성명을 밝히지 않은 경우 | 법 제21조 제2항제8호 | 법인 | 200 | 400 | 600 |
| | | 법인이 아닌 자 | 50 | 100 | 200 |
| 어. 법 제12조제1항 또는 제5항에 따른 보고 또는 자료의 제출을 거부하거나 거짓으로 보고 또는 자료를 제출한 경우 | 법 제21조 제2항제9호 | 법인 | 500 | 750 | 1,000 |
| | | 법인이 아닌 자 | 100 | 250 | 500 |
| 저. 법 제12조제2항 또는 제3항에 따른 검사에 불응하거나 검사를 방해한 경우 | 법 제21조 제1항제11호 | 법인 | 1,000 | 2,000 | 3,000 |
| | | 법인이 아닌 자 | 500 | 1,000 | 1,500 |
| 처. 법 제12조제9항을 위반하여 보고서를 제출하지 않 | 법 제21조 제1항제12호 | 법인 | 600 | 1,000 | 2,000 |

| | | | | | |
|---|---|---|---|---|---|
| 거나, 거짓으로 작성하거나, 기재하여야 할 사항의 전부 또는 일부를 기재하지 않은 경우 | | 법인이 아닌 자 | 200 | 500 | 1,000 |
| 커. 법 제18조의2제5항에 따른 대부업 및 대부중개업 협회 또는 이와 비슷한 명칭을 사용한 경우 | 법 제21조 제2항제10호 | 법인 | 500 | 750 | 1,000 |
| | | 법인이 아닌 자 | 100 | 250 | 500 |

서식 1] 삭제 <2009.4.21>

# 채권의 공정한 추심에 관한 법률

[시행 2014.11.21.] [법률 제12594호, 2014.5.20., 일부개정]

**제1조(목적)** 이 법은 채권추심자가 권리를 남용하거나 불법적인 방법으로 채권추심을 하는 것을 방지하여 공정한 채권추심 풍토를 조성하고 채권자의 정당한 권리행사를 보장하면서 채무자의 인간다운 삶과 평온한 생활을 보호함을 목적으로 한다.

**제2조(정의)** 이 법에서 사용하는 용어의 뜻은 다음과 같다. <개정 2011.3.29., 2014.5.20.>

1. "채권추심자"란 다음 각 목의 어느 하나에 해당하는 자를 말한다.

   가. 「대부업 등의 등록 및 금융이용자 보호에 관한 법률」에 따른 대부업자, 대부중개업자, 대부업의 등록을 하지 아니하고 사실상 대부업을 영위하는 자, 여신금융기관 및 이들로부터 대부계약에 따른 채권을 양도받거나 재양도 받은 자

   나. 가목에 규정된 자 외의 금전대여 채권자 및 그로부터 채권을 양도받거나 재양도 받은 자

   다. 「상법」에 따른 상행위로 생긴 금전채권을 양도받거나 재양도 받은 자

   라. 금전이나 그 밖의 경제적 이익을 대가로 받거나 받기로 약속하고 타인의 채권을 추심하는 자(채권추심을 목적으로 채권의 양수를 가장한 자를 포함한다)

   마. 가목부터 라목까지에 규정된 자들을 위하여 고용, 도급, 위임 등 원인을 불문하고 채권추심을 하는 자

2. "채무자"란 채무를 변제할 의무가 있거나 채권추심자로부터 채무를 변제할 의무가 있는 것으로 주장되는 자연인(보증인을 포함한다)을 말한다.

3. "관계인"이란 채무자와 동거하거나 생계를 같이 하는 자, 채무자의 친족, 채무자가 근무하는 장소에 함께 근무하는 자를 말한다.

4. "채권추심"이란 채무자에 대한 소재파악 및 재산조사, 채권에 대한 변제 요구, 채무자로부터 변제 수령 등 채권의 만족을 얻기 위한 일체의 행위를 말한다.

5. "개인정보"란 「개인정보 보호법」 제2조제1호의 개인정보를 말한다.

6. "신용정보"란 「신용정보의 이용 및 보호에 관한 법률」 제2조제1호의 신용정보를 말한다.

**제3조(국가와 지방자치단체의 책무)** ① 국가와 지방자치단체는 공정한 채권추심 풍토가 정착되도록 제도와 여건을 마련하고 이를 위한 시책을 추진하여야 한다.

② 국가와 지방자치단체는 권리를 남용하거나 불법적인 채권추심행위를 하는 채권추심자로부터 채무자 또는 관계인을 보호하기 위하여 노력하여야 한다.

**제4조(다른 법률과의 관계)** 채권추심에 관하여 다른 법률에 특별한 규정이 있는 경우를 제외하고는 이 법에서 정하는 바에 따른다.

**제5조(채무확인서의 교부)** ① 채권추심자(제2조제1호가목에 규정된 자에 한한다. 이하 이 조에서 같다)는 채무자로부터 원금, 이자, 비용, 변제기 등 채무를 증명할 수 있는 서류(이하 "채무확인서"라 한다)의 교부를 요청받은 때에는 정당한 사유가 없는 한 이에 응하여야 한다.

② 채권추심자는 채무확인서 교부에 직접 사용되는 비용 중 대통령령으로 정하는 범위에서 채무자에게 그 비용을 청구할 수 있다.

<개정 2012.1.17.>

**제6조(수임사실 통보)** ① 채권추심자(제2조제1호라목에 규정된 자 및 그 자를 위하여 고용, 도급, 위임 등 원인을 불문하고 채권추심을 하는 자를 말한다. 이하 이 조에서 같다)가 채권자로부터 채권추심을 위임받은 경우에는 채권추심에 착수하기 전까지 다음 각 호에 해당하는 사항을 채무자에게 서면(「전자문서 및 전자거래 기본법」 제2조제1호의 전자문서를 포함한다)으로 통지하여야 한다. 다만, 채무자가 통지가 필요 없다고 동의한 경우에는 그러하지 아니하다. <개정 2012.6.1., 2014.5.20.>

1. 채권추심자의 성명·명칭 또는 연락처(채권추심자가 법인인 경우에는 채권추심담당자의 성명, 연락처를 포함한다)
2. 채권자의 성명·명칭, 채무금액, 채무불이행 기간 등 채무에 관한 사항
3. 입금계좌번호, 계좌명 등 입금계좌 관련 사항

② 제1항에도 불구하고 채무발생의 원인이 된 계약에 기한의 이익에 관한 규정이 있는 경우에는 채무자가 기한의 이익을 상실한 후 즉시 통지하여야 한다.

③ 제1항에도 불구하고 채무발생의 원인이 된 계약이 계속적인 서비스 공급

계약인 경우에는 서비스 이용료 납부지체 등 채무불이행으로 인하여 계약이 해지된 즉시 통지하여야 한다.

**제7조(동일 채권에 관한 복수 채권추심 위임 금지)** 채권추심자는 동일한 채권에 대하여 동시에 2인 이상의 자에게 채권추심을 위임하여서는 아니 된다.

**제8조(채무불이행정보 등록 금지)** 채권추심자(제2조제1호가목 및 라목에 규정된 자 및 그 자를 위하여 고용, 도급, 위임 등 원인을 불문하고 채권추심을 하는 자를 말한다. 이하 이 조에서 같다)는 채무자가 채무의 존재를 다투는 소를 제기하여 그 소송이 진행 중인 경우에 「신용정보의 보호 및 이용에 관한 법률」에 따른 신용정보집중기관이나 신용정보업자의 신용정보전산시스템에 해당 채무자를 채무불이행자로 등록하여서는 아니 된다. 이 경우 채무불이행자로 이미 등록된 때에는 채권추심자는 채무의 존재를 다투는 소가 제기되어 소송이 진행 중임을 안 날부터 30일 이내에 채무불이행자 등록을 삭제하여야 한다. <개정 2014.5.20.>

**제8조의2(대리인 선임 시 채무자에 대한 연락 금지)** 다음 각 호를 제외한 채권추심자는 채무자가 「변호사법」에 따른 변호사·법무법인·법무법인(유한) 또는 법무조합을 채권추심에 응하기 위한 대리인으로 선임하고 이를 채권추심자에게 서면으로 통지한 경우 채무와 관련하여 채무자를 방문하거나 채무자에게 말·글·음향·영상 또는 물건을 도달하게 하여서는 아니 된다. 다만, 채무자와 대리인이 동의한 경우 또는 채권추심자가 대리인에게 연락할 수 없는 정당한 사유가 있는 경우에는 그러하지 아니하다.
1. 「대부업 등의 등록 및 금융이용자 보호에 관한 법률」에 따른 여신금융기관
2. 「신용정보의 이용 및 보호에 관한 법률」에 따른 신용정보회사
3. 「자산유동화에 관한 법률」 제10조에 따른 자산관리자
4. 제2조제1호가목에 규정된 자를 제외한 일반 금전대여 채권자
5. 제1호부터 제4호까지에 규정된 자들을 위하여 고용되거나 같은 자들의 위임을 받아 채권추심을 하는 자(다만, 채권추심을 하는 자가 「대부업 등의 등록 및 금융이용자 보호에 관한 법률」에 따른 대부업자, 대부중개업자, 대부업의 등록을 하지 아니하고 사실상 대부업을 영위하는 자인 경우는 제외한다)
[본조신설 2014.1.14.]

**제8조의3(관계인에 대한 연락 금지)** ① 채권추심자는 채권추심을 위하여 채무자의 소재, 연락처 또는 소재를 알 수 있는 방법 등을 문의하는 경우를 제외하고는 채무와 관련하여 관계인을 방문하거나 관계인에게 말·글·음향·영상 또는 물건을 도달하게 하여서는 아니 된다.

② 채권추심자는 제1항에 따라 관계인을 방문하거나 관계인에게 말·글·음향·영상 또는 물건을 도달하게 하는 경우 다음 각 호에 해당하는 사항을 관계인에게 밝혀야 하며, 관계인이 채무자의 채무 내용 또는 신용에 관한 사실을 알게 하여서는 아니 된다.

1. 채권추심자의 성명·명칭 및 연락처(채권추심자가 법인인 경우에는 업무담당자의 성명 및 연락처를 포함한다)
2. 채권자의 성명·명칭
3. 방문 또는 말·글·음향·영상·물건을 도달하게 하는 목적

[본조신설 2014.1.14.]

**제8조의4(소송행위의 금지)** 변호사가 아닌 채권추심자(제2조제1호라목에 규정된 자로서 채권추심을 업으로 하는 자 및 그 자를 위하여 고용, 도급, 위임 등 원인을 불문하고 채권추심을 하는 자로 한정한다)는 채권추심과 관련한 소송행위를 하여서는 아니 된다.

[본조신설 2014.5.20.]

**제9조(폭행·협박 등의 금지)** 채권추심자는 채권추심과 관련하여 다음 각 호의 어느 하나에 해당하는 행위를 하여서는 아니 된다. <개정 2014.1.14., 2014.5.20.>

1. 채무자 또는 관계인을 폭행·협박·체포 또는 감금하거나 그에게 위계나 위력을 사용하는 행위
2. 정당한 사유 없이 반복적으로 또는 야간(오후 9시 이후부터 다음 날 오전 8시까지를 말한다. 이하 같다)에 채무자나 관계인을 방문함으로써 공포심이나 불안감을 유발하여 사생활 또는 업무의 평온을 심하게 해치는 행위
3. 정당한 사유 없이 반복적으로 또는 야간에 전화하는 등 말·글·음향·영상 또는 물건을 채무자나 관계인에게 도달하게 함으로써 공포심이나 불안감을 유발하여 사생활 또는 업무의 평온을 심하게 해치는 행위
4. 채무자 외의 사람(제2조제2호에도 불구하고 보증인을 포함한다)에게 채무에 관한 거짓 사실을 알리는 행위

5. 채무자 또는 관계인에게 금전의 차용이나 그 밖의 이와 유사한 방법으로 채무의 변제자금을 마련할 것을 강요함으로써 공포심이나 불안감을 유발하여 사생활 또는 업무의 평온을 심하게 해치는 행위
6. 채무를 변제할 법률상 의무가 없는 채무자 외의 사람에게 채무자를 대신하여 채무를 변제할 것을 요구함으로써 공포심이나 불안감을 유발하여 사생활 또는 업무의 평온을 심하게 해치는 행위
7. 채무자의 직장이나 거주지 등 채무자의 사생활 또는 업무와 관련된 장소에서 다수인이 모여 있는 가운데 채무자 외의 사람에게 채무자의 채무금액, 채무불이행 기간 등 채무에 관한 사항을 공연히 알리는 행위

**제10조(개인정보의 누설 금지 등)** ① 채권추심자는 채권발생이나 채권추심과 관련하여 알게 된 채무자 또는 관계인의 신용정보나 개인정보를 누설하거나 채권추심의 목적 외로 이용하여서는 아니 된다.
② 채권추심자가 다른 법률에 따라 신용정보나 개인정보를 제공하는 경우는 제1항에 따른 누설 또는 이용으로 보지 아니한다.

**제11조(거짓 표시의 금지 등)** 채권추심자는 채권추심과 관련하여 채무자 또는 관계인에게 다음 각 호의 어느 하나에 해당하는 행위를 하여서는 아니 된다.
1. 무효이거나 존재하지 아니한 채권을 추심하는 의사를 표시하는 행위
2. 법원, 검찰청, 그 밖의 국가기관에 의한 행위로 오인할 수 있는 말·글·음향·영상·물건, 그 밖의 표지를 사용하는 행위
3. 채권추심에 관한 법률적 권한이나 지위를 거짓으로 표시하는 행위
4. 채권추심에 관한 민사상 또는 형사상 법적인 절차가 진행되고 있지 아니함에도 그러한 절차가 진행되고 있다고 거짓으로 표시하는 행위
5. 채권추심을 위하여 다른 사람이나 단체의 명칭을 무단으로 사용하는 행위

**제12조(불공정한 행위의 금지)** 채권추심자는 채권추심과 관련하여 다음 각 호의 어느 하나에 해당하는 행위를 하여서는 아니 된다. <개정 2014.5.20.>
1. 혼인, 장례 등 채무자가 채권추심에 응하기 곤란한 사정을 이용하여 채무자 또는 관계인에게 채권추심의 의사를 공개적으로 표시하는 행위
2. 채무자의 연락두절 등 소재파악이 곤란한 경우가 아님에도 채무자의 관계인에게 채무자의 소재, 연락처 또는 소재를 알 수 있는 방법 등을 문의하는 행위

3. 정당한 사유 없이 수화자부담전화료 등 통신비용을 채무자에게 발생하게 하는 행위

3의2. 「채무자 회생 및 파산에 관한 법률」 제593조제1항제4호 또는 제600조제1항제3호에 따라 개인회생채권에 대한 변제를 받거나 변제를 요구하는 일체의 행위가 중지 또는 금지되었음을 알면서 법령으로 정한 절차 외에서 반복적으로 채무변제를 요구하는 행위

4. 「채무자 회생 및 파산에 관한 법률」에 따른 회생절차, 파산절차 또는 개인회생절차에 따라 전부 또는 일부 면책되었음을 알면서 법령으로 정한 절차 외에서 반복적으로 채무변제를 요구하는 행위

5. 엽서에 의한 채무변제 요구 등 채무자 외의 자가 채무사실을 알 수 있게 하는 행위(제9조제7호에 해당하는 행위는 제외한다)

**제13조(부당한 비용 청구 금지)** ① 채권추심자는 채무자 또는 관계인에게 지급할 의무가 없거나 실제로 사용된 금액을 초과한 채권추심비용을 청구하여서는 아니 된다.

② 채권추심자가 채무자 또는 관계인에게 청구할 수 있는 채권추심비용의 범위 등 제1항과 관련하여 필요한 사항은 대통령령으로 정한다. <개정 2014.5.20.>

**제13조의2(비용명세서의 교부)** ① 채무자 또는 관계인은 채권추심자가 사업자(제2조제1호가목 및 라목에 따른 자 및 그 자를 위하여 고용, 도급, 위임 등에 따라 채권추심을 하는 자를 말한다. 이하 같다)인 경우에는 그 사업자에게 채권추심비용을 항목별로 명시한 서류(이하 "비용명세서"라 한다)의 교부를 요청할 수 있다.

② 제1항에 따라 비용명세서의 교부를 요청받은 채권추심자는 정당한 사유가 없으면 지체 없이 이를 교부하여야 하고, 채무자 또는 관계인에게 그 교부에 따른 비용을 청구해서는 아니 된다.

[본조신설 2014.5.20.]

**제14조(손해배상책임)** 채권추심자가 이 법을 위반하여 채무자 또는 관계인에게 손해를 입힌 경우에는 그 손해를 배상하여야 한다. 다만, 채권추심자가 사업자(제2조제1호가목 및 라목에 규정된 자 및 그 자를 위하여 고용, 도급, 위임 등에 따라 채권추심을 하는 자를 말한다. 이하 같다)인 경우에는 사업자가 자신에게 고의 또는 과실이 없음을 입증한 때에는 그러하지 아니

하다. <개정 2014.5.20.>

**제15조(벌칙)** ① 제9조제1호를 위반하여 채무자 또는 관계인을 폭행·협박·체포 또는 감금하거나 그에게 위계나 위력을 사용하여 채권추심행위를 한 자는 5년 이하의 징역 또는 5천만원 이하의 벌금에 처한다.

② 다음 각 호의 어느 하나에 해당하는 자는 3년 이하의 징역 또는 3천만 원 이하의 벌금에 처한다. <개정 2014.5.20.>

1. 제8조의4를 위반하여 변호사가 아니면서 채권추심과 관련하여 소송행위 를 한 자

2. 제9조제2호부터 제7호까지를 위반한 자

3. 제10조제1항을 위반하여 채무자 또는 관계인의 신용정보나 개인정보를 누설하거나 채권추심의 목적 외로 이용한 자

4. 제11조제1호를 위반하여 채권을 추심하는 의사를 표시한 자

③ 다음 각 호의 어느 하나에 해당하는 자는 1년 이하의 징역 또는 1천만 원 이하의 벌금에 처한다. <개정 2014.1.14.>

1. 제8조의3제1항을 위반한 자

2. 제11조제2호를 위반하여 말·글·음향·영상·물건, 그 밖의 표지를 사용한 자

**제16조(양벌규정)** 법인의 대표자나 법인 또는 개인의 대리인, 사용인, 그 밖의 종업원이 그 법인 또는 개인의 업무에 관하여 제15조의 위반행위를 하면 그 행위자를 벌하는 외에 그 법인 또는 개인에게도 해당 조문의 벌금형을 과 (科)한다. 다만, 법인 또는 개인이 그 위반행위를 방지하기 위하여 해당 업 무에 관하여 상당한 주의와 감독을 게을리하지 아니한 경우에는 그러하지 아니하다.

**제17조(과태료)** ① 다음 각 호의 어느 하나에 해당하는 자에게는 2천만원 이 하의 과태료를 부과한다. <개정 2014.1.14.>

1. 제5조제1항을 위반하여 채무확인서의 교부요청에 응하지 아니한 자

2. 제8조의2를 위반하여 채무자를 방문하거나 채무자에게 말·글·음향·영상 또는 물건을 도달하게 한 자

3. 제12조제1호 및 제2호를 위반한 자

② 다음 각 호의 어느 하나에 해당하는 자에게는 1천만원 이하의 과태료를 부과한다. <개정 2012.6.1., 2014.1.14., 2014.5.20.>

1. 제6조를 위반하여 채권자로부터 채권추심을 위임받은 사실을 서면(「전자문서 및 전자거래 기본법」 제2조제1호의 전자문서를 포함한다)으로 통지하지 아니한 자
2. 제7조를 위반하여 동일 채권에 대하여 2인 이상의 자에게 채권추심을 위임한 자
3. 제8조를 위반하여 채무의 존재를 다투는 소송이 진행 중임에도 채무불이행자로 등록하거나 소송이 진행 중임을 알면서도 30일 이내에 채무불이행자 등록을 삭제하지 아니한 자
4. 제8조의3제2항을 위반한 자
5. 제11조제3호부터 제5호까지를 위반한 자
6. 제13조를 위반하여 채권추심비용을 청구한 자
7. 제13조의2제2항을 위반하여 비용명세서를 교부하지 아니한 자
③ 제12조제3호·제3호의2·제4호 또는 제5호를 위반한 자에게는 500만원 이하의 과태료를 부과한다. <개정 2014.5.20.>
④ 제1항제3호, 제2항제2호·제5호 및 제6호, 제3항에 해당하는 자가 사업자가 아닌 경우에는 해당 규정이 정하는 과태료를 그 다액의 2분의 1로 감경한다. <개정 2014.1.14.>

**제18조(과태료의 부과·징수 및 권한의 위임)** ① 이 법에 따른 과태료는 대통령령으로 정하는 바에 따라 과태료 대상자에 대하여 다른 법률에 따른 인가·허가·등록 등을 한 감독기관이 있는 경우에는 그 감독기관이, 그 외의 경우에는 특별시장·광역시장·도지사 또는 특별자치도지사가 부과·징수한다.
② 제1항의 감독기관은 과태료의 부과·징수에 관한 권한의 일부를 대통령령으로 정하는 바에 따라 시장·군수 또는 구청장에게 위임할 수 있다.


**부칙**

<제12594호, 2014.5.20.>

이 법은 공포 후 6개월이 경과한 날부터 시행한다.

■ 편 저  김만기 ■

•전(前) 서울지방법원민사과장
•전(前) 고등법원종합민원실장

•저서 : 자동차사고의 법률적 해법과 지식(공저)
　　　　법인등기실무
　　　　의료사고의료분쟁속시원하게해결해드립니다(공저)
　　　　이 정도도 모르면 대부업체 이용하지 마세요
　　　　나홀로 민사소송 개시에서 종결까지
　　　　나홀로 가압류 가처분 개시에서 종결까지
　　　　사례별 법률종합 서식대전
　　　　계약법 서식·사례 대전

채권회수 및 대부업 해결
## 채권채무 실무백과

정가 28,000원

2024年 5月 10日  2판 인쇄
2024年 5月 15日  2판 발행
　편 저 : 김 만 기
　발행인 : 김 현 호
　발행처 : 법문 북스
　공급처 : 법률미디어

저자와 협의
하에 인지 생략

서울 구로구 경인로 54길4 (우편번호 : 08278)
TEL : 2636-2911-2,  FAX : 2636-3012
등록 : 1979년 8월 27일 제5-22호
Home : www.lawb.co.kr

▌ISBN 978-89-7535-762-6 (13360)
▌이 도서의 국립중앙도서관 출판예정도서목록(CIP)은 서지정보유통지원시스템 홈페이지
　(http://seoji.nl.go.kr)와 국가자료종합목록 구축시스템(http://kolis-net.nl.go.kr)에
　서 이용하실 수 있습니다. (CIP제어번호 : CIP2019030739)
▌파본은 교환해 드립니다.